# LEI DO CHEQUE
## E NOVAS MEDIDAS BANCÁRIAS DE PROTEÇÃO AOS USUÁRIOS

PAULO RESTIFFE NETO
PAULO SÉRGIO RESTIFFE

# *LEI DO CHEQUE*
## *E NOVAS MEDIDAS BANCÁRIAS DE PROTEÇÃO AOS USUÁRIOS*

*300 temas suscitados pelos artigos da lei, com jurisprudência e anotações de atualização à Lei do Cheque brasileira, conjugada com a Lei Uniforme de Genebra e a Convenção Interamericana de Montevidéu sobre Conflitos de Leis em Matéria de Cheques*

5ª edição
Refundida, atualizada e ampliada
por ocasião do Centenário, em 2012,
da lei de sistematização do cheque
no Brasil

**MALHEIROS EDITORES**

*LEI DO CHEQUE*
*E NOVAS MEDIDAS BANCÁRIAS*
*DE PROTEÇÃO AOS USUÁRIOS*

© Paulo Restiffe e Paulo Sérgio Restiffe

Pela Editora RT:
*1ª edição, 1973; 2ª edição, 1975; 3ª edição, 1981; 4ª edição, 2000.*

ISBN 978-85-392-0025-2

*Direitos reservados desta edição por*
*MALHEIROS EDITORES LTDA.*
*Rua Paes de Araújo, 29, conjunto 171*
*CEP 04531-940 – São Paulo – SP*
*Tel.: (11) 3078-7205 – Fax: (11) 3168-5495*
URL: www.malheiroseditores.com.br
e-mail: malheiroseditores@terra.com.br

*Composição*
PC Editorial Ltda.

*Capa*
*Criação:* Vânia Lúcia Amato
*Arte:* PC Editorial Ltda.

Impresso no Brasil
*Printed in Brazil*
08.2012

#  Nota Introdutória à 5ª Edição

*O intérprete deve descobrir na lei a sua força oculta.*

Esta edição evoca o centenário da existência oficial do *cheque* entre nós com essa denominação, atribuída pela primeira lei sistematizadora, que foi o Decreto 2.591, de 7.8.1912, ainda com vigência residual subsidiária entre nós.

A Lei Interna do Cheque (Lei 7.357, de 2.9.1985) constitui o objeto principal de reflexão, artigo por artigo, e a nota de modernidade deste livro consiste em ser enriquecido com o suporte de referências aos Códigos Civil, de Processo Civil e Penal, e leis especiais interferentes – do Protesto de Títulos e outras –, e destaque para mais de três centenas de referências a súmulas, acórdãos e votos do STF, STJ e Cortes de Justiça e sentenças de primeira instância do País, abrangendo todos os aspectos jurídicos, inclusive penais, do cheque.

Conservando a mesma estrutura que marcou as anteriores, esta 5ª edição, renovada e aprofundada nas questões mais recorrentes ou dificultosas, foi ampliada com importantes inovações que asseguram à interpretação cristalizada no livro *Lei do Cheque* o objetivo de permanente aperfeiçoamento como fonte de consulta, mercê de reflexões inéditas.

Contém anotações que alcançam 300 temas que os textos da atual Lei Interna do Cheque suscitam, oriundos dos 56 artigos matriciais da Convenção de Genebra e suas 31 Reservas, complementados com os 10 artigos da Convenção Interamericana de Montevidéu sobre Conflitos de Leis em Matéria de Cheque e as contribuições normativas da competência do Conselho Monetário Nacional e do Banco Central do Brasil.

Recebem destaque especial nesta edição novas normas administrativas editadas em fins de abril/2011 pelo Banco Central (Circular 3.532) e pelo Conselho Monetário Nacional (Resolução 3.972), que visam a dar mais segurança ao uso do cheque como meio de pagamento e ao sistema de compensação interbancária, com a instituição e implantação da *truncagem* como procedimento-padrão para cheques por intermédio de imagem digital e outros registros eletrônicos, como consta nas anotações dos arts. 68 a 70.

Enfim, desde a perspectiva doutrinária, da prática bancária e da crítica construtiva à jurisprudência assentada ou ainda em fase de permanente formação, os autores oferecem sua sedimentada parcela de contribuição e rediscutem todos os temas relevantes, indicando os caminhos lógicos mais seguros e as soluções técnicas objetivas, algumas inovadoras, mais adequadas à interpretação e à aplicação da Lei do Cheque, para as peculiaridades do nosso atual sistema jurídico interno, inserido no espectro mais amplo de um moderno "direito econômico internacional do cheque".

Ante o reconhecimento emprestado pela doutrina e o acolhimento que teve na jurisprudência, com generosas citações em incontáveis julgamentos paradigmáticos ao longo de quase quatro décadas de presença das edições anteriores deste trabalho, também em cursos de graduação e especialização e nos meios jurídicos e forenses, sentem-se os autores recompensados e agradecidos pela utilidade da contribuição oferecida aos operadores do Direito em todos os níveis.

Por tudo isso, evoca-se já nesta edição o *centenário*, que se avizinha, da sistematização legal no Brasil do uso do instituto do *cheque*, que exerce relevante função sociojurídica, chegando mesmo a ser apontado por Juan José González Bustamante (*El Cheque*, 2ª ed., México, Editorial Porrúa, 1970, p. 7) como *documento econômico do século*, ao qual se confere um cortejo de proteção para manter – ressalta o autor – a confiança entre o público, como instrumento de pagamento e de compensação bancária.

São Paulo, 7 de Agosto de 2012

Os Autores

# Sumário Explicativo

*(Inclusive localização dos 300 temas que os 71 artigos suscitam)*

**Nota Introdutória à 5ª Edição** .................................................................. 5

PRIMEIRA PARTE
## ESTUDOS PREAMBULARES

| | |
|---|---|
| *I – Considerações Gerais sobre a Lei Uniforme do Cheque e Advertência Prévia sobre a Vigência da Lei 7.357, de 2.9.1985, atual Lei Interna do Cheque* ........................................................................... | 25 |
| *II – Declaração de Vigência da Lei Uniforme pelo STF* ........................ | 26 |
| *III – Diretriz para Pesquisa* ........................................................................ | 27 |
| *IV – Fixação das Reservas, segundo o Decreto 57.595, de 7.1.1966, de Adoção da Convenção de Genebra* ............................................... | 28 |
| *V – Natureza Jurídica das Reservas Convencionais* ............................... | 29 |

SEGUNDA PARTE
## ANOTAÇÕES À LEI INTERNA DO CHEQUE EM CORRESPONDÊNCIA COM A LEI UNIFORME E SUAS RESERVAS

| | |
|---|---|
| *I – Coordenação da Lei Interna com os Anexos I e II* .......................... | 31 |
| *II – Tábua da Correspondência dos 71 Artigos da Lei Interna com os 57 da Lei Uniforme e suas 31 Reservas* ............................................. | 32 |
| *III – Textos da Lei Interna e da Convenção (Anexos I e II)* ................. | 35 |

### Capítulo I – Da Emissão e da Forma do Cheque
(LEI 7.357/1985, ARTS. 1º a 16; Lei Uniforme, arts. 1º a 13º)

| | |
|---|---|
| • LEI 7.357/1985, ART. 1º ........................................................................... | 37 |
| • Lei Uniforme, art. 1º .................................................................................. | 37 |
| • Há Reservas dos arts. 1º (rejeitada) e 2º do Anexo II ........................ | 37 |
| *Orientações prévias úteis ao consulente sobre o Capítulo I* .................. | 38 |
| *Nota introdutória conceitual do cheque, inclusive do Banco Central* ... | 39 |
| 1. *Os requisitos do cheque: generalidades* .............................................. | 40 |
| *Requisitos específicos* ................................................................................ | 41 |

Documento *(rerum substantia)* ........... 41
Quantia determinada ........... 42
Ordem incondicional de pagamento e fungibilidade do dinheiro depositado ... 42
Ordem, e não mandato ........... 44
Incondicional ........... 45
Conta corrente bancária movimentada por cheque ........... 46
2. *Assinatura: expressão do elemento "pessoalidade" e a Súmula 28/STF* . 48
Assinatura do emitente por chancela mecânica ........... 50
Assinatura de emissão por representação ........... 51
3. *Requisito da data – Problemas que envolvem até cheque com data futura* . 52
4. *Lugar de emissão e de pagamento: implicações e efeitos* ........... 56
5. *Emissão de cheque em branco ou com omissões e sua utilização pública* 57
6. *Natureza jurídica do cheque* ........... 60
7. *Inter-relações entre os sujeitos do cheque-padrão e o sigilo bancário* ...... 61
8. *Conteúdo específico das obrigações do sacado como* adjectus *e a Súmula 388/STJ* ........... 62
9. *Cheque ao portador ou sem identificação do beneficiário e a Lei 8.021, de 12.4.1990, que introduziu novo requisito* ........... 64

- LEI 7.357/1985, ART. 2º ........... 65
- Lei Uniforme, art. 2º ........... 65
- Há Reserva do art. 3º do Anexo II ........... 66
1. *Cheque incompleto – Introdução e requisitos acidentais* ........... 66
2. *Provisão ou fundos disponíveis com o banco sacado – Conceito legal e doutrinal* ........... 68
3. *Regime jurídico da ausência de indicação do lugar de emissão e do lugar de pagamento, na Lei Uniforme, diverso do das leis internas* ........... 70
4. *Situação na Lei Interna, inclusive após o Código de Defesa do Consumidor e quanto ao cheque imputado, com indicação da causa de qualquer natureza ligada à sua emissão* ........... 71
5. *A quebra da avença aprazada do cheque com data futura como condição do negócio que lhe deu origem enseja reparação por danos morais (Súmula 370/STJ)* ........... 72

- LEI 7.357/1985, ARTS. 3º E 4º ........... 75
- Lei Uniforme, art. 3º ........... 75
- Há Reservas dos arts. 4º e 5º do Anexo II ........... 75
1. *Introdução: emissão só "contra banco" (art. 3º) "do título como cheque" (art. 4º)* ........... 76
2. *Normas de emissão (art. 4º) e de disponibilidade de fundos: distinção de efeitos entre requisitos de validade e preceitos comportamentais* ........... 77
3. *Saque sobre fundos bancários – Natureza do contrato de conta corrente e implicações do depósito bancário (espécie irregular, por ser o dinheiro bem fungível)* ........... 78
4. *Cheque especial: peculiaridades sobre a provisão do limite de crédito* ..... 79

SUMÁRIO EXPLICATIVO 9

5. *Provisão inerte? Caracterização raríssima e efeitos jurídicos* ............ 80
6. *Conta bancária conjunta – Solidariedade ativa e outros aspectos relevantes da contratualidade e da cartularidade* ................................ 82
7. *Emitente de cheque de conta conjunta é o único responsável cartular e legitimado passivo: várias situações* .............................................. 85
8. *Ainda Reservas sobre aspectos de validade (emissão contra banco)* ........ 89
9. *Momento de verificação da existência e da disponibilidade da provisão: dia da apresentação do cheque* ........................................................ 90
10. *Noção-conceito de cheque (título* pro solvendo *de apresentação primária ao sacado, que não opera novação) e a causa da emissão* .................... 92
11. *O cheque não tem poder liberatório da obrigação causal, nem o curso forçado da moeda* ............................................................................ 96
12. *Pagamento de dívida de jogo com cheque: exceção de ineficácia oponível entre as partes originárias, não tendo ocorrido circulação por endosso cambial – Variações sobre o tema* ................................................... 97
13. *Conclusões sobre a função econômica do cheque* ............................. 102

- LEI 7.357/1985, ARTS. 5º (VETADO) A 7º ........................................... 103
- Lei Uniforme, art. 4º ............................................................................ 103
- Há Reserva do art. 6º do Anexo II .......................................................... 103

*Observações sobre o veto ao art. 5º (suposto momento da disponibilidade da provisão)* ................................................................................. 103
1. *Aceitação bancária – Inadmissibilidade em cheque* ........................... 104
2. *Marcação bancária – Incompatibilidade em cheque* ........................... 105
3. *Visamento bancário de cheque e seus efeitos para os entes envolvidos, sem exoneração dos obrigados* ........................................................ 106
4. *Contraordem ou sustação do pagamento e do protesto de cheque visado por ordem judicial: distinção* .......................................................... 108
5. *Cheque visado: legalização dessa praxe de prestação de serviço bancário tarifado, com bloqueio temporário da provisão a benefício do portador legitimado* ......................................................................................... 110

- LEI 7.357/1985, ART. 8º ...................................................................... 112
- Lei Uniforme, art. 5º ............................................................................ 112
- Há Reserva do art. 7º do Anexo II .......................................................... 113

*Introdução: cheque ao portador e cheque nominal – Tratamento legislativo atual, que apenas afasta a aplicação, sem revogá-la, da Convenção Internacional sobre o tema* .................................................................. 113
1. *A imprópria referência a cheque "nominativo" vem de longe* ............ 116
2. *O cheque com cláusula "não à ordem" não se confunde com o cheque não transmissível: questionamentos úteis* ......................................... 117
3. *Distinção de forma e efeitos de endosso (cambial) e cessão (civil) do cheque: diligência do sacado como* adjectus *na verificação de vícios etc.* ...... 118
4. *Cheque não transmissível e cheque para creditar em conta do beneficiário* .. 120
5. *Ainda as cláusulas "não transmissível" e "para ser creditado em conta do beneficiário: validade dessas restrições* ........................................ 122
6. *Variações sobre cláusulas vinculativas* ............................................. 125

- LEI 7.357/1985, ART. 9º .................................................................................. 126
- Lei Uniforme, art. 6º ...................................................................................... 126
- Há Reservas dos arts. 8º e 9º do Anexo II ....................................................... 126
Introdução sobre o gênero cheque-padrão e as três outras espécies possíveis de emissão de cheques ............................................................................................. 127
1. *Cheque à ordem do próprio correntista sacador* ............................................ 128
2. *Cheque bancário sacado contra a própria caixa do banco sacador* ........... 128
3. *Ainda o cheque bancário ou administrativo: a contraordem e a oposição* .. 130
4. *Caso concreto de recusa de pagamento pelo próprio banco emitente de cheque bancário de origem criminosa : reflexões que suscita* ................. 131
5. *Cheque sacado por conta de terceiro – Espécie rara* ................................. 136

- LEI 7.357/1985, ART. 10 ................................................................................. 137
- Lei Uniforme, art. 7º ...................................................................................... 137
- Não há Reservas (sobre proibição de estipulação de juros)
1. *Juros convencionais* .................................................................................. 137
2. *Juros moratórios e correção monetária* .................................................... 137

- LEI 7.357/1985, ART. 11 ................................................................................. 138
- Lei Uniforme, art. 8º ...................................................................................... 138
- Há Reserva do art. 10º do Anexo II ................................................................ 138
1. *Domiciliação do cheque para pagamento em localidades diversas* .......... 139
2. *Domicílio de terceiro* ................................................................................ 139

- LEI 7.357/1985, ART. 12 ................................................................................. 140
- Lei Uniforme, art. 9º ...................................................................................... 140
- Não há Reservas
Indicação da quantia a ser paga – Peculiaridades e critérios de interpretação de divergências de valores ...................................................................................... 140

- LEI 7.357/1985, ART. 13 ................................................................................. 141
- Lei Uniforme, art. 10º .................................................................................... 142
- Não há Reservas ............................................................................................. 142
1. *Autonomia e independência das obrigações e capacidade cambiária – Fundamentos e generalidades* ................................................................... 142
2. *Autonomia e exceções pessoais* ................................................................. 144
3. *Independência – Incomunicabilidade de defesas pessoais* ....................... 144
4. *Efeitos restritos da incapacidade de algum signatário* ............................. 145
5. *Capacidade para abertura de conta bancária e movimentação por cheque* 146
6. *Legitimação da mulher casada e sua responsabilidade pessoal – Variantes* 146

- LEI 7.357/1985, ART. 14 ................................................................................. 148
- Lei Uniforme, art. 11º .................................................................................... 149
- Não há Reservas
Assinatura por representação, com ou sem poderes, ou com poderes excedentes: efeitos ............................................................................................................ 149

SUMÁRIO EXPLICATIVO 11

- LEI 7.357/1985, ART. 15 ................................................................. 150
- Lei Uniforme, art. 12º ....................................................................... 150
- Não há Reservas
  O emitente sempre garante o pagamento: a emissão é garantia cartular – Só o sacado não é obrigado cambiário ................................................... 150

- LEI 7.357/1985, ART. 16 ................................................................. 151
- Lei Uniforme, art. 13º ....................................................................... 152
- Há Reserva do art. 11º do Anexo II ................................................... 152
1. *Emissão em branco e completamento (Súmula 387/STF) – Problemas* .... 152
2. *Preenchimento abusivo atrai punição no âmbito processual* ................ 153
3. *Falta grave do portador no preenchimento de cheque em branco ou incompleto* ........................................................................................ 155
4. *Riscos para o emitente que deixe em branco o nome do beneficiário* ...... 158

Capítulo II – Da Transmissão
(LEI 7.357/1985, ARTS. 17 a 28; Lei Uniforme, arts. 14º a 24º)

- LEI 7.357/1985, ART. 17 ................................................................. 161
- Lei Uniforme, art. 14º ....................................................................... 161
- Há Reserva do art. 7º do Anexo II ..................................................... 161
Orientações prévias úteis ao consulente sobre o Capítulo II ................ 161
1. *Cheque emitido com mais de um endosso e devolução sem pagamento, ao tempo da CPMF (Lei 9.311/1996 e Motivo 36/BACEN)* ................... 162
2. *Transferência por via de endosso ou mutação subjetiva que gera direito novo e acumula garantias: como entender o endosso no direito chéquico atual* ............................................................................................... 164
3. *Cláusula de intransmissibilidade absoluta do cheque por endosso ou cessão* ................................................................................................. 167
4. *Circulabilidade cambiariforme: movimentação financeira, endosso ao sacado, sucessividade de endossos, salvo cláusula "não à ordem" e endosso de retorno* ............................................................................. 169
5. *O tradens (último endossatário) ou portador apresentante para pagamento* ........................................................................................... 171

- LEI 7.357/1985, ART. 18 ................................................................. 172
- Lei Uniforme, art. 15º ....................................................................... 172
- Não há Reservas
Nota prévia: o endosso é negócio acessório que equivale a "um novo ato de criação", cujo pressuposto é a validade do próprio título ................... 172
1. *Incondicionamento e integralidade do endosso "puro e simples"* ......... 173
2. *O endosso feito pelo banco sacado é nulo* ........................................ 174
3. *Endosso em preto: com identificação do endossatário; e em branco: sem essa identificação* ........................................................................... 175
4. *Endosso-quitação ao sacado: pagamento é liquidação que completa e exaure a circulação do cheque* ......................................................... 175

5. **Indicação do negócio subjacente no cheque emitido para pagamento e o texto inspirador, da Lei do Mercado de Capitais** .................................. 176
6. **Transferência anômala – Advertência e algumas considerações** .............. 177

- LEI 7.357/1985, ART. 19 ............................................................................... 180
- Lei Uniforme, art. 16º .................................................................................. 180
- Não há Reservas

*Forma do endosso: lançamento e assinatura no dorso e tradição física do título* 180

- LEI 7.357/1985, ART. 20 ............................................................................... 181
- Lei Uniforme, art. 17º .................................................................................. 182
- Não há Reservas

1. **Efeitos do endosso: transmissão de direito com eventual garantia do endossante** .................................................................................................. 182
2. **Endosso em branco: faculdades conferidas ao portador** ........................ 182
3. **Cessão e endosso equivalente a cessão: hipóteses e efeitos** ................... 183
4. **A garantia parcial, todavia, não é incompatível com transmissão total dos direitos** ..................................................................................................... 183

- LEI 7.357/1985, ART. 21 ............................................................................... 184
- Lei Uniforme, art. 18º .................................................................................. 184
- Não há Reservas

1. **Responsabilidade do endossante: regra de garantia que comporta exceção exonerativa e o art. 914 do CC/2002** ................................................ 184
2. **O endossante responde sempre pela existência do direito, mas pode proibir novo endosso – Efeitos** ......................................................................... 185

- LEI 7.357/1985, ART. 22 ............................................................................... 186
- Lei Uniforme, art. 19º .................................................................................. 186
- Não há Reservas ......................................................................................... 186

1. **Introdução – Distinção entre detentor e portador legitimado de cheque endossável** ................................................................................................. 186
2. **Sequência de endossos e o encargo de verificação pelos bancos** ........... 187
3. **Cancelamento do endosso e seus efeitos e ônus da prova do detentor para ser considerado portador legitimado** ................................................ 188

- LEI 7.357/1985, ART. 23 ............................................................................... 188
- Lei Uniforme, art. 20º .................................................................................. 189
- Não há Reservas

*Endosso de cheque ao portador – Responsabilidade para o endossante, sem conversão da natureza do título* ................................................................. 189

- LEI 7.357/1985, ART. 24 ............................................................................... 190
- Lei Uniforme, art. 21º .................................................................................. 190
- Há Reserva do art. 12º do Anexo II .............................................................. 190

1. **Desapossamento anômalo do cheque – Restituição: boa-fé, falta grave e má-fé do novo possuidor e tutela ao desapossado** ................................... 190

SUMÁRIO EXPLICATIVO 13

2. *A complementaridade dos arts. 907 do CPC e 909 do CC/2002 ao parágrafo único do art. 24 da Lei 7.357/1985, em tutela da vítima de desapossamento* .................................................................................................... 193
3. *Proteção à aquisição de boa-fé de cheque endossável e a exceção de má-fé ou falta grave* ............................................................................................. 194
4. *Desapossamento por perda ou roubo de cheque e ação de anulação e substituição* .................................................................................................. 194

- LEI 7.357/1985, ART. 25 ........................................................................ 195
- Lei Uniforme, art. 22º ............................................................................ 195
- Não há Reservas

1. *Limitação da defesa do demandado na ação de garantia por obrigação resultante de cheque que tenha circulado por endosso ou não, salvo hipóteses excepcionais, como de ciência do demandante sobre mácula no negócio subjacente, ensina o STJ* ................................................................ 195
2. *Introdução à jurisdicionalidade do cheque e o contraditório em juízo* ..... 197
3. *Ação cabível ao credor por obrigação resultante do cheque e a forma de defesa processual e sua amplitude* ............................................................ 198
4. *Regra da inoponibilidade de exceções: ponderações cabíveis e o acesso do juiz à verdade* ............................................................................................ 198
5. *Defesas pessoais e literais do título: questões suscitáveis* ....................... 200
6. *Amenização do fenômeno de inoponibilidade das exceções* .................... 201

- LEI 7.357/1985, ART. 26 ........................................................................ 202
- Lei Uniforme, art. 23º ............................................................................ 203
- Não há Reservas

*Introdução sobre endosso-mandato ou impróprio: representação "para cobrança", sem substituição do outorgante da procuração* ............................ 203
1. *Endosso-mandato e sua distinção do mandato para endossar – Peculiaridades* ........................................................................................................... 204
2. *Exceções dos coobrigados: devem referir-se ao endossante-mandante titular do direito, e não ao endossatário-mandatário* ...................................... 206
3. *Casos de não extinção da representação contida no endosso-mandato* .... 207
4. *Princípio da continuidade do endosso-mandato: mistério da* ratio legis .. 209

- LEI 7.357/1985, ART. 27 ........................................................................ 210
- Lei Uniforme, art. 24º ............................................................................ 210
- Não há Reservas

1. *Caracterização do endosso póstumo: compreensão do tema no cheque* ... 210
2. *Fenômeno que esvazia o título endossado de seus efeitos jurídicos normais* ............................................................................................................. 211
3. *Endosso sem data: presunção* juris tantum, *ou seja, dentro do prazo de apresentação* ............................................................................................... 212

- LEI 7.357/1985, ART. 28 ........................................................................ 213
1. *Introdução: o parágrafo único não tem paralelo na Lei Uniforme* ......... 213

2. *Endosso ao sacado: a liquidação prova a quitação* ............................ 214
3. *Cheque imputado: endosso ao sacado e liquidação extinguem a obrigação indicada em cláusula extrabancária como causa da emissão* ........... 215
4. *A posição do banco sacado não se altera* ............................................ 216
5. *Imputação privativa do emitente* ........................................................ 216
6. *Torna-se oponível exceção fundada na relação causal imputada* .......... 217
7. *Cheque acolhido pela Fazenda Pública em pagamento como beneficiária ou endossatária é intransferível* .......................................................... 217

### Capítulo III – Do Aval
(LEI 7.357/1985, ARTS. 29 a 31; Lei Uniforme, arts. 25º a 27º)

- LEI 7.357/1985, ART. 29 .................................................................. 219
- Lei Uniforme, art. 25º ....................................................................... 219
- Não há Reservas

1. *Considerações gerais e específicas sobre a garantia cambiária não especulativa do aval, necessidade de outorga conjugal e aval póstumo* ........ 219
2. *Questões que o aval no cheque suscita: exceções, chamamento ao processo, aval parcial, sucessivo, plurissubjetivo ou simultâneo e a Súmula 189/ STF* .................................................................................................. 223
3. *Incabível ação monitória ou de locupletamento por cheque prescrito contra avalista, pelo desaparecimento da relação cambial* ....................... 225
4. *Aval por mandato e suas peculiaridades* ............................................. 226

- LEI 7.357/1985, ART. 30 .................................................................. 227
- Lei Uniforme, art. 26º ....................................................................... 227
- Há Reserva (rejeitada) do art. 13º do Anexo II .................................. 227
*Lançamento, forma e fórmula do aval* ................................................... 227

- LEI 7.357/1985, ART. 31 .................................................................. 228
- Lei Uniforme, art. 27º ....................................................................... 229
- Não há Reservas

1. *Obrigação do avalista e vício de forma que fulmine o cheque* ............ 229
2. *Direitos e ações do avalista pagante sub-rogado perante o avalizado e outros coobrigados* ............................................................................ 230
3. *Relação recíproca de direito comum entre os coavalistas simultâneos solidários do mesmo avalizado* ............................................................ 232

### Capítulo IV – Da Apresentação e do Pagamento
(LEI 7.357/1985, ARTS. 32 a 43; Lei Uniforme, arts. 28º a 36º)

- LEI 7.357/1985, ART. 32 .................................................................. 234
- Lei Uniforme, art. 28º ....................................................................... 234
- Não há Reservas
*Orientações prévias úteis ao consulente do Capítulo IV* ........................ 234
1. *Considerações gerais sobre apresentação e pagamento ou recusa e devolução* ............................................................................................... 235

SUMÁRIO EXPLICATIVO 15

2. *Apresentação e declaração de recusa de pagamento como pré-requisitos de exigibilidade ou pretensão de cobrança* .................. 237
3. *Reapresentação de cheque devolvido: efeitos da persistência da anomalia* 238
4. *Cheque pós-datado ou com data futura ou "pré-datado" exprime negócio fiduciário tácito apto a gerar efeitos civis (Súmula 370/STJ)* .................. 240

- LEI 7.357/1985, ART. 33, *CAPUT* .................. 242
- Lei Uniforme, art. 29º .................. 242
- Há Reserva do art. 14º do Anexo II .................. 243

*Peculiaridades sobre prazos (de direito potestativo do portador ao termo final) para apresentação e sua contagem, sem alterar a natureza do cheque de ordem de pagamento à vista* .................. 243

- LEI 7.357/1985, ART. 33, parágrafo único .................. 246
- Lei Uniforme, art. 30º .................. 246
- Não há Reservas

*Diversidade de calendários: prevalece o do lugar de pagamento* .................. 246

- LEI 7.357/1985, ART. 34 .................. 247
- Lei Uniforme, art. 31º .................. 247
- Há Reserva do art. 15º do Anexo II .................. 247

1. *Câmara de compensação – Sistema de Pagamentos Brasileiro: equivalência à apresentação do cheque ao sacado* .................. 247
2. *Sistema de compensação de cheques: SPB, STR e Compe* .................. 248
3. *A indevida devolução caracteriza dano moral (Súmula 388/STJ)* .................. 250

- LEI 7.357/1985, ARTS. 35 E 36 .................. 250
- Lei Uniforme, art. 32º .................. 250
- Há Reserva do art. 16º do Anexo II .................. 251

1. *Contraordem ou revogação e oposição no regime da Lei 2.591/1912 e sua evolução conceitual* .................. 251
2. *Contraordem e oposição não se confundem – Transição na vigência da Lei Uniforme* .................. 252
3. *Na ausência de contraordem o direito de apresentação ou reapresentação e de pagamento fica estendido até a prescrição: implicações diretas e indiretas surpreendentes* .................. 255
4. *Extravio de cheque e seus efeitos envolvendo apresentação, contraordem, anulação e até prescrição* .................. 257
5. *Conjugação das disjuntivas da revogação do cheque e da oposição à ordem de pagamento – Arts. 35 e 36 da Lei Interna e sua força oculta. Casuística* .................. 259
6. *A oposição a pagamento manifestada por beneficiário-endossante que foi portador de cheque administrativo deve ser acatada pelo banco emitente-sacado. Casuística* .................. 266
7. *Ainda o cheque administrativo emitido por solicitação (cheque bancário solicitado): relevantes questões subjacentes, inclusive a responsabilidade do banco como* adjectus *prestador de serviços, e não como obrigado cambiário* .................. 271

8. *Pode o solicitante-beneficiário da emissão de cheque administrativo ou bancário revogá-lo mercê de contraordem, ou fazer sustar seu pagamento?* 277
 9. *Podem o solicitante não beneficiário ou o beneficiário não solicitante da emissão de cheque administrativo ou bancário revogá-lo mercê de contraordem, ou fazer sustar seu pagamento e ser atendidos pelo banco sacador-sacado?* .................. 278
10. *E quanto ao banco sacador-sacado de cheque bancário (criado por solicitação), pode, excepcionalmente, autocontraordenar ou sustar o pagamento por sua iniciativa e no interesse próprio, em casos teratológicos?* 278

- Lei 7.357/1985, art. 37 ................. 279
- Lei Uniforme, art. 33º ................. 279
- Não há Reservas
1. *Morte ou incapacidade do emitente* ................. 279
2. *Emissão por falido e pagamento a falido* ................. 279
3. *Aferição do fato superveniente* ................. 280

- Lei 7.357/1985, art. 38 ................. 280
- Lei Uniforme, art. 34º ................. 280
- Não há Reservas
1. *Quitação do portador ao banco sacado ao pagar o cheque* ................. 281
2. *Pagamento parcial pelo sacado e suas peculiaridades ou dificuldades na assimilação dessa inovação legada pela Convenção de Genebra* ................. 282

- Lei 7.357/1985, art. 39 ................. 283
- Lei Uniforme, art. 35º ................. 284
- Não há Reservas
1. *Problemas sobre o encargo de verificação da regularidade da série de endossos e da autenticidade das assinaturas dos endossantes, inclusive do tradens, e a Súmula 28/STF* ................. 284
2. *Da responsabilidade do banco sacado e do banco apresentante ou intercalar pelo pagamento de cheque irregular em sentido amplo* ................. 290
3. *Da responsabilidade regressiva por dolo ou culpa do correntista, do endossante ou do beneficiário perante o sacado pelo pagamento de cheque falso, falsificado ou alterado* ................. 292
4. *O texto do parágrafo único do art. 39 da Lei 7.357/1985 inova sobre o enunciado da Súmula 28/STF ao acrescentar o cheque "alterado"* ................. 293

- Lei 7.357/1985, arts. 40 a 42 ................. 293
- Lei Uniforme, art. 36º ................. 294
- Há Reserva do art. 17º do Anexo II ................. 294
1. *Pagamentos preferenciais na ordem sucessiva em caso de apresentações simultâneas (art. 40 da Lei 7.357/1985), por insuficiência de fundos* ................. 294
2. *Pedido de explicações (art. 41 da Lei 7.357/1985): corolário dos riscos e das responsabilidades do banco e a Súmula 28/STF* ................. 295
3. *Cheque em moeda estrangeira (art. 42 e parágrafo único da Lei 7.357/1985) e seu pagamento por conversão à moeda nacional* ................. 296

SUMÁRIO EXPLICATIVO                                                              17

- Lei 7.357/1985, art. 43 (vetado) ..................................................................... 297
Considerações sobre o texto vetado: a ação do desapossado já está no art. 24   298

### Capítulo V – Do Cheque Cruzado
(Lei 7.357/1985, arts. 44 e 45; Lei Uniforme, arts. 37º a 39º)

- Lei 7.357/1985, art. 44 ................................................................................. 299
- Lei Uniforme, art. 37º .................................................................................. 299
- Há Reserva do art. 18º do Anexo II (mas que, por sistemática de exposição, será examinada mais adiante, nas anotações ao art. 39º da Lei Uniforme – art. 46 da Lei 7.357/1985) .............................................................................. 299
*Orientação prévia útil ao consulente do Capítulo V* ....................................... 300
*1.* **Cheque cruzado – Histórico, generalidades, operacionalidade e efeitos do cruzamento** ................................................................................................ 300
*2.* **Os Planos "Collor" e "Real" nos cheques pagáveis no Brasil** ................ 302

- Lei 7.357/1985, art. 45 ................................................................................. 303
- Lei Uniforme, art. 38º .................................................................................. 304
- Há Reserva do art. 18º do Anexo II (mas que, por sistemática de exposição, será examinada mais adiante, nas anotações ao art. 39º da Lei Uniforme – art. 46 da Lei 7.357/1985)
*Peculiaridades sobre cheque cruzado e suas espécies: implicações, detalhes e sutilezas* ....................................................................................................... 304

### Capítulo VI – Do Cheque para ser Creditado em Conta
(Lei 7.357/1985, art. 46; Lei Uniforme, art. 39º)

- Lei 7.357/1985, art. 46 ................................................................................. 308
- Lei Uniforme, art. 39º .................................................................................. 308
- Há Reserva do art. 18º do Anexo II, abrangendo ainda os arts. 37º e 38º da Lei Uniforme ................................................................................................ 308
*Orientações prévias ao consulente do Capítulo VI* ......................................... 309
*1.* **Cheque com proibições de circulação e de pagamento em dinheiro – Observações e responsabilidades** ................................................................... 309
*2.* **Aspectos relevantes do cheque de liquidação por creditamento em conta do beneficiário e seus efeitos** ...................................................................... 311
*3.* **Conversão de cheques estrangeiros pagáveis no Brasil** ........................ 311
*4.* **Também o portador pode lançar cláusula de creditamento: sentido estrito** 312
*5.* **Depósito: equivalente a pagamento, dispensa endosso terminal ao sacado** 312
*6.* **Ainda a responsabilidade bancária do sacado por descumprimento das disposições específicas** ............................................................................... 313

### Capítulo VII – Da Ação por Falta de Pagamento
(Lei 7.357/1985, arts. 47 a 55; Lei Uniforme, arts. 40º a 48º)

- Lei 7.357/1985, arts. 47 e 48 ........................................................................ 314
- Lei Uniforme, arts. 40º e 41º ........................................................................ 315
- Há Reservas dos arts. 19º, 20º e 21º do Anexo II ........................................ 315

*Orientações prévias úteis ao consulente do Capítulo VII* ............ 316

1ª Parte – Anotações Alusivas ao Período Anterior: Conservação e Perda dos Direitos de Ação (Execução Forçada) (Aplicação dos Arts. 40º e 41º da Lei Uniforme) ............ 317

2ª Parte – Anotações alusivas do Período Posterior: o que Mudou na Vigência da Lei 7.357/1985, da Lei do Protesto de Títulos e do Efeito Interruptivo da Prescrição pelo Novo Protesto Cambial (Aplicação da Atual Lei Interna, Arts. 47 e 48)

1. *O protesto tempestivo do cheque, tendo como pressuposto sua apresentação não tardia ao sacado e devolvido sem pagamento. Súmula 600/STF* 321
2. *Efeitos da apresentação intempestiva e as ações de cobrança na vigência da Lei do Cheque. Ainda a Súmula 600/STF* ............ 322
3. *O protesto facultativo ou alternativo do cheque (art. 48 da Lei 7.357/1985, conjugado com a superveniente Lei 9.492, de 10.9.1997) – Aspectos relevantes, funções e efeitos jurídicos, inclusive em face do art. 202,* caput *e inciso III, do CC/2002* ............ 328
4. *O não protesto de cheque roubado ou extraviado* ............ 331
5. *O protesto comum dispensa o especial para fins de falência, desde que a intimação seja feita sem irregularidade ao devedor corretamente identificado* 333
6. *Extravio de talonário de cheques antes da entrega ao correntista*

*Fundamentos jurídicos de uma ação do banco com base no parágrafo único do art. 24 da Lei do Cheque* ............ 334

7. *Ainda a controvérsia sobre as modalidades de protesto do cheque por falta de pagamento, para fins falenciais* ............ 336
8. *Intervenção de terceiros em pagamento benéfico do cheque no Cartório de Protesto* ............ 338

- Lei 7.357/1985, art. 49 ............ 339
- Lei Uniforme, art. 42º ............ 339
- Há Reserva (rejeitada) do art. 22º do Anexo II ............ 340
1. *Aviso sobre a falta de pagamento, a ser dado pelo portador ao seu endossante e ao emitente do cheque e sucessivamente aos coobrigados* ............ 340
2. *Sistema de avisamento sobre a falta de pagamento* ............ 341

- Lei 7.357/1985, art. 50 ............ 342
- Lei Uniforme, art. 43º ............ 342
- Não há Reservas

*Cláusula "sem despesa" ou "sem protesto" ou outra equivalente a estas: várias situações* ............ 343

- Lei 7.357/1985, art. 51
- Lei Uniforme, art. 44º ............ 344
- Não há Reservas ............ 345
1. *Solidariedade passiva e o direito irrestrito de ação do portador em face dos coobrigados* ............ 345

2. *As relações entre obrigados solidários do mesmo grau são de direito comum* .................................................................................................... 346
• LEI 7.357/1985, ARTS. 52 E 53 ................................................................ 347
• Lei Uniforme, arts. 45º e 46º .................................................................... 347
• Há Reservas dos arts. 23º e 24º (rejeitada) do Anexo II ........................... 348
*1. Direitos do portador demandante exigíveis contra o demandado* ............. 348
*2. Ainda a correção monetária, os juros de mora e a* restitutio in integrum *– Termo inicial: desde o dia da apresentação. As Súmulas 43 e 54/STJ e o critério diverso da Lei do Protesto de Títulos* .............................................. 349
*3. Direito regressivo do coobrigado pagante exigível contra os garantes* ..... 353

• LEI 7.357/1985, ART. 54 ......................................................................... 354
• Lei Uniforme, art. 47º .............................................................................. 355
• Não há Reservas
*1. Generalidades sobre entrega do cheque ao obrigado que pagou* ............. 355
*2. Inutilização de endosso pelo pagante e exoneração dos endossantes subsequentes, ficando com direito de regresso contra os precedentes* ........... 355
*3. Ação de quitação pelo obrigado pagante em caso de recusa do credor em dá-la na forma devida* ............................................................................. 356

• LEI 7.357/1985, ART. 55 ......................................................................... 356
• Lei Uniforme, art. 48º .............................................................................. 356
• Não há Reservas
*1. Prorrogação de prazos – Casos de força maior e outros aspectos implicados no impedimento de apresentação ou protesto do cheque* ................... 357
*2. Dispositivos pertinentes da Lei do Protesto de Títulos* ............................ 359

**Capítulo VIII – Da Pluralidade de Exemplares**
(LEI 7.357/1985, ARTS. 56 e 57; Lei Uniforme, art. 49º e 50º)

• LEI 7.357/1985, ART. 56 ......................................................................... 360
• Lei Uniforme, art. 49º .............................................................................. 360
• Não há Reservas
*Cheque de fluxo internacional de emissão múltipla que não seja ao portador* .. 360

• LEI 7.357/1985, ART. 57 ......................................................................... 362
• Lei Uniforme, art. 50º .............................................................................. 362
• Não há Reservas
*Disciplina de responsabilidade e de pagamento de cheques com pluralidade de exemplares* .............................................................................................. 363

**Capítulo IX – Das Alterações**
(LEI 7.357/1985, ART. 58; Lei Uniforme, art. 51º)

• LEI 7.357/1985, ART. 58 ......................................................................... 365
• Lei Uniforme, art. 51º .............................................................................. 365
• Não há Reservas

1. *Alteração objetiva do texto do cheque e seus efeitos para os signatários anteriores e posteriores* .................................................................................... 365
2. *Propósito da previsão legal e a atuação diligente e responsável do sistema bancário como guardião final do cheque* ..................................................... 367

### Capítulo X – Da Prescrição

(Lei 7.357/1985, arts. 59 a 62; Lei Uniforme, arts. 52º e 53º)

- Lei 7.357/1985, art. 59 .................................................................................. 369
- Lei Uniforme, art. 52º .................................................................................. 369
- Há Reserva do art. 25º do Anexo II ............................................................. 369

*Orientações prévias úteis ao consulente do Capítulo X* ..................................... 369
1ª Parte – Situação Antes da Lei 7.357/1985 (Evolução Antecedente) .............. 371
2ª Parte – Situação Depois da Lei 7.357/1985 (Art. 59)

1. *Prescrição das ações executivas sobre cheque (art. 47, I e II, e art. 59, e parágrafo único, da Lei 7.357/1985)*
   1.1 Introdução à execução direta e à ação de regresso, executiva ou não    373
   1.2 O termo inicial do prazo de prescrição da execução direta é fixo e invariável, tenha ou não sido apresentado tempestivamente o cheque: prevalece, para fins de fluição, a data, mesmo futura, de postergação, nele consignada, apesar da norma restritiva do art. 192, CC? ........  374
   1.3 Orientação mais recente do STJ sobre prazo de apresentação de cheque pós-datado ........................................................................................ 381
2. *Prescrição da ação de regresso, executiva ou não, do coobrigado que pagou o cheque* ........................................................................................................ 382
3. *As alternativas de termo inicial da prescrição da ação de regresso no final do parágrafo único do art. 59 da Lei 7.357/1985 – Problemas e dificuldades do chamamento ao processo de execução* ................................................ 383
4. *Conclusões sobre as dificuldades inerentes às alternativas do início do prazo de prescrição da ação de regresso executivo* .......................................... 385
5. *Renúncia da prescrição (art. 191 do CC/2002) – Dúplice inadequação ao cheque já prescrito* .......................................................................................... 387

- Lei 7.357/1985, art. 60 .................................................................................. 388
- Lei Uniforme, art. 53º .................................................................................. 388
- Há Reserva do art. 26º do Anexo II ............................................................. 388

1ª Parte – Interrupção da Prescrição e seus Efeitos: Situação Antes da Lei 7.357/1985 .......................................................................................................... 389
2ª Parte – Interrupção da Prescrição e seus Efeitos: Situação na Vigência da Lei 7.357/1985 e as Inovações do Art. 202, *Caput* e Inciso III, do CC/2002, Aplicáveis ao Cheque

1. *Problemas da suspensão e da interrupção da prescrição e seus efeitos* ....    390
2. *Outros aspectos sobre interrupção da prescrição do cheque e problemas que suscita: insubsistência da Súmula 153/STF em caso de protesto cambial tardio* .................................................................................................... 391
3. *Situações exóticas de interrupção da prescrição relacionadas ao cheque* .    393

SUMÁRIO EXPLICATIVO                                                                 21

- LEI 7.357/1985, ART. 61 .................................................................... 395
- Há Reserva do art. 25º do Anexo II (texto *retro*, junto ao art. 59 da Lei 7.357/1985) Esclarecimento prévio à ação de enriquecimento com o não pagamento do cheque prescrito para execução ........................................................ 395
  1. *Ação de locupletamento injusto por cheque prescrito para execução, sem pagamento, pertencente ao gênero das ações* in rem verso ...................... 396
  2. *Diferenciação entre ação de locupletamento e ação fundada na relação causal, com a consequente distinção dos requisitos de cada uma (respectivamente, arts. 61 e 62 da Lei 7.357/1985). E ambas não se confundem com a ação de enriquecimento sem causa, dos arts. 884 a 886 do CC/2002* .............................................................................................. 399
  3. *Ação monitória – Conceito e Súmula 299/STJ: assegura-se essa via processual peculiar de cobrança por cheque já prescrito para execução (art. 59 da Lei 7.357/1985), ou se já prescrito até mesmo para ação de locupletamento (art. 61)* ........................................................................ 405

- LEI 7.357/1985, ART. 62 .................................................................... 408
  1. *Generalidades sobre a ação fundada na relação causal que gerou o cheque* pro solvendo, *salvo prova de novação (art. 62 da Lei 7.357/1985): aplicação analógica da Súmula 26/STJ* ................................................. 408
  2. *Ainda a ação monitória e outros aspectos relevantes na ação causal (art. 62 da Lei 7.357/1985)* .......................................................................... 411
  3. *O cheque não tem eficácia extintiva da obrigação causal* ...................... 412
  4. *Depósito judicial através de cheque: só o pagamento é liberatório* ......... 413

**Capítulo XI – Dos Conflitos de Leis em Matéria de Cheques**

(LEI 7.357/1985, ART. 63)

- LEI 7.357/1985, ART. 63 .................................................................... 416
  1. *Conflitos de leis internacionais – Aspectos gerais: interesses conflitantes que exsurjam dos cheques de curso internacional emitidos ou pagáveis no Brasil* ................................................................................................ 416
  2. *Matérias sobre cheque cujos conflitos são passíveis de solução de acordo com as normas convencionais específicas (arts. 2º a 9º da Convenção)*
     2.1 Introdução explicativa sobre relações internacionais privadas, em matéria de cheque ....................................................................... 418
     2.2 Capacidade (e incapacidade) (art. 2º da Convenção) ..................... 419
     2.3 Pessoas sobre as quais pode ser sacado o cheque (art. 3º da Convenção) .......................................................................................... 420
     2.4 A forma do cheque é regulada pela lei do País de emissão (art. 4º da Convenção) .................................................................................. 421
     2.5 A lei do País de emissão regula os efeitos das obrigações emergentes do cheque (art. 5º da Convenção) ................................................ 421
     2.6 Também os prazos para exercício do direito de ação são regulados pela lei do lugar da criação do título (art. 6º da Convenção) ......... 421

2.7 *Entretanto, é a lei do País em que o cheque é pagável que regula todas as matérias jurídicas relacionadas com a disciplina do cheque (art. 7º da Convenção)* .................................................................................... 422
2.8 *Todos os atos e prazos de exercício ou conservação de direitos, como o protesto, serão regulados pela lei do País em que deva ser feito o protesto ou sejam praticados os atos (art. 8º da Convenção)* ............. 422
2.9 *Duas ressalvas de faculdade de não aplicação dos princípios de direito internacional privado (art. 9º da Convenção)* ................................. 423
2.10 *Irretroatividade (art. 10º da Convenção)* ............................................ 423
3. **Cheque oriundo de outro País, pagável no Brasil** ................................. 423
4. **Convenção Interamericana sobre Conflitos de Leis em Matéria de Cheque, adotada em Montevidéu, em 8.5.1979 – Texto** ............................. 425
5. **Breves considerações sobre o conteúdo da Convenção Interamericana** .. 426

Capítulo XII – Disposições Gerais
(LEI 7.357/1985, ARTS. 64 a 71; Lei Uniforme, arts. 54º a 57º)

- LEI 7.357/1985, ART. 64 ................................................................. 429
- Lei Uniforme, art. 55º ................................................................... 429
- Há Reserva (rejeitada) do art. 27º do Anexo II ............................. 429
Orientações úteis ao consulente do Capítulo XII ................................. 429
1. *Generalidades sobre feriados legais no que respeita aos prazos e atos relativos ao cheque* ........................................................................... 430
2. *Dia útil e a Lei do Protesto de Títulos: expedientes bancário, forense e cartorial* ............................................................................................ 431

- LEI 7.357/1985, ART. 64, PARÁGRAFO ÚNICO ................................. 432
- Lei Uniforme, art. 56º ................................................................... 432
- Não há Reservas
1. *Cômputo de prazos – Critérios das disposições de direito comum* ......... 432

- Lei Uniforme, art. 57º (sem correspondente na Lei 7.357/1985) ............. 433
- Há Reserva (rejeitada) do art. 28º do Anexo II ............................. 433
1. *Dias de perdão ou prorrogação graciosa de prazo – Inadmissão* ........... 433

- LEI 7.357/1985, ART. 65 ................................................................ 434
  I – Introdução ao Tema dos "Efeitos Penais" do Cheque .................. 434
  II – Aspectos Jurídico-Penais do Cheque, com Jurisprudência do STF ......... 436
*Jurisprudência do STF de orientação sobre vários aspectos jurídico-penais do cheque* ................................................................................................ 446
  III – Atualização Jurisprudencial dos Efeitos Penais das Figuras Delitivas do Cheque
1. *Súmula 17/STJ e a absorção do falso pelo estelionato* ....................... 449
2. *Emissão de cheque em substituição de dívida: quando não tipifica fraude* 450
3. *Tipo de estelionato básico: competência criminal* ............................. 450
4. *Conta encerrada após a primeira apresentação: competência criminal pela Súmula 521/STF* ........................................................................ 451

SUMÁRIO EXPLICATIVO    23

5.  *Emissão de cheque pós-datado é conduta atípica no âmbito penal* ............ 451
6.  *Pagamento antes ou após o recebimento da denúncia criminal: Súmula 554/STF* ................................................................................................... 452
7.  *Súmula 48/STJ: falsificação do cheque (competência)* ........................ 452
8.  *Concurso de agentes* ............................................................................... 453
9.  *Frustração do pagamento do cheque* ..................................................... 453
10. *Cheque sem fundo emitido para pagamento de dívida de jogo ou obrigação natural: não há crime* ........................................................................ 453
11. *Subtração de talonário ou de cheque em branco e sua circulação mediante falsificação: delitos sucessivos* ........................................................... 454
12. *Pagamento, pelo banco sacado, de cheque emitido sem provisão de fundos. Variantes* .......................................................................................... 455

• Lei 7.357/1985, art. 66 ............................................................................. 456
• Há Reservas dos arts. 30º (acolhida) e 31º (rejeitada) do Anexo II ............ 457
*Cheques de leis especiais por estas são regidos* ........................................... 457

• Lei 7.357/1985, art. 67 ............................................................................. 457
• Lei Uniforme, art. 54º ............................................................................... 458
• Há Reserva do art. 29º do Anexo II .......................................................... 458
1.  *O Sistema Financeiro Nacional* .............................................................. 458
2.  *A palavra "banco" designa instituição financeira* ................................. 459

• Lei 7.357/1985, art. 68 ............................................................................. 459
1.  *Prova dos cheques sacados e liquidados* ............................................... 459
2.  *Sigilo bancário – Liberação específica* ex lege *do banco sacado* ........... 460
3.  *Casos de quebra do sigilo bancário e a Lei Complementar 105, de 10.1.2001* .................................................................................................. 461
4.  *Cheque – Perfil geneticamente alterado e novas preocupações do Banco Central com maior segurança na sua utilização* ..................................... 463
5.  *Recente Resolução 3.972, de 28.4.2011, do Banco Central, sobre cheques, devolução e oposição ao seu pagamento e outros temas de segurança no uso do cheque* .......................................................................................... 463

Lei 7.357/1985, art. 69 ................................................................................ 464
1.  *Atribuições do Conselho Monetário Nacional* ...................................... 464
2.  *Motivos de devolução de cheques sem pagamento pelo banco sacado* ..... 466
3.  *Instituição e implantação da truncagem no âmbito da compensação interbancária de cheques, pela Circular 3.532/2011, do Banco Central* ....... 468

• Lei 7.357/1985, art. 70 ............................................................................. 469
*Vigência* ......................................................................................................... 469
1.  *Conclusões sobre o ideário da Lei Uniforme e a subsequente vigência da Lei Interna do Cheque para recuperar as tradições do magnífico instituto do cheque* ................................................................................................ 470
2.  *Cheque fraudado, clonado ou adulterado* ............................................. 472

- Lei 7.357/1985, art. 71 ............................................................................ 473
1. *Houve revogação genérica, para afastamento de "disposições em contrário", com a subsistência residual da Lei Uniforme convencionada como fonte matricial subsidiária inesgotável* ........................................................ 473
2. *Não houve revogação expressa da antiga Lei do Cheque, mas apenas derrogações implícitas de disposições pontualizadas em contrário* ............... 474

**Bibliografia** ............................................................................................. 475

PRIMEIRA PARTE
# ESTUDOS PREAMBULARES

*I – Considerações gerais sobre a Lei Uniforme do Cheque e advertência prévia sobre a vigência da Lei 7.357, de 2.9.1985, atual Lei Interna do Cheque. II – Declaração de vigência da Lei Uniforme pelo STF. III – Diretriz para pesquisa. IV – Fixação das Reservas, segundo o Decreto 57.595, de 7.1.1966, de adoção da Convenção de Genebra. V – Natureza jurídica das Reservas convencionais.*

## *I – Considerações gerais sobre a Lei Uniforme do Cheque e advertência prévia sobre a vigência da Lei 7.357, de 2.9.1985, atual Lei Interna do Cheque*

O Brasil vive desde a vigência da Lei 7.357/1985 sua terceira experiência legislativa sobre o cheque (a primeira, decorrente dos Princípios de Haia, na Lei 2.591/1912; e a segunda, pelos aperfeiçoamentos da Lei Uniforme de Genebra, desde 1966) – o que representa, agora, a culminância da evolução histórica, o aperfeiçoamento, a decantação e o amadurecimento de conceitos testados e já arraigados pela tradição, mercê da contribuição da teoria doutrinal estrangeira e nacional de primeira grandeza refletida na construção de uma sábia jurisprudência pacificadora que tem contribuído até com o direito comparado.

Por outras palavras, imprimiu-se, desde sua origem, à Lei Uniforme o foro de lei de princípios formadores do novo direito chéquico, por isso mesmo transitória; mas de eficácia jurídica, que não foi excluída do ordenamento jurídico, seja no plano externo, seja no plano interno, como fonte residual sempre viva de Direito, pela entrada em vigor da Lei 7.357/1985.

Até porque, como pioneiramente observou Maria Elizabete Vilaça Lopes,[1] "o exame do regime legal do cheque devia, pois, fazer-se com base

---

1. Maria Elizabete Vilaça Lopes, *Comentários à Nova Lei do Cheque*, São Paulo, Resenha Tributária, 1985, p. 2, item 1.2.

na Lei Uniforme, em conjunto com os Decretos 2.591/1912 e 2.044/1908 (...)". Na verdade, a Lei Uniforme constitui texto "seminal" de Direito vivo, que gera outros, desperta ideias e produz novos textos e ele próprio cresce e muda – como diz Mauro Brandão Lopes, invocando C. H. Driver, no "Prefácio" do livro da autora antes citada. A Lei Uniforme é, pois, um *referencial vivo*, e não simplesmente histórico.

Importa considerar e anotar a Lei especial do Cheque, em correlação congruente com os cânones agora subsidiários da fonte convencional viva inspiradora do legislador pátrio, e destacar eventual prevalência das leis nacionais inovadoras posteriores, nos pontos em que a afetaram.

## II – Declaração de vigência da Lei Uniforme pelo STF

Depois de alguns anos de justificadas discussões e controvérsias na doutrina e na jurisprudência, que se mostravam indefinidas, sobre "a tese da inserção no direito positivo brasileiro" e consequente aplicação imediata das normas aprovadas pelo Brasil, segundo a amplitude de sua adesão às conclusões relativas às Convenções de Genebra, que tinham por fim uniformizar a legislação sobre cheques e sobre cambiais no âmbito doméstico e também nas relações internacionais de direito privado, a Suprema Corte deu sua palavra final e definitiva sobre a questão da vigência da "Lei Uniforme, mandada executar, salvo em relação às Reservas expressas, tão inteiramente como nela se contém, pelo Decreto 57.595, de 7.1.1966".

Restou pacífica a orientação do STF, imprimida no RE 71.154-PR, de 1971.[2] Dentre outros subsequentes julgados destaca-se também o RE 80.004-SE, de 1977,[3] correspondente à tese seguinte: "Aprovada a Convenção pelo Congresso Nacional, e regularmente promulgada, suas normas têm aplicação imediata, inclusive naquilo em que modificarem a legislação interna".

Essa orientação do RE 71.154-PR e do RE 80.004-SE esteve presente – já na vigência da Constituição de 1988 – na ADI 1.480-DF, rel. Min. Celso de Mello, que é invocada em despacho presidencial na Carta Rogatória/República Argentina 8.279,[4] do seguinte teor: "Conclui-se então que, no Brasil, ocorre algo semelhante ao que se verificou na Itália, como observa Alberto Asquini,[5] ou seja, a lei interna específica deve enfim ser considerada a fonte

2. *RTJ* 58/70.
3. *RTJ* 83/809-848.
4. "Informativo" do *DJU* 13.5.1998, n. 109.
5. Alberto Asquini, *Titoli de Credito, l'Assegno Bancario*, Pádua, CEDAM, 1966, n. 176, p. 390.

reguladora prevalecente sobre todas as outras em matéria de cheque, salvo o auxílio interpretativo que pode vir do texto da Convenção incorporada ao sistema infraconstitucional, que pode valer, por exemplo, como norma supletiva no silêncio da lei especial – o que não seria possível se a Lei Uniforme estivesse banida do nosso ordenamento jurídico".

Para arrematar a justificativa do posicionamento aqui adotado, vale o testemunho qualificado do especialista autor de um dos Anteprojetos da atual Lei do Cheque, o saudoso professor Egberto Lacerda Teixeira, no seu livro de comentários à *Nova Lei Brasileira do Cheque*, Saraiva: "Comentando, na ocasião, o célebre acórdão do STF, escrevemos que se impunha com urgência a elaboração de novo diploma que dispusesse, por inteiro, sobre a matéria e harmonizasse os preceitos da Lei Uniforme de Genebra com as Reservas manifestadas pelo Brasil. Enfatizávamos, então, a necessidade de expungir o texto em Português de erros linguísticos e técnicos que maculavam a versão vernácula aprovada pelo Decreto 57.595/1966".[6]

## *III – Diretriz para pesquisa*

O critério de integração dos textos convencionais (anteriores à Lei 7.357/1985) mantém-se nesta 5ª edição em suas linhas gerais; essa característica da obra atualiza-se radicalmente com a priorização do texto da Lei 7.357, cujas disposições – artigo por artigo – passam a ocupar o lugar de proeminência referencial que anteriormente era destinado ao texto principal da Lei Uniforme (Anexo I), sobrepondo-se com destaque ao correspondente texto de origem convencional, quando ocorrente, que ficará imediatamente abaixo.

E para completar a conjugação, que sempre foi a nota dominante no perfil da pesquisa que resultou na escolha do título da obra, desde a 1ª edição em 1973 (*Lei do Cheque*), anotar-se-ão a existência e a afetação ou não, em cada artigo confrontado, de reservas do Anexo II e, ainda, de dispositivo da antiga Lei do Cheque (Lei 2.591, de 7.8.1912) e de outras referências esclarecedoras da evolução do sentido de cada texto.

Deve-se ter em conta outro texto normativo para integrar o estudo sistemático seguro da Lei do Cheque, que é o Código Civil de 2002 (Lei 10.406, de 10.1.2002), que, nos seus arts. 887 *et seq.*, trata dos títulos de crédito (disposições gerais, título ao portador e título à ordem) e dispõe sobre regras, inclusive de direito intertemporal, que possam ser aplicáveis complementarmente a títulos cambiariformes, como o cheque.

6. Egberto Lacerda Teixeira, *Nova Lei Brasileira do Cheque*, São Paulo, Saraiva, 1985, p. 11, n. 15.

Finalmente, chama-se a atenção do consulente para um aspecto surpreendente ou "supernovo", ou fato legal que não pode ser subestimado, porque interfere na interpretação e, mais que isso, afeta a própria *vigência* da Lei Interna do Cheque (Lei 7.357/1985): decorre da posterior Lei 8.021, de 12.4.1990 (do "Plano Collor"), que suprimiu ou limitou a emissão de títulos (inclusive *cheques*) *ao portador*, no sentido de "beneficiário não identificado". Trata-se de inserção restritiva prejudicial de disposições da atual Lei do Cheque acerca do *cheque ao portador* não identificado (art. 8º, III, e parágrafo único), também disciplinado no Código Civil/2002, e/ou do *endosso em branco ou ao portador* não identificado (arts. 18, § 2º, 19, § 1º, e 20).

E quanto ao endosso ocorreu fenômeno similar: outra norma fiscal, a lei que criou a CPMF, de vigência temporária, somente *permitia* um único endosso dos cheques pagáveis no País enquanto esteve em vigor o art. 17, I, da Lei 9.311, de 24.10.1996; do que resultou ser a infração *motivo* estabelecido pelo Banco Central de *devolução* pelo banco sacado sem pagamento ao apresentante (alínea 36, já suprimida).

## IV – Fixação das Reservas, segundo o Decreto 57.595, de 7.1.1966, de adoção da Convenção de Genebra

O primeiro e talvez mais sério problema residiu na inteligência do Decreto 57.595, de 7.1.1966.

Foi penoso descobrir a *mens legis* do item 1º. Não se tinha, à primeira vista, a exata compreensão do texto. Não se sabia se o diploma excluía as Reservas 1, 13, 22, 24, 27, 28 e 31 ou se, ao contrário, excluía as demais Reservas: 2, 3, 4, 5, 6, 7, 8, 9, 10, 11, 12, 14, 15, 16, 17, 18, 19, 20, 21, 23, 25, 26, 29 e 30.

Faltou clareza ao texto.

O Governo Brasileiro, ao aderir às Convenções, reservou-se o direito de adotar as disposições do Anexo II, que o decreto enumera, alterando ou derrogando várias disposições correspondentes do Anexo I (Lei Uniforme). Enfim, a seleção de Reservas é que assegurou *a priori*, nos pontos e na amplitude por elas facultados, a flexibilidade na formação do novo direito interno, com amoldagem aos princípios convencionais uniformizadores, sem renúncia do País às peculiaridades e conveniências domésticas; sobretudo, com o fim de ter reconhecido seu regramento positivo pelos demais Estados subscritores nas hipóteses de emissão de cheques de curso internacional, regidos os eventuais conflitos de conformidade com as normas do protocolo específico.

Essa foi também a conclusão sufragada pelo STF no RE 69.873, da 1ª Turma, em 11.11.1971, de que foi relator o Min. Amaral Santos, ao afirmar que: "II – A Lei Uniforme em Matéria de Cheques está em vigor e tem eficácia, com as Reservas feitas à Convenção, entre as quais se acha a Reserva ao art. 14 do Anexo II, perdurando a respeito o que dispõe o art. 4º do Decreto n. 2.591, de 1912".

O art. 14 do Anexo II é mencionado expressamente no texto do decreto de adoção da Lei Uniforme.

## V – Natureza jurídica das Reservas convencionais

Antes da vigência da atual Lei 7.357/1985 predominaram na doutrina pátria duas correntes.

A primeira e mais antiga, encabeçada por Antônio Mercado Jr.,[7] era no sentido de que a adoção da Lei Uniforme, com subscrição de 24 das 31 Reservas constantes do Anexo II colocadas à livre disposição dos Governos aderentes, implica o reconhecimento da vigência do sistema resultante dessa integração, independentemente de lei interna do País. Acrescenta o renomado autor: "A matéria objeto dessas Reservas ou já está regulada em nossas leis, ou não o está. No primeiro caso, as normas vigentes subsistirão, como disposições extravagantes, não derrogadas pela Lei Uniforme, em virtude mesmo das Reservas. No segundo caso, a eventual lacuna de nosso direito subsistirá enquanto não editadas normas que a supram".

A segunda era sustentada por Fábio Konder Comparato,[8] para quem "a Reserva, nos tratados-leis, representa mera possibilidade jurídica, para o legislador nacional, de excluir ou modificar os efeitos de certas disposições do regulamento uniforme, objeto do tratado, e não propriamente a exclusão ou modificação efetiva e imediata dessas disposições, pela ratificação do tratado, na ausência de qualquer pronunciamento específico do legislador interno sobre o assunto". Apoiado em Adolfo Maresca,[9] assinala: "Tanto mais que, deixando de legislar especificamente sobre os pontos objeto de Reserva, o legislador brasileiro acabou adotando integralmente o texto unitário genebrino, sem levar em conta as Reservas, por não ter o Governo se servido das faculdades nelas contidas".[10]

7. Antônio Mercado Jr., *Nova Lei Cambial e Nova Lei do Cheque*, 3ª ed., São Paulo, Saraiva, 1971, p. 78.
8. Fábio Konder Comparato, "O regime jurídico do cheque na Lei Uniforme de Genebra", conferência inserta na *RDM* 7/65-74.
9. Adolfo Maresca, *Il Diritto dei Trattati*, Milão, Giuffré, 1971, pp. 280 e ss.
10. Foi nesse sentido que Vasseur e Marin emitiram opinião sobre a solução brasileira, quando assinalaram: "Le legislateur brésilien n'a pás fait usage des reserves stipulées" (nota de rodapé 4, p. 23, da obra *Le Chèque*, Paris, Sirey, 1969). No mesmo local aduzem que os únicos dois Países que não estipularam Reservas – e que, portanto,

Firmou-se a jurisprudência, a partir do STF, em consonância com o magistério do professor Mercado Jr.[11] É também a posição adotada em edições anteriores deste estudo, inclusive já externada em artigos doutrinários de Paulo Restiffe Neto.[12]

Com a adoção, supervenientemente à Lei Uniforme, da Lei Interna do Cheque (Lei 7.357/1985), que instrumentalizou, dentre as Reservas oferecidas aos convencionais ou aderentes, aquelas que mais interessaram ao legislador interno, já não se coloca mais o ilustrativo problema da dicotomia de correntes de prevalência do texto principal puro e simples (Anexo I) ou conjugado às Reservas subscritas.

É oportuno referir que somente três anos após a adoção das Leis Uniformes pelo Brasil adveio a Convenção de Viena sobre o Direito dos Tratados, estabelecida em 1969, em cujo estatuto diplomático atribuiu-se um conceito jurídico definido ao instituto da reserva, nestes termos elucidativos (art. 2º, § 1º, "d"): *uma declaração unilateral, qualquer que seja a sua redação, feita por um Estado ao assinar, ratificar, aceitar ou aprovar um tratado ou a ele aderir, com o objetivo de excluir ou modificar os efeitos jurídicos de certas disposições do tratado em sua aplicação a esse Estado.*

Como se verá com mais detalhes e informações na Segunda Parte ("Anotações à Lei Interna do Cheque em Correspondência com a Lei Uniforme e suas Reservas"), as Reservas gerais e aquelas subscritas pelo Brasil abrangeram as matérias resumidas em precioso esboço sequencial de Reservas formulado por Othon Sidou.[13]

Resta assinalar, em conclusão do resumo oferecido por Othon Sidou, que a proteção penal do cheque não foi cogitada nos Anexos I e II da Lei Uniforme, reservada sua disciplina ao direito interno de cada País convencionante ou aderente.

---

adotaram o texto da Lei Uniforme (Anexo 1) – foram Portugal e Mônaco. Com a Lei 7.357/1985 o legislador brasileiro procedeu à integração mais conveniente dos textos genebrinos.

11. *RTJ* 58/74 e 60/217 e 468; *RT* 442/160, 443/225, 228, 253 e 332.
12. Paulo Restiffe Neto, in *RT Informa* 61 e 71.
13. Othon Sidou, *Do Cheque*, Rio de Janeiro, Forense, 1976, n. 11, pp. 16-18.

SEGUNDA PARTE

# ANOTAÇÕES À LEI INTERNA DO CHEQUE EM CORRESPONDÊNCIA COM A LEI UNIFORME E SUAS RESERVAS

*I – Coordenação da Lei Interna com os Anexos I e II. II – Tábua da correspondência dos 71 artigos da Lei Interna com os 57 da Lei Uniforme e suas 31 Reservas. III – Textos da Lei Interna e da Convenção (Anexos I e II).*

## I – Coordenação da Lei Interna com os Anexos I e II

Eliminada a primeira dúvida ou a primeira dificuldade, cancelando-se as Reservas 1, 13, 22, 24, 27, 28 e 31 do Anexo II, passa-se, agora, ao confronto das 24 Reservas subsistentes com o texto básico da Lei Uniforme (os 57 artigos do Anexo I), para se saber qual o texto que resultou da fusão de ambos os Anexos, ou seja, qual a composição da Lei Uniforme a que o Brasil efetivamente aderiu. Deve ser levado em consideração o fato de que várias reservas já tinham solução firmada na nossa legislação interna anterior, e outras não, dependentes da lei nova.

Para os casos ressalvados, a que a nossa legislação interna anterior tenha dado provimento, foram feitas a assimilação e alteração, substituindo-se o texto da Lei Uniforme (derrogado pela respectiva Reserva) pelo correspondente da nossa legislação precedente sobre cheque.

Há Reservas que derrogam disposições do Anexo I. Outras acrescentam, restringem ou alteram.

Assim, a Lei Uniforme tomou alguma forma transitória dentro do quadro legal positivo vigente, até que foi elaborado o diploma especial integrativo de consolidação sistematizada da legislação nacional sobre cheque, que é a Lei 7.357, de 2.9.1985.

Em seguida elaborou-se o quadro da correspondência entre os 71 artigos da nova Lei Interna de consolidação com os 57 artigos do Anexo I (Lei

Uniforme) e todas as 31 Reservas (Anexo II); e, para visão completa do consulente, adjuntam-se normas pertinentes da antiga Lei Interna do Cheque (Lei 2.591/1912), da Lei do Sistema Financeiro (Lei 4.595/1964) e da Lei do Mercado de Capitais (Lei 4.728/1965).

## II – Tábua da correspondência dos 71 Artigos da Lei Interna com os 57 da Lei Uniforme e suas 31 Reservas

| Da Lei Interna do Cheque (Lei 7.357/1985) | Da Lei Uniforme – Anexo I | Das Reservas – Anexo II |
|---|---|---|
| Artigos | Artigos | Artigos |
| 1º | 1º | 1º (Reserva rejeitada) e 2º |
| 2º | 2º | 3º |
| 3º | 3º | 4º |
| 4º | 3º | 4º |
| 5º (vetado) | 3º | 5º |
| 6º | 4º | 6º |
| 7º | 4º | 6º |
| 8º | 5º | 7º |
| 9º | 6º | 8º e 9º |
| 10 | 7º | Não há Reservas |
| 11 | 8º | 10º |
| 12 | 9º | Não há Reservas |
| 13 | 10º | Não há Reservas |
| 14 | 11º | Não há Reservas |
| 15 | 12º | Não há Reservas |
| 16 | 13º | 11º |
| 17 | 14º | 7º |
| 18 | 15º | Não há Reservas |
| 19 | 16º | Não há Reservas |
| 20 | 17º | Não há Reservas |
| 21 | 18º | Não há Reservas |
| 22 | 19º | Não há Reservas |

## ANOTAÇÕES À LEI INTERNA DO CHEQUE 33

| Da Lei Interna do Cheque (Lei 7.357/1985) | Da Lei Uniforme – Anexo I | Das Reservas – Anexo II |
|---|---|---|
| 23 | 20º | Não há Reservas |
| 24 | 21º | 12º |
| 25 | 22º | Não há Reservas |
| 26 | 23º | Não há Reservas |
| 27 | 24º | Não há Reservas |
| 28 | Sem correspondente na Lei Uniforme; corresponde ao parágrafo único do art. 52 da Lei 4.728/1965 | – |
| 29 | 25º | Não há Reservas |
| 30 | 26º | 13º (Reserva rejeitada) |
| 31 | 27º | Não há Reservas |
| 32 | 28º | Não há Reservas |
| 33, caput | 29º | 14º |
| 33, parágrafo único | 30º | Não há Reservas |
| 34 | 31º | 15º |
| 35 | 32º | 16º |
| 36 | 32º | 16º |
| 37 | 33º | Não há Reservas |
| 38 | 34º | Não há Reservas |
| 39 | 35º | Não há Reservas |
| 40 | Sem correspondente na Lei Uniforme; corresponde aos arts. 8º e 10 da Lei 2.591/1912 | – |
| 41 | Sem correspondente na Lei Uniforme; corresponde aos arts. 8º e 10 da Lei 2.591/1912 | – |
| 42 | 36º | 17º |
| 43 (vetado) | Sem correspondente na Lei Uniforme | – |
| 44 | 37º | 18º |

| Da Lei Interna do Cheque (Lei 7.357/1985) | Da Lei Uniforme – Anexo I | Das Reservas – Anexo II |
|---|---|---|
| 45 | 38º | 18º |
| 46 | 39º | 18º |
| 47 | 40º | 19º e 20º |
| 48 | 41º | 20º e 21º |
| 49 | 42º | 22º (Reserva rejeitada) |
| 50 | 43º | Não há Reservas |
| 51 | 44º | Não há Reservas |
| 52 | 45º | 23º |
| – | Sem correspondente na Lei Uniforme | 24º (Reserva rejeitada) |
| 53 | 46º | 23º |
| 54 | 47º | Não há Reservas |
| 55 | 48º | Não há Reservas |
| 56 | 49º | Não há Reservas |
| 57 | 50º | Não há Reservas |
| 58 | 51º | Não há Reservas |
| 59 | 52º | 25º |
| 60 | 53º | 26º |
| 61 | Sem correspondente na Lei Uniforme | 25º |
| 62 | Sem correspondente na Lei Uniforme | – |
| 63 | Sem correspondente na Lei Uniforme | – |
| 64, *caput* | 55º | 27º (Reserva rejeitada) |
| 64, parágrafo único | 56º | Não há Reservas |
| 65 efeitos penais | Sem correspondente na Lei Uniforme | – |
| Sem correspondente na Lei 7.357 | 57º | 28º (Reserva rejeitada) |
| 66 | Sem correspondente na Lei Uniforme | 30º (Reserva genérica) |

ANOTAÇÕES À LEI INTERNA DO CHEQUE 35

| Da Lei Interna do Cheque (Lei 7.357/1985) | Da Lei Uniforme – Anexo I | Das Reservas – Anexo II |
|---|---|---|
| – | – | 31º (Reserva genérica rejeitada) |
| 67 | 54º | 29º |
| 68 | Sem correspondente na Lei Uniforme; corresponde ao art. 51 da Lei 4.728/1965 | – |
| 69 | Sem correspondente na Lei Uniforme; corresponde ao art. 4º da Lei 4.595/1964 | – |
| 70 | Sem correspondente na Lei Uniforme; corresponde ao art. 15 da Lei 2.591/1912 | – |
| 71 | Sem correspondente na Lei Uniforme | – |

## III – Textos da Lei Interna e da Convenção (Anexos I e II)

Adiante virão os textos da Lei Interna consolidada e da Lei Uniforme como fonte inspiradora (Anexo I), em que seus artigos serão seguidos dos artigos de Reservas do Anexo II, colocados topograficamente reunidos para facilidade de compreensão e análise dos três textos integrados.

Os 71 dispositivos da legislação interna terão primazia na correlação com a matéria cuidada na legislação uniformizada, a que se relacionem, para visão conjunta, no mesmo local. Os 57 artigos da Lei Uniforme, já integrados pelas 31 correspondentes Reservas, receberão a interpretação e as anotações cabíveis, inclusive, à luz dos dispositivos pertinentes a títulos de crédito do Código Civil/2002, da antiga Lei Interna do Cheque, das Leis do Sistema Financeiro e do Mercado de Capitais, confrontando-se, quando for o caso, as opiniões dos doutrinadores pátrios ou do direito comparado.

A todo passo far-se-á remissão aos precedentes jurisprudenciais inspiradores do novo direito e sobretudo aos mais expressivos debates jurisdicionais das Cortes do País travados em julgamentos que se seguiram à Lei 7.357/1985, sobre os quais será emitido o ponto de vista crítico-doutrinário dos autores deste estudo, que envolve o necessário aprofundamento nas questões processuais e substanciais, desde as mais ocorrentes às complexas e dificultosas, que suscitaram a criação de Súmulas dos Tribunais sobre o cheque.

Por outro lado, a *Convenção Destinada a Regular Certos Conflitos de Leis em Matéria de Cheques* foi objeto, nesta edição, de estudo prático e analítico nas anotações ao art. 63 da Lei 7.357/1985, abrangendo todos os aspectos pertinentes ao *cheque de curso internacional* que tenha o Brasil como um dos Países envolvidos na emissão, na circulação ou pagamento do título – enfim, nas relações internacionais privadas em matéria de cheque.

Inclui-se agora no exame do art. 63 referência à Convenção Interamericana de Montevidéu sobre Conflitos de Leis em Matéria de Cheque, adotada pelo Brasil, com anotações específicas.

Far-se-á também referência às alterações legislativas posteriores à Lei 7.357/1985 por leis especiais, como as que afetaram o regime de cheques ao portador e limitaram temporariamente, na vigência da CPMF, a circulação de cheques a um único endosso, com reflexos na Tabela de Motivos de Devolução elaborada pelo Banco Central; além da inclusão de observações, quando cabíveis, a dispositivos do Código Civil/2002 (Título VIII do Livro I da Parte Especial, "Dos Títulos de Crédito" – arts. 887-926) que possam interessar ao estudo do cheque, considerada a ressalva expressa no art. 903 no sentido de que: "*Salvo disposição diversa em lei especial*, regem-se os títulos de crédito pelo disposto neste Código". Certo, ainda, que, especificamente em relação ao cheque, enquanto ordem e meio peculiar de pagamento à vista de natureza bancária, o Código Civil/2002 absteve-se de legislar, sem prejuízo da incidência das suas disposições gerais, com realce para inovações que descortinam novos horizontes nas relações jurídicas das partes envolvidas com o instituto do cheque.

Finalmente, a parte criminal e os aspectos jurídico-penais do cheque, não disciplinados pela Lei do Cheque, são examinados nas anotações ao art. 65 em vários subitens abrangentes dos temas do interesse de punição da fraude no pagamento por meio de cheque.

# Capítulo I – Da Emissão e da Forma do Cheque

(Lei 7.357/1985, arts. 1º a 16; Lei Uniforme, arts. 1º a 13º)

• Lei 7.357/1985, art. 1º

Art. 1º. O cheque contém: I – a denominação "cheque" inscrita no contexto do título e expressa na língua em que este é redigido; II – a ordem incondicional de pagar quantia determinada; III – o nome do banco ou da instituição financeira que deve pagar (sacado); IV – a indicação do lugar de pagamento; V – a indicação da data e do lugar de emissão; VI – a assinatura do emitente (sacador), ou de seu mandatário com poderes especiais.

Parágrafo único. A assinatura do emitente ou a de seu mandatário com poderes especiais pode ser constituída, na forma de legislação específica, por chancela mecânica ou processo equivalente.

• Lei Uniforme, art. 1º

Artigo 1º

O cheque contém: 1º) a palavra "cheque" inserta no próprio texto do título e expressa na língua empregada para a redação deste título; 2º) o mandato puro e simples de pagar uma quantia determinada; 3º) o nome de quem deve pagar (sacado); 4º) a indicação do lugar em que o pagamento se deve efetuar; 5º) a indicação da data em que e do lugar onde o cheque é passado; 6º) a assinatura de quem passa o cheque (sacador).

• Há Reservas dos arts. 1º (rejeitada) e 2º do Anexo II

Artigo 1º
(Rejeitada)

Qualquer das Altas Partes Contratantes pode prescrever que a obrigação de inserir nos cheques passados no seu território a palavra "cheque" prevista no art. 1º, n. 1, da Lei Uniforme e bem assim a obrigação a que se refere o n. 5 do mesmo artigo de indicar onde o cheque é passado, só se aplicarão seis meses após a entrada em vigor da presente Convenção.

### Artigo 2º

Qualquer das Altas Partes Contratantes tem, pelo que respeita às obrigações contraídas em matéria de cheques no seu território, a faculdade de determinar de que maneira pode ser suprida a falta de assinatura, desde que por uma declaração autêntica escrita no cheque se possa constatar a vontade daquele que deveria ter assinado.

*Orientações prévias úteis ao consulente sobre o Capítulo I*

O Capítulo I ("Da Emissão e da Forma do Cheque") está assim distribuído: os arts. 1º a 16 da lei (Lei 7.357/1985) mantêm paridade com os arts. 1º a 13º da Lei Uniforme, porém com as seguintes diferenças:

(a) A Lei Interna nacional adota o vocábulo "emissão" e seus derivados "emitente" e "emitido" – como já o fazia a Lei 2.591/1912 – em lugar de fórmulas antigas como cheque "criado" ou "passado", referidas nas Conferências de Haia e Genebra.

(b) No inciso VI do art. 1º acrescentou-se autorização de assinatura por "*mandatário* com poderes especiais" – substituição, esta, possibilitada na Reserva 2ª; e a assinatura por chancela mecânica (parágrafo único do art. 1º) passou a ser tecnologia que, permitida na aludida Reserva 2ª, foi transposta para a lei, a partir de permissão legal doméstica autônoma anterior.

(c) Os arts. 3º e 4º da lei decorrem de desdobramento do art. 3º da Lei Uniforme, sendo que o § 2º do art. 4º da Lei 7.357 procede a uma qualificação de "fundos disponíveis" sem precedente na Lei Uniforme, mas que vigorava no § 1º do art. 1º da nossa antiga Lei Interna do Cheque.

(d) O art. 5º da Lei 7.357, que introduzia inovação à Lei Uniforme (sobre provisão), foi vetado, por conflitar com o art. 4º da mesma lei.

(e) Os arts. 6º e 7º da lei decorrem de desdobramento do art. 4º da Lei Uniforme, assim: o art. 6º restringe-se a vedar o aceite bancário no cheque; enquanto o art. 7º consagra a Reserva 6ª do Anexo II da Lei Uniforme, que autoriza o banco sacado a proceder ao visamento do cheque e disciplina esse procedimento e seus efeitos jurídicos, que não se confundem com os de vedados aceite ou marcação para pagamento pelo sacado.

(f) O *caput* do art. 13 contém disposição sem precedente na Lei Uniforme sobre Cheques, mas coerente com princípio inserto no art. 43, primeira parte, do Decreto 2.044/1908, no sentido de que as obrigações chéquicas também são autônomas e independentes, o que implica ter a lei mantido sua tradicional natureza jurídica de *título cambiário*.

(g) As obrigações contraídas por meio de cheques pagáveis no Brasil sempre estiveram isentas de pagamento do *selo, mas da CPMF não*, enquanto vigente. *V.: art. 14 da Lei 2.591/1912; art. 1º da Convenção sobre Imposto do Selo; e art. 17, I, da Lei 9.311, de 24.10.1996.*

(h) Cheque acima de certo valor mínimo deve conter identificação ou nome do seu beneficiário (Lei 8.021, de 12.4.1990), o que caracteriza um *sétimo requisito, extracartular*, como se verá adiante, no n. 9 ("Cheque ao Portador ou sem Identificação do Beneficiário e a Lei 8.021, de 12.4.1990") deste art. 1º, cujo efeito restrito é constituir a infração motivo de devolução pelo banco sacado, sem pagamento (Motivo 48/BACEN).

(i) O art. 16 fecha o capítulo da emissão e forma do cheque com o tema do completamento, suas circunstâncias e seus efeitos.

*Nota introdutória conceitual do cheque, inclusive do Banco Central*

A Reserva do art. 1º foi *rejeitada* pelo País, por inútil, visto que tanto a palavra "cheque" como a indicação do lugar onde o cheque é passado já constavam do direito anterior (art. 1º, "a" e "c", da Lei 2.591/1912) e, assim, desnecessária a *vacatio* de seis meses depois da entrada em vigor da Lei Uniforme para aplicação obrigatória dessas exigências de conteúdo formal do cheque. Não ocorreu solução de continuidade na disciplina do cheque pela adoção dos vários sistemas até o advento da Lei 7.357/1985.

Conforme conceito prático do Banco Central, o cheque é, ao mesmo tempo, *ordem de pagamento à vista* (para o banco sacado, onde o dinheiro do emitente está depositado em conta corrente) e *título de crédito* (para o beneficiário que o recebe, descontando-se o valor pago do saldo em depósito), capaz de gerar protesto ou execução em juízo.

Para a história resumida do cheque remete-se o consulente aos Capítulos I e II do consagrado comentário de Egberto Lacerda Teixeira,[1] que elaborou Anteprojeto nos idos de 1971, acolhido pelo Instituto dos Advogados de São Paulo.

O cheque é documento formal de exação instituído com função econômica de meio de pagamento incondicionado em dinheiro à vista da sua apresentação, regido por princípios próprios e genéricos, como classe especial de título de saque sobre provisão disponível com terceiro – vale dizer,

---

1. Egberto Lacerda Teixeira, *Nova Lei Brasileira do Cheque*, São Paulo, Saraiva, 1985.

constituída com o banco sacado, que figura como *adjectus*; isto é, ordem do correntista a ser atendida por uma instituição bancária ante contratação bilateral de depósito peculiar. Existe uma ordem cartular de pagamento, unilateral, nele mencionada, emitida em benefício próprio ou não, delimitada pela literalidade que lhe confere autonomia, normalmente abstraída da relação fundante, podendo ser objeto de transferência, cuja circulação gera efeitos cambiários e até civis, sob condições legais estritas, com direitos, obrigações e responsabilidades dos atores previstos no ordenamento jurídico. Tudo como se verá detalhadamente ao longo deste estudo, que compreenderá o exame do instituto da provisão como pressuposto lógico e também da conta corrente bancária, que é o negócio jurídico que antecede as complexas relações sobre o cheque, que não é, consequentemente, instrumento de crédito.

## 1. Os requisitos do cheque: generalidades

Do confronto do texto uniforme (Anexo I, art. 1º, e Reserva do Anexo II, art. 2º) com o texto da Lei Interna, Lei 7.357/1985 (também art. 1º e seu parágrafo único), ver-se-á que a última acolhe, com técnica legislativa mais adequada, os seis tradicionais enumerados requisitos do cheque e mais a Reserva da Convenção quanto ao suprimento da assinatura do emitente por mandatário com poderes especiais, bem como o uso de chancela mecânica ou processo equivalente.

A inserção no contexto do documento da palavra "cheque" é requisito essencial. A uma, porque diferencia o referido documento de outros títulos cambiários típicos, tais como nota promissória etc. A duas, porque a inscrição da denominação "cheque" salienta, à vista de todos, que qualquer assinatura ou rubrica em referido documento vinculará o autor do autógrafo às obrigações previstas em regras próprias da Lei do Cheque, ora em comento. Esses são os efeitos da personalização ou identificação jurídica inequívoca do título específico denominado *cheque*. Neste passo tem pertinência o texto do art. 887 do CC/2002, que contém útil disposição geral vivanteana conceituadora: "O título de crédito, documento necessário ao exercício do direito literal e autônomo nele mencionado, somente produz efeito quando preencha os requisitos da lei". O cheque é espécie do gênero, com peculiaridades, a que se aplica o conceito geral.

A denominação "cheque" estará expressa no vernáculo em que se redige o documento. E, como determina o art. 13 da CF de 1988, a língua portuguesa é o idioma oficial da República Federativa do Brasil.

O Decreto 2.591, de 7.8.1912, primitiva Lei do Cheque, em seu art. 2º, "a", dispunha sobre o requisito denominativo do cheque, permitindo a inscrição de palavra equivalente, caso fosse escrito o documento em língua estrangeira.

O art. 1º, I, da atual Lei do Cheque apoia-se na redação do direito anterior, disposta no art. 1º, 1, do Anexo I da Lei Uniforme de Genebra.

O étimo do vocábulo "cheque" é o verbo *to check*, que em Inglês significa *conferir*; confrontar, *controlar* (neologismo *checar*); daí *exchequer bill* ser título de *pronta exação*, em consonância com a significação que sua origem vocabular exprime, e designa um tabuleiro ou bandeja de contagem de dinheiro pelos tesoureiros régios (*exchiquier*, do Francês), conforme Tito Fulgêncio.[2]

*Requisitos específicos*

Para a criação do título denominado "cheque" a lei (art. 1º) exige que o *documento* contenha ordem incondicional de pagar "quantia determinada", à vista da sua apresentação ao banco sacado (art. 32 e parágrafo único) depositário de provisão disponível pelo emitente.

*Documento (*rerum substantia*)*

O cheque, em face do *princípio da documentalidade* ou *corporificação*, que exprime a literalidade da declaração unilateral de vontade incorporada na cártula, adotado pelo direito cambiário, até com conceituação programática no citado art. 887 do CC/2002, inclui-se como o título ou documento escrito necessário ao exercício do direito literal e autônomo nele contido, ou, melhor, nele mencionado. É o título, em sua própria substância, que deve – salvo raras exceções – servir aos fins a que se destina, seja na fase de circulação, seja para uso pré-processual (por exemplo: protesto) ou processual, em juízo; na segunda hipótese a imprescindibilidade do uso físico do original do documento decorre também de outro princípio: *nulla executio sine titulo* (arts. 586 e 618 do CPC). É oportuno invocar a disposição geral convergente do art. 888 do CC/2002: "A omissão de qualquer requisito legal, que tire ao escrito a sua validade como título de crédito, não implica a invalidade do negócio jurídico que lhe deu origem".

Impende considerar, ainda, que o cheque, enquanto transmissível ou circulável, é tratado como *documento público*, por força do texto do § 2º do art. 297 do CP (que se refere a título ao portador ou transmissível por endosso); ao passo que o cheque, depois de apresentado ao banco e recusado por

2. Tito Fulgêncio, *Do Cheque*, São Paulo, Livraria Acadêmica, 1923, item 1, p. 7.

falta de fundos, como título decaído, não é mais transmissível por endosso, passando a ser documento particular, referido no art. 305 do CP, como decidiu a 3ª Câmara Criminal do TJSP na ACr 30.256, em 21.12.1984, de que foi relator o Des. Pedro de Alcântara da Silva Leme.[3]

A possibilidade de reconstituição do documento destruído assegura a reincorporação da integralidade substancial do título, para todos os efeitos jurídicos, caso seja indispensável essa providência e não ocorra substituição do documento originário.

*Quantia determinada*

A regra do art. 1º, II, da atual Lei do Cheque é completada pelo art. 12 do mesmo diploma legal, o qual, por seu turno, é oriundo do art. 9º da Lei Uniforme. Por esse dispositivo, a indicação do requisito da quantia determinada a ser paga em dinheiro (ou crédito equivalente a dinheiro em conta bancária – arts. 45 e 46) pode ser feita tanto em algarismos como por extenso.

O referido art. 12 da Lei 7.357, de 2.9.1985, resolve as divergências que possam surgir no documento entre os valores indicados em algarismos ou por extenso, determinando prevalecer a quantia designada por extenso.

Ademais, o art. 12 resolve ainda a hipótese de divergência quando for indicada a quantia, seja por extenso, seja em algarismos, várias vezes. Em tais situações prevalece a indicação pela menor quantia, para todos os efeitos jurídicos. No que está implícita a possibilidade de adoção conjunta de ambos os critérios, correspondente à tradição do sistema brasileiro.

Importam, enfim – repita-se –, a autenticidade e certeza da soma a ser paga, até porque, por ser o cheque título executivo extrajudicial (art. 585, I, do CPC), deve ele revestir-se dos requisitos de liquidez, certeza e exigibilidade (arts. 586 e 618, I, do CPC), sob pena de inviabilidade do processo de execução que se faça necessário.

*Ordem incondicional de pagamento e fungibilidade do dinheiro depositado*

Por outro lado, no item 2 a Lei Uniforme se referia a "mandato puro e simples de pagar uma quantia determinada", enquanto a Lei Interna, no inciso II do art. 1º, adota redação diversa, oriunda do art. 1º da antiga Lei Interna, o que traz consigo relevantes implicações doutrinárias: "a ordem incondicional de pagar quantia determinada".

3. Ementa na *RT* 602/341.

Como se verá adiante, trata-se, adequadamente, de "ordem", e não de "mandato", porque pelo contrato de cheque o banco se apropria do dinheiro (bem fungível) depositado e se torna *devedor* (*ao cliente* ordenante) *do ato de pagamento* do cheque que lhe seja endereçado sobre depósito bancário ou provisão de fundo disponível. O que está em conformidade com a noção geralmente adotada na doutrina e ratificada pela jurisprudência, inclusive do STJ, a partir do conceito de *fungibilidade* do dinheiro (depositado), que, então, passa à propriedade do banco depositário, contra quem o depositante terá um crédito.[4] Note-se que essa tese constituiu premissa de decisão que admitiu a possibilidade de ser o dinheiro (em depósito bancário) penhorado em execução contra o banco depositário, *verbis*: "*já que não constitui reserva bancária, nem pertence a terceiro*, mas ao banco".

O STJ considerou, em outras duas decisões mais recentes, o *depósito bancário* como "espécie irregular" que "funciona como mútuo"; e, "assim, o dinheiro nominalmente depositado transfere-se à propriedade do (banco) depositário", com a consequência de que, em caso de falência do banco, os valores (bens fungíveis) nele depositados serão arrecadados pela massa como patrimônio do banco falido (arts. 1.280, 1.256 e 1.257 do CC/1916); e aos depositantes não cabe o pedido de restituição (art. 76 da antiga Lei de Falências – Decreto-lei 7.661/1945), devendo habilitar o respectivo crédito, para que se integrem no quadro geral dos credores.[5]

*V. também: anotações aos arts. 3º e 4º, n. 3.*

Ou seja, substituiu-se "mandato puro e simples" por "ordem incondicional", num título típico, que não é título de *crédito*, como às vezes é classificado impropriamente, contra sua natureza jurídico-econômica de instrumento de pagamento.

Anote-se, previamente, que o art. 1º da antiga Lei Interna do Cheque (Decreto 2.591, de 7.8.1912) falava apenas em "ordem".

Então, a síntese modernizante ocorreu na expressão adotada pela atual Lei Interna: "ordem incondicional". Por isso, o cheque é título, por natureza, de apresentação a terceiro (banco sacado). Mas, como instrumento ou meio de pagamento, é evidente que em caso de frustração (ordem não cumprida) se reverte ao emitente a obrigação-fim de garantia, devendo pagar ele próprio a quantia a que se obrigara no título em face do portador – aí, sim,

---

4. STJ, 3ª Turma, REsp 212.886-MA, rel. Min. Eduardo Ribeiro, j. 29.6.2000, *DJU* 166-E, 28.8.2000, p. 77.

5. 3ª Turma, AgR no REsp 508.051-MG, rel. Min. Humberto Gomes de Barros, j. 28.6.2004, ementa no *DJU* 2.8.2004, p. 370 – onde há invocação de precedente (*leading case*) da 2ª Seção, REsp 501.401-MG, rel. Min. Carlos Alberto Menezes Direito, j. 14.4.2004, ementa no *DJU* 3.4.2004, p. 130.

obrigação consoante o direito cartular, para o exercício de pretensão de cobrança.

*Ordem, e não mandato*

Decompondo a expressão, comecemos pelo vocábulo "ordem" (ao sacado) de pagamento; daí já se infere que o cheque, não sendo instrumento de crédito, também não é dinheiro, pois, se fosse, não exigiria pagamento em dinheiro.

A *ordem* unilateral (de pagamento de quantia determinada) inscrita no título que contém a denominação "cheque" é o requisito formal da literalidade que tipifica o cheque como título de exação. Essa literalidade exprime o primeiro dos dois caracteres estruturais do cheque, a *relação jurídica interna*, que é a ordem receptícia de pagamento que o titular de uma conta corrente bancária emite sobre o banco na utilização de disponibilidades de valor em dinheiro (fundos).

E a emissão daquela ordem em título de exação constitui declaração de garantia principal (art. 15) que incorpora a obrigação abstrata, de efeitos cambiários para o emitente, de pagar uma soma em dinheiro ao beneficiário ou portador legitimado; essa é a *relação jurídica externa*, de obrigação cambiária reunida no cheque posto em circulação (que emissão, emitir; do Latim *emittere, emissio*, significa "envio", "enviar"), que está subordinada ao eventual não cumprimento da ordem pelo banco sacado, já que o pagamento cabalmente cumprido pelo depositário extingue ou prejudica os direitos cambiários, pelo exaurimento normal da função econômica do cheque, de meio de pagamento.

Essa é a moderna concepção doutrinária *dualista* destacada por Pedro Mario Giraldi,[6] adotada na Lei Uniforme e pelo atual direito interno brasileiro em vigor.

Esse renomado autor argentino chama a atenção para a posição de sujeição do sacado, que pode provir da lei ou do contrato de cheque,[7] para fundamentar a superação das doutrinas da "delegação" em favor de terceiro, ou do "mandato", destacando que a fonte da obrigação do banco é o "pacto homônimo"; por isso o emitente promete "fato de terceiro" (do banco), que se insere na relação jurídica interna, sobre a provisão etc., e não na relação externa (cambiária), que é exclusiva entre emitente e bene-

---

6. Pedro Mario Giraldi, *Cuenta Corriente Bancaria y Cheque*, Buenos Aires, Astrea, 1973, §§ 49 e ss., pp. 148 e ss.
7. Idem, § 50, p. 151.

ficiário do cheque e outros terceiros que se insiram na relação jurídica por aval ou endosso.

Quanto à provisão, não é ela requisito de validade do cheque cuja ausência pudesse implicar sua nulidade ou descaracterização, como se depreende dos arts. 1º e 2º da Lei Uniforme e da Lei Interna; mas constitui a provisão elemento imprescindível de *regularidade*, para que o cheque cumpra regularmente não a sua função cambial, mas a sua função econômica, de meio de pagamento.[8]

Ou seja, com ou sem provisão, posto que esta não seja requisito essencial da existência do cheque, este não deixa de ser cheque, tenha ou não sido pago pelo banco sacado, o qual – insiste-se –, como *adjectus*, só tem relação jurídica (interna) com o emitente seu cliente, e não com o beneficiário ou portador (terceiro), que se insere na relação jurídica externa com o emitente e coobrigados.

Enfim, "mandato", vocábulo utilizado não em sentido técnico, mas no sentido vulgar da atividade do banco, pela Lei Uniforme, ou *ordem*, que provém do sistema inglês, adotado pela nossa Lei Interna, o que importa é que são expressões *sinônimas* e que o cheque contenha a solicitação, pedido ou mandamento de pagamento, a favor do portador, da soma indicada no título. O necessário – e suficiente – é que seja clara a vontade do emitente, para que o banco destinatário da execução da ordem pague.[9]

Até aqui falamos do primeiro termo da expressão ou binômio "*ordem* incondicional". Passemos, em seguida, ao exame do segundo termo: "incondicional".

*Incondicional*

Em primeiro lugar, "incondicional", juridicamente, indica que (a "ordem") não fica sujeita a condição *suspensiva* ou *resolutiva*; ou seja, o cheque é uma ordem, por natureza jurídica, que não tem sua eficácia *inicial suspensa ou diferida*, e nem se *resolve* por qualquer fato *futuro* e incerto; adotou-se, portanto, a incondicionalidade, em termos radicais e absolutos, com todas as consequências de direito implicadas.

Por sua própria natureza – ensina Giorgio De Semo[10] –, a ordem incondicionada tem caráter tanto mais necessário enquanto o cheque é destinado

8. Idem, § 52, p. 156.
9. Cf. Giacomo Molle, *I Titoli di Credito Bancari*, Milão, Giuffrè Editore, 1972, Capítulo 5, "a", p. 122.
10. Giorgio De Semo, *Trattato di Diritto Cambiario*, Pádua, CEDAM, 1963, n. 685, 2, p. 667.

a vida breve e requer segurança e prontidão de circulação e de exação, que devem restar imunes dos entraves e das incertezas que se relacionam à admissibilidade das condições suspensiva e resolutiva.

Na incondicionalidade do cheque é inadmissível, por exemplo, seja imposta contraprestação ou adimplemento de qualquer gênero para sua validade;[11] ou, ainda, inviável condicionar o pagamento a acréscimos de juros, o que pressuporia relação de *crédito*, que é intolerável no cheque; ou correção monetária, coisas sem sentido na ordem chéquica à vista, enquanto dirigida ao banco sacado. Outra coisa é a permissão de inclusão desses acréscimos na cobrança judicial de cheque não pago, que não se confunde com o pagamento regular pelo sacado.

Egberto Lacerda Teixeira[12] observa que o texto legal (interno) vigente preferiu a locução "ordem incondicional" para dar maior ênfase à natureza jurídica do cheque: determinação de pagamento em dinheiro, sem qualquer condição imposta pelo sacador ou pelo sacado. Não se deve, todavia – adverte –, interpretar o adjetivo "incondicional" como sinônimo de "irrevogável", porquanto em determinadas circunstâncias o emitente pode sustar o pagamento do cheque, mediante contraordem ou oposição expedida ao banco sacado[13] – posição, esta, conceitualmente correta e esclarecedora.

*Conta corrente bancária movimentada por cheque*

Por outro lado, dentro da *concepção dual*, depara-se, na subjacência da relação jurídica *interna* do cheque, entre o sacador e o banco sacado, um negócio jurídico acessório específico de *suporte*, que é a *conta corrente bancária*, na qual intervêm não só o banco e seu cliente mas, ainda, a autoridade administrativa reguladora, que expede normas disciplinadoras detalhadas de procedimento das partes. É nessa relação jurídica com encargos pressupostos que se desenvolve e aprofunda, também, a atividade interna das partes – banco e cliente – referida no art. 3º da Lei Uniforme e reproduzida no art. 4º da Lei 7.357/1985: "em virtude de contrato expresso ou tácito". E é o fato antecedente que concorre para que se veja impropriamente *mandato* no cumprimento pelo banco da ordem de pagamento do cheque dada pelo correntista.

Pedro Mario Giraldi, na sua obra citada,[14] afirma que é certo que não pode haver serviço de cheque sem conta corrente bancária, embora a

---

11. Cf. Giacomo Molle, *I Titoli di Credito Bancari*, cit., Capítulo 5, "b", p. 122.
12. Egberto Lacerda Teixeira, *Nova Lei Brasileira do Cheque*, cit., n. 21, p. 16.
13. Idem, ibidem.
14. Pedro Mario Giraldi, *Cuenta Corriente Bancaria y Cheque*, cit., Capítulo VI, § 47, p. 144.

transcendência jurídico-econômica do cheque produza efeitos substanciais próprios que nem sempre guardam relação com a conta corrente bancária e só a têm mediata.

Aduzimos nós que apenas no cheque administrativo pode ocorrer a eventualidade de ser prescindível conta corrente do solicitante, que poderia levar moeda em mãos a um banco e obter o cheque bancário no correspondente valor, pagando as taxas de serviço de emissão do cheque pelo banco – que, aí, atua excepcionalmente como sacador e sacado, isto é, como depositário circunstancial do respectivo valor (art. 9º, III, da Lei Interna).

Mas advirta-se que no Brasil não se vê naquele contrato bancário acessório de conta corrente, mesmo que contenha cláusulas de abertura de crédito pessoal para cobertura de falta de provisão até certo limite, título executivo do banco contra o cliente;[15] não só por ausência de previsão legal tipificadora, como se ressente da falta de liquidez eventual saldo devedor resultante dos lançamentos unilaterais procedidos pelo banco a débito e a crédito do seu correntista. Essa é a jurisprudência que se firmou no STJ (Súmula 233) quando a 2ª Seção (de Direito Privado) uniformizou o entendimento antes divergente. E recíproca é verdadeira, na medida em que ao cliente, titular de conta bancária com depósito em conta corrente, é assegurado o direito de pedir prestação de contas dos lançamentos contábeis, reconhecendo-lhe, outrossim, o mesmo STJ, como titular da conta, legitimidade e interesse para propor ação de pedido de prestação de contas.[16]

Em resumo, a quebra do contrato de conta corrente ou inadimplência interna das obrigações do cliente em face do banco acarreta responsabilidades de natureza civil comum, mas não afeta a validade do *cheque* não pago

---

15. A Medida Provisória 1.925, de 14.10.1999, publicada no *DOU* 15.12.1999, convertida em lei (Lei 10.931, de 2.8.2004), veio instituir, com eficácia de título executivo extrajudicial, a *Cédula de Crédito Bancário*, como título de crédito que pode ser emitido em favor de banco, de instituição financeira ou de entidade equiparada, representando promessa de pagamento em dinheiro, decorrente de operação de crédito, de qualquer modalidade; de modo que passa a ser exigível dos clientes de bancos a emissão do título em referência na abertura de contrato de crédito em conta corrente. Assim, quando a provisão de fundos decorra de suprimento dentro do limite de crédito, e não do saldo positivo decorrente de depósito bancário em dinheiro do correntista, a emissão de cheques na relação jurídica contratual *interna* entre banco/cliente passa a ter uma garantia duplamente qualificada, que antes era desconhecida do Direito pátrio – a de título executivo cedular (obrigação pessoal), que pode ainda suplementarmente contar com a garantia real ou fidejussória. Ou seja, o saldo devedor poderá contar, *ex lege*, com privilégio de título executivo na relação interna banco/cliente e garantia real.

16. STJ, 3ª Turma, REsp 114.489-SC, rel. Min. Nilson Naves, j. 2.2.1999, cuja ementa está no *DJU* 73-E, 19.4.1999, p. 133, onde são evocados dois precedentes uniformizantes oriundos da 2ª Seção: REsp 68.575 e REsp 96.207.

e devolvido pelo sacado por falta de provisão ao ser apresentado; o cheque constitui título cambial que precisamente nesse estado crítico tem, a par da sua função econômica, quando frustrada, a função jurídica de assegurar os direitos satisfativos inerentes ao portador, na fase patológica, em face do emitente e coobrigados cambiários.

## 2. Assinatura: expressão do elemento "pessoalidade" e a Súmula 28/STF

Na enumeração tanto da Lei Uniforme quanto da Lei Interna, a *assinatura* é o último requisito formal e substancial, isto é, da pessoalidade natural, do cheque; porque constitui a causa necessária e suficiente da assunção de obrigação cambial (*rectius*, chéquica), parece técnica legislativa de fins pedagógicos: requisito tão essencial deve ocupar a atenção principal do emitente, no sentido de só assinar depois de redigido o documento e de verificada e conferida a exatidão dos demais cinco elementos de conteúdo do título, precedentemente enumerados no art. 1º, como valor, data, local etc.

Como só se obriga cambiariamente – e isso de forma abstrata – quem assina ou lança sua firma no título, a omissão da assinatura do emitente implica não ter havido emissão ou criação jurídica do cheque, isto é, *sem ela não há título* – adverte Othon Sidou[17] –, com todas as consequências previsíveis.

Em princípio, a assinatura a ser aposta no cheque deve corresponder ao padrão de identificação pessoal oferecido pelo cliente, constante da ficha de autógrafo em poder do banco sacado, inclusive para facilitar o processo de conferência de autenticidade documental e liquidação com a devida segurança para todos os envolvidos (emitente, sacado, beneficiário e apresentante).

O fértil tema "assinatura" comporta reflexão ainda em duas vertentes: (a) a do *não* pagamento pelo sacado, seja de cheque sem assinatura, ou com assinatura do emitente em desconformidade com o padrão de autógrafo arquivado no banco ou, ainda, por falsidade ou falsificação da assinatura; e (b) a do pagamento, pelo sacado, de cheque em quaisquer das três subespécies enumeradas na letra "a".

Na vertente de *não* pagamento (letra "a"), isto é, de recusa de liquidação, pelo sacado, por vislumbre ou detecção técnica de irregularidade de assinatura do sacador no cheque, o problema primário que surge envolve necessariamente o beneficiário não pago, na sua relação contra o emitente ou o pseudoemitente.

---

17. Othon Sidou, *Do Cheque*, 4ª ed., Rio de Janeiro, Forense, 1998, n. 31.

Nas hipóteses de falta de assinatura ou de desconformidade com o padrão, mas demonstrada a autenticidade da ordem, a solução será simples se o banco sacado, antes, solicitar explicações aos interessados ou se, diante da recusa, emitente e beneficiário se entenderem, ou, ainda, se por confirmação houver suprimento da falha ou divergência ostentada no cheque apenas irregular ou deficiente.

Já, se se tratar de falsidade ou falsificação da assinatura do emitente (cheque falso), a solução desloca-se no caso de cheque sem pagamento pelo sacado, porque, não tendo assinado – e, portanto, não se obrigou –, pode o correntista (pseudoemitente) resistir à pretensão de pagamento (indevido), por ser oponível *erga omnes* a exceção de falsidade do cheque; o não signatário, isto é – no dizer de Rodrigo Octávio[18] –, *quem não assinou um cheque, não deve pagar, porque jamais pode ser responsabilizado por uma obrigação que não contraiu, por uma ordem que não deu*, ou seja, por um cheque incriado; vale dizer, por um título falso ou inexistente.

Passemos à reflexão da vertente da letra "b" (cheque falso pago pelo sacado), relativa à falsidade ou falsificação da assinatura do correntista (pseudoemitente).

Comecemos lembrando que, se se tratar de cheque comprovadamente autêntico mas assinado irregularmente ou em desconformidade com o padrão habitual, do pagamento que o sacado venha a efetuar não decorrerá problema algum para os figurantes.

Entretanto, no caso de pagamento, pelo sacado, de cheque falso, isto é, com falsidade da assinatura de emissão (de criação do título), a solução não é fácil, mesmo à luz do princípio sintetizado no parágrafo único do art. 39 da Lei Interna: "(...) o banco sacado responde pelo pagamento do cheque falso, falsificado ou alterado, salvo dolo ou culpa do correntista, do endossante ou do beneficiário, dos quais poderá o sacado, no todo ou em parte, reaver o que pagou".

Veja-se, de início, que já na década dos anos 40 do século passado o STF vinha firmando orientação no mesmo sentido que veio de ser sumulado no verbete 28 – "O estabelecimento bancário é responsável pelo pagamento de cheque falso, ressalvadas as hipóteses de culpa exclusiva ou concorrente do correntista" –, tendo em conta o risco da atividade profissional do banco, custodiador do valor depositado e guardião da ficha da assinatura autorizada, o que lhe acarreta responsabilidade civil (não cambiária)".

Da comparação dos textos supratranscritos, entre a Súmula 28/STF e o parágrafo único do art. 39 da Lei 7.357/1985, deflui que a responsabilidade

---

18. Rodrigo Octávio, *Do Cheque*, Rio de Janeiro, Francisco Alves, 1913.

pelo pagamento de cheque falso (inclusive com assinatura falsificada) foi, de regra, imputada ao estabelecimento bancário sacado; e só por exceção quer a Súmula 28/STF quer o parágrafo único do art. 39 da Lei 7.357/1985 transferem aquela principiológica responsabilidade funcional (no todo ou em parte), pelo pagamento de *cheque falso, falsificado ou alterado*, a outrem, *verbis*: "(...) salvo dolo ou culpa do correntista, do endossante ou do beneficiário, dos quais poderá o sacado, no todo ou em parte, reaver o que pagou" – conforme o caso concreto.

De modo que cheque falso pago pelo banco sacado significa ter seu valor indevidamente sido levado a débito do correntista. Foi essa consumada situação (de debitamento de cheque falso à conta de quem o não emitiu) que deu ensejo à histórica e clássica *controvérsia sobre quem deve ser responsabilizado pelo seu pagamento*: se o emitente ou o banco.[19]

A construção pretoriana pátria, dando ressonância à doutrina nacional e alienígena, refletida na Súmula 28/STF e na Lei 7.357/1985, teve em consideração várias razões, dentre as quais destacam-se: (a) a teoria do risco objetivo profissional; (b) a propriedade do dinheiro depositado no banco é deste, como mutuário; (c) a ausência (ou inexistência) de ordem de pagamento em cheque que não leve a assinatura do correntista; (d) o interesse geral na solução que melhor ampare o instituto do cheque é o da assunção exclusiva do prejuízo pelo banco, e não pelo correntista – salvo dolo ou culpa concorrente ou exclusiva de outrem, que responderá direta ou regressivamente, no todo ou em parte, pelos prejuízos que em princípio poderiam caber ao banco sacado.

## Assinatura do emitente por chancela mecânica

A Reserva do art. 2º do Anexo II da Lei Uniforme facultava a determinação pela qual podia ser suprida a falta de assinatura natural daquele que deveria ter assinado o cheque.

O País acolheu a inovação e fez uso da faculdade; tanto é assim que o parágrafo único do art. 1º da Lei 7.357, de 2.9.1985, determina que: "A assinatura do emitente ou a de seu mandatário com poderes especiais pode ser constituída, na forma de legislação específica, por chancela mecânica ou processo equivalente".

A Resolução BACEN-885, de 22.12.1983, alterando o regulamento do cheque, objeto da Seção 16-8-1 do *Manual de Normas e Instruções/MNI*, no

---

19. Cf. aula proferida por Carlos Fulgêncio da Cunha Peixoto em 22.5.1961, in *RT* 315/62-69, janeiro/1962, edição comemorativa do cinquentenário da *Revista dos Tribunais*.

tocante ao item 7 da referida Seção, permitiu que "a assinatura do cheque seja impressa por processo mecânico – ou seja, por chancela mecânica, também denominada assinatura ou autenticação mecânica, consistindo na reprodução exata da assinatura de próprio punho, resguardada por características técnicas, obtida por máquinas especialmente destinadas a esse fim, mediante processo de compressão".

Exige-se para a utilização de processo de chancela mecânica em cheques que haja entre o emitente (sacador) ou seu mandatário e o banco sacado prévia convenção a respeito da adoção da assinatura mecânica (item 7, alínea "a", incisos I-IV).

Para o emprego de chancela mecânica em cheques exige-se, ainda, como requisito complementar indispensável, o prévio registro da assinatura mecânica em Cartório de Títulos e Documentos do domicílio do usuário emitente (sacador) (cf. item 7, alínea "c", e art. 127 da Lei 6.015, de 31.12.1973).

A citada Resolução BACEN-885/1983 autoriza a utilização pelos bancos comerciais da chancela mecânica em cheque de sua emissão e contra sua própria caixa (cheques administrativos), bem como na emissão de "cheques de viagem", como determina o item 8.

A assinatura já era, obviamente, requisito essencial no primitivo Decreto 2.591, de 7.8.1912 (art. 2º, "d").

*Assinatura de emissão por representação*

O art. 11º da Lei Uniforme já previa a assinatura de cheque por representação. A Lei do Cheque, de 1985, art. 1º, VI, autoriza a criação de cheque por mandatário do sacador (emitente), dês que tenha poderes especiais, conforme também determina o art. 661, § 1º, do CC/2002 (art. 1.295, § 1º, do CC/1916 e o revogado art. 145 do CComercial).

A Lei do Cheque de 1985 defere ao mandatário do sacador, com poderes especiais, a possibilidade de emitir o cheque pelo processo de assinatura mecânica (parágrafo único do art. 1º). A possibilidade de utilização da assinatura mecânica pelo mandatário do sacador subordina-se também aos mesmos requisitos do item 7 da Seção 16-8-1 do *Manual de Normas e Instruções/MNI* – que regulamenta o cheque –, uma vez que está ínsita no mandato a ideia de que o mandatário age em nome do mandante, representando-o e vinculando-o, dentro, é claro, da esfera dos poderes outorgados (*manus datum*), conforme os arts. 1.288 e ss. do CC/2002.

A emissão do cheque por mandatário só corresponderá ao seu efetivo pagamento, por parte do banco sacado, se este tiver em seus arquivos a procuração com poderes especiais, ou mediante exibição de documento que o assegure.

Se o banco sacado pagar sem as cautelas devidas, corre o risco da responsabilidade perante o correntista, obrigando-se a ressarcimento por falta de atenção dos seus prepostos – por exemplo, em caso de pagamento de cheque com assinatura flagrantemente falsificada do seu correntista emitente, ou por creditamento de cheque cruzado em conta de terceiro sem ordem nesse sentido etc.

Também o analfabeto pode emitir cheque, através de procurador. A procuração terá de ser outorgada segundo os princípios: por instrumento público e dela ter conhecimento o banco sacado. O mesmo pode ser dito quanto a enfermos e aleijados impossibilitados de assinar.

Mas não só a emissão do cheque pode ocorrer através de mandato, como também ser garantido por aval prestado por mandatário.

*V., nesse sentido: anotações desenvolvidas no art. 14 e no art. 29, n. 4, "aval por mandato", que abrange também os "efeitos do aval dado por mandatário sem poderes expressos".*

**3. Requisito da data**
**– Problemas que envolvem até cheque com data futura**

De início observe-se que o art. 889 do CC/2002 dispõe: "Deve o título de crédito conter a data de emissão, (...)" – vale dizer, dia, mês e ano, também para o cheque. E diz o § 1º: "É à vista o título de crédito que não contenha indicação de vencimento". Ao cheque seria estranha essa norma, mas o parágrafo único do art. 32 da Lei do Cheque estabelece regra equivalente: "O cheque apresentado para pagamento antes do dia indicado como data de emissão é pagável no dia da apresentação".

O item 5º do art. 1º da Lei Uniforme refere-se à exigência de indicação da *data* do cheque.[20]

Com redação idêntica, porém mais sintética, o inciso V do art. 1º da Lei Interna refere-se ao importante requisito da "indicação da *data* e do lugar de emissão" do cheque.

Trata-se de elemento *essencial*, no sentido de que não é suprível a ausência da *data* de emissão, conforme preceituação explícita do art. 2º, *caput*, da Lei Interna, que não dispõe ressalva alguma quanto à nulidade que a

---

20. O mês de emissão do cheque deve ser grafado, obrigatoriamente, por extenso (Decreto 22.393, de 25.1.1933).

*falta* desse requisito temporal implica; o que não se confunde, todavia, com a faculdade de completamento da data faltante, que é possível antes do *uso público* do cheque.

Nesse sentido decidira a 16ª Câmara do extinto 1º TACivSP em 20.9.1990 na ACi 423.643, relator o Juiz Ademir Benedito: "Cheque – Título emitido sem data – Mera anotação a lápis colocada abaixo da assinatura do emitente – Insuficiência para o preenchimento dos requisitos do art. 1º, V, da Lei n. 7.357/1985 – Força executiva inexistente – Aplicação dos arts. 583 e 585 do CPC".[21]

Cumpre distinguir também entre *cheque a prazo*, que é uma anormalidade, porque implicaria conversão da ordem de pagamento à vista em título de crédito inominado, e o *prazo de apresentação* do cheque ao sacado, cominado na lei ao portador para o exercício do seu direito potestativo de apresentação e de recebimento à vista, em determinado espaço de tempo. Como dizia Lauro Muniz Barretto à luz do art. 28º da Lei Uniforme, em lição atual e válida em face do art. 32 e seu parágrafo único da nossa superveniente Lei Interna, "não há cheques a prazo, pois todos são pagáveis à vista".[22]

Assim, insista-se desde logo em que o vício de *invalidade* do cheque por falta do requisito da data não atinge a ordem chéquica emitida com *data futura*, a qual, para efeito de cumprimento pelo banco sacado, ensejará pagamento regular se apresentado o cheque antes da data fictícia, mantendo, outrossim, sua eficácia executiva. Todavia, a apresentação do cheque pré-datado antes do prazo estipulado gera o dever de indenizar, inclusive por dano moral, presente a devolução do título por ausência de provisão de fundos, como reconhece a jurisprudência, inclusive do STJ,[23] consolidada na sua Súmula 370, em 2009, *verbis*: "Caracteriza dano moral a apresentação antecipada de cheque pré-datado".

Novamente, no REsp 612.423,[24] o acórdão refere-se à "postergação" do prazo do art. 33 como única consequência da pós-datação do cheque, consoante jurisprudência do STJ, que não vê ilicitude no fato.

E isto, como é pacífico, porque "o cheque pós-datado emitido em garantia de dívida não se desnatura como título cambiariforme, tampouco como título executivo extrajudicial", sendo certo que "a circunstância de

21. *RT* 668/102.
22. Lauro Muniz Barretto, *O Novo Direito do Cheque*, vol. 1, São Paulo, LEUD, 1973, p. 229.
23. STJ, 3ª Turma, REsp 707.272-PB, rela. Min. Nancy Andrighi, j. 3.3.2005, ementa no *DJU* 21.3.2005, p. 382.
24. STJ, 3ª Turma, REsp 612.423, rela. Min. Nancy Andrighi, j. 1.6.2006.

haver sido aposta no cheque data futura, embora possua relevância na esfera penal, no âmbito dos direitos civil e comercial traz como única consequência prática a ampliação real do prazo de apresentação".[25]

Vale dizer: quanto ao emitente a pós-datação descaracteriza ilícito penal, enquanto o beneficiário portador que descumprir o pacto fiduciário básico ou de garantia do negócio causal, de "aguardar", e exigir pagamento antecipado do cheque com data futura incorre em ilícito civil, que traz, ou pode trazer, consequências de responsabilidade civil e até por danos morais, indenizáveis, sobretudo se devolvido o cheque por falta ou insuficiência de fundos, com repercussões que prejudiquem o emitente e sua reputação.

Igualmente, a 4ª Turma do STJ, no REsp 67.206, relator o Min. Barros Monteiro, proclamou, com acerto, que "o cheque pós-datado, emitido em garantia de dívida, não se desnatura como título cambiariforme, nem tampouco como título executivo extrajudicial – Precedentes do STJ".[26]

No mesmo sentido posicionara-se anteriormente o extinto TARS, em 21.6.1990, na ACi 190.048.082, pela 6ª Câmara, tendo como relator o Juiz Moacir Adiers, com a seguinte ementa:

"Para efeito de contagem do lapso prescricional, dada a sua natureza de ordem de pagamento à vista, desimporta o fato de o cheque ter sido emitido em data anterior àquela nele aposta como de sua criação.

"O prazo passa a fluir, em caso de cheque pós-datado, da data nele constante ou de sua circulação (exigida, no caso, prova induvidosa quanto à circulação em data anterior). Entendimento diverso importaria prejudicar o credor que, tendo recebido o cheque para ser descontado na data futura nele aposta de forma pós-datada, honrou o compromisso que assumiu de não apresentá-lo para pagamento antes da referida data. O Direito tutela a conduta do credor que agiu de boa-fé e teve conduta digna em relação ao compromisso assumido."[27]

Também o extinto 1º TACivSP, na ACI 427.062, julgada em 30.10.1992 pela 11ª Câmara, de que foi relator o Juiz Ferraz Nogueira, assentou: "Cheque – Título pós-datado – Permanência da força executiva".[28]

É a seguinte a fundamentação concisa do voto-condutor:

"O cheque só não poderá ser cobrado se não tiver data de emissão. Mas, uma vez completado, previamente, pelo portador de boa-fé, é execu-

25. STJ, 4ª Turma, REsp 16.855-SP, rel. Min. Sálvio de Figueiredo Teixeira, j. 11.5.1993, v.u., *DJU* 7.6.1993.
26. *DJU* 23.10.1995.
27. *JTARS* 73/87.
28. *RT* 665/99.

tável. E mesmo colocando-se data posterior ao dia da emissão poderá ser apresentado de imediato, porque é sempre ordem de pagamento à vista.

"O cheque pós-datado não perde sua qualidade de cheque e, portanto, continua sendo ordem de pagamento à vista, reclamável, normalmente, pela via executiva (cf. *RT* 528/131, 563/144, 580/253; *JTACivSP-Lex* 60/61; *JTACivSP-RT* 90/141-145)."

A data real do cheque fixa o termo *a quo* do prazo de apresentação ao sacado; e influi, por isso, no prazo de prescrição e no exercício de direito regressivo, além de determinar outros efeitos jurídicos civis e penais sobre a capacidade do emitente, comprovar fatos da eventual causa subjacente ou indicar aspectos fiscais envolvidos.

Por isso mesmo é que a jurisprudência se inclina, com razão, no sentido da declaração da imprestabilidade da adulteração da data de emissão do cheque que se faça visando a retirar sua força executiva, tendo em consideração razão de ordem pública concernente à natureza de ordem de pagamento à vista.

Nesse sentido, o extinto 1º TACivSP, pela 8ª Câmara, pronunciou-se na ACi 611.164, de São Paulo, relator o Juiz Beretta da Silveira, julgada em 25.9.1996, em cuja ementa se lê: "Ainda que se admita ter havido adulteração na data de emissão do cheque, em nada alteraria sua força executiva, na medida em que o elemento essencial do conceito de cheque é a sua natureza de ordem de pagamento à vista, que não pode ser descaracterizada por acordo entre as partes".

Quanto ao preenchimento de boa-fé, a Súmula 387/STF: "A cambial emitida ou aceita com omissões, ou em branco, pode ser completada pelo credor de boa-fé antes da cobrança ou do protesto". O art. 891 do CC/2002 dispõe que: "O título de crédito, incompleto ao tempo da emissão, deve ser preenchido de conformidade com os ajustes realizados".

Quanto ao problema de data do cheque, deve ser considerado que em documento contendo declaração de pagamento *a prazo* – isto é, cheque com data de "vencimento" – o extinto TARJ, pela 3ª Câmara Civil, na ACi 51.850, de 22.5.1980, antes da Lei 7.357/1985 – na vigência, pois, do art. 13º da Lei Uniforme –, decidiu, em acórdão de que foi relator o Juiz Sérgio Mariano, que "descaracteriza-se o cheque como tal, uma vez contendo declaração de pagamento a prazo; nesta hipótese, pode o quirógrafo ser anulado por falta de causa".

Atualmente reputar-se-ia tal cheque ou como de data futura ou à vista, mas não nulo por falta de causa, preexistente esta, na forma do inovador art. 170 do CC/2002, que instituiu o fenômeno jurídico da *conversão substancial* quando o fim a que visavam as partes permitir supor que teriam querido o negócio jurídico sucedâneo envolvendo a emissão do cheque, presentes os requisitos aproveitáveis do negócio sucedido.

Fran Martins é categórico em assinalar uma dificuldade séria, à luz da Lei Interna (Lei 7.357/1985): "O cheque, sendo uma ordem de pagamento à vista, torna esse pagamento obrigatório no momento em que o título é apresentado ao sacado; mas há um prazo para apresentação, desobedecido o qual o portador sofre a perda do direito contra os obrigados regressivos, exceto o sacador. Assim, sem que se possa fixar o termo de apresentação, não se sabe quando o portador pode exercer o direito regressivo contra os obrigados anteriores".[29]

Numa ação ordinária de locupletamento ilícito que teve como pressuposto já a descaracterização do cheque precisamente pela falta de data de emissão, o STJ, pela sua 3ª Turma, decidiu, apontando uma solução equânime, no REsp 37.064-RJ, em 28.2.1994, em acórdão de que foi relator o Min. Eduardo Ribeiro: "Correção Monetária – Hipótese em que não preenchido o cheque na parte referente à data de emissão – Ação de locupletamento em que se fixou seu ajuizamento como termo inicial para a correção – Decisão confirmada em vista da circunstância apontada".[30]

Ainda sobre a *data do cheque*, v.: anotações dos itens seguintes (ns. 4 e 5: *"lugar de emissão e de pagamento e emissão de cheque em branco ou com omissões"*, com as importantes notas de rodapé, sobre as questões de *"ausência de data"* e de *"preenchimento do cheque com data irreal e suas consequências"*).

## 4. Lugar de emissão e de pagamento: implicações e efeitos

Quanto ao lugar de pagamento do cheque, indicação que constitui o requisito do inciso IV do art. 1º da Lei Interna e da Lei Uniforme, a consequência prática foi extraída como *regra de competência* pelo STJ em acórdão da 3ª Turma no REsp 28.894-RS, de que foi relator o Min. Dias Trindade, julgamento de 28.3.1994, com a seguinte ementa: "Processo civil – Cheque – Execução – Competência. O lugar do pagamento do cheque, quando outro não é designado, é o de sua emissão, determinando-se a competência para o processo de execução, em caso de insuficiência de fundos, segundo o art. 100, IV, 'd', do CPC".[31]

Essa conclusão do STJ provém da atual regra do art. 2º, I, da Lei Interna, pois que anteriormente, pela regra da Lei Uniforme, a solução seria

---

29. Fran Martins, *Títulos de Crédito*, vol. 11, Rio de Janeiro, Forense, 1987, n. 32, p. 41.
30. *DJU* 49, 14.3.1994, p. 4.521.
31. *DJU* 81, 2.5.1994, p. 10.012.

diferente: na ausência dessas indicações ou de qualquer outra indicação o cheque seria pagável no lugar em que o banco sacado tem seu estabelecimento principal (penúltima alínea do art. 2º da Lei Uniforme). Já com o § 2º do art. 889 do CC/2002, "considera-se lugar de emissão e de pagamento, quando não indicado no título, o domicilio do emitente".

Resta concluir, com Egberto Lacerda Teixeira,[32] que, com a Reserva do art. 3º do Anexo II da Lei Uniforme de Genebra, subscrita pelo Brasil, está correta a solução da Lei Interna (na ausência de indicação do lugar de pagamento não mais prevalece o do estabelecimento principal do banco sacado, mas o lugar de emissão); pelo quê na hipótese concreta julgada pelo STJ foi acertada a fixação da competência de foro pelo art. 100, IV, "d", do CPC para ajuizamento do processo de cobrança executiva do cheque devolvido sem o pagamento por falta de provisão de fundos em poder do sacado.

Os incisos IV e V do art. 1º da Lei 7.357 falam de indicação do *lugar de pagamento* e do *lugar de emissão* como dois outros requisitos do cheque cuja omissão, todavia, não o invalida; e o art. 2º da Lei Interna ressalva sua validade em casos especialmente determinados, sem coincidir inteiramente com as regras da Lei Uniforme, mas com a Reserva.

Assim, *na falta de indicação do lugar de emissão*, considera-se o cheque emitido no lugar indicado junto ao nome do emitente. Esta última indicação é fundamental para se saber se emitido na mesma praça de pagamento ou noutra, com repercussão direta no prazo de apresentação: menor na primeira hipótese e maior na segunda, respectivamente 30 ou 60 dias (art. 33 da Lei 7.357/1985).

O lugar de pagamento fixa o local do protesto e o do cumprimento da obrigação; e implica, de regra, a fixação da competência para ações civis. Já para a competência criminal em caso de emissão dolosa de cheque sem provisão é certo que a *Súmula 521/STF* fixou como competente o foro do local onde se deu a recusa de pagamento pelo banco sacado, que pode coincidir, ou não, com o lugar indicado como de emissão. E essa orientação do STF foi seguida pelo STJ, que, pelo verbete de sua Súmula 244, entende que "compete ao foro do local de recusa processar e julgar o crime de estelionato mediante cheque sem provisão de fundos".

## 5. Emissão de cheque em branco ou com omissões e sua utilização pública

É da tradição do nosso direito cambiário e cambiariforme a possibilidade de emissão de cambiais e cheques contendo claros, tanto que o STF

---

32. Egberto Lacerda Teixeira, *Nova Lei Brasileira do Cheque*, cit., n. 27, p. 19.

enfeixou sua jurisprudência na já citada Súmula 387 – "A cambial emitida ou aceita com omissões, ou em branco, pode ser completada pelo credor de boa-fé antes da cobrança ou do protesto" –, invocando os arts. 2º, 3º, 39 e 56 do Decreto 2.044/1908 e o art. 15 da Lei 2.591/1912. No mesmo sentido o art. 13º da Lei Uniforme[33] do Cheque, correspondente ao art. 16 da Lei Interna.

Mas se há de distinguir entre a possibilidade da emissão em branco e sua utilização, que não pode ser em branco, mas sim depois do completamento devido de boa-fé, dada ainda a circunstância de que o preenchimento se presume feito no ato de emissão.

Vale dizer que não se admite ação cambial com base em título incompleto.

No particular de falta de data de emissão em cheque levado a cobrança executiva, teve oportunidade o extinto TACivSP de proclamar, antes da Lei 7.357/1985, por sua 3ª Câmara, no AgPet 177.955, em 13.7.1972, por acórdão unânime de que foi relator o então Juiz Macedo Bittencourt, que: "Não pode ser cobrado em ação executiva cheque sem data de emissão".[34]

33. Está superada a doutrina ortodoxa que, exagerando a inteligência do art. 6º da Lei 2.591/1912, entendia ser "nulo" o cheque a que faltasse a data. O abrandamento, na atualidade, é evidente.

34. *RT* 443/248. Está assim fundamentado:

"Pontes de Miranda, tratando da emissão de cheque incompleto, menciona três opiniões em torno de assunto: 'A primeira opinião teria como consequência só nascer o cheque quando se completasse, o que criaria problemas extremamente graves para os endossos e avais anteriores ao enchimento. A segunda admitiria o cheque, di-lo-ia nulo, mas afirmaria a sanação com o enchimento. A terceira opinião parte de que tal título é cheque, se se diz cheque, mas é ineficaz enquanto não se enche' (*Tratado de Direito Cambiário*, 1955, vol. IV, p. 75).

"Ora, em face do texto expresso de seu art. 2º, torna-se evidente que a Lei Uniforme consagrou a terceira corrente, pois diz que o título não produz efeito como cheque. Vale dizer que é ineficaz enquanto não preenchido. Aliás, no art. 13 a Lei Uniforme admite claramente a possibilidade de ser o cheque incompleto preenchido por outrem, salvo hipótese de má-fé ou falta grave.

"Vê-se, portanto, que, no tocante a esse aspecto, a Lei Uniforme não alterou substancialmente a sistemática da legislação de 1912. Como bem observa Pontes de Miranda, antes mesmo do direito uniforme a lei brasileira admitia o cheque em branco, salvo se o requisito que falta é a assinatura do passador (ob. cit., p. 75). Em resumo, não se pode afirmar a inexistência nem nulidade do cheque incompleto, mas apenas sua ineficácia enquanto não completado.

"No presente caso, o cheque não foi preenchido e continua sem data até hoje. A ação, portanto, não podia mesmo prosperar.

"Conforme já decidiu a 1ª Câmara deste Tribunal, por votação unânime, louvando--se no acórdão publicado na *RT* 183/354, o cheque sem data não pode ser cobrado, podendo contudo ser preenchido antes da ação de cobrança (*RT* 289/244-247)."

## DA EMISSÃO E DA FORMA DO CHEQUE 59

Em princípio pode o cheque ser emitido incompleto, para ser preenchido por terceiros, na forma do art. 16; mas essa regularização há de ser feita antes da sua utilização, sob pena de ineficácia enquanto não ocorrer o preenchimento devido.[35]

Especificamente quanto à inserção da data de emissão, esse direito é relativo e sua eficácia restrita aos casos em que não prejudique direitos, por abuso no preenchimento (art. 388, I e parágrafo único, do CPC), nem frustre disposição de lei (simulação ou dissimulação – art. 167, §§ 1º, III, e 2º, do CC/2002, correspondente ao art. 102, III, do anterior CC).[36] Concorrem, na atualidade, os arts. 889 e 891 do CC/2002 para melhor compreensão do tema.

35. Nesse sentido o julgado in *RT* 520/162.
36. Importante estudo sobre o cheque foi feito pelo Des. Augusto de Macedo Costa no sentido da impossibilidade jurídica de inserção da data de emissão pelo portador para ampliar os prazos legais de apresentação e de prescrição e com isso frustrar, em prejuízo alheio, a perda da eficácia executiva do título. Consta de tese apresentada ao *IV Encontro dos Tribunais de Alçada do Brasil*, em setembro/1975, cuja conclusão vem vazada nos seguintes termos: "A data da emissão do cheque é um dos seus requisitos *essenciais*, não sendo lícito, sob qualquer pretexto, delegar a sua inserção posterior ao beneficiário original ou sucedido. Se tal ocorrer, entende-se inoperante e inconsequente o suplemento quando deslocar data real da emissão de forma a alterar o termo *a quo* da apresentação e da ação cambiária respectiva".

Suscitou o aprofundamento no tema um julgado do seu Tribunal que consagrou a permissibilidade da criação, pelo portador, em benefício próprio, da data da emissão como uma das faculdades outorgadas pelo emitente, onde se concluíra que "a prescrição se conta do termo do prazo para apresentação (art. 52 da Lei Uniforme; e os prazos para apresentação começam a contar-se do dia indicado no cheque como data da emissão (art. 29, *in fine*, da Lei Uniforme)". Nesse mesmo aresto fez-se alusão àqueloutro contido na *RT* 443/248. Interposto recurso extraordinário pelo executado vencido, o ilustre Magistrado-Presidente do Tribunal *a quo* admitiu o processamento do recurso por vislumbrar, em princípio, como ocorrida a testilha do julgado recorrido com o texto do art. 52 da Lei Uniforme sobre Cheque, cujo comando legal emergente do núcleo substancial do citado art. 52 da Lei Uniforme, como assinala o despacho, teve sua vigência negada. E a 1ª Turma do STF acolheu a tese, por acórdão de que foi relator o Min. Bilac Pinto, RE 80.485-SP, julgado em 23.5.1975. Com a seguinte ementa: "Acórdão que admitiu a criação do cheque em época muito anterior à data de emissão que figura em seu contexto – Reconhecimento de prescrição da ação contra o emitente – Aplicação do art. 52 da Lei Uniforme de Genebra – Recurso provido, restabelecendo-se a sentença" (*RTJ* 74/587).

Na mesma trilha: STF, 2ª Turma, RE 82.592-SP, rel. Min. Thompson Flores, j. 14.11.1975 (*RTJ* 80/616). E, mais tarde, a orientação repercutiu no extinto 1º TACivSP, prestigiada com sólidos fundamentos em acórdão da 3ª Câmara, por julgamento unânime de 23.5.1979, na ACi 257.363, de que foi relator o então Juiz, depois Ministro, Sidney Sanches, que se encontra publicado na íntegra em *RT* 531/126-128, de janeiro/1980, cuja ementa vem logo mais adiante revelada.

Daí por que, ao finalizar a proposição do tema em forma de tese para a Mesa de Debates, ponderou o Des. Macedo Costa que, embora se trate, *si et in quantum*, de decisão isolada, não é de se descartar a hipótese de que o problema já sensibilizou a egrégia Corte Suprema.

Do julgamento da 1ª Turma do STF, de 23.5.1975, no RE 80.485-SP, de que foi relator o Min. Bilac Pinto, que vem servindo de paradigma na matéria, colhem-se as seguintes razões de decidir: "Admite-se a permissão para o portador da cártula em branco preenchê-la nos dados não essenciais; mas, se, como na hipótese, a obrigação cambial titulada fora assumida, inequivocamente, em data anterior a 1971, o posterior preenchimento para reavivar o direito morto, ao que parece, é frontal infringência à verdade em capítulo que não é lícito deferir ao beneficiário moroso. O art. 52º da Lei Uniforme refere-se ao *dia indicado no cheque como data da emissão*, impondo disciplina especial à matéria prescricional. Tolerar que este marco possa ficar ao livre alvedrio do possuidor entesta com toda a sistemática cambial (...). A questão residual, portanto, desborda simples interpretação referida na Súmula n. 400 para entrar impetuosa na área da negação do comando legal emergente do núcleo substancial do citado art. 52º da Lei Uniforme. Absolutamente irrelevante se apresenta o fato de admitir o devedor parte da obrigação velha, pois tanto não vivifica o direito perdido à ação cambial, ante uma verdade fática incontroversa".[37]

Posteriormente, com alusão ao aludido precedente do STF e a doutrina sustentada desde a 1ª edição deste livro, o extinto 1º TACivSP ratificou e prestigiou a tese em acórdão na ACi 257.363, de 23.5.1979, de que foi relator o então Juiz, depois Ministro do STF, Sidney Sanches, que contém a seguinte ementa: "Cheque – Data de emissão – Lançamento malicioso pelo portador – Prescrição acolhida – Apelação improvida. Há impossibilidade jurídica de o portador do cheque lançar a data de emissão com o objetivo de ampliar os prazos legais de apresentação e de prescrição".[38]

*V.: "Emissão em branco e completamento (Súmula 387/STF) – Problemas", nas anotações ao art. 16, n. 1.*

### 6. *Natureza jurídica do cheque*

Diz o art. 889, § 1º, do CC/2002 que "é à vista o título de crédito que não contenha indicação de vencimento", como é o caso peculiar do cheque, título de exação. O prazo de apresentação do cheque fixado em lei (art. 33

E prenuncia, sem dúvida, um novo posicionamento, a propiciar reexame e mais acurada interpretação sistemática e finalística dos textos uniformes, para uma melhor compreensão que emerge da nova problemática de aplicação da lei especial.

Concordamos com as razões acima, porque refletem nosso modo de ver o cheque como instituto que só poderá servir bem à sua finalidade de típico meio de pagamento à vista dentro de um rigorismo que impeça por todos os modos o seu desvirtuamento.

37. Inserto na íntegra na *RTJ* 74/587.
38. Publicado na íntegra na *RT* 531/126-128.

da Lei do Cheque) não lhe retira a qualidade de título à vista, nem lhe atribui "indicação de vencimento", própria dos títulos de crédito, a prazo.

Considere-se que o cheque, sendo título de exação emitido com função instrumental de pagamento à vista por terceiro – o banco sacado –, cuja liquidação tenha sido por este recusada quando regularmente apresentado, e anotado o motivo, passa, então, a constituir documento literal de obrigação cambiária inadimplida, revestido de todos os atributos legais, não para sua circularidade póstuma, e sim para o exercício do direito de ação correspondente à sua eficácia executiva enquanto não ocorrer a prescrição.

Encerra o cheque duas ordens de relações inerentes à sua natureza de ordem incondicionada de pagamento à vista (art. 32 da Lei Interna), em dinheiro, dirigida ao sacado em favor do portador: uma entre o emitente e o beneficiário, outra entre o emitente e o sacado; nenhuma entre o sacado (*adjectus*) e o beneficiário.

*V., além do exposto na "Nota introdutória conceitual do cheque, inclusive do Banco Central", retro: a "noção-conceito de cheque" (título "pro solvendo") nas anotações aos arts. 3º e 4º, n. 10.*

Daí decorrem várias consequências jurídicas, como se verá no desenvolver deste livro, assentado tratar-se de negócio jurídico unilateral, por documentar direito só do beneficiário, de natureza cartular, que caracteriza a exigibilidade da prestação incorporada no título *sui generis*.

## 7. Inter-relações entre os sujeitos do cheque-padrão e o sigilo bancário

Com muita propriedade e domínio da matéria, o professor João Eunápio Borges mostra que "o emitente é o vértice comum, o ponto de convergência da dupla relação emergente do cheque; é ele quem responde perante o portador pelo pagamento do cheque justa ou injustamente recusado pelo sacado; é a ele que responde o sacado pelo imotivado descumprimento de sua ordem".[39]

Com precisão doutrina Carlos Fulgêncio da Cunha Peixoto[40] no sentido de que o sacado não assume, para com o beneficiário, qualquer obrigação cambial; nada lhe deve e desconhece-o até a apresentação do título. Ou seja, como sempre fora conceituado, "o sacado figura apenas como um *adjectus*

---

39. João Eunápio Borges, *Títulos de Crédito*, Rio de Janeiro, Forense, 1972, n. 188.
40. Carlos Fulgêncio da Cunha Peixoto, *O Cheque*, 2ª ed., vol. I, Rio de Janeiro, Forense, 1952, p. 249.

*solutionis causa* ou o cumpridor da ordem do seu credor, o emitente" – já ensinava Paulo M. de Lacerda.[41]

Desenvolvendo um pouco mais essas duas inter-relações dos três sujeitos do cheque-padrão – emitente, sacado e beneficiário (ou portador) –, deve ser dito que só a recusa injusta de pagamento, que configure ilícito extracontratual, poderia em tese ensejar reparação civil por prejuízo que o sacado venha a causar ao portador, verificável em cada situação concreta; fora daí, o sacado, por não ter relação jurídica contratual com o portador (como tal), não está sujeito a qualquer responsabilidade perante este no exercício regular e normal de suas atividades quando recuse o pagamento de cheque, nos casos motivados em que deva não pagar.

Neste ponto cabe destacar que a declaração dos motivos do não pagamento, externada no título recusado, não é apenas dever decorrente da Lei do Cheque, mas direito do banco sacado, que previne sua responsabilidade, e, por isso, está autorizada como exceção à lei que lhe impõe dever de sigilo bancário em suas operações ativas, passivas e serviços prestados. Essa matéria encontrava-se regulada pelo art. 38 da Lei 4.595/1964, que veio de ser revogada pelo art. 13 da Lei Complementar 105, de 10.1.2001, que passou a dispor, em substituição, *ex novo*, sobre o sigilo das operações de instituições financeiras, nos arts. 1º, § 3º, e 10.

Há um precedente valioso do STJ sobre sigilo bancário a propósito de dano moral, em que a ementa revela, por si só, toda uma doutrina vigente consolidada, que está acolhida pela jurisprudência mais recente: "Dano moral. – Quebra indevida de sigilo bancário – Configuração. Os bancos têm o dever de conservar o segredo bancário (Lei n. 4.595/1964, art. 38, hoje revogado, mas em essência mantida na Lei Complementar n. 105/2001). A quebra indevida do sigilo bancário gera dano moral. A violação do sigilo bancário sem autorização judicial extrapola a moderação exigida pela lei e não configura legítima defesa do patrimônio alheio (...)".[42]

## 8. Conteúdo específico das obrigações do sacado como adjectus e a Súmula 388/STJ

Por outro lado, da relação contratual (interna) entre o banco (sacado) e seu correntista (emitente) surge a obrigação do primeiro de não pagar o indevido bem como a de não recusar, sem justa razão, o pagamento quando

41. Paulo M. de Lacerda, *Do Cheque no Direito Brasileiro*, Rio de Janeiro, Jacintho R. Santos Editor,1923, n. 50, p. 69.
42. STJ, 3ª Turma, REsp 268.694-SP, rel. Min. Humberto Gomes de Barros, j. 22.2.2005, *DJU* 4.4.2005, p. 298.

devido, respondendo, em tese, pelos danos materiais e morais causados ao segundo, em ambas as hipóteses, por ilícito contratual,[43] consoante a Súmula 388/STJ: "A simples devolução indevida de cheque caracteriza dano moral".

Sobre o conteúdo específico das obrigações contratuais do banco, a ideia dominante na doutrina e na jurisprudência[44] é a de que o banco, sendo empresa especializada que se dedica a prestar serviços mediante remuneração adequada, deve ter a organização e a perícia que não se exigem do particular, mas, sim, do especialista, justificando-se, pois, o maior rigor na apreciação do seu comportamento e de sua eventual culpa.[45]

Em resumo, a responsabilidade potencial pelo risco da atividade do sacado, em tese, é a civil, e não a cambiária, por cheque-padrão, isto é, que não seja de sua própria emissão.

Quando em exercício na 18ª Vara Cível de São Paulo, Paulo Restiffe Neto teve oportunidade de decidir um caso de ação executiva de cheque proposta pelo portador contra o emitente e o banco sacado conjuntamente. No saneador, por reconhecer a ilegitimidade de parte do banco para ser acionado como coobrigado pelo cheque, excluiu-o da relação processual.[46] Houve agravo de petição, que no extinto TACivSP tomou o n. 175.286, julgado pela 7ª Câmara em 15.6.1972, confirmando a sentença de primeira instância.[47] O acórdão é muito elucidativo e está eruditamente lavrado pelo relator, Juiz Martiniano de Azevedo, com a seguinte ementa: "A Lei do Cheque não dá ação executiva contra o sacado, e, se este agir com negligência, dando causa à frustração do pagamento, só pode responder por perdas e danos, através de ação ordinária".

O eminente Rodrigo Octávio[48] já advertia que, não intervindo o sacado no cheque, que é um título criado à ignorância dele, aberra de todos os princípios que alguém possa ser constituído em obrigação por mero ato de terceira pessoa. E acrescentava caber ao portador, conforme as circunstâncias do não pagamento de um cheque, pedir perdas e danos que a recusa injustificada do pagamento do cheque lhe pudesse ter acarretado.

---

43. Na verdade, o banco que procede com desrespeito aos direitos do consumidor, ferindo o princípio da boa-fé contratual, deve responder pelos danos morais, como já decidiu o STJ (REsp 412.651-MG, rela. Min. Nancy Andrighi, j. 25.6.2002).
44. Di-lo Arnoldo Wald, "Responsabilidade civil do banqueiro". In *Estudos e Pareceres de Direito Comercial*, São Paulo, Ed. RT, 1979.
45. *RT* 582/262, n. 29.
46. Processo 921/1971, *DJE* 22, 24.11.1971, p. 30.
47. Acórdão estampado na *RT* 442/178-180.
48. Rodrigo Octávio, *Do Cheque*, cit., pp. 110-111.

Como o sacado não se vincula a qualquer obrigação cambiária no cheque-padrão, não está sujeito quer à execução cambiária, quer à ação residual de enriquecimento prevista na Reserva do art. 25º do Anexo II e no art. 61 da Lei Interna do Cheque, mas eventualmente à ação por perdas e danos, inclusive morais, como visto, de índole diversa.

Em suma, pela existência de uma relação jurídica interna do cheque – relação jurídica entre o correntista-emitente e o banco depositário-sacado –, se, por qualquer motivo, não houver cumprimento da ordem de pagamento chéquica, nesse ponto ou desse fato (recusa de pagamento) emergirá exclusivamente a obrigação cambiária contraída pelo *emitente* e eventuais coobrigados da declaração cartular formulada no título em face do beneficiário e portadores legitimados. O banco sacado – insista-se –, como depositário da provisão em conta corrente, por ter assumido obrigação contratual como tal, de regra só responde em face do emitente depositante, de quem é *adjectus*, e não de terceiros; e porque não é devedor destes pelo cheque que deixou de pagar, por isso não responde do ponto de vista cambiário pela obrigação assumida por cliente-emitente e terceiros, de cheque não pago.

A confusão, que advém da antiga quase centenária Lei Interna do Cheque, era provocada pelo texto do seu art. 8º, que dispunha que o beneficiário adquire o direito de ser pago pela provisão de fundos existentes em poder do sacado desde a data do cheque, como se estivesse criando uma obrigação cambial subjacente para o banco em relação ao beneficiário ou ao eventual sucessor deste. Atualmente, revogado o aludido art. 8º do Decreto 2.591/1912 e prevendo o § 1º do art. 4º da Lei Interna do Cheque, em consonância com os princípios da Lei Uniforme, que a existência de fundos disponíveis é verificada no momento da apresentação do cheque para pagamento, não há como entender, sobretudo ante o veto ao incongruente art. 5º da lei atual, que contra o banco sacado tenha o portador ação fundada no cheque, porque *ex lege* não assume obrigação corporificada no título – e até se considera, por norma expressa de ordem pública, não escrita qualquer declaração infringente do sacado (art. 6º), de aceitação, marcação ou com sentido equivalente à assunção ou avocação de obrigação cambiária no cheque em que figure como sacado (*adjectus* do emitente correntista).

## 9. Cheque ao portador ou sem identificação do beneficiário e a Lei 8.021, de 12.4.1990, que introduziu novo requisito

Esse diploma legal superveniente alterou a regência da Lei do Cheque ao proibir, a partir de certo valor, o cheque sem identificação do beneficiário, ou modalidade *ao portador*, que sempre fez parte integrante da legislação interna e da uniforme internacional.

Consequência imediata desse fato (banimento da impersonalização do tomador do cheque) é que foi introduzido implicitamente um novo requisito, extracartular, aos seis originariamente elencados no art. 1º – qual seja, o requisito VII: a indicação identificadora do beneficiário de cheque superior a certa quantia, cuja infração importa a não liquidação do cheque infringente pelo banco sacado (motivo de devolução sem pagamento, da alínea 48, dos motivos de devolução/BACEN). Essa inovação da Lei 8.021, arts. 1º e 2º e seu parágrafo único, altera também o inciso III do art. 8º da Lei do Cheque, que admitia emissão de cheque *ao portador* sem restrição de valor, e outros dispositivos do mesmo jaez.

Atualmente, no cheque acima de R$ 100,00 não apenas há um *devedor certo* – o emitente –, mas sempre também um *beneficiário determinado*, personificado. Diversamente do regime anterior à Lei 8.021/1990, em que podia haver um credor indeterminado, o qual só seria determinável quando se apresentasse para exigir a prestação ou o pagamento do título, como refere Othon Sidou[49] em seu livro. Hoje, se não pode ser pago pelo sacado, também não pode ser cobrado em juízo tal cheque sem determinação do beneficiário.

• **Lei 7.357/1985, art. 2º**

**Art. 2º. O título a que falte qualquer dos requisitos enumerados no artigo precedente não vale como cheque, salvo nos casos determinados a seguir: I – na falta de indicação especial, é considerado lugar de pagamento o lugar designado junto ao nome do sacado; se designados vários lugares, o cheque é pagável no primeiro deles; não existindo qualquer indicação, o cheque é pagável no lugar de sua emissão; II – não indicado o lugar de emissão, considera-se emitido o cheque no lugar indicado junto ao nome do emitente.**

• **Lei Uniforme, art. 2º**

**Artigo 2º**

**O título a que faltar qualquer dos requisitos enumerados no artigo precedente não produz efeito como cheque, salvo nos casos determinados nas alíneas seguintes:**
**Na falta de indicação especial, o lugar designado ao lado do nome do sacado considera-se como sendo o lugar de pagamento. Se forem indicados vários lugares ao lado do nome do sacado, o cheque é pagável no primeiro lugar indicado.**

---

49. Othon Sidou, *Do Cheque*, cit., 4ª ed., n. 39, p. 49.

Na ausência destas indicações ou de qualquer outra indicação, o cheque é pagável no lugar em que o sacado tem o seu estabelecimento principal.

O cheque sem indicação do lugar da sua emissão considera-se passado no lugar designado ao lado do nome do sacador.

• Há Reserva do art. 3º do Anexo II

Artigo 3º

Por derrogação da alínea 3ª do art. 2º da Lei Uniforme qualquer das Altas Partes Contratantes tem a faculdade de prescrever que um cheque sem indicação do lugar de pagamento é considerado pagável no lugar onde foi passado.

## 1. Cheque incompleto – Introdução e requisitos acidentais

O cheque, como título típico e formal, foi concebido com vocação para ser emitido *completo* ou *perfeito*. Entretanto, a realidade pode ser outra, como indicado nas anotações ao art. 1º no n. 3, *retro*, sobre a data do cheque. E, por isso, a lei, reconhecendo uma possibilidade objetiva, predispôs no art. 2º a disciplina da ausência de requisitos e seus efeitos etc. O Código Civil/2002 traz advertência no art. 888 no sentido de que a omissão de qualquer requisito legal que tire ao escrito sua validade como título de crédito não implica a invalidade do negócio jurídico que lhe deu origem. E o art. 891 dispõe, com coerência legislativa, quanto a títulos de crédito incompletos, sobre o preenchimento de conformidade com os ajustes realizados e as consequências do seu descumprimento, na mesma linha da Súmula 387/STF e do art. 16 da Lei do Cheque.

Ao iniciar as anotações pertinentes ao art. 2º da lei atual – que corresponde ao art. 2º da Lei Uniforme –, e que tem por objeto a complementação da normatividade acerca dos requisitos essenciais enumerados no art. 1º, seja para estabelecer a sanção de nulidade ou de ineficácia do cheque como tal, seja para prover a falta de eventuais *requisitos acidentais*, calha desenvolver algumas reflexões úteis à informação e ao esclarecimento de certas questões correlatas, a primeira das quais refere-se à assimilação do cheque à letra de câmbio.

Como bem adverte Cunha Peixoto[50] na sua citada clássica obra-padrão, o cheque foi por muito tempo considerado um "capítulo" da letra de câmbio.

E concorreu para essa distorção o fato influenciador de não terem os Estados Unidos aderido aos princípios e orientação da Lei Uniforme de Genebra, tendo seu próprio direito doméstico sobre cheque, que lá tem mesmo

---

50. Cunha Peixoto, *O Cheque*, cit., 2ª ed., vol. I, n. 29, p. 32.

sua conceituação como espécie derivada da letra de câmbio, que se caracteriza mais pela circunstância de ser título (o cheque) sacado contra banco, obviamente – também lá – para pagamento à vista.

E a partir desse resquício histórico da letra de câmbio, que é o título de crédito-*mater* ou paradigmático do direito cambiário, infere-se a classificação do cheque em sua função econômica como espécie, embora peculiar, do gênero "título de crédito"; visão que se arraigou na doutrina do século XX e que ainda exerce influência na conceituação e consequências jurídicas desse instituto bancário típico.

Entendemos, com Rodrigo Octávio,[51] e sobretudo pelos supervenientes direitos positivo uniforme e interno pátrio, que, sendo ordem de pagamento à vista, hoje ordem incondicionada, não é o cheque instrumento de crédito ou de desconto, como a letra de câmbio, mas instrumento ou meio de pagamento através de terceiro, assim tipificado em lei, de natureza de exação, quando não sirva de simples modo de peculiar documentação-recibo de retirada de dinheiro pelo próprio emitente, como beneficiário, junto ao caixa do banco sacado de que é correntista chéquico (espécie prevista no art. 9º, I, da Lei 7.357/1985).

Só em sentido amplo ou genérico, ou para fins didáticos, é pertinente a inclusão do estudo do cheque como categoria especial dos títulos de crédito em geral. E não é porque alguns institutos cambiários dos títulos de crédito têm prestado serviço ao cheque que o absorveram; aplicam-se-lhe – isto, sim – as potencialidades práticas, como abstração e independência, ou *eficácias* das regras de direito cambiário, quando, circulando, não tenha ocorrido seu recolhimento-resgate (pagamento) pelo banco sacado.

Aí, sim, pela eventualidade de frustração da promessa de prestação de fato de terceiro ("pagamento" por parte do banco sacado depositário) ordenada pelo emitente, o portador torna-se, *ipso facto* e em tese, autêntico credor cartular do emitente e de outros possíveis coobrigados cambiários, para todos os efeitos jurídicos, sobre "o documento, necessário para exercitar o direito literal e autônomo nele expresso", consoante a clássica e perene definição de Cesare Vivante (inspirador do dispositivo do art. 887 do CC/2002) de título cambial (extrajudicial) a que a lei processual confere o privilégio de eficácia executiva (art. 585, I, último vocábulo – "cheque"); com peculiar tutela na esfera penal, que não é deferida pelo ordenamento jurídico ao não pagamento dos títulos de crédito em geral.[52]

---

51. Rodrigo Octávio, *Do Cheque*, cit., n. 21, p. 44.
52 O cheque, para efeitos penais, é considerado documento público (STJ, HC 16.927). *V., também: "Documento (rerum substantia)", retro, art. 1º, item 1.*

## 2. Provisão ou fundos disponíveis com o banco sacado
– Conceito legal e doutrinal

Como nota de curiosidade, registre-se que os arts. 4º, *caput* e seus §§ 1º e 2º, 40 e 47, § 3º, mencionam "fundos disponíveis", sendo que a única vez que a Lei do Cheque referiu-se a "provisão" foi no art. 5º, vetado.

Como tema recorrente, adianta-se, aqui, aspecto a ser tratado no art. 4º, para de logo acentuar que "provisão" (ou "fundos disponíveis") não está entre os requisitos essenciais do cheque.

Do ponto de vista da função econômico-social do cheque, a *provisão* (monetária) é fundamental, *principaliter*, conquanto corretamente não esteja arrolada como requisito essencial de validade do cheque, até porque é pressuposto da sua função econômica, para a confiabilidade em sua utilização como meio de pagamento seguro em dinheiro por intermédio da rede bancária, quando apresentado ao sacado por portador ou beneficiário que seja ou não o próprio emitente. Daí o cortejo de medidas de que dispõe o direito positivo em defesa do instituto, destacando-se – repita-se – a instrumentalização de regras coadjuvantes do direito cambial, como o aval e o endosso, em reforço da garantia do portador legitimado que não tenha logrado receber seu valor (em dinheiro) junto ao banco sacado, por falta de fundos do emitente ou por outro motivo.

O conceito legal estrito (de direito positivo) não coincide com o conceito doutrinal amplo da *provisão*, como sucedeu na Lei Uniforme, que adotou a definição de George Maffré,[53] segundo a qual ela (a provisão em sentido amplo) consiste em um crédito exigível por uma soma líquida (em dinheiro) devida pelo sacado ao sacador ou beneficiário, proveniente de uma causa qualquer.

Já a Lei Interna brasileira do Cheque (art. 4º) programaticamente prevê que o emitente "deve ter" fundos disponíveis em poder do banco sacado e estar autorizado a sobre eles emitir cheque em virtude de contrato expresso ou tácito; mas radicalmente dispõe – é o que mais importa, pois cheque sem provisão de fundos, ou cheque devolvido sem pagamento, é cheque – que a *infração* (interior) *desses preceitos não prejudica a validade jurídica* (exterior) *do título como cheque.*

Logo, a provisão de fundos disponíveis não é requisito essencial, nem mesmo acidental, do cheque, do ponto de vista de sua eficácia jurídica extrabancária. E tanto isso é verídico que não consta no elenco dos requisitos

---

53. *Apud* Cunha Peixoto, *O Cheque*, cit., 2ª ed., vol. I, n. 70, p. 69, e Othon Sidou, *Do Cheque*, cit., 4ª ed., n. 66, p. 81.

do art. 1º e não vem referida no art. 2º. Além disso, o art. 5º foi sintomaticamente vetado, porque dizia: "O cheque faz supor a existência da provisão correspondente desde a data em que é emitido e, se não contiver data, desde o momento em que for posto em circulação". Se a validade do cheque tivesse como *requisito essencial* a suficiência da provisão, concluir-se-ia que, não preexistentes fundos suficientes, descaracterizar-se-ia o cheque como título executivo cambiariforme?

Veto[54] correto e sábio também porque o art. 5º se contraporia às disposições do art. 4º, sobretudo quanto ao momento da verificação da existência da provisão (data da apresentação, e não data do cheque). Não fosse o oportuno veto, retornaríamos à confusão do tempo em que vigorava o texto ambíguo do art. 8º do antigo Decreto 2.591/1912.

A provisão, pois – como reconhece Othon Sidou[55] –, é muito mais uma questão (convencional) de alçada particular entre banco e seu correntista, aduzindo que a provisão é *"pressuposto* substancial" do cheque mas não constitui *"requisito* essencial do título", até porque, fosse o inverso – observa –, ao invés de garantir o portador, um "requisito de tal ordem" beneficiaria o emitente, o que de fato seria paradoxal – acrescentamos nós –, porque a ausência de provisão implicaria nulidade do cheque sem fundos, liberando o emitente infrator e eventuais coobrigados das responsabilidades chéquicas.

Finalmente, para compreensão do sentido histórico da *provisão*, que a mais autorizada doutrina pátria emprestou-lhe na palavra do mestre Paulo M. de Lacerda, no seu clássico livro *Do Cheque no Direito Brasileiro*,[56] acolhida pela doutrina argentina, tanto que apoiada e transcrita na obra de Balsa Antelo y Bellucci,[57] transcreve-se trecho da versão em Espanhol: "Operándose con el cheque exclusivamente sobre dinero, éste es así su materia-prima. El cheque consume dinero. De ello resulta que, en sentido estricto y referente a este instrumento, provisión es la acumulación de dinero para ser consumido por el cheque".

Enfim, o cheque absorve dinheiro, moeda corrente. Ou, como já advertia Paulo M. de Lacerda, comentando a antiga Lei Interna do Cheque, matéria da provisão é sempre o dinheiro, não necessariamente *in specie*, mas

---

54. Veto proposto em ofício fundamentado ao Presidente da República pelo Instituto Brasileiro de Direito Comercial Comparado e Biblioteca Tullio Ascarelli, da Faculdade de Direito da USP.
55. Othon Sidou, *Do Cheque*, cit., 4ª ed., ns. 60 e 66.
56. Paulo M. de Lacerda, *Do Cheque no Direito Brasileiro*, cit., n. 18.
57. Balsa Antelo y Bellucci, *Técnica Jurídica del Cheque*, 2ª ed., Buenos Aires, Depalma, 1963, item 57, pp. 71-72.

*in genere*,[58] nos termos do contrato de abertura da conta bancária movimentável por cheque (art. 4º da Lei 7.357/1985) – concluímos nós.

**3. Regime jurídico da ausência de indicação do lugar de emissão e do lugar de pagamento, na Lei Uniforme, diverso do das leis internas**

O art. 2º da Lei Uniforme estabelece e regula algumas exceções acerca dos requisitos extrínsecos do cheque enumerados no art. 1º. Referem-se à indicação do lugar de pagamento e do lugar da sua emissão, previstos nos itens 4 e 5 do art. 1º. "Lugar", aqui, é *praça* (Município).

O que a Reserva do art. 3º tem em vista é derrogar a exceção da alínea 3 do art. 2º da Lei Uniforme. Com efeito, diz a alínea 3ª que, na ausência de indicação do lugar do pagamento, o cheque é pagável no lugar em que o sacado tem seu principal estabelecimento. A Reserva é no sentido de que pode o País prescrever que um cheque sem indicação do lugar de pagamento seja considerado pagável no lugar onde foi passado, se indicado.

*Em resumo*, o art. 2º da Lei Uniforme vigeu como vem redigido, com alteração apenas no tocante à alínea 3, em que houve substituição da expressão "pagável no lugar em que o sacado tem seu estabelecimento principal" por "pagável no lugar onde foi passado". Se o cheque não contiver indicação do lugar da sua emissão, considera-se passado no lugar designado ao lado do nome do sacador (última alínea do art. 2º da Lei Uniforme). É claro que se no lugar em que o cheque foi passado não existir agência do sacado e nenhuma indicação de lugar contendo o cheque, será ele pagável segundo a regra da alínea 3, que, neste caso, há de prevalecer: "pagável no lugar em que o sacado tem o seu estabelecimento principal".

Este era o panorama na vigência da Lei Uniforme, porque restou derrogado pela Lei Uniforme o art. 2º da antiga Lei do Cheque, não prevalecendo, então, a presunção da sua última alínea (emissão no lugar do pagamento).

Essa derrogada orientação da Lei 2.591/1912 foi, entretanto, a solução resgatada e seguida pelo art. 2º, I, da Lei Interna, que adotou, para o caso de ausência de indicação do lugar de pagamento, a Reserva do art. 3º do Anexo II (pagamento no lugar da *emissão*), ao invés das regras do art. 2º, alínea 3ª, do Anexo I, de difícil observância pelo portador comum (pagamento no lugar em que o sacado tem seu *estabelecimento principal*). De todo modo, essa questão teórica era obviada na prática pelos dizeres impressos nas pró-

---

58. Paulo M. de Lacerda, *Do Cheque no Direito Brasileiro*, cit., n. 18.

prias folhas do talonário de cheques sobre o local em que a conta corrente bancária vigora, e que é o da agência do sacado.

**4. Situação na Lei Interna, inclusive após o Código de Defesa do Consumidor e quanto ao cheque imputado, com indicação da causa de qualquer natureza ligada à sua emissão**

Sobre a inexistência de indicação do lugar de pagamento do cheque a Lei Interna afastou-se do texto principal da Lei Uniforme e, valendo-se da faculdade prevista na respectiva Reserva convencional, retomou a orientação supridora daquele requisito de conformidade com a tradição de nossa antiga Lei do Cheque, cujo art. 2º dispunha: "Na falta de indicação do lugar de emissão, presume-se que a ordem foi passada no lugar onde tem de ser paga". De modo que, agora, *não existindo qualquer indicação, o cheque é pagável no lugar de sua emissão*; e, se *não indicado o lugar de emissão, considera-se emitido o cheque no lugar indicado junto ao nome do emitente* (respectivamente, inciso I, parte final, e inciso II, ambos do art. 2º da Lei 7.357/1985). O art. 889, § 2º, do CC/2002 dispõe, para títulos de crédito: "Considera-se lugar de emissão e de pagamento, quando não indicado no título, o domicílio do emitente".

Como foi já acenado por antecipação nas notas ao art. 1º, o art. 2º da Lei Interna destina-se, na sua primeira parte, a conferir eficácia às prescrições do art. 1º. Ao estabelecer a sanção para as infrações aos requisitos absolutos e essenciais do cheque, que é a pena de não valer o título como cheque, devolve-se aos beneficiários o ônus-poder de vigilância, o que é um "incentivo" socialmente admissível.

Aqui, diversamente do que ocorre com as infrações aos preceitos "relativos" de ordem contratual sobre disponibilidade de fundos, do art. 4º, não há convalidação de nulidade absoluta, mesmo a prejuízo do portador ou terceiros, que não terão como valer-se do "título" infringente como cheque, que não é.

Os casos supríveis, portanto, são de meras irregularidades ou de dúvida na manifestação de vontade do emitente; encontram-se ressalvados na enumeração explícita do mesmo art. 2º, em seus incisos, e são exclusivamente os suprimentos referentes à indicação de lugar de emissão ou de pagamento; *além dos critérios de interpretação quanto ao valor do cheque em casos de divergência* na grafia da quantia entre algarismos e por extenso (objeto de outro dispositivo – art. 12 –, que remonta ao art. 9º da Lei Uniforme).

Por não ser título causal, mas abstrato, a indicação da causa ou negócio subjacente, se descabe no cheque da espécie em que o próprio emitente seja o beneficiário, também não está prevista como requisito legal de validade do cheque. O que a prática às vezes aponta como salutar medida protetiva é a aposição no verso do cheque do motivo da emissão, sua destinação, com dados e referências sobre o negócio jurídico subjacente, a que está vinculado o pagamento feito por meio de cheque, seja comercial, civil, trabalhista, tributário, consumerista etc. – declarações, estas, que são eficazes com fim probatório de extinção da obrigação indicada em eventual futuro litígio entre emitente e beneficiário até em caso de endosso e liquidação bancária. É uma grande contribuição do direito pátrio, que está inserida no parágrafo único do art. 28 da atual Lei Interna do Cheque, que encampou a novidade que já estava presente no parágrafo único do art. 52 da Lei de Mercado de Capitais[59] (Lei 4.728, de 14.7.1965). Trata-se do *cheque imputado*. E essas agregações referenciais úteis permitidas, para ligar o cheque à sua causa, têm consequências jurídicas e apontam para uma flexibilização na técnica de interpretação própria do sistema estritamente cartular. Mesmo sem imputação da causa no título, mas em ato separado vinculativo do cheque, justifica-se eventual flexibilização.

*V. também: orientações prévias ao art. 17 e anotações aos arts. 8º (n. 2) e 28, parágrafo único, sobre "cheque imputado" e sobre a inadequada expressão "cheque nominativo".*

**5. A quebra da avença aprazada do cheque com data futura como condição do negócio que lhe deu origem enseja reparação por danos morais (Súmula 370/STJ)**

Caso comum é o da emissão de série de cheques representando prestações a prazo de um contrato de consumo, por exemplo, em que o vendedor (fornecedor) se obriga contratualmente a respeitar a avença aprazada nos cheques com data futura, como condição do negócio. Em caso, não raro, de apresentação antecipada a pagamento de um ou alguns cheques da série de prestações, em quebra das cláusulas contratuais e do pacto fiduciário em prejuízo do consumidor hipossuficiente emitente dos cheques, tem este a tutela jurídica coadjuvante do Código de Defesa do Consumidor para impedir a consumação do pagamento do cheque como ordem incondicionada à vista;

---

59. "Art. 52. O endosso no cheque nominativo pago pelo banco contra o qual foi sacado prova o recebimento da respectiva importância pela pessoa a favor da qual foi emitido, e pelos endossantes subsequentes.

"Parágrafo único. Se o cheque indica a nota, fatura, conta cambial, imposto lançado ou declarado a cujo pagamento se destina, ou outra causa da sua emissão, o endosso do cheque pela pessoa a favor da qual foi emitido e a sua liquidação pelo banco sacado provam o pagamento da obrigação indicada no cheque."

ou a tutela da Súmula 370/STJ, por dano moral, para responsabilizar o infiel infrator da relação jurídica de consumo ou não, por enriquecimento ilícito ou sem causa, pelo abuso prejudicial praticado, não cabendo a esse violador do contrato valer-se da Lei do Cheque para assegurar o êxito da sua torpeza e se esquivar impunemente. Aí, sobreleva a finalidade da emissão do cheque imputado como instrumentação acessória do negócio principal entabulado em comum vontade livre das partes.

São exceções que, todavia, por envolverem lesão de direito, ensejam proteção da ordem jurídica e não escapam à apreciação judicial, nos termos do art. 189 do CC/2002 e do direito fundamental da cidadania assegurado na Carta Magna.

Essa *desobrigação* específica foi também defendida pelo desembargador e professor Luiz Antônio Rizzato Nunes em aula sobre o Código de Defesa do Consumidor, estatuto principiológico superveniente às leis sobre cheque, proferida no Curso de Especialização em Contratos, do Centro de Extensão Universitária de São Paulo, em 13.4.1999.

Aliás, em sentido similar foi a solução dada pela 12ª Câmara do extinto 1º TACivSP, em 21.9.1995, na ACi 615.101, de que foi relator o Juiz Kioitsi Chicuta, conforme a seguinte ementa: "Cheque – Emissão para pagamento de pacote turístico – Realização deste em condições inferiores ao anunciado – Publicidade enganosa, induzindo o usuário em erro – Presunção de veracidade dos fatos alegados pelo autor – Art. 30 da Lei n. 8.078/1990 – Inexigibilidade do título – Declaratória procedente – Recurso improvido".[60]

E não é só o aspecto da vinculação do fornecedor à data futura aposta no cheque imputado, acordada extracartularmente com o emitente consumidor, como condição de pagamento aprazado da operação de consumo (ou do negócio bilateral realizado), que deve sobrelevar. Também os efeitos do descumprimento da obrigação contratual por parte do beneficiário infrator do acordo interno podem agravar-se a ponto de a violação se tornar causa geradora de indenização por danos materiais e morais.

É ilustrativo o caso divulgado na *Tribuna do Direito* de março/2000, p. 15, que, sob o título "Apresentação antes do prazo causa indenização", narra exemplar decisão oriunda do extinto TAMG, que foi levada ao STJ através do REsp 223.486, julgado pela 3ª Turma em 10.2.2000, em acórdão relatado pelo Min. Carlos Alberto Menezes Direito. Não foi conhecido o apelo extremo interposto pela empresa beneficiária infratora do prazo avençado de apresentação de cheque pós-datado, prevalecendo o acórdão da Justiça Mineira que a condenara ao pagamento de 100 vezes o valor do cheque

60. *JTACivSP* 156/171.

levado a protesto, ante a recusa de pagamento por falta de fundos pelo banco sacado nas duas vezes em que apresentado antes da data combinada de comum acordo para o recebimento do preço da aquisição de mercadorias – o que motivou o encerramento da conta bancária e o lançamento do nome do correntista no SERASA e no CCF, cadastro de emitentes de cheques sem fundos do Banco Central, com afetação lesiva do consumidor, pela caracterização de grave violação contratual e de normas de defesa consumerista.

Outro julgado, da mesma 3ª Turma do STJ, também relator o Min. Carlos Alberto Menezes Direito, no REsp 237.376-RJ, de 25.5.2000, que reitera a orientação, está assim ementado: "1. Como já decidiu a Corte, a prática comercial de emissão de cheque com data futura de apresentação, popularmente conhecido como cheque pré-datado, não desnatura a sua qualidade cambiariforme, representando garantia de dívida com a consequência de ampliar o prazo de apresentação. A empresa que não cumpre o ajustado deve responder pelos danos causados ao emitente. 2. Recurso especial não conhecido".[61]

Mais recentemente voltou o tema a ser referido no STJ em ação indenizatória por danos morais acolhida pelos prejuízos sofridos por cliente consumidor que teve seu nome lançado no SERASA por apresentação antecipada de cheque pelo comerciante e que acabara sendo devolvido por falta de fundos.

A 4ª Turma fez menção incidental à questão no REsp 261.168-SP, julgado em 8.5.2001, de relatoria do Min. Aldir Passarinho Jr., de cuja ementa se extraem os seguintes dizeres, no que aqui interessa: "Civil e processual – Ação de indenização – Dano moral – Desconto de cheque em data anterior ao acordado – Inscrição no SERASA".[62] No bojo do voto-condutor é feita transcrição da ementa do acórdão recorrido, do Tribunal Paulista de origem (extinto 1º TACivSP), vazada nestes termos: "Responsabilidade civil – Dano moral – Ilícito contratual caracterizado – Revendedora de automóveis que deposita cheque pré-datado recebido para apresentação em data futura determinada, antes da data avençada, ocasionando negativação do nome dos requerentes no Banco Central, SERASA e SPC – Indenização devida – Montante da indenização fixado em duas vezes e meia o valor do indigitado cheque, tendo em vista as circunstâncias do caso concreto".

Como se vê, nos casos em que houve apresentação antecipada de cheque *pré-datado*, representando garantia de dívida atual ou preexistente na prática comercial consumerista ou prestação contratual licitamente apraza-

---

61. *DJU* 147-E, 1.8.2000, pp. 270-271.
62. *DJU* 186, 15.10.2001, p. 268.

da, a jurisprudência vem se firmando no sentido de que *a empresa que não cumpre o ajustado deve responder pelos danos, inclusive morais, causados ao emitente*, pela caracterização de ilícito contratual indenizável, pelos efeitos danosos da violação por antecipação do prazo extracartular avençado para concretização do negócio subjacente, sobretudo se houver devolução pelo sacado, por falta de fundos por ocasião da apresentação do cheque, com consequências que maculem a reputação do emitente. A recente Súmula 370/STJ dispõe, taxativamente: "Caracteriza dano moral a apresentação antecipada de cheque pré-datado".[63]

• Lei 7.357/1985, arts. 3º e 4º

**Art. 3º. O cheque é emitido contra banco, ou instituição financeira que lhe seja equiparada, sob pena de não valer como cheque.**

**Art. 4º. O emitente deve ter fundos disponíveis em poder do sacado e estar autorizado a sobre eles emitir cheque, em virtude de contrato expresso ou tácito. A infração desses preceitos não prejudica a validade do título como cheque.**

**§ 1º. A existência de fundos disponíveis é verificada no momento da apresentação do cheque para pagamento.**

**§ 2º. Consideram-se fundos disponíveis: a) os créditos constantes de conta corrente bancária não subordinados a termo; b) o saldo exigível de conta corrente contratual; c) a soma proveniente de abertura de crédito.**

• Lei Uniforme, art. 3º

Artigo 3º

O cheque é sacado sobre um banqueiro que tenha fundos à disposição do sacador e em harmonia com uma convenção expressa ou tácita, segundo a qual o sacador tem o direito de dispor desses fundos por meio de cheque. A validade do título como cheque não fica, todavia, prejudicada no caso de inobservância destas prescrições.

• Há Reservas dos arts. 4º e 5º do Anexo II

Artigo 4º

Qualquer das Altas Partes Contratantes reserva-se a faculdade, quanto aos cheques passados e pagáveis no seu território, de decidir que os cheques sacados sobre pessoas que não sejam banqueiros, ou entidades, ou instituições assimiladas por lei aos banqueiros não são válidos como cheques.

63. *DJU*, 2ª Seção, 25.2.2009, p. 1.

Qualquer das Altas Partes Contratantes reserva-se igualmente a faculdade de inserir na sua lei nacional o art. 3º da Lei Uniforme na forma e termos que melhor se adaptem ao uso que ela fizer das disposições da alínea precedente.

## Artigo 5º

Qualquer das Altas Partes Contratantes tem a faculdade de determinar em que momento deve o sacador ter fundos disponíveis em poder do sacado.

*1. Introdução: emissão só "contra banco" (art. 3º)*
*"do título como cheque" (art. 4º)*

O art. 3º da Lei Interna (Lei 7.357/1985) reitera e reforça o requisito essencial do art. 1º, III: o cheque só pode ser assim considerado desde que seja emitido contra banco ou instituição financeira que lhe seja equiparável, que fornece ao correntista o talonário padronizado. Isto é, somente banco ou instituição financeira que lhe seja equiparada têm legitimidade para figurar com exclusividade como sacado, e não mais também "comerciantes", como autorizava a antiga Lei Interna do Cheque, sob pena de o título infringente não valer como cheque e, pois, ser considerado inexistente e não dever o sacado ilegítimo (por exemplo: empresário) atender à "ordem" de pagamento e não poder o beneficiário agir pelas regras específicas da Lei do Cheque contra o "emitente" ou "coobrigado". *V.: a palavra "banco" no art. 67, n. 2.*
Outra coisa é a regra do art. 888 do CC/2002, segundo a qual a invalidade do documento (como cheque) não implica a invalidade do negócio jurídico que lhe deu origem.

E, por se tratar de *título de apresentação a terceiro para pagamento*, que se caracteriza como ordem a ser cumprida exclusivamente por banco (banco sacado), conclui-se que o ato culminante *sine qua non* da realização normal do cheque é sua apresentação. E tanto isso é certo que, mesmo constando do cheque cláusula de dispensa do protesto (art. 50), tal concessão ao portador não o dispensa de proceder à apresentação do cheque ao banco sacado, para pagamento (§ 1º do mesmo art. 50 da Lei 7.357/1985). Mesmo porque a verificação da existência de fundos disponíveis, e, pois, também da ausência ou insuficiência de provisão, para todos os efeitos jurídicos, confina-se ao ato-momento da apresentação do cheque ao banco sacado para pagamento (art. 4º, § 1º, da Lei 7.357).

Já, o art. 3º da Lei Uniforme aludia a "banqueiro" como devendo ser sacado de cheque; porém ressalvava que a inobservância dessa prescrição não prejudicava a validade do cheque, precisamente porque a Reserva do art. 4º (do Anexo II) facultava, quanto aos cheques passados e pagáveis no território da Alta Parte Contratante, que esta decidisse da impossibilidade de ampliação da figura do sacado para abranger pessoas que não fossem banqueiros ou instituições financeiras equiparadas.

Tratava-se, assim, de peculiar Reserva *negativa*, como se verá mais adiante, que o Brasil subscreveu para de logo excluir de vez a incidência da antiga Lei Interna do Cheque (art. 1º da Lei 2.591/1912), que incluía a possibilidade de emissão de cheque também contra "comerciante". E o Brasil, ao editar o decreto de promulgação da Convenção de Genebra sobre Cheque, de 7.1.1966, porque acabara de ser editada recentemente a Lei 4.595, de 31.12.1964, quis ratificar, por coerência, a exclusividade nesta concedida aos integrantes do sistema bancário-financeiro de legitimação adjeta para figurarem como sacados de cheque.

**2. Normas de emissão (art. 4º) e de disponibilidade de fundos: distinção de efeitos entre requisitos de validade e preceitos comportamentais**

O *caput* do art. 4º da Lei Interna (correspondente ao *caput* do art. 3º da Lei Uniforme) é normativo, de preceituação de *condutas* a serem observadas para regular emissão, mas sem prejudicar a "validade do título como cheque", conclui o texto legal:

*1ª Norma* – Deve o emitente ser cliente depositante correntista do banco, que a tanto equivale em síntese o texto que diz que deva estar "autorizado em virtude de contrato expresso ou tácito" (contrato de conta corrente bancária com movimentação de provisões por meio de cheque).

*2ª Norma* – Existência prévia de fundos em poder do sacado (a origem desses fundos consta de enumeração tríplice tradicional mas não exaustiva do § 2º do mesmo art. 4º).

*3ª Norma* – Não são quaisquer fundos, como a termo, "bloqueados" ou "vinculados" a outros fins, mas "fundos *disponíveis*", que isso é o que na essência prática constitui provisão disponível e suficiente para cobertura pronta em dinheiro, pelo sacado, das ordens regulares de pagamento por cheque.

Diz-se tratar-se de "normas de conduta" porque, sendo pressupostos de regularidade de atuação contratual do correntista emitente com o banco de que é cliente, não se confundem com requisitos de validade estabelecidos nos arts. 1º a 3º; tanto assim é que a última alínea do *caput* do art. 4º ressalva, todavia, que "a *infração* desses *preceitos* não prejudica a validade do título como cheque". E, quanto à caracterização *jurídica* da existência, ou não, dos aludidos *fundos disponíveis*, o § 1º do art. 4º destaca o momento de verificação, que é o da apresentação do cheque ao sacado para seu pagamento, que outro não é senão o da apresentação direta ao caixa ou o da sua chegada ao sacado oriundo do sistema de compensação.

É oportuno destacar que se depara (também nesse § 1º do art. 4º), a propósito da indicação legal da oportunidade em que deva ser verificada a existência de fundos – que é a do momento da apresentação, em combinação com o disposto no art. 33 (o cheque, representando saque sobre fundos bancários, deve ser *apresentado* – ao banco sacado – para pagamento) –, com uma relevante norma implícita de conduta imposta ao beneficiário, portador ou *tradens*: a obrigatoriedade da apresentação do cheque ao banco sacado, diretamente ou através de compensação na rede bancária, para pagamento, ato culminante da trajetória desse título, que é o fato conducente à conclusão de que cheque não apresentado ao sacado – isto é, sem recusa de pagamento declarada pelo banco no título – não se integra dos pré-requisitos da sua peculiaridade por destinação. Do que resulta a ausência do interesse jurídico--processual para cobrança executiva de cheque não apresentado antes ao sacado para pagamento, ou seja, sem a motivação da recusa e devolução, como se infere, ademais, do art. 47 e seus §§ da Lei 7.357.

## 3. Saque sobre fundos bancários – Natureza do contrato de conta corrente e implicações do depósito bancário (espécie irregular, por ser o dinheiro bem fungível)

O art. 3º da Lei Uniforme e os arts. 3º e 4º da Lei Interna do Cheque trazem referências de caráter conceitual do cheque: (a) saque sobre um banqueiro; (b) que tenha fundos à disposição do sacador; (c) e em harmonia com uma convenção, expressa ou tácita, segundo a qual o sacador tem o direito de dispor desses fundos por meio de cheque. Entretanto – acrescenta a parte final –, não é a ausência de provisão, nem de convenção que assegure ao sacador dispor dos fundos por meio de cheque, que irá afetar a validade do título emitido, no que respeita às responsabilidades legais dos signatários do cheque.

Já foi referido nas anotações ao art. 1º, n. 1, que o depósito bancário constitui figura de *depósito irregular*, no sentido e com os efeitos de que se incorpora, como bem fungível peculiar, ao patrimônio de propriedade do banco depositário, contra quem o depositante terá um crédito em conta corrente; ou seja, como dilucidava a dicção do § 2º do art. 1º da nossa antiga Lei do Cheque, o Decreto 2.591/1912, é o banco depositário que é considerado *devedor* do valor-dinheiro recebido em depósito bancário em face do correntista titular da conta que abriga a provisão disponível através de cheque. É que, sendo o dinheiro bem fungível por conceituação, enquadra-

-se no princípio de que a propriedade dos bens fungíveis dados em depósito se transfere do depositante ao depositário, ficando este obrigado a restituir por outros do mesmo gênero, qualidade e quantidade, tal como sucede no mútuo, cujas regras são pertinentes e invocáveis, especialmente a do art. 587,[64] por remissão do art. 645,[65] ambos do CC/2002. E nesse sentido já se manifestou a 3ª Turma do STJ no REsp 3.013, e mais uma vez no REsp 137.616-SP, em ambos sendo relator o Min. Eduardo Ribeiro.[66] Da mesma 3ª Turma: "O depósito bancário é espécie irregular. Funciona como mútuo. Assim, o dinheiro nominalmente depositado transfere-se à propriedade do depositário".[67]

Como decorrência do efeito jurídico inerente ao depósito bancário, de que a propriedade disponível do numerário depositado se transfere ao banco depositário em caso de falência ou liquidação extrajudicial da instituição financeira custodiante da provisão, o que ocorre é que os valores depositados passam a integrar o acervo da massa falida; caso em que, com a perda da titularidade dos valores depositados, resta ao correntista depositante apenas o crédito quirografário correspondente, excluída a disponibilidade direta sobre a provisão constituída na conta bancária, cuja movimentação, inclusive através de cheque, torna-se frustrada e inoperante. Não assistirá ao depositante, por incogitáveis os requisitos, sequer a pretensão à restituição prevista na Lei Falencial, mas tão somente terá o direito de habilitação de crédito na ordem que lhe couber no concurso universal de credores, conforme pacificado na 2ª Seção do STJ no julgamento do REsp 501.401-MG, já referido como *leading case* nas anotações ao art. 1º, n. 1 (AgR no REsp 576.188-MG).

## 4. Cheque especial:
### peculiaridades sobre a provisão o limite de crédito

O crédito bancário concedido ao correntista até certo limite, denominado "cheque especial", oferece uma perspectiva, do art. 4º (estar autorizado a sobre eles – fundos disponíveis – emitir cheque em virtude de contrato expresso ou tácito), cujo conceito doutrinal foi apreendido por interpretação jurisdicional de rara felicidade em acórdão, a propósito de penhora em matéria trabalhista, proferido pela 3ª Turma do TRT-12ª Região no AgPet

---

64. Correspondente ao revogado art. 1.257 do anterior CC.
65. Correspondente ao revogado art. 1.280 do anterior CC.
66. O último deles julgado em 8.8.2000, com ementa publicada no *DJU* 232-E, 4.12.2000, p. 64.
67. AgR no REsp 508.051-0-MG, rel. Min. Humberto Gomes de Barros, j. 28.6.2004, v.u., *DJU* 2.8.2004, p. 370.

9.370/1997, de Canoinhas/SC, em 14.7.1998, de que foi relator o Juiz Nilton Rogério Neves, com a seguinte ementa: "Crédito bancário – Limite do cheque especial – Penhora – Impossibilidade. A operação de abertura de crédito bancário constitui uma espécie de empréstimo, em que a instituição bancária se obriga a manter determinada importância à disposição do cliente. Entretanto, não ocorre a transferência da propriedade tão logo se aperfeiçoe o contrato, mas somente com a efetiva utilização, pelo creditado, da soma convencionada. Dessa forma, admitir-se a apreensão judicial do crédito implica transferir ao banco, terceiro estranho à lide, a responsabilidade que é exclusiva do executado, ferindo o princípio albergado na legislação vigente de que somente o patrimônio do devedor – art. 568, I, do CPC – ou dos sujeitos arrolados nos incisos II a V do citado dispositivo legal está sujeito à execução".[68] Não fosse crédito, o cheque especial subverteria a regra da fungibilidade do depósito bancário em dinheiro.

É de relembrar que as atividades bancárias (ou dos banqueiros) e as operações bancárias pertencem ao ramo do comércio – e por isso vinham disciplinadas nos hoje revogados arts. 120 e 121 do CComercial, aplicando--se-lhes complementarmente as regras e os institutos do Código Civil, em especial do direito empresarial e dos bancos.

## 5. Provisão inerte? Caracterização raríssima e efeitos jurídicos

Impõe-se, aqui, o registro de importante circunstância: a Lei 2.313, de 3.9.1954, com a regulamentação constante do Decreto 40.395, de 21.11.1956, estabelece o prazo de 25 anos para a movimentação dos depósitos bancários, após o quê cumpre ao banco depositário proceder ao recolhimento da provisão inerte ao Tesouro Nacional. A partir do recolhimento passa a fluir o prazo da prescrição de cinco anos contra o depositante, findo o qual incorpora-se o depósito bancário ao patrimônio nacional.

Dessas normas deflui que a *inércia* (desinteresse) do correntista depositante, quando legalmente caracterizada, não beneficia o banco custodiador da provisão, por exemplo, seja por usucapião, prescrição ou decadência ou qualquer outro modo de apropriação do depósito (e nem os bancos jamais reivindicaram para si a apropriação de provisões inertes), mas é causa desencadeadora do seu compulsório recolhimento pela instituição depositária ao Tesouro Nacional, incumbindo ao banco verificar a ocorrência dos pressupostos autorizadores do procedimento de incorporação excepcional ao patrimônio da União, sob sua responsabilidade.

68. Divulgada no *Boletim da AASP* 2.158, de 8-14.5.2000, p. 280-e.

Quanto ao usucapião, é incompatível, porque a posse do valor em depósito é exercida pelo banco depositário *ex dominium*, como proprietário (o dinheiro que está depositado com o sacado pertence a este, e não ao depositante);[69] e, quanto à prescrição, é incogitável, porque é de texto explícito do art. 2º, § 1º, da citada Lei 2.313/1954 que, *verbis*, "não corre prescrição contra depositante" – isto é, é imprescritível o direito de restituição do depósito, pela razão óbvia do princípio de que *não corre prescrição* (aquisitiva) *a favor do depositário* (norma do revogado art. 450 do CComercial).

A integração excepcional do numerário ao patrimônio da União é eventual, condicionada em princípio à sucessiva inércia (abandono pelo correntista) pelo prazo prescricional de 5 anos a contar do recolhimento feito pelo banco depositário, após vencido o prazo de 25 anos sem movimentação pelo correntista. Mas cumpre considerar que há também casos excepcionais em que o transcurso do prazo de 25 anos sem movimentação bancária, por si só, não caracteriza a *inércia* (ou desinteresse) na movimentação da provisão como pressuposto motivador do recolhimento compulsório pelo banco depositário ao Tesouro Nacional. Exemplos: se se tratar de depósito vinculado a ordem emanada de processo judicial não liberado, ou de que o titular seja pessoa menor ou incapaz que, por decisão judicial só alcançaria a disponibilidade dos valores depositados depois de completar a maioridade ou alcançar a capacidade – razão, aliás, impeditiva da ocorrência de qualquer causa nociva ou do curso de prazos em seu desfavor, especialmente se não foi cientificado da existência do depósito ao atingir a maioridade ou capacidade jurídica; ou, ainda, se se tratar de depósito feito por terceiro, não levado ao conhecimento do beneficiário, isto é, que não tenha sido cientificado pelo banco depositário da existência e disponibilidade da provisão. São exemplos, dentre outros, que mostram não se caracterizar *inércia, desinteresse* ou *abandono* da provisão, que levem o correntista a sofrer expropriação legal do direito aos fundos como se fossem inertes e sem movimentação.

Aliás, na prática, nos tempos atuais, em que os bancos e instituições financeiras adotam tecnologia de ponta para comunicações, dificilmente ocorreria alguma hipótese de não comunicação e de não movimentação prolongada de depósitos bancários que pudesse inferir inércia motivadora de perda e posterior incorporação ao patrimônio nacional; até porque, de regra, os depósitos auferem algum tipo de rendimento (crédito) periódico, tributável pela Receita Federal, ou sofrem alguma espécie de débito ou taxa de serviço – lançamentos bancários, estes, que, em princípio, denotam e fazem presumir movimentações que afastariam a ideia de paralisação inerte imputável ao correntista ou depositante.

69. STF, RE 94.125-RJ, rel. Min. Cunha Peixoto, *RTJ* 103/299.

## 6. Conta bancária conjunta – Solidariedade ativa e outros aspectos relevantes da contratualidade e da cartularidade

O art. 4º, parte final, adverte que a validade do título, como cheque, não fica prejudicada no caso de infração a preceitos nem de indisponibilidade dos fundos. Daí por que fica excluída do conceito estrito do cheque a referência à conta (ou convenção para saque) e à disponibilidade de fundos.

Quem emite cheque extrinsecamente perfeito de talonário sobre determinado banco em que não tinha (ou já não tenha) conta ou disponibilidade bancária sujeita-se às consequências cambiais, civis e penais de emissão de cheque sem provisão de fundos. Não há falar em nulidade ou ineficácia. A obrigação cambial do signatário é válida com autonomia e independência para todos os efeitos, em consonância com o art. 10º da Lei Uniforme (art. 13 e parágrafo único da Lei 7.357/1985).

No âmbito da análise do art. 3º da Lei Uniforme (atual texto do art. 4º da Lei Interna) insere-se o estudo não só da conta bancária unipessoal, mas ainda sobre a *conta bancária conjunta*, regida pelos princípios da *solidariedade ativa* dos arts. 267 *et seq.* do CC/2002,[70] inclusive tratando-se de conta conjunta entre marido e mulher. Tal conta é movimentada ou encerrada, em conjunto ou isoladamente, por qualquer de seus titulares, como condôminos correntistas credores solidários. Por configurar características de *condomínio*, aplica-se-lhe supletivamente a regra do art. 639 do CC/1916, correspondente ao parágrafo único do art. 1.315 do CC/2002; isto é, presumem-se iguais os quinhões ou partes ideais dos condôminos em caso de dúvida.

J. X. Carvalho de Mendonça[71] esclarece, com acerto, que nas contas de depósito de dinheiro ou títulos abertas por bancos conjuntamente a duas ou mais pessoas, com estipulação expressa e essencial de que cada um dos titulares pode dispor à sua vontade, no todo ou em parte, das somas ou valores levados a crédito, ficam os banqueiros validamente liberados para com os depositantes pelos pagamentos feitos a um deles.

É preciso notar, entretanto, que à solidariedade ativa contratual entre os correntistas conjuntos sobre os depósitos no banco sacado corresponde, evidentemente, uma solidariedade contratual passiva dos depositantes em face do banco depositário; é o que explica que, cumprindo este as ordens de um daqueles, possa legitimamente levar a débito da conta conjunta os saques individuais de quaisquer dos cocorrentistas.

---

70. Correspondente aos revogados art. 898 *et seq.* do anterior CC.
71. J. X. Carvalho de Mendonça, *Tratado de Direito Comercial Brasileiro*, vol. VI, Primeira Parte, Rio de Janeiro, Freitas Bastos, n. 275.

Este último aspecto (no plano interno contratual) tem levado a confusões no plano cambiário externo quando ocorra a eventualidade de não pagamento de cheque pelo banco sacado. Aí, cumpre distinguir: perante terceiro, pela emissão de cheque *não pago* só responde aquele cocorrentista emitente que tenha assumido a obrigação, assinando em caráter individual o título; e por cheque sem fundos somente se inscreve a negativação nos cadastros restritivos de crédito do cocorrentista emitente (Circular BACEN-3.334/2006).

É que, se a *contratualidade* (conta conjunta bancária) vincula todos os correntistas em face do banco sacado e vice-versa, a *cartularidade* (cheque não pago pelo sacado) vincula só o emitente isolado e demais eventuais coobrigados que tenham assumido obrigação cambiariforme lançando suas assinaturas por endosso ou aval.

De fundamental relevância à compreensão do tema "conta conjunta" o acórdão do STJ, 3ª Turma, relator o Min. Humberto Gomes de Barros, no REsp 819.327-SP, de 14.3.2006, com a seguinte ementa: "Recurso especial – Conta-poupança conjunta – Penhor em favor de terceiro – Totalidade do saldo da poupança – Solidariedade inexistente. 1. Os titulares de conta-poupança mantida em conjunto são credores do banco. A recíproca não é verdadeira: penhor constituído por um dos titulares com o banco não faz o outro devedor solidário. 2. O saldo mantido na conta conjunta é propriedade condominial dos titulares. Por isso, a existência de condomínio sobre o saldo, que é bem divisível, impõe que cada titular só pode empenhar, licitamente, sua parte ideal em garantia de dívida (arts. 757 do Código Beviláqua e 1.420, § 2º, do novo CC). 3. O banco credor que, para se pagar por dívida contraída por um dos titulares da conta conjunta de poupança, levanta o saldo integral nela existente tem o dever de restituir as partes ideais dos demais condôminos que não se obrigaram pelo débito".[72]

Devedora, ao beneficiário ou portador, do cheque não pago pelo banco sacado, pois, não é a conta conjunta, se a emissão ocorreu em nome individual de um dos correntistas; essa circunstância é determinante da responsabilidade cartular restrita do signatário e, pois, da fixação da legitimidade deste para responder às ações de cobrança correspondentes ao título no qual se obrigou em nome próprio.

Essa visão completa e profunda do aspecto cartular do cheque tem tido a jurisprudência, merecendo destaque especial, como magnífica página de modelar lição de direito específico, que desfaz equívocos, o acórdão da 4ª Câmara Civil do TJSC, pelo brilhante voto-condutor do Relator, Des. Alci-

---

72. Publicada no *DJU* 8.5.2006, p. 214.

des Aguiar, na ACi 35.601, julgada em 11.4.1991,[73] que vai aqui transcrito pela ementa e longa fundamentação pertinente. É o seguinte:

"Cheque – Responsabilidade passiva – Execução movida contra o correntista que não subscreveu o título – Ilegitimidade passiva – Embargos procedentes – Recurso provido.

"A solidariedade que decorre da abertura de conta conjunta bancária é ativa. Inexiste, porém, essa mesma solidariedade perante terceiros em face aos cheques emitidos e não resgatados por insuficiência de fundos ou contraordem ao banco sacado. O cheque é título formal. Logo, somente o correntista que o subscreveu responde pelo seu não pagamento.

"Em matéria cambial não existe dúvida de que a ação pode ser legitimamente intentada contra todos os obrigados cambiários e a um só tempo, ou contra algum deles. Urge, entretanto, que esse obrigado ou devedor tenha subscrito o título, sob pena de emergir como parte ilegítima na ação contra ele intentada.

"Colhe-se da doutrina e da jurisprudência, de forma assente e iterativa que: 'O coparticipante de conta conjunta bancária não se torna passivamente responsável pelo cheque se o não assinou por si ou por mandato. A conta conjunta, segundo a jurisprudência e a doutrina, estabelece apenas uma solidariedade ativa, em virtude da qual um dos titulares efetua retiradas, cujos montantes são lançados a débito da mesma conta, e, portanto, oponíveis aos cotitulares (Caio Mário da Silva Pereira, *Instituições de Direito Civil*, III/474, 1975; Washington de Barros Monteiro, *Curso de Direito Civil – Direito das Obrigações*, 1º/180-181, 1960; Sílvio Rodrigues, *Direito Civil*, 2/270-271, 1973; *RT* 185/345; TACivSP, AI n. 244.473)'.

"O excerto *supra* embasa o r. aresto (unânime) da egrégia 3ª Câmara Civil do extinto TARS segundo o qual, '(...) não sendo o embargante solidário passivamente pela emissão do cheque executado, não pode ele responder pela sua dívida, que é responsabilidade exclusiva do emitente'. Enfatiza ainda a decisão: 'O criador ou emitente ou sacador do cheque é o responsável por todos os efeitos da emissão. Ele é o responsável civil e penalmente. Sem a assinatura, o cheque inexiste como ordem de pagamento à vista; a assinatura é que cria o documento (Lei Uniforme do Cheque, arts. 1º e 10º)' (*JTARS* 56/156-158).

"Ainda do mesmo Tribunal e também da douta Câmara Civil emerge idêntico posicionamento em face à matéria *sub examine*, conforme se insere na mesma *Revista*, vol. 65/370.

---

73. *JC* 68/246 – *apud* Wilson Bussada, *Cheque Interpretado pelos Tribunais*, vol. II, n. 169, Campinas, Julex, 1997.

"Outra não foi a posição adotada, à unanimidade, pela egrégia 2ª Câmara Cível do extinto TAPR em julgado que levou a seguinte ementa: 'Cheque – Execução – Conta conjunta. Perante terceiro, portador de cheque, responde apenas o emitente, se o cheque for recusado pelo banco, por insuficiência de fundos (...)' (*Paraná Judiciário* 26/160-162).

"O extinto 1º TACivSP comungou desse mesmo entendimento: 'A solidariedade que decorre da abertura de conta conjunta bancária é ativa. Isto não significa, porém, que haja solidariedade passiva entre os cotitulares de conta conjunta em relação aos cheques emitidos e porventura não resgatados por insuficiência de fundos ou contraordem ao banco sacado. Nesses casos responde pelo não pagamento somente o correntista que subscreveu o cheque ou deu a contraordem, sem vincular o outro participante da conta conjunta' (*JB* 55/244, 6ª Câmara).

"De igual sorte, assim se manifestaram as egrégias 3ª, 1ª e 4ª Câmaras Civis daquele mesmo Pretório (*JTACivSP* 38/56-58, *RT* 617/102-103 e 558/112-113).

"Assim sendo, em face do princípio do direito cambiário que erige a natureza formal do título, o depósito bancário em conta conjunta ou denominado 'e/ou' expressa solidariedade tão só entre os correntistas e o banco, e não entre aqueles e terceiros, respondendo pelo não pagamento apenas o correntista que subscreveu o cheque.

"De conseguinte, a Câmara conhece do apelo e lhe dá provimento a fim de julgar procedentes os embargos, invertendo-se os ônus da sucumbência, com a atualização da verba honorária retroagindo à data da propositura do processo de execução.

"Florianópolis, 11 de abril de 1991" (Nestor Silveira, pres., com voto; Alcides Aguiar, relator).

Esse o texto transcrito, merecedor de reflexão.

## 7. *Emitente de cheque de conta conjunta é o único responsável cartular e legitimado passivo: várias situações*

O extinto 1º TACivSP, pela sua 8ª Câmara, já em 18.4.1990 havia adotado idêntica orientação na ACi 422.352, tendo como relator o Juiz Pinheiro Franco, de cujo acórdão recolhe-se a seguinte ementa elucidativa: "Execução – Cheque – Conta conjunta – Responsabilidade patrimonial restrita ao emitente do título – Penhora que não pode recair sobre bens de outro correntista não emitente. A conta conjunta enseja efeitos contra seus titulares junto ao banco, não invadindo a esfera obrigacional perante terceiros. Daí por que o emitente do cheque é o único responsável pelo pagamento do título (*devolvido pelo banco sacado por falta de fundos*) perante seu credor. Assim, a penhora não pode recair sobre bens de outro correntista não emitente".[74]

Sobre conta conjunta cabe insistir em que, se apenas um dos seus titulares emitir e assinar solitária e individualmente o cheque, sendo, por isso, o único legitimado a dar contraordem ao sacado, a responsabilidade em caso de não pagamento é exclusiva do subscritor emitente ou contraordenante, em razão dos princípios da cartularidade, não cabendo invocação por terceiros de solidariedade contratual referente ao âmbito interno, isto é, do contrato da conta conjunta bancária. A propósito, foi nesse sentido que a 3ª Câmara do extinto 1º TACivSP decidiu na ACi 466.268, em 20.10.1992, como se constata da seguinte ementa: "Cheque – Conta conjunta – Emissão apenas por um dos correntistas – Inconfundibilidade entre o titular da conta e o emitente solitário do cheque – Inocorrência de responsabilidade solidária entre os titulares da conta – Arts. 896 e 915 do CC – Embargos à execução".[75]

Da 1ª Câmara Civil do extinto TAMG destaca-se o acórdão da ACi 181.961, relator o Juiz Páris Pena, julgada em 18.10.1994, com a seguinte ementa: "Conta conjunta – Execução por título extrajudicial – Cheque – Responsabilidade solidária – *Legitimatio ad causam*. A satisfação do crédito representado por cheque não pode ser exigida, pela via executiva, do titular da conta conjunta que não o tenha emitido, sob pena de carência da ação por ilegitimidade de parte, não cabendo a alegação de responsabilidade solidária, uma vez que esta somente vincula os correntistas perante o estabelecimento bancário, não alcançando, pois, os beneficiários da cártula".[76]

A ilegitimidade (passiva) de parte do cocorrentista não signatário (*não emitente*) do cheque foi proclamada pela 4ª Turma do STJ no acórdão do REsp 336.632-ES, relator o Min. Aldir Passarinho, julgado em 6.2.2003, com a seguinte ementa: "A cotitularidade da conta limita-se à propriedade dos fundos comuns e sua movimentação, porém não tem o condão de transformar o outro correntista em codevedor pelas dívidas assumidas pela emitente, ainda que cônjuge, pelas quais ela deve responder escoteiramente".[77]

A orientação jurisprudencial do STJ é neste sentido, como se pode verificar dos seguintes julgados: REsp 254.315, REsp 336.632, REsp 602.401 e REsp 819.192-PR. Neste último (REsp 819.192-PR, 4ª Turma, rel. Min. Jorge Scartezzini, j. 28.3.2006) lê-se: "(...). 2. A orientação jurisprudencial

---

74. *RT* 657/106.
75. *JTACivSP* 142/38.
76. *RJTAMG* 56-57/248, *apud* Wilson Bussada, *Cheque Interpretado pelos Tribunais*, cit., vol. II, n. 53.
77. Ementa no *DJU* 31.3.2003, p. 227.

desta Corte é no sentido de que, em se tratando de conta conjunta, o cotitular detém apenas solidariedade ativa dos créditos junto à instituição financeira, sem responsabilidade pelos cheques emitidos pela outra correntista".[78]

Pela oportunidade que ora se apresenta, impõe-se antecipar, aqui, um dos aspectos jurídico-penais do cheque, para desde logo deixar registrado, ainda que sumariamente, que, do ponto de vista de ilícito penal, com maioria de razão, fica excluído o cocorrentista que não tenha participado com sua assinatura da emissão de cheque sem fundos ou lhe frustre o pagamento.

Sobre conta conjunta bancária com cheque emitido por pessoa *interditada*, a 3ª Turma do TJDF, na AC 32.280, decidiu, sob relatoria do Des. Vasquez Cruxêm, o seguinte: "Conta bancária conjunta não implica solidariedade passiva dos correntistas quando apenas aquele que saca o título cambial integra a relação jurídica obrigacional. São nulos, de pleno direito, os cheques emitidos por pessoa interditada, que é absolutamente incapaz, a teor do art. 145, I, do CC".[79]

Neste último exemplo ocorre nulidade formal do próprio cheque, que não gera efeito jurídico obrigacional algum, inclusive para terceiros que hajam nele se coobrigado, não incidindo excepcionalmente a regra do parágrafo único do art. 13 da Lei Interna do Cheque, que supõe "criação" do cheque por "pessoa capaz" – vale dizer, saque de cheque formalmente válido –, o que não ocorre com a emissão (criação) por incapaz.

Por outro lado, numa *conta bancária conjunta entre um menor e seu pai* a responsabilidade deste, por força do art. 932, I, do CC/2002[80] deve ser interpretada sem afronta aos princípios da cartularidade, isto é, limitada ao plano dos arts. 186 e 927 do mesmo CC,[81] por prejuízos causados a terceiros pelo filho menor; e não cambiariamente, por cheque sem fundos que não contenha sua coassinatura.

No caso de falecimento de um dos correntistas, por aplicação do art. 267 do CC/2002,[82] pode, em geral, o saldo da conta bancária conjunta ser levantado pelos sobreviventes, com efeito de extinção da obrigação e liberação do banco em relação aos demais cocorrentistas. A estes assiste o direito de emitir cheques, respondendo pelo seu pagamento, em correspondência ao dever do sacado de atender às ordens de pagamento que lhe forem dirigidas, com liberação frente aos herdeiros do premorto.

---

78. Ementa no *DJU* 8.5.2006, p. 238.
79. Ementa no *DJU* 15.2.1995 e na *RJ* 210/116.
80. Correspondente ao revogado art. 1.521, I, do anterior CC.
81. Correspondente ao revogado art. 159 do anterior CC.
82. Correspondente ao revogado art. 898 do anterior CC.

Esta tem sido a orientação da jurisprudência dos tribunais, inclusive do STF.[83] A 3ª Câmara Civil do TJSP decidiu, na ACi 219.984, em 29.5.1973, de que foi relator o Des. Costa Leite, que: "Tratando-se de conta corrente conjunta entre pai e filho, falecendo aquele, pode o sobrevivente levantar o saldo como credor exclusivo e não a título de sucessor ou coproprietário, inexistindo obrigação de sua parte de levar a inventário a importância recebida".

Neste mesmo caso o coerdeiro agravou do despacho que indeferira o processamento do recurso extraordinário, do que resultou a apreciação da matéria pelo Min. Xavier de Albuquerque no STF, através de decisão singular proferida no Ag 59.304-SP. Verifica-se que "A" mantinha uma conta bancária conjunta com sua filha "B". Vindo ele a falecer, a segunda depositante levou a inventário a metade da importância do saldo bancário existente na data do óbito, da qual deveriam ser abatidas as despesas médicas e com funeral do *de cujus*. Não concordou o herdeiro "C", por entender que todo o dinheiro pertencia ao inventariado, e propôs ação para compelir a irmã a devolvê-lo, deduzidos os saques feitos.

Foi negado seguimento ao recurso, pelo desacolhimento do agravo, não só porque o acórdão do Tribunal estava em consonância com a jurisprudência do Pretório Excelso estampada na *RT* 215/469, como porque, na espécie, o art. 903 do CC/1916, apontado como negado em sua vigência, abonava o comportamento da agravada, que levara a inventário a metade do saldo bancário existente na conta conjunta à data do falecimento do pai cocorrentista.[84]

Um outro aresto, da 1ª Turma do STF (RE 76.613-GB, rel. Min. Luiz Gallotti, j. 4.12.1973), mostra que ao banco sacado cumpre pagar cheque emitido pelo cocorrentista sobrevivente, com liberação perante os herdeiros do premorto, alheando-se de qualquer discussão ou pretensão entre os interessados. É a seguinte a ementa do acórdão: "Conta bancária comum, que a recorrente, legatária, mantinha com o *de cujus* – Decisão que determinou à legatária devolver metade do saldo daquela conta, que fora por ela levantado, após o óbito. A lei foi bem aplicada, observando-se a regra do art. 639 do CC, relativa ao condomínio e segundo a qual, nos casos de dúvida, presumem-se iguais os quinhões".

Num caso de conta bancária conjunta entre marido e mulher, casados no regime de comunhão de bens, em que veio a falecer um deles, decidiu

---

83. *RT* 215/469.
84. *DJU* 15.2.1974, pp. 724-725.

o TJSP, em acórdão da 1ª Câmara Civil no AgPet 79.214, julgado em 27.11.1956,[85] que não pode o supérstite movimentá-la livremente, pois o depósito passa a constituir bem do espólio.

A nosso ver, inobstante o disposto no art. 1.784 do CC/2002,[86] não se alteram a posição dos cocorrentistas nem o regime do depósito com o falecimento de um deles, ainda que se trate de marido e mulher. A única restrição que deve ser considerada pelo banco depositário é a do art. 268 do mesmo diploma,[87] que não abarca a sucessão, salvo bloqueio emanado de ordem judicial.

## 8. Ainda Reservas sobre aspectos de validade (emissão contra banco)

As Reservas do art. 4º do Anexo II dizem respeito a dois aspectos, nas suas duas alíneas:

(1º) A alínea 1 circunscreve a validade do cheque passado ou pagável no País que seja sacado sobre banqueiros ou entidades e instituições que por lei sejam assimiladas aos banqueiros, como as cooperativas de crédito.

Excluída fica a possibilidade, que vinha contemplada na nossa legislação anterior (art. 1º da Lei 2.591/1912), de emissão de cheque sobre "comerciantes", já derrogada desde a vigência da Lei 4.595, de 31.12.1964, mas alterada até antes, em face da anterior Lei 2.313, de 3.9.1954, referida no n. 5, *supra*.

Aliás, o art. 54º da Lei Uniforme esclarece que a palavra "banqueiro" compreende também as pessoas ou instituições assimiladas por lei aos banqueiros, e a Reserva do art. 29º do Anexo II dispõe que compete ao País, para os efeitos da Lei Uniforme, determinar as pessoas que deverão ser consideradas banqueiros e as entidades ou instituições que, em virtude da natureza das suas funções, devem ser assimiladas a banqueiros. O art. 57 da Lei Interna, aludindo à palavra "banco", esclarece que designa instituição financeira contra a qual a lei admita a emissão de cheque.

*V.: comentários ao art. 54º da Lei Uniforme (art. 67 da Lei 7.357/ 1985).*

(2º) A alínea 2 permite que o art. 3º da Lei Uniforme seja inserido na lei nacional na forma e termos que melhor se adaptem ao uso que se faça

---

85. *RT* 263/343.
86. Correspondente ao revogado art. 1.572 do anterior CC.
87. Correspondente ao revogado art. 899 do anterior CC.

das disposições da primeira alínea da Reserva do art. 4º, inserção ocorrida através dos arts. 3º e 67 da Lei 7.357/1985.

## 9. *Momento de verificação da existência e da disponibilidade da provisão: dia da apresentação do cheque*

A provisão de fundos disponíveis é tema examinado sob vários ângulos na legislação chéquica, como se vê ao longo deste estudo.

A Reserva do art. 5º do Anexo II diz respeito à opção legislativa de determinação do momento em que deve o sacador ter *fundos* disponíveis em poder do sacado – que são aqueles fundos exemplificados nas alíneas "a", "b" e "c" do § 2º do art. 4º da lei atual, que, aliás, reproduziu o texto tradicional do art. 1º, § 1º, "a", "b" e "c", da antiga Lei Interna do Cheque – na conta bancária de que é titular (o saque é sobre a provisão), para cobertura do cheque emitido.

Enquanto não ocorrida a utilização da faculdade prevista na Reserva do art. 5º do Anexo II, para mudança de critério (o que só veio a ocorrer com a lei de 1985, § 1º do art. 4º), prevalecia a regra do art. 3º da Lei Uniforme, que coincidia com a regra fixada pelo nosso anterior direito (art. 1º da Lei 2.591/1912), que era a da *preexistência* de fundos com o banco sacado, à disposição do sacador, em consonância com o conceito – então exacerbado nos seus efeitos – de ordem de pagamento à vista inerente ao cheque, mas com vinculação à preexistência de provisão.

Em consequência, antes da Lei 7.357/1985 o beneficiário do cheque *adquiria* o direito de ser pago pela provisão de fundos preexistentes em poder do sacado, isto é, *desde a data do cheque*, na forma do anacrônico art. 8º da antiga Lei 2.591/1912 – tema a ser abordado mais adiante, no exame do *bem vetado art. 5º* da lei atual e já referido na anotação ao art. 2º ("Provisão ou fundos disponíveis com o sacado").

Distinga-se, inicialmente, que a função econômica do cheque recomenda a *preexistência* da provisão, como pressuposto substancial.[88] Daí por que o contrato bancário de cheque, com cláusula especial de suprimento (concessão de limite de crédito pelo sacado ao correntista), passou a constituir um negócio financeiro de grande importância econômica e com valiosas repercussões jurídicas em segurança do cheque como instrumento de pagamento à vista da apresentação ao sacado.

Mas a atual regra brasileira retirou do portador o discutível direito à provisão verificável no dia indicado como da data de emissão do cheque; seu

---

88. Othon Sidou, *Do Cheque*, cit., 4ª ed., n. 66.

direito encontra respaldo no título, inclusive porque, por contrato financeiro, mesmo que negativo o saldo da conta bancária, tornava-se esta superavitária mercê do crédito aberto ao correntista. Como, então, nessa hipótese, poderia a lei assegurar ao portador o direito a essa provisão bancária de suprimento de déficit? A solução era já difícil pela teoria do direito de propriedade sobre a provisão *cedida* pelo emitente ao portador do cheque desde a data da emissão; e se complicaria de vez com o advento do crédito bancário representado pelo *cheque especial*, que conduziria à mediata responsabilização do sacado pela obrigação de suprimento do déficit para pagamento, à conta do crédito rotativo, com correspectivo direito do portador de acionar o banco concedente do crédito que não o liberasse, para cobrar-lhe o valor do cheque, mesmo sem ter aposto sua assinatura no título – rematado absurdo.

A ideia correta sempre foi a de que o direito do portador do cheque era sempre contra o sacador, decorrente do título, e não contra o banco sacado.[89]

Por pouco – não fosse o oportuno veto ao art. 5º da atual Lei Interna do Cheque – voltaríamos ao tempo do primitivo e confuso art. 8º da antiga Lei Interna do Cheque, em que o cheque fazia supor incongruentemente a presunção de preexistência e propriedade da provisão bancária como direito do portador, desde o momento em que posto em circulação. O que, conforme Egberto Lacerda Teixeira,[90] constituiria "estranhável" contradição com o § 1º do art. 4º da atual Lei Interna do Cheque, que estatui que "a existência dos fundos disponíveis é *verificada no momento da apresentação* do cheque para pagamento", que é, afinal, o momento legal, técnico e objetivo de quando deve de fato e de direito existir a provisão suficiente à cobertura do valor do cheque.

Recorramos novamente à lição de Fran Martins na obra e local citados, que se projeta para legitimar o uso de emissão de cheque para ser apresentado em data futura, a risco do emitente se o portador violar a confiança e apresentar antecipadamente o cheque *pós-datado* (ou *pré-datado*, como vulgarmente conhecido). Mas sem esquecer a ressalva de Luiz Antônio Rizzato Nunes referida na anotação ao art. 2º, n. 5, *retro*, quando a série de cheques com datas futuras esteja vinculada a contratos, especialmente de consumidor, em que esses títulos imputados representem avença de prestações contratuais e uma das cláusulas seja a do dever do vendedor-fornecedor de respeitar e cumprir os prazos de pagamento ajustados, sob pena de responsabilidade por danos, inclusive morais (Súmula 370/STJ).

---

89. Paulo de Lacerda e Carvalho de Mendonça, cits. por Fran Martins, *Títulos de Crédito*, cit., vol. 11, n. 17, p. 21.
90. Egberto Lacerda Teixeira, *Nova Lei Brasileira do Cheque*, cit., n. 37.

Ressalve-se, quanto ao banco sacado, como *adjectus*, a hipótese de cheque com data futura, em que o direito do beneficiário de ser pago pela provisão surgirá antes, isto é, como sempre, desde *o dia da apresentação* (art. 32 da Lei Interna), se existentes fundos disponíveis.[91]

*10. Noção-conceito de cheque (título* **pro solvendo** *de apresentação primária ao sacado, que não opera novação) e a causa da emissão*

Além do que se expôs na nota introdutória conceitual e na anotação de n. 6 ambas ao art. 1º, *retro*, acrescente-se que, em geral, as Nações – o Brasil inclusive – que aderiram ao direito uniforme cristalizado na Convenção de Genebra prescindem de estabelecer uma definição legal do cheque, optando pela enumeração de requisitos de validade e regularidade e seus efeitos, deixando à doutrina a conceituação da natureza jurídica e dos elementos jurídicos desse relevante instituto econômico-financeiro.

A par de constituir título tipicizado a que a lei atribui eficácia executiva, várias definições, propostas por duas dezenas de renomados autores e mestres consagrados no direito comercial comparado sobre cheque, vêm coletadas por Arturo Majada,[92] que abaixo resumimos por construção descritiva, simplificada e prática.

Pode-se dar ao *cheque* a noção-conceito de título bancário formal, autônomo e abstrato, que contém uma declaração unilateral de vontade, enunciada pelo sacador por uma ordem incondicionada de pagamento à vista de sua apresentação, em dinheiro, dirigida ao sacado, em benefício do portador, correspondente à importância indicada, a ser debitada no saldo da respectiva conta corrente.

Daí, que, tratando-se de título de apresentação a terceiro (banco sacado), para pagamento primário que lhe compete (art. 33), a *apresentação* é ato culminante inafastável, que vincula o portador, para a realização normal da função econômico-jurídica do cheque. Portanto, só a recusa de pagamento com a motivação adrede prevista em norma regulatória do Banco Central certificada pelo sacado é que caracteriza a lide, condicionando a instauração do esquema de exigibilidade cambiária diretamente dos obrigados no título *pro solvendo*; fenômeno objetivo que revela e instaura o interesse processual

---

91. Observe-se que a apresentação antes do prazo do cheque *pós-datado* pode ensejar indenização civil, consoante a jurisprudência do STJ nestes precedentes: REsp 557.505; REsp 195.748; REsp 16.855; REsp 223.486; REsp 261.168; inclusive por danos morais, consoante a Súmula 370/STJ, editada em 2009.
92. Arturo Majada, *Cheques y Talones*, 3ª ed., Barcelona, Bosch, 1969, pp. 47 e ss.

do portador em receber dos obrigados o correspondente pagamento recusado primariamente pelo banco sacado.

O § 1º do art. 4º é taxativo: "A existência de fundos disponíveis é verificada no momento da apresentação do cheque para pagamento". E o art. 48, *caput*, aponta qual é esse momento ou prazo oportuno ou *tempo hábil* para a *apresentação*, a que se refere o § 3º do art. 47, todos da Lei 7.357/1985.

O cheque – que é título cambiariforme, mas não propriamente título de crédito, conquanto àquele aplicáveis os princípios deste, e muito menos título de crédito causal – é instrumento de pagamento, um quase dinheiro, sem o poder liberatório da moeda, que traduz uma ordem de pagamento dirigida ao sacado que se exaure economicamente com o recebimento do seu valor. Todavia, não equivalente ao dinheiro, que é a moeda corrente legal no país, o cheque não encerra poder de coerção; ou seja, ninguém, em princípio, é obrigado a aceitá-lo, embora seja essa não só a prática mais comum, e até a mais aconselhável em inúmeras circunstâncias, existindo no sistema jurídico-bancário meios de garantia e de segurança que lhe conferem credibilidade, como o visamento bancário prévio ou o próprio cheque administrativo (arts. 7º, § 1º, e 9º, III, da Lei 7.357). A provisão é pré-constituída com o banco sacado, cuja verificação, todavia, difere a lei para o momento da apresentação a pagamento, se antes não houver solicitação de visamento através de apresentação pessoal e direta ao sacado só para esse fim, pelo emitente, beneficiário ou portador legitimado.

Pontes de Miranda[93] é incisivo: "O cheque nada tem de instrumento de crédito; não é, portanto, título de crédito"; afirmando, noutro passo, que "não há instrumento de crédito, há instrumento de entrega de dinheiro, título de exação".

Fábio Konder Comparato não diverge: "O cheque não se insere no mecanismo de crédito, mas representa exclusivamente um meio de pagamento"; acrescentando que, "como tal, a sua aceitação no mundo dos negócios é função não apenas do valor das assinaturas nele lançadas, mas também e sobretudo da possibilidade de imediato cumprimento da ordem de pagamento pelo sacado, o que supõe a existência de fundos suficientes e disponíveis do emitente em poder deste".[94]

No direito comparado os mais modernos tratadistas eliminam do conceito de cheque qualquer elemento ou ideia de instrumento de crédito. Assim se manifesta Alberto Diez Mieres, para quem "el cheque no consti-

---

93. Pontes de Miranda, *Tratado de Direito Privado*, t. 37, Rio de Janeiro, Borsói, § 4.093, pp. 9-10.
94. Fábio Konder Comparato, in *RDM* 7/67, São Paulo, Ed. RT.

tuye un instrumento de crédito, es un instrumento de pago y un resorte de compensación bancaria".[95]

Michel Vasseur e Xavier Marin são de igual opinião: "Le chèque, au contrarie de la lettre de change, n'est qu'un instrument de paiement; il suppose que la créance du tireur sur le tiré soit immédiatement exigible, et le problème du crédit ne se pose pas".[96]

No mesmo sentido Henry Cabrillac: "En principio, el cheque no es, como la letra da cambio, un instrumento de crédito; es por excelencia un instrumento de pago a la vista".[97]

Não discrepa Rodolfo Fontanarrosa: "A diferencia de la letra de cambio, que es, esencialmente, un instrumento de crédito, el cheque es un instrumento de pago y de pago rápido".[98]

É inerente ao cheque o caráter *pro solvendo*, por não ter o poder liberatório da moeda corrente. Só o efetivo recebimento da correspondente importância em dinheiro extingue a obrigação. Ao contrário, se por qualquer razão o beneficiário não consegue receber o valor correspondente ao cheque, subsiste a dívida que com ele se pretendeu pagar,[99] porque cheque sem fundos não opera *novação*, tornando insubsistente a quitação dada.

A 2ª Câmara Cível do TJPR, na ACi 777/1987, tendo como relator o Des. Osslan França, apreciou um caso de alegada novação em que houvera substituição de promissória por cheque emitido *pro solvendo*, sem provisão de fundos, em que consta o seguinte posicionamento: "A apresentação dos cheques em cobrança, junto a estabelecimento bancário, não significa quitação, eis que os portadores ali tiveram conhecimento de que os mesmos foram emitidos sem a necessária provisão de fundos (...). Além do mais,

---

95. Alberto Diez Mieres, *Cheque y Letra de Cambio*, Buenos Aires, Macchi, 1970, p. 2.
96. Michel Vasseur e Xavier Marin, *Le Chèque*, Paris, Sirey, 1969, p. 4.
97. Henry Cabrillac, *Le Chèque et le Virement*, ed. espanhola, Madri, Reus, 1969, p. 13.
98. Rodolfo Fontanarrosa, *El Nuevo Régimen Jurídico del Cheque*, 5ª ed., Buenos Aires, Zavalía, 1972, p. 22.
99. A 2ª Turma do STF extraiu do caráter *pro solvendo* do cheque várias conseqüências fundamentais em acórdão proferido no RE 85.652-RS, de 6.10.1976, relator o Min. Cordeiro Guerra (*RTJ* 79/1.034): "Pagamento de promissória mediante cheques de terceiros, que se verificou não terem fundos – Insubsistência da quitação dada por erro. O cheque sem fundos é equivalente à moeda falsa. O cheque não tem o poder liberatório da moeda; transmite-se sempre *pro solvendo*. Não constitui novação – Recurso extraordinário conhecido e provido".
Idem, 1ª Câmara do extinto 1º TACivSP (*RT* 486/104), elucidativo acórdão, relator o Juiz Evaristo dos Santos.

a emissão desses cheques foi pro solvendo, podendo a parte vendedora do imóvel optar pela resolução do contrato de compra e venda ou pela cobrança dos títulos. O protesto dos títulos, em cartório, ao invés de significar quitação, representa simples providência que serve, isto, sim, para comprovar o não pagamento da obrigação. Não socorre ao réu, por outro lado, a alegada novação da dívida, pouco significando a substituição das promissórias por cheques, porque emitidas aquelas pro solvendo e não pro soluto, o mesmo acontecendo com estes últimos, que não foram pagos, permanecendo em aberto o débito contratual".[100]

No mesmo sentido orientou-se o extinto TAMG na ACi 49.935, julgada em 21.12.1989, relator o Juiz Páris Pena, com a seguinte ementa: "Novação – Descaracterização – Cheques sem fundos. O cheque é título pro solvendo, razão pela qual, com a sua devolução bancária, subsiste a obrigação cambiária original, não solvida, nem novada a dívida, uma vez que, para a existência de novação, necessária é a prova inequívoca do ânimo de novar".[101]

Embora não seja um título causal, importa a consideração ao negócio jurídico subjacente, pela influência que exerce na validez e exigibilidade do cheque, nos seus aspectos civil e penal, como assinala Arturo Majada,[102] sobretudo em relações de consumo.

Como o cheque não produz normalmente modificações sobre o crédito fundamental preexistente à sua emissão,[103] compreende-se e se justifica a jurisprudência que, nas relações entre o sacador e o beneficiário, perscruta a causa do cheque e a dívida que com ele se quis extinguir, em seus efeitos civis e penais.

Malgrado dispor a alínea 2ª da Reserva do art. 19º do Anexo II que a Lei Uniforme não abrange qualquer questão que diga respeito às relações jurídicas que serviram de base à emissão do cheque, não significa isso uma proibição de exame do negócio subjacente segundo as normas do direito comum; mormente após a vigência do Código de Defesa do Consumidor e do Código Civil/2002, que positivaram novos modelos culturais de atitude, com a limitação da autonomia privada por princípios de ordem pública, como função social, proteção ao equilíbrio econômico, boa-fé objetiva e bons costumes, tendo todos como fundante a dignidade humana.

O fato real é que o cheque é título emitido pro solvendo; e, conquanto a Lei Uniforme excluísse da sua disciplina exclusivamente técnica sobre che-

---

100. PJ 26/66, apud Vair Gonzaga, Do Cheque, 3ª ed., 1997, n. 117, p. 316.
101. RJTAMG 40/228.
102. Arturo Majada, Cheques y Talones, cit., 3ª ed., p. 167.
103. Idem, p. 169.

que as questões envolvidas com as relações jurídicas que serviram de base à emissão e entre o emitente e terceiros a regra geral fosse a do alheamento à causa, pela inoponibilidade de exceções pessoais ao portador legitimado, nas demandas,[104] no plano do contraditório em juízo, o princípio do acesso ao Judiciário alarga a interpretação rigorosa daquelas restrições – vale dizer, abranda o sentido literal da autonomia cartular abstrata em circunstâncias justificadas. Assim, por exemplo – e como indício e até corolário de convergência dessa amplitude refletida na Lei do Cheque –, é que foi no direito interno, no art. 52 da Lei do Mercado de Capitais, que abeberou a específica norma reiterativa da causalidade do parágrafo único do art. 28 da Lei 7.357/1985, ao dispor esta, quanto às relações extracartulares, que, "se o cheque indica a nota, fatura, conta cambial, imposto lançado ou declarado a cujo pagamento se destina, ou outra causa da sua emissão, o endosso pela pessoa a favor da qual foi emitido e a sua liquidação pelo banco sacado provam a extinção da obrigação indicada".

## 11. O cheque não tem poder liberatório da obrigação causal, nem o curso forçado da moeda

Não tem o cheque poder liberatório da obrigação causal, nem curso forçado, caracterizando-se como meio prático de pagamento através do banco sacado.

O cheque substitui-se à moeda, mas com ela não se identifica.

Nesta conceituação reside toda a estrutura da exigibilidade, pelo portador, sobre o cheque não pago.

Deve o sacador manter conta com o sacado e ter provisão disponível. São circunstâncias que não se inserem, todavia, como elementos constitutivos do cheque (última parte do art. 3º da Lei Uniforme e parte final do art. 4º da Lei Interna). Daí sua não inclusão na definição. Cheque não pago, cheque sem fundos, continua a ser cheque, valendo como tal, segundo a legislação especial, provido das correspondentes ações de cobrança, porque a existência de provisão não é requisito essencial de validade do cheque, senão mero referencial econômico-lógico de sua criação e destinação.

No escólio de Murilo Humberto de Barros Guimarães,[105] a eficácia cambiária do cheque em relação ao emitente e demais coobrigados no título

---

104. Neste sentido, v. os seguintes julgados do STJ: REsp 103.293; REsp 221.835; REsp 331.060; e REsp 252.249.

105. Murilo Humberto de Barros Guimarães, *Provisão no Cheque*, Rio de Janeiro, Freitas Bastos, 1956, p. 127.

subsiste mesmo na ausência de provisão, para salvaguarda dos legítimos interesses do portador. Elucidativo é o acórdão da 2ª Câmara do extinto TACivSP, de 7.11.1972, proferido na ACi 182.499, relator o Juiz Felizardo Calil: "O cheque não exerce a função de pagar, mas a de fazer pagar por intermédio de um terceiro. O emitente, portanto, obriga-se a resgatá-lo, caso o sacado não o faça; assume a responsabilidade de um crédito próprio, pessoal. A ordem de pagamento que envolve o cheque é apenas ordem, com promessa de pagamento, e por isso a sua emissão é *pro solvendo* e não *pro soluto*. Depende do cumprimento da ordem para que o pagamento seja efetuado, pois se a ordem não é cumprida o pagamento não se aperfeiçoa, não se realiza, embora a falta de provisão não afete propriamente a validade do título. A ausência de provisão não provoca a desnaturação do instrumento; produz efeitos apenas contra o emitente e nunca em seu favor. Se a ordem de pagamento não é cumprida, o pagamento pelo banco não se efetua, continua em aberto o débito que deu origem à emissão do cheque, refugindo do senso jurídico que um ato ilícito possa produzir efeitos favoráveis ao seu autor ou ao terceiro que dele se aproveita. Não constituindo entrega do cheque pagamento real, mas *pro solvendo*, a conclusão a que se chega é que o devedor fica sempre responsável pela dívida, caso o sacado não resgate o título".

## 12. Pagamento de dívida de jogo com cheque: exceção de ineficácia oponível entre as partes originárias, não tendo ocorrido circulação por endosso cambial – Variações sobre o tema

Conquanto o cheque não seja título causal, mas abstrato, conforme assinalado na conceituação *supra*, o fato é que sofre exceção pessoal de inexigibilidade, relacionada com a ilicitude da dívida que com ele se procurou solver.

A ineficácia do cheque tem sido considerada por extensão quando se destine a pagamento de dívida de jogo, de regra desde que oponível entre as partes originárias e o cheque não tenha circulado – como ressalva o STJ (REsp 103.293-PR) na generalidade dos casos de cobrança do cheque – por endosso cambial, acrescentamos.

Dívida de jogo, antes de ser dívida ilícita, que não é, embora possa sê-lo se se referir a jogo ou aposta proibidos por lei, é obrigação natural, concernente a um dever de consciência, com sentido exclusivamente moral. Por ser desprovida de ação, diz Carvalho Santos,[106] não fornece a lei meios de exercício de pretensão para se exigir seu cumprimento.

[106]. Carvalho Santos, *Código Civil Brasileiro Interpretado*, vol. XII (art. 970 do CC/1916), Rio de Janeiro, Freitas Bastos, p. 430.

Pois bem. Conjugando-se os dispositivos dos arts. 882[107] e 814[108] do CC/2002, fácil é concluir que as dívidas de jogo ou aposta não obrigam a pagamento; mas não se pode recobrar ou repetir o que voluntariamente se pagou para solver obrigação natural.

Porque o cheque é emitido *pro solvendo*, vale dizer, sem extinguir de per si a dívida, extinção que ocorre só quando o credor recebe em pagamento a correspondente importância em dinheiro, subsiste todavia ela intacta quando o pagamento do cheque tenha sido recusado pelo sacado. Entretanto, se a ordem de pagamento representada pelo cheque não foi atendida por qualquer motivo, fica seu emitente naturalmente desobrigado quando sua finalidade tenha sido a solução de dívida de jogo, por não reconhecer a lei civil um contrato para merecer proteção jurídica coercitiva, como conclui acórdão a seguir referido.

Pela amplitude de análise do problema de inexigibilidade de cheque emitido em razão de crédito (e não de empréstimo para jogar) por *dívida* de jogo, destaca-se o acórdão da 1ª Câmara do extinto TACivSP, de 18.12.1972, relatado pelo Juiz Assis Moura, na ACi 188.390, com a seguinte conclusão:

"É sabido que a regulamentação do jogo em clubes não derroga os princípios reguladores das obrigações civis, pois não passam a considerar o jogo como um contrato, para atribuir efeitos jurídicos às obrigações dele decorrentes; tais leis permitem o jogo como passatempo ou divertimento, mas o jogo, mesmo como divertimento, passatempo ou distração, não é considerado um contrato para merecer a proteção jurídica.

"Tais jogos, devidamente regulamentados e permitidos por lei, deixam de ser infração penal, mas continuam estranhos à lei civil, que não lhes reconhece a natureza de atos jurídicos, como mui bem fez sentir Clóvis, para que possam produzir efeitos jurídicos.

*"Em conclusão: é carecedor de ação credor por cheques emitidos para cobrir dívida proveniente de jogo ou aposta com o portador. Quem não quiser pagar, ainda que reconheça a dívida, não pode ser compelido a fazê-lo.*

"Nega-se, assim, provimento ao recurso interposto."[109]

A propósito do tema vem o acórdão da 5ª Câmara do extinto 1º TACivSP proferido à unanimidade em 23.11.1973 nos autos da ACi 199.678, de que foi relator o Juiz Rodrigues Porto, em que se decidiu pela eficácia e validade

---

107. Correspondente ao revogado art. 970 do anterior CC.
108. Correspondente ao revogado art.1.477 do anterior CC.
109. *RT* 457/126.

DA EMISSÃO E DA FORMA DO CHEQUE 99

do pagamento de dívida de empréstimo para jogo por meio de cheque e se concluiu pela procedência da ação de cobrança.[110]

A fundamentação do aresto fixa distinções relevantes:

"Entre nós, há três espécies de jogo: o proibido, o tolerado e o autorizado. O contrato de jogo proibido é nulo de pleno direito, não produzindo qualquer efeito; ao de jogo tolerado aplica-se o disposto no art. 1.477 do CC;[111] e no jogo autorizado a dívida dele oriunda é plenamente válida (exemplo: loteria).

"Pelo que se vê dos autos, o jogo que deu origem aos cheques se enquadra entre os tolerados. E a dívida provinda de jogo tolerado não obriga a pagamento só em duas hipóteses: (a) quando a dívida foi contraída em favor do ganhador; (b) quando o empréstimo foi feito no ato de jogar. É o que dispõem os arts. 1.477 e 1.478 do CC.[112]

"É válido o empréstimo feito antes do jogo ou depois dele, como acentuam os doutrinadores."

Advirta-se, portanto, que a inexigibilidade do cheque referente a dívida de jogo não é absoluta nem indiscriminada, consoante os §§ 2º e 3º do art. 814 do CC/2002. Se se trata de cheque dado em pagamento de aposta da Loteria Esportiva ou de aquisição de bilhete da Loteria Federal, ou de cheque de responsabilidade da Caixa Econômica Federal destinado ao pagamento de prêmio aos acertadores dessas modalidades de jogo lícito, oficializado e incentivado pelo próprio Poder Público, não tem sentido jurídico nem de equidade a aplicação do art. 814 do CC/2002[113] para desobrigar os responsáveis, sob pena de se acobertar o locupletamento ilícito.[114]

Diga-se de passagem que em várias oportunidades o Poder Judiciário tem reconhecido o direito ao rateio do prêmio na Loteria Esportiva a acertadores que por algum motivo não tenham tido seu cartão de aposta relacionado entre os ganhadores, numa expressiva proclamação da licitude desse jogo, excluído do dispositivo legal *supra*.

Por outro lado, sobre cheque emitido para pagamento de dívida de jogo a regra de inexigibilidade prevista no art. 814 do CC/2002[115] incide mesmo que contraída a obrigação em País em que seja permitido ou lícito o jogo.

110. *RT* 464/148.
111. Correspondente ao art. 814 do CC/2002.
112. Correspondentes, respectivamente, aos arts. 814 e 815 do CC/2002.
113. Correspondente ao revogado art. 1.477 do anterior CC.
114. Nesse sentido acórdão de 27.7.1977 da 4ª Câmara do extinto 1º TACivSP, *RT* 506/141.
115. Correspondente ao revogado art. 1.477 do anterior CC.

ou aposta que lhe tenha dado origem, por aplicação do art. 17 da Lei de Introdução às Normas do Direito Brasileiro, que dispõe que: "As leis, atos e sentenças de outro País, bem como quaisquer declarações de vontade, não terão eficácia no Brasil, quando ofenderem a soberania nacional, a ordem pública e os bons costumes".

Ilustra esse posicionamento acórdão que estampa caso julgado pela 1ª Câmara Civil do extinto TAMG em 29.9.1992, na ACi 128.795, de que foi relator o Juiz Zulmam Galdino, cujo voto condutor vem expresso na seguinte ementa:

"Cheque – Emissão para pagamento de *dívida de jogo* – Inexigibilidade – Irrelevância de a obrigação haver sido contraída em País onde é legítimo o jogo – Regra alienígena inaplicável face aos termos expressos do art. 17 da Lei de Introdução às Normas do Direito Brasileiro – Aplicação dos arts. 1.477 e 1.488 do CC[116] – Voto vencido em parte.

"O título emitido para pagamento de dívida de jogo não pode ser cobrado, posto que, para efeitos civis, a lei a considera ato ilícito (arts. 1.477 e 1.478 do CC[117]). Mesmo que a obrigação tenha sido contraída em País onde é legítimo o jogo, ela não pode ser exigida no Brasil face aos termos expressos do art. 17 da LICC [*Lei de Introdução às Normas do Direito Brasileiro*]."[118]

Uma nova modalidade de jogo ilícito que surgiu da fruição dos benefícios da modernidade global é o de corridas de cavalos no Exterior, transmitidas via satélite e captadas e exibidas no Brasil, onde apostas *on line* (sistema *simulcasting international*) são coletadas, inclusive como dívida de jogo, através de emissão de cheques pelos apostadores; vale dizer, apostas clandestinas, porque sem autorização legal e até tipificadas como espécie de jogo de azar pelo art. 50, § 3º, "b", da Lei das Contravenções Penais, que considera conduta contravencional a aposta sobre corridas de cavalos fora de hipódromo ou de local onde sejam autorizadas. Veja-se, por exemplo, sobre o aspecto contravencional, o HC. 80.908-RS, da 1ª Turma do STF, julgamento de 23.10.2001, de que foi relator o Min. Carlos Velloso, em que se manteve decisão da Justiça do Rio Grande do Sul no sentido de ser caracterizada como contravencional a conduta típica descrita na denúncia atribuída ao agente (paciente) que pretendia o trancamento da ação penal contra si instaurada.[119]

---

116. Correspondentes, respectivamente, aos arts. 814 e 815 do CC/2002.
117. Correspondentes, respectivamente, aos arts. 814 e 815 do CC/2002.
118. *RT* 693/211.
119. *Informativo STF* 247, de 31.10.2001.

Logo, a emissão de cheque para cobrir aposta nessa espécie caracteriza pagamento de dívida de jogo para os fins da exceção de inexigibilidade prevista no art. 814 do CC/2002.[120]

Fique bem destacado que toda essa construção doutrinário-jurisprudencial acerca da inexigibilidade do pagamento de dívida de jogo quando esta esteja representada por cheque repousa em grande parte no caráter *pro solvendo* do cheque; e, claro, desde que não tenha ocorrido o pagamento por parte do banco sacado, seja por falta de fundos, seja por contraordem legal (art. 815 do CC/2002[121]). É da conjugação desses fatores que, tratando-se de dívida de jogo, mesmo consubstanciada em cheque, a obrigação se torna inexigível, pela verificação da sua causa ilícita ou natural subjacente, como se infere da regra do art. 62 da Lei Interna do Cheque, que remonta à Reserva 19ª do Anexo II da Convenção de Genebra sobre Cheque, autorizando exceção pessoal ou defesa extracambiária oponível pelo obrigado chéquico em face do credor por jogo (art. 814 do CC/2002[122]), vale dizer, por alegação da ineficácia dos cheques em consideração à ilicitude ou a outro motivo relacionado à *causa debendi*.

Essas questões híbridas (dívida de jogo representada por cheque não pago pelo sacado) foram objeto de exame pela 4ª Câmara Cível do extinto TARS em 8.6.1989, na ACi 1890035413, relator o Juiz Sérgio José Dulac Müller, com a seguinte ementa: "Processo de execução com base em cheque emitido em função de dívida de jogo ou aposta – Cheque emitido *pro solvendo*, sua natureza habitual na forma da Lei n. 7.357/1985, e não *pro soluto* – Admissibilidade do exame do negócio jurídico subjacente e das exceções de direito extracambiariforme, sobretudo em caso de dívida de jogo".[123]

E, por falar em *causa debendi* no cheque, vale a segura orientação emanada de acórdão da 3ª Turma do STJ no REsp 103.293-PR, julgado em 20.5.1999, de que foi relator o Min. Eduardo Ribeiro, que confirma a regra geral de interpretação: "Não há impedimento legal a que se discuta a *causa debendi* quando se trata de cobrança do cheque, fazendo-se esta entre as partes originárias, hipótese em que é possível a oposição de exceções pessoais, não havendo o cheque circulado".[124]

---

120. Correspondente ao revogado art. 1.477 do anterior CC.
121. Correspondente ao revogado art. 1.478 do anterior CC.
122. Correspondente ao revogado art. 1.477 do anterior CC.
123. *JTARS* 73/104.
124. *Informativo de Jurisprudência do STJ* 19/1999.

## 13. Conclusões sobre a função econômica do cheque

Exerce o cheque relevante função na economia, chegando, mesmo, a ser apontado por Juan José González Bustamante como "documento econômico do século",[125] ao qual se confere um cortejo de proteção para manter, como ressalta, a confiança entre o público, como instrumento de pagamento e de compensação.

O cheque está estreitamente ligado ao desenvolvimento econômico, sob forma *sui generis* de mobilização de capital, sem caráter de investimento, porque se opera através de depósitos bancários. Os bancos promovem a circulação de riquezas improdutivas que lhes sejam confiadas para guarda e que quedariam dispersas à margem do fluxo econômico.

A segurança que se procura outorgar ao cheque faz com que se estimule a prática dos depósitos e dos pagamentos sem utilização direta da moeda. O numerário permanece à disposição do depositante, que pode sacá-lo a qualquer momento, sem consulta prévia.

Tais recursos são empregados pelas instituições de crédito no suprimento de necessidades financeiras do empresário em geral, do consumidor direto de bens de produção e do público, para atendimento de necessidades inominadas.

Os depósitos bancários constituem em nossa economia importante fonte de crédito, segundo o critério planificado do *saldo médio*, em incentivo à prática da poupança e guarda em banco, sem ocultação de riqueza e a bem da arrecadação tributária.

Daí a adesão do País às Convenções de Genebra, promulgando-as para vigência de princípios de caráter universal de mais rigor, sabedoria e atualidade, e que deram mais segurança ao depositante, ao mesmo tempo em que facilitaram o intercâmbio comercial da economia pública e privada do Brasil com os demais Países que adotam em suas leis a principiologia da legislação uniformizada, por ser o cheque instrumento ideal de pagamento das Nações civilizadas.

Dessa oportuna adesão do Brasil à Lei Uniforme resultou a atual normatividade especial interna consubstanciada na Lei 7.357/1985, não afetada pelo Código Civil/2002 (art. 903), e até por este recepcionada e complementada, bem como à Convenção Interamericana sobre Conflitos de Leis em Matéria de Cheque.

---

125. Juan José González Bustamante, *El Cheque*, 2ª ed., México, Editorial Porrúa, 1970, p. 7.

## DA EMISSÃO E DA FORMA DO CHEQUE

• **Lei 7.357/1985, arts. 5º (*vetado*) a 7º**

**Art. 5º. (*vetado*).** [O cheque faz supor a existência da provisão correspondente desde a data em que é emitido e, se não contiver data, desde o momento em que for posto em circulação.]

**Art. 6º.** O cheque não admite aceite, considerando-se não escrita qualquer declaração com esse sentido.

**Art. 7º.** Pode o sacado, a pedido do emitente ou do portador legitimado, lançar e assinar, no verso do cheque não ao portador e ainda não endossado, visto, certificação ou outra declaração equivalente, datada e por quantia igual à indicada no título.

§ 1º. A aposição de visto, certificação ou outra declaração equivalente obriga o sacado a debitar à conta do emitente a quantia indicada no cheque e a reservá-la em benefício do portador legitimado, durante o prazo de apresentação, sem que fiquem exonerados o emitente, endossantes e demais coobrigados.

§ 2º. O sacado creditará à conta do emitente a quantia reservada, uma vez vencido o prazo de apresentação; e, antes disso, se o cheque lhe for entregue para inutilização.

• **Lei Uniforme, art. 4º**

Artigo 4º

O cheque não pode ser aceito. A menção de aceite lançada no cheque considera-se como não escrita.

• **Há Reserva do art. 6º do Anexo II**

Artigo 6º

Qualquer das Altas Partes Contratantes tem a faculdade de admitir que o sacado inscreva sobre o cheque uma menção de certificação, confirmação, visto ou outra declaração equivalente e de regular os seus efeitos jurídicos; tal menção não deve ter, porém, o efeito dum aceite.

*Observações sobre o veto ao art. 5º*
*(suposto momento da disponibilidade da provisão)*

Além do que foi dito no n. 9 do art. 4º, retro, o texto (antes transcrito) do vetado art. 5º da Lei Interna do Cheque, sobre suposição de existência da "provisão", resultara do exercício da faculdade assegurada ao País pela Reserva 5ª do Anexo 2 da Lei Uniforme de determinar em que momento deve o sacador ter fundos disponíveis em poder do sacado. O texto vetado era infeliz e incogitado na Lei Uniforme. Aliás, o mais conveniente *momento* já fora objeto de opção legal logo antes, no § 1º do art. 4º: "A existência de fundos disponíveis [*provisão*] é verificada no momento da apresentação do cheque para pagamento". Logo, o *momento* referido no subsequente art. 5º como sendo o da data do cheque, se consoava com o disposto no polêmico art. 8º da nossa antiga Lei do Cheque, conflitava com o *momento* (da apresentação) adotado no § 1º do art. 4º da lei atual.

Por isso, o veto possibilitou uma oportuna definição do legislador pátrio pela opção mais consentânea, conforme apontamos em anotação ao art. 2º, n. 2, com a respectiva nota de rodapé sobre motivação do veto, e na anotação aos arts. 3º e 4º, n. 9, sob o título "Momento de verificação da existência e da disponibilidade da provisão: dia da apresentação do cheque". Ademais, o texto vetado adotava e institucionalizava por tolerância a inconveniente presunção de que cheque sem data devesse ser tratado como emitido na data em que posto em "circulação" – termo equívoco, com distorção casuística previsível de efeitos jurídicos civis, processuais e até de natureza penal.

## 1. Aceitação bancária – Inadmissibilidade em cheque

O art. 6º da Lei Interna é reprodução, definitiva e depurada até as últimas consequências, da proibição de *aceitação*, do espírito que norteou o art. 4º da Lei Uniforme (Anexo I) e a Reserva do art. 6º do Anexo II, cuja alínea final, reiterando a faculdade de menção de certificação, confirmação, visto ou outra equivalente no cheque pelo banco sacado, vedou peremptoriamente que tal menção pudesse ter o efeito de um aceite ou assunção de obrigação cambial pelo banco sacado, que é só *adjectus* do emitente.

A atual Lei Interna, orientando-se pelas razões que ditaram o modelo genebrino, por sua vez inspirado em Haia, deu tratamento de ordem pública à solução de *proibição-invalidade de aceitação do cheque pelo banco sacado*, para que não ocorresse o desvirtuamento desse título, que é ordem incondicional de pagamento à vista, porque não cabe ao banco sacado responder em face do portador em substituição ao cliente e coobrigados.

Trata-se de autêntica medida de segurança em prol da estabilidade da organização bancária, pelo risco inerente ao instituto da *aceitação cambial*, porque não é função do banco depositário assumir encargos financeiros em cheque alheio, que extrapolem os limites da natureza do negócio jurídico de depósito de bem fungível (dinheiro a crédito do depositante emitente).

A inaceitabilidade no cheque é categórica, porque é incompatível a aceitação cambial, de índole creditícia, com a natureza do cheque como instrumento de pagamento à vista, de vez que o aceite é assunção de obrigação de pagamento não à vista, isto é, criando-se um dia de vencimento (que isso supõe crédito), ou "obrigação diferida", como o conceitua Othon Sidou,[126] que implicaria transformação arbitrária do título de pagamento à vista em título de crédito (a prazo), transmudando o sacado, de *adjectus*, em obrigado principal, exclusivo e excludente.

Ademais, representaria o aceite bancário em cheque uma inútil quão esdrúxula e condenável modalidade de aplicação financeira a prazo, disfarçada, do beneficiário, no banco sacado, via cheque do emitente, quando há outros meios próprios e diretos de aplicação sem ocultamento da operação financeira e sem sonegação fiscal.

## 2. Marcação bancária – Incompatibilidade em cheque

Por essas razões, também foi proscrito do direito brasileiro o instituto da "marcação" do cheque, coerentemente não reproduzida na atual Lei Interna do Cheque, de efeito similar à *aceitação*. A marcação de prazo pelo banco sacado para a apresentação do cheque era permitida facultativamente pelo art. 11 do Decreto 2.591/1912, com o efeito de que o sacado, diferindo a liquidação, exonerava a responsabilidade do emitente e dos coobrigados pelo pagamento, avocando-a e transferindo-a para si, como obrigado literal, autônomo e exclusivo, *erga omnes*, em data certa ou a certo termo da vista.

Até se entende a faculdade da *marcação* (troca de obrigados, com diferimento da liquidação) no regime do Decreto 2.591, quando se sabe que, então, também os *comerciantes* (e não apenas os bancos) podiam figurar como sacados em cheque emitido sobre provisão em seu poder; mas não se coaduna com o estágio hodierno a *marcação* em cheque como título bancário, isto é, emitido só contra banco.

Fique claro que o *visto* (cheque "visado") nada tem a ver com o aceite ou a marcação, como se verá linhas adiante, agora previsto e disciplinado expressa e exaustivamente no art. 7º da Lei Interna, na trilha da Reserva do art. 6º do Anexo II, primeira parte, que vigorava desde a incorporação da Lei Uniforme ao direito brasileiro.

Viu-se que o art. 4º da Lei Uniforme (art. 6º da Lei Interna) veda o aceite de cheque, considerando como não escrita a menção de aceite que seja lançada no cheque.

Por sua natureza, já na lei antiga não existia permissão para aceitação no cheque: lançava-se mão da *marcação*, que era prevista no art. 11 da Lei 2.591/1912: "Se o portador consentir que o sacado marque o cheque para dia certo, exonera todos os outros responsáveis".

---

126. Othon Sidou, *Do Cheque*, cit., 4ª ed., n. 59.

A Reserva do art. 6º do Anexo II, admitindo que o sacado inscrevesse no cheque uma menção de certificação, confirmação, visto ou outra declaração equivalente, com os efeitos jurídicos que a legislação do País regular, excluiu, todavia, a possibilidade de que tal menção tivesse efeito de aceite e de diferimento da liquidação.

Como a marcação do cheque equivale, em seus efeitos, à aposição do aceite por parte do sacado, principalmente porque implica possibilidade de não pagamento à vista do cheque e exoneração da responsabilidade dos obrigados chéquicos em relação ao portador, não há dúvida de que já a Lei Uniforme revogara o art. 11 da Lei 2.591; situação, essa, que prevalece em face do art. 6º da Lei Interna do Cheque.

## 3. Visamento bancário do cheque e seus efeitos para os entes envolvidos, sem exoneração dos obrigados

A marcação e o aceite não se coadunam com a índole de ordem incondicional de pagamento à vista pelo sacado que caracteriza o cheque como instituto de natureza bancária. Operou-se, neste ponto, uma curiosa inversão: *a marcação*, outrora legal, atualmente é proibida; e o *visto*, que apenas traduzia uma praxe bancária, que não exonera os responsáveis e não altera a natureza de ordem de pagamento à vista do cheque, floresceu à sombra da responsabilidade do sacado, derivado do referido art. 11 da lei antiga, ficou consagrado expressamente na legislação uniforme, em lugar da marcação, e ratificado com disciplina explícita no art. 7º da Lei 7.357/1985.

Com o advento da legislação uniformizada, a doutrina que equiparava o *visto bancário* à marcação, com o efeito de se tornar o sacado, por novação, devedor direto e único do cheque,[127] ficou superada. Subsiste, agora em razão de dispositivo legal expresso, a concepção doutrinária de Carvalho de Mendonça e Paulo de Lacerda,[128] para quem o visto não acarreta qualquer vínculo obrigacional ao sacado, muito menos para eximir a responsabilidade dos coobrigados chéquicos: apenas certifica a existência da provisão, com reserva transitória para assegurar pagamento preferencial, como, de resto, veio a ser consagrado no art. 7º da Lei Interna.

Coube ao STF, em julgamento plenário de 14.10.1966, dar a exata colocação jurídica do cheque visado, precisamente num caso em que deixara de ser pago pelo sacado que se tornara insolvente, com o reconhecimento da subsistência da obrigação do emitente, que não fica exonerado, inalterada

---

127. Edgard Leme, parecer sobre a posição do visto bancário no Direito Brasileiro anterior, *RT* 283/49.
128. Paulo M. de Lacerda, *Do Cheque no Direito Brasileiro*, cit., n. 56.

em face do beneficiário. Trata-se do RE 57.717, de que foi relator o Min. Victor Nunes Leal.[129] Neste sentido decidiu a 1ª Câmara Cível do extinto TARJ em 12.7.1972: "Não é válida a declaração [do sacado] que exima o sacador do cheque da obrigação de pagá-lo, ou que lhe marque prazo à apresentação".[130] Nem o aval do sacado é permitido (art. 25º da Lei Uniforme e art. 29 da Lei Interna), porque, no fundo, essa garantia produziria indiretamente o efeito de aceite, que é proibido, em face do princípio de que o sacado não se vincula à obrigação chéquica (já o visto pelo sacado é limitado à providência funcional de separação, reserva e guarda temporária da provisão do emitente, correspondente ao valor do cheque).

Em recurso em que se discutia se um cheque, uma vez visado a pedido do portador, poderia deixar de ser pago pelo banco sacado em razão de contraordem do emitente (AgPet 220.669, de 29.5.1973), a 1ª Câmara Civil do TJSP[131] concluiu pela negativa em ação movida pelo portador contra o sacado.

Entretanto, a matéria foi examinada à luz do Decreto 2.591/1912, sem se considerar a inovação constante do art. 4º da Lei Uniforme, combinada com a Reserva do art. 6º do Anexo II, que proíbe que o *visto* do cheque, ou menção equivalente, tenha o efeito de *aceite*, que é vedado e considerado como inexistente. Considera o aresto, calcado em doutrina de Pontes de Miranda, que o *visto* segue os mesmos princípios e produz os mesmos efeitos da *marcação*, com a conclusão de que o cheque visado, equiparando-se ao cheque marcado, com a única diferença de que não traz dia certo para pagamento, não pode mais ser cancelado por contraordem do emitente, por se tratar de obrigação do sacado.

A doutrina de Pontes de Miranda (de que o cheque visado perde sua natureza cambiariforme, passando a ser título de crédito contra o *sacado*, pois a relação jurídica que se forma com a marcação e o visto é entre o

129. *Julgados* III/42-51; *RF* 217/74-84.
130. *RT* 451/274.
131. Nesse caso foi interposto recurso extraordinário, que no STF tomou o n. 79.973-SP, mas não foi conhecido pela 2ª Turma, em julgamento de 11.4.1975, por votação unânime, sendo relator o Min. Cordeiro Guerra. É a seguinte a ementa oficial: "Cheque visado. Inadmissível a contraordem do emitente, sem fundamento legal, não pode o banco sacado eximir-se do pagamento – Jurisprudência prevalente – Recurso extraordinário não conhecido" (*DJU* 6.6.1975, p. 3.950). Paulo Lacerda já sustentava (*Do Cheque no Direito Brasileiro*, cit., n. 65) que o visto não impede a contraordem, incumbindo ao banco sacado, na sua qualidade de *adjectus* e guarda da provisão, cumprir as ordens do emitente, cabendo ao beneficiário prejudicado fazer valer seus direitos pelas vias próprias contra o emitente que os tenha violado.

portador e o sacado, acordo que importa assunção de dívida por parte do sacado) é insustentável perante o direito chéquico atual.

Não só porque não se equiparam nem se equivalem o visto e a marcação, como também porque a marcação, consubstanciando forma eufêmica do aceite, se encontra extirpada. Não pode ela, por isso mesmo, servir de paradigma para o visto – este, sim, não exonerando a responsabilidade dos signatários, pois há debitamento, separação e guarda temporária de fundos do emitente pelo sacado, "por quantia igual à indicada no título", e não afetando a natureza do cheque, perfeitamente autorizado.

A quantia reservada reverterá a crédito da conta do emitente uma vez vencido o prazo sem apresentação, ou se for devolvido o cheque para inutilização.

## 4. Contraordem ou sustação do pagamento e do protesto de cheque visado por ordem judicial: distinção

Que o cheque visado não se confunde com o marcado, e que aquele admite contraordem do emitente para seu não pagamento, já decidiu com inegável acerto a 4ª Câmara do TJSP na ACi 170.064, de que foi relator o Des. Ferreira de Oliveira,[132] onde se demonstrou que a responsabilidade do banco sacado é civil, e não cambiária, isto é, no sentido de debitar imediatamente o valor do cheque visado na conta do sacador, ficando, em conseqüência, separada e reservada a respectiva provisão, à disposição somente dos portadores legitimados, podendo achar-se entre estes o próprio emitente, como refere Carlos Fulgêncio da Cunha Peixoto, em seu livro *O Cheque*.

Posteriormente, o promotor público Roberto Durço teve oportunidade de sustentar, em parecer acolhido em sentença confirmada pela segunda instância, que o visto do sacado não confere ao cheque a segurança do pagamento. Não é promessa do sacado, e, sim, declaração de existência e reserva de fundos disponíveis, sujeitando-se, por isso, à contraordem do emitente, sem que, contudo, o *quantum* permaneça à disposição do emitente, por força da baixa na sua conta corrente quando do "visto" aposto pelo banco sacado.[133]

No exemplo em foco, por determinação judicial, em atendimento a medida cautelar requerida pelo emitente após entrega ao beneficiário do cheque visado, foi sustado o pagamento junto ao banco sacado, bem como sustado o protesto junto ao Cartório de Protestos competente. Diante da recusa do

132. *RT* 402/152.
133. *Justitia* 72/250-252.

banco em efetuar o pagamento, por obediência à ordem judicial recebida, embora comprovada a existência de fundos reservados, o beneficiário levou o cheque a protesto e, por inadvertência do Cartório, foi protestado.

Requereu, então, o emitente, e obteve, o *cancelamento do protesto*, por bem fundamentada decisão do Juiz José Teixeira Jr., que considerou justa a recusa de pagamento por parte do banco, que se limitou a cumprir *determinação judicial*, de caráter provisório, eficaz até a solução da causa principal sobre discussão da matéria.

Aludida decisão foi confirmada por unanimidade pela 3ª Câmara do extinto TACivSP na ACi 159.375, da comarca de Cerqueira César, de que foi relator o Juiz Francisco Negrisollo, com a seguinte súmula: "A sentença apelada merece subsistir não só porque o protesto fora tirado irregularmente, pois o Magistrado já havia determinado a sua sustação, mas ainda porque o banco havia recebido ordem de não pagamento da cártula pelo emitente depositário, sendo justa a recusa de pagamento de cheque visado se houver contraordem do emitente (cf. *RT* 152/225)".[134]

No caso em exame, o aresto deixa a impressão de se tratar de *contraordem direta do emitente* ao banco, quando na realidade havia ordem judicial dirigida ao banco para não efetuar o pagamento, inviabilizando o protesto por esse motivo.

Induvidoso que, em decorrência da ordem judicial de sustação do pagamento do cheque visado, sobreveio obstáculo insuperável ou inevitável em relação ao banco e, consequentemente, em relação ao beneficiário para a tirada do protesto cartorário por falta de pagamento (art. 48º da Lei Uniforme então vigente – hoje, art. 55 da Lei Interna), que não decorreu de falta de fundos, evidentemente, nem mesmo de contraordem do emitente, mas de decisão de natureza jurisdicional (obstáculo judicial).

Ainda que a ordem judicial dissesse respeito exclusivo à sustação do pagamento, e não à sustação do protesto, é de lógica dedução que alcançava mediatamente o protesto, pela recusa justificada do pagamento por ordem judicial, declarada pelo sacado, com motivação, sobre o cheque. Como assinala o decisório de primeiro instância, era o caso, pelo menos, de suscitamento de *dúvida* por parte do oficial do Cartório, e não da lavratura do protesto.

No particular, o cancelamento do protesto impunha-se, sem prejuízo para o portador, pois a provisão permaneceu reservada em poder do sacado e a pendência do obstáculo de ordem judicial suspendeu o curso dos prazos

---

134. *RT* 431/146.

para apresentação e protesto, impedindo a ocorrência da caducidade e da prescrição do cheque e a perda de sua eficácia executiva.

Há diferença fundamental evidente de efeitos entre a contraordem do emitente e obstáculo insuperável representado pela ordem judicial de sustação do pagamento.

Quando a recusa do pagamento decorra de contraordem direta do emitente, desaparece a força maior, por se relacionar o motivo com interesse puramente pessoal do portador, que não fica adstrito à vontade unilateral do emitente, pois ela não é dirigida a si, mas ao banco; enquanto a decisão judicial alcança diretamente o beneficiário, e só por via de efeitos o banco. Para a conservação do direito de ação, pode e deve o portador que tenha o pagamento de um cheque recusado e devolvido pelo banco, por força de contraordem do emitente, tirar o protesto, como de direito. Ao emitente é que incumbirá, se for do seu interesse evitar o protesto, pleitear em juízo a sustação cautelar fundada no motivo que tiver para servir de base à ação anulatória do cheque. Nesta última hipótese volta a incidir, em segurança do beneficiário, o obstáculo enquadrável no art. 48º da Lei Uniforme, confirmado no art. 55 da Lei 7.357/1985.

Em nenhum desses casos responde o banco sacado desde que, tratando--se de cheque visado, mantenha bloqueado o numerário correspondente à disposição de quem for reconhecido como legitimado para ficar com a provisão.

Sobre a **contraordem**, v.: anotações ao art. 35 da Lei Interna, correspondente ao art. 32º da Lei Uniforme.

**5. Cheque visado: legalização dessa praxe de prestação de serviço bancário tarifado, com bloqueio temporário da provisão a benefício do portador legitimado**

Enfim, a Reserva do art. 6º do Anexo II da Lei Uniforme converteu--se no art. 7º da Lei Interna do Cheque; praxe legalizada desde a adoção da Convenção de Genebra.

Conforme o texto legal, o visto é, como já antecipado nos ns. 3 e 4, *supra*, a aposição de declaração ou certificação da existência de provisão, de eficácia temporária, a pedido do emitente, beneficiário ou do portador legitimado, por lançamento assinado pelo banco sacado, sem natureza de obrigação cambial, no verso de cheque nominal ainda não endossado, e sempre pela quantia integral, e não parcial, indicada no título apresentado para pagamento, sem exceder o valor do cheque. A conduta fundamental ordenada pela lei ao banco sacado para o procedimento do visto é tratar-se de cheque *nominal* acolhido e que ainda não tenha circulado por endosso (*rectius*, por cessão), e, após visado, a seguir restituído ao solicitante do visamento, para ulterior reapresentação por quem de direito, para pagamento.

Paulo de Lacerda já se referia ao instituto do visamento, nestes termos: "E porque o visto é formalidade que prova a apresentação do título e a afirmação da existência de provisão, ele significa a concretização do direito do beneficiário a ser pago pela provisão e, assim, autoriza ou, antes, obriga o sacado, sempre na sua qualidade de *adjectus* do emitente, titular da provisão, a reservar a necessária para o oportuno pagamento do cheque, de preferência a qualquer outro posteriormente apresentado".[135]

Assim, o visamento do cheque apresentado para esse fim não é mais que um formal bloqueio temporário de quantia pelo sacado, a débito da provisão do emitente. As repercussões jurídicas do visamento do cheque pelo banco sacado encontram-se *grosso modo* elencadas no contexto do art. 7º e seus dois §§ da Lei Interna do Cheque. Dentre elas destaca-se a *imutabilidade* do cheque: nem desonera os coobrigados, nem vincula o banco vistante como novo coobrigado chéquico; como também a aposição do visto não opera transmutação na natureza jurídica do cheque para quaisquer das partes envolvidas.

O visto vale durante o prazo de apresentação, como se infere do § 2º do art. 7º. Se desaproveitado o visto antes ou até o final do prazo de apresentação, tudo retorna ao *status quo ante*; isto é, fica sem efeito o bloqueio, ou cancela-se o procedimento, com liberação do valor, estornando-se a quantia reservada, a crédito do correntista emitente do cheque.

Em contrapartida, durante a pendência da eficácia jurídica do visto, aposto em benefício do apresentante portador legitimado (§ 1º), o banco visador tem responsabilidade funcional e civil (não responsabilidade cartular) pelo desate natural da pendência, conforme previsão legal do seu procedimento. Se o cheque não for restituído ao sacado para inutilização do visto lançado pelo banco, infere-se que subsistirá o cheque, mas sem os efeitos específicos do visto decaído após o decurso do prazo de eficácia do visamento, que é o prazo de apresentação do cheque ao sacado para pagamento (§ 2º do art. 7º da Lei 7.357/1985, combinado com o art. 33 da mesma Lei Interna).

No visamento do cheque ocorre o bloqueio da provisão, por força das circunstâncias relacionadas a um prévio debitamento transitório, provisório e assecuratório de futuro pagamento que só deva efetivar-se com a reapresentação posterior. O que significa que a apresentação específica para

---

135. Paulo de Lacerda, *Do Cheque no Direito Brasileiro*, cit., n. 56, p. 75.

visamento não gera efeitos outros e não se confunde com a apresentação normal subsequente para pagamento, referida no § 2º do art. 7º e no art. 33.

É que o serviço de visamento do cheque traz para o banco sacado não responsabilidade cambiária, mas civil funcional extracartular, pelo prejuízo que a confiabilidade no visamento suscita no beneficiário, em caso de frustração do pagamento por omissão no bloqueio da provisão ou falha na preservação da reserva do numerário destinado à cobertura do valor do cheque visado e restituído ao apresentante, durante o período de eficácia legal do visto.

O visamento, ato administrativo que se opera sempre a débito da conta do emitente, formaliza-se por uma declaração unilateral do sacado, mas constitui negócio jurídico geneticamente bilateral, pois gera um procedimento decorrente do acatamento, pelo banco sacado, de uma solicitação de reserva formulada por outrem (emitente ou beneficiário sobre a provisão do correntista) – o que leva à conclusão de se configurar responsabilidade civil contratual (art. 389 do CC/2002[136]), e não aquiliana ou extracontratual (arts. 186 e 927 do CC/2002[137]). E trata-se de prestação de serviço bancário tarifado, não gratuito, com os efeitos jurídicos decorrentes.

• Lei 7.357/1985, art. 8º

Art. 8º. Pode-se estipular no cheque que seu pagamento seja feito: I – a pessoa nomeada, com ou sem cláusula expressa "à ordem"; II – a pessoa nomeada, com a cláusula "não à ordem", ou outra equivalente; III – ao portador.

Parágrafo único. Vale como cheque ao portador o que não contém indicação do beneficiário e o emitido em favor de pessoa nomeada com a cláusula "ou ao portador", ou expressão equivalente.

• Lei Uniforme, art. 5º

Artigo 5º

O cheque pode ser feito pagável:

A uma determinada pessoa, com ou sem cláusula expressa "à ordem".

A uma determinada pessoa, com cláusula "não à ordem" ou outra equivalente.

Ao portador.

O cheque passado a favor duma determinada pessoa, mas que contenha a menção "ou ao portador", ou outra equivalente, é considerado como cheque ao portador.

---

136. Correspondente ao revogado art. 1.056 do anterior CC.
137. Correspondentes ao revogado art. 159 do anterior CC.

O cheque sem indicação do beneficiário é considerado como cheque ao portador.

• Há Reserva do art. 7º do Anexo II

Artigo 7º

Por derrogação dos arts. 5º e 14º da Lei Uniforme, qualquer das Altas Partes Contratantes reserva-se a faculdade de determinar, no que respeita aos cheques pagáveis no seu território, que contenham a cláusula "não transmissível", que eles só podem ser pagos aos portadores que os tenham recebido com essa cláusula.

*Introdução: cheque ao portador e cheque nominal*
*– Tratamento legislativo atual, que apenas afasta a aplicação,*
*sem revogá-la, da Convenção Internacional sobre o tema*

O inciso III do art. 8º da Lei 7.357/1985, que autorizava emissão de cheque ao portador, e seu parágrafo único, que convalidava cheque sem indicação de beneficiário, sofreram restrição parcial superveniente e já não vigoram plenamente desde a edição do "Plano Collor", pela Lei 8.021, de 12.4.1990, que baniu a modalidade de cheque ao portador ou de beneficiário oculto acima de certa pequena quantia (R$ 100,00), inviabilizando a liquidação de cheque de maior valor em desacordo, corporificada em motivo de devolução sem pagamento pelo sacado (alínea 48 dos Motivos de Devolução/BACEN).

O art. 8º da lei atual, com seus três incisos e parágrafo único, exprime, embora com técnica de redação diversa e mais direta, integralmente as disposições do art. 5º da Lei Uniforme (Anexo I).

Por outro lado, a vantagem redacional do texto nacional evidencia-se pela sua clareza quando o *caput* do art. 8º se refere ao poder ou faculdade de *estipulação*, pelo emitente, que é seu criador, e não por terceiros intervenientes, das modalidades, que enumera, de pagamento do cheque a serem observadas pelo banco sacado.

Na realidade, a lei fiscal posterior o que fez foi introduzir um novo requisito, ao suprimir a modalidade de cheque *ao portador* ou sem beneficiário identificado, pela inafastabilidade de identificação, sempre, do beneficiário (e endossatários) para cheques de valor superior a R$ 100,00.

O art. 5º da Lei Uniforme matricial estabelece os modos por que pode ser passado o cheque ao favorecido: (a) *a determinada pessoa* (nominal), com ou sem cláusula "à ordem", ou com cláusula "não à ordem"; (b) *ao por-*

tador, ou *sem indicação de beneficiário*, que também é considerado como cheque ao portador, o que foi seguido pela Lei Interna.

Estabelece, ainda, que o cheque que não contém indicação do beneficiário, e o passado a favor de determinada pessoa, mas que contenha menção alternativa "ou ao portador", ou outra equivalente, é considerado como cheque *ao portador* – claro, respeitado o limite de valor.

Observava-se, pois, antes, de regra, a tendência nacional de ser o cheque *ao portador*[138] (art. 5º da Lei Uniforme).

Mas com o "Plano Collor" – repita-se –, por razões de ordem fiscal, *alterou-se* em sentido diametralmente oposto aquela tendência do direito uniforme e do direito interno brasileiro; ou seja, em face da Lei 8.021/1990, a categoria que predomina é a do *cheque nominal* (ou "nominativo", como de modo impróprio às vezes é denominado, desde o art. 3º da antiga Lei Interna do Cheque, com reflexo no art. 28 da Lei 7.357/1985, ao repetir expressão cunhada no art. 52 da Lei de Mercado de Capitais), porque o *cheque ao portador* vigora residualmente só para faixa de estreita expressão monetária. Por igual, pelo "Plano Real" houve drástica redução temporária à circulabilidade, com a proibição de mais de um endosso no cheque, ensejando devolução pelo Motivo 36/BACEN, enquanto vigorou, já suprimido em razão do vencimento do prazo de vigência e consequente extinção da CPMF.

Note-se que o revigoramento dos títulos ao portador pelo Código Civil/2002 abre nova perspectiva quanto ao cheque, haja vista o estabelecido no art. 903 desse mesmo diploma, que mantém incólumes as disposições cambiais diversas inseridas na legislação especial. De modo que o art. 907, ao dispor que "é nulo o título ao portador emitido sem autorização de lei especial", convalida o cheque ao portador autorizado pela Lei (especial) 7.357/1985, mas em harmonia com os limites de valor impostos pela Lei 8.021/1990, em vigor, para títulos ao portador.

Surge uma questão paralela, acadêmica, aqui nova, mas de solução antiga, e sedimentada no STF, sobre saber se podia o legislador interno proceder a tão radical alteração nos parâmetros da Convenção Internacional sobre adoção da Lei do Cheque (e também das cambiais), ao banir parcialmente a modalidade de títulos chéquicos (e cambiais) ao portador (ou sem identificação dos beneficiários e endossatários) e ainda proibir temporariamente mais de um endosso, além de fazer incidir CPMF (ora extinta) sobre o valor dos cheques pagáveis no País.

138. O título ao portador, consoante o art. 904 do CC/2002, é aquele cuja transferência se faz por simples tradição.

A resposta é amplamente no sentido afirmativo, isto é, *pode* o legislador doméstico, no exercício da soberania nacional concernente à atividade político-jurídica, desempenhada na típica função legiferante atribuída pela normatividade constitucional ao Congresso Nacional, afastar a aplicação da Lei Uniforme, como o fez; certo que os tratados e convenções, salvo aqueles referentes a direitos humanos, situam-se no mesmo plano da hierarquia das leis ordinárias, que, por isso, podem ser alteradas em sua eficácia no plano do direito interno. Nesse sentido, confiram-se as *RTJ* 58/70 e 83/809, já referidas na 1ª Parte deste trabalho, item II; além de outros julgamentos do STF e esclarecedores despachos monocráticos do seu Presidente, Min. Celso de Mello.[139]

Vejamos no julgamento do Plenário da Corte Suprema no RE 80.004-SE trecho de genial fundamentação de autoria do Min. Leitão de Abreu, proferido naquele memorável julgamento[140] nestes termos, que destacamos, para sublinhar que admitimos a vigência e aplicação da lei, apenas *afastando*, com ressalva, a aplicação do tratado: "A incidência das normas jurídicas constantes do tratado é obstada pela aplicação que os Tribunais são obrigados a fazer das normas legais com aqueles conflitantes. *Logo, a lei posterior, em tal caso, não revoga, em sentido técnico, o tratado, senão que lhe afasta a aplicação. A diferença está em que, se a lei revogasse o tratado, este não voltaria a aplicar-se, na parte revogada, pela revogação pura e simples da lei dita revogatória. Mas como, a meu juízo, a lei não o revoga, mas simplesmente o afasta, enquanto em vigor as normas do tratado com ela incompatíveis, voltará ele a aplicar-se, se revogada a lei que impediu a aplicação das prescrições nele consubstanciadas*".

Aliás, essa possibilidade de alteração peculiar da Lei Uniforme pela Lei Interna está implicitamente reconhecida pelo STJ: "Tratado internacional – Lei ordinária – Hierarquia. O tratado internacional situa-se formalmente no mesmo nível hierárquico da lei, a ela se equiparando. A prevalência de um ou outro regula-se pela sucessão no tempo".[141]

Retomando a anotação ao texto do art. 8º da Lei Interna, conjugada com seu antecedente texto uniforme convencional, cabe recordar também que a primitiva Lei Interna (Lei 2.591/1912), resultante das conclusões da Conferência de Haia de 1910 e 1912, para unificação do direito cambial, já adotara no art. 3º a mesma tendência de poder ser o cheque preponderante-

---

139. *DJU* 158-E, 19.8.1998, p. 35.
140. *RTJ* 83/836, n. 5, março/1978.
141. STJ, 3ª Turma, REsp 74.376-RJ, rel. Min. Eduardo Ribeiro, j. 9.10.1995, ementa no *DJU* 26, 27.11.1995, p. 40.887.

mente ao portador, e assim ser considerado ainda se não contiver o nome do beneficiário a quem deva ser pago.[142]

Assim, são atuais as seguintes observações, dentre as quais fica desde logo assentado que a transmissão do cheque ao portador tinha como modo comum o mais informal possível, isto é, a transferência por simples *tradição*, sem assinatura do transmitente, autorizado o pagamento pelo sacado a quem quer que se apresentasse portando-o.[143]

A classificação do art. 5º da Lei Uniforme, refletida no art. 8º da Lei 7.357/1985, já era adotada no art. 3º da Lei 2.591/1912, com alteração para melhor quanto à transmissibilidade do cheque nominal.

### 1. A imprópria referência a cheque "nominativo" vem de longe

A enunciação do art. 3º da Lei 2.591/1912 – "O cheque pode ser ao portador, nominativo e com ou sem cláusula à ordem" –, procurando ater-se à nomenclatura utilizada na classificação tripartida tradicional dos títulos de crédito, tem ensejado equívocos que podem prejudicar a correta interpretação do texto atual.

Em primeiro lugar, a expressão imprópria "cheque *nominativo*" inserida no art. 3º da Lei 2.591 dizia mais que o necessário, prejudicando o sentido do conceito. O correto seria dizer "cheque *nominal*" (adjetivo relativo a nome, designativo de pessoa nomeada ou determinada, física ou jurídica). Aliás, o CC/2002 conceitua-o, *verbis*: "Art. 921. É título *nominativo* o emitido em favor de pessoa *cujo nome conste no registro do emitente*" (grifamos). Dessa diferença decorre ser mesmo equivocada a menção que o art. 28, por influência do art. 52 da Lei 4.728/1965, faz a "cheque *nominativo*" para designar o cheque *nominal*, que não se inclui na classe de título que exige *registro em livro do emitente*.

O conceito jurídico de "título *nominativo*" é, pois, muito diverso e não se amolda com propriedade a cheque. Diz-se de títulos em que o nome do beneficiário consta dos registros do emissor e em que a transferência se realiza, conforme Tullio Ascarelli,[144] com a averbação do endosso (*transfert*) nos livros do emissor. Outra não é a posição adotada por Mauro Brandão Lopes em sua exposição complementar ao capítulo dos títulos de crédito do *Anteprojeto de Código Civil*.[145]

---

142. Cf. Rodrigo Octávio, *Do Cheque*, cit., anotação ao art. 3º, n. 37, p. 63.
143. Idem, ibidem.
144. Tullio Ascarelli, *Teoria Geral dos Títulos de Crédito*, 2ª ed., São Paulo, Saraiva, 1969, p. 228.
145. Mauro Brandão Lopes, *Anteprojeto de Código Civil*, 2ª ed., Brasília, Ministério da Justiça, 1973, p. 93.

*Sobre a expressão "nominativa", v: orientações prévias ao art. 17 e art. 28, ns. 1 e 3.*

Em segundo lugar, não há três categorias de cheque, mas apenas duas, por inferência do art. 5º da Lei Uniforme: (1ª) *cheque nominal*, em que o beneficiário (ou "pessoa nomeada") é identificado, ou designado; (2ª) *cheque ao portador*, em que conste essa designação ou não há indicação de nome do beneficiário, de regra de circulação informal por simples cessão/tradição.

O cheque nominal é que pode ser, quanto à circulabilidade: (a) com ou sem cláusula " à ordem"; (b) com cláusula "não à ordem". O primeiro, porque contém a genuína cláusula cambiária ou de transmissibilidade, é endossável; o segundo, não.

Não se justifica a confusão entre *cláusula*, relativa à circulação ou não, e *modalidade* de cheque.

Nem a diversidade de tratamento em relação à transmissibilidade autoriza a tripartição de espécies; vale dizer, o cheque ou é nominal ou é ao portador.

## 2. O cheque com cláusula "não à ordem" não se confunde com o cheque não transmissível: questionamentos úteis

Com toda razão, Fran Martins[146] opõe um reparo à interpretação que não vê diferença estrutural entre cláusula *não à ordem* e cláusula *não transmissível*. E, de fato, são duas cláusulas diferentes: o cheque com a primeira cláusula restritiva não pode circular por endosso cambiário, mas se este ocorrer o efeito jurídico da infringência será o correspondente ao da circulação precária, cessão civil; enquanto o cheque com a cláusula *não transmissível* proíbe em absoluto qualquer modo de circulação, isto é, não só por endosso, como por cessão civil, tradição etc. Restará deslegitimado o *tradens* transgressor da cláusula de intransmissibilidade e não receberá do sacado nem do emitente, porque só o beneficiário nominado está legitimado a apresentá-lo a pagamento e tem interesse jurídico em receber seu valor.

A transmissão de um título, apesar da cláusula *não à ordem*, porque constitui *ex lege* endosso infringente, não opera efeito cambiariforme próprio do endosso cambial, mas sim de transmissão por cessão civil, de modo que o endossante é tratado como cedente e o endossatário como cessionário, com as suas marcantes diferenças.

Na prática, no endosso regular, cabível nos cheques que não contenham cláusula proibitiva do endosso, as exceções pessoais oponíveis ao emitente

---

146. Fran Martins, *Títulos de Crédito*, cit., vol. 11, ns. 47 e 48.

ou coobrigado deste não o são ao endossatário como portador de boa-fé. Além do quê os endossantes vinculam-se à obrigação cambial, cogarantindo o pagamento; e os cedentes, não (estes últimos só garantem a *existência do crédito*, não sua *satisfação*). É oportuno recordar que o cessionário representa o cedente – por isso podem ser-lhe opostas exceções oponíveis a este, que transferiu *direito velho*; já o endossatário é titular autônomo que não representa o endossador, razão por que não podem ser opostas àquele as exceções pessoais oponíveis a este, que transfere *direito novo*, como já ensinava Tito Fulgêncio.[147]

## 3. Distinção de forma e efeitos de endosso (cambial) e cessão (civil) do cheque: diligência do sacado como adjectus na verificação de vícios etc.

A infringência da cláusula proibitiva da circulação por endosso é sancionada com a retirada do cortejo de proteção cambiária, alterando a sistemática da responsabilidade cambiária, como adverte Lauro Muniz Barretto ao comentar o art. 5º, alínea 2ª, da Lei Uniforme (cláusula "não à ordem"), assinalando que a teoria do endosso é inteiramente diversa da teoria da cessão civil. E acrescentamos nós que são figuras similares mas de efeitos às vezes até contrapostos; isto é, o endosso fortalece e a cessão enfraquece o sistema de garantias de que dispõe o portador ou *tradens*.

Essa é a sanção que resulta do disposto no § 1º do art. 17 da Lei Interna quando alude à transmissão irregular que se opere de cheque com cláusula *não à ordem*: *só pela* forma *e com os* efeitos *de cessão*.

Quanto à *forma*, a rigor, deve ser obedecido o ritual estabelecido no CC/2002, arts. 286 e ss.,[148] sobre a cessão de crédito, no que forem aplicáveis, para que produza os efeitos de cessão; do contrário, isto é, sem *forma*, até esses efeitos mais tênues, da cessão, deixarão de ser produzidos em favor do portador.

A verificação da *forma* da cessão do cheque com transgressão da cláusula *não à ordem* cabe ao banco sacado, cuja devolução por "divergência de endosso" constitui o Motivo 33/BACEN, respondendo por eventual dano ao seu correntista emitente, nos termos do § 2º do art. 46 da Lei Interna, aplicável por extensão pelas mesmas razões de congruência. Pelo quê pode e deve o banco, antes do debitamento, pedir explicações ou garantias, seja ao emitente, seja ao cessionário ou portador do título infringente da forma, nos

---

147. Tito Fulgêncio, *Do Cheque*, cit., n. 76, p. 72.
148. Correspondentes aos revogados arts. 1.065 *et seq.* do anterior CC.

termos do art. 41 da Lei Interna, *verbis*: "O sacado pode pedir explicações ou garantia para pagar cheque mutilado, rasgado ou partido, ou que contenha borrões, emendas e *dizeres que não pareçam formalmente normais*" (grifamos). Essa regra estava já presente no art. 10 da antiga Lei Interna do Cheque, por ser direito inato do banco depositário, na dúvida de vícios, prevenir-se dos riscos da atividade de prestação do serviço e pedir explicações ou garantia antes de realizar o pagamento duvidoso e até perigoso.

Com efeito, o art. 41 da Lei do Cheque contém regra de procedimento administrativo bancário concernente ao exercício da função de pagamento de cheque (cheque comum) por banco sacado. Tal norma deve ser interpretada no sentido de *encargo do banco sacado*, aferível por este, diante das circunstâncias de cada caso concreto, antes de cumprir o dever de depositário, de pagar bem, em atendimento fiel das ordens do depositante emitente. De modo que o *poder do sacado de pedir explicações ou garantia, para pagar* cheque que contenha suspeições, como borrões, inutilizações ou emendas que suscitem dúvidas ou não pareçam formalmente normais, não constitui ato ilícito, mas cautela de ofício, e se destina ao desempenho prudente da sua função técnica, ou seja, nos termos do art. 188, I, do CC/2002,[149] no exercício regular de um direito reconhecido, porque não ficará isento de responsabilidade civil por eventual dano no caso de omissão do dever de diligência. Por outras palavras, o art. 41 contém um princípio de prudência mínima, e não uma desoneração de responsabilidade por imprudência, pois ao banco sacado compete atuar no limite da *diligentia quam in suis*, conforme o art. 629 do CC/2002;[150] isto é, *deve* acautelar-se, só pagando o cheque quando devido e cuidando para não proceder a devolução indevida, sob pena de responsabilidade civil, inclusive por dano moral, conforme a Súmula 388/STJ, num ou noutro procedimento tecnicamente incorreto de sua atividade qualificada.

O disposto no citado art. 41 da Lei do Cheque não constitui, pois, apanágio para atuação negligente do sacado, nem significa que possa esse *adjectus* deixar de agir contra toda a diligência que a função de *depositário* dos fundos do correntista lhe impõe, como se existisse prévia imunidade legal contraposta à sua responsabilidade civil. Egberto Lacerda Teixeira é enfático: "O banco sacado paga o cheque ao portador apresentante, *após exame do título para ver se ele não contém rasuras, borrões, emendas ou dizeres anormais*. Incumbe, ainda, ao sacado certificar-se da sua *sanidade formal*".[151]

---

149. Correspondente ao revogado art. 160, I, do anterior CC.
150. Correspondente ao revogado art. 1.266 do anterior CC.
151. Egberto Lacerda Teixeira, *Nova Lei Brasileira do Cheque*, São Paulo, Saraiva, 1988, n. 88, p. 64.

O STJ, pela 4ª Turma, no REsp 304.192-MG, de que foi relator o Min. Sálvio de Figueiredo Teixeira, em julgamento de 10.4.2001, entendeu (conforme ementa, que aqui se transcreve apenas no ponto específico): "Direito comercial – Cheque – Endosso viciado – Banco sacado – Dever de conferência – Devolução de cheque, exercício regular de direito (art. 160, I, do CC[152]) – Descabimento de indenização. (...) – Recurso provido. (...). III – Age em exercício regular de direito (art. 160, I, do CC[153]) o banco que se recusa a pagar cheque com irregularidade no endosso, não se podendo imputar à instituição financeira, pela devolução de cheque com esse vício, a prática que culmine em indenização".[154]

Embora a lei não mencione expressamente, o contexto e o sistema impedem o pagamento, pelo banco sacado, de cheques com vícios ou a que faltem requisitos essenciais, ou em desacordo com cláusulas legítimas restritivas apostas pelo emitente.

A Reserva do art. 7º do Anexo II empresta eficácia à cláusula *não transmissível* eventualmente contida no cheque, para considerá-lo pagável exclusivamente ao portador que o tenha recebido com essa restrição. Não pode ser objeto de endosso e nem mesmo de cessão.

O cheque com essa cláusula terá de ser sempre nominal, nunca ao portador, para que o sacado possa cumpri-la, pagando-o exclusivamente ao beneficiário indicado e identificado.

A transmissibilidade do cheque nominal será examinada nas anotações ao art. 17. Mas insiste-se em que o cheque intransferível é um cheque "fechado".[155]

## 4. Cheque não transmissível
### e cheque para creditar em conta do beneficiário

O art. 8º, ao cuidar, no inciso II, do cheque com a "cláusula *não à ordem*", ou "outra equivalente", não teve a finalidade de incluir na expressão "ou outra equivalente" a disposição constante da Reserva 7ª do Anexo II da Lei Uniforme, que previa o cheque com a cláusula "não transmissível". Mas essa não inclusão no art. 8º também não significa exclusão ou proibição legal da cláusula *não transmissível*, implícita até mesmo no art. 46, que

152. Correspondente ao art. 188, I, do CC/2002.
153. Correspondente ao art. 188, I, do CC/2002.
154. *DJU* 25.6.2001.
155. Cunha Peixoto, *O Cheque*, cit., 2ª ed., vol. I, n. 86, p. 240.

autoriza lançamento da cláusula restritiva "para ser creditado em conta", examinada no n. 5, logo em seguida.

Há sutil distinção conceitual entre cláusula *não à ordem* e cláusula *não transmissível*, como foi antecipado no n. 3, *retro*. Diz-se "*sutil* distinção" porque tanto a Lei Uniforme quanto a Lei Interna adotam no Capítulo II a nomenclatura "Da Transmissão" para disciplina da circulabilidade, ou não, do cheque; generalidade, essa, que poderia levar à enganosa identificação do sentido das expressões "não à ordem" e "não transmissível". Como advertia Tito Fulgêncio,[156] a endossabilidade é função da cláusula à ordem, e não da essência do cheque.

Na verdade, as cláusulas *à ordem* (regra geral) e *não à ordem* (exceção) são típicas de direito cambiário e exprimem estritamente a possibilidade, ou não, de circulação por *endosso*, que é o modo cartular específico de *transmissão* de direitos cambiários. Já as cláusulas *transmissível* e *não transmissível* são genéricas expressões de direito civil que exprimem a possibilidade, ou não, de transferência de crédito ou direito, através de *cessão*, cujos efeitos são referidos pela Lei do Cheque por cessão (civil) simplesmente, ou cessão ordinária (respectivamente, por exemplo, art. 17, § 1º, da Lei 7.357/1985; ou art. 14º, alínea 2ª, da Lei Uniforme).

Então, a primeira conclusão apontada, pelos *efeitos* que produzem, nos textos acima referidos é que cláusulas *à ordem* ou *não à ordem* referem-se ao *endosso* de direito cambial, ao passo que as cláusulas *transmissível* ou *não transmissível* referem-se à *cessão* de direito civil. Assim, infere-se que, se nem por cessão civil pode circular cheque com cláusula *não transmissível*, com maioria de razão não pode ser objeto de transferência por endosso cambial, de maior rigor jurídico.

Neste ponto valemo-nos dos ensinamentos de Othon Sidou:

"O emitente pode impedir a circulação do cheque apondo-lhe a cláusula *não à ordem*, e assim ele só será transmissível pela forma e com os efeitos de uma cessão *ordinária* (Lei Uniforme, art. 14º, § 2º; Lei 7.357, art. 17, § 1º). [*O autor refere-se ao impedimento de circulação cambiária, isto é, através de endosso.*]

"A cessão ordinária a que a lei se refere é a civil, em oposição à transferência cambiária (endosso), da qual são pressupostos básicos, por condição autonômica, a solidariedade, o direito de regresso e a impossibilidade (de oposição) das exceções pessoais do devedor. No Brasil a cessão rege-se pelo art. 1.065 do [*anterior*] CC,[157] e entre outros princípios abriga o de que

---

156. Tito Fulgêncio, *Do Cheque*, cit., n. 74, p. 70.
157. Correspondente ao art. 286 do CC/2002.

não vale, em relação a terceiros, se não se celebrar ou mediante instrumento público, ou por meio de instrumento particular revestido das formalidades legais, ou por efeito de sentença (idem, arts. 1.067 e 1.068)"[158] – estes, do Código Civil/1916.

Retomamos nós: portanto, há correlação de gênero e espécie entre cláusulas *não transmissível* e *não à ordem*, que exprimem efeitos jurídicos, respectivamente, de *não cessível* e de *não endossável*; de modo que a proibição de endosso (mais restrita) não implica proibição de *cessão civil*; mas a recíproca significa que a proibição de cessão (mais abrangente e radical) implica, com maioria de razão, a proibição também de endosso cambial.

Fran Martins, ao cuidar do endosso como meio de transmissão (cambiária) do cheque, esclarece que, se o emitente do cheque não deseja que o mesmo seja transmissível por endosso, poderá apor no título a cláusula *não à ordem*. E adverte que essa cláusula não significa que o cheque não possa ser transferido; sua transmissão se fará, entretanto, na forma de uma cessão ordinária de crédito – o que altera o caráter cambiariforme do cheque, de vez que, havendo cessão (do direito comum), o cedente garante ao cessionário apenas a existência do crédito por ocasião da cessão, mas o cessionário não terá o direito regressivo contra os obrigados anteriores *à ordem*.

Enfim – conclui Fran Martins –, contendo um cheque cláusula *não à ordem*, não significa essa cláusula que só a pessoa designada como beneficiária poderá receber. Esse cheque pode ser transmitido pela forma e com os efeitos de cessão ordinária civil (e não de endosso cambial), nos termos do § 1º do art. 17 da lei, correspondente à alínea 2ª do art. 14º da Lei Uniforme.[159]

## 5. Ainda as cláusulas "não transmissível" e "para ser creditado em conta" do beneficiário: validade dessas restrições

Mas o que expusemos até aqui longe está de esgotar o tema, constituindo apenas premissa para a solução da outra questão fundamental, que consiste em saber, não tendo a Lei Interna adotado expressamente a Reserva 7ª, sobre a cláusula *não transmissível*, se é cabível e vinculante seu lançamento pelo emitente, para ser observada pelo beneficiário nominado e ser eficaciada pelo banco se o cheque for apresentado a pagamento por terceiro a quem tenha sido transmitido com infringência da restrição à circulabilidade absoluta do cheque por endosso ou cessão.

---

158. Othon Sidou, *Do Cheque*, cit., 4ª ed., n. 38, p. 48.
159. Fran Martins, *Títulos de Crédito*, cit., vol. 11, n. 47, pp. 53-54.

O mestre Fran Martins, no seu apreciado livro, conclui que não é de se admitir que tal cláusula (*não transmissível* ou *não transferível*), que proíbe a circulação não só por endosso mas também até por *cessão*, seja aposta nos cheques brasileiros; e, se for, deve ser considerada *nula* tal cláusula restritiva não regulada na Lei Interna – conclui aquele renomado especialista.[160]

Entretanto, essa respeitável conclusão – com a qual não concordamos – não teve em consideração o cheque com a cláusula *para ser creditado em conta* do beneficiário, quando aposta pelo emitente; ou quando aposta pelo portador, que a Lei Interna introduziu no direito pátrio, no art. 46. Pensamos que a cláusula *não transmissível* é como um sucedâneo intermediário compatível e não proibido entre a cláusula *não à ordem* e a cláusula *para creditar em conta*, esta última até mais radical que a *não transmissível*.

Qual a relação de pertinência entre uma e outra cláusulas, ver-se-á a partir de agora.

Quando o art. 46 concedeu ao emitente *proibir* que o cheque seja pago em dinheiro no caixa até mesmo ao beneficiário identificado quando aposta a cláusula de creditamento em conta ou outra equivalente, a lei autorizou validamente duas consequentes restrições: (a) não transmissibilidade do cheque, do beneficiário a terceiro, exceto ao próprio emitente; e (b) o não pagamento diretamente em dinheiro na boca do caixa do banco sacado, mas exclusivamente por lançamento contábil a crédito em conta bancária do apresentante, por transferência ou compensação. E a lei prevê como drástica sanção para o banco sacado infrator que este responderá pelo dano até o montante do cheque se não observar as disposições precedentes, isto é, se não cumprir a cláusula restritiva-proibitiva de caráter absoluto inscrita transversalmente pelo emitente no anverso do cheque nominal.

Pois bem, antes da Lei 7.357/1985 a cláusula *não transmissível* era aplicável no direito pátrio na vigência da Reserva 7ª aposta aos arts. 5º e 14º da Lei Uniforme, exatamente quando *não* adotada no nosso direito a Reserva 18ª, que previa a cláusula para levar em conta, como *disjuntiva excludente* do cruzamento chéquico, previsto nos arts. 37º a 39º da Lei Uniforme, porque assentado no direito anterior – art. 12 da Lei 2.591/1912.

Agora, na vigência da Lei 7.357/1985, operou-se sensível alteração legislativa: o cheque com cláusula para só creditar em conta do apresentante está expressamente autorizado (a par do cheque cruzado), ao passo que o cheque com cláusula não transmissível deixou de estar expressamente autorizado.

160. Idem, n. 48.

Ora, o efeito da restrição constante da cláusula de não transmissão é menor que o efeito restritivo da cláusula de creditamento em conta; ou, por outras palavras, no cheque com cláusula para levar em conta do próprio beneficiário já está implícita a proibição de transmissibilidade ou circulabilidade do título por endosso ou cessão a terceiro.

De modo que já se pode esboçar a seguinte afirmação: a cláusula para só creditar em conta (art. 46) do beneficiário contém a restrição referente à cláusula de *não transmissibilidade* e mais o *plus* de não pagamento diretamente em dinheiro, mas só por lançamento contábil. Ou, a mesma afirmação, por ordem inversa: o cheque apenas com cláusula de *não transmissibilidade* autoriza o pagamento em dinheiro diretamente no caixa do banco sacado, com uma única restrição: se ali comparecer como apresentante o próprio beneficiário nominado dessa espécie de cheque *vinculado* à sua pessoa.

Logo, a única restrição que opera a cláusula *não transmissível* é menor que as duas restrições operadas pela cláusula de creditamento em conta do beneficiário ou apresentante. E, como quem pode o mais pode o menos, é lógica a conclusão de que o emitente que pode lançar a cláusula (prevista expressamente em lei) de só creditamento em conta do beneficiário (sem possibilidade de transmissão a terceiro) pode proibir apenas a transmissão a terceiro, e não também proibir o pagamento em dinheiro ao próprio beneficiário pelo sacado, sem necessidade de que a lei atual reproduzisse a Reserva 7ª. E o banco sacado responde se der curso nocivo à infringente transmissão, se pagar ou creditar indevidamente o valor do cheque a terceiro (§ 2º do art. 46 da Lei Interna).

Assim, nula não é a cláusula *não transmissível* que seja corretamente aposta no anverso do cheque pelo emitente; implica proibição de endosso e até de cessão civil, mas não impede o pagamento no caixa em dinheiro diretamente ao beneficiário. E não é inútil ou sem interesse essa cláusula sob alegação de poder o emitente atingir o mesmo objetivo com a cláusula para creditamento em conta do próprio beneficiário; é que nesta última o beneficiário é obrigado a já possuir ou abrir conta corrente bancária, depositando o cheque, para ter condição legal de receber o valor correspondente através de lançamento contábil do crédito, pagando – quando em vigor – CPMF pela movimentação financeira do valor creditado; enquanto a cláusula que apenas proíbe a transmissibilidade absoluta dispensa a exigência de possuir o beneficiário nominal conta corrente bancária e o habilita a receber o pagamento em dinheiro diretamente por apresentação do cheque ao caixa do banco sacado sem o referido ônus transitório da CPMF – quando em vigor –, ou a depositá-lo em sua conta corrente.

Em conclusão: está autorizada (porque coerente e não proibida) e é eficaz a inserção no anverso do cheque da *cláusula de não transmissibilidade*, nem por endosso, nem por cessão a terceiro, para ser observada pelo banco sacado; com sujeição a todos os efeitos legais se o beneficiário vinculado incorrer em violação de que resulte prejuízo ao emitente ou terceiro e o banco der curso infringente à cláusula proibitiva de circulação.

Portanto, vigora a faculdade de emissão de cheque *vinculado*, cujo pagamento deva operar-se pelo banco sacado exclusivamente ao beneficiário indicado, que o tenha recebido com a restrição proibitiva de transmissão por endosso ou mesmo cessão civil a terceiros.

É, sem dúvida, uma modalidade de segurança agregada de que se pode valer o emitente quando, a seu arbítrio, pretende vincular diretamente o beneficiário à *causa* da *emissão*, encarregando, assim, o banco sacado da contraprestação de observância, máxime se indicada ou imputada a origem ou a destinação do cheque, como em termos convergentes previstos no parágrafo único do art. 28 da Lei Interna. E a razão é simples: ao terceiro, se descumprida a cláusula de proibição de transmissibilidade pelo beneficiário, seria excepcionalmente *oponível* em juízo pelo emitente clausulante a exceção pessoal da *causa debendi*, indicada ou não no cheque, certo que o banco *não* efetuará o pagamento infringente a esse terceiro desautorizado, o qual não poderá lograr êxito em demanda contra o emitente que lançou a restrição absoluta à circulação do cheque, quer por endosso, quer por cessão.

## 6. Variações sobre cláusulas vinculativas

Os temas das cláusulas vinculativas sobre cheque *não transmissível*, cheque *para creditar em conta* e cheque com cláusula *não à ordem* comportam outras variações, cuja abordagem afigura-se-nos oportuna e útil do ponto de vista prático.

Recorde-se, inicialmente, que as cláusulas vinculativas são compatíveis com cheque nominal a beneficiário ostensivo e/ou com endosso identificado (endosso em preto), e tendo presente a premissa da proibição de cheque ao portador para valor acima de R$ 100,00.

Por outro lado, sendo o cheque, na relação jurídica interna entre correntista e instituição depositária, o documento que habilita o banco sacado a realizar a débito de conta corrente bancária o pagamento ordenado pelo emitente ao beneficiário indicado no título, ou ao portador legitimado, subsistem direitos e deveres recíprocos decorrentes da lei, das cláusulas contratuais e da normatividade administrativa emanada dos órgãos oficiais reguladores da atividade bancária.

Por tudo isso, as disposições do art. 8º, ora em exame mais abrangente, que dizem respeito às *estipulações* que o correntista lança no cheque e à sua observância na realização do *pagamento* pelo banco sacado, são de utilidade fundamental para o perfeito uso seguro desse instrumento de exação através de terceiro (do banco sacado).

Aplicando-se ao banco apresentante ou intercalar (*portador*) a mesma obrigação de diligência que o art. 39 incumbe ao banco sacado na verificação da *regularidade* formal da série em tese de endossos do cheque quando não proibida sua transmissão, afigura-se claro que responderão também ambas as instituições bancárias se atuarem com violação das cláusulas vinculativas estipuladas no cheque pelo correntista emitente. Mais que isso, os arts. 45 e 46, respectivamente, nos seus §§ 1º e 2º, dispõem que, lançada cláusula proibitiva, o banco portador e/ou banco sacado respondem pelo dano, até a concorrência do montante do cheque, quando não observadas as disposições restritivas, tanto mais que eventual inutilização da cláusula é considerada como não existente pela própria lei.

• **Lei 7.357/1985, art. 9º**

Art. 9º. **O cheque pode ser emitido: I – à ordem do próprio sacador; II – por conta de terceiro; III – contra o próprio banco sacador, desde que não ao portador.**

• **Lei Uniforme, art. 6º**

### Artigo 6º

O cheque pode ser passado à ordem do próprio sacador.

O cheque pode ser sacado por conta de terceiro.

O cheque não pode ser passado sobre o próprio sacador, salvo no caso em que se trate dum cheque sacado por um estabelecimento sobre outro estabelecimento, ambos pertencentes ao mesmo sacador.

• **Há Reservas dos arts. 8º e 9º do Anexo II**

### Artigo 8º

Qualquer das Altas Partes Contratantes reserva-se a faculdade de decidir se, fora dos casos previstos no art. 6º da Lei Uniforme, um cheque pode ser sacado sobre o próprio sacador.

### Artigo 9º

Por derrogação do art. 6º da Lei Uniforme, qualquer das Altas Partes Contratantes, quer admita de uma maneira geral o cheque sacado sobre o próprio sacador (art. 8º do presente Anexo), quer o admita somente no caso de múltiplos estabelecimentos (art. 6º da Lei Uniforme), reserva-se o direito de proibir a emissão ao portador de cheques deste gênero.

*Introdução sobre o gênero* cheque-padrão
*e as outras três espécies possíveis de emissão de cheques*

O cheque-padrão – advirta-se – é o gênero de que participam dois distintos sujeitos de direito, que são o emitente e o beneficiário, além do banco sacado destinatário do cumprimento da ordem de pagamento como *adjectus*.

Já no ora em exame art. 9º da Lei Interna, na mesma trilha do art. 6º da Lei Uniforme, prevê-se a emissão de mais outras três espécies de cheques, ali acrescentadas nos incisos I, II e III.

Ou seja, o art. 6º da Lei Uniforme, reproduzido no art. 9º da Lei 7.357/1985, dispõe que o cheque pode também ser passado em três outras espécies: (a) à ordem do próprio correntista sacador; (b) por conta de terceiro dador da ordem (espécie rara); (c) quanto à terceira modalidade, cheque denominado *bancário* ou *administrativo*, emitido contra a caixa do próprio banco (sacado-sacador), cabem algumas observações prévias.

Estabelece ainda a mesma norma da lei genebrina, na última alínea, a proibição de emissão de cheque sobre o próprio sacador, abrindo uma única exceção: no caso de cheque sacado por estabelecimento autorizado por lei sobre outro, ambos pertencentes ao mesmo sacador. Portanto, a Lei Interna, mais técnica, foi direta ao autorizar emissão de cheque contra o próprio banco sacador, sem restrição de estabelecimentos, mas sempre nominal, identificado, isto é, jamais ao portador, adotando as alternativas das duas Reservas dos arts. 8º e 9º do Anexo II convencional.

A Reserva do art. 8º do Anexo II elimina a proibição constante daquela norma, ao mesmo tempo em que acrescenta um caso à enumeração do art. 6º uniforme, ao facultar ao País decidir se um cheque pode ser sacado sobre o próprio banco sacador.

E a Reserva do art. 9º do Anexo II tem em vista proibir que cheques sacados sobre o próprio banco sacador possam ser emitidos *ao portador*, mesmo no caso de saque por um estabelecimento sobre o outro.

É nesse contexto de evolução legislativa que se torna mais compreensível a atual posição do direito pátrio sobre o cheque bancário ou administrativo, adotado em sentido amplo ou mantido seu uso tradicional utilíssimo sem restrições, no inciso I do art. 9º da Lei 7.357/1985.

## 1. Cheque à ordem do próprio correntista sacador

O cheque à ordem ou a benefício do próprio emitente titular da provisão ou sacador (inciso I do art. 9º da Lei Interna, correspondente à primeira hipótese do art. 6º da Lei Uniforme) reúne duas figuras numa só pessoa, do emitente e do beneficiário, como já ocorria tradicionalmente, conforme o art. 1º da antiga Lei Interna, estabelecendo uma relação bilateral direta do correntista-beneficiário com o banco sacado. Por isso não oferece problema algum: se houver fundos disponíveis, o sacado paga à vista o cheque emitido, em benefício do próprio correntista emitente, valendo o título recolhido como recibo da entrega da quantia nele indicada; se não houver fundos (o que é raro nessa modalidade), o cheque é devolvido na hora diretamente ao próprio emitente-beneficiário, sem pagamento e sem maiores consequências, por não atingir direitos de terceiros. É de uso arraigado como forma de obtenção de numerário vivo pelo correntista chéquico (usa-se, atualmente, como sucedâneo, o cartão de débito para saque, inclusive no caixa eletrônico). A Circular BACEN-2.094, de 5.12.1991, faculta a utilização no cheque da expressão "Ao Emitente", em substituição ao nome do emitente, para a nominação do favorecido quando ambos são a *mesma* pessoa; caso em que é exigível o endosso-recibo do emitente beneficiário no verso do cheque que ele próprio emitira.

## 2. Cheque bancário sacado contra a própria caixa do banco sacador

Como visto *supra*, a primeira parte do art. 6º da Lei Uniforme vedava, em princípio, o cheque passado sobre o próprio sacador. Mas a Reserva 8ª do Anexo II, subscrita pelo Brasil, possibilitava sua adoção com caráter restrito, e já a Reserva 9ª a autorizava *de uma maneira geral*. Daí seu aproveitamento para inclusão no art. 9º da Lei Interna (inciso III), com a única ressalva de não poder ser ao portador – modalidade que, de resto, já era de uso arraigado entre nós, pelas denominações de cheque "bancário", "administrativo" ou "contra a própria caixa".

Os dispositivos em exame – com destaque para o art. 9º, III, da Lei Interna – disciplinam, tornando *modalidade normal*, o chamado *cheque bancário*, que já era regulado em nosso direito interno anterior pelo art. 1º do Decreto 24.777, de 14.7.1934, que estabelecia:

"Art. 1º. Os bancos (e firmas) podem emitir cheques contra as próprias caixas, nas sedes ou nas filiais e agências.

"Parágrafo único. Estes cheques não podem ser ao portador, e regular-se-ão em tudo o mais pela Lei do Cheque."

Como se verá mais adiante, é de essencial importância essa antiga nota de que se regula em tudo o mais pela Lei do Cheque.

Corresponde ao *cheque circular* (*assegno circolare*) do direito italiano, muito difundido no Brasil, pela maior segurança que oferece e porque concorre para consolidar a interpretação do seu tratamento jurídico, em princípio, como as demais espécies, pela Lei do Cheque.

Como anota Pontes de Miranda,[161] o adjetivo "circular" alude à pagabilidade do cheque em qualquer agência ou sucursal do banco passador, ou outros sacados, em diferentes lugares, indicados no título.

Guardadas suas particularidades em relação ao cheque-padrão comum, resultantes do fato de que sacador e sacado são uma só e mesma pessoa (banco), em que o título não apresenta uma estrutura de saque ou de ordem, mas sim tem função de uma promessa de pagamento que faz o banco sacador-sacado, como mostra magistralmente Fábio Konder Comparato,[162] regula-se o cheque bancário pelas normas vigentes para o gênero *cheque ordinário*, incidindo os princípios gerais de direito cambiário.

Consequência da maior relevância extraída do aludido estudo do professor Fábio Konder Comparato, ainda por aplicação do mandamento do art. 22º da Lei Uniforme (atual art. 25 da lei interna) em matéria de cheque, é a de ser inadmissível a defesa por parte do banco emitente-sacado na posição de executado, que se recuse ao pagamento pretendido por portador legitimado, no sentido de que o cheque bancário tenha sido utilizado, por exemplo, em relações que lhe são absolutamente estranhas, entre tomador e beneficiário, como valor em garantia e não como instrumento de pagamento, ou que serviu o título para pagamento de dívida de jogo ou para qualquer fim ilícito.

No sentido da inadmissibilidade, de regra, da recusa de pagamento por contraordem do tomador em relação a cheque bancário posto em circulação vem-se orientando, com inegável acerto na interpretação dos princípios pertinentes, a jurisprudência, salvo casos teratológicos e aqueles casos motivados em que excepcionalmente tomadores solicitam emissão e adquirem cheques administrativos para realização de negócios com terceiros e depois opõem-se ao seu pagamento pelo banco.

Ficam ainda excluídos da proibição de contraordem (revogação) ou de oposição a pagamento (arts. 35 e 36 da Lei 7.357/1985) os casos, por

---

161. Pontes de Miranda, *Tratado de Direito Privado*, cit., t. 37, § 4.146, n. 2, p. 250.

162. Fábio Konder Comparato, parecer in *RT* 449/63-67, São Paulo, Ed. RT. Outro parecer sobre cheque bancário, do mesmo autor, na *RT* 493/37. E do professor Mauro Brandão Lopes, "Natureza e regime legal de cheque bancário", *RT* 504/48, São Paulo, Ed. RT.

exemplo, de furto ou perda de cheque bancário, falência e incapacidade do portador para recebê-lo (parágrafo único do art. 23 da antiga Lei Cambial – Decreto 2.044, de 31.12.1908).

O dispositivo do inciso III do art. 9º (que autoriza emissão de cheque bancário ou administrativo) não faz distinção entre as subespécies de cheque bancário emitido por solicitação de terceiro (cheque "comprado") e cheque bancário representativo de obrigação propriamente dita do banco. Nesta segunda hipótese, que se exemplifica com o cheque destinado a implemento de obrigação do próprio banco como emitente comum, e como sacado, mas tendo como beneficiário de crédito terceira pessoa, para pagamento de salários de seus empregados etc., sua posição de emitente é absolutamente igual à de qualquer outro emitente não banqueiro; já na primeira subespécie (cheque administrativo emitido por solicitação de terceiro) a atuação do banco é exercida como prestação de serviço bancário da sua especialidade, do que decorre que o tratamento que lhe é deferido como emitente peculiar e pagador não se identifica necessariamente com o que a lei prevê para o emitente em geral de cheque sobre provisão do seu correntista.

Sobre *oposição ao pagamento de cheque administrativo*, v.: arts. 35 e 36, ns. 5 a 10, onde, inclusive, são examinados dois acórdãos confluentes do STJ.

### 3. Ainda o cheque bancário ou administrativo: a contraordem e a oposição

Se a regra geral para os cheques comuns é a admissibilidade da contraordem pelo emitente, já para a modalidade peculiar, que é o cheque bancário, só como exceção se admite a contraordenação ou recusa de liquidação exercitável pelo banco sacado, que também é o emitente que assumiu a "promessa" ou a obrigação de realizar o pagamento contida no cheque. Quando o cheque administrativo tem sua emissão pelo banco por solicitação de terceiro (tomador) pode este valer-se do instituto da oposição ou sustação do pagamento por relevante razão de direito, a ser cumprida pelo sacado (art. 36 da Lei 7.357/1985), como exposto adiante e nas anotações aos arts. 35 e 36.

Antes de outras considerações, cumpre lembrar que o cheque administrativo pode resultar da "compra" do título, pelo próprio beneficiário ou à ordem, que entrega o numerário ao banco, ou pelo cliente a benefício de terceiro, à ordem ou não à ordem, ou ainda por creditamento em conta, mediante pagamento de tarifa pela prestação do serviço.

A razão principal – avalia Egberto Lacerda Teixeira,[163] com sabedoria – que leva os interessados a solicitar a emissão de cheque bancário ou administrativo é a crença em sua maior segurança contra os riscos de criação de cheques sem fundos ou sujeitos a contraordem ou revogação por parte do emitente genérico dos cheques comuns.

O art. 9º, III, adotou a solução expurgada da Lei Uniforme: nunca ao portador; sempre sem a ressalva provinciana de um estabelecimento (agência) sobre outro, do mesmo banco; e regência, "em tudo o mais", *pela Lei do Cheque* (como já referia o art. 1º do Decreto 24.777/1934).

Enfim, por exceção, em situações críticas e anômalas ou, como prefere dizer Othon Sidou,[164] contraordena-se ou susta-se o pagamento para evitar mal maior, arcando quem o faz com o ônus da prova em juízo e as consequências que disto advierem.

Toda a estrutura da circulabilidade cambial repousa na *proteção* que o sistema jurídico mobiliza em defesa da boa-fé do portador do título.

Quando se trate de cheque bancário, os fatores *segurança* e *confiança* do beneficiário atuam como pressupostos diferenciados da sua criação e aceitação, deparando-se no sujeito (portador) uma carga de intensa boa-fé na crença de estar livre dos riscos inerentes ao cheque comum.

Se essa é uma razão que fomenta a circulabilidade dos *cheques bancários*, porque o portador é sensível ao *plus* de proteção jurídica à sua boa-fé na instrumentalização desse meio de pagamento, pergunta-se: o que sucede quando no portador de presumida boa-fé se aninham a fraude e o conluio – enfim, a má-fé –, exteriorizados em comportamento ilícito em detrimento de terceiros ou mesmo do banco sacador-sacado?

A resposta é complexa, e a reflexão depende do caso concreto e de fatores variáveis.

## 4. Caso concreto de recusa de pagamento pelo próprio banco emitente de cheque bancário de origem criminosa: *reflexões que suscita*

Analisado do ponto de vista da normatividade do direito chéquico, um caso concreto submetido a estudo e parecer de 15.9.1976 do professor Mauro Brandão Lopes,[165] em que se discutia a boa-fé do endossatário que o recebera do beneficiário, mereceu do parecerista as seguintes conclusões:

---

163. Egberto Lacerda Teixeira, *Nova Lei Brasileira do Cheque*, cit., 1988, n. 44.
164. Othon Sidou, *Do Cheque*, cit., 4ª ed., n. 51.
165. Mauro Brandão Lopes, "Parecer" in *RT* 504/48-63, São Paulo, Ed. RT, 1976.

(1) Tratando-se de cheque bancário, o banco sacador-sacado, obrigado diretamente no cheque que emitiu, não pode sustar seu pagamento.

(2) Portanto, é incabível ainda, por ilegal, a apreensão judicial do cheque, nas circunstâncias do caso, em mãos de terceiros de alegada boa-fé, que o teriam recebido em virtude de também afirmada legítima operação bancária.

(3) Cabível a executividade, embora sem a presença física do cheque apreendido judicialmente, pelo endossatário contra o banco emitente. E:

(4) Responde o mesmo banco emitente por perdas e danos ocasionados ao endossatário com a não liquidação do cheque que recebera em pagamento de obrigação subjacente do beneficiário, em face da inoponibilidade ao portador, terceiro de boa-fé, de fato referente a relação jurídica interna entre o banco e o beneficiário adquirente do cheque bancário.

Fazendo contraponto, em caso aparentemente idêntico (ou quiçá o mesmo caso) há o parecer de 21.10.1976, em defesa do banco emitente de cheques bancários não pagos, inserto no livro *Pareceres*, do professor José Frederico Marques,[166] destinado o estudo a instruir ação de negação de relação cambiária e de anulação de cheques administrativos, não pagos, pelo alegado fundamento de terem sido emitidos em nome do banco, sem provisão, em conluio fraudulento entre o seu gerente e tomadores, motivo invocado pelo banco para se negar a pagá-los quando apresentados por terceiros endossatários.

A primeira questão examinada refere-se a esta indagação: evidenciada a falta de causa da obrigação ou a causa ilícita do título, terá sido legítimo o procedimento do banco recusando o pagamento dos cheques com aquele vício, a fim de que não se tirasse alegado proveito ilícito do crime, consumado mediante conluio fraudulento contra o mesmo banco emitente-sacado?

A resposta – dizemos nós – dependia dos elementos de convicção probatórios cuja densidade pudesse afastar o rigor da estrutura formal do cheque administrativo, sobre o qual recai com mais pertinência a preceituação acerca da inoponibilidade de exceções pessoais ao endossatário. Ocorre-nos como oportuna a lembrança do disposto no art. 22º da Lei Uniforme (em pleno vigor à época dos fatos do caso concreto), de resto reproduzido no art. 25 da ora vigente Lei Interna, que diz: "Quem for demandado por obrigação resultante de cheque não pode opor ao portador exceções fundadas em relações pessoais com o emitente, *salvo se o portador o adquiriu conscientemente em detrimento do devedor*" (grifamos). E o art. 41º, repetindo

---

166. José Frederico Marques, in *Pareceres*, São Paulo, ed. 50 anos da AASP, 1993, pp. 51-65.

o art. 10 da antiga Lei Interna (Lei 2.591/1912), diz: "O sacado pode pedir explicações ou garantia para pagar cheque (...)".

Ora, se por motivos aparentemente de irregularidades, e não de produto de crime, pela dúvida, o banco sacado deve ser diligente e perscrutar antes de pagar, muito mais quando haja alegada certeza da origem criminosa do cheque, em que ele próprio é a vítima, não só tem o direito mas o dever de se abster de concorrer para a consumação de ilicitude, em primeiro lugar e imediatamente.

Assim, em tese e *a contrario sensu*, onde couber a ressalva, deve ela prevalecer sobre a regra da inoponibilidade de exceções ao portador.

De todo modo, quando exsurja uma questão prejudicial heterogênea (de natureza *delitiva*), por isso apta em tese a suspender, esmaecer ou até fulminar a solução civil-cambiária previsível, pressuposta em situação de normalidade ou de ausência de vício radical, a função pública delegada que o banco desempenha impõe-lhe dever maior que o do cidadão comum, de atuar em consequência.

No caso, sobrelevou a seguinte circunstância, *verbis*: "Comprovada ficou a fraude, com a confissão expressa do gerente relapso, que emitiu os cheques, bem como demonstrado se acha o conluio deste com os tomadores do título". Ou: "Essa origem viciosa dos cheques, enquadrável em norma incriminadora da lei penal, como fato punível típico, tornou sem eficácia ou nulo cada um dos negócios jurídicos resultantes da emissão dos títulos". Ou, ainda: "A fraude criminal levada a efeito, para a emissão dos cheques, tornou ilícito todo o ato jurídico, dado que seu objeto era a lesão de bem penalmente tutelado, de modo que, consumado, ou não, o ato lesivo, a sua configuração delituosa, por si só, o torna absolutamente nulo".

Pelas razões expostas, o segundo parecer, antecipando as conclusões, diz, desde logo: "Claro está, portanto, que o banco, a vítima do ato delituoso em curso, não poderia contribuir para que o crime atingisse a *meta optata*". E sustenta que, "diante de uma agressão atual e injusta a bem jurídico de que é titular, pode a pessoa repelir a agressão e exercer autotutela sobre seu patrimônio, porquanto estará agindo licitamente e em legítima defesa (CC, art. 160, n. I[167])".

Acrescenta o mesmo parecer um dado fático reputado decisivo: "Ao demais, como adiante será demonstrado, não havia boa-fé por parte das endossatárias – razão pela qual a exigência concernente ao pagamento dos cheques se configura como pretensão destituída de tutela da ordem jurídica",[168]

---

167. Correspondente ao art. 188, I, do CC/2002.
168. José Frederico Marques, in *Pareceres*, cit., p. 52.

porque "não basta às endossatárias invocar regras especiais do direito cartular, a natureza abstrata dos títulos e a irrelevância da *causa obligandi* para a satisfação imediata do seu crédito; imprescindível se faz que elas próprias *expliquem* como se tornaram credoras de títulos criminosamente fabricados, para assim demonstrarem sua boa-fé e nenhuma culpa na aquisição desses títulos".[169] Até porque – prossegue o parecer – "pretender situar a segurança das operações praticadas tão só no campo da validade aparente e formal dos títulos, sob o pretexto de que os cheques foram emitidos por estabelecimento bancário honesto e economicamente sólido, é muito pouco e insuficiente: o que cumpria verificar era como, com a chancela do banco, títulos tão vultosos foram emitidos em favor de estabelecimentos financeiros raquíticos e secundários", porque "a anormalidade desse fato estava a exigir, por si só, que não se adquirissem os cheques sem pesquisas cuidadosas sobre a sua origem", pois que "só o formalismo cartulário, ainda que legalmente assegurado, não poderia satisfazer, nas circunstâncias apontadas, o comerciante prudente, honesto e avesso a aventuras ou golpes".[170]

O parecer adentra o campo da teoria da *nulidade* dos títulos quando provindos de conduta delitiva ou de conluio criminoso, com base no art. 145, II, do anterior CC,[171] para lhes negar *eficácia jurídica*, o que os torna, por consequência, inexigíveis em face dos endossatários, por se tratar de nulidade inerente à criação, com origem ilícita e criminosa, sobretudo quando não sejam os portadores adquirentes de boa-fé, para exercer tutela do direito e exigir como credores o pagamento indevido.

Em conclusão, o parecer do professor José Frederico Marques sustenta que a recusa de pagamento e o pedido de apreensão judicial pelo banco foram legítimos e amparados pelo Direito em face da fundada exceção de nulidade manifesta dos cheques que instrumentalizam corpo de delito e configuram produto do crime.

O parecer extrai, para arrematar, as seguintes consequências processuais: a apreensão judicial impede o protesto dos títulos inquinados e os põe sob investigação criminal; e, por serem produto de crime, tornam-se títulos inexigíveis e sem eficácia para aparelhar execução por cheque, porque nula seria a que fosse instaurada com base neles, *ex vi* dos arts. 586 e 618, I, do CPC.

Enfim, acrescentamos nós ter sido correta a solução alvitrada pelo parecer, porque teve por premissas: (a) a nulidade da criação criminosa do

169. Idem, p. 57.
170. Idem, p. 59.
171. Correspondente ao art. 166 do CC/2002.

documento a que se quis atribuir a característica formal de cheque bancário; (b) a exclusão da presunção de boa-fé do terceiro (endossatário) na aquisição do título aparentemente perfeito; e (c) a diligência *ex officio* com que na primeira linha de atuação funcional o banco emitente-sacado, tomando conhecimento de moto próprio da ausência de causa geradora da emissão, viciada, do cheque bancário, que o obrigaria a pagamento, *sem provisão do solicitante*, agiu no sentido de não dar curso à fraude de que seria a vítima.

E aí não podemos deixar de apoiar a tese do professor José Frederico Marques defendida no referido parecer.[172] E concluímos: desde que o credor se valha, *sem boa-fé*, de títulos produzidos por fraude, sua conduta infringe o dever de correção que a lei impõe (arts. 421 e 422 do CC/2002), pelo quê *a priori* fica privado de tutela jurídica para fazer valer seus interesses, visto que *fraus omnia corrumpit*. Portanto, jurídica, lícita e legítima afigura-se excepcionalmente a recusa emergente do banco sacado-emitente em atender à viciada "ordem" ou "promessa" de pagamento de cheque bancário seu sem que tivesse sido constituída provisão correspondente, por ato colusivo contra si – no caso, a única vítima da prática delituosa.

Quase 30 anos depois desse caso, o STJ, pela 4ª Turma, teve oportunidade de apreciar uma hipótese aproximada no REsp 229.601-0-SP, em 14.12.2004, relator o Min. Aldir Passarinho Jr., não conhecido, em cuja ementa, porém, registra-se solução dada à ação anulatória nas instâncias ordinárias: "(...). V – Legítimo o procedimento do banco coexecutado, emitente do cheque administrativo, em sustar o pagamento, em face de comunicação pela autoridade policial da possível prática de crime, e a oposição apresentada pela favorecida, em nome de quem foi o título expedido com recursos de sua conta corrente, não sendo caso de se lhe exigir devesse ter feito uso da ação consignatória".

Discorrendo sobre essa espécie de cheque, Othon Sidou lembra que o direito à contraordem é da própria essência do cheque (isto é – acrescentamos nós –, de qualquer espécie de cheque), concluindo que não há como o sacado deixar de exercitá-lo mesmo que, juridicamente, se confunda com o sacador ou emitente do título. Ponderando que se contraordena ou se susta o pagamento para evitar mal maior, arcando quem o faz com o ônus da prova em juízo e as consequências que disto advierem; podendo, enfim, o cheque bancário ser excepcionalmente objeto de oposição, tanto pelo sacador como por terceiros interessados, inclusive agentes do Poder Público, no caso de extravio, falência ou incapacidade do portador,[173] integrando-se o art. 9º, III,

172. José Frederico Marques, in *Pareceres*, cit., p. 53.
173. Othon Sidou, *Do Cheque*, cit., 4ª ed., n. 51.

com os arts. 25 e 41 da Lei 7.357/1985 – completamos nós –, pelas circunstâncias de cada caso.

V., também: *oposição sobre cheque administrativo*, arts. 35 e 36, ns. 5 a 10.

## 5. Cheque sacado por conta de terceiro – Espécie rara

A alínea 2 do art. 6º da Lei Uniforme contém uma novidade em matéria de cheque, que é o saque por conta de terceiro.

Essa espécie peculiaríssima foi recepcionada no inciso II do art. 9º da Lei 7.357/1985 como cheque emitido por "A" sobre provisão constituída em conta de titularidade de "B", cujo pagamento, pelo sacado, opera-se sob determinadas condições previamente ajustadas. De todo modo, dentro dos princípios cambiários, o signatário ou comissário (emitente por conta de terceiro), obrigando-se cartularmente, responde perante o beneficiário e outros legitimados na eventualidade de não pagamento por parte do banco sacado.

Já era autorizado para letra de câmbio (Decreto 2.044/1908, art. 1º, IV). Comentando referido dispositivo da antiga Lei Cambial, João Arruda[174] assinalava que o sacador age por conta de terceiro (comitente) na qualidade de comissário. E com Lyon Caen entendia que o comitente pode ser acionado pelo sacador e pelo sacado, mas o sacador não pode ser acionado pelo sacado, e sim pelos endossantes e pelo portador. Nota-se que as relações jurídicas em caso de não pagamento dessa espécie de cheque são bastante complicadas.

O cheque por conta de terceiro é de uso raríssimo entre nós. Encerra uma forma peculiar de mandato. Usa-se mais a conta conjunta, que é muito mais simples.

A emissão por conta supõe que o emitente, agindo com a concordância do dador real da ordem, se apresente exteriormente como o verdadeiro criador do título, indicando a seu turno por conta de quem o emite, seja pelo nome, seja pelas iniciais deste.[175]

Quando a emissão do cheque é por conta de terceiro, é preciso que o titular da conta a tenha autorizado adequadamente ao banco sacado e que este a tenha aceitado por uma convenção expressa ou tácita. Esta convenção prévia poderá subordinar o pagamento à recepção pelo sacado de um aviso

---

174. João Arruda, *Decreto 2.044 Anotado*, 1º vol., 1914, n. 3, p. 19.
175. Michel Vasseur e Xavier Marin, *Le Chèque*, cit., ns. 41 e 67.

*ad hoc* do titular da conta. Nesta hipótese o aviso não seria considerado como contrário ao caráter do cheque, título de pagamento à vista:[176] ele manifesta simplesmente a autorização dada pelo titular da conta ao emitente para movimentar a conta corrente e emitir tal cheque determinado, porque à sua falta o sacado ignoraria se o signatário tem, ou não, poder para assinar o cheque por conta do correntista.

• **Lei 7.357/1985, art. 10**

Art. 10. Considera-se não escrita a estipulação de juros inserida no cheque.

• **Lei Uniforme, art. 7º**

Artigo 7º

Considera-se como não escrita qualquer estipulação de juros inserta no cheque.

• **Não há Reservas (sobre proibição de estipulação de juros)**

*1. Juros convencionais*

O art. 7º da Lei Uniforme, ao fulminar de inoperante qualquer cláusula de *juros convencionais*, evidencia a coerência da legislação uniformizada, que ressalta o caráter de ordem de pagamento à vista do cheque, e não de título de crédito por dívida a prazo, que possa vencer juros de capital, compensatórios ou especulatórios.

Não houve alteração em relação ao direito anterior, que, em seu silêncio, não admitia a estipulação de juros inserta no cheque. A proibição, agora, é explícita e específica a partir da vigência da Lei Uniforme, passando à Lei Interna, cujo art. 10 considera não escrita a estipulação, infringente, de juros inserida no cheque.

*2. Juros moratórios e correção monetária*

Fixe-se, porém, que os juros vedados nesse artigo não se confundem com os *juros moratórios* previstos nos arts. 45º e 46º da Lei Uniforme (arts. 52 e 53 da Lei Interna), que independem de inserção, aliás, cláusula igualmente proibida, no cheque.

176. Idem, ibidem.

O art. 10 da Lei Interna sufraga o princípio proibitório de vencimento de juros compensatórios (e não de juros moratórios), por incompatibilidade absoluta entre a fruição de rendimento de capital aplicado a crédito com o cheque, representativo de ordem de pagamento à vista. Qualquer cláusula infringente é considerada não escrita, isto é, recebe sanção de inexistência, e por isso há de ser ignorada pelo banco sacado.

Os juros moratórios são devidos na ação de cobrança que se seguir, em qualquer dívida inadimplida; e, quanto ao cheque, desde a frustração do pagamento, que se caracteriza, por isso, diz o art. 52, II, "desde o dia da apresentação"; além da correção monetária (art. 53, IV), que é simples recomposição do patrimônio corroído pelo decurso do tempo até o efetivo recebimento.

A disciplina do cheque tende em todo momento a assegurar sua função de meio de pagamento à vista da apresentação e a evitar que seja usado como instrumento de crédito – anota Pedro Mario Giraldi, que vê um contrassenso numa cláusula de estipulação de juros convencionais remuneratórios, porque se chocaria com tal função, isto é, implicaria desnaturar a ordem de pagamento de quantia certa por meio do cheque, a ser cumprida pelo sacado em breve lapso de tempo.

• **Lei 7.357/1985, art. 11**

**Art. 11.** O cheque pode ser pagável no domicílio de terceiro, quer na localidade em que o sacado tenha domicílio, quer em outra, desde que o terceiro seja banco.

• **Lei Uniforme, art. 8º**

**Artigo 8º**

O cheque pode ser pagável no domicílio de terceiro, quer na localidade onde o sacado tem o seu domicílio, quer numa outra localidade, sob a condição no entanto de que o terceiro seja banqueiro.

• **Há Reserva do art. 10º do Anexo II**

**Artigo 10º**

Qualquer das Altas Partes Contratantes, por derrogação do art. 8º da Lei Uniforme, reserva-se a faculdade de admitir que um cheque possa ser pago no domicílio de terceiro que não seja banqueiro.

## 1. Domiciliação do cheque para pagamento em localidades diversas

Além das disposições constantes do art. 2º da Lei Uniforme e do art. 3º do Anexo II, que proclamam as regras gerais sobre o lugar de pagamento, o art. 8º daquela faculta seja o cheque pagável no domicílio de terceiro banqueiro. O instituto da *domiciliação* já era previsto exclusivamente para letra de câmbio (art. 20, § 1º, alínea 2ª, de nossa antiga Lei Cambial – Decreto 2.044/1908), pelo quê já era extensivo ao cheque.

E a Reserva do art. 10º do Anexo II, que dispensa a condição contemplada no final do art. 8º da Lei Uniforme, ao facultar o pagamento do cheque no domicílio de terceiro, mesmo que não seja banqueiro, não foi adotada.

O aludido art. 8º, correspondente ao art. 11 da lei atual, regula a domiciliação de cheque para pagamento. É o cheque pagável no domicílio de terceiro, onde deve ser apresentado, e pode ser tanto no lugar do domicílio do sacado como em outro lugar, sempre que o terceiro seja banco, isto é, desde que exista agência bancária na localidade indicada, que é, afinal, o sentido prático de eficácia da disposição legal.

A indicação do lugar de pagamento é feita pelo passador do cheque, mas deve contar com a anuência do portador, desde que não se trate de cheque cruzado, como pondera judiciosamente Lauro Muniz Barretto ao comentar o art. 8º da Lei Uniforme,[177] correspondente ao art. 11 da Lei Interna.

A domiciliação pode tomar duas formas, segundo seja ela feita pelo sacado, quando o cheque lhe seja apresentado, ou pelo sacador, que a menciona por antecipação no cheque.[178]

## 2. Domicílio de terceiro

No contexto do art. 11 da Lei Interna do Cheque (Lei 7.357/1985) o que significam "domiciliação" e "terceiro", ou, ainda, "domicílio de terceiro"?

*Terceiro* é quem não participa da relação jurídica chéquica; e *domicílio* refere-se ao lugar em que deva ser pago o cheque em razão de indicação específica de que o pagamento deverá realizar-se em domicílio diverso do que tem o banco sacado. Com Othon Sidou, completamos que, se designado para pagamento lugar onde o sacado não tem agência, é aí que deve ser apresentado o cheque ao terceiro indicado, desde que também se trate de banqueiro, em face da renúncia à utilização da Reserva do art. 10º na norma do art. 11 da atual Lei Interna, que indica esse terceiro como sendo sempre um banco.

---

177. Lauro Muniz Barretto, *O Novo Direito do Cheque*, cit., vol. 1, 1973.
178. Michel Vasseur e Xavier Marin, *Le Chèque*, cit., ns. 109 e 219.

Não tendo a Lei Interna disciplinado a hipótese excepcional de domiciliação por iniciativa do sacado quando o cheque lhe seja apresentado para pagamento por terceiro sem cláusula de domiciliação, não lhe cabe (ao sacado) deslocar e diferir o pagamento ou transferi-lo a terceiro sem aquiescência do portador. Essa premissa nos reconduz ao princípio geral de que ao emitente no ato de criação do cheque é que normalmente assiste, conforme Fran Martins, a faculdade em sua conveniência ou do beneficiário de domiciliação originária do cheque para pagamento por terceiro ou por outra agência do sacado.

• **Lei 7.357/1985, art. 12**

**Art. 12. Feita a indicação da quantia em algarismo e por extenso, prevalece esta no caso de divergência.** Indicada a quantia mais de uma vez, quer por extenso, quer por algarismos, prevalece, no caso de divergência, a indicação da menor quantia.

• **Lei Uniforme, art. 9º**

Artigo 9º

**O cheque cuja importância for expressa por extenso e em algarismos vale, em caso de divergência, pela quantia designada por extenso.**

**O cheque cuja importância for expressa várias vezes, quer por extenso, quer em algarismos, vale, em caso de divergência, pela menor quantia indicada.**

• **Não há Reservas**

*Indicação da quantia a ser paga – Peculiaridades e critérios de interpretação de divergências de valores*

No art. 1º, alínea 2ª, da Lei Uniforme não consta exigência de lançamento cumulativo por extenso e por cifra da *quantia determinada* no cheque; mas essa é a modelagem oficial estampada nas folhas dos talonários.

Ou seja, adotadas ambas as formas de lançamento e verificada a divergência, a solução será a da prevalência da quantia designada por extenso (alínea 1ª do art. 9º da Lei Uniforme), por mais segura, que é também a solução adotada pelo art. 12, primeira parte, da Lei 7.357/1985.

É o mesmo critério já adotado no velho art. 9º da Lei 2.591/1912, que dispunha: "Havendo diferença entre a quantia em algarismo e a enunciada por extenso, será paga esta".

Quando, porém, a divergência se manifestar em caso de lançamentos múltiplos ou repetitivos, só por algarismos ou só por extenso, valerá o cheque sempre pela menor importância indicada, menos onerosa para o emitente, consoante dispõem convergentemente a lei Uniforme e a Lei Interna. São dois critérios de segurança na interpretação das divergências.

Divergências ou mesmo omissões leves quanto à importância a ser paga (*quantia determinada*), se esta for determinável, não afetam a regularidade formal e, pois, a validade do cheque, pela adoção do princípio da conservação-aproveitamento, em favor do portador de boa-fé, isto é, em defesa da circulabilidade – o que equivale, na prática, à não exoneração do emitente e coobrigados, contra os quais é que se volta a quebra do rigor cambiário.

A Lei Interna, enfim, seguindo a tradição, no art. 12, para cheques emitidos e pagáveis no Brasil, reproduziu, em ambas as espécies de divergências previsíveis, com terminologia mais apropriada, as regras hauridas do art. 9º da Lei Uniforme, sem novidades. Teve-se em vista a preocupação com a segurança do bom costume arraigado, de enunciação da quantia a pagar, por duas vezes: por algarismos e por extenso – como, de resto, é o sistema que consta das folhas-formulários de cheques, por consenso da orientação administrativa estatal decantada.

Daí a razão de prevenir soluções plausíveis em caso de divergências, fixando-se, ao final e ao cabo, o prevalecimento da interpretação mais favorável ao emitente das quantias divergentes e/ou sucessivas, se a dúvida em qualquer hipótese não puder ser dirimida tão só pela indicação do valor determinado por extenso. De regra, o encargo final de interpretação e crivo técnico das divergências no plano administrativo acaba recaindo sobre o sacado quando lhe seja apresentado o cheque para pagamento.

Na prática bancária a divergência de valores pode ser entendida pelo sistema bancário como motivo para o sacado suscitar dúvida e pedir explicações antes de pagar o cheque (art. 41), ou até interpretada como erro formal de preenchimento (motivo de devolução instituído pelo Banco Central pela alínea 31 dos Motivos de Devolução/BACEN).

• **Lei 7.357/1985, art. 13**

**Art. 13. As obrigações contraídas no cheque são autônomas e independentes.**

**Parágrafo único.** A assinatura de pessoa capaz cria obrigações para o signatário, mesmo que o cheque contenha assinatura de pessoas incapazes de se obrigar por cheque, ou assinaturas falsas, ou assinaturas de pessoas fictícias, ou assinaturas que, por qualquer outra razão, não poderiam obrigar as pessoas que assinaram o cheque, ou em nome das quais ele foi assinado.

• **Lei Uniforme, art. 10º**

> **Artigo 10º**
> Se o cheque contém assinaturas de pessoas incapazes de se obrigarem por cheque, assinaturas falsas, assinaturas de pessoas fictícias, ou assinaturas que por qualquer outra razão não poderiam obrigar as pessoas que assinaram o cheque, ou em nome das quais ele foi assinado, as obrigações dos outros signatários não deixam por esse fato de ser válidas.

• **Não há Reservas**

## 1. Autonomia e independência das obrigações e capacidade cambiária – Fundamentos e generalidades

*Título* é o documento necessário ao exercício do direito literal e autônomo nele incorporado, ou mencionado (Vivante), conceito que integra o art. 887 do CC/2002; isto é, o direito do cheque emerge do fato típico (*jus ex facto oritur*).

O art. 13, *caput* e parágrafo único, da Lei Interna do Cheque corresponde ao art. 10º da Lei Uniforme, que se inspirou nas fundamentais características cambiárias de abstração, autonomia e independência das obrigações cartulares assumidas literalmente por quem lança sua *assinatura* no título tipificado como *cheque*, exceto o banco sacado que paga, mas a outro título (como depositário e *adjectus*), e não como obrigado cambial ou quirografário.

O efeito da assinatura, aqui, ultrapassa o da assinatura do emitente como requisito formal de criação documental do cheque, previsto no inciso VI do art. 1º da Lei 7.357/1985, para alcançar o propósito de "favorecer a boa circulação dos cheques", como vê Lauro Muniz Barretto,[179] circulação de tendência contida.

O art. 13 da Lei Interna é mais didático, tendente a propiciar maior compreensão do verdadeiro sentido do texto do seu parágrafo único, pela técnica louvável de ligar os casos de obrigações por assinatura aos princípios cambiários ou de cartularidade de regência que vêm expressamente situados no *caput*: "As obrigações contraídas no cheque são autônomas e independentes" – isto é, *abstratas* e *distintas* de outras coexistentes.

Essa norma geral explicitada no *caput* do art. 13 da Lei Interna já se encontrava na base do art. 10º da Lei Uniforme, mas apenas de modo implícito, como princípio irradiador dos efeitos autônomos das *assinaturas* como

---

179. Lauro Muniz Barretto, *O Novo Direito do Cheque*, cit., vol. 1, p. 82.

expressão da validade da obrigação cambiária assumida por cada figurante: *a assinatura de pessoa capaz cria obrigações para o signatário* mesmo nas situações anômalas exemplificativamente enumeradas no texto do parágrafo único, de *vícios incomunicáveis entre cada signatário*.

Entramos, aqui, na dimensão do "mistério" da cartularidade, isto é, no âmago do direito cambial, que leva ao extremo necessário o princípio de direito comum da invalidade restrita, que gera a regra da *inoponibilidade das exceções contra o portador de boa-fé* das declarações unilaterais de vontade, tipificadas em lei (*ex uno latere*), princípio, este, que está expresso nos arts. 906 e 907 do CC/2002, e já estava nos arts. 1.507 e 1.511 do CC/1916; este, por sua vez, inspirou-se no pensamento jurídico florescente que desaguou no art. 39 da nossa antiga Lei Cambial (Decreto 2.044, de 31.12.1908), que só não protegia o portador legitimado em caso de aquisição de má-fé.

O princípio da assunção da obrigação por quem lança assinatura no cheque fica bem ilustrado na pitoresca figura imaginada por Magarinos Torres para a nota promissória: *é como vara de visgo, quem toca fica preso*.

O revogado art. 1.507 do anterior CC já assegurava a oponibilidade, mesmo ao portador de boa-fé, pelo emitente (além do direito pessoal contra o atual portador), da *defesa que assente em nulidade interna ou externa do título*, além daquela defesa fundada em direito pessoal do emitente contra o portador atual.

Por nulidade interna mencionem-se a incapacidade do emitente e a prescrição; por nulidade externa arrolem-se a falsificação, seja do título, seja da assinatura do emitente, e vícios radicais de ilicitude até de natureza delitiva na relação jurídica causal ou subjacente; e por direito pessoal, como exemplo típico, lembremos a compensação de dívidas.

E o art. 39 do Decreto 2.044/1908 dispõe que "o possuidor legitimado, somente no caso de má-fé na aquisição pode ser obrigado a abrir mão da letra de câmbio". Este texto conjugava-se com a parte final do art. 1.507 do anterior CC.[180]

A "nulidade interna ou externa do título" é defesa oponível *erga omnes*, isto é, até mesmo ao portador de boa-fé, pela sua índole; e sua repercussão jurídica afeta o próprio documento, posto que os efeitos da nulidade são transcendentes. Essas duas nulidades (*duas*, porque uma é *intratítulo*, e outra *extratítulo*) só podem ser pronunciadas por via processual-jurisdicional adequada.

O art. 906 do CC/2002 não mais faz referência a "portador de boa-fé", mas tão só a "portador"; torna imperativos os fundamentos da oposição do

---

180. Correspondente ao art. 906 do CC/2002.

devedor ao portador, e quanto à exceção fundada em direito pessoal e nulidade da obrigação não mais há referência a nulidade interna ou externa – o que, porém, não invalida, de modo algum, as conclusões adotadas.

## 2. Autonomia e exceções pessoais

Do que foi exposto até aqui resulta que os rigores das características da *autonomia* (eficácia da obrigação cambiária, que a abstrai ou desliga da causa subjacente) e da *independência* (cada signatário unilateral responde distintamente dos demais coobrigados) atuam no cheque como princípio, que comporta exceções.

No que se refere à *autonomia*, por não ser absoluta, a ela é contraponível o sistema das *exceções pessoais*, fundadas em fraude, erro, simulação etc. entre os contratantes diretos ou entre o emitente e o portador de má-fé; é um abrandamento que autoriza, em certos casos concretos, em favor da equidade, da justiça e da própria segurança dos negócios cambiários, a investigação da *causa debendi* ou subjacente.[181] De modo que o título se tornou bifronte, isto é, *abstrato* em relação aos portadores de boa-fé, e *causal* nas relações diretas entre os sujeitos da relação jurídica subjacente, conforme magnífico ensinamento consolidado com maestria por Egberto Lacerda Teixeira,[182] que já vimos *retro*, ao examinarmos o cheque administrativo, que é a espécie extremada de incidência da autonomia ou abstração causal.

## 3. Independência – Incomunicabilidade de defesas pessoais

Finalmente, no tocante à característica da *independência* da obrigação assumida por cada um dos signatários do título, o que se quer dizer, como ressalta Egberto Lacerda Teixeira,[183] é que cada obrigação válida vive e sobrevive de per si, independentemente dos vícios que possam macular as outras coobrigações, com reflexo na incomunicabilidade das defesas interpessoais que o devedor possa opor ao credor da obrigação.

Esse é o sentido do texto do art. 10º da Lei Uniforme, "transposto" na casuística para o art. 13 da Lei Interna, com oportuno pano de fundo conceitual da matéria no *caput*: "As obrigações [cambiárias] contraídas no cheque são autônomas e independentes".

181. Nesse sentido: STJ, 4ª Turma, REsp 434.433, rel. Min. Aldir Passarinho Jr., j. 25.3.2003, *DJU* 23.6.2003.
182. Egberto Lacerda Teixeira, *Nova Lei Brasileira do Cheque*, cit., 1988, n. 60, pp. 42-43.
183. Idem, n. 61, p. 43.

## 4. Efeitos restritos da incapacidade de algum signatário

O art. 10º da Lei Uniforme, correspondente ao art. 13 da Lei Interna, consagra a validade da obrigação quanto aos signatários de um cheque que contenha outras assinaturas, seja de incapaz, seja assinatura falsificada de pessoa fictícia ou assinatura que, por qualquer razão, não poderia obrigar a pessoa que assinou o cheque, ou em nome da qual ele foi assinado, em razão da autonomia da obrigação cambiária.

Em um cheque com várias assinaturas a invalidade de uma ou mais não contagia o cheque, que subsiste em relação às obrigações dos demais signatários, que não deixam, por esse fato, de ser válidas.

Os efeitos da nulidade são restritos às pessoas às quais a assinatura diz respeito, não aproveitando às que tenham assinado regularmente.

Quanto à capacidade cambiária, é o direito comum que subministra as regras incidentes.

O art. 42 da antiga Lei Cambial (Decreto 2.044/1908) estatui que "pode obrigar-se por letra de câmbio, quem tem a capacidade civil ou comercial".

Lauro Muniz Barretto, antes do Código Civil/2002, oferecia um quadro elucidativo sobre a capacidade cambiária genérica: (a) maiores de 21 anos; (b) menores com mais de 18 anos, autorizados para o exercício do comércio; (c) menores com mais de 18 anos, com título habilitando-os ao exercício de uma profissão; (d) menores com mais de 18 anos emancipados por matrimônio; e (e) menores com mais de 18 anos emancipados por habilitação de idade. Atualizando esse elenco, de acordo com o Código Civil/2002, temos: (a) maiores de 18 anos; (b) menores com mais de 16 anos, autorizados para o exercício da atividade empresarial; (c) menores com mais de 16 anos, com título habilitando-os ao exercício de uma profissão; (d) menores com mais de 16 anos emancipados pelo matrimônio; (e) menores com mais de 16 anos emancipados por habilitação de idade. Arrola aquele autor, em seguida, os casos de exclusão da capacidade cambiária: (a) os menores absolutamente incapazes, de acordo com o Código Civil;[184] (b) os dementes declarados em juízo;[185] (c) os surdos-mudos, que não sabem dar-se a entender por escrito;[186] (d) os inabilitados por interdição judicial.[187] Acrescentamos ao rol

---

184. O art. 3º, I, do CC/2002 trata dos absolutamente incapazes pela idade (menores de 16 anos).

185. O art. 3º, II, do CC/2002 indica como absolutamente incapazes os que, por enfermidade ou deficiência mental, não tiverem o necessário discernimento para a prática dos atos da vida civil.

186. O art. 3º, III, do CC/2002 aponta como absolutamente incapazes os que, ainda que por causa transitória, não puderem exprimir sua vontade.

187. Lauro Muniz Barretto, *O Novo Direito do Cheque*, cit., vol. 1, p. 92.

dos incapacitados cambiários o empresário falido e o civil insolvente. O encerramento bem assim a vedação de reabertura ou manutenção de contas correntes bancárias movimentáveis através de cheque a que estão sujeitos os emitentes de cheques sem fundos caracterizam-se como inabilitação temporária, de índole administrativa.

## 5. Capacidade para abertura de conta bancária e movimentação por cheque

*Sobre emissão por falido, v.: anotações ao art. 37, n. 2.*

Vejamos, agora, a capacidade para efetuar depósitos bancários e movimentá-los através de emissão de cheques.

Quanto aos menores de 21 anos e maiores de 16 anos, Pontes de Miranda, na vigência do anterior Código Civil, defendia o ponto de vista de que deviam ser admitidos a depositar e, obtendo autorização, a criar cheque sobre o que depositaram. Formulou o seguinte raciocínio, que erigiu em princípio: "Quem tem poder de dispor, pode depositar; quem pode depositar e obteve autorização para criar cheques, pode criá-los".[188]

Somos de opinião que a capacidade de movimentação de contas bancárias através de cheques se restrinja aos maiores de 18 anos, quando adquirem responsabilidade penal e se sujeitam às sanções correspondentes. O Banco Central resume corretamente que o menor de 16 anos deve ser *representado* e o maior de 16 e menor de 18 anos (não emancipado) deve ser *assistido* pelo pai ou responsável legal.

## 6. Legitimação da mulher casada e sua responsabilidade pessoal – Variantes

No que diz respeito à capacidade da mulher casada para efetuar depósitos bancários e emitir cheques, assumindo a consequente obrigação cambiária e civil, trata-se de questão que no passado era das mais intrincadas – como se pode ver, por exemplo, do aresto da 6ª Câmara do extinto 1º TACivSP proferido na ACi 201.313, de 7.5.1974, de que foi relator o Juiz Bourroul Ribeiro,[189] que reúne vários precedentes e pontos de vista doutrinários. Note-se que hoje homens e mulheres são iguais em direitos e obrigações, consoante o art. 5º, *caput* e inciso I, bem como o art. 226, § 5º, da Carta Constitucional de 1988.

---

188. Pontes de Miranda, *Tratado de Direito Privado*, cit., t. 37, § 4.100, n. 4, "e".
189. *RT* 467/123.

No passado a doutrina e a jurisprudência dominantes, pois, mesmo à luz da Lei 4.121, de 27.8.1962, que instituiu o Estatuto da Mulher Casada e alterou a redação do hoje revogado art. 242 do anterior CC, negavam à mulher casada capacidade cambiária, estendendo a restrição até para emitir cheques sem autorização marital. Partiam da premissa de que o inciso V do revogado art. 242 do anterior CC mantinha a proibição de contrair, sem autorização do marido, obrigações que pudessem importar alheação de bens do casal, aduzindo que tal consequência se verificaria em caso de excussão judicial consequente a penhora em ação de cobrança.

O art. 1.647 do CC/2002 não faz mais distinção entre outorga marital ou uxória, e sim faz referência à autorização dos cônjuges – como, ademais, é da orientação desse novel diploma (art. 1.567), em consonância com os arts. 5º, *caput* e inciso I, e 226, § 5º, da CF de 1988.

Não se perdendo de vista que as normas de exceção ou restritivas de direitos demandam interpretação estrita, convém lembrar, ainda, que o art. 3º da retrocitada Lei 4.121/1962 dispõe, sem contradição alguma, que "pelos títulos de qualquer natureza, firmados por um só dos cônjuges, ainda que casados pelo regime de comunhão universal, somente responderão os bens particulares do signatário e os comuns até o limite de sua meação".

É preciso extrair do texto as suas reais consequências.

Ante as dificuldades que se apresentam, em tese e na prática, ensejando ponderação sobre o tema, a equidade tem levado muitas vezes a considerar implícita a autorização marital pela só existência de conta corrente de depósitos bancários em nome da mulher casada, segundo a permissão administrativa emanada dos órgãos de fiscalização da atividade bancária. E a conclusão tem sido no sentido da responsabilidade cambial da mulher casada em execuções judiciais por cheque que emitiu mas não pago pelo sacado por falta ou insuficiência de fundos.

Comungamos da opinião de Pontes de Miranda, na vigência do Código Civil/1916, no sentido de que não há qualquer regra de lei que lhe proíba depositar, e, pois, criar cheques sobre esses depósitos. Constrangido, afirma, ainda: "Foi a infeliz inclusão da mulher casada no art. 6º, II, do CC, matéria hoje corrigida, que fez os inexpertos levarem além as espécies do art. 242. No direito brasileiro a mulher casada não precisa de autorização do marido para que se lhe abra *conta corrente*, bancária ou não. Por outro lado, a criação de cheque é *ato de disposição*: pode dispor de dinheiro em cheque quem poderia dele dispor *in natura*. É certo que passando o cheque se vincula pelo quanto sacado, se não for pago o cheque; porém, então, não podia dispor da provisão, que não havia".[190]

---

190. Pontes de Miranda, *Tratado de Direito Privado*, cit., t. 37, § 4.100, n. 4, "a".

O cerne do problema, que não encontrou solução satisfatória nem definitiva, é o que diz respeito à viabilidade, ou não, da cobrança judicial de cheque sem provisão de fundos emitido por mulher casada sem autorização do marido.

Admitíamos desde edições anteriores, sob qualquer regime de bens, tenha ou não economia própria e seja qual for a destinação do cheque, legitimada a mulher casada para, independentemente de autorização do marido, abrir, com seu CPF (Cadastro de Pessoa Física/Ministério da Fazenda) individual, conta bancária própria e movimentá-la através de cheques. Em consequência, reconhecíamos sua responsabilidade *pessoal* (cambiária, ou civil e penal) por cheque emitido sem provisão de fundos, já que aceitávamos sua responsabilidade por cheque com fundos. O que não reputávamos lógico é o entendimento favorável (ou de tolerância) à responsabilidade cambial ou civil *enquanto bom* o cheque, para ser pago normalmente pelo sacado, e desfavorável a partir do instante em que se verificasse, pela recusa de pagamento por falta de fundos, ser *mau* o cheque, precisamente quando exsurge a responsabilidade mais grave, de natureza penal. Isto deixaria perplexos quantos transacionassem com mulher casada mediante cheque, que então não responderia pela emissão de cheque sem fundos e poderia se locupletar ilicitamente sem se sujeitar a qualquer sanção, como se incapaz fosse – pecha que não reivindica, nem lhe cabe.

Torna-se irrelevante a questão de autorização, ou não, do marido para a eficácia, ou não, do cheque, pois que, se ele próprio (marido) não assinar o cheque e não se tornar obrigado cambial juntamente com a mulher, e se não destinada a emissão a pagamento de compra ou dívida de interesse comum do casal, a execução só poderá compreender o patrimônio integrante da meação da devedora executada, como se viu acima, em face do art. 3º da Lei 4.121/1962. No STJ, por sua vez, prevalece o entendimento segundo o qual o cônjuge não responde pela dívida contraída apenas pelo outro cônjuge se provar que a dívida mesma não veio em benefício do casal. Assim, demonstrada a inexistência de vantagem, assegura-se o benefício.[191]

*Sobre "assunção de obrigação chéquica por falido", v.: anotações ao art. 37.*

• **Lei 7.357/1985, art. 14**

**Art. 14. Obriga-se pessoalmente quem assina cheque como mandatário ou representante, sem ter poderes para tal, ou excedendo os que lhe foram conferidos. Pagando o cheque, tem os mesmos direitos daquele em cujo nome assinou.**

191. *RSTJ* 20/278.

• **Lei Uniforme, art. 11º**

**Artigo 11º**

**Todo aquele que apuser a sua assinatura num cheque, como representante duma pessoa, para representar a qual não tinha de fato poderes, fica obrigado em virtude do cheque, e, se o pagar, tem os mesmos direitos que o pretendido representado. A mesma regra se aplica ao representante que tenha excedido os seus poderes.**

• **Não há Reservas**

*Assinatura por representação, com ou sem poderes, ou com poderes excedentes: efeitos*

Admitindo o art. 11º da Lei Uniforme e o correspondente dispositivo do art. 14 da Lei Interna – como, de resto, passou a dispor no mesmo sentido o art. 892 do CC/2002 – a assinatura de cheque por representação, fixam a obrigação do procurador que não tinha de fato poderes ou que se tenha excedido no uso deles. Responderá pela obrigação decorrente. Neste caso, porém, por equidade, se pagar o cheque, ficará com os mesmos direitos do suposto mandante ou representado.

Não se confunda o endosso translativo feito por procurador do titular do cheque com o endosso-mandato do art. 23, que não importa alienação, mas apenas habilitação de terceiro para cobrar o cheque para o seu titular, a que o art. 917 do CC/2002 veio denominar de "cláusula constitutiva de mandato, lançada no endosso".

A regra, acolhida no art. 14 da Lei Interna, sobre ausência de representação ou uso excedente de poderes pelo procurador delimita os dois modos de infidelidade em que terceira pessoa possa vir a incorrer ao assinar cheque, obrigando alguém, isto é, em nome de outrem; o que vem corroborado no citado inovador art. 892 do CC/2002.

A consequência jurídica no plano cambiário é clara: obriga-se o próprio signatário, e não o "representado", perante o portador, como síntese do rigor normativo tendente a conferir segurança à circulação cambiária, no sistema de garantia pessoal de pagamento.

Por isso, é o mesmo tratamento deferido pelo art. 8º da Lei Uniforme cambial. Lembra Lauro Muniz Barretto que, de acordo com o direito comum, o pseudorrepresentante (ou o excessivo-representante) não se obriga pessoalmente; mas no direito cambiário entendeu-se eleger regra equitativa de sua responsabilidade com relação ao portador do título.[192]

---

192. Lauro Muniz Barretto, *O Novo Direito do Cheque*, cit., vol. 1, p. 104.

A *equivalência* atua em dois sentidos: (1) a obrigação anomalamente manifestada em nome alheio não vincula este terceiro, mas sim o próprio signatário da manifestação indevida; (2) interpretado o negócio irregular como vinculante da própria pessoa que o realizou com excesso ou abusivamente, assinando em nome alheio, é corolário que, se honrar às suas custas o cheque, pagando-o, tem os mesmos direitos que o pretendido representado, numa espécie de eventual sub-rogação por terceiro interessado, nos direitos e ações, em face de outras pessoas.

Sobre *endosso-mandato*, v.: anotações ao art. 26. E sobre *aval por mandato*, v.: anotações ao art. 29, n. 4.

• **Lei 7.357/1985, art. 15**

**Art. 15. O emitente garante o pagamento, considerando-se não escrita a declaração pela qual se exima dessa garantia.**

• **Lei Uniforme, art. 12º**

**Artigo 12º**

**O sacador garante o pagamento. Considera-se como não escrita qualquer declaração pela qual o sacador se exima a esta garantia.**

• **Não há Reservas**

*O emitente sempre garante o pagamento: a emissão é garantia cartular*
*– Só o sacado não é obrigado cambiário*

O emitente é o criador garantidor básico natural, inescusável e irremovível do pagamento por ele ordenado no cheque, por isso responde não só diretamente ao portador, como regressivamente aos coobrigados por direito derivado da sub-rogação em pagamento; e, antes de tudo, responde em face do banco sacado ao qual a ordem é dirigida. Qualquer cláusula excludente reputa-se não escrita, isto é, sem valor, por inexistente, porque a emissão é garantia cartular exímia.

Esse princípio, de indiscutível justiça, que remonta à Convenção de Haia, foi acolhido pela Convenção de Genebra e transposto do seu art. 12º para a atual Lei Interna, art. 15. Pressupõe que a ordem chéquica não tenha sido acolhida pelo banco sacado e deixa *a priori* estabelecida implicitamente a exclusão do sacado como garante, isto é, previne confusão com o efeito da recusa de pagamento, porque de fato e de direito o banco sacado como *adjectus* será parte ilegítima em qualquer ação de garantia, pois não é garante cartular.

Trata-se de garantia cambiária pessoal intransferível a do emitente, que não se exime em hipótese alguma do pagamento do cheque.

Por outras palavras, o portador *pode* cobrar dos coobrigados e até voluntariamente não agir contra o emitente, mas este não poderá pretender jamais eximir-se de responder diretamente ao credor e indiretamente em regresso; e muito menos poderá transferir ao banco sacado sua responsabilidade de garantidor nato do pagamento, até porque, por congruência, está vedado ao banco sacado obrigar-se por via de aceitação ou marcação do cheque, ou por qualquer modo que exclua ou substitua a obrigação de garantia do emitente, seu correntista.

Com inteira razão decidiu a 1ª Câmara Cível do extinto TARJ não ser válida a declaração que exima o sacador do cheque da obrigação de pagá-lo ou que lhe marque prazo à apresentação.[193]

O sacador responde em caso de falta de pagamento às ações cambiárias de cobrança.

Mas não é só o sacador que garante o pagamento. Também o endossante, salvo estipulação em contrário (art. 18º da Lei Uniforme; art. 21 da Lei Interna), e o avalista (art. 25º da Lei Uniforme; art. 29 da Lei Interna), este no todo ou em parte, conforme o limite do aval.

Daí dispor o art. 44º, alínea 1ª, da Lei Uniforme (art. 51 da Lei Interna): "Todas as pessoas obrigadas em virtude de um cheque são solidariamente responsáveis para com o portador".

Quem não tem obrigação cambiária – insista-se – é o sacado, que não apõe assinatura no cheque, salvo quando visa ou certifica o cheque. Mas sua responsabilidade neste caso é de natureza diversa, técnico-funcional; por isso não se admitem o aceite nem a marcação pelo banco, como se viu nas anotações ao art. 4º, *supra*.

*Quanto à **ilegitimidade passiva do banco sacado** para responder às ações de índole cambiária, v., ainda: anotações aos arts. 1º, ns. 7 e 8, 9º, n. 3, e 36, n. 7.*

• **Lei 7.357/1985, art. 16**

**Art. 16. Se o cheque, incompleto no ato da emissão, for completado com inobservância do convencionado com o emitente, tal fato não pode ser oposto ao portador, a não ser que este tenha adquirido o cheque de má-fé.**

193. *RT* 451/274.

• **Lei Uniforme, art. 13º**

**Artigo 13º**

Se um cheque incompleto no momento de ser passado tiver sido completado contrariamente aos acordos realizados, não pode a inobservância desses acordos ser motivo de oposição ao portador, salvo se este tiver adquirido o cheque de má-fé ou, adquirindo-o, tenha cometido uma falta grave.

• **Há Reserva do art. 11º do Anexo II**

**Artigo 11º**

Qualquer das Altas Partes Contratantes reserva-se a faculdade de não inserir na sua lei nacional o art. 13º da Lei Uniforme.

*1. Emissão em branco e completamento (Súmula 387/STF)*
   *– Problemas*

Além do que se expôs nas anotações sob n. 5 ao art. 1º, acrescente-se que, apesar das disposições de rigor formal dos arts. 1º e 2º (sobre conteúdo ou requisitos), na vida prática é corrente a existência de títulos incompletos, daí a necessidade de disciplina supletiva, de preenchimento de vazios toleráveis.

Temos no Brasil, para cambiais (*rectius*, notas promissórias), a Súmula 387/STF, editada na vigência plena da anterior Lei Cambial Interna e da anterior Lei Interna do Cheque (respectivamente, Decreto 2.044/1908, art. 10, e Lei 2.591/1912, art. 15), esta última mandando aplicar ao cheque as disposições adequadas da antiga Lei Cambial. Essa orientação sumulada é compatível com a Lei Uniforme e com a atual Lei Interna do Cheque, em linhas gerais, sempre presente a boa-fé (objetiva e subjetiva).

Diz a Súmula 387/STF: "A cambial emitida ou aceita com omissões, ou em branco, pode ser completada pelo credor de boa-fé antes da cobrança ou do protesto". E na vigência do Decreto-lei 427/1969, que impôs a obrigatoriedade de registro fiscal de notas promissórias e letras de câmbio sob pena de nulidade, o completamento formal dos títulos deveria ocorrer também antes desse ato registrário. Enfim, o preenchimento, não proibido, deve ocorrer *sempre* antes do primeiro uso público do documento.

Sobre a admissibilidade de letra de câmbio em branco, Roberto Rosas faz a seguinte útil anotação, invocando trecho de lição histórica contida em estudo do Min. Hahnemann Guimarães, do STF, sobre a renovação e uniformização do direito cambiário, publicado na *RF* 87/509: "'A Lei Uniforme, [*sobre cambiais*] art. 10º, admite, com fórmula mais feliz que a da Lei

2.044, art. 3º, a cambial em branco, dispondo que, se uma letra de câmbio incompleta ao ser emitida for completada de modo contrário aos ajustes celebrados, a inobservância destes não pode ser oposta ao portador, salvo se houver adquirido de má-fé a letra de câmbio ou se, adquirindo-a, houver incorrido em culpa grave. Identifica-se a cambial em branco com a cambial incompleta'".[194]

Por força do já aludido art. 15 da antiga Lei Interna do Cheque operou-se a adequação extensiva do preenchimento de títulos incompletos ou em branco. E a Lei Uniforme do Cheque adotou no art. 13º o texto do art. 10º da Lei Uniforme Cambial, de tal modo que houve adequada identidade de tratamento legal no tema quer para cambiais, quer para cheques incompletos ou emitidos em branco.

Finalmente, a Lei Interna do Cheque, no seu art. 16, que ora estamos examinando, incorporou a tradicional disciplina – no que andou bem. Na mesma linha orienta-se o art. 891 do CC/2002 sobre título de crédito incompleto, com a possibilidade de preenchimento, de conformidade com os ajustes realizados para tal fim.

Entretanto, cumpre distinguir que a cambial e a promissória são títulos cujo pagamento é para ser feito diretamente pelo devedor ao lhe ser apresentado o título em cobrança; ao passo que o cheque é título pagável por terceiro, mediante apresentação ao banco sacado-depositário, e não ao emitente.

Dessa fundamental diferença de estrutura no sistema legal de pagamento ressalta claro que na cambial ou promissória o sacador ou emitente tem oportunidade de verificação prévia direta da regularidade ou não, antes da consumação do pagamento; enquanto no cheque o banco sacado – se não tiver sido alertado ou contraordenado, o que seria difícil de ocorrer, por ignorar o emitente o motivo, ou seja, eventual abuso no preenchimento – pagará à vista do título, segundo a aparência de regularidade do cheque já completo, sem ter o banco como saber previamente se se trata de cheque emitido em branco ou incompleto; e, neste caso, sem saber o banco sacado se o completamento se deu regularmente ou com inobservância de convenção fiduciária interna entre o emitente e o beneficiário etc.

## 2. *Preenchimento abusivo atrai punição no âmbito processual*

O cheque em branco ou incompleto (com claros) constitui exceção; mas, quando preenchido de boa-fé pelo beneficiário, exatamente de confor-

---

194. Roberto Rosas, *Direito Sumular*, 13ª ed., São Paulo, Malheiros Editores, 2006, p. 170.

midade com o convencionado com o emitente, é convalidado pela lei como regular, inclusive com o texto adveniente do art. 891 do CC/2002, e de regra não suscita controvérsias.

O problema surge quando completado por terceiro em desacordo com o pactuado com o emitente, porque "*tal fato* (embora envolva ilicitude) *não pode ser oposto ao portador, a não ser que este tenha adquirido o cheque de má-fé*", como prevê o art. 16 da Lei Interna; caso de má-fé do portador, em que o emitente responde, mas até o limite do que ficara pactuado.

O risco, portanto, volta-se para o emitente do cheque com claros, que não pode opor ao portador a defesa de preenchimento irregular ou excessivo pelo beneficiário. Só a aquisição de má-fé do cheque pelo portador, e não a emissão de boa-fé, afasta a regra de inoponibilidade da exceção de abuso no preenchimento do cheque, caso em que o emitente garante residualmente o pagamento no limite do valor a que se obrigara e que ficara avençado com o beneficiário.

Sem falar das dificuldades de provar e do ônus da prova, o risco é ainda maior na medida em que se verifique a apresentação de cheque preenchido com abuso e ocorra o pagamento normal pelo banco sacado – que, não tendo sido advertido, ignora o fato, pela aparência atual de regularidade –, consumando-se *a priori* o prejuízo ao emitente, que só tardiamente se vê frustrado, na prática, do exercício defensivo do direito excepcional de oposição prévia ao portador que tenha adquirido o cheque de má-fé e se locupletado.

Todavia, não se há de perder de vista, pela sua relevância no plano processual, a disposição sobre a força probante (em juízo) dos documentos em geral, do art. 388, *caput* e inciso II e parágrafo único, do CPC, que pune o abuso no preenchimento de documento assinado em branco ou incompleto.

Trata-se de regra segundo a qual cessa a fé do documento particular quando, assinado em branco, for abusivamente preenchido. A conceituação de *abuso* no preenchimento está no parágrafo único: "Dar-se-á abuso quando aquele, que recebeu documento assinado, com texto não escrito no todo ou em parte, o formar ou o completar, por si ou por meio de outrem, violando o pacto feito com o signatário".

E o art. 389, II, do mesmo CPC aduz incumbir o ônus da prova (se se tratar de contestação à assinatura) à parte que produziu o documento; e o inciso I diz incumbir o ônus da prova de falsidade do documento à parte que a arguir.

Enfim, é pela integração de todas essas regras convergentes que o intérprete atuará no exame da casuística que se lhe apresentar.

O art. 13º da Lei Uniforme, que foi recepcionado no art. 16 da Lei 7.357/1985, contém autorização implícita de emissão de cheque em branco ou incompleto, vale dizer, desfalcado de algum ou alguns dos seus requisitos previstos nos arts. 1º e 2º da lei atual.

O preenchimento posterior do cheque contrariamente aos acordos realizados não pode servir de motivo de oposição da exceção de preenchimento abusivo ao portador de boa-fé que não tenha cometido sequer falta grave na sua aquisição.[195]

A exceção de abuso no preenchimento do cheque só pode ser oposta nesse caso contra aquele a quem tenha sido entregue originariamente o cheque incompleto.[196]

Presume-se que o preenchimento se faça de conformidade com os acordos realizados, isto é, que o cheque valha pela literalidade do que nele se contém. E a obrigação do emitente é nessa extensão para com o portador de boa-fé. O que significa que ao sacado compete pagar o cheque assim apresentado. Se suspeitar ou duvidar, cabe ao sacado pedir explicações ou garantia para pagar (art. 10 da Lei 2.591/1912; art. 41 e parágrafo único do art. 39 da atual Lei Interna do Cheque) – medida de segurança que merece aplauso, conquanto traga embaraço.

O ônus da prova em contrário cabe ao obrigado, assim mesmo em relação a quem tenha abusado no preenchimento do cheque ou o tenha adquirido de má-fé ou cometido falta grave; esta, residualmente, pela supletividade útil da Lei Uniforme (art. 13º, final), visto que no texto do art. 16 da Lei 7.357/1985 está suprimida a expressão "ou, adquirindo-o, tenha cometido uma falta grave".

## 3. Falta grave do portador no preenchimento de cheque em branco ou incompleto

Registre-se, para reflexão, o pormenor de que os textos dos arts. 16 e 24 da lei atual não reproduzem – isto é, suprimem –, na parte final, a referência que os arts. 13º e 21º da Lei Uniforme fazem à expressão "ou, adquirindo-o, tenha cometido uma falta grave". Também o parágrafo único do art. 891 do CC/2002 limita-se a considerar a aquisição de má-fé de título de crédito.

---

195. ACi 267.139, rel. Juiz Márcio Bonilha, citando Paulo Restiffe Neto.
196. Nesse sentido, citando edição anterior deste livro, acórdão de 2.6.1976 da 5ª Câmara do extinto 1º TACivSP, ACi 220.790, rel. Juiz Octávio Stucchi (*Julgados Interno* 53/228).

Significa que o legislador interno não teria adotado a possibilidade de oposição da exceção de preenchimento abusivo, quanto ao cheque completado contrariamente aos acordos realizados, ao portador que, adquirindo-o sem má-fé, tenha, todavia, cometido falta grave.

Vejamos: princípio fundamental do direito cambiário, a literalidade de conteúdo só por exceção cede passo à proteção da boa-fé de terceiros, por razões de economia ao incentivo da circulabilidade do crédito titulado. A literalidade do cheque completo presume-se perfeita no ato de emissão (art. 16), enquanto a permissão de preenchimento de claros constitui exceção de política do direito cambiário.

É neste contexto lógico que devem ser sopesadas a sadia orientação da Súmula 387/STF, que convalida o completamento correto pelo credor de boa-fé, e a razão de ser do art. 13º da Lei Uniforme sobre Cheque (na esteira do art. 10º da Lei Uniforme sobre Cambiais): mais liberal que o art. 16 da Lei Interna do Cheque na utilização de oposição ao portador de exceções baseadas em preenchimento indevido, quer contra o adquirente de má-fé, quer contra quem, embora adquirindo-o sem má-fé, tenha cometido falta grave sobre preenchimento, comprometendo a crença no princípio da literalidade.

A oposição sobre preenchimento indevido é instituto de defesa da literalidade autêntica; por isso é difícil entender por que o art. 16 da Lei 7.357/1985 não manteve a oponibilidade da exceção de preenchimento indevido também ao portador que, embora adquirindo sem má-fé, tenha cometido falta grave na aquisição ou no próprio preenchimento do cheque incompleto.

A emissão incompleta de cheque só não se refere à falta de assinatura do emitente, pois que, autenticamente assinado, o cheque entra na órbita jurídica; mas pode referir-se ao valor, data ou lugar de emissão ou pagamento. E muito amiúde pratica-se emissão irregular deixando-se em branco, nos casos em que deva ser nominal, o nome do beneficiário, com o fito de sonegação fiscal de várias espécies (imposto de renda, principalmente). São casos evidentes de cometimento de *falta grave* na aquisição e no preenchimento do nome do novo portador como se beneficiário originário fosse, e não terceiro ou quarto adquirentes, que exibem a inconveniência da redação encurtada do art. 16 da Lei 7.357, que é de 1985, insuficiente em face do direito superveniente, a lei do "Plano Collor" (que baniu o cheque ao portador de maior valor).

Aplica-se subsidiariamente, na lacuna, o art. 13º da Lei Uniforme sobre Cheques, que assegura a oponibilidade de exceção de literalidade no preenchimento falso ou faltoso ao terceiro que, adquirindo o cheque incompleto, tenha cometido *falta grave* (uma ou mais faltas graves) quer na aquisição, quer no completamento contrário aos acordos ou às leis etc.

Outros dois exemplos de comum cometimento de falta grave que expõe o portador que a cometeu à oponibilidade de exceção de literalidade: inserção de data irreal para frustrar prescrição e indicação de praça de emissão diversa da real, para ampliar prazo de apresentação do cheque.

Mas a deliberação do legislador interno de desconsiderar e suprimir no final do art. 16 o complemento referente à *falta grave* imputável ao portador (e também ao novo portador, no art. 24 da Lei Interna), constante do art. 13º e ainda do art. 21º, ambos da Lei Uniforme, pode ter decorrido até de uma razão mais prosaica. O texto francês fala em *faute lourde*, que pode ser *falta grave* ou *culpa* grave; na tradução para a língua portuguesa foi utilizado o vocábulo "falta"; já, o vocábulo "culpa" foi o preferido, por exemplo, como sucedeu com a versão espanhola. E respeitáveis autores brasileiros optaram pela releitura da tradução portuguesa com a expressão "culpa grave", tanto no art. 13º como no art. 21º da Lei Uniforme.[197]

Ora, *culpa* e *falta* exprimem coisas diversas, tanto no significado comum quanto no sentido jurídico; e neste último é, no mínimo, controvertida, por impropriedade, a expressão "culpa grave", porque induziria à gradação da culpa em grave, lata, leve e levíssima. Parece que, para contornar a dificuldade, inobstante a versão portuguesa adote a expressão "falta grave", optou-se, na dúvida redacional, pela supressão, nos arts. 16 e 24 da Lei 7.357/1985, da alternativa do final dos arts. 13º e 21º da Lei Uniforme, mas sem o sentido de repudiar a inteireza dos textos convencionais, mais abrangentes.

Já, para Egberto Lacerda Teixeira o legislador pátrio, ao tratar da inoponibilidade da exceção de preenchimento abusivo de cheque ao portador legitimado, suprimiu a expressão "ou, adquirindo-o, tenha cometido uma falta grave" por entender que o conceito de *má-fé* é suficientemente amplo para abranger a falta grave, mais difícil de definir.[198] Ou seja, Egberto Lacerda Teixeira corrobora nosso sentir de que não está excluída a possibilidade de oposição da exceção de preenchimento abusivo não apenas ao adquirente de má-fé, mas ainda ao portador que tenha cometido falta grave, inclusive por aplicação subsidiária do texto completo do art. 13º da Lei Uniforme, isto é, com a expressão final "ou, adquirindo-o, tenha cometido uma falta grave".

---

197. Cf. Antônio Mercado Jr., "Relatório do Projeto apresentado ao Instituto Brasileiro de Direito Comercial Comparado e Biblioteca Tullio Ascarelli", *RDM* 53/140 e 143, São Paulo, Ed. RT, janeiro-março/1984.

198. Egberto Lacerda Teixeira, *Nova Lei Brasileira do Cheque*, cit., 1988, n. 57.

Sobre a *"impossibilidade formal de servir cheque incompleto para instruir execução"*, decorrente da inexistência de força executiva cambial, v.: comentários ao art. 1º, n. 3.

A Reserva do art. 11º do Anexo II feita pelo Brasil era no sentido de não inserir na lei nacional o art. 13º da Lei Uniforme; mas não prevaleceu. Essa Reserva não chegou a ter eficácia, isto é, não tornou inócua a disposição do art. 13º da Lei Uniforme, porque não foi aproveitada na Lei Interna, cujo art. 16 reproduziu o sentido do texto principal uniformizador, antagônico e, por isso, excludente da faculdade reservada, mas desaproveitada.

E a razão da renúncia do legislador pátrio à utilização da Reserva é que contrariava os princípios clássicos da legislação pátria sobre emissão em branco de título cambiário, com possibilidade de preenchimento pelo credor ou portador de boa-fé (Súmula 387/STF). Ademais, a disposição do art. 16 da Lei 7.357/1985 conjuga-se com as regras sobre a prova dos atos jurídicos e as consequências da aquisição de boa-fé, bem como do pagamento com diligência normal do cheque pelo sacado; além do quê harmoniza-se o texto da Lei Interna com a regra da prova em juízo estabelecida no art. 388, II e parágrafo único, do CPC.

**4. Riscos para o emitente que deixe em branco o nome do beneficiário**

Entretanto, a viabilidade de emissão e circulação incógnita do cheque, deixando-se em branco o nome identificativo do beneficiário, para ser preenchido fora do controle do emitente, traz-lhe, evidentemente, riscos potenciais previsíveis, que ultrapassam, inclusive, aqueles inscritos no art. 16 e na Súmula 387/STF quando completado com *inobservância do convencionado com o emitente*.

Mas o que é essa "inobservância do convencionado" para preenchimento do nome do beneficiário deixado em branco? Quem convencionou com o emitente, senão o beneficiário oculto, o tomador originário que não ingressou na formal relação chéquica?

Em primeiro lugar, o emitente de cheque incompleto quanto à identificação do beneficiário concorre para a inobservância da Lei 8.021, de 12.4.1990, se se tratar de cheque superior a R$ 100,00.

Em segundo lugar, a ocultação pelo emitente da identificação do beneficiário, que significa deixar em aberto ou em branco o lugar destinado ao nome do tomador favorecido originário ou causal imediato, além de contravir os objetivos da Lei 8.021, *facilita as operações de "lavagem de dinheiro" no País* – diz o chefe do Departamento de Combate a Ilícitos Cambiais e Financeiros (DECIF), Ricardo Liao, segundo o qual *um cheque (em branco quanto ao nome do beneficiário) dado para uma loja de qualquer lugar do Brasil pode ser achado em uma operação de lavagem.*[199]

Em terceiro lugar, porque foi o próprio emitente que ocultou (ou consentiu em ocultar, por qualquer razão) a identificação daquele com quem convencionou deixar-lhe em branco o espaço, destinando-o ao aleatório e incontrolável lançamento de outro nome como beneficiário formal, que mais conviesse figurar ostensivamente no cheque, torna-se difícil ou, mesmo, inviável a demonstração de *inobservância do convencionado*. É que precisamente aquele com quem o emitente convencionou que não figurasse no título se tornou desconhecido juridicamente no plano cambiário. Vale dizer que, na realidade, o texto do art. 16 da Lei 7.357/1985, ao permitir a emissão de cheque incompleto, em tese teve mais em conta outros requisitos, como data, quantia ou lugar, e não o nome do beneficiário, pois quanto a esse requisito ou o cheque é *ao portador*, e se lança essa nomenclatura, desde que de valor até R$ 100,00 – Lei 8.021/1990 –, ou é *nominal* (com identificação do beneficiário favorecido, se acima daquela quantia). Porque nunca foi da *mens legis* uniforme ou da doméstica coonestar irregularidades nem abrir espaço a faltas graves para frustração de outros objetivos legais, sobretudo de normas supervenientes que devem integrar o sistema, para propiciar uma reinterpretação justa e atualizada da *mens legis*.

Ou seja, conforme a advertência da aludida reportagem de *O Estado de S. Paulo*, citada no rodapé 199, *quem fez compras a prazo usando pré--datados mas esqueceu-se de fazer os cheques nominais pode ter o seu nome envolvido em um esquema de "lavagem de dinheiro" – que a Lei 9.613 tipifica como crime.*

No mesmo sentido vem a advertência da *Revista Veja – Investimento* ao aconselhar o emitente a evitar entrega de cheque em branco, recomendando fazê-lo sempre *nominal*: é uma garantia para quem o emite, pois evita que vá parar, por transmissão informal, em mãos erradas e seja usado, por exemplo, para "lavagem de dinheiro".[200]

199. Reportagem de Soraya de Alencar e Vânia Cristino sob o título "Cheque ao portador facilita irregularidades", *O Estado de S. Paulo* 9.7.2000, Caderno de Economia, p. B-3.

200. Edson Pinto de Almeida (com consultoria jurídica de um dos autores deste livro), "ABC do cheque", *Revista Veja – Investimento*, ed. especial de novembro/2001 pp. 50-54.

Enfim, todo o exposto serve para alertar dos riscos acrescidos para o emitente que, por constrangimento ou desavisadamente, convencione deixar em aberto ou oculto o nome do imediato favorecido (causal) em cheque que, pelo seu valor, não possa ser *ao portador*.

*V.: anotações ao art. 25, n. 5 – "Defesas pessoais e literais do título – Questões suscitáveis".*

# Capítulo II – Da Transmissão

(Lei 7.357/1985, arts. 17 a 28; Lei Uniforme, arts. 14º a 24º)

• **Lei 7.357/1985, art. 17**

**Art. 17.** O cheque pagável a pessoa nomeada, com ou sem cláusula expressa "à ordem", é transmissível por via de endosso.

§ 1º. O cheque pagável a pessoa nomeada, com a cláusula "não à ordem", ou outra equivalente, só é transmissível pela forma e com os efeitos de cessão.

§ 2º. O endosso pode ser feito ao emitente, ou a outro obrigado, que podem novamente endossar o cheque.

• **Lei Uniforme, art. 14º**

**Artigo 14º**

O cheque estipulado pagável a favor duma determinada pessoa, com ou sem cláusula expressa "à ordem", é transmissível por via de endosso.

O cheque estipulado pagável a favor duma determinada pessoa, com a cláusula "não à ordem" ou outra, equivalente, só é transmissível pela forma e com os efeitos duma cessão ordinária.

O endosso deve ser puro e simples a favor do sacador ou de qualquer outro coobrigado. Essas pessoas podem endossar novamente o cheque.

• **Há Reserva do art. 7º do Anexo II**

**Artigo 7º**

Por derrogação dos arts. 5º e 14º da Lei Uniforme qualquer das Altas Partes Contratantes reserva-se a faculdade de determinar, no que respeita aos cheques pagáveis no seu território, que contenham a cláusula "não transmissível", que eles só podem ser pagos aos portadores que os tenham recebido com essa cláusula.

*Orientações prévias úteis ao consulente sobre o Capítulo II*

O Capítulo II ("Da Transmissão"), na Lei Uniforme, encontra-se exposto nos arts. 14º a 24º, correspondendo, na Lei Interna, aos arts. 17 a 28.

A paridade é sequencial entre os arts. 17 a 27 da lei atual e os arts. 14º a 24º da Lei Uniforme. Completa-se a transmissão por endosso-assinatura com a tradição (art. 910, § 2º, do CC/2002).

O § 1º do art. 17 da Lei Interna do Cheque suprime o adjetivo qualificativo "ordinária", utilizado na Lei Uniforme, do substantivo "cessão", com vantagem, sem lhe modificar o sentido de cessão civil de crédito ou de direito.

O art. 24 suprime a expressão "culpa grave", pouco usual no nosso direito comum e no direito cambiário. *V.: anotações ao art. 16, sobre "falta grave", retro.*

O parágrafo único do art. 28 da Lei Interna (que finaliza o Capítulo II) não tem paralelo na Lei Uniforme, tratando-se de inovação do direito doméstico introduzida inicialmente no art. 52 e parágrafo único da Lei do Mercado de Capitais, cujo texto foi adotado em paralelo pela Lei Interna do Cheque.

A qualificação, no art. 28, do cheque como *nominativo* é defeituosa e atécnica, que resulta por contágio do vício igual constante do art. 3º da primitiva Lei 2.591/1912 e do art. 52 da Lei do Mercado de Capitais, porque não se trata de título dessa índole, como atesta a redação dos arts. 921 e 922 do CC/2002 – nomenclatura que é reservada para identificar aqueles títulos com registro em livros próprios do emissor –, mas cuida-se de cheque *nominal*, que é como tecnicamente deve ser referido, apesar das leis equivocadas.

A complementaridade das disposições do Código Civil sobre *título à ordem* (arts. 910-920) terá sua pertinência aferível em cada caso que couber para cheque.

*V., também: anotações aos arts. 2º, n. 4, 8º, n. 2, e 28, ns. 1 e 3.*

**1. Cheque emitido com mais de um endosso
e devolução sem pagamento, ao tempo da CPMF
(Lei 9.311/1996 e Motivo 36/BACEN)**

*Endosso* é o ato unilateral e acessório equivalente a "um novo ato de criação", que imprime giro cambial ao título representativo de valor, conceito genérico aplicável ao cheque.

A Lei da CPMF só permitia o pagamento de cheque pelo banco sacado que contivesse *um único endosso*. Com efeito, dispunha o art. 17, I, da Lei 9.311, de 24.10.1996, não mais em vigor, que enquanto vigorasse a CPMF somente seria permitido um único endosso nos cheques pagáveis no País.

A função dinâmica – isto é, a cambialidade ou o efeito característico de *movimentação financeira* que o endosso imprime complementarmente ao cheque – ficou suspensa no direito brasileiro, na prática, temporariamente (devolução sem pagamento pelo sacado – Motivo 36/BACEN, suprimido), suscitando polêmica, solucionada pelo STJ quanto à incidência da CPMF, enquanto vigente a Lei 9.311/1996.

O que se havia de entender pela expressão legal "somente é permitido *um único* endosso nos cheques pagáveis no País" foi tarefa difícil, como se verá mais adiante, à luz do § 2º do art. 18 da Lei do Cheque: "(...). O endosso ao sacado vale apenas como quitação" (grifamos).

Sustentava o Banco Central, interpretando o art. 17 da Lei 9.311/1996, "a impossibilidade de uma operação financeira envolver cheque endossado, pela primeira vez, sem a incidência da CPMF", sem mencionar o art. 18, § 2º, da Lei 7.357/1985, em casos em que o STJ veio de interpretar a expressão "um único endosso", contida no art. 17, I, da Lei da CPMF, com abstração do inafastável *endosso ao sacado*, previsto no citado art. 18, § 2º, da Lei do Cheque.

Nos dois julgamentos conhecidos do STJ foram considerados apenas os endossos que implicassem qualquer "movimentação ou transmissão de valores e de créditos e direitos de natureza financeira" (Lei 9.311/1996, art. 2º, VI) como fato gerador da contribuição, como se lê na fundamentação do voto da Relatora, Min. Eliana Calmon, no REsp 538.705-PR, de 1.9.2005, 2ª Turma. Ao referir-se à permissão de um só endosso no art. 17, I, da Lei 9.311, diz a fundamentação verificar-se que ali "não se falou de incidência ou não da CPMF, e sim da possibilidade de, *por via bancária*, tramitarem ordens de pagamento com um só endosso". E, quanto à Circular BACEN-3.001/2000, o voto diz que, "no papel de detalhamento da regra formal estabelecida em lei, explicitou o *iter* das operações com endosso, deixando claro que só o primeiro seria considerado como tal, pois do segundo em diante tudo se passava como sendo uma operação de depósito e saque posterior, incidindo então a CPMF".

Também diz o voto-condutor: "Em termos práticos temos de responder à seguinte indagação: os cheques recebidos de clientes podem ser endossados pelos comerciantes para pagar diretamente a seus fornecedores? A resposta é afirmativa, naturalmente – prossegue a fundamentação –, fazendo-se uma operação direta entre particulares, de modo a não entrar na conta do comerciante a ordem de pagamento que lhe foi dirigida, visto que entregue, com endosso a seu credor, o fornecedor. Entretanto, na hipótese dos autos, dois aspectos diferem do exemplo: é que a operação de entrega da ordem de pagamento, endossada, se fez via estabelecimento bancário, registrando-se aí duas operações: a primeira, a saída do cheque da conta do cliente, para, ficticiamente, a conta do comerciante que endossou o cheque; a segunda, a saída fictícia da conta do comerciante para a conta do seu fornecedor". Distinguiu-se, pois, entre circulação bancária e extrabancária do cheque.

A ementa é a seguinte: "Tributário – CPMF – Incidência sobre operações feitas mediante endosso – Lei 9.311/96 e Circular BACEN 3.001/2000. 1. A Lei 9.311/96, após indicar o fato gerador da *CPMF* no art. 2º, estabelece em *numerus clausus* as hipóteses de não incidência. 2. A operação de pagamento, em cheque nominal, para utilização posterior pelo portador, mediante endosso, *quando realizada via instituição bancária*, está sujeita ao pagamento da *CPMF*. 3. Exata interpretação do art. 3º da Circular BACEN 3.001/2000, que não se atrita com o art. 17 da Lei 9.311/1996. 4. Recurso especial provido. Votação unânime".[1]

Já na 1ª Turma, vencido o Min. Luiz Fux, o julgamento, de 7.4.2005, ocorrido anteriormente, fora na mesma linha, tendo como relator para o acórdão o Min. Teori Albino Zavascki, com a seguinte ementa: "Tributário – CPMF – Incidência sobre as operações de liquidação ou de pagamento, *por instituição financeira*, de quaisquer créditos, direitos ou valores, por conta e ordem de terceiros – Lei n. 9.311/1996, art. 2º, III, Circular Bacen n. 3.001/2000, art. 3º – Legalidade – Recursos especiais [*da Fazenda Nacional e do BACEN*] providos".[2]

## 2. Transferência por via de endosso ou mutação subjetiva que gera direito novo e acumula garantias: como entender o endosso no direito chéquico atual

A transferência de título implica – diz o art. 893 do CC/2002 – a de todos os direitos que lhe são inerentes.

Há o *endosso-quitação*, *extintivo* (ao sacado); e há o *endosso típico*: circulatório ou cambial, que *recria o direito* consubstanciado no cheque. Respectivamente, morte e vida do cheque. Além desses, há uma terceira espécie: *endosso-mandato*, só para cobrança.

Para a primeira espécie vale recordar expressão emblemática utilizada por Tito Fulgêncio: "*Cheque à ordem do sacado*: endossado o cheque ao sacado, ou ficando em poder deste, está extinto, nasceu para morrer".[3]

---

1. STJ, 2ª Turma, REsp 538.705-PR, rela. Min. Eliana Calmon, *DJU* 10.10.2005.
2. STJ, 1ª Turma, REsp 574.438-PR, rel. para o acórdão Min. Teori Albino Zavascki, j. 7.4.2005, *DJU* 9.5.2002.
3. Tito Fulgêncio, *Do Cheque*, São Paulo, Livraria Acadêmica, 1923, n. 86, p. 80.

O Capítulo II da Lei do Cheque (seja da Lei Uniforme – arts. 14º-24º; seja da Lei Interna – arts. 17-28) cuida "Da Transmissão" do cheque, porque – como observa, numa síntese de sábia simplicidade, Egberto Lacerda Teixeira –, "embora destinado, normalmente, a vida breve, o cheque pode ser objeto de uma, duas ou várias transferências".[4] E di-lo com propriedade, porque é da natureza do cheque circular, ainda que só do emitente ao banco sacado. É nessa vida ou trajetória *cambiante* que pode ocorrer a alteração subjetiva cambial, através do endosso cambiário típico, que se caracteriza por transferir direito *novo*, limpo, fortalecido, depurado, de mão em mão, até a apresentação.

Mas a já aludida Lei 9.311/1996, que proibia o pagamento pelo banco sacado de cheque que contivesse mais de um endosso (art. 17, I), alterou temporariamente os costumes arraigados, o direito, a doutrina, a jurisprudência e a prática bancárias anteriores sobre o endosso cambiário.

A forma natural e típica de transmissão cambiária, conquanto não exclusiva, é o *endosso*,[5] vocábulo "místico" que tem seu étimo latino *in dorsum* na expressão *in dosso*, isto é, "no dorso", nas costas, porque a tradição mercantil consagrou o uso da assinação, de efeito *cambial*, no verso do próprio documento, para operar a *mudança* subjetiva da *face* na relação jurídica tipificada como direito imaterial, de valor mobiliário, móvel, circulatório, ou seja, no sentido mercantil de "troca".

A nota de cambialidade, ou de transferência de valores (agora, de movimentação financeira), entre pessoas é singularmente tão importante que até exprime a característica mais peculiar desse ramo da ciência jurídica, identificando-o como direito *cambiário* (que *encaminha – cam*, raiz céltica; daí: *camio, cambo, escambo* = "trocar", "permutar").

Pedro Mario Giraldi observa que com a transmissão o vínculo e o conteúdo da obrigação permanecem imutáveis mas o *elemento pessoal* já não é o mesmo.[6] Essa transferência de riquezas presente no endosso de cheques foi captada na Lei 9.311/1996, dando ensejo à intervenção fiscal-tributária da União pela imposição incidental da CPMF, enquanto vigente, sempre que *com a intervenção de instituição financeira* ocorresse aquele fato gerador específico, como julgaram as 1ª e 2ª Turmas do STJ.

Após essas alongadas considerações preliminares, cabe complementar a conceituação técnico-jurídica do *endosso cambial* como está na Lei do

---

4. Egberto Lacerda Teixeira, *Nova Lei Brasileira do Cheque*, São Paulo, Saraiva, 1988, p. 63.
5. Idem, ibidem.
6. Pedro Mario Giraldi, *Cuenta Corriente Bancaria y Cheque*, Buenos Aires, Astrea, 1973, § 84, p. 235.

Cheque (transmissibilidade de direito novo), ainda no âmbito dos títulos de crédito em geral, vinculando-o à abstração, como qualificação do direito mobiliário ou de coisa móvel incorporado (mencionado) na cártula "para garantir a segurança da circulação", que envolve terceiro ausente na relação fundamental, como nota a doutrina pela palavra de Waldírio Bulgarelli.[7]

O endosso é ato jurídico cambial de declaração unilateral de vontade lançado, como é da característica do direito cartular, sempre no próprio título, acompanhado de tradição física, com o efeito *certo* de transmitir direito novo, e em geral com garantia acrescida ou assunção de coobrigação do transmitente perante o adquirente. Sucessor autônomo dos direitos do endossante, o endossatário não se imiscui nas relações jurídicas velhas precedentes; vale dizer, a *abstração* livra-o da oponibilidade de exceções pessoais contra o emitente e os anteriores endossantes, sem perder a garantia destes. Essa é a característica do endosso, generalizadamente reconhecida: constitui nova declaração cambial autônoma, equivalente a uma nova emissão – como lembra Rodolfo Fontanarrosa[8] –, correspondente a uma obrigação *originária "ex novo"*.

Nisso revela-se a grande nota, a cumulação de garantias que a transmissão por endosso induz: quanto mais circula um título por endosso, mais forte fica, comprovando a lembrada imagem de Magarinos Torres: *título cambial é como vara de visgo, quem toca fica preso* – isto é, garante, obrigado e responsável.

No cheque, especificamente, a cambialidade, se é uma de suas características, não é essencial, mas acessória. A *não transmissibilidade* constitui exceção prevista seja na Lei Uniforme, seja na Lei Interna, pois pode o emitente cartular proibir o endosso cambiário (e até mesmo a cessão civil), bem como o endossante pode proibir novo endosso. Mas quem endossa transmite sempre direito novo, e ainda garante o pagamento, salvo estipulação em contrário (art. 21 da Lei Interna).

Othon Sidou faz interessante observação, que engloba a repercussão de importantes efeitos jurídicos que auxiliam na compreensão conceitual do endosso:

"Não há dúvida sobre que o endosso é um contrato, para efeito de transferir a propriedade do título cambiário com todos os direitos e obrigações inerentes.

---

7. Waldírio Bulgarelli, *Títulos de Crédito*, § 10.
8. Rodolfo Fontanarrosa, *El Nuevo Régimen Jurídico del Cheque*, 5ª ed., Buenos Aires, Zavalía, 1972, n. 42, pp. 94-96.

"Dúvida há quanto a que categoria de contrato ele se entronca, uma vez que guarda analogia com a venda, a fiança, o mandato na forma imprópria e, sobretudo, com a cessão de crédito.

"Não é, porém, cessão de crédito, entre outros por um motivo bastante: o endosso não se subordina a qualquer notificação ao devedor cedido e opera a transmissão erigindo no endossado, de pronto, o legítimo proprietário.

"Não é venda porque inadmite a evicção, *conditio sine qua non* daquele pacto. Não é fiança por um também relevante motivo: é imune ao benefício de excussão ou de ordem."[9]

E conclui, quanto ao fim, que o endosso é uma cessão, mas uma cessão qualificada – a *cessão cambial*, de características tão próprias que jamais se confundiria com a cessão civil.

Lauro Muniz Barretto, ao comentar o art. 14º da Lei Uniforme, correspondente, hoje, ao art. 17 da superveniente Lei Interna especial, alude ao *papel saneador* que a transferência cambial (endosso) exerce, invocando Messineo, que patenteou com muita clareza a antítese entre a cessão civil e a transferência cambial, ao dizer o Mestre italiano que o direito cambial, inerente ao documento, renasce íntegro e límpido em cada novo titular, *verbis*: "un diritto risorgente ogni volta *ex novo* in capo a ciascuno dei successive titolare" –, de modo que os vícios, que se multiplicam no caso de várias cessões civis, no direito cambiário desaparecem, ou seja, cada adquirente fica com um direito próprio autônomo.[10] Isto é, na mesma cártula sedimentam-se variados direitos, obrigações e garantias.

Concluindo, os efeitos da transmissibilidade cambial (endossabilidade) estão vinculados à inexistência da cláusula excepcional restritiva *não à ordem*; isto é, por natureza é *endossável* o título cambial que não contenha a proibição, e não apenas o que contenha a permissão *à ordem*.

## 3. *Cláusula de intransmissibilidade absoluta do cheque por endosso ou cessão*

Além das anotações de n. 3 sobre o tema feitas ao art. 6º da Lei Uniforme (art. 8º, II, da Lei Interna), são oportunas mais as seguintes observações complementares, inclusive sobre a *cessão de crédito*, tendo em vista o § 1º do art. 17 da Lei 7.357/1985 e os arts. 294 a 297 do CC/2002.

---

9. Othon Sidou, *Do Cheque*, 4ª ed., Rio de Janeiro, Forense, 1998, n. 78, p. 97.
10. Lauro Muniz Barretto, *O Novo Direito do Cheque*, vol. 1, São Paulo, LEUD, 1973, p. 130.

A Reserva do art. 7º do Anexo II irradia seus efeitos aos arts. 5º e 14º da Lei Uniforme, correspondentes aos arts. 8º e 17 da Lei Interna, respectivamente, no que respeita aos cheques nominais com cláusula "não transmissível", para que só possam ser pagos aos beneficiários que os tenham recebido com essa restrição.

Para compreensão da matéria impõe-se a conceituação das duas modalidades de cheque: *nominal* e *ao portador*.

O *cheque nominal* caracteriza-se pelo fato de só poder ser pago à pessoa nele indicada, mas suscetível de transmissão a terceiros, da seguinte forma: (a) com ou sem cláusula "à ordem", é transmissível por endosso (alínea 1ª do art. 14º da Lei Uniforme, correspondente ao *caput* do art. 17 da Lei 7.357/1985); (b) com cláusula "não à ordem" o cheque é insuscetível de ser transmissível por via de endosso. Sua circulação só é possível por meio impróprio e com os efeitos (ou "defeitos") de *cessão civil* (art. 14º, alínea 2ª, da Lei Uniforme, correspondente ao § 1º do art. 17 da Lei Interna), na forma dos arts. 294 a 297 do CC/2002, pois essa transmissão defeituosa carrega consigo o peso do direito *velho*, não depurado de eventuais vícios anteriores, comunicáveis.

Recorde-se que na cessão o cessionário representa o cedente (direito velho), enquanto no endosso o endossatário não representa o endossador (direito novo), razões de coerência do tratamento diversificado que a lei defere a ambos os institutos. Essa sutil distinção é essencial.

Na Lei 2.591/1912 a ausência de cláusula à ordem era tida como se estivesse presente no cheque a cláusula "não à ordem" (sistema francês), contrariando a presunção de que o cheque é um título à ordem, e que só deixa de sê-lo quando conste expressamente a cláusula "não à ordem".

Mas a prática recolocou o princípio no lugar. E a legislação uniformizada veio convalidá-la ao enfatizar que a transmissão cambiariforme só não ocorre quando do cheque conste a cláusula "não à ordem",[11] e não quando não conste a cláusula "à ordem" (art. 14º, alíneas 1ª e 2ª), com ratificação no art. 17 da Lei Interna do Cheque.

Resulta de equívoca interpretação da reserva convencional uniformizadora do art. 7º do Anexo II o antigo acórdão da 6ª Câmara Civil do extinto TJGB, lavrado por maioria de votos, que concluiu que cheque emitido a

---

11. Não se aplica ao cheque o art. 890 do CC/2002: "Considera-se não escrita no título a cláusula (...) *proibitiva de endosso*" (grifamos), em face da prevalência da regra da especialidade inscrita sob cláusula *não à ordem* (§ 1º do art. 17 da Lei 7.357/1985) e ainda no parágrafo único do art. 21 (proibição de *novo endosso*).

determinado beneficiário, sem mencionar "ou à sua ordem", não pode ser transferido por endosso.[12]

A solução dada à apelação foi ratificada em grau de embargos infringentes, agora por unanimidade de votos, em 6.9.1973.[13] E o argumento principal consistiu em que, pela adoção da Reserva do art. 7º do Anexo II, o Brasil se afastou da doutrina predominante em direito comparado, seguida pela Lei Uniforme. Daí a conclusão do Grupo Julgador no sentido da prevalência da regra do art. 3º da Lei 2.591/1912, de que só os cheques nominais, com a cláusula "à ordem", podem ser transferidos por endosso.

Nada mais inexato.[14] A Reserva do art. 7º do Anexo II diz respeito aos cheques que *contenham* a cláusula "não transmissível", e não aos que *não contenham* cláusula "à ordem". Estes últimos, pois, não mais se regulam pelo direito interno, anterior, mas sim pelo direito uniforme, arts. 5º e 14º, inatingidos pela Reserva de início citada, com validação plena no texto positivado no art. 17, primeira parte, da Lei 7.357/1985.

Em suma, tratando-se de título à ordem, encontra-se ínsita na natureza jurídica do cheque a faculdade de endosso, presumível, sempre que não venha expressamente excluída ou proibida.

## 4. Circulabilidade cambiariforme: movimentação financeira, endosso ao sacado, sucessividade de endossos, salvo cláusula "não à ordem" e endosso de retorno

O art. 17 da Lei Interna reproduz, como antes acenado, com redação e técnica expositiva diferentes, o art. 14º da Lei Uniforme, dando início à disciplina do *endosso* do cheque com ou sem cláusula expressa *à ordem*.

Os direitos sobre o cheque passam para o endossatário, mediante o ato de lançamento da assinatura de endosso seguido da posse do título. O endosso equivale a uma nova emissão, na medida em que, sendo uma declaração cambiária *ex novo*, transmite por inteiro o direito corporificado no título. Essa a razão lógica subjacente na transitória proibição brasileira de mais de um endosso no cheque ao tempo da cobrança da CPMF; isso porque cada endosso singular consubstancia uma autônoma *movimentação financeira* originária, equiparada, nos seus efeitos, à nova emissão de um cheque, dentro do mesmo cheque.

---

12. *RT* 459/215.
13. Acórdão in *RT* 468/203.
14. O professor Fran Martins concedeu razão a Paulo Restiffe Neto ao comentar esta análise crítica ("Cheques não à ordem e cheques não transmissíveis", *Revista da Procuradoria-Geral do Ceará* 1/78).

Quando a transmissão seja cambiariforme, ou seja, por via de assinatura por endosso, incide a regra do art. 18º da Lei Uniforme, sufragada no art. 21 da Lei Interna, de que, salvo estipulação em contrário, o *endossante garante o pagamento*, o que já não sucede com a transmissão civil (cessão), física, não assinada, que não enseja aquela garantia *ex vi legis* (v. o art. 24º da Lei Uniforme e o correspondente art. 27 da Lei 7.357/1985). No cheque "ao portador" (pagável no Brasil e cujo valor não pode exceder de R$ 100,00) a transmissão entre particulares opera-se por simples tradição (posse) do título, sem o efeito da garantia cambial, mesmo porque o endosso pressupõe necessariamente assinatura lançada no título; e a cessão, não.

Conforme judicioso reparo aposto à 2ª edição deste livro pelo eminente professor Fran Martins, recebemos como valiosa contribuição o esclarecimento sobre o exato alcance da Reserva do art. 7º do Anexo II. Com efeito, essa reserva diz respeito a uma nova modalidade, os cheques com cláusula *não transmissível*, isto é, aqueles que só podem ser pagos exclusivamente aos portadores indicados que os tenham recebido com aquela restrição absoluta à circulabilidade (por endosso ou cessão).

A cláusula *não à ordem* impede a transmissão por endosso, e sua violação implica os efeitos de cessão (§ 1º do art. 17 da Lei 7.357/1985); enquanto a cláusula *não transmissível* impede a circulação também por via de cessão, cuja violação desobriga quem a tenha lançado em face dos transgressores.

O endosso, que é a transmissão dos direitos decorrentes do cheque, com as garantias que o acompanham, deve ser puro e simples, ou seja: integral e incondicionado (art. 18 da Lei 7.357/1985). É tido por não escrito qualquer condicionamento. Idem, endosso a termo. É nulo, por outro lado, o incoerente endosso parcial, bem assim nulo é também o endosso feito *pelo sacado* (§ 1º do citado art. 18), tendo em vista que "o endosso ao sacado vale apenas como quitação" (§ 2º do mesmo art. 18 – grifamos), com caráter extintivo da vida e da função econômica do cheque – temas a serem desenvolvidos no lugar próprio, mais adiante.

A circulação mínima, inafastável ou básica do cheque é aquela inerente à natureza de título de pagamento por terceiro (banco sacado), consubstanciada no *endosso ao sacado* (§ 2º do art. 18 da Lei 7.357/1985), por quem estiver de posse do título (*tradens*), com seu recolhimento ao ser apresentado para pagamento, valendo quando liquidado como documento de prova de sua quitação, conforme, ainda, o art. 38 da Lei Interna. E quem poderá, então, estar de posse do cheque? Ou o próprio emitente-beneficiário, ou terceiro beneficiário, que o *endossarão*, entregando-o fisicamente ao banco sacado pagante.

Como título cambiário, independentemente de conter cláusula "à ordem", o cheque é circulável, seja por via de endosso, seja por cessão civil;

nestas hipóteses a força executiva inerente ao cheque não é afetada, contra os endossantes e seus avalistas, salvo se já decadente (art. 47, II), a exemplo do que ocorre no caso de endosso posterior ao prazo de apresentação, ou ao protesto ou, ainda, ao prazo de prescrição (*endosso póstumo* – art. 27, primeira parte).

A propósito, a 1ª Turma do STF decidiu, em 8.11.1974, que a circulação do cheque, seja por tradição manual (cessão), seja por endosso, se nominal, não lhe tira a liquidez para ser reclamado por via executiva em caso de inexistência de fundos[15] – claro, enquanto não prescrito (Súmula 600/STF). É expressamente permitida pelo art. 18º da Lei Uniforme (art. 21 da Lei Interna) a estipulação excepcional no sentido de não garantir o pagamento o endossante.

Admite-se, de regra, a sucessividade de endossos (art. 14º da Lei Uniforme, última alínea), inclusive ao emitente ou a outro coobrigado, encampada no § 2º do art. 17 da Lei 7.357, salvo se o endossante proibir um novo endosso, como lhe permitem a alínea 2ª do art. 18 da Lei Uniforme ou o parágrafo único do art. 21 da Lei do Cheque; caso em que, operado o endosso-transgressão, não garante o endossante prejudicado o pagamento às pessoas a quem o cheque tenha sido posteriormente endossado.

A legitimidade para endossamento pressupõe a titularidade dos direitos representados pelo cheque e sua posse por parte de quem o endossa. O portador endossatário pode, por seu turno, endossar o cheque também a qualquer anterior endossante, avalista ou ao sacador. E estes podem em tese endossar novamente o cheque (última alínea do art. 14º da Lei Uniforme, com ratificação no § 2º do art. 17 da Lei 7.357/1985). É o chamado *endosso de retorno*.

## 5. O tradens *(último endossatário) ou portador apresentante para pagamento*

O § 2º do art. 17 da Lei Interna reproduz com explicitude e especificidade a regra da última alínea do art. 14º da Lei Uniforme, no sentido de permitir que possa ser feito o endosso ao emitente ou a outro obrigado (endosso de retorno ou de resgate), inclusive autorizando "essas pessoas" a endossar novamente o cheque.

Na série regular de endossos possíveis, o beneficiário nominado figura como primeiro *endossante*. Ao último *endossatário*, que será o portador

---

15. STF, 1ª Turma, RE 79.805-GO, rel. Min. Aliomar Baleeiro, *DJU* 13.12.1974, p. 9.356.

apresentante do cheque a pagamento (se não se tratar do emitente) ao banco sacado, atribui-se a identificação técnica de *tradens*, que é aquele que recebe a posse do cheque por *tradição*, de título que consubstancia obrigação quesível, e o leva ao banco sacado, em mãos de quem se exaure, com o pagamento, a função econômica do cheque e se encerra a circulabilidade do título pluriendossado.

O endosso pode ser feito a benefício de incapaz; a capacidade é exigível para o endossante, sujeito ativo ou transmitente, não para o endossatário, enquanto sujeito passivo ou receptor. Vale dizer, por extensão, o *tradens* pode ser incapaz e legitimado como titular de direito; só não pode endossar ou transferir (não pode alienar, renunciar), nem garantir ou obrigar-se.

• **Lei 7.357/1985, art. 18**

**Art. 18. O endosso deve ser puro e simples, reputando-se não escrita qualquer condição a que seja subordinado.**

**§ 1º. São nulos o endosso parcial e o do sacado.**

**§ 2º. Vale como em branco o endosso ao portador. O endosso ao sacado vale apenas como quitação, salvo no caso de o sacado ter vários estabelecimentos e o endosso ser feito em favor de estabelecimento diverso daquele contra o qual o cheque foi emitido.**

• **Lei Uniforme, art. 15º**

**Art. 15º**

**O endosso deve ser puro e simples. Considera-se como não escrita qualquer condição a que ele esteja subordinado.**

**É nulo o endosso parcial.**

**É nulo igualmente o endosso feito pelo sacado.**

**O endosso ao portador vale como endosso em branco.**

**O endosso ao sacado só vale como quitação, salvo no caso de o sacado ter vários estabelecimentos e de o endosso ser feito em benefício de um estabelecimento diferente daquele sobre o qual o cheque foi sacado.**

• **Não há Reservas**

*Nota prévia: o endosso é negócio acessório que equivale a "um novo ato de criação", cujo pressuposto é a validade do próprio título*

O texto, sem Reserva, do art. 15º da Lei Uniforme veio de ser integralmente acolhido e transposto com redação mais técnica para o art. 18 e seus dois §§ da Lei 7.357/1985, como já observado no n. 2 ao art. 17, *retro*.

Todos os autores concordam em que, exceto o endosso ao sacado, que vale apenas como quitação (§ 2º do art. 18, ora em exame), que exaure a função econômica do cheque e extingue sua vida efêmera, como se infere da *quitação* referida também no art. 38 da Lei Interna, o endosso cambial equivale a "um novo ato de criação", como lembra Pedro Mario Giraldi, apoiando-se em Supino/De Semo e outros, embora ressalvando a situação jurídica correta do endosso como negócio *acessório*, cuja validade *depende* da validade formal da primitiva declaração cartular.[16] Por outras palavras, o único *pressuposto* é o da validade do próprio título ou negócio cambiário *fundamental*; e note-se que "pressuposto" não se confunde com "condição" – esta, sim, intolerável subordinação.

*V., adiante: n. 4, anotações sobre "endosso-quitação".*

## 1. Incondicionamento e integralidade do endosso "puro e simples"

Quanto ao *incondicionamento do endosso e à sua integralidade*, para valer e produzir efeitos, o texto é claro: "deve ser puro e simples".

Mas convém ressaltar que a *incondicionalidade* do endosso repousa no conceito de transmissão de direito novo, que, pela própria natureza, assume identidade por derivação, mas autônoma: daí haver mesmo de ser *puro e simples* o endosso, como sufraga com exatidão lógica o *caput* do art. 18 da Lei Interna, que reproduz a última alínea do art. 14º e o *caput* do art. 15º da Lei Uniforme. O art. 912 do CC/2002 estabelece corretamente como não escrita qualquer condição a que o endossante subordine o endosso; e declara nulo o endosso parcial.

E a vedação lógica ao *endosso parcial* no cheque remonta à mesma gênese informada pelo *plus* inerente ao princípio da *integralidade-indivisibilidade*, com tradição do título objeto do endosso, como ato de transferência *unitária* do direito ("tudo-ou-nada") documentado materialmente na cártula. Portanto, explica-se a nulidade do endosso parcial por sua inadmissibilidade física.[17] Completa-se a transferência por endosso com a tradição (art. 910, § 2º, do CC/2002).

Não se confunda, porém, o endosso parcial (impossível; por isso, nulo) com o endosso a pluralidade de endossatários favorecidos (endosso integral; por isso, eficaz). Do mesmo modo, não se considera endosso parcial o endosso residual, correspondente ao saldo de um título já em parte remido,

---

16. Pedro Mario Giraldi, *Cuenta Corriente Bancaria y Cheque*, cit., § 88, p. 241.
17. O art. 912, parágrafo único, do CC/2002 dispõe serem nulos os endossos parciais em títulos à ordem.

como anota Lauro Muniz Barretto[18] – o que ocorre quando no próprio título esteja lançada quitação de parte do seu valor, caso em que a integralidade corresponde ao saldo em aberto. São situações possíveis, embora não comuns, mas que, ocorrentes, devem ser tecnicamente consideradas pelo banco sacado ao lhe ser apresentado o cheque para pagamento, debitando em conta do emitente apenas o saldo devedor, se tiver sido em favor deste dada a quitação parcial prévia no próprio título ou seu alongamento.

É tão coerente a proibição do endosso parcial – e, pois, prevalente o princípio da transmissão integral dos direitos – que, da mesma maneira, o art. 17º da Lei Uniforme dispõe: "O endosso transmite todos os direitos resultantes do cheque" – expressão literal, esta, que o art. 20 da Lei Interna adotou para complementar a regra do seu art. 18, § 1º, que sanciona com nulidade o "endosso parcial".

Diferentemente do aval, que por outras razões pode ser parcial ou limitado,[19] o endosso é transmissão sempre integral, pelo simples motivo de que a posse material do documento é necessária para poder ser apresentado o título no momento em que pretenda o portador exercer seu direito de endossatário nele consubstanciado, como também lembra Pedro Mario Giraldi.

## 2. *O endosso feito pelo banco sacado é nulo*

Explica-se essa nulidade: o cheque é – por sua natureza de ordem de pagamento à vista, por intermédio de terceiro, o banco sacado – título de vida efêmera, que, no dizer de Pontes de Miranda, "começa com a data da subscrição e termina com o prazo de apresentação, ou com o protesto pelo não pagamento",[20] perdendo a partir de então a sua circulabilidade. Por isso, o endosso que seja feito pelo sacado (que paga com fundos disponíveis do emitente), que é seu receptor final (*adjectus*), é nulo, visto como o próprio art. 18, § 2º, da Lei 7.357/1985 estabelece que o endosso ao sacado vale apenas como quitação, dada sua natureza exauriente.

Ora, o cheque, depois de pago pelo sacado, já exauriu sua função. Está extinto como *ordem* de pagamento à vista – já atendida. Não cabe ao sacado recriar o direito extinto e recolocar em circulação o título pago, que lhe fora

18. Lauro Muniz Barretto, *O Novo Direito do Cheque*, cit., vol. 1, p. 139.
19. O aval parcial é vedado nos títulos de crédito não regulados em legislação especial, salvo se houver disposição expressa nesse sentido (arts. 897, parágrafo único, e 903, ambos do CC/2002) – caso do cheque.
20. Pontes de Miranda, *Tratado de Direito Privado*, t. 37, Rio de Janeiro, Borsói, § 4.121, p. 157.

endossado para valer apenas como arquivo da quitação. Ao contrário, cumprida a ordem, deve anotá-lo com esse registro de "liquidado" e recolhê-lo ao seu arquivo como prova do pagamento. Frise-se que não se tem conhecimento de ocorrência de tal irregularidade no sistema bancário.

## 3. Endosso em preto: com identificação do endossatário; e em branco: sem essa identificação

A lei utiliza-se da expressão "endosso em branco" várias vezes (arts. 18, 19, 20 e 22), com essa identificação.

O endosso pode ser *em preto* (com indicação do nome do endossatário) ou *em branco* (sem aquela indicação), ou *ao portador*. Os dois últimos se equivalem (art. 15º, alínea 3ª, da Lei Uniforme, correspondente ao art. 18, § 2º, da Lei Interna do Cheque). À assinatura deve seguir-se a tradição, para que se opere o endosso.

O endosso em branco, nos termos do § 1º do art. 19, só é válido quando lançado no verso ou na folha de alongamento.

No endosso de cheque nominal (sem cláusula "não à ordem") o beneficiário identificado há de apor sua assinatura de endossante no cheque (ou no seu alongamento, se houver), o mesmo sucedendo com o endossatário em preto que tiver de endossar sucessivamente. Já, o titular inominado (originário, ou por endosso em branco, ou ao portador) endossa pela simples tradição do título, desde que também lançando sua assinatura (isto para determinação do liame na sucessão dos endossos e fixação da responsabilidade do endossante perante o endossatário, nos termos do art. 20º da Lei Uniforme; art. 23 da Lei Interna). Se não assinar, não estará endossando, mas simplesmente transferindo (por cessão) o cheque a um terceiro (alínea 3ª do art. 17 do texto genebrino), como consta no correspondente inciso III do art. 20 da Lei Interna do Cheque.

*Quanto à faculdade de não inserção do nome do endossatário, v.: art. 16º; quanto à data, v.: art. 24 – ambos da Lei Uniforme, respectivamente arts. 19 e 27 da Lei 7.357/1985.*

## 4. Endosso-quitação ao sacado: pagamento é liquidação que completa e exaure a circulação do cheque

O § 2º do art. 18 da Lei Interna contém disposições muito sábias, não perceptíveis por vezes à primeira vista, complementadas pelo *caput* do art. 28 e seu parágrafo único.

O endosso, que é transmissão da titularidade de direitos que alguém possui, em favor de terceiros, implica, de regra, quitação, na declaração de recebimento do seu valor, passada pelo endossante, não em favor dos obrigados, mas, note-se, do endossatário. Por isso, o cheque endossado fica acrescido, se não houver ressalva, da garantia do endossador em face do endossatário.

A última alínea do art. 15º da Lei Uniforme (§ 2º do art. 18 da Lei 7.357/1985) mostra que o endosso ao sacado é que vale como quitação aos obrigados.[21]

Mas não valerá o endosso ao portador como quitação aos obrigados no caso de o sacado ter vários estabelecimentos e o endosso ser feito por este em benefício de um estabelecimento seu diferente daquele sobre o qual o cheque foi sacado.

A razão da exceção é a seguinte: o endosso ao sacado equivale a uma cessão, se bem que imprópria.

Em última análise, *no endosso para liquidação* não está sendo transmitido direito para que o sacado o exercite contra o emitente, mas, sim, constituindo-se prova de que está sendo completado o ciclo de circulação do cheque, através da sua apresentação ao sacado para pagamento, que, efetuado com a provisão disponível, é fato extintivo de sua vida cambiariforme e, por lógica, não pode reobrigar os signatários quitados.

Se o sacado tem vários estabelecimentos e o endosso é feito em benefício de um deles, que não aquele sobre o qual o cheque foi sacado, permanece ele em circulação interna – e, pois, não haverá quitação aos obrigados senão depois de pago e recolhido o cheque pelo estabelecimento sobre o qual foi sacado, isto é, pela *agência* pagadora em que o emitente mantém conta corrente com fundos disponíveis.

## 5. Indicação do negócio subjacente no cheque emitido para pagamento e o texto inspirador, da Lei do Mercado de Capitais

Jamais houve proibição – e já por isso não macula a validade formal do cheque – à inserção de cláusula descritiva, no seu dorso ou em alongamento

---

21. A Lei 4.728, de 14.7.1965 – Lei do Mercado de Capitais –, dispõe, no art. 52, que o endosso de cheque nominal, pago pelo sacado, prova o recebimento pelo beneficiário e endossantes subsequentes. Se o cheque indica a causa da emissão, sua liquidação pelo sacado igualmente prova o pagamento da obrigação indicada no título. É uma das mais importantes contribuições do direito interno ao estatuto internacional do cheque, literalmente absorvida pela Lei 7.357/1985, no parágrafo único do art. 28, como disposição extracambiária, mas de suma pertinência.

anexo, da origem ou destinação da ordem de pagamento, com menção sumária ao negócio subjacente e sua identificação etc. Sobretudo depois da Lei 4.728, de 14.7.1965 (que disciplina o mercado de capitais), essa faculdade implícita de imputação do pagamento tornou-se legítima desde então, em face do texto explícito e até analítico do *parágrafo único do art. 52*, inclusive para os fins probatórios especialmente ali indicados, *verbis*: "Parágrafo único. Se o cheque indica a nota, fatura, conta cambial, imposto lançado ou declarado a cujo pagamento se destina, ou outra causa da sua emissão, o endosso do cheque pela pessoa a favor da qual foi emitido e a sua liquidação pelo banco sacado provam o pagamento da obrigação indicada no cheque".

Sublinhe-se que a inserção, na Lei Interna, no parágrafo único do art. 28, do texto extracambiário *supra* constitui novidade em relação à Lei Uniforme; mas consubstancia oportuna transposição quase que rigorosamente literal do teor da utilíssima disposição do parágrafo único do art. 52 da Lei do Mercado de Capitais a serviço da Lei Interna do Cheque.

Aliás, os funcionários dos caixas dos bancos tomam a iniciativa de apor no verso dos cheques a *anotação* que estabelece o liame entre o cheque e sua destinação, suprindo eventual omissão da indicação a que se refere o parágrafo único do art. 52 da Lei 4.728/1965 (ou parágrafo único do art. 28 da Lei 7.357/1985) – o que comprova a eficácia da cláusula de imputação do pagamento, sem que a integridade do cheque imputado seja afetada.

Em conclusão, quanto ao endosso ao sacado, o texto do § 2º do art. 18 da Lei Interna, ao lhe emprestar apenas a validade de quitação, dá acolhida à correspondente previsão da Lei Uniforme e ratifica em sua generalidade a especificidade ampliativa do *caput* do art. 52 da Lei do Mercado de Capitais. E, quanto à quitação aos obrigados, a Lei Interna ratifica texto doméstico anterior, que constitui inovação elogiável e apropriada diante do silêncio justificado do texto convencional genebrino, que só trata da disciplina do cheque.

*V.: anotações ao art. 28 e seu parágrafo único, inclusive quanto a cheques imputados, isto é, destinados a pagamentos de "imposto lançado ou declarado", ou outras obrigações fiscais para com a administração dos poderes públicos em geral; cheques estes que não são suscetíveis de transmissão a nenhum título, inclusive por endosso ou por cessão civil, exceto endosso ao sacado.*

### 6. Transferência anômala – Advertência e algumas considerações

Diz o início do § 2º do art. 18 da Lei Interna que "vale como em branco o endosso ao portador", reproduzindo normatividade uniformizada.

Mas essa regra está prejudicada e com sua vigência suspensa, porque o direito interno brasileiro atual limitou os títulos ao portador ou em branco, isto é, com ocultação do nome do beneficiário ou, por extensão, do endossatário, salvo de pequeno valor.

Daí por que, no caso de cheque, os textos da Lei 7.357 que sejam considerados agora infringentes, que ainda contemplem essa eventualidade, têm de ser interpretados restritivamente, com as cautelas de adequação à norma cogente de controle fiscal que impera desde a edição do "Plano Collor", como principal instrumento de controle da Receita Federal sobre eventual sonegação de impostos pelos contribuintes,[22] sobretudo pela possibilidade de cruzamento com dados da declaração de imposto de renda.

Conhece-se um caso de ação ordinária de locupletamento (e não de execução cambial) estampado no acórdão da 3ª Turma do STJ no REsp 203.678-RJ em que se cogitou da Lei 8.021, de 12.4.1990 (sobre cheque em branco ou beneficiário não identificado), de que foi relatora a Min. Nancy Andrighi, de 20.9.2001, cuja ementa espelha solução pragmática para uma casuística peculiar, de cobrança movida por terceira pessoa que se fez de beneficiária detentora por tradição manual de cheque prescrito, preenchido em nome dessa sócia de empresa prestadora do serviço que deu origem à emissão em branco do título. É a seguinte a ementa: "Processo civil e comercial – Prestação de serviços – Emissão de cheque para pagamento da empresa contratada – Cobrança procedida pela sócia da empresa prestadora do serviço, em nome próprio – Indicação como beneficiária – Ausência de endosso pelo original credor – Irrelevância. É possível que a detentora do cheque sócia da empresa prestadora do serviço se apresente como credora e exija o adimplemento do emitente do cheque, sem desqualificar a exigibilidade do título, ainda que não tenha se identificado como endossatária, dadas as peculiaridades da cobrança pela sócia da empresa credora. A indicação do beneficiário do cheque no seu anverso é suficiente para que este promova a cobrança do crédito que lhe foi transferido".[23]

A ação teve desfecho no Tribunal *a quo* de extinção por carência, à falta de interesse e ilegitimidade de parte de terceiro para postular em nome próprio, como prejudicado, sobre direito alheio relativo a negócio subjacente que deu origem ao cheque.

Pensamos que o caso, de transferência anômala, seria de aplicação do art. 16 da Lei 7.357/1985, com o mesmo resultado.

---

22. *Revista Veja – Investimento*, ed. especial de novembro/2001, p. 52.
23. *DJU* 8.10.2001.

Diz o voto-condutor: "É verdade que a autora não é, propriamente, endossatária, porque não houve endosso do cheque nem em branco, mas, como portadora, salvo aquisição do cheque com intuito de prejudicar o réu, apresenta-se como legítima detentora da cártula. Mesmo que se considere que o detentor do cheque *à ordem* é considerado portador legitimado se provar seu direito por uma série ininterrupta de endossos, mesmo que o último seja em branco (art. 22 da Lei n. 7.357/1985), no presente caso, foi indicado o beneficiário do cheque no seu anverso, e este é que está promovendo a cobrança do crédito que lhe foi transferido. Prescindível, pois, o prévio endosso, destacando-se que o art. 8º, incisos I e III, da Lei n. 7.357/1985 rezam que pode-se estipular no cheque que seu pagamento seja feito: (...) I – a pessoa nominada, com ou sem cláusula expressa *à ordem*; III – ao portador. Anote-se que com o advento da Lei n. 8.021, de 12.4.1990, que dispõe sobre a identificação dos contribuintes para fins fiscais, não mais há que se falar em título de crédito *ao portador*, porque foi vedado o pagamento ou resgate de qualquer título ou aplicação, bem como dos seus rendimentos ou ganhos, a beneficiário não identificado (art. 1º). A legitimidade da autora é ressaltada pela detenção do cheque e sua indicação como beneficiária, sem que se tenha arguido má-fé na aquisição do título de crédito, ou intuito de prejudicar o réu. Forte nestas razões, dou provimento ao recurso especial, para restabelecer a sentença".

Algumas considerações.

Ao que se depreende, os cheques, devolvidos pelo sacado, sem pagamento e já prescritos, teriam sido emitidos em branco quanto ao nome do beneficiário, não identificado, e depois preenchidos com o nome da pessoa física da sócia da empresa credora, inobstante destinados ao pagamento de serviços prestados pela pessoa jurídica.

A referência, pelo acórdão, à Lei 8.021/1990 autoriza supor, por pertinência, que se trate de cheques emitidos depois desse diploma, que veda o pagamento pelo banco de cheques ao portador ou que ocultem o nome do beneficiário; inferindo-se que, recebidos em branco pela empresa credora, foram preenchidos com o nome da sócia como beneficiária. De modo que no momento do uso público dos cheques (ao serem apresentados ao sacado) já atendiam aos ditames de vedação de pagamento a beneficiário não identificado. A lei admite a emissão de cheque incompleto e o preenchimento não abusivo de claros por terceiros (arts. 16 e 25 da Lei 7.357/1985 e Súmula 387/STF); e tal fato não pode ser oposto ao portador, a não ser que o tenha adquirido de má-fé, em detrimento do devedor. Na verdade, essas foram as razões profundas adotadas pelo voto-condutor quando concluiu que a indicação (preenchimento) do nome da autora, e não da empresa, como beneficiária, sem prejudicar o emitente – fato, este, reconhecido nas instâncias locais, e à falta de arguição de má-fé na aquisição do cheque –, é suficiente para legitimar sua portadora à cobrança do crédito que lhe foi transferido por aquele artifício usual transverso.

Isso nos reconduz ao início: o risco da emissão de cheque em branco (com ocultação do nome do verdadeiro beneficiário) é que, preenchido com o nome de terceiro, como beneficiário ostensivo, este se legitima por esse modo de "regularização" do título como credor originário, e não como endossatário. E nenhuma exceção pessoal ou da causa de sua emissão é oponível, em princípio, se o portador em nome próprio não o adquiriu de má-fé, nem em detrimento do devedor; e, como visto, até mesmo em ação causal, de locupletamento ilícito ou injusto, a exceção de ilegitimidade é repelida se nenhum prejuízo a "transferência" anômala causou ao emitente, desatento, ademais, aos princípios cartulares e aos ditames da Lei 8.021/1990, que reprime a emissão de cheque sem identificação dos sujeitos titulares do valor da ordem de pagamento, sejam beneficiários ou endossatários. *V.: art. 22, n. 1, distinção entre "detentor" e "portador legitimado".*

• **Lei 7.357/1985, art. 19**

**Art. 19. O endosso deve ser lançado no cheque ou na folha de alongamento e assinado pelo endossante, ou seu mandatário com poderes especiais.**

**§ 1º. O endosso pode não designar o endossatário. Consistindo apenas na assinatura do endossante (endosso em branco), só é válido quando lançado no verso do cheque ou na folha de alongamento.**

**§ 2º. A assinatura do endossante, ou a de seu mandatário com poderes especiais, pode ser constituída, na forma de legislação específica, por chancela mecânica, ou processo equivalente.**

• **Lei Uniforme, art. 16º**

**Artigo 16º**
**O endosso deve ser escrito no cheque ou numa folha ligada a este (anexo). Deve ser assinado pelo endossante.**

**O endosso pode não designar o beneficiário ou consistir simplesmente na assinatura do endossante (endosso em branco). Neste último caso, o endosso, para ser válido, deve ser escrito no verso do cheque ou na folha anexa.**

• **Não há Reservas**

*Forma do endosso: lançamento e assinatura no dorso*
  *e tradição física do título*

O art. 19, com seus §§ 1º e 2º, da Lei Interna adota, com técnica aperfeiçoada, as disposições uniformizadas em Genebra no art. 16º sobre a *forma* do endosso, que implica dois atos físicos: *assinatura* e *tradição*, com designação ou não do endossatário.

Cuida o *caput* do art. 19 do aspecto tópico, do local em que deve ser lançado o endosso: no dorso, isto é, no verso do próprio cheque, ou na folha anexa de alongamento, contendo necessariamente a assinatura do endossante, com facultatividade da data; e eventualmente o vocábulo "endosso" (quando lançado no anverso). Prevê dois fatos circunstanciais quanto à assinatura: por chancela mecânica e por mandatário legitimado. Vejamos.

O endosso deve ser lançado por escrito no cheque ou em papel anexo que represente seu alongamento, e assinado pelo endossante. O primeiro endosso é feito pelo beneficiário ou tomador identificado.

Sendo a assinatura lançada no verso, isto é, no dorso ou costas do cheque, dispensa-se a expressão "por endosso". Se a assinatura for lançada na face impõe-se que a referida expressão venha *escrita*, para não se confundir com o *aval* correspondente ao valor presumido da assinatura, sem discriminação, aposta no rosto do cheque por quem não seja o emitente (art. 26º, alínea 3ª, da Lei Uniforme) ou o sacado (art. 25º, alínea 2ª, da Lei Uniforme), respectivamente arts. 29 e 30 da Lei 7.357/1985.

A regra para o aval é seu lançamento no rosto (face ou anverso). A regra para o endosso é seu lançamento no verso ou dorso.

Em caso de cheque ao portador com assinatura inespecificada lançada por terceiro no dorso do cheque, em que controvertiam as partes sobre representar endosso ou aval, decidiu por presunção a 2ª Câmara Cível do extinto TARS, em acórdão de 31.7.1973, relator o Juiz Alaor Antônio Wiltgen Terra, na dúvida, e pelas circunstâncias da hipótese, tratar-se de endosso, e não aval.[24]

Tratando-se de endosso em branco, para ser válido deverá ser escrito no verso do cheque ou na folha anexa.

O endosso pode ser *em branco* (sem designação de endossatário) ou *em preto* (com indicação do endossatário). *V., sobre "endosso em branco": advertência nas anotações aos arts. 18, n. 6, e 20, n. 2.*

• **Lei 7.357/1985, art. 20**

**Art. 20. O endosso transmite todos os direitos resultantes do cheque. Se o endosso é em branco, pode o portador: I – completá-lo com o seu nome ou com o de outra pessoa; II – endossar novamente o cheque, em branco ou a outra pessoa; III – transferir o cheque a um terceiro, sem completar o endosso e sem endossar.**

24. *RT* 459/231.

- **Lei Uniforme, art. 17º**

### Artigo 17º

O endosso transmite todos os direitos resultantes do cheque.

Se o endosso é em branco, o portador pode:

1º) preencher o espaço em branco, quer com o seu nome, quer com o nome de outra pessoa;

2º) endossar o cheque de novo em branco ou a outra pessoa;

3º) transferir o cheque a um terceiro sem preencher o espaço em branco nem o endossar.

- **Não há Reservas**

### 1. Efeitos do endosso: transmissão de direito com eventual garantia do endossante

O art. 20 da Lei 7.357/1985, haurido do art. 17º da Lei Uniforme, deixa expressos os efeitos do endosso: transmissão de todos os direitos resultantes do cheque, com as garantias que o acompanham,[25] "salvo estipulação em contrário" – completa o art. 21.

O principal efeito subjacente ao endosso é a transferência do *direito à provisão*, que será exercido pelo endossatário, correspondente a uma prestação de fato (pagamento) por parte do sacado. O efeito secundário é eventual garantia.

### 2. Endosso em branco: faculdades conferidas ao portador

Na alínea 2ª do art. 17º da Lei Uniforme vêm enumeradas as três faculdades que o endosso em branco confere ao portador – assim denominado pela lei, no contexto, o endossatário não identificado –, ratificadas nos incisos I a III do art. 20 da Lei Interna: de completar, de reendossar e de ceder sem completar e sem endossar.

Advirta-se que, pelos objetivos da Lei 8.021/1990 de identificação dos favorecidos, o usual é o endosso *em preto*, para cada movimentação financeira por via bancária através de cheques pagáveis no País, sob pena de recusa de pagamento e devolução pelo banco sacado pelo motivo da alínea 48 das *Instruções para Compensação* emanadas pelo Banco Central.

---

25. No mesmo sentido dispõe o art. 893 do CC/2002.

## 3. Cessão e endosso equivalente a cessão: hipóteses e efeitos

A transferência da posse, isto é, mera tradição pelo portador a terceiro, não apondo assinatura (de endosso), corresponde a simples cessão, que não vincula o transmitente (portador inominado) à obrigação cambiária correspondente ao título que lhe viera às mãos por endosso em branco. Cuida-se, pois, de transmissão não cambiária, transferência por mera tradição, isto é, sem endosso, equivalente aos efeitos de simples cessão de direito.

Entretanto, a transmissão *por assinatura* caracterizará *endosso equivalente a mera cessão* nos seus efeitos jurídicos, em duas hipóteses: (a) endosso de cheque nominal emitido com cláusula não à ordem (parágrafo único do art. 17); e (b) endosso póstumo, isto é, posterior ao protesto ou à expiração do prazo de apresentação (art. 27). Já, em terceira hipótese, o endosso-transgressão de cláusula lançada pelo endossante proibindo novo endosso (parágrafo único do art. 21) nem sequer equivale a cessão, e até mesmo desobriga tal contrariado endossante de garantir o pagamento a quem o cheque seja posteriormente endossado ou cedido, por violar cláusula expressa restritiva absoluta da circulação.

*V.: anotações, respectivamente, aos arts. 17, 21 e 27.*

## 4. A garantia parcial, todavia, não é incompatível com transmissão total dos direitos

O art. 20, *caput*, da Lei Interna, ao dispor que o endosso transmite "todos os direitos resultantes do cheque" (como, de resto, já dispunha o correspondente art. 17º da Lei Uniforme), figura no contexto expositivo da Lei 7.357/1985 como premissa da vinculação à responsabilidade que na sequência o art. 21 enuncia – " (...) o endossante garante o pagamento" –, se não lançou estipulação em contrário, do valor (integral) do endosso.

Portanto, aparente corolário da integridade do endosso seria a assunção da garantia também não parcial, isto é, integral, do pagamento, pelo endossante.

Poder-se-á, todavia, contrapor que a integridade da transmissão do direito, por si só, não implica a integralidade da obrigação de garantia, em face da possibilidade de exclusão desta última pelo endossante total, mas garantidor parcial; é que quem pode o mais (excluir a garantia total) pode o menos, isto é, assumir garantia só parcial do total transmitido. Só a transferência é sempre total; a garantia, não.

Assim, pendemos para a solução mais conveniente ao interesse do endossatário, em favor da circulação, que é poder o endossante (pelo valor integral) lançar ressalva de restrição parcial de garantia, que se situe no meio-termo entre garantia total e nenhuma garantia. Vale dizer, cabível é a estipulação pelo endossante de garantia parcial de pagamento do valor do cheque transferido por endosso total.

• **Lei 7.357/1985, art. 21**

Art. 21. Salvo estipulação em contrário, o endossante garante o pagamento.
Parágrafo único. Pode o endossante proibir novo endosso; neste caso, não garante o pagamento a quem seja o cheque posteriormente endossado.

• **Lei Uniforme, art. 18º**

Artigo 18º

Salvo estipulação em contrário, o endossante garante o pagamento.

O endossante pode proibir um novo endosso, e neste caso não garante o pagamento às pessoas a quem o cheque for posteriormente endossado.

• **Não há Reservas**

*1. Responsabilidade do endossante: regra de garantia que comporta exceção exonerativa e o art. 914 do CC/2002*

Nas anotações ao art. 12º da Lei Uniforme (art. 15 da Lei Interna) ficou dito que o sacador garante o pagamento. Idem, o endossante e o avalista (respectivamente, arts. 21 e 29 da Lei 7.357/1985). Tanto que o portador tem ação contra todos, como dispõe o art. 51 da Lei 7.357 (art. 44º da Lei Uniforme), que esse é o efeito prático da garantia solidária dos coobrigados: responsabilidade pelo pagamento.

O art. 18º da Lei Uniforme (art. 21 da Lei Interna) estabelece que, salvo estipulação em contrário, também o endossante garante o pagamento.

A regra é a garantia. Para exonerar-se é preciso que o endossante lance a estipulação escrita no próprio cheque, através de expressão excludente que indique "sem garantia" ou "garantia parcial", indicando o valor-limite dessa garantia.

A cláusula restritiva tem interpretação estrita: só exclui a responsabilidade do endossante que a tenha estipulado, e só em relação a quantos venham a ter o cheque subsequentemente.

O art. 914 do CC/2002 erige presunção inversa: ressalvada cláusula expressa em contrário, constante do endosso, não responde o endossante –

norma que não é aplicável ao cheque, pela prevalência da normatividade da lei especial em sentido diverso.

## 2. O endossante responde sempre pela existência do direito, mas pode proibir novo endosso – Efeitos

O art. 18º, alínea 2ª, da Lei Uniforme, recepcionado no parágrafo único do art. 21 da Lei Interna, faculta ao endossante proibir que o endossatário promova novo endosso subsequente do cheque. E a cláusula "não à ordem" é utilizável não só pelo sacador como por qualquer endossante, e seu lançamento provocará a interrupção na sequência de novos endossos.

De Semo, invocado por Bonfanti-Garrone,[26] refere-se à ressalva que exime o endossante de garantir o pagamento como uma das cláusulas dispositivas derrogatórias consentidas pela lei, que, no dizer destes últimos, é a derrogação dos próprios preceitos da lei a respeito da normal responsabilidade pelo pagamento.

Evidenciado tratar-se de exceção, a estipulação de exoneração da garantia do pagamento (art. 21, *caput* e parágrafo único) deve ser interpretada restritivamente, também no sentido de que não inclui exoneração da garantia de *existência* do crédito endossado, ou, melhor, do direito transferido, tal como já ocorre com o cedente, na cessão civil, que, não garantindo o pagamento, todavia não se exonera da responsabilidade correspondente à afirmação da *existência* do direito cedido.

Infringida a estipulação, os posteriores portadores não contarão com a garantia do endossante que tenha estabelecido a proibição. A conveniência de datação do endosso com restrições à circulação e à garantia revela-se evidente nesse contexto.

O cheque com endosso expressamente proibido pode ser, da mesma forma que o cheque com cláusula originária *não à ordem*, objeto de cessão ordinária, na forma do art. 14º, alínea 2ª, da Lei Uniforme, recepcionado no art. 17, § 1º, da Lei 7.357/1985. Contendo, porém, cláusula *não transmissível*, o cheque não pode circular nem mesmo por via de cessão; isto é, só pode obrigar o emitente e ser pago pelo sacado exclusivamente em face do portador indicado.

Pelo exposto nas anotações ao art. 20, *retro*, é de se reafirmar, em conclusão, que entendemos cabível a interpretação integrada do *caput* do art. 20 com o *caput* do art. 21 da Lei Interna: o endosso integral não é incompatível

---

26. Bonfanti-Garrone, *El Cheque*, 2ª ed., Buenos Aires, Abeledo-Perrot, 1975, n. 75, p. 129.

com a garantia de pagamento parcial estipulada no ato de transferência; que esse deve ser o alcance da expressão "salvo estipulação em *contrário*" (art. 21), que não quer dizer garantia de "tudo-ou-nada".

• **Lei 7.357/1985, art. 22**

**Art. 22. O detentor de cheque "à ordem" é considerado portador legitimado, se provar seu direito por uma série ininterrupta de endossos, mesmo que o último seja em branco. Para esse efeito, os endossos cancelados são considerados não escritos.**

**Parágrafo único. Quando um endosso em branco for seguido de outro, entende-se que o signatário deste adquiriu o cheque pelo endosso em branco.**

• **Lei Uniforme, art. 19º**

**Artigo 19º**

**O detentor de um cheque endossável é considerado portador legítimo, se justifica o seu direito por uma série ininterrupta de endossos, mesmo se o último for em branco. Os endossos riscados são, para este efeito, considerados como não escritos. Quando o endosso em branco é seguido de um outro endosso, presume-se que o signatário deste adquiriu o cheque pelo endosso em branco.**

• **Não há Reservas**

O art. 19º da Lei Uniforme, correspondente ao art. 22 da Lei Interna, cuida da legitimidade da detenção de cheque endossável, dos efeitos do endosso riscado e do endosso em branco seguido de outro igual. *V.: advertências nos arts. 18, n. 6; e 20, n. 2; e, ainda, anotações aos arts. 24 e 39.*

*1. Introdução – Distinção entre detentor
e portador legitimado de cheque endossável*

O art. 19º da Lei Uniforme, atento à obrigação do banco sacado de pagar com segurança e ao encargo do banco intercalar (quando intermediador da apresentação) de dar curso à ordem de pagamento, contempla duas situações, agora disciplinadas com melhor técnica legislativa no art. 22, *caput*, e no seu parágrafo único, da Lei Interna, sobre cheque *à ordem*, ou, melhor, *endossável* (que é aquele *com* ou *sem* cláusula *à ordem*).[27]

---

27. Frise-se que o *caput* do art. 911 do CC/2002 estabelece no mesmo sentido do art. 22 da Lei do Cheque e do art. 19º da Lei Uniforme.

No *caput* há uma subdivisão dos temas coligados por relação de subordinação de assuntos.

Estabeleceu-se nítida gradação de posições jurídicas entre o *detentor* (possuidor precário), que, para ser *elevado* à condição de *portador legitimado* de um cheque endossável, deverá – como ônus seu – provar seu alegado direito, por uma série ininterrupta de endossos. Ou seja, cuidando-se de *cheque endossável*, altera-se a presunção genérica de que a posse seja o fato que gera legitimação do possuidor; este é tratado como *detentor* até prova em contrário. O detentor, porque exerce posse sem titularidade jurídica, mantém relação exclusivamente de fato sobre o título, com proteção limitada pela lei. Mas, uma vez feita pelo detentor a prova da série ininterrupta de endossos sucessivos que lhe confiram legitimação formal, sua será, por presunção e até prova em contrário, a titularidade do direito inscrito no cheque em seu poder, independentemente de outras indagações.

E, como complemento de equilíbrio dessa *conditio juris*, dispõe o texto que, para o efeito dessa prova da continuidade ou ininterruptividade, "os endossos cancelados são considerados não escritos", isto é, como inexistentes; e, portanto, o endosso anterior ao cancelado liga-se ao endosso posterior, numa cadeia ininterrupta, em benefício do detentor onerado com o dever de provar a regularidade para se tornar portador legitimado e ser como tal tratado. *V., retro: art. 18, n. 6, "Transferência anômala – Advertência e algumas considerações", REsp 203.678-RJ, tratamento dispensado a beneficiário detentor de cheque, sem má-fé, e n. 3 deste art. 22, sobre "ônus da prova que incumbe ao detentor".*

## 2. Sequência de endossos
### e o encargo de verificação pelos bancos

E é, ainda, para facilitação daquela comprovação que o parágrafo único do art. 22 da Lei Interna destacou, como critério de interpretação, que a sequência de endossos em branco implica entendimento de que o signatário do último endosso contínuo em branco adquiriu o cheque pelo endosso também em branco, como dispõe o art. 911 do CC/2002.

Essa normatividade tem direção técnica certa: os bancos, sacado e apresentante (art. 39, *caput*, primeira e segunda partes, da Lei 7.357/1985).

O art. 39 da Lei Interna robora o encargo, imposto ao banco *sacado*, de "verificar a regularidade da série de endossos", estendendo igual encargo ao banco *intercalar* (o banco *apresentante* do cheque ao serviço de compensação). Isso porque são os bancos, com exclusividade, os *depositários* da provisão e os peritos da *triagem* dos cheques, que são ordens de pagamento *bancário* à vista, a eles dirigidas pelos depositantes.

## 3. Cancelamento do endosso e seus efeitos e ônus da prova do detentor para ser considerado portador legitimado

A legitimidade da posse do cheque endossável não se presume. A lei impõe o ônus da prova, a justificar o direito do detentor do cheque por uma série ininterrupta de endossos, mesmo que o último seja em branco.

A lei admite o cancelamento do endosso, como se vê na alínea 2ª do art. 47º da Lei Uniforme: "Qualquer endossante que tenha pago o cheque pode inutilizar o seu endosso e os endossos dos endossantes subsequentes" – com o quê o endossante que pagou se exclui do regresso, estendendo a exclusão aos endossantes *posteriores*, conforme o parágrafo único do art. 54 da Lei Interna; com o quê fica-lhe assegurado o direito de regresso contra os endossantes *anteriores*, isto é, na escala ascendente.

Se esse endossante que pagou excluir endossante anterior, embora não o diga a lei, estará desfalcando a garantia contra si mesmo, já que o art. 19º da Lei Uniforme estabelece objetivamente a regra da invalidade do endosso riscado. No mesmo sentido o art. 22 da Lei Interna. Na prática, o endossante que pagou perde o direito de cobrança em regresso contra endossantes anteriores cujos endossos ele próprio tenha cancelado.

O endosso riscado é considerado como não escrito, para os efeitos da justificação de legitimidade do direito do detentor do cheque dentro de uma série ininterrupta de endossos.

A última parte do art. 19º do texto genebrino (parágrafo único do art. 22 da Lei Interna) traz uma presunção absoluta de ter o signatário do endosso que se segue a outro em branco adquirido o cheque por endosso também em branco.

O portador do endosso, neste caso, não perde o direito de: preencher o espaço com seu nome ou nome de terceiro; endossar de novo em branco ou em preto; e mesmo de transferir o cheque a terceiro sem preenchimento do espaço em branco ou sem endossar (art. 17º da Lei Uniforme, absorvido pelo art. 20 da Lei Interna).

• Lei 7.357/1985, art. 23

Art. 23. O endosso num cheque passado ao portador torna o endossante responsável, nos termos das disposições que regulam o direito de ação, mas nem por isso converte o título num cheque "à ordem".

• **Lei Uniforme, art. 20º**

Artigo 20º

Um endosso num cheque passado ao portador torna o endossante responsável nos termos das disposições que regulam o direito de ação, mas nem por isso converte o título num cheque à ordem.

• **Não há Reservas**

*Endosso de cheque ao portador – Responsabilidade para o endossante, sem conversão da natureza do título*

Há diferença entre *endosso* e *tradição*: aquele pressupõe aposição de assinatura, seguida da tradição. Trata-se de uma relação de mais para menos, com consequências jurídicas na mesma proporção.

Cuida-se, aqui, do endosso de cheque ao portador, que vincula o endossante à responsabilidade, nos termos das disposições que regulam o direito de ação (e de regresso), mas sem transmudar o cheque emitido ao portador, *ex lege* limitado atualmente quanto ao seu valor. Vale dizer, salvo cláusula ou estipulação em contrário, o endossante garante o pagamento por força do endosso, como pode proibir novo endosso; e, se for demandado, aplica-se-lhe a restrição de inoponibilidade de exceções pessoais disposta no art. 25 da Lei Interna, sem que ocorra conversão do título *ao portador* em cheque *à ordem*.

O art. 23 da Lei Interna reproduz *ipsis litteris* o art. 20º da Lei Uniforme. Cheque ao portador, desde a vigência da Lei 8.021, de 12.4.1990, não pode ultrapassar o valor de R$ 100,00 para ser acolhido no sistema bancário.

Os efeitos jurídicos do endosso (a cada direito corresponde ação que o assegure) ligam o endossante à responsabilidade regressiva que assume ao imprimir circulação ao cheque "ao portador" perante aquele que estiver subsequentemente na posse do título endossado.

Reitera-se a ressalva de que o direito positivo brasileiro posterior à Lei do Cheque restringe o uso dos títulos sem identificação do beneficiário, como é o caso do cheque ao portador tratado no art. 23.

Não se confunda, outrossim, *endosso ao portador* com *cheque ao portador*.

Pontes de Miranda observa: "O endosso do cheque ao portador insere o possuidor, como endossante, na vida do título ao portador. O título não muda de natureza: o portador posterior legitima-se com a posse, salvo se o endosso foi em preto, caso em que o endossatário inicia a cadeia dos possuidores posteriores ao endossante e pode, se endossa o título, ligar-se como endossante".[28]

• **Lei 7.357/1985, art. 24**

**Art. 24. Desapossado alguém de um cheque, em virtude de qualquer evento, novo portador legitimado não está obrigado a restituí-lo, se não o adquiriu de má-fé.**

**Parágrafo único. Sem prejuízo do disposto neste artigo, serão observadas, nos casos de perda, extravio, furto, roubo ou apropriação indébita do cheque, as disposições legais relativas à anulação e substituição de títulos ao portador, no que for aplicável.**

• **Lei Uniforme, art. 21º**

**Artigo 21º**

**Quando uma pessoa foi por qualquer maneira desapossada de um cheque, o detentor a cujas mãos ele foi parar – quer se trate de um cheque ao portador, quer se trate de um cheque endossável em relação ao qual o detentor justifique o seu direito pela forma indicada no art. 19º – não é obrigado a restituí-lo, a não ser que o tenha adquirido de má-fé, ou que, adquirindo-o, tenha cometido uma falta grave.**

• **Há Reserva do art. 12º do Anexo II**

**Artigo 12º**

**Qualquer das Altas Partes Contratantes reserva-se a faculdade de não aplicar o art. 21º da Lei Uniforme pelo que respeita a cheques ao portador.**

*1. Desapossamento anômalo do cheque – Restituição: boa-fé, falta grave e má-fé do novo possuidor e tutela ao desapossado*

O texto, inserido no capítulo "Da Transmissão", regula a restituição, em caso de desapossamento do cheque em sentido amplo, por alguém, em virtude de qualquer evento, instituindo a regra da não devolução pelo *novo* possuidor, portador de boa-fé, legitimado nos termos do art. 22, isto é, desde que não o tenha adquirido de má-fé.

O problema seria de ocorrência mais restrita se nominal o cheque, máxime se contiver cláusula proibitiva de transmissibilidade, complementada com a cláusula para creditar em conta do beneficiário, e constar a imputação

---

28. Pontes de Miranda, *Tratado de Direito Privado*, cit., t. 37, § 4.121, p. 163.

a pagamento que dera causa à emissão (art. 28, parágrafo único, da Lei 7.357/1985).

O art. 24 da Lei Interna acolhe a regra do art. 21º da Lei Uniforme, cujo rigor foi parcialmente adotado no sentido, agora, de restringir a extraordinária proteção da posse somente ao novo "portador legitimado", e não mais ao simples *detentor* precário, que não tivesse adquirido o cheque de má-fé ou incorrido em *falta grave*. Em contrapartida, o novo direito doméstico afasta do texto a *falta grave* como motivo inibidor da proteção ao detentor, só negando-a, enfim, ao portador de má-fé, e não ao que apenas tenha cometido falta grave na aquisição do cheque, o que é um *minus* (negligência ou falta de diligência) em relação ao dolo.

Institui-se, nesse preceito, a prevalência da doutrina da boa-fé possessória na aquisição *a non domino*, em certos casos de *uti possidetis*,[29] a que o emitente deve acatamento, em princípio, em favor do portador e a benefício da circulabilidade cambiária, embora restrita no cheque.

É importante notar que a última alínea da Reserva 16ª do Anexo II, ao art. 32º da Lei Uniforme – art. 35 da Lei 7.357/1985 ("faculdade de determinar as medidas a tomar em caso de perda ou roubo dum cheque e de regular os seus efeitos jurídicos"), está presente no parágrafo único do art. 24 da Lei Interna, ora em exame.

Assegura-se ampliada tutela, por ação de anulação e substituição de títulos ao portador, para pessoa desapossada de cheque que não seja ao portador, isto é, nominal; aliás, em coerência com a situação legal brasileira. Reitere-se que, atualmente, estando em parte segregados os títulos ao portador, estabeleceu-se aquela ação especial de anulação e substituição de título como sendo o devido processo legal de que se pode valer a vítima de desapossamento de cheque *nominal* em casos de perda, extravio, furto, roubo ou apropriação indébita (a enumeração não é exaustiva, mas exemplificativa) – o que representa um avanço inédito.

De modo que o parágrafo único do art. 24 da Lei 7.357 é de transcendental importância, talvez não excedida por qualquer outro dispositivo de proteção das vítimas de desapossamento sem causa ou indevido de *cheque*, e do crime organizado (furtos ou roubos de talões de cheque em branco, praticados contra bancos).

Para *"roubo/extravio de talonário de cheques"*, v., do STJ: REsp 126.189; 126.819; 171.084; 227.364; 241.271; 261.558; 296.634; 397.470 e 480.498; AgR 73.221; 314.567; 356.934; 363.646; 450.101 e 506.276.

---

29. Lauro Muniz Barretto, *O Novo Direito do Cheque*, cit., vol. 1, p. 162.

A Reserva 12ª era no sentido de não aplicação da regra de desobrigação de restituição, do art. 21º da Lei Uniforme, *quando se tratasse de cheque ao portador*, hoje até o valor de R$ 100,00.

Em coerência, aliás, com nosso direito, que protege o título ao portador, prevendo sua recuperação quando ocorra o desapossamento injusto (art. 907 do CPC).

Assim, antes da vigência do art. 24 e seu parágrafo único da lei interna vigorava o art. 21º da Lei Uniforme, porém no que respeitava aos cheques que não fossem "ao portador"; ou seja, antes da Lei 7.357/1985 o texto genebrino disciplinava entre nós apenas o desapossamento do "cheque endossável", e não o do "ao portador", porque à época incidia a exclusão constante da Reserva convencional 12ª do Anexo II.

Ou seja, quanto ao cheque "ao portador", entendíamos, à luz da Lei Uniforme, que não havia razão para incidência dessa excepcional proteção legal exacerbada, concedida ao *detentor sem causa*, da desobrigação de restituição à vítima do desapossamento.

Duas eram as razões desse antigo entendimento que excluía o cheque *ao portador*: (1) *pertinência* – o texto contra a vítima encontrava-se no contexto legal do tratamento de cheque *pagável a favor de uma determinada pessoa, transmissível por via de endosso* (art. 14º da Lei Uniforme); (2) a *exceção* requer interpretação estrita.

Com o advento da Lei Interna operou-se uma metamorfose no texto legal, no sentido da incidência da tradicional doutrina não discriminatória, agora abrangente, do desapossamento dos cheques *ao portador* ao lado dos cheques endossáveis.

Para contrabalançar, a Lei Interna, no parágrafo único do art. 24, inovou, num aspecto relevante, em relação ao direito chéquico primitivo (Lei 2.591/1912) e ao direito uniforme puro (art. 21º, sem a Reserva 12ª), ao outorgar, agora, de modo direto e inequívoco, tutela jurisdicional específica eficaz ao desapossado, a qual, aliás, estava prevista genericamente noutra Reserva (16ª, última alínea), e por reenvio ao art. 36 da antiga Lei Cambial (Decreto 2.044/1908). A matéria é complexa e de difícil apreensão. Registre-se que o texto ora referido subsiste, porque, pela Conferência genebrina, trata-se de disposição de conveniência extravagante quanto "às medidas a tomar no caso de destruição, perda, roubo ou furto".

Confira-se e confronte-se a última alínea da Reserva 16ª (faculdade ao legislador interno de "determinar medidas a tomar em caso de perda ou roubo de um cheque e de regular os seus efeitos jurídicos") com o parágrafo único do art. 24 da atual Lei Interna do Cheque, que lhe deu acolhida ("Sem prejuízo do disposto neste artigo, serão observadas, nos casos de *perda*, extravio, furto, *roubo* ou apropriação indébita do cheque, as disposições legais relativas à anulação e substituição de títulos ao portador, no que for aplicável").

Esclarecendo, em termos objetivos e práticos, trata-se de formidável ampliação de norma de exceção contida no *caput* do art. 24: ao possuidor legitimado de cheque *nominal*, ou ao adquirente de boa-fé também de cheque *ao portador*, isto é, de valor não superior a R$ 100,00 assegura-se em princípio a desobrigação de restituí-lo.

E, por óbvio, quem for vítima de desapossamento de cheque, pelos motivos exemplificativamente enumerados no texto do parágrafo único do art. 24, tem ação própria de anulação e/ou substituição, com proveito do modelo processual básico disponível.

## 2. A complementaridade dos arts. 907 do CPC e 909 do CC/2002 ao parágrafo único do art. 24 da Lei 7.357/1985, em tutela da vítima de desapossamento

Note-se que o parágrafo único do art. 24 da Lei 7.357, ao enumerar paritariamente casos de *não ilicitude* (perda e extravio) e casos de *ilicitude* ou *delituosos* (furto, roubo, apropriação indébita), estabelece dois grupos de fatos heterogêneos relevantes ao fim visado, equiparando-os, homogeneizando-os nos seus efeitos quanto ao direito de ação protetiva assegurado à vítima do desapossamento, o que representa grande avanço.

Recorrendo-se à disposição do art. 907 do CPC, a que faz envio o citado parágrafo único do art. 24 da Lei Interna do cheque, constata-se a seguinte complementaridade, quanto à legitimidade ativa da ação ali prevista para aquele que tiver *perdido* cheque ou dele sido *injustamente desapossado*, seja o emitente ou coobrigado, seja o titular do direito. Poderá, pois, o desapossado, ou o proprietário do título extraviado (art. 909 do CC/2002), além de manifestar oposição ao pagamento junto ao banco sacado (art. 36) para sustar por medida cautelar administrativa o pagamento: (a) em caso de *ser* conhecido o destino do título, reivindicá-lo da pessoa que o detiver ilegitimamente; (b) em caso de *não ser* conhecido o paradeiro do cheque, requerer-lhe a anulação (e, se for o caso, sua substituição por outro).

Se o desapossado injustamente for o próprio emitente, poderá optar pela contraordem, sem prejuízo das ações judiciais que melhor tutelarem seus direitos.

## 3. Proteção à aquisição de boa-fé de cheque endossável e a exceção de má-fé ou falta grave

A regra é da proteção à aquisição de boa-fé de cheque endossável, em relação ao qual o detentor justifique seu direito, como ônus imposto, na forma do art. 19º da Lei Uniforme ou art. 22 da Lei Interna. Produz todos os efeitos jurídicos pertinentes, não sendo o detentor obrigado a restituí-lo em prejuízo próprio, se satisfizer os requisitos para ser considerado "portador legitimado", conforme condiciona o correspondente art. 22 da Lei Interna. Mas ao terceiro é oponível a exceção de má-fé. Aliás, como se vê no art. 25, ao portador que tenha adquirido o cheque conscientemente de má-fé o demandado (devedor prejudicado) pode opor até as exceções fundadas em suas relações pessoais com o emitente ou com os portadores anteriores.

À pessoa, pois, desapossada do cheque cabe o ônus da contraprova da má-fé ou falta grave imputável ao detentor, sob pena de arcar com o prejuízo pelo desapossamento.

*Quanto à falta grave*, v.: anotações pormenorizadas ao art. 16, especialmente n. 3.

## 4. Desapossamento por perda ou roubo de cheque e ação de anulação e substituição

O CPC/1939, em seu revogado art. 342, assegurava a todo aquele que tivesse perdido, ou a quem houvessem sido furtados títulos ao portador, o direito de reavê-los da pessoa que os detivesse, sem prejuízo das providências indicadas nos revogados arts. 336 a 341, através de ação reivindicatória, onde eram amplamente apreciados as alegações e os direitos das partes.

À luz do CPC/1973 sucede a mesma coisa, como se depreende dos arts. 907 e ss. E nem poderia ser diferente, ante o que dispõe o art. 909 do CC/2002.[30]

Prevê a Reserva do art. 16º do Anexo II, última alínea, a faculdade que tem o País de determinar medidas a serem tomadas no caso de perda ou roubo de cheque e de regular seus efeitos jurídicos. Mas, como já dito, a medida foi tomada, e se encontra no parágrafo único do art. 24 da Lei 7.357/1985.

No caso de extravio ou perda em que não ocorresse apresentação do cheque ao sacado por qualquer detentor para pagamento, a solução facultada ao País na Reserva do art. 16º do Anexo II, última alínea, já encontrava provimento analógico no art. 36 da antiga Lei Cambial (Decreto 2.044/1908)

---

30. Correspondente ao revogado art. 1.509 do anterior CC.

e no art. 1.509 do CC/1916 (art. 909 do CC/2002), inclusive a intimação motivada ao sacado para não pagar o cheque, complementada por outras providências judiciais necessárias ou de interesse do desapossado.

Na lição de Rodrigo Octávio,[31] sempre prestigiada pela jurisprudência que se formou ao longo da vigência da Lei 2.591/1912, e de plena aplicação à luz da Lei Uniforme e da Lei Interna do Cheque, nos termos do parágrafo único do art. 24 desta, o proprietário de um cheque extraviado poderá obter ordem de pagamento ou novo título para o exercício de sua ação. E para obter esse resultado deve agir como dispõem, no que forem aplicáveis, o art. 36 e os seus §§ do Decreto 2.044/1908, nas funções negativa ou positiva, isto é, desconstitutiva ou reconstitutiva (ou, mesmo, simplesmente restitutiva) do título.

*V.: anotações aos arts. 16, 18, 22, 25 e 35, n. 4.*

• **Lei 7.357/1985, art. 25**

**Art. 25. Quem for demandado por obrigação resultante de cheque não pode opor ao portador exceções fundadas em relações pessoais com o emitente, ou com os portadores anteriores, salvo se o portador o adquiriu conscientemente em detrimento do devedor.**

• **Lei Uniforme, art. 22º**

**Artigo 22º**

**As pessoas acionadas em virtude de um cheque não podem opor ao portador as exceções fundadas sobre as relações pessoais delas com o sacador, ou com os portadores anteriores, salvo se o portador, ao adquirir o cheque, tiver procedido conscientemente em detrimento do devedor.**

• **Não há Reservas**

*1. Limitação da defesa do demandado na ação de garantia por obrigação resultante de cheque que tenha circulado por endosso ou não, salvo hipóteses excepcionais, como de ciência do demandante sobre mácula no negócio subjacente, ensina o STJ*

Uma advertência inicial para perfeita distinção entre duas situações pertinentes ao capítulo "Da Transmissão": a ação instituída no parágrafo

---

31. Rodrigo Octávio, *Do Cheque*, Rio de Janeiro, Francisco Alves, 1913, p. 161.

único do art. 24 da Lei Interna é a ação de anulação-substituição outorgada ao desapossado do cheque, na posição de ocupante do polo ativo da relação processual (*autor*); enquanto a ação de garantia, como tal subentendida dos termos "demandado" ou "devedor", no art. 25 da Lei Interna, disciplina a *defesa* de garante que for compelido ao pagamento de cheque que tenha circulado *por endosso ou não*, ocupante do polo passivo da relação processual como réu ou executado, em pleito de cobrança, isto é, de cumprimento de "obrigação resultante de cheque" endossado ou cedido, conforme a ação por falta de pagamento prevista no art. 47 da Lei 7.357/1985, que não adentra em temas da espécie.

Infere-se dessa observação que o *demandado* na ação de garantia do art. 25 é o *obrigado chéquico*, o qual pode ou não ser a *vítima* do desapossamento (*autor* da ação prevista no parágrafo único do art. 24).

*Exceptio dolis generalis* é a defesa oponível contra o portador se este tiver procedido, na aquisição do cheque, conscientemente em detrimento do devedor (*réu* acionado); isto é, normalmente o demandado não poderia opor ao portador demandante exceções fundadas em relações pessoais com o emitente ou com os portadores anteriores, salvo hipóteses excepcionais que o próprio texto final do art. 25 expressamente indica.

A 4ª Turma do STJ decidiu que a inexistência do crédito representado por cheque *endossado* a faturizadora também poderá a ela ser oponível, *verbis*: "I – A autonomia do cheque não é absoluta, permitida, em certas circunstâncias, como a prática de ilícito pelo vendedor de mercadoria não entregue, após fraude notória na praça, a investigação da causa subjacente e o esvaziamento do título pré-datado em poder de empresa de *factoring*, que o recebeu por endosso".[32]

Está configurado o pressuposto autorizador da ressalva: o "detrimento do devedor" emitente, caracterizado no fato da aquisição, consciente da fraude, pelo portador do cheque.

Novamente, pela 3ª Turma, o STJ, no REsp 612.423-DF, em julgamento majoritário de 1.6.2006, relatora a Min. Nancy Andrighi,[33] caso de cheque pós-datado repassado a empresa de *factoring*, envolvendo discussão sobre mácula no negócio subjacente que deu origem à emissão, de ciência comprovada desse terceiro endossatário comprador do crédito consubstanciado no cheque, entendeu que as exceções pessoais oponíveis pelo devedor emitente, mesmo com a circulação do título, passam a ser oponíveis àquele

---

32. STJ, 4ª Turma, REsp 434.433-MG, rel. Min. Aldir Passarinho Jr., ementa no *DJU* 23.6.2003.

33. Ementa no *DJU* 26.6.2006, p. 132.

portador, ainda que se trate de operação própria de empresa de faturização e inobstante os princípios gerais de autonomia e independência (art. 13); e relegou, pela impossibilidade de cobrança do crédito, pela adquirente endossatária faturizadora, do emitente do cheque, a discussão sobre os prejuízos para ação própria de regresso a ser proposta em face do faturizado (beneficiário endossante do cheque), reconhecida sua nulidade pela não entrega da mercadoria que foi o negócio causal ou *causa debendi*.

Entretanto, o voto vencido do Min. Humberto Gomes de Barros dava prevalência aos princípios da autonomia e abstração, em segurança do comércio jurídico, entendendo-os inoponíveis ao endossatário do cheque pós-datado que recebeu o título de boa-fé, que, *verbis*: "Não cabe pesquisar a *causa debendi* do cheque ao portador, passado, por tradição ou endosso, às mãos de terceiro, faturizador de boa-fé".

## 2. Introdução à jurisdicionalidade do cheque e o contraditório em juízo

O princípio da abstração cambial mitiga-se quando surgida a lide a ser solvida pelo crivo do devido processo legal, na esfera da jurisdição. Aí, evidentemente, fica assegurado o direito ao contraditório, com ampla defesa; vale dizer, emerge a *causalidade* da obrigação (*causa debendi*), não só nos limites da permissão mínima estabelecida no modelo do art. 25 da Lei do Cheque, mas até além – por força não só da equidade, mas sobretudo como imperativo constitucional de justiça, com a Carta Magna de 1988, posterior à Lei Interna do Cheque, de 1985, e as cláusulas gerais do Código Civil/2002.

Nessa linha de entendimento, sobretudo priorizando a verdade real quando se trate de cheque *pós-datado*, nota-se uma tendência clara da jurisprudência que vem se formando, em sentido correto, que se constata em acórdão do TJMT objeto de recurso especial indeferido na origem, em que se pretendia obstar à discussão entre o demandado emitente e o beneficiário demandante sobre a causa da emissão por alegação de infringência ao art. 25, tendo o STJ negado provimento ao respectivo agravo do despacho denegatório, por decisão do Min. Antônio de Pádua Ribeiro, que enfatizou do aresto atacado no apelo extremo a seguinte ilustrativa ementa, no que aqui é pertinente: "Embargos do devedor – Cheque pré-datado – Prova documental – Começo de negócio não consumado – Investigação da *causa debendi* – Admissibilidade. Estando o título executivo vinculado a negócio não acabado, excepcionalmente é admissível investigar-se a causa da emissão".[34]

34. STJ, AI 293.693-MT, *DJU* 154-E, 10.8.2000, p. 288.

Ultrapassada, ou ao menos relativizada, está, excepcionalmente, neste ponto, a *abstração absoluta*, pelo primado da *verdade real* em juízo, como valor social relevante em caso de cheque, mesmo que tenha circulado por endosso ou cessão, não faz distinção o art. 25.

## 3. Ação cabível ao credor por obrigação resultante do cheque e a forma de defesa processual e sua amplitude

A primeira anotação que sugere a regra geral do texto do art. 25 da Lei Interna, que reproduz a normatividade do art. 22º da Lei Uniforme, é sobre a ação (de garantia) que corresponde ao credor do cheque que tenha circulado, por endosso ou não.

O art. 15 da Lei 2.591/1912 mandava aplicar ao cheque as disposições da antiga Lei Cambial (Decreto 2.044/1908), "em tudo que lhe for adequado, inclusive a ação executiva" e as defesas asseguradas ao demandado.

Com o advento do anterior Código de Processo Civil (Decreto-lei 1.608, de 18.9.1939) a ação executiva correspondente ao cheque passou a ser a via processual autonomamente assegurada, por força da disposição do inciso XIII do art. 298, assim concebida: "Além das previstas em lei, serão processadas pela forma executiva as ações: (...) XIII – dos credores por letra de câmbio, nota promissória ou *cheque*" (grifamos).

O Código de Processo Civil/1973, vigente a partir de 1.1.1974, suprimiu a ação executiva como processo de conhecimento e instituiu o processo de execução.

E o cheque continua a ser um dos títulos executivos extrajudiciais. Vem expressamente enumerado no art. 585, I, do CPC, pelo quê se assegura ao credor promover a execução forçada (art. 566), que atingirá o devedor, reconhecido como tal no título (art. 568, I).

A execução aparelhada para cobrança de crédito por cheque (arts. 47 e 51) é a que se funda em título líquido, certo e exigível (art. 586).

Reciprocamente, a defesa na execução é feita por via de embargos (arts. 736 e ss.), que abarcam as exceções em geral, que ultrapassam os limites do direito cambiário estrito (art. 745 do CPC).

## 4. Regra de inoponibilidade de exceções: ponderações cabíveis e o acesso do juiz à verdade

O art. 22º da Lei Uniforme (art. 25 da Lei Interna) estabelece a regra da inadmissibilidade da oposição de exceções fundadas nas relações pessoais dos coobrigados com o sacador de um cheque que, posto em circulação, tenha servido de fundamento de ação de cobrança promovida pelo portador.

Igualmente, não podem as pessoas acionadas opor como regra ao portador acionante exceções baseadas nas relações pessoais delas com os anteriores portadores.

A ressalva concessiva da oposição é feita para o caso em que o acionante portador tenha procedido conscientemente em detrimento do devedor acionado na aquisição do cheque (*exceptio dolis generalis*).

Mas, como dizem Rippert e Boulanger,[35] referidos por Lauro Muniz Barretto,[36] por mais *abstrato* que seja o direito, não pode ter a força de fazer inteira abstração da moralidade das partes – e, acrescentamos nós, da verdade –, até porque *res judicata pro veritate habetur*.

Aí adentramos o terreno da *sentença injusta*, de que fala Francesco Carnelutti,[37] ao defender o valor ontológico do julgado: a dedução é exata enquanto o que o juiz afirma como dever-ser seja o que deva-ser segundo a verdade, de modo que o valor lógico condiciona o valor ontológico do julgado. Prossegue enfatizando que, verdadeiramente, o valor do julgado depende da sua justiça ou da sua verdade, que são termos equivalentes; para concluir, enfaticamente, Carnelutti que uma das maiores debilidades do Direito é devida precisamente à dificuldade de obtenção de julgados ontologicamente válidos no processo de cognição; mas não sem antes ponderar o Mestre que o Direito não é senão uma das forças que governam a vida.

Pela moderna concepção de jurisdicionalidade, não pode prevalecer o ocultamento da verdade em "caixa preta" inacessível ao poder de jurisdição, porque é com base na verdade dos fatos que se estabelece a justiça, pois na verdade real está a essência do julgamento justo.

A vedação de acesso do juiz à verdade por inteiro constituiria uma absurda *capitis deminutio*, desautorizada pelo art. 14 do CPC, que o princípio jurídico da *abstração cambial* jamais teve por objetivo; se o tivesse, haveria de ser desprezado ou temperado, mormente sob a proteção da Constituição de 1988.

Que a matéria de que trata o art. 22º da Lei Uniforme, reproduzida no art. 25 da Lei Interna, é tortuosa e cheia de arestas, e baseada em uma noção muito fluida, que é o conceito de má-fé, di-lo Lauro Muniz Barretto.

35. Ripert e Boulanger, *Traité de Droit Civil*, vol. II, n. 1.449.
36. Lauro Muniz Barretto, *O Novo Direito do Cheque*, cit., vol. 1, pp. 167-168.
37. Francesco Carnelutti, *Trattato de Processo Civile – Diritto e Processo*, Nápoles, Morano Editore, 1958, n. 174, p. 282.

Mas é certo que o Direito não tutela o enriquecimento ilícito, injusto ou sem causa, como se infere da enumeração do parágrafo único do art. 24 da Lei Interna.

Abel Pereira Delgado,[38] na sua obra de anotação à Lei Uniforme vigente em Portugal, vê *má-fé* na aquisição de títulos (cheques) quando efetuada por meios ilícitos ou com o conhecimento de que o transmitente não tinha direito; ressaltando a contrapartida do direito da vítima do desapossamento, por perda ou furto do cheque, de proceder à sua reivindicação – orientação compatível com nosso direito.

O parágrafo único do art. 24 da nossa Lei Interna foi além da reivindicação; e, ao possibilitar a ação de anulação e substituição, estabeleceu o fundamental pressuposto implícito da ilicitude em grau de nulificação ou invalidade de efeitos jurídicos do cheque.

## 5. Defesas pessoais e literais do título: questões suscitáveis

As *defesas* agrupam-se em *pessoais* e *literais do título*.

As últimas são de natureza cambial.

As defesas pessoais estão mais ligadas à causa do cheque, e por isso não podem, de regra, ser opostas ao portador de boa-fé, que se desvincula das relações atinentes à origem.

As exceções de caráter pessoal, decorrentes das relações imediatas entre as partes, são sempre oponíveis, tanto mais que o cheque é título *pro solvendo*.

No regime antigo o instituto de defesa cambial era regulado pelo art. 51 do Decreto 2.044/1908: "Na ação cambial, somente é admissível defesa fundada no direito pessoal do réu contra o autor, em defeito de forma do título e na falta de requisito necessário ao exercício da ação". Este último requisito é de extrema importância, porque abre o horizonte para a fonte da *ordem pública*, sempre atuante, que abrange os princípios de probidade e boa-fé.

De maneira geral, assemelham-se os regimes, agora atualizados no Código Civil/2002.

Algumas considerações pontualizadas podem ser objeto de reflexão neste item sobre defesas do demandado por obrigação resultante de cheque, no contexto do capítulo "Da Transmissão", isto é, envolvendo o cheque que tenha circulado.

---

38. Abel Pereira Delgado, *Lei Uniforme sobre Cheques, Anotada*, Barcelos, ed. do autor, agosto/1967, p. 91.

Comecemos pela recordação de que na doutrina doméstica do direito cambiário genérico sempre preponderou o princípio da *forma* (do direito alemão) sobre o da *causa* (do direito francês), como anota Pedro de Alcântara Avelar[39] na década dos anos 40, no seu livro de estudo teórico e prático, com a conclusão, presente o art. 51 do Decreto 2.044/1908, de ter o País vivido *uma fase de transição, mista ou eclética*, por exemplo, no *pactum reservati dominii*, com o advento do Código de Processo Civil de 1939, em que fora prevista a emissão de notas promissórias representativas de prestações da dívida, por isso causais e vinculadas ao contrato – vale dizer, *pro solvendo*, e não *pro soluto*. Por oportuno, registre-se a mais recente versão dessa evolução, espelhada no seguinte julgado do STJ: "Execução – Título executivo – Contrato de abertura de crédito – Nota promissória. Não são títulos executivos o contrato de abertura de crédito bancário nem a nota promissória a ele vinculada (Súmulas ns. 233/STJ e 258/STJ) – Recurso conhecido e provido".[40]

Neste ponto tangencia-se paritariamente a natureza jurídica do cheque, como *meio* de pagamento, pois que é emitido *in solvendo*, e não *pro soluto*; o que conduz o intérprete às três ordens de defesa inscritas no art. 51 da antiga Lei Cambial: (a) *in personam* – direito pessoal do devedor acionado em face do credor acionante, extrapolante do direito cambial; (b) *in rem* – defeitos de forma do título, extrínsecos e intrínsecos; e (c) *defesa de direito público* – concernente à falta de requisitos para o exercício da ação cambiária.

## 6. Amenização do fenômeno de inoponibilidade das exceções

Do exposto, exsurge que o fenômeno da inoponibilidade das exceções relativiza-se ou se ameniza, do art. 25 da nova Lei do Cheque para o retrotranscrito art. 51 da antiga Lei Interna Cambial, e daí até o Código de Processo Civil, passando pelo Código Civil/2002.

No caso de cheque ao portador, assim também tratado na prática anômala aquele em que o espaço destinado ao nome do beneficiário seja deixado em branco para circulação anônima, incorre-se na violação de outra norma se o cheque ultrapassou o limite de valor permitido para título ao portador. Figurando no cheque apenas o nome identificador do *tradens* (portador final apresentante ao sacado), estranho ao negócio subjacente, poderia arrogar--se a condição de terceiro imune às defesas pessoais do emitente, oponíveis

---

39. Pedro de Alcântara Avelar, *Promissórias e Duplicatas*, 3ª ed., Rio de Janeiro, Livraria Jacintho, 1945, p. 321.

40. STJ, 4ª Turma, REsp 316.047-SP, rel. Min. Ruy Rosado de Aguiar, j. 18.9.2001, v.u., ementa no *DJU* 209, 19.11.2001, p. 283.

só ao beneficiário, sujeito da relação direta com o emitente? Respondemos negativamente. A questão até assume contorno de paradoxo, porque formalmente esse *tradens* figura como *beneficiário*, sem ter sido ele o partícipe do negócio subjacente, em razão de ter tal cheque em branco circulado anonimamente, em *fraus legis* e como moeda de pagamento; se se conceder que seja terceiro, a rigor não será de boa-fé que renunciou a essa condição para se investir na de segundo, isto é, beneficiário fictício. Portanto, em ambas as situações, beneficiário fictício ou terceiro sem boa-fé, estará esse portador sujeito às defesas pessoais oferecidas pelo demandado, inclusive causais sobre não realização do negócio originário, dívida de jogo, operações ilícitas, pagamento etc., na ação em que postular recebimento contra o emitente.

Enfim, o *tradens* que assume (ou simula – art. 167, § 1º, do CC/2002) a condição de beneficiário ostensivo formal de um cheque emitido em branco sobre relação negocial estabelecida com outrem (beneficiário real oculto) terceiro de boa-fé não é, não merece proteção especial, devendo arrostar como demandante os efeitos das exceções causais.

Ressalve-se que em situação aparentemente similar à que acaba de ser exposta, mas com peculiaridades casuísticas circunstanciais, a 3ª Turma do STJ, em ação de locupletamento por cheque prescrito, movida contra o emitente por terceira pessoa (sócia) que preencheu espaço em branco como beneficiária formal de cheque emitido para pagamento de serviço prestado pela empresa credora de que era sócia, reconheceu a legitimidade ativa da detentora, porque a indicação do beneficiário do cheque no seu anverso foi considerada suficiente para que este promovesse a cobrança do crédito que lhe foi informalmente transferido. Trata-se do REsp 203.678-RJ, relatora a Min. Nancy Andrighi, de 20.9.2001,[41] cujo acórdão foi objeto de anotações ao art. 18, n. 6.

O questionamento mais profundo para fortalecer a seriedade do instituto do cheque talvez seja este: merece o amparo do sistema jurídico quem contribui para sonegação fiscal e ocultação de riqueza de outrem na utilização abusiva da cadeia anônima de circulação clandestina do cheque, que a Lei 8.021/1990 objetivava coibir?

*V.: anotações ao art. 16, n. 4, sobre riscos da emissão deixando em branco o espaço destinado à identificação do beneficiário.*

• **Lei 7.357/1985, art. 26**

**Art. 26. Quando o endosso contiver a cláusula "valor em cobrança", "para cobrança", "por procuração", ou qualquer outra que implique apenas manda-**

---

41. Ementa no *DJU* 8.10.2001.

to, o portador pode exercer todos os direitos resultantes do cheque, mas só pode lançar no cheque endosso-mandato. Neste caso, os obrigados somente podem invocar contra o portador as exceções oponíveis ao endossante.

**Parágrafo único.** O mandato contido no endosso não se extingue por morte do endossante ou por superveniência de sua incapacidade.

• **Lei Uniforme, art. 23º**

### Artigo 23º

Quando um endosso contém a menção "valor a cobrar" (*valeur en recouvrement*), "para cobrança" (*pour encaissement*), "por procuração" (*par procuration*), ou qualquer outra menção que implique simples mandato, o portador pode exercer todos os direitos resultantes do cheque, mas só pode endossá-lo na qualidade de procurador.

Os coobrigados neste caso só podem invocar contra o portador as exceções que eram oponíveis ao endossante.

O mandato que resulta de um endosso por procuração não se extingue por morte ou pela superveniência de incapacidade legal do mandatário.[42]

• **Não há Reservas**

*Introdução sobre endosso-mandato ou impróprio: representação*
*"para cobrança", sem substituição do outorgante da procuração*

Como se verá, o art. 26 e seu parágrafo único da Lei Interna, com redação tecnicamente mais adequada, reproduzem o art. 23º da Lei Uniforme, dando acolhida integral ao texto genebrino, meticuloso na regência do endosso-mandato, que implica apenas representação.

Comecemos pelo *endosso típico propriamente dito*: por ser o modo específico de alienação cambial, é translativo da propriedade; por isso opera *efeito substitutivo de sujeitos*, isto é, o endossatário toma o lugar do endossante e em nome próprio exerce esse endossatário todos os direitos incorporados no título em cuja posse material se investe.

No cheque – porque, dentre os direitos transmitidos pelo endosso, destaca-se também o de *substituir-se* o endossatário ao endossante na ordem de pagamento à vista dirigida ao banco sacado –, age em nome próprio quando faz sua apresentação. Para operar esse efeito junto ao sacado é que existe implícita a cláusula "à ordem" em todo cheque transmissível; o que, por sua vez, explica a responsabilidade dos bancos, na sua atuação como *adjectus*

---

42. Há erro no texto convencional português: o correto é "mandante", e não "mandatário".

de dar curso ou de pagar o valor ordenado, de verificar a regularidade na sucessão dos endossos (princípio da continuidade).

Pois bem: o endosso-mandato ou procuração – que se inclui na categoria dos *endossos impróprios*, é o endosso ao qual Bouteron denominou de "endosso restritivo" – caracteriza-se pela sua função de poder de *representação*, e não de *substituição* dos sujeitos, porque não opera efeito de alienação de direito, visto como a transferência da posse do título ao endossatário destina-se a outro fim que não o translativo do direito, que é o de capacitar alguém a agir "em nome alheio por conta do representado", como diz, com precisão, Lauro Muniz Barretto.[43]

Por se tratar de exceção, que restringe direitos de terceiros e exclui a responsabilidade cambial do mandatário, impõe-se a menção de cláusula que torne inequívoca a restrita finalidade anômala de *representação* do endosso para cobrança etc., sob pena de se presumir presente a regra geral dos endossos translativos propriamente ditos, com toda a carga de consequências jurídicas da *substituição* dos sujeitos.

### 1. Endosso-mandato e sua distinção do mandato para endossar – Peculiaridades

A alínea 1ª do art. 23º da Lei Uniforme conceitua o endosso-mandato, "para cobrança" ou "por procuração", tal qual o faz o art. 26 da Lei 7.357/1985, que é o endosso impróprio, que também passou a ter regência abrangente bem explicada no art. 917 e seus §§ do CC/2002.

O endosso-mandato, destinado exclusivamente a cobrança, por sua natureza, não se reveste do caráter de translatividade inerente ao endosso propriamente dito; este pode ser efetivado por mandatário representante do endossante, com poderes especiais para transmitir (arts. 14 e 19; e ainda art. 892 do CC/2002): é o *mandato para endossar*.

A cláusula "por procuração" há de constar do título, em coerência com os princípios do direito cartular. É o que decidiu com inteira razão o STF, pela 2ª Turma, em 13.12.1974, no RE 79.521, de que foi relator o Min. Cordeiro Guerra.[44]

O art. 16º da Lei Uniforme, aplicável, não deixa margem a dúvidas quanto à imprescindibilidade de dever constar do próprio cheque ou da folha de alongamento qualquer modalidade do endosso – regra acolhida no art. 19 da atual Lei Interna.

---

43. Lauro Muniz Barretto, *O Novo Direito do Cheque*, cit., vol. 1, p. 179.
44. *DJU* 11.4.1975, p. 1.308.

A última parte da alínea 1ª do art. 23º da Lei Uniforme prevê que "o portador pode exercer todos os direitos resultantes do cheque, mas só pode endossá-lo novamente na qualidade de procurador" – isto é, só pode lançar no cheque endosso-mandato (art. 26, *caput*, primeira parte, da Lei 7.357/1985),[45] com ratificação codificada no superveniente art. 917, § 1º, do CC/2002.

O mandatário não adquire direito próprio. Está, por isso, proibido de endossar em nome próprio. Se o fizer, além de responder por apropriação ilícita perante o mandante ou representado, obrigar-se-á pessoalmente perante os futuros adquirentes do cheque, como se infere do art. 11º da Lei Uniforme (art. 14 da Lei Interna).

O mandatário ou procurador, que figura como endossatário exclusivamente para fins de cobrança do cheque, não sendo titular do direito emergente, não pode alienar o cheque. Só pode reendossar o título desde que para fins de cobrança, isto é, substabelecendo os poderes recebidos a um submandatário (Henry Cabrillac,[46] Vasseur e Marin,[47] Lauro Muniz Barretto,[48] Mauro Brandão Lopes[49]). É o que está no citado § 1º do art. 917 do CC/2002.

Por isto refere-se Antônio Mercado Jr.[50] ao endosso do endossatário--procurador como só podendo ser endosso-procuração, isto é, exclusivamente substabelecimento para representação.

É o que sucede, de regra, com um banco intercalar autorizado pelo endosso-mandato a proceder à cobrança do cheque e a exercer os direitos do título, em nome e por conta do endossante, enfim, possuindo-o em nome alheio,[51] mas que transfira o encargo a outro banco da praça de pagamento, por ali não ter agência. A permissão constante da parte final da alínea 1ª do art. 23º da Lei Uniforme, reproduzida no parágrafo único do art. 26 da Lei Interna, tem em vista apenas o substabelecimento do mandato.

Não se confunda – insista-se – o *endosso-mandato* do art. 23º do texto convencional (art. 26 da Lei Interna), que não implica alienação e tem por fim exclusivamente habilitar terceiro ao recebimento ou cobrança, com

---

45. O art.917 e §§ do CC/2002 dispõem acerca do endosso-mandato, como normas supletivas aplicáveis.
46. Henry Cabrillac, *Le Chèque et le Virement*, ed. espanhola, Madri, Reus, 1969, p. 91.
47. Vasseur e Marin, *Le Chèque*, Paris, Sirey, 1969, p. 155.
48. Lauro Muniz Barretto, *O Novo Direito do Cheque*, cit., vol. 1, pp. 176 e ss.
49. Mauro Brandão Lopes, artigo in *O Estado de S. Paulo* de 23.2.1975.
50. Antônio Mercado Jr., *Nova Lei Cambial e Nova Lei do Cheque*, 3ª ed., São Paulo, Saraiva, 1971, n. 19, p. 99.
51. Lauro Muniz Barretto, *O Novo Direito do Cheque*, cit., vol. 1, p. 171.

aquele *endosso-alienação* feito através de procurador ou representante, mandato para endossar previsto no art. 11º da Lei Uniforme, referido nos arts. 14 e 19 da atual Lei Interna do Cheque – este endosso por mandatário, sim, translativo, abrangido pela vedação da Lei 9.311/1996.

**2. *Exceções dos coobrigados: devem referir-se ao endossante-mandante titular do direito, e não ao endossatário-mandatário***

A alínea 2ª do art. 23º da Lei Uniforme fixa que no caso do endosso--mandato (para cobrança) os devedores coobrigados só podem invocar contra o portador (endossatário de endosso-mandato) as exceções que eram oponíveis ao endossante titular do direito (e não ao procurador do endossante) – texto, este, acolhido no final do *caput* do art. 26 da Lei 7.357/1985 e ratificado no § 3º do art. 917 do CC/2002.

Porque endosso-mandato não importa alienação dos direitos do outorgante do mandato ao procurador, a pessoa deste deve ser abstraída. As defesas devem referir-se ao endossante, ou mandante, que é o titular dos direitos chéquicos, em nome de quem age o mandatário.

Esta é também a opinião de Vasseur e Marin,[52] em comentário ao art. 23 da Lei francesa sobre Cheque, de 30.10.1935, com a mesma redação do art. 23º da Lei Uniforme de Genebra.

Referindo-se ao mandatário, afirmam que: "Il n'a pas à exercer personnellement les recours cambiares pour défaut de paiement, sans que cela lui soit interdit pour autant". Adiante, completam: "Il peut agir contre tous les signataires du chèque, *du chef de son remettant, les seules* exceptions opposables au mandataire étant celles qui sont *opposables au remettant*".

Orienta-se a jurisprudência no sentido correto de que o endosso-mandato não dá ao endossatário-mandatário, como procurador do endossante, a condição de proprietário do título para agir em nome próprio.

Foi como julgou a 1ª Turma do STF, em 13.6.1978, no RE 89.417-RS, relator o Min. Cunha Peixoto: "O endosso-mandato não transfere a propriedade do título ao endossatário, sendo, pois, este parte ilegítima para estar em juízo como autor ou réu, vez que é simples procurador do endossante".[53]

No cheque cruzado o banco intercalar atua como mandatário *ex vi legis*, cobrando-o *por conta* do beneficiário, embora possa adquiri-lo do portador que seja seu cliente ou de outro banco (art. 38º, alínea 3ª, da Lei Uniforme, acolhido no § 1º do art. 45 da Lei 7.357/1985).

---

52. *Le Chèque*, cit., ns. 191 e 199.
53. Ementa no *DJU* 15.9.1979, p. 6.990.

Na 20ª Vara Cível, Paulo Restiffe Neto teve oportunidade de julgar um caso *sui generis* (Processo 575/1972) de endosso-mandato ao tempo de vigência da Lei Uniforme sobre Cheque.

A sentença foi confirmada por acórdão unânime da 6ª Câmara do extinto 1º TACiviSP, proferido em 22.5.1973, na ACi 192.319, de que foi relator o Juiz Marzagão Barbuto.

Determinado banco indicado como intercalar num cheque cruzado adiantou ou liberou desde logo, em confiança, o valor do cheque a *cobrar por conta* do beneficiário-cliente, enquanto procedia à cobrança na praça – distante – do emitente. O cliente beneficiário imediatamente levantou o valor do depósito, e dias após retornava o cheque com pagamento recusado pelo sacado por falta de fundos na conta do emitente. Não conseguindo reaver o numerário diretamente do cliente, que entrara em concordata e teve sua conta bancária encerrada, propôs o banco intercalar ação ordinária, mais de um ano depois, contra o emitente apenas. Este defendeu-se provando, por recibo passado pelo beneficiário do cheque, já ter pago seu correspondente valor. O banco insurgiu-se contra a defesa do emitente relativa a terceiro. Exatamente o beneficiário, estranho à lide. Acolheu-se a defesa de pagamento, por se entender que o banco intercalar não recebera o cheque através de endosso translativo, e sim na condição de mandatário, para cobrá-lo em nome do beneficiário, e não em nome ou como direito próprio. O fato de ter o banco intercalar agido em confiança ou imprudentemente, ao adiantar no relacionamento interno o pagamento a seu risco ao cliente beneficiário, não afetou a posição do emitente já liberado por quitação do próprio beneficiário. Ora, não tendo havido endosso próprio ou translativo, mas, sim, endosso-mandato, para cobrança em nome do beneficiário (art. 38º da Lei Uniforme), seria contra este, justamente, oponível a exceção de pagamento por parte do emitente (art. 23º, alínea 2ª, da Lei Uniforme).

Julgou-se improcedente a ação em ambas as instâncias, ressalvando-se ao banco intercalar o direito de acionar seu cliente desmerecedor de confiança que, já tendo passado quitação ao emitente em relação ao cheque, teria auferido lucro ilegítimo, colocando em cobrança por endosso-mandato e recebendo, por antecipação, do banco mandatário, o valor que já recebera diretamente do emitente do cheque cruzado.

## 3. Casos de não extinção da representação contida no endosso-mandato

A alínea 3ª do art. 23º da Lei Uniforme mostra que o mandato outorgado por uma das formas enquadráveis na alínea 1ª do mesmo art. 23º *não se extingue* por morte ou pela superveniência de incapacidade legal do mandante (e não do "mandatário", como consta do texto oficial).

Há erro na tradução oficial do texto original francês para o português, pois não se concebe que o mandatário morto ou incapacitado continue como mandatário, impossibilitado de desempenhar o mandato. Esse erro foi corrigido no parágrafo único do correspondente art. 26 da Lei Interna, que faz alusão correta ao endossante (mandante, e não endossatário).

Seria uma absurda extinção do direito do mandante, dada a impossibilidade do seu exercício por mandatário defunto ou incapaz. Contraria frontalmente a lógica e os princípios, e em especial a superveniente regra do § 2º do art. 917 do CC/2002: "Com a morte ou a superveniente incapacidade do endossante, não perde eficácia o endosso-mandato".

No original lê-se *mandant*, que outra coisa não significa senão "mandante". A Lei Interna emprega corretamente o termo "endossante", como o fez depois o citado § 2º do art. 917 do CC/2002.

Com efeito, eis o texto francês da última alínea do art. 23º: "Le mandat renfermé dans un endossement de procuration ne prend pas fin par le décès du *mandant* ou la survenance de son incapacité" (grifamos).

O preceito do parágrafo único do art. 26 da Lei Interna do Cheque torna mais seguro o pagamento feito ao endossatário-mandatário, nas duas situações previsíveis: (a) *em vida* do mandante, na vigência normal do endosso-mandato, é válido o pagamento feito ao mandatário; (b) *na pós-morte* (ou incapacidade) do mandante, é válido o pagamento feito ao mandatário pela não cessação automática da representação.

Pelo dever conatural de diligência a ser observada, como se seu fosse o direito, o mandatário autorizado pelo endosso-procuração responde perante seu endossante pelo descumprimento ou má execução do encargo que aceitou e assumiu, no desempenho dos atos relacionados com a vida do cheque posto sob seus cuidados pelo endossante-mandante.

No caso específico de morte ou interdição do mandatário, além do efeito cessante previsto no art. 682, II, do CC/2002, o que se pode admitir é o que vem solucionado em nosso direito, arts. 690 e 691 do CC/2002[54] quando *pendente* o negócio a ele cometido: subsiste com os herdeiros (ou rede bancária) exclusivamente para providências imediatas, de caráter conservativo, ou para impedir perigo de perda de direito (decadência, prescrição ou medida cautelar processual), até que o mandante reassuma o exercício dos poderes delegados.

54. Correspondentes, respectivamente, aos revogados arts. 1.322 e 1.323 do anterior CC.

## 4. Princípio da continuidade do endosso-mandato: mistério da ratio legis

Na verdade, em geral entendem os comentadores da Convenção genebrina do Cheque que, como o mandato no título cambial é de natureza mercantil, incide por congruência o princípio da continuidade do art. 917, § 2º, do CC/2002,[55] que assegura, em caso de morte ou incapacidade civil do comitente (endossante), não só a validade dos atos praticados pelo mandatário antes do conhecimento da notícia daqueles eventos, como sobretudo pressupõe, ainda que implicitamente, que não ficam prejudicados os atos sucessivos que forem consequência dos primeiros, necessários para o adimplemento do mandato.

A razão dessa rigorosa exceção transposta para o parágrafo único do art. 26 da nossa Lei Interna é mostrada por Pedro Mario Giraldi: "Nenhuma circunstância extracartular pode prevalecer sobre o consignado no documento"[56] – o que torna absolutamente segura e eficaz a utilização da rede bancária para cobrança de cheque com endosso-mandato.

Para melhor compreender esse "mistério" da *ratio legis* é preciso advertir que há uma diferença fundamental entre a regra da *não extinção* do conteúdo do endosso-mandato, como ato jurídico perfeito e acabado estabelecido *ex lege* no parágrafo único do art. 26 da Lei Interna (inconversibilidade daquele endosso impróprio em translativo), e a regra da *cessação* dos poderes de representação outorgados àquele determinado procurador designado "em preto".

Enfim, o endosso-mandato não se extingue, isto é, não se converte, jamais, em endosso translativo, nem se reverte ou fica sem efeito (que é isso que a lei teve em vista estabelecer), mas os poderes de representação podem cessar pelas causas de cessação do mandato mercantil em geral, como consta do rol do art. 682 do CC/2002,[57] aplicável no que for pertinente ao cheque, pois não se trata de irrevogabilidade do mandato.

É importante, ainda, lembrar – como se depreende da lição de Othon Sidou[58] – que, dada a peculiaridade autônoma do cheque, a revogação pelo mandante só será possível ou eficaz *antes* da transmissão do título a terceiro, este como substabelecido, feita mediante novo endosso-mandato pelo atual

---

55. Correspondente ao revogado art. 160, primeira parte, do CComercial.
56. Pedro Mario Giraldi, *Cuenta Corriente Bancaria y Cheque*, cit., § 94, letra "g", p. 259.
57. Correspondente ao revogado art. 1.316, do anterior CC e ao revogado art. 157 do CComercial.
58. Othon Sidou, *Do Cheque*, cit., 4ª ed., n. 83, p. 100.

procurador, que repassa o título a outrem, na condição de substabelecente (final da primeira parte do *caput* do art. 26 da Lei Interna).

- Lei 7.357/1985, art. 27

Art. 27. O endosso posterior ao protesto, ou declaração equivalente, ou à expiração do prazo de apresentação produz apenas os efeitos de cessão. Salvo prova em contrário, o endosso sem data presume-se anterior ao protesto, ou declaração equivalente, ou à expiração do prazo de apresentação.

- Lei Uniforme, art. 24º

Artigo 24º

O endosso feito depois de protesto ou uma declaração equivalente, ou depois de terminado o prazo para apresentação, produz apenas os efeitos de uma cessão ordinária.

Salvo prova em contrário, presume-se que um endosso sem data haja sido feito antes do protesto ou das declarações equivalentes ou antes de findo o prazo indicado na alínea precedente.

- Não há Reservas

*1. Caracterização do endosso póstumo: compreensão do tema no cheque*

Já se viu que a circulabilidade do cheque vai até a apresentação ou protesto por recusa de pagamento. Confirma-se no texto em exame que a *apresentação* é ato relevante na vida efêmera do cheque.

Verificado o *não pagamento* à vista do cheque pelo banco sacado a que foi apresentado, desconstitui-se sua cambiarização (não sua executividade), pois não se compreenderia que alguém o recebesse por endosso ainda como ordem de pagamento à vista adrede frustrada formalmente, isto é, legalmente desatendida.

Daí a razão de ser da disposição do art. 24º da Lei Uniforme (art. 27 da Lei 7.357/1985) no sentido de que o endosso posterior ao protesto (de cheque apresentado, mas devolvido sem pagamento) ou ainda o endosso depois da simples expiração do prazo de apresentação (sem ter sido esta realizada) não produzem efeito de endosso, mas de mera transmissão comum de crédito, como cessão ordinária civil,[59] com todas as consequências jurídicas de

59. O art. 920 do CC/2002 estabelece que "o endosso posterior ao vencimento produz os mesmos efeitos do anterior". No mesmo sentido, ademais, é a regra relativa à

endosso póstumo; certo que o endosso sem data presume-se anterior, salvo prova em contrário.

O endosso válido ou eficaz como tal só pode ser feito dentro do prazo de apresentação do cheque, que não é título de *vencimento*, a que se refere o art. 920 do CC/2002, e obviamente sempre antes de eventual protesto por falta de pagamento recusado pelo sacado.

É das mais significativas a alusão da alínea 1ª do art. 24º da Lei Uniforme (segunda parte do art. 27 da Lei Interna) no sentido de que o endosso feito depois de esgotado o prazo de apresentação não produz efeito de endosso (natureza cambial), mas simplesmente de cessão ordinária (natureza civil).

É uma consequência drástica da não apresentação tempestiva, a demonstrar a coerência do sistema uniforme: descaracterização do endosso do cheque, pela não apresentação anterior em tempo útil, como ordem de pagamento à vista. Se perde a eficácia cambiária, não poderia continuar apto a um ato circulatório típico de direito cambial, que é sua transmissão por endosso, que obriga cambialmente o endossante, como garante do pagamento do cheque (respectivamente, arts. 17 e 21 da Lei 7.357/1985).

O aludido art. 920 do CC/2002 traz norma em sentido diverso, mas que não é aplicável ao cheque, até porque não é título de crédito, de vencimento: "O endosso posterior ao *vencimento* produz os mesmos efeitos do anterior" (grifamos).

## 2. Fenômeno que esvazia o título endossado de seus efeitos jurídicos normais

A Lei Interna incorporou no art. 27 o *endosso póstumo* – assim denominado pela doutrina aquele feito depois do protesto ou depois do prazo de apresentação – como outra espécie do grupo de endossos impróprios, porque os efeitos que produz não coincidem com os do endosso típico translativo.

De fato, é uma decorrência lógica da não apresentação tempestiva para pagamento, ou da recusa de pagamento pelo sacado ou, ainda, do protesto por falta de pagamento (que pressupõe tenha havido recusa pelo sacado) a exclusão da característica de cambiaridade de cheque com tal precariedade em concreto, do endosso póstumo, tecnicamente *morto* e, pois, destituído da eficácia que a lei empresta à circulabilidade cambial (*direito vivo*).

letra de câmbio (art. 20, primeira parte, do Decreto 57.663/1966), à nota promissória (art. 77 do Decreto 57.663/1966) e à duplicata (art. 25 da Lei 5.474, de 18.7.1968). Mas não se aplica ao cheque, que não é título de *vencimento*.

Esse endosso anômalo – repita-se – em tais precárias circunstâncias não tem valor cambial algum, isto é, não produz efeitos jurídicos de endosso translativo propriamente dito, mas tão somente de uma cessão civil, comum, ordinária, sujeita aos termos dos arts. 294 a 296 do CC/2002, sobre cessão de crédito.

Na prática, dentre outros "esvaziamentos" *ex lege*, o portador de um cheque endossado depois de já protestado por recusa de pagamento pelo sacado, ou quando já exaurido o prazo legal sem apresentação tempestiva ao sacado para pagamento, não dispõe de ação de garantia (regressiva) contra os coobrigados e ainda se sujeita, pelos efeitos de simples cessão de crédito, às exceções de que o emitente não disporia se se tratasse de endosso regular. De todo modo, cheque não apresentado ao sacado (sem conter recusa/ devolução sem pagamento pelo sacado) é inábil, como título de apresentação contendo ordem de pagamento através de terceiro (banco sacado), para fundamentar alegação de falta de pagamento.

Enfim, como acentua Pedro Mario Giraldi,[60] o sistema genebrino de endosso veda a circulação cambiária do cheque com posteridade à sua apresentação ou ao protesto, e nele (art. 24 da Lei Uniforme) inspirou-se a Lei 7.357/1985, art. 27; daí a presunção da parte final do art. 27 da atual Lei Interna.

Essa cessão *ex lege* sujeita o endossatário póstumo às exceções oponíveis aos endossantes anteriores desse cheque afetado.

O endosso e a cessão constituem modos de transmissão de direitos. A diferença de efeitos práticos está em que o endosso *fortalece* a garantia de pagamento. O endossante vincula-se à obrigação cambial sem direito de opor ao portador exceções pessoais fundadas nas relações dele com o emitente ou portadores anteriores. Na cessão, desprovida da força do endosso, o cessionário substitui o cedente, mas não tem regresso contra os obrigados anteriores, porque estes não respondem ao cessionário.

### 3. Endosso sem data: presunção **juris tantum**, ou seja, dentro do prazo de apresentação

A alínea 2ª do art. 24º da Lei Uniforme (final do art. 27 da Lei 7.357/1985) proclama a presunção, salvo prova em contrário, de que o endosso sem data é endosso chéquico autêntico, ou seja, anterior ao decurso do prazo para apresentação ou protesto. Esta regra aplica-se, por analogia, ao aval.

---

60. Pedro Mario Giraldi, *Cuenta Corriente Bancaria y Cheque*, cit., § 93, pp. 252-253.

Admite-se, todavia, como exprime o texto legal, a prova em contrário, tendente a retirar da transmissão sem data o caráter de endosso, para lhe conferir apenas os efeitos de cessão de crédito.

Embora a data no endosso não seja requisito formal de validade, sua inserção prova a referência do endosso, situando-o em relação à data de emissão (e, pois, ao prazo de apresentação) e à data de eventual protesto do cheque.

A ausência da data, ou o endosso sem data, traz consigo a presunção relativa (*juris tantum*) no sentido do princípio geral da conservação do direito, isto é, como se se tratasse de endosso regular apto operado antes do protesto ou antes de findo o prazo de apresentação. Por isso é que a lei ressalva a "prova em contrário", excludente da presunção, como ônus de quem contestar a tempestividade, isto é, no sentido de se tratar de endosso póstumo, com todo o cortejo de efeitos jurídicos de correspondência desse endosso anômalo à cessão civil.

• **Lei 7.357/1985, art. 28**

**Art. 28. O endosso no cheque nominativo, pago pelo banco contra o qual foi sacado, prova o recebimento da respectiva importância pela pessoa a favor da qual foi emitido, e pelos endossantes subsequentes.**

**Parágrafo único. Se o cheque indica a nota, fatura, conta cambial, imposto lançado ou declarado a cujo pagamento se destina, ou outra causa da sua emissão, o endosso pela pessoa a favor da qual foi emitido e a sua liquidação pelo banco sacado provam a extinção da obrigação indicada.**

*1. Introdução: o parágrafo único não tem paralelo na Lei Uniforme*

O *caput* do art. 28 ultrapassa o § 2º do art. 18, que diz: "O endosso ao sacado vale apenas como quitação".

Além do que se anotou *retro*, sobretudo nos itens 4 e 5 ao art. 18, reafirme-se que o art. 28, parágrafo único, da Lei Interna do Cheque *não tem paralelo na Lei Uniforme genebrina*, nem em suas *Reservas*. Foi haurido na Lei do Mercado de Capitais nacional, art. 52, parágrafo único, constituindo--se em reprodução literal, inclusive o uso da arcaica expressão "cheque *nominativo*" no *caput*, da disciplina anterior das *contas correntes bancárias* na Lei 4.728/1965 e do art. 3º da antiga Lei Interna do Cheque.

Essa pertinente reiteração legal teve lugar na oportunidade de consolidação integrativa sistematizada das regras sobre cheque, através da Lei 7.357/1985, agregado o art. 28 como luva no encerramento do capítulo da transmissão do cheque.

Daí que a inadequada expressão "cheque *nominativo*", ao invés de *nominal*, conforme já exposto nas anotações ao art. 8º, advém da transposição literal do texto inspirador (art. 52, *caput*, da Lei 4.728/1965), que, por sua vez, adotara a nomenclatura da antiga Lei Interna do Cheque, então em vigor (art. 3º do Decreto 2.591/1912). Para Cunha Peixoto, interpretando esse antigo art. 3º, nominativo seria o cheque insuscetível de transferência, quer por endosso, quer por cessão. Essa equivalência já não prevalece na vigência da Lei 7.357, art. 46, que criou o cheque para ser creditado em conta do beneficiário (que contém implícita a cláusula de intransmissibilidade absoluta), e também porque o próprio sentido da expressão "nominativo", no art. 28, revela tratar-se de (cheque) *nominal*, pura e simplesmente, endossável, isto é, suscetível de transferência, salvo cláusula restritiva.

Ao que se infere das fontes escritas e dos debates que antecederam a elaboração da Lei 7.357/1985, a impropriedade, na qualificação dessa modalidade de cheque, acabou por ingressar na Lei Interna por razão de política legislativa: não ferir a literalidade do também vigente art. 52 da Lei do Mercado de Capitais, não permitindo que dois textos idênticos vigorassem com dissonância quanto às expressões "nominativo" e "nominal" – diversidade, esta, que à época causaria maior inconveniência ainda.

Título "nominativo" vem agora definido tecnicamente no art. 921 do CC/2002 (é aquele "emitido em favor de pessoa cujo nome conste no registro do emitente" – o *plus* que não é o caso do cheque). Essa distinção de nomenclatura atualizada pelo Código Civil não deve ser ignorada, pois corrige conceito e aperfeiçoa redação de textos impróprios, a serem interpretados como "cheque *nominal*", e não "nominativo".

*V.: anotações aos arts. 2º, n. 4, e 8º, n. 2, e orientações prévias ao art. 17, bem como as anotações sob n. 3 deste art. 28, adiante.*

## 2. Endosso ao sacado: a liquidação prova a quitação

O derradeiro "movimento" em qualquer cheque é seu endosso-recolhimento ao banco sacado que o tenha pago ou liquidado, extinguindo sua cambiaridade e quitando todas as obrigações chéquicas, como decorre do § 2º do art. 18 da Lei Interna.

É o art. 28, através do seu parágrafo único, da Lei Interna que fecha o ciclo da vida do cheque no desempenho de sua função econômica; dispositivo útil, este, que estabelece que "(...) o endosso pela pessoa a favor da qual foi emitido [*o cheque*] e a sua liquidação pelo banco sacado provam a extinção da obrigação indicada".

Enquanto o art. 18, § 2º, da Lei Interna (reproduzindo a última alínea do art. 15º da Lei Uniforme) programa e projeta que o endosso ao sacado servirá somente para valer como quitação, já o art. 28 da Lei Interna cuida da complementaridade radical elementar: não basta o endosso ao sacado, porque *só* o efetivo pagamento, pelo sacado, do cheque que lhe foi endossado *prova* o recebimento da respectiva quantia pela pessoa a favor da qual foi emitido e pelos endossantes subsequentes. Só aí se exaure a vida útil do cheque: com o pagamento, ato culminante da sua função econômica, cumpre-se a eficácia jurídica do documento como de apresentação e promessa de prestação de fato por terceiro, o banco sacado destinatário da execução da ordem nele mencionada.

## 3. Cheque imputado: endosso ao sacado e liquidação extinguem obrigação indicada em cláusula extracambiária como causa da emissão

Portanto, o § 2º do art. 18 e o *caput* do art. 28 da Lei 7.245/1985 estabelecem a função (*razão*) do *endosso pelo beneficiário ao sacado*; e o parágrafo único do art. 28, a *eficácia* (sua implementação): o pagamento prova a quitação à causa da emissão e produz a exoneração dos obrigados, como já exposto nas anotações ao art. 2º, item 4, *retro*.

O art. 52 da Lei do Mercado de Capitais (Lei 4.728, de 14.7.1965) dispõe exatamente como está no art. 28 da Lei 7.357, *caput* e seu parágrafo único.

Foi nesta linha que o extracambiário parágrafo único do art. 28 avançou elogiavelmente em relação ao puro direito chéquico uniforme, ao aprofundar a presunção de que aquela efetiva liquidação do cheque pelo banco sacado (endossatário final) *prova* a extinção da obrigação quando indicada no corpo do cheque a causa subjacente de sua emissão.

O cheque que contenha no dorso ou alongamento cláusula (extracambiária) com indicações causais referidas no parágrafo único do art. 28, a cujo pagamento se destina sua emissão, é denominado na prática negocial como *cheque imputado* ou destinado ao pagamento de uma obrigação específica e precisa, que com ele se pretenda extinguir com mais segurança; enfim, é o cheque comum, nominal, que se emite com imputação a um pagamento determinado, como refere Rodolfo Fontanarrosa,[61] ao comentar o art. 47 do Decreto-lei argentino 4.776/1963.

---

61. Rodolfo Fontanarrosa, *El Nuevo Régimen Jurídico del Cheque*, cit., 5ª ed., n. 78, p. 187.

Conforme se infere do texto do parágrafo único do art. 28 da Lei Interna brasileira, nessa categoria de cheque a circulação é restrita. O endosso pelo credor a favor do qual é emitido o cheque imputado e mais sua liquidação pelo banco sacado operam a extinção da obrigação indicada; como, de resto, é presunção que decorre da regra geral de que o endosso, ao sacado, de cheque pago pelo banco prova o recebimento e implica a quitação aos obrigados por parte do favorecido.

## 4. A posição do banco sacado não se altera

Em nada muda a posição do banco na sua atuação como sacado quanto aos seus encargos e responsabilidades normais de depositário na liquidação de cheque imputado, porque a convenção é *res inter alius*, entre o emitente e o beneficiário; de modo que eventual recusa de pagamento por ausência de fundos ou qualquer motivo justificado não originará responsabilidades para o banco pelo descumprimento dessa imputação, como anota Fontanarrosa, por se tratar de relação creditícia entre o devedor (que faz a imputação) e seu beneficiário (que acolheu a imputação, mas não recebeu o pagamento junto ao banco).

## 5. Imputação privativa do emitente

No direito argentino, por disposição expressa, não só o emitente como também o portador de um cheque (art. 47) podem imputá-lo a pagamento, enquanto o parágrafo único do art. 28 da Lei Interna brasileira não se refere à alternativa de também o portador favorecido poder imputá-lo a pagamento de dívida sua para com terceiro por via de endosso. Daí, sobretudo, que, até que expirada a eficácia da Lei 9.311/1996, enquanto vigorou a proibição de pagamento pelo sacado de cheque com mais de um endosso (Motivo de Devolução 36/BACEN, já suprimido), como meio de impedir sonegação, a interpretação devia ser restritiva, ou seja, pela permissão de uso da cláusula de imputação em pagamento apenas pelo emitente; até porque, por maioria de razão, a indicação do motivo – diz o texto – refere-se à *causa da sua emissão*, ou à *pessoa a favor da qual foi emitido*; e não sua eventual *transmissão* por endosso.

E quando a causa da emissão seja imputação a pagamento de imposto ou qualquer obrigação fiscal para com a administração dos poderes públicos, os cheques emitidos não são suscetíveis de transmissão por nenhum modo – tema especificamente tratado e desenvolvido no item 7 deste art. 28, parágrafo único, em seguida.

## 6. Torna-se oponível exceção fundada na relação causal imputada

Não se trata de tornar "causal" o cheque imputado, mas de assegurar a eficácia de sua funcionalidade econômica, que vale nos dois sentidos: quando pago, prova o pagamento; quando não pago, prova a frustração da ordem de pagamento da obrigação negocial apontada pelo emitente, que pode até decorrer de pagamento direto da obrigação causal ou mesmo do desfazimento do negócio indicado, fatos relevantes a serem considerados.

Deslocou-se o interesse na prova da extinção da obrigação, do *endosso ao sacado* para a *liquidação pelo sacado*, na descrição utilizada pela Lei Interna em relação à Lei Uniforme, emprestando o sentido exato da utilidade da *mens legis* do *caput* e do parágrafo único do art. 28 da Lei 7.357/1985.

Um extraordinário efeito jurídico implícito no apontamento ostensivo da obrigação que deu causa à emissão do cheque a cujo pagamento se destina é que se torna oponível ao portador, ciente da imputação ostensiva no título, essa exceção fundada na relação pessoal explícita e causal com o emitente, mesmo que não tenha sido adquirido conscientemente em detrimento do devedor, quando demandado por obrigação resultante do cheque imputado. Vale dizer, a situação fática descrita no parágrafo único do art. 28 equivale ao acréscimo de outra ressalva lógica à regra geral de inoponibilidade ao portador endossatário de exceções fundadas em relações pessoais com o emitente, inscrita no art. 25.

## 7. Cheque acolhido pela Fazenda Pública em pagamento como beneficiária ou endossatária é intransferível

A Fazenda Pública pode emitir cheque em pagamento, mas não pode endossar cheque imputado de contribuinte que tenha sido acolhido em pagamento, que, por isso, não pode circular.

Trata-se de intransmissibilidade absoluta, inclusive através de endosso ou cessão, de cheque nominal que tenha sido utilizado pelo contribuinte em pagamento de "imposto lançado ou declarado" (parágrafo único do art. 28), ou qualquer outra obrigação tributária.

Assim, um cheque de emissão da Fazenda Pública pode circular normalmente; já cheque do contribuinte acolhido pela Fazenda Pública não pode circula, exceto até o banco sacado, para liquidação pura e simples.

Essa segunda hipótese representa um fenômeno ocorrente em tese com o instituto do cheque nominal, emitido pelo contribuinte em favor da Fazenda Pública ou a ela endossado, que daí em diante goza de intransmissibilidade absoluta. Trata-se de questão jurídica sem previsão específica na Lei do

Cheque, mas cuja solução está dentro dos princípios de ordem pública que regem a Administração Pública, como o de que "as despesas públicas têm seus pagamentos realizados por via de empenho" (Lei 4.320, de 17.3.1964, art. 58); ou por ordem bancária; ou, ainda, por cheque nominal, emitido pela Fazenda Pública, "contabilizado no órgão competente e obrigatoriamente assinado pelo ordenador da despesa e pelo encarregado do setor financeiro" (Decreto-lei 200, de 25.2.1967, art. 74, § 2º) – e nunca com a utilização de endosso em cheque recebido de contribuinte.

Veja-se recente acórdão ilustrativo, no REsp 701.381-MT, 4ª Turma do STJ, Relator Ministro Raul Araújo, de 17.4.2012, por ementa, da qual se extraem os seguintes tópicos esclarecedores:

"Pagamento de tributo estadual. Cheque nominal e cruzado destinado à Fazenda Pública. Endosso irregular. Depósito em conta bancária de terceiro mediante fraude. Responsabilidade solidária entre os bancos sacado e apresentante (Lei 7.357/1985, art. 39). (...).

"2. Na hipótese, cabia à instituição financeira apresentante a constatação de que, sendo o cheque nominal e cruzado depositado em conta de particular correntista, emitido em favor da Fazenda Pública para quitação de tributo estadual, não seria possível seu endosso, independentemente de a assinatura no verso da cártula ser ou não autêntica, pois sabidamente as despesas públicas têm seus pagamentos realizados por via de empenho (Lei 4.320/1964, arts. 58 e ss.), exigindo formalidades que não admitem transmissão de cheques de terceiro contribuinte por via de simples endosso."

*Sobre responsabilidade dos bancos apresentante e sacado, v., no at. 39, itens 1 a 4.*

# Capítulo III – Do Aval

(Lei 7.357/1985, arts. 29 a 31; Lei Uniforme, arts. 25º a 27º)

• **Lei 7.357/1985, art. 29**

**Art. 29.** O pagamento do cheque pode ser garantido, no todo ou em parte, por aval prestado por terceiro, exceto o sacado, ou mesmo por signatário do título.

• **Lei Uniforme, art. 25º**

**Artigo 25º**

O pagamento de um cheque pode ser garantido no todo ou em parte do seu valor por um aval.

Esta garantia pode ser dada por um terceiro, excetuado o sacado, ou mesmo por um signatário do cheque.

• Não há Reservas

*1. Considerações gerais e específicas sobre a garantia cambiária não especulativa do aval, necessidade de outorga conjugal e aval póstumo*

A declaração unilateral de vontade vinculativa e autônoma denominada *aval* em cheque não estava disciplinada na Lei 2.591/1912, mas o art. 5º dessa antiga Lei Nacional do Cheque referia-se à obrigação de *avalistas*, sem mais dizer; logo, estava admitindo genericamente o instituto cartular do aval, com as responsabilidades de pagamento inerentes ao avalista prestador dessa garantia cambiária.

Incompatível não é o aval no cheque enquanto este mantiver suas características cambiariformes; sobretudo é de lei (*legem habemus*). Mas, na prática, o aval às vezes é supérfluo e até seria dispensável, na medida em que possa o cheque ser *visado* pelo sacado antes de ser avalizado por terceiro;[1] além do quê aval de coobrigado ("signatário do título") é redundância.

O aval é instituto cambial de garantia de pagamento mais apropriado para títulos de crédito/dívida. Não é o caso do cheque, que é instrumento de pagamento à vista ou ordem de realização imediata, que, todavia, pode ter sua liquidação recusada pelo sacado, situação em que o aval passa a ter relevância da obrigação cambial assumida pelo avalista.

Serve mais, ou excepcionalmente, quando o cheque é passado em *garantia* de dívida, no seu uso desvirtuado em título de crédito; ao ser cobrado em juízo pelo portador legitimado contará com a sobregarantia prestada pelo avalista ao obrigado avalizado.

"A obrigação do avalista é substancialmente autônoma e formalmente acessória."[2]

Pelo superveniente art. 1.647, III, do CC/2002, "nenhum dos cônjuges pode, sem autorização do outro, exceto no regime da separação absoluta, prestar fiança ou *aval*" – incidindo, outrossim, a disciplina dos arts. 1.648 e ss. A vedação aplica-se aos títulos de crédito em geral e também ao aval em cheque, como se verá adiante.

É proibido o aval (como também o aceite) do sacado; é incoerente o aval e de nenhum valor, se houver, do sacado, que não se obriga no cheque cambiariamente.

Não há substituição de avalista.[3]

O avalista pode riscar seu aval, tendo pago, sobretudo no pagamento de aval limitado (garantia parcial, sendo inaplicável ao cheque a vedação do parágrafo único do art. 897 do CC/2002), em que deva restituir o título para outrem cobrar o remanescente (ou recobrar o que lhe caiba).

Não há definição do aval na Lei do Cheque, mas sua função de garantia específica é objetiva; distingue-se do endosso cambial e se aproxima da fiança civil.

A função do aval em cheque é de garantia cambial,[4] formal, abstrata e objetiva, pelo pagamento do cheque que antes tenha sido devolvido impago pelo sacado, que se distingue da típica fiança civil, que é subjetiva, e com

---

1. Pedro Mario Giraldi, *Cuenta Corriente Bancaria y Cheque*, Buenos Aires, Astrea, 1973, § 95, p. 261.

2. Egberto Lacerda Teixeira, *Nova Lei Brasileira do Cheque*, São Paulo, Saraiva, 1988, n. 78, p. 56, invocando Paulo José da Silva Pinto e João Eunápio Borges.

3. Othon Sidou, *Do Cheque*, 4ª ed., Rio de Janeiro, Forense, 1998, n. 94, p. 110.

4. Nos termos do art. 897 do CC/2002, o aval é garantia prestada cambiariamente para o pagamento de título de crédito que contenha obrigação de pagar soma determinada.

esta não se confunde, até porque gera efeitos jurídicos diversos e até mais graves para seu dador.

Enquanto o fiador é garantidor acessório subsidiário (por isso, com direito ao exercício do benefício de ordem) e subjetivo do cumprimento de obrigação contratual de alguma pessoa, o avalista constitui-se garante devedor cambiário, obrigado principal autônomo (sem direito ao exercício do benefício de ordem) pelo pagamento a que se comprometeu (no título cambiário) perante terceiro; e essa obrigação não acessória persiste *erga omnes* (em face de qualquer portador).

O avalista tem responsabilidade solidária com o emitente e endossante, até o limite da obrigação assumida por ele, avalista deste ou daquele, aplicando-se-lhe por analogia, no que couber, o disposto sobre fiança no art. 836 do CC/2002, parte final.

O aval é obrigação cambiária, por isso mesmo nova e autônoma em relação à obrigação do avalizado devedor principal ou não, e que se constitui no ato de lançamento da assinatura do avalista no título, que é o fato cambiário que o torna obrigado pela dívida, cuja exigibilidade tem como pressuposto o vencimento ou equivalente, que, no cheque, é a recusa do pagamento pelo banco sacado.

Já decidiu com cunho didático irrespondível a 4ª Turma do STJ, no REsp 260.004-SP, julgado em 28.11.2006, relator o Min. Castro Filho – que desse entendimento extraiu a seguinte conclusão, em caso concreto em que falecera a avalista antes do vencimento de título de crédito e, sobrevindo o inadimplemento do avalizado, os herdeiros daquela tornaram-se responsáveis, por se tratar de obrigação nova e autônoma, no limite do patrimônio da sucedida –, *verbis*: "Ora, se assim é, não há caráter personalíssimo no aval, o que torna os herdeiros [*do avalista*] responsáveis pela obrigação nos limites da herança. Logo, cada herdeiro responde com a proporção observada na partilha, não podendo exceder a cota de cada um".

Ao avalista, por não ser fiador nem a este equiparável, não se aplicam os benefícios do Código Civil: de ordem, divisão, excussão e exoneração, respectivamente arts. 827, 829, 834 e 835; mas aplica-se-lhe com adequação o limite disposto no relevantíssimo art. 836, por analogia, conforme bem decidido (acima) pelo STJ.

Extingue-se o aval por afetação da obrigação, por via de consequência e por cancelamento, como resume Paulo M. de Lacerda.[5]

---

5. Paulo Maria de Lacerda, *Do Cheque no Direito Brasileiro*, Rio de Janeiro, Jacintho R. Santos Editor, 1923, pp. 240 e ss.

Questão nova introduzida refere-se à necessidade de outorga conjugal – marital ou uxória – para prestar aval (art. 1.647, III, do CC/2002). Na verdade, qualquer que seja o regime de bens, o marido e a mulher podem livremente administrar os bens próprios (art. 1.642, II, do CC/2002). Entretanto, e salvo no regime da separação absoluta, nenhum dos cônjuges pode, sem a autorização do outro, prestar aval. Ocorre, porém, que se um dos cônjuges, sem motivo justo, recusar-se ou lhe for impossível conceder essa autorização, esta outorga vinculativa pode ser suprida judicialmente, por meio de procedimento de jurisdição voluntária (art. 1.648 do CC/2002). A ausência de autorização ou seu não suprimento judicial tornam anulável o ato obrigacional praticado (art. 1.649, *caput*, primeira parte, do CC/2002); e o cônjuge que negou ou não concedeu a autorização deve pleitear a anulação da garantia ou a invalidação do aval até dois anos depois de terminada a sociedade conjugal (arts. 1.642, IV, e 1.649, *caput*, *in fine*, do CC/2002).

Aspecto importante é saber se a prestação de aval pode ser outorgada por mandato. A resposta é em sentido positivo, desde que haja poderes expressos (v. adiante, n. 4).

No estudo geral do aval não poderia faltar a referência ao teor da Súmula 26/STJ, *in verbis*: "O avalista do título de crédito vinculado a contrato de mútuo também responde pelas obrigações pactuadas, quando no contrato figurar como devedor solidário".

A nota de destaque é no sentido de que o entendimento sumulado tem plena aplicação a hipóteses em que o autêntico avalista cambial, seja válido ou não o título cambiário, tenha ou não limitado na cártula a sua obrigação, se também compareceu como *garantidor solidário do contrato subjacente*, e ainda que no texto deste último documento se tenha identificado impropriamente como "avalista", responde como garantidor civil solidário, em toda sua amplitude.

O aval *não tem em si caráter especulativo*, sendo mais uma figura fiduciária, que gera obrigação *autônoma* na essência e *acessória* no aspecto formal, segundo os mestres italianos. *V.: n. 2, adiante*.

*Aval póstumo*, que é aquele posterior ao "vencimento", é extravagância, porque a função econômica útil de meio de pagamento do cheque *atua* dentro do termo da sua vida saudável, isto é, até a apresentação do cheque ao sacado; e debilita-se até a inanição se prestado o aval após a frustração da sua liquidação normal pelo banco sacado, e sobretudo depois de formalizado o protesto cambiário por recusa e devolução sem pagamento por falta de fundos. Por isso, é importante a datação do aval no cheque, que fixe sua anterioridade ou posteridade, com as respectivas consequências.

Aval prestado no cheque *após* aqueles eventos patológicos não é compatível com o fim dessa modalidade cartular de garantia, e por isso afigura-se ineficaz como assunção de obrigação cambiária – portanto, inexigível como tal.[6] Por tudo isso, o aval póstumo nem é referido na legislação chéquica. De todo modo, o art. 900 do CC/2002 dispõe em sentido diverso, igualando-o nos seus efeitos ao anteriormente dado em título de crédito, que supõe "vencimento", que não é o caso do cheque.

**2. Questões que o aval no cheque suscita:**
*exceções, chamamento ao processo, aval parcial, sucessivo, plurissubjetivo ou simultâneo e a Súmula 189/STF*

O art. 25º da Lei Uniforme inicia o capítulo que trata do aval, correspondente à colocação do art. 29 na Lei 7.357/1985.

O aval, que é ato de garantia cambial e, por isso, abstrato, constitui-se de uma declaração unilateral de vontade, formalizada no próprio cheque e somente nele, ou no seu prolongamento, prestável por qualquer pessoa capaz, desde que não seja o sacado, para assegurar a satisfação da obrigação do avalizado, emitente ou outro coobrigado.

A jurisprudência do STF firmou-se no sentido da inadmissibilidade do chamamento ao processo de execução por título extrajudicial do emitente ou aceitante de título cambial, pelos avalistas, fiel ao princípio da autonomia da obrigação cambial e à natureza abstrata do aval. Mas, coerentemente, não recusa a possibilidade de chamamento, por um avalista, dos demais coavalistas para integrarem, como coobrigados solidários em aval plurissubjetivo, a relação processual executória incompleta.

Corresponde a uma obrigação autônoma, isto é, independente da do avalizado, e, por isso, não admite o aval, de regra, ressalvados casos como os de inexistência ou desaparecimento da obrigação, oposição de exceções pessoais, pelo avalista, inerentes ao seu avalizado, ao contrário do permitido na fiança. Nem admite benefício de ordem.

O STJ enfrentou caso elucidativo em que estiveram presentes os temas da autonomia do *aval* e da regra de inoponibilidade de exceções, com destaque para a ressalva quando inexistente a dívida ou ocorrente seu desaparecimento, como se vê no REsp 162.332-SP, 3ª Turma, relator o Min. Eduardo Ribeiro, julgado em 29.6.2000, vindo o acórdão assim ementado:

---

6. Observe-se que a disposição contida no art. 900 do CC/2002, de que "o aval posterior ao vencimento produz os mesmos efeitos do anteriormente dado", não se aplica ao cheque.

"Aval – Autonomia – Oponibilidade de exceções. Não pode o avalista opor exceções fundadas em fato que só ao avalizado diga respeito, como o de ter-lhe sido deferida concordata. Entretanto, se o título não circulou, ser-lhe-á dado fazê-lo quanto ao que se refira à própria existência do débito. Se a dívida, pertinente à relação que deu causa à criação do título, desapareceu ou não chegou a existir, poderá o avalizado fundar-se nisso para recusar o pagamento".[7]

Ou seja, no caso mencionado, se até ao avalizado (devedor principal) foi reconhecido o direito de recusar a exigência de pagamento, pela mesma ordem de razão, ao avalista cabia opor a exceção de desaparecimento ou inexistência do débito causal.

Em linha de coerência com o art. 4º da Lei Uniforme (art. 5º da Lei 7.357/1985), que nega eficácia ao aceite, proíbe a alínea 2ª do art. 25º do texto genebrino (art. 29 da Lei 7.357) o aval do *sacado*, contra o qual é inexequível qualquer espécie anômala de garantia prestada, que traduza responsabilidade exclusiva ou solidária do teor da enunciada no art. 44º da Lei Uniforme (art. 51 da Lei Interna do Cheque).

O texto expresso torna ociosa qualquer controvérsia sobre a possibilidade, ou não, de aval de cheque (art. 29 da Lei 7.357), "no todo ou em parte".

O aval é incondicionado. Pode ser, no cheque, conforme o art. 29, dado em garantia do pagamento do todo ou em parte, isto é, total ou limitado a determinada importância.[8] E não só pode ser prestado ao sacador como a outro avalista, aos endossantes e, em tese, até ao sacado, quando emitente. Aval sem data presume-se tempestivo. Diversamente do art. 29 da Lei do Cheque, para títulos de crédito o art. 897 do CC/2002 dispõe que "é vedado o aval parcial" – restrição geral inaplicável ao cheque, por força do texto especial.

A jurisprudência dominante no STF vem enfeixada na Súmula 189: "Avais em branco e superpostos consideram-se simultâneos e não sucessivos".

*Aval sucessivo* é aval prestado a avalista, mas não se confunde com a pluralidade de avais prestados ao sacador, conforme ensina Pontes de Miranda.[9] Por isso mesmo, a regra é considerarem-se simultâneos os avais sem indicações (avais plurissubjetivos).

7. DJU 161-E, 21.8.2000, p. 117.
8. O art. 897, parágrafo único, do CC/2002 veda o aval parcial, mas não é aplicável ao cheque.
9. Pontes de Miranda, *Tratado de Direito Privado*, t. 37, Rio de Janeiro, Borsói, § 4.130.

Como o sacador e o endossante, o avalista garante o pagamento do cheque, na medida da extensão do aval, respondendo como obrigado solidário perante o portador. Se o avalista for pessoa natural casada, salvo no regime da separação absoluta, necessária é a vênia conjugal, como ocorre com a fiança. Se o avalista for pessoa jurídica, sua eficácia depende do que dispuser o estatuto ou contrato social.[10]

## 3. Incabível ação monitória ou de locupletamento por cheque prescrito contra avalista, pelo desaparecimento da relação cambial

A garantia do aval, de natureza tipicamente cambial, cessa, porém, no caso de se verificar a perda de direitos ou prescrição da ação cambiária executiva do título em que tenha sido prestada essa garantia não especulativa. Por interpretação estrita do art. 61 da Lei Interna, em consonância com o sentido da Reserva do art. 25º do Anexo II, no procedimento comum (ação de locupletamento ou de enriquecimento) fundado em cheque prescrito, isto é, sem força executiva, porque extinta a relação cambial, o portador tem ação cognitiva contra o sacador e endossantes nas circunstâncias contempladas, e jamais contra o avalista que não se locupletou. E, no mesmo sentido, incabível intentar-se ação monitória contra o avalista tratando-se de cheque prescrito, pelo desaparecimento da figura típica do aval.

Esse é o entendimento que prevalece no STJ, como se vê do REsp 200.492-MG, 3ª Turma, relator o Min. Eduardo Ribeiro, julgado em 29.6.2000, num caso de ação monitória por cheque prescrito movida contra avalista, com a seguinte ementa elucidativa: "Ação monitória – Cheque prescrito – Avalista. Prescrito o cheque, desaparece a relação cambial e, em consequência, o aval. Permanece responsável pelo débito apenas o devedor principal, salvo se demonstrado que o avalista se locupletou".[11]

O reconhecimento da prescrição traz, portanto, em si, a exoneração da responsabilidade do avalista, por extinção da relação cambial.

O avalista não é, pois, passível de responder à ação específica do portador de cheque descambiarizado, prescrito, salvo se demonstrado locupletamento ilícito à custa alheia, em que pese à responsabilidade cambiariforme residual dos obrigados, genericamente inserida no texto do art. 61 da Lei Interna. Impõe-se a interpretação restritiva – como bem adverte,

---

10. Os poderes e as atribuições das pessoas incumbidas da administração da sociedade devem estar mencionados no contrato social (arts. 997, VI, e 1.054, ambos do CC/2002, e arts. 153 e ss. da Lei 6.404/1976).

11. *DJU* 161-E, 21.8.2000, p. 123.

com fundamentação irrefutável, Fran Martins.[12] Não poderá o portador agir, contudo, contra os avalistas, porque esses são sempre obrigados cambiários, enquanto subsistente a relação cambial; e, prescrito o cheque, o documento perde sua natureza cambiária para se transformar em um quirógrafo comum, que não comporta obrigação extinta concernente ao aval. Daí não ser devida a ação de locupletamento contra os avalistas, sejam eles do emitente ou dos endossantes, pois o aval, instituto cambiário não especulativo, perece com a descaracterização do cheque como título cambiariforme.

Salve-se, todavia, no mais, o espírito do art. 61, concedendo a ação por perdas e danos causados pelos atos de locupletamento.

## 4. Aval por mandato e suas peculiaridades

Admissível e eficaz é o *aval por mandato*, cuja qualidade deve constar do título, cabendo ao beneficiário dessa garantia precaver-se documentalmente, pois lhe cabe o ônus da prova dos poderes especiais e expressos (art. 661, § 1º, do CC/2002[13]) outorgados pelo mandante que venha a se obrigar como avalista no título, através de mandatário.

Aproveita ao cheque a orientação referente à nota promissória emanada do STJ em acórdão da 4ª Turma, de que foi relator o Min. Aldir Passarinho Jr., proferido em 8.5.2001, no REsp 278.650-PR, com a seguinte ementa, no que aqui interessa: "Aval dado por mandatário sem poderes expressos – Nulidade, CC, art. 1.295. A validade do aval dado em nota promissória exige que o mandatário disponha de poderes expressos para tanto, sob pena de nulidade da garantia".[14]

A ratificação expressa supridora é possível pelo mandante (art. 662 e seu parágrafo único do CC/2002;[15] condicionado pelo disposto nos arts. 173 e ss. do CC/2002[16]). Mas responderá frente ao credor o mandatário sem poderes como gestor de negócios (art. 665 do CC/2002[17]), obrigando-se, enfim, pessoalmente se não conseguir provar ele próprio sua condição de mandatário, nos termos dos arts. 13 e 14 da Lei Interna do Cheque; e se pagar o cheque terá os mesmos direitos daquele em cujo nome assinou como avalista.

12. Fran Martins, *Títulos de Crédito*, vol. 11, Rio de Janeiro, Forense, 1987, n. 107, p. 148.
13. Correspondente ao revogado art. 1.295, § 1º, do anterior CC.
14. *DJU* 186, 15.10.2001, p. 268.
15. Correspondente ao revogado art. 1.296 e parágrafo único do anterior CC.
16. Correspondentes aos revogados arts. 148 e ss. do anterior CC.
17. Correspondente ao revogado art. 1.297 do anterior CC.

*V.: anotações ao art. 1º, n. 2, "assinatura", subtítulo "Assinatura de emissão por representação"; e ao art. 14, "Assinatura por representação, com ou sem poderes, ou com poderes excedentes: efeitos".*

• **Lei 7.357/1985, art. 30**

**Art. 30. O aval é lançado no cheque ou na folha de alongamento.** Exprime-se pelas palavras "por aval", ou fórmula equivalente, com a assinatura do avalista. Considera-se como resultante da simples assinatura do avalista, aposta no anverso do cheque, salvo quando se tratar da assinatura do emitente.

**Parágrafo único. O aval deve indicar o avalizado.** Na falta de indicação, considera-se avalizado o emitente.

• **Lei Uniforme, art. 26º**

**Artigo 26º**

**O aval é dado sobre o cheque ou sobre a folha anexa.**

**Exprime-se pelas palavras "bom para aval", ou por qualquer outra fórmula equivalente; é assinado pelo avalista.**

**Considera-se como resultante da simples aposição da assinatura do avalista na face do cheque, exceto quando se trate da assinatura do sacador.**

**O aval deve indicar a quem é prestado. Na falta desta indicação considera-se prestado ao sacador.**

• **Há Reserva (rejeitada) do art. 13º do Anexo II**

**Artigo 13º**
(Rejeitada)

**Por derrogação do art. 26º da Lei Uniforme qualquer das Altas Partes Contratantes tem a faculdade de admitir a possibilidade de ser dado um aval no seu território por ato separado em que se indique o lugar onde foi feito.**

*Lançamento, forma e fórmula do aval*

A Reserva constante do art. 13º do Anexo II foi *rejeitada* pelo País. Dizia respeito à faculdade de se admitir a possibilidade de ser dado o aval por ato separado do título, em que se indicasse o lugar (isto é, indicasse o *instrumento*) onde foi feito. E, de fato, não foi cogitada na Lei 7.357/1985 tal possibilidade. Totalmente diversa é a casuística revelada na Súmula 26/STJ: "O avalista do título de crédito vinculado a contrato de mútuo também responde pelas obrigações pactuadas, quando no contrato figurar como devedor solidário".

Assim, de acordo com a alínea 1ª do art. 26º da Lei Uniforme, o aval é dado sobre o cheque ou seu alongamento, texto ratificado pelo art. 30 da Lei 7.357.

O aval exprime-se pela aposição da assinatura do avalista no título, encimada de fórmula livre para a sua designação, ou em branco.

Se não indicar a quem é prestado, considera-se prestado ao sacador.[18] Se não houver limite inferior expresso,[19] compreende o montante do cheque.

De regra, o aval figura no rosto do cheque ou da folha de alongamento, podendo também constar do verso.[20] A assinatura que não seja do sacador aposta na face anterior (*anverso*) do cheque nominal é tida por aval, por presunção *juris tantum*.[21]

Sendo vários os avalistas, obrigam-se solidariamente, mantendo entre si relação de *direito comum*, e não de direito cambial.

Se casado o avalista, é dependente a validade do aval da outorga conjugal. *V.: n. 1 do art. 29, retro.*

• **Lei 7.357/1985, art. 31**

**Art. 31. O avalista se obriga da mesma maneira que o avalizado. Subsiste sua obrigação, ainda que nula a por ele garantida, salvo se a nulidade resultar de vício de forma.**

**Parágrafo único. O avalista que paga o cheque adquire todos os direitos dele resultantes contra o avalizado e contra os obrigados para com este em virtude do cheque.**

18. O *caput* do art. 899 do CC/2002 estabelece equiparar-se o avalista àquele cujo nome indicar; e, na falta de indicação, equipara-se ao emitente ou devedor final.

19. Frise-se ser vedado o aval parcial em relação aos títulos de crédito regidos pelo atual Código Civil (art. 897, parágrafo único).

20. V. anotações ao art. 16º, *supra*, da Lei Uniforme (art. 19 da Lei 7.357/1985). Consoante o Código Civil/2002, "o aval deve ser dado no verso ou no anverso do próprio título" (art. 898, *caput*); e se dado no anverso do título, para sua validade é suficiente a simples assinatura do avalista (§ 1º do art. 898). E se dado no verso, sem indicação? Presume-se também que ao emitente.

21. Essa presunção estende-se ou não à assinatura de terceiro (não beneficiário nem emitente) lançada no verso do cheque nominal, sem indicação da natureza de sua posição de avalista? V. STJ, REsp 493.861-MG, rel. para o acórdão Min. Fernando Gonçalves (que invoca o precedente no REsp 39.037-SP, *DJU* 12.6.1995), j. 4.9.2008: "não pode ser inútil", interpreta-se como forma de aval – diz o Relator vencedor.

• **Lei Uniforme, art. 27º**

### Artigo 27º

O avalista é obrigado da mesma forma que a pessoa que ele garante.

A sua responsabilidade subsiste ainda mesmo que a obrigação que ele garantiu fosse nula por qualquer razão que não seja um vício de forma.

Pagando o cheque, o avalista adquire os direitos resultantes dele contra o garantido e contra os obrigados para com este em virtude do cheque.

• **Não há Reservas**

### 1. Obrigação do avalista e vício de forma que fulmine o cheque

O art. 27º, alínea 1ª, da Lei Uniforme, incorporado na primeira parte do *caput* do art. 31 da Lei 7.357/1985, fixa a obrigação do avalista, dando-lhe a correspondência jurídica do seu avalizado, com solidariedade e autonomia.[22]

Sua responsabilidade subsiste mesmo em caso de ser nula a obrigação que teve em vista garantir, desde que a nulidade não decorra de *vício de forma* (alínea 2ª), que contamine ou torne inexistente o próprio título,[23] cuja aparência é relevante.

Foi como já decidiu com juridicidade a 3ª Câmara do extinto TACivSP, na ACi 96.044, relator o Juiz Francisco Negrisollo, julgada em 12.9.1967, sobre cheque emitido antes mesmo da vigência da Lei Uniforme, em acórdão assim ementado: "Cheque – Aval – Responsabilidade do avalista. Subsiste ainda que nula a do sacador".[24]

A forma tem a ver com a segurança jurídica.

Vício de forma que fulmina o cheque é a ausência de assinatura do emitente, como requisito essencial não só para o estabelecimento da obrigação cambial, mas sobretudo para a criação e a eficácia do próprio título (art. 1º da Lei Uniforme e art. 1º, VI, da Lei 7.357/1985), como ordem de pagamento dirigida ao banco sacado que só existe quando assinada.

22. Na expressão literal sintética de Othon Sidou ("Aval em cheque", *RDM* 12, São Paulo, Ed. RT), pela concepção conciliatória de Navarrini, que ecoou no seio das Conferências de Genebra, embora o aval crie uma relação de garantia, a obrigação do avalista é *acessória* na forma e *autônoma* na essência, com a consequência de que o avalista, que tem obrigação independente, tem exceções independentes das do avalizado, de molde a não poder opor ao credor necessariamente as defesas oponíveis por seu avalizado (cf. p. 43).

23. No mesmo sentido dispõe o § 2º do art. 899 do CC/2002, nestes termos: "Subsiste a responsabilidade do avalista, ainda que nula a obrigação daquele a quem se equipara, a menos que a nulidade decorra de vício de forma".

24. *JTACivSP* 5/26.

Vindo a faltar a assinatura do emitente não se corporifica o cheque; torna-se absolutamente certo que o sacado não poderá dar seguimento à "ordem" nele contida. Ante a recusa de pagamento pelo banco, precisamente, é que se procurará fazer valer a garantia, antecipadamente prestada pelo avalista, no plano extrabancário. No entanto, com acerto, a lei expressamente exclui a responsabilidade do avalista em caso de nulidade por vício de forma, que é o que ocorre na hipótese indicada. E isto em consideração também a que, pagando o cheque, fica ao avalista assegurada a sub-rogação legal nos direitos dele resultantes contra o garantido ("avalizado" –diz, com mais clareza, o texto do parágrafo único do art. 31 da Lei Interna). Mas como exercitá-los contra quem não se obrigou? Razão assiste ao escólio de Antônio Gonçalves de Oliveira no sentido de que: "Inexistente, com efeito, a assinatura do avalizado, impossibilitado está o avalista de exercitar que seja, a ação de regresso ou reembolso contra seu avalizado, razão determinante, na maioria dos casos, de assentir o avalista na sua obrigação cambiária"[25] – concluindo pela imprestabilidade do aval antecipado se no título não vier a surgir a assinatura do avalizado.

Em resumo: num cheque a que falte a assinatura do emitente, os avais, a quem quer que seja, são imprestáveis, por vício de forma na constituição do próprio título cambial, por isso inexistente; num cheque apto, com assinatura regular do emitente, só será ineficaz o aval dado a outrem antecipadamente se o avalizado não emitente não vier a assinar.

## 2. *Direitos e ações do avalista pagante sub-rogado perante o avalizado e outros coobrigados*

A alínea 3ª do art. 27º da Lei Uniforme, correspondente ao parágrafo único do art. 31 da Lei Interna, ao cuidar do pagamento do cheque por qualquer avalista, proclama a regra de que, pagando o cheque, o avalista adquire os direitos resultantes (do pagamento) contra o avalizado e contra os obrigados para com este, isto é, para com o avalizado comum.[26] O texto codificado correspondente (art. 899, § 1º, do CC/2002) limita o direito de ação de regresso aos coobrigados *anteriores* de títulos atípicos (art. 903 do CC/2002) não regidos diversamente por leis especiais.

Quer dizer que a liberação não alcança, evidentemente, o avalizado. Ou, melhor, o pagamento pelo avalista libera o avalizado só perante o

---

25. Antônio Gonçalves de Oliveira, artigo sobre aval in *RF* 87/628, Rio de Janeiro, Forense, 1941.

26. O § 1º do art. 899 do CC/2002 dispõe que, "pagando o título, tem o avalista ação de regresso contra o avalizado e demais coobrigados anteriores".

portador, mas mantém-no vinculado ao pagante, sub-rogado, que adquire o direito de regresso, para cobrança do que desembolsou, segundo a ação correspondente ao título: executiva (ou comum).

O pagante pode acionar os coavalistas e (ou) os demais obrigados para com o avalizado, que ficaram liberados pelo pagamento perante o portador do cheque. Apenas não dispõe de via executória contra os coavalistas da mesma classe (garantes do mesmo avalizado), mas sim de ação do direito comum, correspondente à relação jurídica estabelecida entre eles, que é de direito comum, e não cambial. Entre avalistas antecessivos ou de outra classe (outro avalizado) subsistem a relação cambial e o direito de agir.

Conhecem-se opiniões no sentido de que o coobrigado pagante não dispõe de ação *cambiária* de regresso nem contra o obrigado principal, como é o caso do avalista em relação ao seu avalizado, sob a interpretação de que entre coobrigados do mesmo grau não cabe ação cambial. Por outro lado, não falta também quem defenda a viabilidade de ação cambial até entre coobrigados da mesma classe, como os coavalistas do mesmo avalizado.

Não assiste razão a nenhuma dessas duas posições extremadas.

Quanto à primeira, o art. 44º da Lei Uniforme, alínea 3ª, reproduzido na última parte do § 1º do art. 51 da Lei 7.357/1985, assegura a todo signatário ou coobrigado que tenha pago um cheque o mesmo direito que assistia ao portador. Entre o avalista (sub-rogado pelo pagamento) e seu avalizado subsiste a relação cambiária que assegurava ao portador via de igual natureza executiva, porém denominada *ação de regresso* (art. 59, parágrafo único).

Quanto à segunda, embora o avalista seja obrigado da mesma forma que a pessoa que ele garante, coobrigados do mesmo grau, aqui, são os coavalistas solidários (art. 51, § 3º, da Lei 7.357/1985) do mesmo avalizado entre si. Conforme as anotações ao art. 51 da Lei 7.357, como codevedores de quotas-partes proporcionais, nos termos do art. 283 do CC/2002,[27] sujeitam-se à ação relacionada com as normas de direito comum sobre obrigações solidárias. Se um coavalista (de avais simultâneos, ou plurissubjetivos) for acionado isoladamente pelo beneficiário portador do título, poderá fazer até todos (note-se, "todos", no sentido máximo) os demais coobrigados solidários por aval integrarem a relação processual por chamamento ao processo de execução.

Em ambos os casos – registre-se – incide a regra de prescrição consubstanciada na alínea 2ª do art. 52º da Lei Uniforme (parágrafo único do

---

27. Correspondente ao revogado art. 913 do anterior CC.

art. 59 da Lei 7.357): toda ação de um coobrigado que tenha pago o cheque contra os demais prescreve no prazo de seis meses, contados do dia em que ele tenha pago o cheque ou do dia em que ele próprio foi acionado.

No art. 25º da Lei Uniforme (art. 29 da Lei Interna) exclui-se expressamente o sacado *adjectus* do rol dos terceiros que podem prestar aval. Tratando-se de obrigação cambial, no aval, só podem obrigar-se como avalistas as pessoas capazes (art. 42 do Decreto 2.044/1908), nos termos da legislação comum pertinente.

## 3. Relação recíproca de direito comum entre os coavalistas simultâneos solidários do mesmo avalizado

Num importante julgado da 1ª Câmara do extinto 1º TACivSP – ACi 200.207 (j. 28.12.1973, rel. Juiz João Del Nero) – vários aspectos foram abordados sobre a responsabilidade dos coobrigados de uma dívida garantida por alienação fiduciária, com emissão de notas promissórias com pluralidade de avais simultâneos. Nele exsurgem problemas de direito cambiário, especialmente de *relação recíproca entre coavalistas*, cuja solução de direito comum vale para a pluralidade de avais no cheque, isto é, avais simultâneos da mesma classe ao mesmo avalizado.

É o seguinte:

"Trata-se de ação executiva, em que a autora, na qualidade de avalista, pretende haver dos executados, respectivamente emitente e igualmente avalista, a importância de CR$ 11.773,50. Houve um contrato de alienação fiduciária de veículo, em que figurou como alienante fiduciário o primeiro executado e como avalistas a autora sub-rogada nos direitos e ações do adquirente fiduciário e o segundo executado.

"Concomitantemente à assinatura do contrato, foram emitidas, pelo primeiro executado, 24 notas promissórias. Os avais estão em branco e superpostos, considerando-se, em consequência, simultâneos (Súmula n. 189 do STF). Neste caso, não poderia a autora, como avalista que pagou o débito, utilizar a via executiva para cobrar do coavalista, tanto mais que, 'havendo pluralidade de avalistas, é preciso indagar se se obrigaram uns pelos outros ou se, pelo contrário, se obrigaram direta e conjuntamente em favor do mesmo avalizado, desde que, neste último caso, entre avalistas não haverá nenhuma relação de direito cambiário' (Pontes de Miranda, *Tratado de Direito Cambiário – Letra de Câmbio*, 1954, 2ª ed., I e n. 224; *Nota Promissória*, 1954, 2ª ed., II, n. 164). No mesmo sentido Whitaker, *Letra de Câmbio*, 1942, 3ª ed., p. 175.

"Afirma o acatado monografista que, 'se os avalistas se obrigaram direta, conjuntamente, em favor do mesmo avalizado, não têm entre si relações cambiárias, nem adquirem, pelo pagamento, nenhum direito cambiário contra seus companheiros' (ibidem).

"Daí o acerto da bem elaborada sentença ao concluir, quanto ao segundo executado (coavalista), que a carência da ação é dada pelos princípios de direito cambiário."

Retomando, no caso julgado adotou-se corretamente a orientação de que entre aqueles coavalistas não havia relação de direito cambiário, mas de direito comum – razão que justificou o reconhecimento da carência da ação de natureza executória cambial promovida pelo coavalista pagante contra o outro coavalista do mesmo emitente avalizado. Essa consequência da relação recíproca (de direito comum, e não cambiário) entre tais coavalistas simultâneos (§ 3º do art. 51 da Lei 7.357/1985) aplica-se ao aval chéquico; já não entre avalistas de avalizados distintos e sucessivos (dos sucessores em relação aos anteriores) e entre o avalista pagante e o seu avalizado (§ 1º do art. 51).

## Capítulo IV – Da Apresentação e do Pagamento

(Lei 7.357/1985, arts. 32 a 43; Lei Uniforme, arts. 28º a 36º)

• **Lei 7.357/1985, art. 32**

Art. 32. O cheque é pagável à vista. Considera-se não escrita qualquer menção em contrário.

Parágrafo único. O cheque apresentado para pagamento antes do dia indicado como data de emissão é pagável no dia da apresentação.

• **Lei Uniforme, art. 28º**

Artigo 28º

O cheque é pagável à vista. Considera-se como não escrita qualquer menção em contrário.

O cheque apresentado a pagamento antes do dia indicado como data da emissão é pagável no dia da apresentação.

• **Não há Reservas**

*Orientações prévias úteis ao consulente do Capítulo IV*

O Capítulo IV ("Da Apresentação e do Pagamento") está assim distribuído: os arts. 32 a 43 da Lei Interna (Lei 7.357/1985) mantêm paridade com os arts. 28º a 36º da Lei Uniforme, com as seguintes diferenças marcantes:

(a) Houve redução no prazo de apresentação para pagamento de cheque de outra praça, de 120 para 60 dias.

(b) Manteve-se a revogação ou contraordem (privativa do emitente), mas a produção dos seus efeitos é posterior ao decurso do prazo de apresentação; instituiu-se o suprimento da oposição ou sustação do pagamento, mesmo dentro do prazo de apresentação, para o emitente e o portador legitimado, sendo que a oposição pelo emitente e a contraordem excluem-se reciprocamente.

(c) Estendeu-se, como convinha, ao banco apresentante o encargo, antes implicitamente exclusivo do sacado, de verificação da regularidade da sucessão de endossos.

(d) Adotou-se a regra de segurança da antiga Lei do Cheque que faculta ao banco sacado, antes de consumar o pagamento, pedir explicações ou garantia para pagar bem em casos justificados de dúvida ou suspeita sobre anormalidades do cheque.

(e) Foi aposto veto presidencial ao art. 43 e seus §§ 1º e 2º da Lei Interna, que previa ação judicial para autorizar o banco sacado a pagar cheque extraviado ou destruído que tenha sido objeto de pedido de sustação de pagamento pelo desapossado.

## 1. Considerações gerais sobre apresentação e pagamento ou recusa e devolução

Relembre-se de início que na base do art. 32 da Lei 7.357/1985 situam--se o art. 1º, III, e os arts. 3º e 4º, *caput* e § 1º, todos agora compendiados, de modo a que o art. 32 possa traduzir o conceito de cheque como título de apresentação a terceiro – o banco sacado –, "pagável à vista", com provisão disponível, conforme contrato bancário típico, expresso ou tácito, firmado pelo emitente.

*Apresentação* é o ato objetivo culminante, formal e obrigatório, específico e apropriado, exercitável pelo titular (*tradens*), que se concretiza pela exibição do cheque, destinado à realização normal da ordem incondicional, que traz implícita a solicitação de pagamento à vista, conforme a natureza desse título quesível, a ser efetuado pelo sacado, da quantia em dinheiro indicada pelo emitente no próprio documento. O art. 33 não deixa dúvida ao complementar que "o cheque *deve ser* apresentado para pagamento, (...)" (grifamos). A apresentação assegura, como espécie de publicidade, na ordem, a prioridade de pagamento (art. 40 da Lei Interna) pelo banco sacado.

A apresentação do cheque diretamente ao sacado (ou através do sistema da rede bancária – art. 34) se faz em dia útil, durante o expediente dos estabelecimentos de crédito, câmaras de compensação e Cartórios de Protesto, como dispõe o art. 64 da Lei Interna.

Só pela apresentação do título ao banco sacado seu titular legitimado exterioriza o exercício da busca de cumprimento dos seus direitos: o interesse de receber em dinheiro o valor do seu haver; ou, na eventualidade de anomalia, reassumir a posse física do cheque devolvido, considerar "vencido" seu haver, em mora os devedores em determinados casos de devolução, e reclamar dos obrigados a satisfação do que lhe for devido, segundo a literalidade do título (evitou-se falar, aqui, em "crédito", e optou-se por "haver", por se tratar de título à vista).

Que a apresentação para pagamento bancário torna *vencido*[1] o cheque prova-o a cessação de sua circulabilidade, com o efeito jurídico de tornar impróprios o endosso e o aval[2] póstumos, isto é, posteriores à eventual devolução com recusa de pagamento; bem como é a partir do termo do prazo de apresentação que tem início o prazo semestral de prescrição da execução cambiária.[3]

É sem dúvida um *ônus* para se alcançar o fim visado, que é o direito ao pagamento, porque a omissão do ato de apresentação "em tempo hábil" (§ 3º do art. 47 da Lei Interna), isto é, dentro do prazo legal, acarreta ao titular consequências nocivas ali enumeradas, ou "perda de direitos" (para usar expressão cunhada pela Reserva 25ª do Anexo II à Lei Uniforme do Cheque).

Othon Sidou observa, com muita profundidade, quanto ao cheque, que "não é o protesto, em sua condição meramente interpelatória e protocolizadora, mas a *apresentação* a pagamento não satisfeito que constitui o devedor em mora".[4] É então que se caracteriza a figura do *cheque sem fundos, devolvido após recusa motivada de pagamento.*

Fica claro e inequívoco que a não apresentação do cheque (título de liquidação por terceiro) ao banco sacado para pagamento é fato impeditivo para o portador considerá-lo "vencido" e, com maioria de razão, para constituir em mora o "devedor".

O normal pagamento total pelo banco sacado, completando o ciclo regular com a realização ou liquidação do cheque, tem tríplice função liberatória: (a) extingue a obrigação cambial de todos os signatários coobrigados; (b) quita a obrigação extracartular subjacente que motivou a emissão do cheque como instrumento de satisfação da soma em dinheiro devida; e (c) por fim, exaure os encargos afetos ao sacado, pontualizados em cada cheque, como depositário e operador do contrato de conta corrente bancária

---

1. Utiliza-se o sentido do vocábulo "vencido" com a ressalva de que *vencimento* pressupõe *prazo*, isto é, o dia que recai no termo, e não se aplica à obrigação *à vista*, como é o cheque, ordem típica ao banco sacado para pagamento à vista de sua apresentação, com fundos disponíveis em conta corrente.

2. Não se aplica ao cheque a regra geral do art. 900 do CC/2002, apesar da inexistência de disposição diversa na Lei do Cheque (art. 903 do CC/2002), conforme exposto sobre o *aval póstumo* no n. 1 do art. 29, *retro*.

3. Neste sentido é a orientação do STJ, conforme se observa dos seguintes julgados: REsp 11.529, REsp 47.149 e REsp 181.639.

4. Othon Sidou, *Do Cheque*, 4ª ed., Rio de Janeiro, Forense, 1998, n. 111, p. 126.

movimentável através de cheque que lhe cumpre pagar com a provisão de fundos constituída em seu poder.

## 2. Apresentação e declaração de recusa de pagamento como pré-requisitos de exigibilidade ou pretensão de cobrança

A *exigibilidade* é o pré-requisito de qualquer ação cambiária com fulcro em cheque. E, como título de apresentação a ser pago por terceiro, configura-se a exigibilidade com a formal *recusa motivada* e sua devolução sem pagamento pelo sacado – o que, por sua vez, pressupõe tenha havido regular apresentação. Isso em razão da principal característica do cheque – repita-se –, de ordem incondicionada de pagamento à vista em dinheiro para ser executada por terceiro, o banco sacado, por conta do emitente (o emitente promete fato de terceiro), evidentemente sob responsabilidade funcional própria do *adjectus*. De modo que somente *se e após* frustrada aquela ordem a obrigação chéquica se torna exigível dos responsáveis cambiários, nos termos das disposições aplicáveis.

Seria absurdo que o portador de um cheque não apresentado a pagamento o levasse a protesto por falta de fundos ou o cobrasse executivamente dos obrigados sem que o sacado tenha, antes, recusado o pagamento e nem certificado esse fato, que pressupõe *apresentação bancária*, que é manifestação *típica, primária* e *inata* a que se obriga de modo implícito o beneficiário ou o portador final (*tradens*) que, dando acolhida ao título, pretenda a realização de satisfação normal pelo banco sacado.

Afronta a natureza econômico-jurídica do cheque, de ordem de pagamento através de terceiro, o desvio que comete o portador que não apresenta o cheque ao sacado mas exige seu pagamento diretamente do emitente, como se este fosse "auto-ordenante", isto é, ordenante de si próprio, ou depositário do valor da provisão constituída no banco sacado.

Só constituirá título executivo apto a instrumentalizar pretensão em ação cambiária de garantia o cheque que tenha transitado pelo rito formal prescrito na lei, isto é, tenha sido inarredavelmente apresentado ao banco sacado, e ter este aposto declaração do motivo do não atendimento à ordem de pagamento devolvida ao apresentante.

Os arts. 1º e 10 da antiga Lei do Cheque já o conceituavam como *ordem de pagamento à vista*, por inspiração da Conferência de Haia, na qual se apoiou a Lei 2.591/1912.

O art. 28º, alínea 1ª, da Lei Uniforme vem inserido no *caput* do art. 32, ora em exame, da Lei Interna e ratifica e reforça referido conceito ao dispor que o cheque é pagável à vista, considerando, outrossim, como não escrita qualquer menção em contrário. O cheque assim emitido vale, sendo nula ou não escrita apenas a cláusula infringente. E no caso de cheque borrado, mutilado, emendado ou contendo data suspeita (ou dizeres anormais) poderá o banco sacado pedir explicação ou garantia ao portador ou confirmação ao emitente para pagar seu valor (art. 10 da Lei 2.591/1912 ou art. 41 da Lei 7.357/1985), no exercício do seu dever de diligência.

A proibição (ou inexistência) sancionada na alínea 1ª do art. 28º da Lei Uniforme, literalmente incorporada ao texto do art. 32 da Lei 7.357/1985, abrange a *marcação*, não só porque esta determinaria o adiamento no pagamento do cheque até a data marcada para a apresentação (ou reapresentação) ao sacado, retirando ao título sua natureza de ordem incondicional de pagamento à vista de sua apresentação ao sacado, como porque ensejaria a exoneração da obrigação do sacador como garante, substituindo-o pelo sacado – o que infringe os arts. 4º e 12º da Lei Uniforme (respectivamente, arts. 6º e 15 da Lei Interna).

Cheque com data futura (pós-datado) é tolerado porque pagável pelo sacado no dia da apresentação, pouco importando que seja antes do dia indicado como data da emissão. Com isto fica arredada a possibilidade de se vislumbrar no cheque qualquer cunho de título de crédito ou de papel de garantia de dívida. Mas, ainda que passado em garantia, não perde as características de título executivo, como se verá mais adiante.

Em que pese a ser o cheque com data futura pagável na data da apresentação antecipada, tal fato, se causar prejuízo ao emitente, bem como presentes e demonstrados os demais requisitos para a responsabilização civil, pode ensejar indenização por abuso de direito (ato ilícito – art. 187 do CC/2002), inclusive por danos morais, como já reconhecido pela jurisprudência do STJ. Vejam-se os REsp 16.855, 195.748, 223.486, 261.168 e 557.505 e a Súmula 370, esta nos seguintes termos: "Caracteriza dano moral a apresentação antecipada de cheque pré-datado".

### 3. Reapresentação de cheque devolvido: efeitos da persistência da anomalia

A reapresentação (salvo quando não se trate de pagamento parcial, previsto no parágrafo único do art. 38 da Lei Interna, que reproduz o art. 34º da Lei Uniforme, para integralização em nova apresentação ao sacado) não é tratada pela Lei Uniforme nem pela Lei Interna do Cheque, porque estas regulam os aspectos ligados diretamente à obrigação e responsabilidade cambial dos obrigados, que se caracterizam plenamente em face do titular do direito chéquico pela apresentação para pagamento do cheque ao banco sacado. Por dizer respeito mais à órbita administrativa que à cambial ou à eficácia executiva do cheque, a *reapresentação* – que é o reenvio, como segunda apresentação, pelo portador, do cheque "devolvido", ao sacado, para nova solicitação do pagamento frustrado por falta ou insuficiência de provisão na primeira tentativa – é disciplinada pelo Poder Público competente, por norma do Banco Central do Brasil. Deve ocorrer essa reapresentação a partir de dois dias úteis após a devolução, para ser efetuada com o objetivo de penalizar administrativamente o correntista-emitente, se constatada a persistência da anomalia (falta ou insuficiência de provisão), com a pecha de *inidoneidade* e sujeição às consequentes sanções previstas, dentre as quais o encerramento da conta bancária, pagamento de multa etc.

O portador ou o *tradens* tem o ônus-direito de operar a apresentação do cheque para pagamento no prazo e forma previstos; já na *reapresentação* de que se valha após eventual devolução sem pagamento não o faz sob ônus algum, mas apenas como exercício (facultativo) do direito de insistir na tentativa de recebimento pela via natural. Dentre outros efeitos, destaque--se que, para conservação dos seus direitos, basta ao portador tenha feito a primeira ou única apresentação *em tempo hábil* (art. 47, II e § 3º, da Lei 7.357/1985), sendo indiferente que a reapresentação, também de resultado reiteradamente frustrante, tenha ocorrido só após o decurso do prazo do art. 33, em que o cheque "*deve* ser apresentado para pagamento" (grifamos). Sob esse aspecto, a desobrigatoriedade do protesto, introduzida no regime da Lei Interna para a preservação do exercício do direito de ação, representa uma política de incentivo à adoção da via administrativa de reapresentação do cheque pelo portador antes da movimentação das vias jurisdicionais. Mas para o emitente do cheque sem fundos, ou com insuficiência de provisão, essa sadia prática da reapresentação o expõe a um cortejo de consequências drásticas, dentre as quais o lançamento do seu nome no Cadastro de Emitentes de Cheques sem Fundos/CCF, o encerramento da conta corrente bancária em que se deu a ocorrência e a proibição de fornecimento de talões por quaisquer instituições financeiras àquele correntista que registre restrição cadastral – tudo, claro, se frustrado o pagamento na reapresentação, por falta ou insuficiência de fundos.

Talvez no instituto da *reapresentação* (segunda apresentação) se encontre o potencial de eficácia para a reabilitação do cheque atingido por certo descrédito que começa a afetá-lo, pois é a via que leva, na eventualidade de segunda devolução sem pagamento, à exclusão saneadora da participação nesse mercado institucional dos contumazes emitentes de cheques sem fundos.

## 4. Cheque pós-datado ou com data futura ou "pré-datado" exprime negócio fiduciário tácito apto a gerar efeitos civis (Súmula 370/STJ)

O cheque *pós-datado* ou *com data futura*, vulgarmente conhecido como *pré-datado*, dá ensejo a algumas considerações, a primeira das quais é que o art. 32 e seu parágrafo único da Lei Interna repetem quase que com as mesmas palavras o texto do art. 28º e seu parágrafo único da Lei Uniforme, que já não admitia Reserva contrária a essa disposição que reproduz o conceito de *título* pagável sempre à vista pelo sacado ao lhe ser apresentado pelo portador, ainda que contendo data futura (fictícia, pois) de emissão.

Ao prever o parágrafo único do art. 32 a ocorrência de apresentação antecipada à data indicada como de emissão constante do cheque, o texto legal revela a ciência do legislador sobre essa prática e procura estabelecer como consequência a ineficácia dessa anômala mas antiquíssima quão usual convenção de condicionamento da apresentação aprazada ou a termo, através da regra de pagabilidade no dia da efetiva entrega ao banco para cobrança, o que gera efeitos até modificativos do início do prazo de prescrição – tema a ser examinado nas anotações ao art. 59.

Se se efetivar o pagamento de cheque pelo banco sacado antes da data da emissão nele contida, no exercício regular de suas funções de *adjectus*, extingue-se a vida útil do título no âmbito do direito do cheque, sem mais consequências práticas. Entretanto, se houver recusa de pagamento, como devolução por falta ou insuficiência de fundos disponíveis no momento da apresentação antecipada do cheque pré-datado, a violação dos ajustes fiduciários entre emitente e beneficiário ou portador, além de operar postergação dos prazos de apresentação e prescrição, pode gerar efeitos civis de responsabilidade inclusive por dano moral sofrido pelo emitente, indenizável, conforme entendimento já pacificado na Súmula 370/STJ.

Decorre dessa normatividade a correta responsabilidade do emitente, extraída e proclamada no STF pela 2ª Turma, nos idos de 16.9.1980, no RE 91.158-SP, de que foi relator o Min. Décio Miranda, ao fazer a distinção didática entre efeitos civis de título executivo e efeitos penais do cheque apresentado antes da data futura aposta como de emissão, como promessa de obrigação diferida, e não pago pelo banco sacado pelo exclusivo motivo de falta de fundos no momento da apresentação "antecipada", *verbis*: "Cheque. Emitido sem provisão de fundos, a alegação de que se destinaria a mera garantia de dívida pode ser apta a afastar a ação penal (Súmula n. 246). Mas não a execução civil fundada em título extrajudicial".[5]

5. Ementa no *DJU* 10.10.1980, p. 8.021.

Essa opção do legislador internacional – desde as Convenções de Haia e Genebra – de dar por nula ou sem efeito qualquer modalidade de ajuste de *pós-data*, validando o cheque, foi seguida pelo legislador interno, que captou a relevância do espírito do regramento que o torna pagável de pleno direito no ato de publicidade, da apresentação ao banco sacado; pode-se insistir em dizer que essa é a pedra de toque da característica do cheque como ordem de pagamento bancário à vista do próprio documento.

Nesse sentido, impõe-se a reflexão de que a indicação de data de emissão, se constitui requisito essencial do cheque (inciso V do art. 1º), a irrealidade ou ficção da data aposta, como é o caso de cheque pós-datado (com data futura), não anula o cheque.

Daí por que reputamos correta a ponderação de Othon Sidou no sentido de que "a data é de *essencialidade limitada*, relacionando-se apenas com os prazos prescritivos e a capacidade civil do emitente".[6] Além disso, há a repercussão extracambial, no âmbito penal, como visto pela ótica da Súmula 246/STF, quando se trate de emissão sem provisão mas sem dolo, para prestação futura, como garantia ou expressão de dívida, para execução de obrigação aprazada ainda não exigível no ato de emissão.

Como se cuida de obrigação causal vencível no futuro, na emissão antecipada de cheque não entra a fraude do tipo delitivo, sendo conduta penalmente atípica; nem o inadimplemento atual (que é eventual e futuro e de natureza de obrigação civil) é considerado, o que explica por que, em certas circunstâncias, a origem ou o negócio causal são relevantes até mesmo para a eficácia do cheque ou da exigibilidade das obrigações nele corporificadas.

Mas, pelo lado do emitente do cheque com data futura, é de convir que sua boa-fé em entregar esse título, sabidamente pagável *ex lege* no ato de apresentação, mesmo antes da data nele lançada, exprime autêntico *negócio fiduciário tácito* com o portador, com todos os percalços inerentes a essa classe de atos jurídicos consensuais (lícitos) se houver posterior quebra da confiança por parte do beneficiário ou portador de má-fé.

Se inexistir suficiência de fundos pode o portador exigir o pagamento parcial, da mesma forma que o sacado pode tomar a iniciativa de efetuar o pagamento parcial, até o exaurimento da provisão disponível, não podendo o portador recusá-lo (art. 34º, alínea 2ª, da Lei Uniforme, correspondente ao parágrafo único do art. 38 da Lei Interna). Neste caso, pode o portador reapresentá-lo, no prazo legal, ao banco sacado, para complementação do

---

6. Othon Sidou, *Do Cheque*, cit., 4ª ed., n. 48, p. 62.

pagamento.[7] A regra do art. 34º da Lei Uniforme visa a minorar as responsabilidades dos coobrigados; por isso foi incorporada no parágrafo do art. 38 da Lei Interna.

O art. 8º da Lei 2.591/1912, que dispunha que "o beneficiário adquire direito a ser pago, pela provisão de fundos existentes em poder do sacado, desde a data do cheque", ficou superado pelo texto da alínea 2ª do art. 28º da Lei Uniforme, incorporado no parágrafo único do art. 32 da Lei Interna, que torna o cheque pagável desde a apresentação, antes mesmo da data indicada como de sua emissão.

Do art. 8º da antiga Lei do Cheque subsistem as alíneas 2 e 3, que dispõem: "O pagamento dos cheques far-se-á à medida que forem apresentados"; "Apresentando-se, ao mesmo tempo, dois ou mais cheques, em soma superior aos fundos disponíveis, serão preferidos os mais antigos. Se tiverem a mesma data, serão preferidos os de número inferior". Essa mesma regra encontra-se atualizada no art. 40 da Lei Interna.

*V.: anotações específicas na parte final do art. 2º, n. 4, no sentido da desobrigação ampla civil (não desobrigação cambial) do emitente de cheque pós-datado, imputado, à luz de operação lícita comercial sob tutela do CODECON, que seja apresentado antecipadamente pelo fornecedor a pagamento.* E ainda há a responsabilidade civil do beneficiário que, descumprindo obrigação ajustada e rompendo o pacto fiduciário com o emitente para não apresentar o cheque ao banco sacado antes da data futura nele aposta, dê ensejo à devolução por falta de fundos e a outras consequências material e moralmente danosas, por isso civilmente indenizáveis – como, de resto, vem entendendo o STJ em vários acórdãos.[8] Orientação consolidada na já citada Súmula 370/STJ, *verbis*: "Caracteriza dano moral a apresentação antecipada de cheque pré-datado".

• **Lei 7.357/1985, art. 33,** *caput*

**Art. 33.** O cheque deve ser apresentado para pagamento, a contar do dia da emissão, no prazo de trinta dias, quando emitido no lugar onde houver de ser pago; e de sessenta dias, quando emitido em outro lugar do País ou no Exterior.

• **Lei Uniforme, art. 29º**

**Artigo 29º**

O cheque pagável no País onde foi passado deve ser apresentado a pagamento no prazo de oito dias.

---

7. Título executivo – Exigibilidade parcial. O STJ, no Ag/AgR 316.078-SP, admite a exigibilidade parcial, desde que apto o título para aparelhamento de execução.

8. Nesse mesmo sentido o acórdão do TJDF em *RT* 732/318.

O cheque passado num país diferente daquele em que é pagável deve ser apresentado respectivamente num prazo de vinte dias ou de setenta dias, conforme o lugar de emissão e o lugar de pagamento se encontrem situados na mesma ou em diferentes partes do mundo.

Para este efeito, os cheques passados num País europeu e pagáveis num País à beira do Mediterrâneo, ou vice-versa, são considerados como passados e pagáveis na mesma parte do mundo.

Os prazos acima indicados começam a contar-se do dia indicado no cheque como data da emissão.

• Há Reserva do art. 14º do Anexo II

### Artigo 14º

Qualquer das Altas Partes Contratantes reserva-se a faculdade de prolongar o prazo fixado na alínea 1ª do art. 29 da Lei Uniforme e de determinar os prazos da apresentação no que respeita aos territórios submetidos à sua soberania ou autoridade.

Qualquer das Altas Partes Contratantes, por derrogação da alínea 2ª do art. 29 da Lei Uniforme, reserva-se a faculdade de prolongar os prazos previstos na referida alínea para os cheques emitidos e pagáveis em diferentes partes do mundo ou em diferentes Países de outra parte do mundo que não seja a Europa.

Duas ou mais das Altas Partes Contratantes têm a faculdade, pelo que respeita aos cheques passados e pagáveis nos seus respectivos territórios, de acordarem entre si uma modificação dos prazos a que se refere a alínea 2ª do art. 29 da Lei Uniforme.

*Peculiaridades sobre prazos (de direito potestativo do portador*
*ao termo final) para apresentação e sua contagem,*
*sem alterar a natureza do cheque de ordem de pagamento à vista*

Por razões didáticas, as anotações ao *caput* do art. 33 da Lei 7.357/1985 são expostas aqui, em separado do tema, adiante, do parágrafo único do mesmo art. 33 da Lei Interna do Cheque.

As Reservas são relativas aos prazos de apresentação do cheque ao banco sacado, diretamente ou através da rede bancária (sistema de compensação), para pagamento; prazos, estes, previstos nas alíneas 1ª e 2ª do art. 29 da Lei Uniforme, subscritas pelo País integralmente.

(1) Por força da Reserva da alínea 1ª do art. 14 do Anexo II, de prolongamento do prazo de *oito dias*, subsistiram transitoriamente os prazos maiores do art. 4º da Lei 2.591/1912, com a redação dada pelo Decreto 22.924, de 12.7.1933, de *1 mês*, quando passado o cheque na praça onde deve ser pago, e de *120 dias*, quando passado em outra praça.

Essa era a situação até a entrada em vigor da Lei do Cheque, cujo art. 33, se, de um lado, manteve o prazo de 30 dias (antes, era, na verdade, de 1 mês, e não de 30 dias) para apresentação de cheque da mesma praça de pagamento, isto é, do mesmo lugar, que é a *Cidade* ou o *Município*, por outro lado, encurtou de 120 para 60 dias o prazo quanto à apresentação ao sacado dos cheques emitidos em outro lugar do País e igualmente no Exterior. Esses prazos não retiram a natureza *à vista* do cheque: são direito potestativo do portador.

Cuidando-se de lugares com calendários diferentes, o critério para fixação do início do prazo é considerar como de emissão o dia correspondente do calendário do lugar de pagamento.

Houve renúncia, por duplo desinteresse prático, ao critério de disciplina de cheques passados num País europeu e pagáveis à beira do Mediterrâneo, seja porque não é tema que envolva geograficamente o Brasil como, de resto, o critério unificado no Brasil, para cheques de qualquer outra praça do País e do Exterior, é o do prazo de 60 dias.

Finalmente, foi adotada a última alínea do art. 29º da Lei Uniforme, que previa para início dos prazos de apresentação a contagem a partir do dia indicado como da data de emissão, conforme se vê do *caput* do art. 33 da Lei Interna.

(2) Da mesma forma, cheque passado noutro País mas pagável no Brasil deve ser apresentado não nos prazos de *20 dias* ou *70 dias*, estabelecidos na alínea 2ª do art. 29º da Lei Uniforme, mas, sim, por força do art. 33 da Lei Interna, em *60 dias*, que é o maior prazo previsto para cheques do Brasil pagáveis em praça diferente[9] da de emissão.

Se assim não fosse ficariam os cheques de outros Países, mas pagáveis no Brasil, com prazo inferior ao de apresentação de cheque brasileiro. Nada mais razoável que o prolongamento adotado desses prazos, ao menos para igualdade com o nosso, mais longo.

(3) O disposto na alínea 3ª do art. 29º da Lei Uniforme, que já era inaplicável ao Brasil, já que não somos País europeu, nem da beira do Mediterrâneo, foi desconsiderado na lei atual.

Pela Reserva da alínea 3ª do art. 14º, poderia o Brasil, em comum acordo com outros Países, convencionar bilateralmente que os cheques de

---

9. O STF, Pleno, na Rcl/AgR 1.908-0-SP, decidiu, em 24.10.2001, que os títulos de crédito constituídos em País estrangeiro, para serem executados no Brasil (CPC, art. 585, § 2º), não dependem de homologação, pois que a eficácia executiva que lhes é inerente não se subordina àquele juízo de delibação; ou seja, por serem revestidos de plena eficácia executiva em território nacional títulos de crédito constituídos em País estrangeiro.

um, pagáveis no território do outro, pudessem ser apresentados em prazos diferentes, conforme lhes conviesse; mas a lei atual não fez uso dessa alternativa, nem existe convenção parcial em vigor sobre o tema.

(4) A alínea 4ª do art. 29º da Lei Uniforme regula o início da contagem dos prazos de apresentação, que é sempre o "dia indicado no cheque como data da emissão".[10] O art. 33 da Lei 7.357/1985 diz "a contar do dia da emissão", o que é exatamente igual.

*Sobre cheque com data futura, v.: anotações de n. 4 ao art. 32, retro, e ao art. 59, infra.*

Não há Reserva. Mas a regra atual altera só *aparentemente* o critério da legislação anterior, constante da última parte do art. 4º da Lei 2.591/1912, que já dispunha: "Não se conta no prazo o dia da data".

De outra parte, estabelecendo o art. 56º da Lei Uniforme que "os prazos previstos na presente Lei não compreendem o dia que marca o seu início", não há dúvida de que, na prática, não se conta no prazo o dia designado como da data de emissão, por ser este o dia que marca o seu início. Nesse sentido, aliás, o atual CC, art. 132;[11] o Decreto 2.044/1908, art. 20; e o CPC, art. 184.

Por outras palavras, a conjugação dos arts. 29º, última parte, e 56º da Lei Uniforme equivale ao critério do art. 4º, última parte, da antiga Lei do Cheque, conforme consagra agora o parágrafo único do art. 64 da Lei Interna, que remete ao "direito comum".

(5) Importante notar que, como a apresentação ao sacado só pode ser feita em dia útil, pois nos dias feriados não há expediente, prorroga-se o prazo de apresentação quando o último dia recair em sábado, domingo, feriado ou dia sem expediente bancário na praça do pagamento. É o que autoriza o

---

10. Para os *cheques com data futura*, pagáveis desde a apresentação, antes mesmo da data indicada como de sua emissão, por aplicação da alínea 2ª do art. 28º da Lei Uniforme (parágrafo único do art. 32 da Lei 7.357/1985), a data da apresentação reputar-se-á como da emissão, inclusive para cálculo de prescrição, salvo prova de emissão em data anterior à apresentação, cujo ônus é do devedor.

Já a 3ª Turma do STJ, no REsp 620.218-GO, de 7.6.05, relator o Min. Castro Filho, apresenta a seguinte ementa (*DJU* 27.6.2005, p. 376): "O cheque emitido com data futura, popularmente conhecido como *cheque pré-datado*, não se sujeita à prescrição com base na data de emissão. O prazo prescricional deve ser contado, se não houve apresentação anterior, a partir de 30 dias da data nele consignada como sendo a da cobrança". No voto pondera-se: "Ora, a toda evidência, se se exige que o portador do cheque pré-datado aguarde, no mínimo, o prazo consignado no cheque como de apresentação, é curial que o prazo prescricional só terá a sua contagem iniciada após findo o lapso de 30 dias não da data da emissão, mas daquela avençada para a apresentação".

11. Correspondente ao revogado art. 125 do anterior CC.

art. 55º, alíneas 1ª e 2ª, da Lei Uniforme, reproduzido no parágrafo único do art. 64 da Lei Interna, que faz remissão às disposições de direito comum, nesse sentido.

Sobre a eventualidade de "prorrogação dos prazos de apresentação em casos de força maior", "impedimento legal ou por motivo de obstáculo insuperável", v.: anotações ao art. 55.

(6) O art. 4º da Lei 2.591/1912 subsiste parcialmente: o cheque deve, pelo art. 33 da Lei 7.357/1985, ser apresentado no prazo de 30 dias, e não dentro de 1 mês, quando passado na praça onde tem de ser pago, e de 60 dias, quando em outra praça. Não se conta no prazo o dia da data.

• Lei 7.357/1985, art. 33, parágrafo único

(Art. 33) Parágrafo único. Quando o cheque é emitido entre lugares com calendários diferentes, considera-se como de emissão o dia correspondente do calendário do lugar de pagamento.

• Lei Uniforme, art. 30º

Artigo 30º

Quando o cheque for passado num lugar e pagável noutro em que se adote um calendário diferente, a data da emissão será o dia correspondente no calendário do lugar do pagamento.

• Não há Reservas

*Diversidade de calendários: prevalece o do lugar de pagamento*

O art. 30º da Lei Uniforme passou a constituir o parágrafo único do art. 33 da Lei Interna.

Este artigo dispõe sobre a diversidade de calendários entre duas praças envolvidas com cheque emitido numa e pagável noutra. Havendo divergência, prevalece como data da emissão o dia correspondente ao calendário do país do pagamento, seja gregoriano ou não.[12]

De grande utilidade prática é a regra geral inferida do texto em exame: prevalece o calendário do lugar do pagamento do cheque – o que previne dúvidas sobre contagem de prazos.

V.: anotações ao art. 64 e parágrafo único da Lei Interna.

---

12. Disposição de índole similar vem contida no art. 18 de nossa antiga Lei Cambial (Decreto 2.044/1908).

## DA APRESENTAÇÃO E DO PAGAMENTO

• **Lei 7.357/1985, art. 34**

**Art. 34. A apresentação do cheque à câmara de compensação equivale à apresentação a pagamento.**

• **Lei Uniforme, art. 31º**

**Artigo 31º**

**A apresentação do cheque a uma câmara de compensação equivale à apresentação a pagamento.**

• **Há Reserva do art. 15º do Anexo II**

**Artigo 15º**

**Para os efeitos da aplicação do art. 31º da Lei Uniforme, qualquer das Altas Partes Contratantes tem a faculdade de determinar as instituições que, segundo a lei nacional, devam ser consideradas câmaras de compensação.**

*1. Câmara de compensação – Sistema de Pagamentos Brasileiro: equivalência à apresentação do cheque ao sacado*

O art. 31º da Lei Uniforme, reproduzido literalmente no art. 34 da Lei Interna, estabelece a equiparação da apresentação do cheque a uma câmara de compensação à sua apresentação a pagamento ao próprio sacado. A função da apresentação, seja diretamente ao banco sacado ou a outro integrante do serviço de compensação através da rede bancária, é sempre a mesma: alcançar o pagamento.

Os arts. 34, 39 e 64 da Lei Interna, ao reproduzirem a linguagem convencional ("câmara de compensação") empregada no art. 31º da Lei Uniforme, quiseram significar que o depósito do cheque em qualquer instituição integrante da rede bancária equivale juridicamente à sua apresentação ao próprio banco sacado para pagamento, porque é através do serviço de compensação que o cheque é encaminhado, pelo banco apresentante ou cobrador, ao banco sacado – aliás, sob responsabilidade de *ambos* (e não da "câmara de compensação"), como se infere do *caput* e do parágrafo único do art. 39 da Lei 7.357/1985 –, para pagamento.

Um dos serviços de interesse geral de maior credibilidade pública, dos mais perfeitos em entrosamento e precisão, sob controle sério e eficiente, de que se tem notícia é o da compensação e liquidação de cheques, títulos, papéis e valores mobiliários, em que (conforme destaca Fontanarrosa[13]) a câmara compensadora atua simplesmente como intermediária de encontro entre o banco sacado e o banco apresentante do cheque.

A câmara de compensação tem sua organização e seu funcionamento disciplinados pelo Banco Central do Brasil, mas o serviço de compensação é atribuído por lei ao Banco do Brasil, que atua como órgão executivo, que cumula a responsabilidade pela centralização e fiscalização (operação e controle) do Serviço de Compensação de Cheques e Outros Papéis (Circular 772, de 8.4.1983), que, enfim, é o *sistema de liquidação* em todo o País.

O Serviço de Compensação de Cheques e Outros Papéis, do qual se cuidará adiante, integra o Sistema de Pagamentos Brasileiro/SPB, que é disciplinado pela Lei 10.214, de 27.3.2001 (art. 2º, parágrafo único).

Já, o art. 13 da Lei 2.591/1912 previa a compensação de cheques diretamente ou através de câmaras de compensação.

O efeito da equivalência da apresentação do cheque ao serviço de compensação com a apresentação ao banco sacado é que é novo; ou, pelo menos, expresso.

É dos mais funcionais princípios da legislação, tanto uniformizada como doméstica. Atende à natureza dos cheques cruzados e equivalentes, que não podem ser pagos, pelo banco sacado, diretamente ao portador, mas liquidados exclusivamente de banco para banco. E atende à comodidade e à segurança dos portadores do cheque, que não precisam levá-lo ao sacado, mas ao estabelecimento bancário onde sejam correntistas, que o encaminhará, através do serviço de compensação, a desconto. Com isso, o próprio instituto do cheque ganha em eficiência, para benefício geral.

## 2. Sistema de compensação de cheques: SPB, STR e Compe

A Reserva do art. 15º do Anexo II faculta a cada País aderente determinar as instituições que, segundo a lei nacional, devam ser consideradas câmaras de compensação.

Para melhor compreensão do que seja *câmara de compensação*, com notícia histórica sobre sua criação e noção do seu funcionamento no Brasil, transcrevemos o que José Náufel registra a respeito: em seu *Novo Dicionário Jurídico Brasileiro*: "Muito conhecida sob a denominação de *clearing house*, dos ingleses, é a reunião dos banqueiros ou membros de uma bolsa de valores, com o fim de acertarem suas contas por compensação das cambiais

---

13. Rodolfo Fontanarrosa, *El Nuevo Régimen Jurídico del Cheque*, 5ª ed., Buenos Aires, Zavalía, 1972, n. 49.

e efeitos de comércio recebidos e pagos, pelo sistema de compensação, sem mobilização de dinheiro em espécie. Os saldos, que não podem ser compensados, costumam ser liquidados por intermédio de um mesmo banco, o principal da cidade, ou estabelecimento bancário oficial".[14]

Retomamos a exposição, para arremate.

*Compensação* é o serviço de centralização e fiscalização da liquidação de cheques pelos vários bancos, instituições financeiras e caixas econômicas componentes do Sistema Financeiro Nacional, através do seu executante Banco do Brasil, de conformidade com as normas do Regulamento do Serviço de Compensação de Cheques, expedidas pelo Banco Central (art. 11, VI, da Lei 4.595/1964).

É o inciso IV do art. 19 da Lei 4.595, de 31.12.1964, que dispõe competir ao Banco do Brasil "executar os serviços de compensação de cheques e outros papéis", enquanto o parágrafo único do art. 13 prevê que em praças em que não houver agências do Banco do Brasil a execução daqueles serviços poderá ser confiada a outras instituições financeiras.

Cada banco tem seu código nacional de identificação numérica, controlado pelo órgão compensador.

Os bancos participantes devem manter um depósito mínimo obrigatório à ordem do Banco do Brasil.

Os bancos que apresentam à compensação cheques com endossos ou preenchimentos irregulares sofrem sanção (multa), calculada na forma de circular do Banco Central do Brasil.

No Brasil, com a reforma do Sistema de Pagamentos Brasileiro/SPB e a entrada em funcionamento, em abril/2002, do Sistema de Transferência de Reservas/STR, diz a "Introdução" ao *Informativo do Banco Central do Brasil* de fevereiro/2003: "O País ingressa no grupo de Nações em que transferências de fundos interbancários podem ser liquidadas em tempo real, em caráter irrevogável e incondicional".

A Centralizadora da Compensação de Cheques e Outros Papéis/Compe é o órgão que liquida as obrigações interbancárias, principalmente com cheques, documentos de crédito e bloquetos de cobrança (ordens de transferência de fundos).

A Compe, um sistema que cobre todo o território nacional, é regulada pelo Banco Central do Brasil, operada e executada pelo Banco do Brasil S/A, com participação das instituições bancárias, na liquidação de obriga-

---

14. José Náufel, *Novo Dicionário Jurídico Brasileiro*, Rio de Janeiro, Forense, pp. 274-275.

ções interbancárias relacionadas principalmente com cheques, documentos de crédito e bloquetos de cobrança, e funciona em três sistemas: local, integrado regional e nacional.

Os cheques podem ser truncados, isto é, antecipados por imagem ao sacado e retidos em papel pelo banco acolhedor do depósito e permanecendo sob sua custódia, na forma de acordos bilaterais entre os participantes da compensação, até sua liquidação final.

*V.: arts. 68, n. 5, e 69, n. 3.*

### 3. A indevida devolução caracteriza dano moral (Súmula 388/STJ)

Os motivos de devolução de cheque sem pagamento, previstos pela regulamentação do Banco Central, devem ser sempre explicitados no verso, de forma legível e sem rasura, pela relevância dos seus efeitos. Com a orientação da Súmula 388/STJ – no sentido de que "a simples devolução indevida de cheque caracteriza dano moral" –, com maioria de razão devem os bancos sacados atuar com o cuidado e a diligência renovados que a eles a lei impõe na verificação dos motivos de devolução sem pagamento.

• **Lei 7.357/1985, arts. 35 e 36**

**Art. 35. O emitente do cheque pagável no Brasil pode revogá-lo, mercê de contraordem dada por aviso epistolar, ou por via judicial ou extrajudicial, com as razões motivadoras do ato.**

**Parágrafo único. A revogação ou contraordem só produz efeito depois de expirado o prazo de apresentação e, não sendo promovida, pode o sacado pagar o cheque até que decorra o prazo de prescrição, nos termos do art. 59 desta Lei.**

**Art. 36. Mesmo durante o prazo de apresentação, o emitente e o portador legitimado podem fazer sustar o pagamento, manifestando ao sacado, por escrito, oposição fundada em relevante razão de direito.**

**§ 1º. A oposição do emitente e a revogação ou contraordem se excluem reciprocamente.**

**§ 2º. Não cabe ao sacado julgar da relevância da razão invocada pelo oponente.**

• **Lei Uniforme, art. 32º**

### Artigo 32º

A revogação do cheque só produz efeito depois de findo o prazo de apresentação.

Se o cheque não tiver sido revogado, o sacado pode pagá-lo mesmo depois de findo o prazo.

• **Há Reserva do art. 16º do Anexo II**

### Artigo 16º

Qualquer das Altas Partes Contratantes, por derrogação do art. 32 da Lei Uniforme, reserva-se a faculdade de, no que respeita aos cheques pagáveis no seu território:

a) admitir a revogação do cheque mesmo antes de expirado o prazo de apresentação;

b) proibir a revogação do cheque mesmo depois de expirado o prazo de apresentação.

Qualquer das Altas Partes Contratantes tem, além disso, a faculdade de determinar as medidas a tomar em caso de perda ou roubo dum cheque e de regular os seus efeitos jurídicos.

A contraordem *do art. 35 não se confunde com a* oposição *do art. 36.*

## 1. Contraordem ou revogação e oposição no regime da Lei 2.591/1912 e sua evolução conceitual

A antiga Lei do Cheque (Lei 2.591/1912) fez alusão à expressão "contraordem", como gênero ou um *plus*, e não cogitou da *oposição*, que é um *minus*, no art. 6º, cominando multa civil àquele que "por contraordem e sem motivo legal procurar frustrar o seu pagamento".

Como se infere do texto do art. 6º da antiga Lei do Cheque, desde 1912 já não existia uma liberdade absoluta de revogação, porque isso tornaria muito precário o valor do cheque, como enfatizava Rodrigo Octávio,[15] dando ensejo a contraordem ilegal à multa de 10% do seu valor para o portador frustrado.

Se não estribada a revogação em motivo legal ou justificado, incorre o sacador contraordenante também nas sanções penais do crime a partir da vigência do art. 171, § 2º, VI, *in fine*, do CP de 1940, desde que a frustração do pagamento derive de ação dolosa visando à obtenção de vantagem ilícita em prejuízo alheio. É que o beneficiário adquire, em relação ao sacador, o direito de ser pago pela provisão de fundos disponíveis existentes em poder do sacado, ainda que verificável no momento da apresentação, consoante o art. 4º e § 1º da Lei Interna, que derrogou o art. 8º da Lei 2.591/1912, mais rigoroso, porque estabelecia como referência a data do cheque.

15. Rodrigo Octávio, *Do Cheque*, Rio de Janeiro, Francisco Alves, 1913, p. 93.

Esse direito, todavia, não torna inoperante a contraordem, porque, no conceito mais moderno, não é a *propriedade* sobre a provisão, mas o direito de ser pago pela provisão, que o beneficiário adquire. Conforme anota Othon Sidou, a emissão do cheque não opera transferência da provisão, mas apenas erige em favor do beneficiário um direito de disposição, na esteira de Murilo Humberto Barros Guimarães.

Note-se: porque o sacado *sempre* terá de obedecer à contraordem do emitente que lhe seja dirigida, à base da natureza da relação que o cheque estabelece entre ambos, sem qualquer vinculação do sacado perante o beneficiário, é que se procurou coibir qualquer conduta abusiva do sacador em revogar a ordem de pagamento contida no cheque. Pelo art. 15 da Lei 2.591/1912, por envio aplicava-se ao cheque também a *oposição* a pagamento do art. 23 da Lei Cambiária.

As três grandes correntes do direito comparado sobre a revogação ou contraordem estão agrupadas no art. 32º da Lei Uniforme e nas letras "a" e "b" da Reserva do art. 16º. A primeira solução, de índole germânico-genebrina (só produz efeito depois de expirado o prazo de apresentação), é adotada na Itália e Portugal. A segunda, originária do direito anglo-americano (produz efeito mesmo antes de expirado o prazo de apresentação), foi seguida pelo direito brasileiro antes da Lei Uniforme e da Lei 7.357/1985. E a terceira, que inadmite em hipótese alguma a revogação, é de construção do direito francês.

A solução adotada na antiga Lei do Cheque arrimava-se na teoria do mandato, isto é, de ser o portador ou beneficiário do cheque apenas mandatário (Cesare Vivante). Foi defendida por Paulo de Lacerda, Carvalho de Mendonça, Tito Fulgêncio e Rodrigo Octávio e vinha sendo acatada e prestigiada pela jurisprudência.

## 2. *Contraordem e oposição não se confundem*
*– Transição na vigência da Lei Uniforme*

A Lei Uniforme não cogitou da oposição, tanto que a alínea 1ª do seu art. 32º apenas previa que a revogação do cheque por contraordem só produz efeito *depois* de findo o prazo de apresentação. É a solução intermediária atual exclusiva para o emitente adotada na nossa Lei Interna (parágrafo único do art. 35). Sua insuficiência congênita levou a criatividade supridora do legislador de 1985 a adicionar o instituto da *oposição* no art. 36 (que não se confunde com a revogação), cabível mesmo *antes* de expirado o prazo de apresentação, ao emitente ou ao portador legitimado; isto é, conforme tempestividade assinalada pelo STJ, 4ª Turma, no REsp. 178.369-MG, relator o

Min. Aldir Passarinho Jr., julgamento de 17.11.2005, "até o instante da efetiva liberação do numerário ou do creditamento em conta é possível ao banco sacado suspendê-lo, em atendimento a oposição realizada pelo emitente do cheque" (ou o portador legitimado, nos termos do art. 36).

As Reservas do art. 16º do Anexo II são exatamente no sentido extremo de (a) admitir a revogação do cheque mesmo antes de expirado o prazo de apresentação; (b) proibir a revogação do cheque mesmo depois de expirado o prazo de apresentação.

Como se vê, do conjunto das três disposições convencionais resultava uma situação *sui generis*, pois as três alternativas de revogação se excluíam reciprocamente (e ali não se cogitava da oposição).

Era caso típico de lacuna sem provimento, em que deveria manifestar-se uma definição do legislador pátrio, optando por uma das três soluções, ou seja: (a) a revogação fica proibida mesmo depois de expirado o prazo de apresentação; (b) a revogação só produz efeito depois de findo o prazo de apresentação; (c) a revogação produz efeito mesmo antes de expirado o prazo de apresentação. Adotou-se durante a vigência da Lei Uniforme a solução "c", *supra*.

O fato é que no período que precedeu a lei atual subsistiu a contraordem ou revogação, justificada ou legal, mesmo antes de expirado o prazo de apresentação. Por força da interpretação *a contrario sensu* do art. 6º da Lei 2.591/1912, não atingido então pela Lei Uniforme, porque as três alternativas previstas e acima enumeradas se excluíam, produziu-se o efeito de deixar *si et in quantum* intangido o direito interno antigo, coincidente com a solução "a" da Reserva do art. 16º do Anexo II, enquanto não editada a nova lei interna.

Esta conclusão veio a ser referendada pela 4ª Câmara do extinto 1º TACivSP na ACi 193.125, de 27.3.1974, votação unânime, em acórdão de que foi relator o Juiz Bandeira de Mello, onde se fez remissão ao ponto de vista exposto já na 1ª edição deste livro.[16]

Eis o teor do art. 6º da Lei 2.591/1912: "Aquele que emitir cheque sem data ou com data falsa, ou que por contraordem e sem motivo legal procurar frustrar o seu pagamento, ficará sujeito à multa de 10% sobre o respectivo montante".

São *motivos legais* justificadores da contraordem, além dos que constam de leis vigentes invocáveis, os enumerados no parágrafo único do art. 23 da Lei Cambial (Decreto 2.044, de 31.12.1908), que utilizava o vocábulo

---

16. Cf. *RT* 466/134-136 e *JTACivSP* 30/223-225.

"oposição", aplicável ao cheque: extravio, falência (hoje também a insolvência civil dos arts. 763 e 766 do CPC) ou incapacidade do portador para receber o cheque.

Nesse sentido orientou-se a jurisprudência, como se pode ver do lúcido acórdão da 3ª Câmara Cível do extinto TJGB na ACi Cível 88.358, de 25.4.1974, de que foi relator o comercialista Des. Sampaio de Lacerda: "A Lei sobre Cheques não indica quais os motivos legais que possibilitam a contraordem. Aplica-se então, por força de seu art. 15, a Lei Cambial, e esta, em seu art. 23, parágrafo único, declara que a *oposição* ao pagamento é somente admissível no caso de extravio, de falência ou de incapacidade do portador para recebê-lo".[17]

A 1ª Turma do STF teve oportunidade de assim decidir: "Cheque – Pagamento invalidado por contraordem do emitente – Inocorrência de motivo legal – Procedência da ação executiva – Recurso extraordinário conhecido e provido".[18]

E a jurisprudência sempre entendeu que a contraordem desobriga o banco do pagamento – desobrigação, esta, extensiva para oposição ou sustação (§ 2º do art. 36).

A 6ª Câmara do extinto TACivSP decidiu, em 4.4.1972 – ou seja, depois do reconhecimento da vigência da Lei Uniforme pela Suprema Corte –, que: "Desde que receba contraordem do emitente de cheque, o banco sacado está desobrigado de o pagar, sendo, portanto, nenhuma a sua responsabilidade no evento".

É ainda desse acórdão, de que foi relator o Juiz Carvalho Neves, a seguinte fundamentação: "A norma do art. 8º do Decreto n. 2.591, de 7.8.1912, não é de caráter absoluto, em face do disposto no art. 6º do mesmo diploma. O pagamento pode ser sustado por contraordem. Não compete ao sacado examinar detidamente o motivo que levou o emissor a dar a contraordem, porque ele é multiforme. Nos tempos atuais o pagamento de cheque deve ser revestido de cautelas, para que se não estimule, mais, a prática de atos ilícitos".[19]

Nessa linha acórdão de 5.12.1977 da 1ª Câmara Civil do TJMG, relator o Des. Régulo Peixoto.[20]

17. *RT* 467/217.
18. STF, 1ª Turma, RE 72.466-MG, rel. Min. Oswaldo Trigueiro, j. 19.10.1973, *RTJ* 67/749.
19. *RT* 440/150-151.
20. *RT* 511/213.

Tratando-se de cheque visado, se ocorrer revogação ou contraordem justificada, incumbe ao sacado acautelar-se, não liberando de pronto a provisão em favor do emitente, até solução sobre a eficácia, ou não, da revogação. Tratando-se, porém, de cheque bancário, não se admitia, por incompatibilidade, a revogação ou contraordem. E a razão era que o emitente, que é também o banco sacado, é o único que teria legitimidade para contraordenar o pagamento. Entretanto, posto em circulação com a entrega do cheque bancário ao seu tomador, que constituiu a provisão junto ao primeiro, ao banco emitente só restaria cumprir a obrigação de pagamento do seu valor ao portador legitimado, seja o próprio tomador, seja outro beneficiário.

Neste sentido decidiu a 2ª Turma do STF, por unanimidade, em 10.12.1973, no RE 77.167-PB, em acórdão assim ementado: "Cheque bancário (Decreto n. 24.777, de 14.7.1932). Uma vez lançado à circulação, não pode o sacador-sacado recusar o seu pagamento a pretexto de contraordem de terceiro, que lhe solicitou a emissão – Ação executiva procedente – Recurso conhecido e provido".[21]

Sobre *cheque bancário*, v.: anotações ao art. 6º da Lei Uniforme, correspondente ao art. 9º da Lei 7.357/1985, *supra*.

## 3. Na ausência de contraordem o direito de apresentação ou reapresentação e de pagamento fica estendido até a prescrição: implicações diretas e indiretas surpreendentes

A alínea 2ª do art. 32º da Lei Uniforme foi adotada com amplitude mais definida no parágrafo único do art. 35 da Lei Interna e não sofreu qualquer ressalva. Autoriza e legitima o pagamento de cheque (que não tiver sido revogado) pelo sacado mesmo depois de findo o prazo de 30 ou de 60 dias para apresentação, complementando a lei atual: "até que decorra o prazo de prescrição".

Desde a 1ª edição deixamos consignada a opinião de que tal pagamento intempestivo previsto em lei poderia dar-se até que não ocorresse a *prescrição*, que atualmente é de seis meses, contados do termo do prazo de apresentação (art. 52º da Lei Uniforme) – tese consagrada no parágrafo único do art. 35 da Lei 7.357/1985, que remete ao art. 59, que reenvia ao art. 47, todos da Lei Interna.

A primeira implicação do dilargamento da autorização de pagamento, pelo sacado, é a flexibilização dos prazos ordinários de apresentação ou

21. *DJU* 13.2.1974, p. 634.

reapresentação do cheque (art. 33), sem, contudo, afetar o termo inicial da prescrição (art. 59).

A segunda implicação reflete-se na flexibilização tópica também da rigidez do art. 48, que estabelece que o protesto do cheque deve fazer-se antes da expiração do prazo de apresentação; ou, se esta ocorrer no último dia, pode fazer-se no primeiro dia útil seguinte. Ou seja, por surpreendente afetação indireta, para cheque apresentado ou reapresentado tardiamente, nas circunstâncias do parágrafo único do art. 35 (fora do prazo de apresentação do art. 33, mas antes do decurso do prazo de prescrição), o protesto por falta de pagamento pode ser feito até que decorra o prazo de prescrição (*caput* do art. 59); constituindo esse protesto, ademais, causa de interrupção da própria prescrição então em curso (art. 202, *caput* e inciso III, do CC/2002).

Por fim, o dilargamento inserido no parágrafo único do art. 35 prestigia e mantém a eficácia da Súmula 600/STF, erigida antes da Lei 7.357/1985: "Cabe ação executiva contra o emitente e seus avalistas ainda que não apresentado o cheque ao sacado no prazo legal, desde que não prescrita a ação cambiária".

Consequentemente, se cabe execução, também cabe pedido de falência por cheque apresentado (ou reapresentado) fora do prazo legal e protestado tardiamente, até que decorra o prazo de prescrição da pretensão executiva (arts. 47 e 59, *caput*) assegurada ao portador, ou protestado para fim especial de instruir requerimento de falência.

Não se vislumbra incongruência entre a disposição do parágrafo único do art. 35 da Lei Interna em confronto com as disposições que se inserem na disciplina do direito de ação por falta de pagamento (arts. 47, 48 e 50 da Lei Interna) assegurado ao portador (com abstração da figura do sacado) contra o emitente e todos os coobrigados do cheque. Erige o texto em condição primordial da ação de natureza executiva a recusa de pagamento de cheque que tenha sido apresentado (e/ou ainda protestado) tempestivamente. Já, a primeira (sobre contraordem), insculpida no âmbito da atividade bancária de execução da ordem de pagamento emitida por correntista seu e consubstanciada no cheque (capítulo sobre a apresentação e pagamento), teve em vista ressalvar a conduta do sacado em face do pagamento de um cheque apresentado ou reapresentado intempestivamente a pagamento. O dispositivo do parágrafo único do art. 35 da Lei Interna legitima, na relação depositária mantida com o emitente que não tenha revogado o cheque nem se oposto ao seu pagamento, o cumprimento normal da ordem, pelo sacado, existindo provisão disponível, pagando-o ao portador em honra da firma do emitente mesmo depois de findo o prazo normal de apresentação, enquanto não decorrido o prazo de prescrição da pretensão executiva.

Como se vê, a alínea 2ª do art. 32º da Lei Uniforme não autorizava que de seu texto se extraíssem consequências extravasantes dos limites de simples ressalva da responsabilidade do banco sacado como *adjectus* que cumprisse ordem não alterada de pagamento de cheque apresentado fora de prazo. A interpretação sistemática e distintiva prevenia o intérprete para que não concluísse, do dilargamento da pagabilidade bancária, pela preexclusão de incidência da sistemática uniforme dos arts. 40º e ss., a teor de desconstituir o binômio apresentação/protesto como fator então condicionante da conservação da eficácia executiva do título. Não era porque podia o sacado pagar tardiamente ao portador que, à falta de pagamento, poderia este exigir pela via executiva cheque caduco[22] na vigência da Lei Uniforme.

O entendimento de ocorrência da caducidade em caso de não apresentação tempestiva, que era controverso mas defensável antes da Lei 7.357/1985, porque compatível então com o sistema da Lei Uniforme (arts. 40º e 41º e Reservas 20ª e 21ª), não mais subsiste em relação ao emitente, em face do art. 47, § 3º, da Lei Interna do Cheque – dispositivo, este, que manteve a caducidade (perda da eficácia executiva) contra o emitente só para a hipótese tradicional restritamente ali figurada. Ou seja, não se sujeita, na atualidade, o emitente a qualquer execução ou ação para cobrança do cheque se, não apresentado o cheque pelo portador em tempo hábil quando o emitente possuía fundos disponíveis no prazo de apresentação, os deixasse posteriormente de ter em razão de fato não imputável ao correntista, como sói acontecer nos casos de liquidação extrajudicial ou falência do banco sacado depositário dos fundos. Enfim, nessa peculiar eventualidade quem perde não é o emitente que agiu corretamente, mas sim o beneficiário que negligenciou a observância do prazo estrito de apresentação do cheque a pagamento pelo banco sacado. Por outras palavras, na prática, dentro do prazo de apresentação do art. 33 responde o emitente, e após expirado o prazo de apresentação o prejuízo é do portador retardatário.

V.: anotação n. 2 ao art. 47, sobre o tema do § 3º: "Efeitos da apresentação intempestiva e as ações de cobrança na vigência da Lei do Cheque. Ainda a Súmula 600/STF".

## 4. *Extravio de cheque e seus efeitos envolvendo apresentação, contraordem, anulação e até prescrição*

A última alínea do art. 16º do Anexo II contém a reserva ao art. 32º da Lei Uniforme, que facultava ao país "determinar as medidas a tomar em caso de perda ou roubo dum cheque e de regular os seus efeitos jurídicos".

---

22. Note-se, contudo, poder o portador, na atualidade, promover ação monitória (Súmula 299/STJ): "É admissível a ação monitória fundada em cheque prescrito".

*V.: parte final do art. 21º da Lei Uniforme, bem como a Reserva do art. 12º do Anexo II e as anotações correspondentes ao art. 24 da Lei Interna, onde se menciona a solução do CPC, nos arts. 907 e ss., para recuperação ou substituição de títulos ao portador por quem os haja perdido ou sido deles injustamente desapossado. Consultem-se também os "Motivos de Devolução" do Banco Central nas anotações ao art. 69.*

Um caso complexo, mas elucidativo, sobre extravio de cheque e ação de anulação, em que foram abordados temas envolvendo impossibilidade de apresentação do título a pagamento ou a protesto por obstáculo insuperável, bem como inoperância de prescrição enquanto não recuperado o título, foi apreciado, à luz do art. 48º da Lei Uniforme (hoje correspondente ao art. 55 da Lei Interna), pela Justiça de São Paulo.

Eis a ementa e o excerto do julgado no AgPet 179.209-SP, da 6ª Câmara do extinto TACivSP:

"Cheque – Extravio – Ação de anulação julgada prejudicada – Acolhimento da prescrição alegada pelo emitente, pelo transcurso do prazo de seis meses da apresentação (art. 52º da Lei Uniforme) – Reforma da sentença para a declaração da nulidade dos cheques – Prescrição não verificada.

"(...).

"3. Mais de um fundamento concorre à insubsistência do julgado, notando-se que o mesmo é final, tendo em vista a natureza da ação e sua finalidade declaratória.

"Primeiramente: o termo inicial de toda a prescrição, que é sempre da ação e não do direito, se fixa a partir do momento em que se pode exercer o direito ou praticar o ato.

"Ora, extraviado o cheque, impossível se tornou a sua apresentação, cujo prazo se há de restituir a partir da recuperação do título, conforme o prevê, em termos gerais, a citada Lei Uniforme, art. 48º: 'Quando a apresentação do cheque, o seu protesto ou a declaração equivalente não puder efetuar-se dentro dos prazos indicados por motivos de obstáculo insuperável (...), esses prazos serão prorrogados'.

"Isto posto, e tendo em vista nenhuma dúvida restar sobre a identificação dos cheques, sua propriedade e o fato do extravio, acolheram o recurso para, nos efeitos legais, declará-los nulos.

"São Paulo, 8 de agosto de 1972 – *Pinheiro Franco*, pres., com voto – *Ziegler de Paula Bueno*, relator."

O estudo da contraordem ou revogação do cheque enseja a análise do tema relacionado com a anulação ou declaração judicial de ausência de relação jurídica ou falta de causa do cheque, visado ou não.

Como todo ato jurídico, também o cheque pode estar contaminado de algum vício de ordem formal, como ausência de requisito essencial, inclusive falsidade ou falsificação. Pode o vício dizer respeito à pessoa e à regularidade do consentimento. Enfim, pode um cheque ser anulado por decisão judicial.

Um caso digno de menção foi julgado em novembro/1972 pelo Juiz Ruy Pereira Camilo na 5ª Vara Cível de São Paulo (Processo 3.362/1971) em ação ordinária de anulação de cheque. Concluiu o decisório, após minuciosa análise das provas: "Pois bem, os elementos dos autos estão a evidenciar não só a falta de causa da obrigação como, inclusive, a origem fraudulenta do título. Em síntese: demonstrada a inexistência de causa da obrigação e comprovada a origem fraudulenta do título, procede a ação. Isto posto, considerando o mais que dos autos consta, julgo procedente a ação para o fim de, declaradas a inexistência da causa da obrigação e a origem fraudulenta do título cambial, decretar a nulidade do cheque, sustado definitivamente o seu protesto". A decisão transitou em julgado sem recurso.

## 5. Conjugação das disjuntivas da revogação do cheque e da oposição à ordem de pagamento – Arts. 35 e 36 da Lei Interna e sua força oculta. Casuística

O art. 35 da Lei Interna reflete a liberdade de mudança de opção do legislador pátrio pelo regime híbrido da *revogação* ou *contraordem*, exercitável a qualquer tempo pelo emitente, mas para produzir efeito só após expirado o prazo de apresentação. O tema é complexo e de difícil abordagem, iniciada *retro*, nas anotações ao art. 9º, III.

A inserção, agora, do instituto da *oposição* no inovador art. 36 da Lei Interna (que antes figurava apenas no art. 23 da antiga Lei Cambial, Decreto 2.044/1908, e que era "aproveitada" precariamente, por reenvio, com limitações, pelo art. 15 da antiga Lei do Cheque, n. 2.591/1912, para casos de extravio, falência ou incapacidade do portador) decorreu da necessidade de um instrumento típico, de pronta eficácia, para outros casos de defesa específica, não só do emitente, mas também do portador legitimado, para ser preferencialmente manejado "mesmo durante o prazo de apresentação". Destinou-se, enfim, a oposição a preencher a lacuna aberta pela alteração acima descrita, que deixaria desamparada da lei específica a vítima de lesão de direito que viesse a sofrer durante o momento mais crítico e decisivo da vida do cheque, que é o período de tempo de apresentação e sua realização em moeda corrente através do pagamento pelo banco sacado.

Esse problema não existia no Brasil desde a adoção do regime da Lei Uniforme, com a Reserva da letra "a" do art. 16º do Anexo II, que admitia a revogação do cheque (contraordem) como disjuntiva exercitável pelo emitente legitimado "mesmo *antes* de expirado o prazo de apresentação".

A posição da lei atual é mais técnica que a do período anterior, ao tratar, agora, a revogação como meio desconstitutivo da ordem, isto é, como contraordem de pagamento, que, por congruência lógica da sua natureza e efeitos jurídicos, só é compatível com seu exercício pelo emitente ou criador do título posto em circulação, mas para gerar efeitos jurídicos revocatórios *definitivos* depois de expirado o prazo de apresentação.

Note-se que "revogação", "revogar", significa "chamar de volta" (do Latim *re-vocare*), "recolher a voz", no sentido de anular, desfazer ou fazer que deixe de vigorar uma ordem exteriorizada. Daí que revogação do cheque ou contraordem dada pelo emitente encerra natureza desconstitutiva da ordem contida e consubstanciada no cheque emitido.

No período de vigência do art. 6º da Lei 2.591/1912 (antes da Lei Uniforme), sob o *nomen juris* de "contraordem", na verdade, a oposição ao pagamento estava prevista no art. 23 da Lei Cambial e era assegurada ao beneficiário portador legitimado, porque, então, pelo art. 8º da antiga Lei Interna do Cheque, esse beneficiário adquiria o direito de ser pago pela provisão de fundos existentes em poder do banco sacado, *desde a data do cheque*.

Pois bem, o beneficiário ou o portador legitimado, embora não fosse o *proprietário da provisão*, tinha o direito de ser pago (direito de disposição) pela provisão; e, por isso, se fosse, por exemplo, desapossado por perda, roubo etc. tinha o direito, e dispunha de meios próprios correspondentes, de fazer sustar junto ao banco sacado o pagamento (indevido) a outrem.

A partir da atual Lei Interna, no momento e no ato de *apresentação* (a Reserva 5ª só foi adotada com o advento da nova Lei nacional – art. 4º) é que o beneficiário ou o portador legitimado passou a adquirir o direito de ser pago pela provisão, não antes desse evento; isto é, sem efeito retroativo à data constante como de emissão do cheque.

Com essas considerações é possível adentrar os temas da *revogação* do cheque pelo emitente e da *oposição* ao seu pagamento pelo mesmo emitente ou pelo portador legitimado.

Assim, *antes* da lei atual tanto o emitente como o beneficiário (ou os eventuais sucessores deste último, que eram os subsequentes portadores legitimados), porque não existia ainda a atual previsão legal específica do instituto da *oposição* ou sustação do pagamento (art. 36 da Lei 7.357/1985), exercitavam, respectivamente, a contraordem (revogação) ou a oposição (esta, por reenvio ao art. 23 do Decreto 2.044/1908). Ou, ainda, uns e outros interessados valiam-se de medidas cautelares de natureza jurisdicional para obterem a sustação do pagamento pelo banco sacado ou, mais comumente, a sustação do protesto por falta e pagamento,[23] já recusado quando da apresentação do cheque ao sacado.

Atualmente, em síntese prévia, podemos afirmar que, com a conjugação dos arts. 35 e 36, a Lei Interna do Cheque disciplina total e diretamente os regimes de revogação ou contraordem do cheque e de oposição ao pagamento do cheque pelo sacado.

Defere-se a primeira (revogação) pelo seu sentido lógico-jurídico exclusivamente ao sacador, ou criador do título, porém seus efeitos *desconstitutivos*, por serem mais radicais e mais abrangentes, só se *produzem* em definitivo depois de expirado o prazo de apresentação; fenômeno jurídico, esse, que na prática tornaria insuficiente ou até inútil e tardio, do ponto de vista prático, o instituto da revogação pelo emitente se só pudesse ter eficácia depois que, apresentado, já tivesse ocorrido o pagamento pelo banco, isto é, depois de exaurida a função do cheque e extinta a obrigação do emitente.

Daí a necessidade de um remédio menos radical, limitado ao preenchimento da lacuna de proteção no período crítico de apresentação, com a inserção do instituto (cautelar) da *oposição* extrajudicial no art. 36 da Lei Interna, para utilização junto ao sacado não só pelo beneficiário ou quem foi portador legitimado, como também pelo próprio emitente do cheque, em casos em que este último não pretenda a revogação, já que quanto a ele impera o coerente regime legal de exclusão recíproca.

Portanto, quanto à sustação do pagamento (de efeitos menores, mas imediatos), deferida também ao emitente do cheque, "mesmo durante o prazo de apresentação", sua utilização por este não é cumulativa, mas excludente da revogação (de efeitos maiores, mas mediatos); e vice-versa, ou "reciprocamente", diz o § 1º do art. 36 da Lei Interna, conforme o seu interesse jurídico.

O que significa tudo isso? Pode ser surpreendente a revelação.

Em primeiro lugar, atente-se para a redação do parágrafo único do art. 35 da Lei 7.357/1985, que diz que "a revogação ou contraordem só *produz efeito* depois de expirado o prazo de apresentação"; ou seja, o texto não diz que esteja vedada a *utilização* do instituto da revogação, ainda no prazo de apresentação, mas apenas que seus efeitos finais (*desconstitutivos*) só se produzirão depois de expirado o prazo de apresentação.

---

23. O advento do instituto da antecipação da tutela (art. 273, do CPC) ampliou o leque dos procedimentos judiciais destinados à tutela de interesses legítimos, ainda mais ante a própria regra da fungibilidade estabelecida no § 4º do art. 273, CPC.

Em segundo lugar, a lei não visou a estabelecer como termo inicial do interesse jurídico de *manifestar* a revogação a pós-expiração do prazo de apresentação *in albis*. A produção definitiva dos seus efeitos *não implica* que o emitente assista inerte a que o cheque seja apresentado e pago, para só depois valer-se da "disjuntiva" via da revogação extrajudicial. Isso porque, literalmente, se *antes* tivesse o emitente se valido da utilização da oposição ou sustação do pagamento, embora de efeitos restritos meramente acauteladores, estaria para ele excluída *a priori* a via revocatória, de efeitos mais amplos e radicais (efeitos *desconstitutivos*).

Aparente absurdo sobre absurdo, como formular uma interpretação sistemática inteligente da força oculta da lei na integração dos arts. 35 e 36?

Comecemos pelo texto, que diz que, "*mesmo* durante o prazo de apresentação, o emitente e o portador legitimado podem fazer sustar o pagamento (...)" (art. 36) através de oposição.

"Mesmo", no contexto da lei, significa "até" ou "também", e não "exclusivamente". Isto é, o chamativo "mesmo" amplia, e não restringe, o direito ao pedido de socorro extremo justificado de *sustação* de pagamento, antes "da efetiva liberação do numerário ou do creditamento em conta" (STJ, 4ª Turma, REsp 178.369-MG, já referido no n. 2, *retro*).

Ou seja, o texto não exprime que *exclusivamente* durante o prazo de apresentação é que pode ser feita a oposição, mas sim que até mesmo também durante o prazo de apresentação pode ser *oposta a sustação* do pagamento – o que já produzirá a exclusão da disjuntiva (de contraordem do emitente).

Se assim é, conclui-se previamente que a oposição pode ser feita, *pelo emitente* ou por antecedente portador legitimado, durante o prazo de apresentação (que é o mais útil e corrente); mas pode ser feita também (por quê não?) depois de expirado o prazo de apresentação, se ainda não ocorrida esta, até verificar-se a prescrição, que é o período em que o final do parágrafo único do art. 35 da Lei Interna faculta o pagamento pelo sacado se não tiver havido contraordem. É óbvio que o pressuposto da oposição útil à ordem de pagamento manifestada ao sacado é não ter ocorrido *ainda* o pagamento do cheque pelo sacado. É essa última orientação lógica de advertência que vem de ser adotada no STJ, como se verifica de acórdão unânime da 3ª Turma, de que foi relator o Min. Eduardo Ribeiro, julgado em 26.6.2000, REsp 178.453-MG, com a seguinte ementa: "Cheque – Oposição ao pagamento – Lei n. 7.357/1985, art. 36. Efetuado o pagamento do cheque com o crédito ao beneficiário e o débito ao emitente, não é mais possível proceder-se eficazmente à oposição".[24]

---

24. *DJU* 166-E, 28.8.2000, p. 76.

No mesmo sentido – insista-se –, a 4ª Turma situou a *tempestividade* para sustação, nos seguintes termos: "I – Até o instante da efetiva liberação do numerário ou do creditamento em conta é possível ao banco sacado suspendê-lo, em atendimento a oposição realizada pelo emitente do cheque".[25]

Pelo destaque que a lei dá ao trato da oposição ao pagamento exercida *pelo emitente*, com força preexcludente da revogação, e vice-versa, para o mesmo emitente, começa-se a perceber que também o exercício da revogação, na sua força de reciprocidade excludente da utilização cumulativa da oposição pelo emitente, não está restrito ao *período pós-apresentação*, senão que apenas a produção dos seus efeitos jurídicos finais *desconstitutivos* é que foi diferida pela lei, para só se efetivarem definitivamente depois de expirado o prazo de apresentação. Mas só estará presente o *interesse* em uma ou outra medida sempre que motivada enquanto não for pago o cheque pelo banco sacado, ao qual deva ser manifestada.

Logo, algumas conclusões intermediárias:

(a) A revogação pode ser manejada com eficácia cautelar antecipada pelo emitente também durante o prazo de apresentação, dirigindo ao banco as "razões motivadoras do ato" de contraordem para que não se realize o pagamento imediato; apenas seus efeitos jurídicos (definitivos) de *desconstituição* da ordem de pagamento, isto é, de revogação do próprio cheque, é que só operarão depois de expirado o prazo de apresentação, de regra, em juízo, no devido processo legal.

(b) A oposição ao pagamento, ou sustação do pagamento, "fundada em relevante razão de direito" pode ser manejada pelo emitente ou por portador legitimado não só, até mesmo durante o prazo de apresentação; mas, por não estar submetido a decadência, também depois de expirado o prazo de apresentação, até a prescrição – claro, enquanto não pago o cheque.

(c) Para o emitente sempre vigora a norma de exclusão recíproca, de modo a poder exercitar com eficácia, durante ou depois de expirado o prazo de apresentação, disjuntivamente, ou a *oposição* (de efeito imediato mais restrito) ou a *revogação* (já de efeito provisório imediato de sustação de pagamento, e de efeito desconstitutivo mais amplo, por isso mesmo diferido para depois de expirado o prazo de apresentação).

(d) Os pressupostos da contraordem da emissão ou revogação do cheque distinguem-se dos pressupostos da simples sustação do pagamento, numa relação de mais para menos – o que explica a exclusão recíproca (até

---

25. REsp 178.369-MG, rel. Min. Aldir Passarinho Jr., j. 17.11.2005, ementa no *DJU* 12.12.2005, p. 386.

por incompatibilidade eventual entre ambas) quanto à sua utilização seletiva pelo emitente.

De todo o exposto, chega-se a algumas conclusões práticas fundamentais.

A revogação – que só produz efeito desconstitutivo da emissão (definitivo) depois da expiração do prazo de apresentação – pode ser exercida desde logo pelo emitente, durante o prazo de apresentação, com solicitação preventiva cautelar ao banco sacado de sustação *provisória* do pagamento, pela regra de que quem pode o mais pode antecipar o menos.

Pode ser realizada a contraordem através de "aviso epistolar" direto ao banco sacado, ou através do Cartório de Títulos e Documentos (que a tanto equivale a "via extrajudicial" acrescentada pela Lei Interna), tendo como destinatário sempre o banco sacado, "com as razões motivadoras do ato" para o não pagamento pelo qual pretende revogar a emissão (Motivo de Devolução 21/BACEN).

Pode ainda ser utilizada outra alternativa enumerada no art. 35 da Lei 7.357/1985, que é a "via judicial", que outra não é senão a via desconstitutiva (jurisdicional) contenciosa, "com as razões motivadoras do ato". O emitente *pode* pleitear judicialmente, em caráter provisório, se em termos e for o caso, ou a *antecipação da tutela* ou a medida cautelar incidente conexa de sustação imediata da ordem de pagamento, demonstrando os pressupostos do *fumus boni juris* e do *periculum in mora*, ficando para final a prestação da tutela jurisdicional principal revocatória (desconstitutiva) definitiva.

Deve figurar no polo passivo o beneficiário ou portador, se identificado e certo (como, por exemplo, no caso de cheque nominal *não à ordem* e *não transmissível*).

Vê-se que a atual Lei do Cheque prevê para o instituto da *revogação*: (a) via direta por aviso epistolar ou através de cartório extrajudicial do exercício da contraordem bancária, esta tendo em vista a natureza do cheque de ordem de pagamento dirigida ao sacado, que, pois, enseja, como regra, a revogação pelo emitente junto ao banco executor, e atinge terceiros; (b) também a via contenciosa "judicial", desconstitutiva processual, a ser utilizada pelo emitente com adequação, inclusive com pedido de antecipação de tutela ou liminar, num leque amplo, abrangente de várias espécies, possibilidades ou sujeitos.

Outro tanto ocorre quanto à *oposição* ou sustação do pagamento: o art. 36, *caput* e seu § 2º, não deixam margem a dúvidas de que se cuida inclusive de medida direta extrajudicial, do emitente ou do portador legitimado, manifestada ao banco sacado; deve sempre ser por escrito e fundar-se em "relevante razão de *direito*", em sentido amplo – isto é, relevante razão de *fato* e de *direito*, que ao banco sacado, todavia, não compete julgar, mas atender, pois que a responsabilidade então fixada é exclusiva do oponente perante terceiros. Mas é certo que de regra o banco não entregará o cheque senão ao mesmo apresentante, que é seu possuidor legitimado, e não ao oponente, caracterizado o Motivo de Devolução 21/BACEN, sem pagamento ("contraordem ou oposição ao pagamento"), salvo em casos de furto etc. (Motivo 28), objeto de boletim de ocorrência policial.

Quando se tratar de medida de caráter administrativo, de natureza provisória – que ao banco sacado não cabe julgar –, indaga-se: a quem competiriam a solução do ato de suspensão do pagamento bem como o julgamento da relevante razão de fato e de direito, senão ao poder jurisdicional, se for chamado? Através de que procedimento e da iniciativa de quem?

A lei é propositalmente genérica e também não prevê os desdobramentos, deixando aos interessados a criatividade da defesa dos seus direitos, obviamente em juízo, sem indicar o texto legal o fim último a ser alcançado com a oposição, parecendo esgotar-se com o peculiar provimento administrativo de cunho acautelatório, sobre cujas razões as partes controverterão *incidenter tantum*, sem limitações em juízo por iniciativa de uma delas na eventual ação que se seguir.

Não perdendo de vista que a oposição pode ter sido da iniciativa do emitente ou de algum portador legitimado contra o apresentante, e como ocorrerá fatalmente a devolução, pelo banco sacado, do cheque não pago, ao seu portador atual (*tradens*), com a menção do motivo (n. 21) da sustação do pagamento, duas podem ser as soluções:

(a) *Se o oponente for o emitente*, ou moverá ação declaratória ou outra como a de quitação ou anulação do negócio jurídico subjacente etc.; ou, em caso de sofrer o oponente ação de cobrança do cheque, defender-se-á pela forma processual, seja em caso de execução ou contestação em ação de cobrança pela via de conhecimento.

(b) *Se o oponente for o portador legitimado* que tenha sido desapossado do cheque ou tenha invocado outra "relevante razão de direito", disporá dos meios processuais conforme a hipótese concreta, seja deduzindo pretensão de tutela, seja defendendo-se em demanda que lhe seja proposta por quem sofreu a sustação do pagamento. A ação instituída no art. 43 da Lei 7.357/1985 foi suprimida por veto presidencial ao texto, cabendo ao portador desapossado, além da oposição prevista no art. 36, valer-se dos meios específicos assegurados no art. 24 e seu parágrafo único da Lei 7.357/1985.

Por fim, não há nos arts. 35 e 36 da Lei Interna disposição que obrigue o banco sacado a proceder ao bloqueio automático ou à reserva temporária de provisão, até porque pode ela eventualmente deixar de existir ou nem existir, o que também não foi erigido em óbice legal ao atendimento da solicitação de contraordem ou de sustação de pagamento; basta a observância dos requisitos previstos na lei, independentemente de caução ou bloqueio de provisão.

*V., sobre a disciplina da oposição pelo CMN: art. 69, parágrafo único, "c".*

**6. A oposição a pagamento manifestada por beneficiário-endossante que foi portador de cheque administrativo deve ser acatada pelo banco emitente-sacado. Casuística**

Há um precedente do STJ que aparentemente foi além ao acolher a legitimidade da oposição de beneficiário-endossante de *cheque administrativo*; e a admitiu por boas razões jurídicas, até porque o cheque administrativo ostenta peculiaridades que só dizem respeito ao banco sacado, porque este acumula a posição de emitente; porém, quanto aos endossantes é absolutamente igual ao cheque comum. Daí por que tudo o que seja juridicamente possível, no cheque comum, para o endossante, que é coobrigado, também o deva ser no cheque administrativo. E mais: se até ao emitente (banco sacado), no cheque administrativo, se permite a faculdade de autossustar ou suspender primariamente o pagamento, a que está obrigado, em situações de extraordinária anomalia justificadora, não deve *a priori* ser barrada a via obstativa a legítimo interessado, coobrigado, como é o endossante que foi portador antecedente, sobretudo se foi ele o solicitante-beneficiário da emissão do cheque administrativo nominal em seu favor.

Essa posição decorre de reflexão amadurecida desde o conhecimento do julgado da Corte Superior de início referido, onde houve invocação de posicionamento mais rígido defendido antes da vigência da Lei 7.357/1985, na 3ª edição deste livro, como se verá a seguir.

No caso concreto, o endossante-oponente foi o próprio beneficiário que solicitou a criação dos títulos bancários com recursos seus e que comprara cheques administrativos emitidos em seu nome, destinados a servirem de meio de pagamento numa operação comercial a ser realizada, e que o foi, mas que a seguir foi cancelada: desaparecida a causa e extinto o motivo justificador do pagamento através de cheque administrativo endossado, o beneficiário-endossante agiu em legítima defesa do seu direito de retorno ao estado anterior. E não foi ilícita a atuação do banco em dar fiel e pronto acatamento à oposição ou à ordem de sustação de pagamento feita pelo beneficiário-endossante (primeiro portador), porque não lhe cabe julgar da relevância da razão invocada; vale dizer, o banco agiu em estrito cumprimento de dever legal, na terminologia do art. 188, I, do CC/2002;[26] para recusar o pagamento ao endossatário (apresentante), atuou no âmbito do exercício regular de um direito-dever que a Lei do Cheque confere ao sacado.

Trata-se do acórdão unânime proferido no REsp 16.713-MS, da 4ª Turma do STJ, datado de 26.4.1993, de que foi relator o Min. Athos Carneiro:

"Pagamento – Oposição motivada apresentada pelo endossante – Hipótese em que o banco fica exonerado do compromisso de honrar o título de sua emissão – Ressalvadas pretensões, cambiárias ou não, que possam assistir ao endossatário frente ao endossante – Inteligência do art. 36 da Lei n. 7.357/1985.

"*Ementa oficial:* A circunstância de tratar-se de cheque administrativo, sacado pelo estabelecimento bancário contra sua própria caixa (art. 9º, III, da Lei n. 7.357/1985), não afasta a aplicação do instituto da oposição motivada, nos termos do art. 36 da mesma lei, oposição no caso apresentada pelo favorecido e endossante do cheque sob invocação ao negócio subjacente ao endosso.

"Em consequência, fica o banco exonerado do compromisso de honrar o cheque de sua emissão, ressalvadas as pretensões, cambiárias ou não, que possam assistir ao endossatário frente ao endossante.

"Ante o exposto, e tendo o 'favorecido' pelo cheque administrativo apresentado ao banco emitente uma relevante razão de direito – 'cancelamento de transação comercial irregular', fls. – para sustar-lhe o pagamento, agiu licitamente o requerente banco no atender a tal oposição, ficando naturalmente ressalvadas as pretensões, cambiárias ou não, que possam assistir ao endossatário, ora recorrido, contra o endossante.

"Pelo exposto, conheço do recurso especial, por contrariado o art. 36 da Lei n. 7.357/1985, e ao mesmo dou provimento, a fim de julgar procedentes os embargos à execução, invertidos os ônus da sucumbência e fixada a verba honorária no percentual de 10% sobre o valor atualizado da ação de execução.

"É o voto." [*do Relator*]

"Voto-Vista – *O Exmo. Sr. Min. Fontes de Alencar*: Sr. Presidente, versa a causa sobre um cheque administrativo emitido pelo estabelecimento de crédito e entregue a quem o provocou, e este portador endossou o título a terceiro em virtude de um contrato. Posteriormente, aquele provocador do nascimento do título manifestou sua oposição ao pagamento, arguindo a não concretização do contrato que motivara o endosso.

---

26. Correspondente ao revogado art. 160, I, do anterior CC.

"Realmente, num primeiro instante assaltou-me certa perplexidade, porquanto o indigitado art. 36 da Lei do Cheque admite essa oposição ou contraordem formulada pelo portador legitimado, e aquele que dera causa ao nascimento do cheque já não o portava mais, visto que o transferira, por endosso, a terceiro. Foi exatamente esse aspecto que me levou a pedir vista. Vou ler um pequeno trecho do voto do eminente Min. Athos Carneiro: 'A doutrina não é esclarecedora sobre quem o 'portador legitimado' do cheque, capacitado a sustar-lhe o pagamento. Não será, por certo, aquela pessoa que aparece cambiariamente, pelo endosso, como titular do crédito, pois a esta pessoa, na posse do cheque, interessa é receber o respectivo pagamento, não sustá-lo. Interessado na oposição será, pois, em tese, aquele que foi o portador legitimado, e que, com razão jurídica relevante, opõe-se a que o sucessivo portador venha a receber a pecúnia (...)'.

"E assim é, e a interpretação manifestada pelo douto Relator, acentuando que o interessado na oposição há de ser aquele que *foi* o portador legitimado e não aquele que *é*, porque a este interessa receber, interessa que a ordem de pagamento seja cumprida. É uma situação que faz relembrar a expressão vinda dos doutos, Carlos Maximiliano, inclusive: 'a angústia expressional da lei': e o eminente Relator a corrige, dizendo quem é o portador legitimado.

"Acompanho o eminente Min. Relator."[27]

A brilhante interpretação ampliativa emprestada ao texto do art. 36 – retomamos nós –, identificando como legitimado à oposição quem *foi* portador (e não quem *é* o atual ou sucessivo portador, pois a este interessa receber, e não opor-se ao recebimento que lhe cabe), é irrepreensível do ponto de vista lógico, da inteligência da lei e do interesse jurídico.

Essa orientação pioneira da 4ª Turma do STJ fez escola, foi invocada e atuou como precedente em julgamento da 3ª Turma do mesmo Tribunal. Trata-se, agora, do REsp 130.428-PR, relator o Min. Antônio de Pádua Ribeiro, de 25.9.2000, unânime, com a seguinte ementa:

"Cheque administrativo – Sustação pelo banco do pagamento ao endossatário, em decorrência da oposição do endossante – Lei n. 7.357/1985, art. 36 – Interpretação.

"I – Não afasta a aplicação do instituto da oposição motivada, nos termos do art. 36 da Lei n. 7.357/1985, a circunstância de tratar-se de cheque administrativo sacado pelo estabelecimento bancário contra a sua própria caixa, no caso de oposição apresentada pelo favorecido e endossante do

---

27. Ementa publicada no *DJU* 8.6.1993 e íntegra na *RT* 700/198, *RF* 326/188 e *RSTJ* 50/208.

cheque sob invocação ao negócio subjacente ao endosso. Nesse caso, fica o banco exonerado do compromisso de honrar o cheque da sua emissão, ressalvadas as pretensões, cambiárias ou não, que possam assistir ao endossatário frente ao endossante.

"II – Recurso especial conhecido e provido."[28]

Para melhor compreensão desta nova hipótese concreta e das circunstâncias envolvidas na *oposição* de quem *foi* portador legitimado, que justificaram o julgamento da Corte Superior de Justiça, transcreve-se a seguir o elucidativo voto-vista vencedor proferido pelo Min. Carlos Alberto Menezes Direito:

"O banco recorrente ajuizou embargos à execução de título extrajudicial, assim um cheque administrativo no valor de Cr$ 1.000.000,00, de sua emissão, na qualidade de endossatário, que não teria sido pago pelo emitente, o ora recorrente. Alega que o favorecido pelo cheque compareceu em sua sede, acompanhado de policiais, para evitar o pagamento do cheque administrativo, *alegando que fora vítima de estelionato, pois que comprara 81 cabeças de gado de um determinado elemento, efetuando o pagamento com cheque administrativo, devidamente endossado, só que o elemento, de posse do cheque, teria se evadido sem proceder à entrega do gado, sendo que, inclusive, já teria sido instaurado inquérito policial, pela Delegacia de Polícia do 4º Distrito da 10ª SDP/Londrina*; diante da oposição, por escrito, do favorecido, o banco sustou o pagamento do cheque. A sentença julgou improcedentes os embargos ao fundamento de não ter sido feita prova convincente, sendo certo que a diligência determinada concluiu pela imprestabilidade dos documentos apresentados pelo banco, condenando o banco (embargante) no *pagamento das custas e honorários de 20% sobre o total da execução, devidamente corrigidos, incluídos nestes os arbitrados no processo de execução.* O TAPR confirmou a sentença. Para o acórdão recorrido, *efetivamente o cliente do embargante 'H.' foi vítima de estelionato*; todavia, tal circunstância *não justifica a negativa de pagamento do cheque.* Entenderam os Julgadores que a responsabilidade é do banco, à medida que se cuida de cheque administrativo *e portanto diz respeito a numerário do seu caixa e não da conta de cliente.* Finalmente, considerou o acórdão recorrido que *quem entregou o cheque endossado com a própria carteira de identidade ao estelionatário foi o favorecido 'H.'. Foi, portanto este quem, de forma inocente, se deixou ludibriar pelo meliante. A atitude do banco em negar-se de pagar ao terceiro de boa-fé inverte a responsabilidade da vítima do estelionato, transferindo-a, por sua própria deliberação, ao ter-*

28. *DJU* 227-E, 27.11.2000, p. 155.

*ceiro que recebeu o cheque de forma lícita e após prévia confirmação dos funcionários do banco quanto à legitimidade do documento.*

"O eminente Min. Antônio de Pádua Ribeiro, Relator, conheceu e proveu o especial, entendendo que não afasta a aplicação do instituto da oposição motivada, nos termos do art. 36 da Lei n. 7.357/1985, o fato de tratar-se de cheque administrativo sacado pelo banco contra sua própria caixa.

"Eu estou acompanhando o voto do eminente Relator, amparado em precedente da Corte da relatoria do Sr. Min. Athos Gusmão Carneiro, que sustenta o especial pela divergência. De fato, a tese do acórdão recorrido é a de que por tratar-se de cheque administrativo não seria possível invocar-se a regra do art. 36 da Lei n. 7.357/1985, ou seja, a oposição motivada.

"De fato, o cheque administrativo ou cheque bancário não pode ter um tratamento diferenciado. Por outro lado, a interpretação da regra jurídica não pode conduzir ao absurdo, assim a de considerar-se o portador ali referido como aquele que aparece como titular do crédito pelo endosso, mas, sim, aquele que *foi* o portador legitimado e que pretende impedir, por razão relevante, que o sucessivo portador venha a receber o valor do título, como bem posto no precedente invocado.

"Paulo Sérgio Restiffe e Paulo Restiffe Neto, na 4ª edição de seu livro sobre a nova Lei do Cheque, mencionando o precedente desta Corte que admitiu a oposição de beneficiário endossante de cheque administrativo, anotam que há boas razões jurídicas para tanto, *até porque o cheque administrativo ostenta peculiaridades que só dizem respeito ao banco sacado, porque este acumula a posição de emitente; porém, quanto aos endossantes, é absolutamente igual ao cheque comum. Daí por que tudo o que seja juridicamente possível, no cheque comum, para o endossante, que é coobrigado, também o deva ser no cheque administrativo. E mais, se até ao emitente (banco sacado), no cheque administrativo, permite-se a faculdade de autossustar ou suspender primariamente o pagamento, a que está obrigado, em situações de extraordinária anomalia justificadora, não deve 'a priori' ser barrada a via opositória a legítimo interessado, coobrigado, como é o endossante, sobretudo se foi ele o solicitante-beneficiário da emissão do cheque administrativo nominal a seu favor* (*Lei do Cheque*, RT, 4ª ed., 2000, p. 231).

"Conheço e provejo o especial, acompanhando o voto do eminente Relator."

De modo que, diante dos precedentes formados por unanimidade em ambas as Turmas que compõem a Seção de Direito Privado, pode-se inferir que a orientação das 3ª e 4ª Turmas do STJ firmou-se no sentido de admitir a utilização, quer para cheque comum, quer para *cheque administrativo*, do instituto da *oposição motivada*, junto ao banco emitente-sacado, pelo beneficiário-endossante, que *foi* seu portador legitimado, com interesse *atual* para sustar até como coobrigado o pagamento ao endossatário-apresentante (*tradens*), sob invocação, inclusive, do negócio jurídico causal ou subjacente ao endosso.

Registre-se, todavia, que o Min. Waldemar Zveiter, ao contribuir para a formação da unanimidade no mais recente julgamento, o fez pela particularização do caso, ressalvando que aguardaria uma hipótese concreta para examinar a tese aplicada pelos demais votos das duas Turmas – o que nos convida, como doutrinadores ali invocados, a alargar a reflexão, nesta 5ª edição, sobre o sentido da expressão "portador legitimado".

**7. Ainda o *cheque administrativo* emitido por solicitação (*cheque bancário solicitado*): relevantes questões subjacentes, inclusive a da responsabilidade do banco como adjectus prestador de serviços, e não como obrigado cambiário**

Nessa hipótese – complementam os dois julgados – exonera-se o banco do compromisso de honrar o cheque de sua emissão, vale dizer, incumbe--lhe tão somente o dever de cumprir a oposição motivada do solicitante da emissão (beneficiário-endossante). Em que pese – acrescentamos nós – não ter sido cogitada a obrigação de separação e reserva pelo banco da provisão correspondente para segurança do portador apresentante, como sucederia em circunstâncias específicas se se tratasse de aposição de visto bancário em cheque emitido por terceiro (art. 7º, § 1º, da Lei 7.357/1985).

Também ficou assentada nos dois precedentes (nos quais resultou bem afastado qualquer vislumbre de obrigação, cambiária ou não, do banco sacador-sacado de cheque administrativo quando atue como emitente por solicitação alheia) a ressalva das pretensões, cambiárias ou não, que possam assistir ao portador atual, endossatário-apresentante (*tradens*) frente ao solicitante-endossante coobrigado (beneficiário-oponente).

Tratando-se de cheque administrativo emitido por solicitação, a interpretação do art. 36 deve suscitar também a atenção ao problema da disciplina das relações entre o sacado e o "opoente",[29] prevista no art. 69, parágrafo único, "c", da Lei 7.357/1985.

---

29. No art. 36, § 2º, a Lei 7.357 refere-se a "oponente"; já, no art. 69, parágrafo único, da mesma Lei 7.357 o texto refere-se ao "*opoente*, na hipótese do art. 36 desta Lei". Vale dizer, pela Lei 7.357 ambos os termos (*oponente* ou *opoente*) são equivalentes; até porque são sinônimos de *opositor*, outra forma também válida.

Esclareça-se que nos dois julgamentos a cobrança (executiva) foi movida pelo portador-endossatário *contra o banco* emitente-sacado, e não contra o beneficiário coobrigado que solicitou a emissão e depois transferiu por endosso a posse do cheque administrativo. O STJ, em ambos os casos concretos, conheceu e proveu o recurso especial do banco como executado para acolher seus embargos à execução; excluiu-se, em consequência de ilegitimidade passiva, a responsabilidade cambial do banco sacado, conquanto seja emitente de cheque administrativo solicitado por terceiro com provisão deste; e por isso ressalvou as pretensões, *cambiárias ou não*, que pudessem assistir ao atual portador-endossatário apresentante frente ao beneficiário-endossante, considerado, em suma, o banco emitente-sacado como parte ilegítima passiva para a ação de cobrança fundada no título, cuja emissão, de caráter funcional, lhe foi solicitada como prestação de serviço bancário, sobre provisão constituída pelo solicitante.

A correta interpretação inovadora que se consolida é de que o banco sacado, quando atua funcionalmente como emitente de *cheque administrativo* (comprado) *por solicitação*, não assume a correspondente obrigação cambial pelo cheque que emitiu; estando, pois, por premissa, desvinculado da relação chéquica, recebe tratamento jurídico e sobretudo lógico como sacado *"adjectus" prestador de serviço*, e não como emitente-obrigado (devedor cambial), em caso de atendimento à oposição justificada ao pagamento feita pelo provisionador solicitante da emissão bancária que, tendo sido o portador legitimado na origem, deu circulação ao título por subsequente endosso (ou cessão civil) a terceiros.

Daí se vê, por fim, que a disciplina da relação lógico-jurídica prevista no art. 69 entre sacado e opoente é de obediência daquele às ordens deste solicitante provisionador da emissão funcional de cheque administrativo, tenha ou não sido endossado (ou cedido) o título.

A esta altura da exposição o atento consulente já terá voltado sua observação comparativa para os arts. 7º (cheque *visado*), 9º, III (cheque *administrativo*), 15 (o *emitente* sempre garante o pagamento) e 47 (é assegurada ao portador a execução do cheque contra o *emitente*) e se deparado com vários problemas que a novel solução do STJ, em comentário, suscita, que só na aparência pode afetar a imagem de segurança do cheque administrativo solicitado mediante provisão do solicitador e não do banco emitente.

De fato, o cheque *visado* pelo banco sacado a pedido do emitente ou portador, ao contrário do que se pudesse imaginar, pelo § 1º do art. 7º, porque obriga o sacado a debitar à conta do emitente a quantia indicada no cheque e a reservá-la em benefício do portador legitimado, aparenta oferecer *ex lege* mais segurança que o cheque administrativo emitido por solicitação, simplesmente por inexistência de previsão legal similar expressa da obrigação do banco sacado-sacador de separação e reserva da provisão. Como resolver esta delicada questão, a não ser por extensão analógica?

No cheque sempre existirá a figura do emitente, isto é, do criador do título (titular da provisão), que garante o pagamento, sujeito a execução (arts. 1º, VI, 15 e 47, I). Se a essas regras de responsabilidade *cambiária* se submete o emitente comum, a elas não está sujeito, entretanto, como se viu, o banco quando atue *regularmente* em razão da função administrativa como sacado prestador de típico serviço bancário, na condição cumulativa de sacador ou criador de cheque (administrativo, por encomenda ou comprado) por solicitação, e depois seja instado a obedecer a fundada oposição a pagamento (art. 36 e § 2º) feita por quem foi o portador legitimado na origem.

O Anteprojeto elaborado por Egberto Lacerda Teixeira para o Instituto dos Advogados de São Paulo (art. 32, § 4º) previa, para cheque em geral, que a oposição ao pagamento regularmente manifestada implicava a reserva, pelo sacado, de provisão bastante para atender ao pagamento do cheque durante o prazo de apresentação, sem prejuízo de outras medidas assecuratórias que o emitente ou o portador legitimado pudessem requerer na forma da legislação processual vigente. Para oposição ao pagamento de cheque bancário é que, com maioria de razão, adequar-se-ia essa *reserva implícita*, para abstenção de "estorno" enquanto circulante ou não apresentado o cheque e não realizado seu pagamento; inconcebível falha funcional seria a devolução do numerário ao solicitante quando opoente ao pagamento de cheque administrativo posto em circulação, porque significaria indevido descompromissamento do dever do banco emissor, assumido no título, de assegurar a cobertura prevista para cheque de sua emissão, evidentemente com a reserva prévia da provisão lastreada para esse fim pelo solicitante, tal qual no visamento.

É certo que os arts. 15 e 47 não fazem acepção entre os emitentes de uma e outra espécie de cheque; e o mais antigo julgado do STJ em exame, o do clássico REsp 16.713-MS, de 26.4.1993, até já sublinhava que a lei em vigor encara o chamado *cheque bancário* como uma das modalidades *normais* de cheque, como está no art. 9º. O cheque administrativo serve a acautelar seu portador contra o risco da falta de fundos; no mais, é um cheque como os demais. Tudo isso, *a fortiori*, conduz à interpretação analógica e à aplicação extensiva da declaração equivalente, para o cheque bancário ou administrativo emitido por solicitação, da regra de segurança do art. 7º, § 1º, que protege o portador legitimado de cheque visado posto em circulação, com a responsabilidade funcional (não cambiária) do banco sacado de debitar à conta do emitente (ou solicitante do visamento) e no ato provisionar reserva equivalente ao valor também do cheque bancário em benefício do portador legitimado. Solução que pode ser alcançada por norma do Banco Central.

Assim procedendo, ao emitir o cheque administrativo por solicitação, o banco emitente-sacado conserva a provisão correspondente ao cheque entregue ao solicitante; logo, terá condições, como *emitente*, de *garantir* (art. 15) o pagamento em caso de oposição, como depositário da provisão originariamente reservada, separada à conta do próprio solicitante. Parece que a solução dada nos dois julgamentos ora examinados não esclareceu – até porque não era matéria que estivesse *sub judice* – se o banco teria devolvido precipitadamente o dinheiro ao solicitante-oponente; ou se, o tendo reservado à conta deste, manteve-se como responsável depositário custodiador (risco da atividade remunerada) até a solução da lide suscitada pela eventual *oposição*. À segunda conclusão é que se chega pela inferência lógica de que o banco não emite cheque comprado que lhe seja solicitado pelo favorecido se este obviamente não lhe tiver "pago" adiantadamente o valor correspondente e mais o custo da taxa de prestação dos serviços. Daí que a tese da exoneração do banco do compromisso de honrar o *cheque bancário solicitado*, por ele emitido mas não pago, no passo em que os mesmos julgados ressalvam as pretensões, cambiárias *ou não*, que possam assistir ao endossatário, frente ao endossante, isto é, frente àquele que terá *comprado à vista* do banco o cheque administrativo (raciocínio que tem presente que os bancos não estão autorizados a emitir cheque administrativo sem a prévia cobertura com recursos do solicitante), não preexclui eventual responsabilidade civil de ordem funcional (e não cambiária) do banco, não discutida nem decidida, na eventualidade remota de ter liberado o valor correspondente ao solicitante do cheque administrativo, porque uma coisa é atender à oposição deste e outra é desbloquear irrestritamente a provisão reservada, como se verá a seguir.

Concluído o exame dos dois arestos, cabem mais algumas considerações sobre a útil espécie de cheque administrativo *por solicitação*.

Se o banco sacado, após ter devolvido o cheque administrativo ao terceiro apresentante (endossatário) sem pagamento, recusado com base no Motivo 21/BACEN, isto é, na alínea "c" do art. 69 da Lei 7.357/1985, procede ao estorno e à restituição precipitada da quantia correspondente por sua conta e risco ao oponente que solicitara sua emissão, já presente o estado de litigiosidade, deflagrada pela oposição (§ 2º do art. 36), tal solução objetivamente temerária concorre para evidenciar a apontada necessidade de suprimento da lacuna da lei pela aplicação analógica pelo banco, como exercício regular de direito, do disposto nos §§ 1º e 2º do art. 7º para cheque visado, sobretudo ante a ausência de disciplina regulatória diversa das relações entre *sacado* e *opoente* cometida pelo referido art. 69, parágrafo único, "c", à competência do Conselho Monetário Nacional.

A matéria é nova, complexa e controversa. E a solução alvitrada a partir de casos concretos examinados pela Corte Superior de Justiça resulta de construção lógica e razoável dentro do sistema legal deficiente, ainda que aparentemente contrária à sua letra (arts. 15, 47, I, e 51), na medida em que não se ateve apenas a exonerar o banco, enquanto sacado, do encargo de honrar cheque que lhe foi apresentado para pagamento, mas também excluiu a responsabilidade cambial do banco como *emitente* solicitado funcional do cheque da espécie e vedou, em resumo, ao apresentante o acesso à via correspondente a esse título executivo (art. 585, I, do CPC) contra o *emitente* (arts. 15, 47, I, e 51, todos da Lei do Cheque). Esse sistema legal genérico é que induziu o endossatário portador apresentante a agir contra o banco *emitente*, segundo os cânones vigentes conhecidos.

Na verdade, a justiça de fino quilate praticada pela Corte Superior ao negar o direito de ação de cobrança ao portador endossatário contra o banco emitente do cheque administrativo solicitado e depois objeto de oposição ao pagamento, pelo beneficiário solicitante endossante, com importante ressalva expressa, é consequência implícita da prevalência de outra norma específica, que é a do § 2º do art. 36, ora em exame, da mesma Lei do Cheque: não cabe ao sacado, mesmo que emitente de cheque comprado, julgar a relevância da razão invocada pelo oponente. Logo, se cumpre a lei, não pode o banco, na espécie, ser penalizado pela mesma lei, desde que por cautela resguarde a provisão constituída para pagamento do cheque administrativo ainda em curso ou circulação.

Esse foi o fundamento central (ponto nodal) até persistentemente destacado pelo STJ para decidir.

E há mais uma ponderável razão paralela que conflui para o fundamento principal adotado pela Corte Superior de Justiça, que é a de que contra o banco sacado não cabe ação de cobrança com base em cheque emitido por correntista seu, tanto assim que foi excluído da legislação pátria o instituto da marcação (que era permitida ao banco para cheque de terceiro, pelo art. 11 da antiga Lei Interna do Cheque, Lei 2.591/1912), porque implicava assunção de responsabilidade pelo sacado por substituição exonerativa da responsabilidade de todos os obrigados pelo pagamento. E um dos motivos do banimento da marcação era o risco potencial que a prestação desse serviço poderia oferecer à higidez do sistema bancário; daí o princípio de que o sacado não se vincula, no exercício regular da sua atividade peculiar, à obrigação chéquica. Transpondo os termos, do cheque marcado para o cheque bancário solicitado, não passa este último de prestação de um serviço de emissão, previsto no art. 9º, III, da Lei 7.357/1985, com responsabilidade funcional, mas não obrigação cambial do banco sacador-sacado. Portanto, para se resguardar da sua potencial responsabilidade civil de prestador de serviço solicitado, pode o banco agir por verossimilhança de acordo com o disposto no § 1º do art. 7º (separação e reserva temporária da quantia indicada no cheque administrativo solicitado).

Com essa ressalva de não incorporação patrimonial imediata do correspondente capital, ainda que se trate da espécie *cheque administrativo* (emitido pelo banco sacado por solicitação adrede provisionada, circunstância que nos leva a definir esse título peculiar como *cheque bancário solicitado*), jamais a obediência legal à ordem de sustação do pagamento dada pelo oponente (solicitante da emissão) ou outrem legitimado poderia produzir-lhe, conflitantemente, a penalização, por impossibilidade de honrar o cheque; e não poderia o mesmo banco arcar com a responsabilidade por fato de terceiro, como emitente *sui generis*, porque não podia desacatar oposição justificada, revestida de regularidade, ao pagamento do cheque, pois é a lei que também lhe veda esquivar-se, isto é, julgar da relevância das razões invocadas pelo oponente, e decidir se atende, ou não, à oposição.

O negócio subjacente ao endosso (razão da oposição) é, ademais, *res inter alius*, a ser solvido em plano diverso entre o atual portador e o beneficiário, e não com o sacado ou pelo sacado, ambas as figuras reunidas num só sujeito – como bem asseguraram os dois acórdãos, por ressalva explícita quanto às pretensões, cambiárias ou não, do apresentante contra o oponente.

Assim, é de se convir que o ex-portador legitimado não está excluído por aquela interpretação inteligente da *verba legis* quando, por exemplo, foi ele desapossado injustamente do título, porque aí milita em seu favor a mesma "relevante razão de direito" para não *perder* o valor que legitimamente lhe pertença e que está sob custódia do banco emitente a que é endereçada a sustação do pagamento ao apresentante.

Do lado do banco sacador-sacado, o cheque administrativo emitido por solicitação suscita duas questões, sendo a primeira delas sobre a ilegitimidade passiva do banco, reconhecida, para não responder às ações de cobrança fundadas nessa espécie de título por ele funcionalmente emitido; e a segunda é sobre o destino da provisão que lastreou o título posto em circulação quando, por força de oposição, tenha se exonerado perante o apresentante, como sacado.

Em todos esses casos o banco emitente-sacado do cheque administrativo solicitado estará não só autorizado a não pagar, mas proibido de efetuar o pagamento ao apresentante de cheque objeto de oposição, de vez que não lhe cabe julgar da relevância da razão invocada pelo oponente (§ 2º do art. 36 da Lei 7.357/1985); o que implica obrigação funcional do banco de preservar a provisão sob sua custódia enquanto não lhe for restituído o cheque correspondente, ou até ordem judicial em sentido diverso.

É nesse sentido que se firma a jurisprudência sobre oposição, como se vê de acórdãos do extinto 1º TACivSP, embora não sobre cheque administrativo, como o proferido na ACi 548.260-SP, julgada em 28.8.1995, de que foi relator o Juiz Salles Toledo, assim ementado: "Cheque – Ajuizamento de cobrança contra portador endossatário em razão de compensação de cheque roubado, apesar de oportuna ordem de sustação – Inadmissibilidade – Solicitações do cliente que devem ser acatadas pelo banco, face à relação de mandato entre eles existente – Inocorrência de sub-rogação nos direitos do cliente, pois incerto o direito que este teria contra o portador, que, ademais, supõe-se de boa-fé – Arts. 22 e 24 da Lei n. 7.357/1985 – Reembolso indevido – Ação de cobrança e cautelar improcedentes – Recurso improvido".[30]

Nesse acórdão é invocado um precedente da mesma relatoria na ACi 533.604, julgado em 25.5.1995, em que ficara consignado que o banco sacado, a partir do momento em que teve ciência da oposição, *verbis*, "estava impedido legalmente de pagar o cheque. Se o fez, deve arcar com as consequências de seu ato, uma vez que desatendeu à ordem expressa de seu cliente, assim descumprindo obrigação legal assumida ao ensejo da abertura da conta corrente".

Outras relevantes questões o cheque bancário suscita quanto à contraordem e à oposição, tendo como sujeitos o solicitante, o beneficiário e o banco sacador-sacado. Podem estes exercer as faculdades previstas nos arts. 35 e 36? Respostas nos itens abaixo.

### 8. Pode o solicitante-beneficiário da emissão de cheque administrativo ou bancário revogá-lo mercê de contraordem, ou fazer sustar seu pagamento?

Quanto à contraordem, é privativa do emitente da ordem de pagamento através de cheque, o que significa que quem *não ordena, mas solicita* a emissão da ordem bancária, posição ocupada pelo solicitante, não poderia, pela literalidade do texto, revogar ordem de pagamento que não deu, mercê de contraordem? Entretanto, sendo beneficiário nominal do cheque administrativo bancário provisionado com dinheiro seu, emitido por sua solicitação, pode; e, por analogia com o que ocorre com o cheque visado (art.

30. *JTACivSP* 157/51.

7º, § 2º), o solicitante-beneficiário que ainda estiver de posse do título pode fazer entrega de retorno ao banco, para inutilização. Solução que dispensa o uso dos institutos da contraordem ou da oposição, que pressupõem ter havido circulação do cheque. É aplicável ainda a solução de inutilização pelo portador-beneficiário, nas mesmas circunstâncias.

**9. Podem o solicitante não beneficiário ou o beneficiário não solicitante da emissão de cheque administrativo ou bancário revogá-lo mercê de contraordem, ou fazer sustar seu pagamento e ser atendidos pelo banco sacador-sacado?**

Ambos não são emitentes, mas solicitante titular da provisão o primeiro, e beneficiário o segundo.

O primeiro (solicitante não beneficiário) poderia, sem dúvida, como titular da provisão, com interesse legítimo, mesmo sem ser emitente nem beneficiário, sustar o pagamento, nos termos, forma e fundamentação de relevante razão de direito do art. 36, invocável por extensão ou analogia *in bonnam partem*.

Esse mesmo solicitante não beneficiário poderia contraordenar o pagamento, também, por extensão analógica de sua posição de titular da provisão, com legítimo interesse, pelas mesmas razões motivadoras do ato (art. 35), ao beneficiário ou endosssatário.

E o segundo (beneficiário não solicitante) pode atuar, em caso de endosso, como endossante, que foi portador legitimado mas não emitente, e fazer uso da oposição (art. 36), mas não da revogação (art. 35).

**10. E quanto ao banco sacador-sacado de cheque bancário (criado por solicitação), pode, excepcionalmente, autocontraordenar ou sustar o pagamento por sua iniciativa e no interesse próprio, em casos teratológicos?**

O banco criador do cheque administrativo emitido em pagamento de obrigação própria ou emitido por solicitação do beneficiário titular da provisão pode, excepcionalmente, como emitente, revogar o cheque, por extensão, se presentes os pressupostos do art. 35, ou sustar o pagamento (art. 36), nas mesmas circunstâncias excepcionais de fato e de direito justificadoras.

V.: anotações ao art. 9º, ns. 2, 3 e 4, sobre **contraordem** e **sustação de pagamento de cheque administrativo ou bancário**, *por iniciativa dos vários atores, inclusive do banco sacador-sacado, com soluções jurisprudenciais orientadoras relevantes para essas tormentosas questões.*

## DA APRESENTAÇÃO E DO PAGAMENTO

• **Lei 7.357/1985, art. 37**

**Art. 37. A morte do emitente ou sua incapacidade superveniente à emissão não invalidam os efeitos do cheque.**

• **Lei Uniforme, art. 33º**

**Artigo 33º**

**A morte do sacador ou a sua incapacidade posterior à emissão do cheque não invalidam os efeitos deste.**

• **Não há Reservas**

### 1. Morte ou incapacidade do emitente

O texto é cristalino. Emitido o cheque, o evento superveniente da morte ou incapacidade (ou outro motivo legal) do emitente não poderá afetar o ato jurídico perfeito já constituído. Subsistem os seus efeitos até as últimas consequências de validade dos direitos e obrigações que do cheque emerjam, nos prazos legais, seja para pagamento pelo sacado ou para exigência judicial do crédito correspondente, do interdito ou do espólio, conforme a hipótese. A situação do falido (ou do insolvente) é, para este fim, equiparada à do *incapaz* em sentido amplo, civil ou comercial (empresarial). O sacado não pode, só por aqueles motivos, recusar pagamento, salvo se recebeu contraordem ou oposição de quem de direito ou ordem judicial de bloqueio, transferência ou alteração de regime da provisão e de sustação de pagamento.

### 2. Emissão por falido e pagamento a falido

Quanto ao falido, corolário da sua incapacidade decorrente desse estado jurídico (arts. 103 e 104 da atual Lei de Falências, n. 11.101, de 9.2.2005[31]) é que, perdendo a administração e a disponibilidade de seus bens e direitos, não pode obrigar-se através de cheque, pena de invalidade do ato.

Cheque emitido antes vale: *a morte do emitente ou sua incapacidade superveniente não invalidam os efeitos do cheque* (art. 37 da Lei 7.357/1985; Lei Uniforme, art. 33º); se nem a morte ou a incapacidade invalidam o ato, igualmente a falência superveniente, como espécie peculiar de incapacitação jurídica, não é fato resolutivo ou desconstitutivo de obrigação preexistente assumida em documento válido.

---

31. Correspondente ao art. 40, *caput* e §§ 1º e 2º, do revogado Decreto-lei 7.661, de 21.6.1945.

Mas a falência superveniente afeta o regime jurídico de liquidação do título pelo banco sacado, na prática, se este tiver recebido aviso ou ordem em contrário, como for de direito. Aqui, o que sucede é a indisponibilidade dos fundos na data da apresentação, que é o momento da verificação da sua existência, se houver, em razão da abertura do concurso universal, para que não haja quebra da *pars conditio creditorum*; afinal, porque o cheque não se reveste de qualquer superprivilégio, nem exprime direito real, visto que não mais há propriedade do beneficiário sobre a provisão desde a data do cheque (revogado que está o art. 8º da Lei 2.591/1912 e vetado que foi o art. 5º da atual Lei 7.357), que pudesse dar ensejo a uma exótica restituição em dinheiro.

O cheque anterior à falência valerá, sim, entretanto, como classe de crédito quirografário comum, habilitável na falência do emitente falido, na ordem que lhe couber. A mesma regra é aplicável ao beneficiário ou portador falido identificado; mas, na prática, só quanto a cheque cruzado ou para levar em conta o controle funciona.

## 3. Aferição do fato superveniente

O vocábulo "superveniente" (art. 37 da Lei 7.357/1985) induz ao confronto entre o requisito da data do cheque e o fato da data da incapacidade ou falência, e mesmo o da data da morte do emitente, fazendo atuar os princípios da presunção *juris tantum* em cada caso concreto, para solução das divergências e casuísmos circunstanciais que se apresentem; indica-se que deva sempre prevalecer a situação real sobre a virtual (exemplo: cheque pós-datado), para solução correta sobre a validade ou eficácia, ou não, do cheque cujo pagamento envolva referência aos fatos *morte* ou *incapacidade superveniente* do emitente.

• **Lei 7.357/1985, art. 38**

**Art. 38. O sacado pode exigir, ao pagar o cheque, que este lhe seja entregue quitado pelo portador.**

**Parágrafo único. O portador não pode recusar pagamento parcial, e, nesse caso, o sacado pode exigir que esse pagamento conste do cheque e que o portador lhe dê a respectiva quitação.**

• **Lei Uniforme, art. 34º**

**Artigo 34º**

**O sacador[32] pode exigir, ao pagar o cheque, que este lhe seja entregue munido de recibo passado pelo portador.**

32. A grafia do original francês é "sacado" (*tiré*), e não "sacador" (*tireur*).

**O portador não pode recusar um pagamento parcial.**

**No caso de pagamento parcial, o sacado pode exigir que desse pagamento se faça menção no cheque e que lhe seja entregue o respectivo recibo.**

• Não há Reservas

## 1. Quitação do portador ao banco sacado ao pagar o cheque

Por evidente erro de tradução, na alínea 1ª do art. 34º da Lei Uniforme ficou constando "sacador". O texto original francês registra *tiré* ("sacado") e não *tireur* ("sacador"). A Lei Interna incorporou corretamente o texto corrigido no *caput* do seu art. 38 ("sacado"). Também o § 2º do art. 18 refere-se ao sacado ao qual o endosso do cheque vale como quitação; ambas as normas se harmonizam.

Na prática, entretanto, não há diferença. Desde que se interprete que tanto o *sacado* quanto o *sacador* podem exigir, quando qualquer deles pague o cheque, que este lhe seja entregue munido de recibo passado pelo portador. A diferença é que ao sacado, que é terceiro, a entrega do cheque traduz *endosso* (também com efeito de quitação) *extintivo* do cheque, como refere o § 2º do art. 18 da Lei Interna (art. 15º, última alínea, da Lei Uniforme).

Diz respeito à exigência que pode o banco sacado fazer, ao pagar o cheque, não apenas de que este lhe seja entregue, sob a forma de endosso extintivo, mas ainda quitado ou munido de recibo passado pelo portador, contida na primeira alínea. E pode corresponder genericamente à "garantia para pagar" cheque suspeito (art. 10 da Lei 2.591/1912), porque a assinatura vincula o recebedor perante o sacado pagante. A quitação a que se refere o art. 38 outra não é senão a mesma *quitação-endosso ao sacado* indicada no § 2º do art. 18 da Lei Interna.

De regra, quem paga o cheque é o sacado. Mas, se o cheque circula e retorna às mãos do sacador e este efetua seu pagamento, pode exigir quitação, que não caracteriza *novo* endosso ao emitente, além do recolhimento do cheque. Aplica-se indiferentemente ao cheque nominal ou ao portador. No caso de cheque ao portador, o próprio sacado, por normas internas, já exigia a assinatura-quitação em cheques de maior valor. Aliás, insista-se em que o endosso ao sacado vale só como quitação (art. 15º, alínea 5ª, da Lei Uniforme), de modo que a assinatura desse *tradens*, endossante satisfeito, prova a liquidação do título, conforme texto do art. 18, § 2º, da Lei Interna, que se harmoniza com a *entrega quitado* ao sacado, do art. 38, ora em exame, do cheque exaurido regularmente em sua função econômica.

## 2. Pagamento parcial pelo sacado e suas peculiaridades ou dificuldades na assimilação dessa inovação legada pela Convenção de Genebra

A alínea 2ª estabeleceu uma nova orientação uniformizada quanto ao pagamento do cheque, revogando os princípios tradicionais da indivisibilidade do pagamento pelo sacado.

Dispõe o texto genebrino (art. 34º) adotado: "O portador não pode recusar um pagamento parcial". Esse texto incisivo foi transposto para o art. 38, parágrafo único, da Lei Interna. Mas o pressuposto excepcional do *pagamento parcial* pelo sacado é exclusivamente a insuficiência de fundos em seu poder para liquidação do cheque pelo valor integral, e não parcelamento ou convenção equivalente a uma suposta *marcação* parcial ou arbítrio de quem quer que seja (sacador, sacado, portador).

Uma das principais razões da mudança verificada foi a de ensejar redução da responsabilidade dos obrigados em relação às parcelas quitadas por conta de fundo parcialmente disponível aproveitado.

É oportuno lembrar, por outro lado, que inexistia anteriormente dispositivo legal no direito brasileiro ensejando ao banco sacado proceder ao pagamento parcial, segundo a força dos fundos disponíveis na respectiva conta bancária; e a praxe bancária corporificou-se precisamente no sentido inverso, ou seja, da recusa e consequente devolução do cheque sem pagamento algum em caso apenas de insuficiência de fundos, assim com base nos Motivos 11 e 12/BACEN, aliás, de interpretação dúbia. Essa abertura ainda é de assimilação dificultosa pela nossa cultura chéquico-bancária.

Veio a propósito projeto de lei apresentado à Câmara Federal pelo deputado Luiz Henrique no sentido de permitir ao portador de cheque com insuficiência parcial de fundos sacar o disponível por conta do seu valor total.

A permissão, e até obrigação, em relação ao portador, como se viu na alínea 2ª do art. 34º da Lei Uniforme, já existia. O que faltava – e persistiria faltando, se não se dispusesse expressamente a respeito na Lei Interna ou em instrução do Banco Central – era a obrigatoriedade de pagamento parcial, de conformidade com a força do saldo disponível, como norma dirigida ao banco sacado, para complementar o dispositivo que estamos anotando. Era o único meio de se conceder eficácia ou efetividade à regra uniforme, inspirada na intenção de reduzir a responsabilidade dos coobrigados exclusivamente à diferença não coberta pelos fundos disponíveis de provisão constituída – note-se – pelo próprio emitente, em mãos do sacado. À luz do art. 38, parágrafo único, da Lei Interna, a controvérsia restou superada, tal a clareza do texto vigente, que é impositivo para o portador apresentante ("não pode recusar ..."), mas não para o banco sacado quanto à sua iniciativa de oferecer pagamento parcial em caso de *insuficiência* da provisão quando lhe seja apresentado o cheque.

A alínea 3ª uniforme faculta ao sacado exigir, no caso de pagamento parcial, que seja mencionado no cheque e que lhe seja entregue o respectivo recibo. Quer dizer que, não havendo provisão suficiente, pode o sacado pagar em parte o valor do cheque apresentado, do que não é lícito o portador discordar. Neste caso, o portador permanece com a posse do cheque, lançando nele a menção do pagamento parcial, ao mesmo tempo em que passa o recibo separado com sua identificação ao banco pagante em relação à parcela paga. É também o texto do parágrafo único do art. 38 da Lei Interna.

Na prática o procedimento é complicado, não factível de regra no sistema de compensação, mas só diretamente, junto ao caixa do sacado, em razão da troca do cheque por recibo, provavelmente numa reapresentação calculada. Sob esse aspecto a não assimilação bancária desse procedimento ao menos se explica.

Há a considerar outras dificuldades além da questão jurídica sobre a simultaneidade de cheques concorrentes ao pagamento com provisão insuficiente (art. 40 da Lei 7.357/1985): na devolução sem pagamento, por insuficiência da provisão, os bancos sacados não costumam revelar os fundos ainda disponíveis, dentre outras razões para preservação parcial do sigilo bancário e ainda porque aquele saldo é volátil; ademais, não existe no sistema bancário um formulário-padrão oficial desse *recibo* nos caixas de bancos, para ser preenchido e assinado no ato pelo *tradens* que concorde com o recebimento parcial; isso, se de fato o sacado se tenha disposto a oferecer pagamento parcial correspondente aos fundos existentes – repete-se: constituídos pelo correntista, e não por abertura de crédito bancário–, mas insuficientes.

Não se modificam nem se interrompem os prazos de apresentação ou protesto pela eventual ocorrência de pagamento parcial do valor do cheque.

• **Lei 7.357/1985, art. 39**

**Art. 39. O sacado que paga cheque "à ordem" é obrigado a verificar a regularidade da série de endossos, mas não a autenticidade das assinaturas dos endossantes. A mesma obrigação incumbe ao banco apresentante do cheque à câmara de compensação.**

**Parágrafo único. Ressalvada a responsabilidade do apresentante, no caso da parte final deste artigo, o banco sacado responde pelo pagamento do cheque falso, falsificado ou alterado, salvo dolo ou culpa do correntista, do endossante ou do beneficiário, dos quais poderá o sacado, no todo ou em parte, reaver o que pagou.**

• **Lei Uniforme, art. 35º**

Artigo 35º

O sacado que paga um cheque endossável é obrigado a verificar a regularidade da sucessão dos endossos, mas não a assinatura dos endossantes.

• **Não há Reservas**

*1. Problemas sobre o encargo de verificação da regularidade da série de endossos e da autenticidade das assinaturas dos endossantes, inclusive do* tradens, *e a Súmula 28/STF*

O art. 35º da Lei Uniforme estabelece duas regras em relação ao ofício de pagamento pelo *sacado* de cheque hígido endossável: (a) obrigação de verificar a regularidade da sucessão dos endossos; (b) desobrigação de verificar a autenticidade da assinatura dos endossantes.[33] Ambas foram aco-

33. A 2ª Turma do STF, entretanto, no RE 75.735-PR, concluiu que "responde por perdas e danos o banco sacado que paga cheque cujo endosso foi adulterado", considerando as peculiaridades fáticas do caso (*RT* 460/230). A mesma 2ª Turma do STF, no RE 88.030-RJ, de 22.4.1980, assentou: "Cheque – Endosso. Quem paga não é obrigado a verificar a autenticidade dos endossos, salvo a do último" (rel. Min. Décio Miranda, *DJU* 9.5.1980, p. 3.231).

*Obs.:* Por que o banco que *paga* (isto é, o sacado), seria obrigado a verificar não apenas a regularidade na sucessão dos endossos, mas, ainda, excepcionalmente, a autenticidade do último endosso? Parece-nos que, no caso concreto, por ter sido o cheque apresentado para depósito em conta diretamente no próprio banco sacado, isto é, independentemente de intervenção de outro banco integrante do Serviço de Compensação; vale dizer, porque o emitente e o último endossatário (*tradens*), ambos, seriam clientes correntistas do mesmo banco sacado, que atuou também como cobrador. Essa ilação decorre do fato de que só o banco apresentante, que é o cobrador intercalar ou aquele que recebe em depósito e encaminha o título (emitido sobre outro banco) ao Serviço de Compensação para liquidação, é que responde pela autenticidade do último endosso, conforme normatividade administrativa que sempre vigorou para compensação de cheques, pela razão de que o banco que recebe para depósito um cheque qualquer tem nos seus arquivos o número da conta corrente e a ficha de assinatura do correntista que lançou o endosso de apresentante (último endosso) ao seu banco para depósito em sua conta corrente.

Em conclusão, só o banco intercalar, ao acolher cheque em depósito – isto é, quando atua como membro do Serviço de Compensação, encaminhando o título ao banco sacado para pagamento –, responde, nessa qualidade, pela autenticidade do último endosso, lançado, obviamente, por cliente seu, de conformidade com a regulamentação bancária pertinente. Nesse sentido ensina brilhantemente o professor Fábio Konder Comparato em "Parecer" inserto na *RT* 531/36-44, São Paulo, Ed. RT, janeiro/1980. O TJSP, pela sua 4ª Câmara Civil, na ACi 118.709, julgada por unanimidade em 24.8.1989, de que foi relator o Des. Alves Braga, legou magnífico escólio, como se vê da ementa (na íntegra na *RT* 646/76-77): "Tratando-se de cheque nominal, depositado em conta pessoal de terceiro, mediante endosso, para cobrança via compensação, o banco cobrador tem obrigação

lhidas, com extensão inovadora da incumbência ao banco apresentante, no *caput* e no parágrafo único do art. 39 da Lei 7.357.

*V. também: advertência introdutória nas anotações sobre o art. 24, retro.*

No primeiro caso, cabe ao sacado constatar se o portador pode ser considerado legítimo possuidor, integrado na série ininterrupta de endossos (art. 22 da Lei 7.357, correspondente ao art. 19º da Lei Uniforme) e outros aspectos pertinentes à regularidade da sucessão dos endossos, como a posse de má-fé (art. 24 da Lei 7.357, correspondente ao art. 21º da Lei Uniforme).

Quanto à pluralidade (série sucessiva) de endossos, esteve temporariamente inviabilizada pela Lei 9.311/1996, que só permitia na sua vigência um único endosso no cheque; tanto que, então, pela subsistência do Motivo 36/BACEN, era naquele interregno devolvido sem pagamento cheque emitido com mais de um endosso.

No segundo caso, não tendo o sacado a ficha de firma de quem não seja seu cliente, não pode verificar a autenticidade da assinatura e, consequentemente, responder por eventual inautenticidade. Mesmo porque o endosso é fato do passado na vida do cheque que está sendo apresentado a pagamento, no qual o sacado não teve qualquer interferência.

Mas nada disse a Lei Uniforme quanto a igual responsabilidade do banco apresentante (ou intercalar, ou cobrador). Foi a Lei 7.357/1985 que, suprindo lacuna evidente, a estendeu na parte final do *caput* do art. 39 – "(...). A mesma obrigação incumbe ao banco apresentante do cheque à câmara de compensação"[34] –, impondo-lhe, outrossim, responsabilidade (início do parágrafo único do mesmo art. 39).

Numa das manifestações do STJ sobre o tema, a 4ª Turma, por unanimidade de votos, tendo como relator o Min. Sálvio de Figueiredo Teixeira, no REsp 280.285-SP, em acórdão de 22.3.2001,[35] acolheu, em fundamentado voto-condutor – que, inclusive, relaciona outros precedentes de ambas as Turmas da Corte Superior –, a orientação que vinha prevalecendo desde os tempos de plena vigência da Lei Uniforme, como se vê da seguinte ementa: "Direito processual civil e comercial – Negativa de prestação jurisdicional – Ausência – Cheque – Endosso viciado – Responsabilidade do banco, que recebe o cheque para depósito sem conferir a legitimidade do endossante

de investigar a autenticidade ou legitimidade da operação, tornando-se ele, portanto, o responsável pela regularidade desta. A liberação do banco sacado desse exame do título repousa no pressuposto de que o banco cobrador já o fez e confirmou com seu signo".

34. "Câmara de compensação" é referida também nos arts. 34 e 64.
35. *DJU* 153-E, 27.8.2001, p. 345, 1ª coluna.

– Precedente da Turma – Doutrina – Recurso provido. I – Consoante já proclamou precedente da Turma (REsp n. 171.299-SC, *DJU* 5.10.1998), o estabelecimento bancário está desobrigado, nos termos da lei (art. 39 da Lei do Cheque), de verificar a autenticidade da assinatura do endosso. Por outro lado, todavia, tal não significa que a instituição financeira estaria dispensada de conferir a regularidade dos endossos, aí incluída a legitimidade do endossante. II – O banco, ao aceitar cheques endossados, deve tomar a cautela de exigir prova da legitimidade do endossante, como, por exemplo, cópia do contrato social da empresa, quando nominal a pessoa jurídica. Se assim não se entender, estar-se-á a permitir que terceiros possam endossar em seu próprio favor, em manifesto locupletamento indevido". Nesse caso houve embargos de divergência em recurso especial, a que a 2ª Seção negou provimento, por maioria de votos, em julgamento de 25.6.2003".[36]

Em idêntico sentido voltou a decidir a 4ª Turma, tendo como relator o mesmo Min. Sálvio de Figueiredo Teixeira, no REsp 304.192-MG, julgamento de 10.4.2001, com ementa do seguinte teor:

"Direito comercial – Cheque – Endosso viciado – Banco sacado – Dever de conferência – Devolução de cheque – Exercício regular de direito (art. 160, I, do CC) – Descabimento de indenização – Art. 462 do CPC – Aplicação – Precedentes – Recurso provido.

"I – Consoante proclamado em precedentes da Turma, o banco cobrador ou apresentante está desobrigado de verificar a autenticidade da assinatura do endosso. Por outro lado, todavia, tal não significa que a instituição financeira estaria dispensada de conferir a regularidade dos endossos, aí incluída a legitimidade do endossante.

"II – Igual responsabilidade incumbe ao banco sacado, nos termos do art. 39 da Lei do Cheque.

"III – Age em exercício regular de direito (art. 160, I, do CC) o banco que se recusa a pagar cheque com irregularidade no endosso, não se podendo imputar à instituição financeira, pela devolução de cheque com esse vício, a prática que culmine em indenização.

"IV – No caso, fica ressalvado que a improcedência do pedido de indenização não exime o banco da obrigação de pagar o cheque, uma vez demonstrada no curso da ação (art. 462 do CPC) a regularização do endosso."[37]

Na sistemática anterior vigia para o cheque a disposição do art. 40 da antiga Lei Cambial (Decreto 2.044/1908): "Quem paga não está obrigado

---

36. Ementa no *DJU* 28.6.2004, p. 182.
37. Ementa no *DJU* 116-E, 25.6.2001, p. 195, 3ª coluna.

a verificar a autenticidade dos endossos" – o que demonstra não constituir inovação no direito pátrio o disposto no art. 35º da Lei Uniforme e recepcionado no art. 39 da Lei 7.357/1985. Apenas regula com mais clareza e distingue as duas situações, o que não ocorria anteriormente.

Hoje, se o sacado não tem, em princípio, a obrigação de verificar a autenticidade da assinatura dos endossantes, está, entretanto, sempre obrigado a verificar a regularidade da sucessão dos endossos. Idem, e até antes, o banco apresentante. Tudo conforme o padrão estabelecido na Lei Interna do Cheque, redação do art. 39.

No caso de culpa concorrente do banco e do cliente os prejuízos decorrentes do pagamento do cheque com assinatura falsificada devem ser repartidos entre ambos, como decidiu na ACi 50.251, de 13.2.1979, a 2ª Câmara Civil do TJMG, relator o Des. Ribeiro do Valle.

A Súmula 28 do STF consolida a jurisprudência dominante no sentido de que: "O estabelecimento bancário é responsável pelo pagamento de cheque falso, ressalvadas as hipóteses de culpa exclusiva ou concorrente do correntista". Trata-se de falsidade da assinatura do emitente, valor ou data do cheque (parágrafo único do art. 39 da Lei 7.357/1985), em que a fraude, pelas consequências, é praticada contra o banco sacado, ao qual a lei imputa arcar primariamente com o prejuízo pelo pagamento indevido.

Em caso concreto, o Min. Aliomar Baleeiro, do STF, proferiu despacho do teor seguinte no Ag 62.353-GB: "Decidindo com base no art. 35º da Lei Uniforme que o banco é obrigado a verificar a regularidade da cadeia dos endossos, não, porém, a autenticidade da firma do primeiro endossante, o acórdão recorrido não negou vigência ao art. 159 do CC, tanto mais quando se apoiou na prova".[38]

Na trilha dessa jurisprudência vem o acórdão da 5ª Câmara Civil do TJSP na ACi 208.742, relator o Des. Gonzaga Jr.[39]

Indo além, a 1ª Câmara do extinto TACivSP assentou que, se a culpa foi exclusivamente do correntista, não responde o banco sacado pelo pagamento de cheque falso.[40] Foi como dispôs o parágrafo único do art. 39 da Lei 7.357/1985 ao influxo da Súmula 28/STF, lastreada apenas no art. 159 do CC/1916.

Outra coisa é a obrigação do sacado de verificar a regularidade na sucessão dos endossos e desobrigação pela assinatura dos endossantes. Neste

38. *DJU* 6.12.1974, p. 9.166.
39. *RT* 447/89.
40. TACivSP, ACi 177.145, rel. Des. Evaristo dos Santos, *RT* 449/146

sentido, o Pretório Excelso: "O sacado não está obrigado a conferir a autenticidade dos endossos".[41] Obviamente, também, está obrigado a conferir outros dados e autenticidade de assinatura do correntista emitente, assumindo a responsabilidade por pagamento de cheque alterado, falsificado ou falso (parágrafo único do art. 39).

Não discrepa a jurisprudência do TJSP, como se verifica do acórdão da 4ª Câmara Civil relatado pelo Des. Macedo Bittencourt, em que se distinguiu: "O banco sacado responde pela assinatura do emitente do cheque. O banco portador só responde pela assinatura do último endosso".[42]

Ao tempo da Lei Uniforme Paulo Restiffe Neto teve oportunidade de decidir um caso de ação de cobrança indenizatória formulada pelo emitente de cheque nominal visado contra o banco sacado por ter este feito o pagamento, através do Serviço de Compensação, a terceiro estranho ao título, sem que tivesse havido endosso do beneficiário.

Disse na sentença:

"Em se tratando de cheque nominal, não poderia o seu valor ser pago a portador indevido, não legitimado por endosso regular assinado pelo beneficiário. Certo que o cheque foi levado a depósito por terceiro estranho e indevido através do Serviço de Compensação, com evidente incúria do banco intercalar,[43] que omitiu providência elementar de exame quanto à

---

41. *RT* 397/379.
42. *RT* 449/106.
43. Hoje, em face do art. 39, parte final e início do seu parágrafo único, da Lei Interna, o banco intercalar (apresentante) responderia por sua incúria se fosse alvo de denunciação à lide pelo banco sacado acionado como réu isoladamente. A 2ª Seção do STJ decidiu, embora por maioria, pela responsabilidade do banco intercalar: "I – O banco apresentante do cheque à câmara de compensação tem o dever de verificar a regularidade da sucessão dos endossos. Deve, pois, tomar a cautela de exigir prova da legitimidade do endossante, como, por exemplo, cópia do contrato social da empresa, quando o título for nominal a pessoa jurídica" (EREsp 280.285-SP, rela. sorteada Min. Nancy Andrighi, rel. para o acórdão Min. Antônio de Pádua Ribeiro, j. 25.6.2003, m.v., ementa no *DJU* 28.6.2004, p. 182). No caso, além do fato de se tratar de endosso viciado, visto que quem endossou era um preposto que não tinha representação da pessoa jurídica beneficiária nominal, existiu a peculiaridade de que o cheque da empresa foi depositado na conta pessoal daquele mau empregado que assinou como endossante, o que levou o Min. Ari Pargendler, vencido em parte, a dar solução de culpa concorrente, pelo fundamento de razoabilidade, de que "o banco errou quando aceitou depósito de um cheque nominal a terceiro na conta do empregado desse terceiro, todavia a empresa beneficiária também errou, porque escolheu mal o seu agente" – razão relevante para não dar uma solução afetando toda a responsabilidade só ao banco apresentante, concluiu o voto parcialmente dissidente.

*Obs.:* Nesse aresto a maioria adotou como um dos fundamentos escólio da 4ª edição do livro *Lei do Cheque*, art. 39, sobre a legitimidade do endossante como condição da regularidade dos endossos, sua sucessão e outros aspectos pertinentes (p. 244).

legitimidade da posse, a título de beneficiário da provisão correspondente ao valor do cheque, desencadeando o processo de compensação em favor do cliente depositante infrator. Mas essa circunstância por si só não vale de escusa ao banco sacado, ao qual a lei expressamente, por motivos óbvios, atribui a obrigação (e consequente responsabilidade civil) de verificar, como último reduto de segurança das partes envolvidas no cheque, a regularidade da sucessão dos endossos (art. 35º da Lei Uniforme sobre Cheques). Não se invoque sua desobrigação pela verificação da assinatura dos endossantes estabelecida no final do dispositivo uniforme citado, porque nenhuma assinatura de endosso atribuível ao beneficiário do cheque foi aposta no título. Se de falsificação de assinatura de endosso se tratasse a situação poderia ser outra, porque o sacado não está mesmo obrigado a conferir a autenticidade dos endossos (*RT* 397/379), até porque não possui fichas de firma, a não ser de quem seja seu cliente, e, por consequência, não poderia responder por eventual inautenticidade.

"Não tivesse o banco sacado se descurado ele próprio do dever de verificar a regularidade dos endossos, tanto que nenhum houve, e não teria ocorrido o pagamento indevido. Assim, foi a conduta do réu a causa eficiente e suficiente da produção do prejuízo ocasionado ao cliente que emitira cheque nominal, mas dita restrição específica foi desconhecida precisamente pelo estabelecimento que tem a obrigação legal de eficaciá-la. Torna-se absolutamente secundário o fato culposo inicial atribuído ao banco intercalar, que aceitou o depósito e colocou o cheque na compensação. Só consumou o depósito (e liberou o correspondente valor da conta corrente do seu cliente), como diz, em razão da ausência de devolução, vale dizer, pela normal aceitação do cheque por parte do sacado" (Processo 944/1974, da 22ª Vara Cível).

Sobre a ausência casuística de responsabilidade civil do banco sacado, a 2ª Turma do STF proferiu, em 14.11.1975, esclarecedor julgamento quanto a prejuízo causado a terceiros por correntista na emissão de cheques sem fundos e concomitante falsificação de visto bancário. Trata-se do RE 82.687-RJ, relator o Min. Xavier de Albuquerque, com esta ementa:

"1. Responsabilidade civil de banco, reconhecida com fundamento na inobservância de instruções do Banco Central do Brasil. Inadmissibilidade, contudo, de tal reconhecimento, à falta de lei que legitime a imposição do pretendido dever.

"2. Não responde o banco pela idoneidade de seus correntistas ou depositantes, pelo que não lhe corre a obrigação de reparar prejuízo sofrido por vítima de estelionato (emissão de cheque sem fundos e concomitante falsificação, pelo próprio emitente, de 'visto' do banco sacado). Inexistência, ademais, de nexo de causalidade entre a conduta do banco e o dano produzido.

"3. Recurso extraordinário conhecido e provido."[44]

Em despacho denegatório do seguimento ao Ag 76.004-SP, o Min. Rafael Mayer assim se manifestou em 27.8.1979 em tema de pagamento de cheques falsificados em que se reconheceu a culpa do correntista pelos saques indevidos e ausência de diligências suas para apurar o fato e alertar o banco sacado: "A Súmula n. 28 desta Suprema Corte só não isenta de responsabilidade o estabelecimento bancário quando não haja o correntista concorrido com culpa no caso de emissão de cheque falso. Na hipótese em comento, comprovada a ocorrência de culpa por parte do correntista, ficou o banco desobrigado de qualquer parcela de responsabilidade".[45]

## 2. Da responsabilidade do banco sacado e do banco apresentante ou intercalar pelo pagamento de cheque irregular em sentido amplo

O art. 39 da Lei 7.357/1985, ao incumbir ao banco sacado o dever de verificação da higidez formal do cheque, decompõe-se em três formulações, adiante agrupadas, sendo a primeira delas ratificação do passado; e as duas últimas, inovadoras. Se não, vejamos.

A primeira é coincidente com o trato que a Lei Uniforme emprestava no seu singelo art. 35º (sem Reservas); isto é, o banco sacado responde pela sua obrigação de verificar ou conferir a regularidade da série ou sucessão dos endossos, mas não responde pela desobrigação de verificar a autenticidade das assinaturas dos endossantes. Nesse sentido firmou-se a orientação jurisprudencial do STJ.

A segunda formulação, que se encontra na segunda parte do *caput*, é inovadora e de acerto lógico incontestável ao estender a mesma obrigação (e, obviamente, a mesma responsabilidade) que incumbe ao banco sacado ao banco apresentante, isto é, ao banco intercalar ou cobrador que acolheu o cheque e o encaminhou ao Serviço de Compensação. Como receptor e encaminhador à câmara de compensação do cheque a pagamento, é de razoável dedução que aplique a diligência *quam in suis* ("como se de sua propriedade") na verificação da regularidade da série de endossos.

O âmbito dessa específica responsabilidade funcional, que o art. 39 também atribui inovadoramente ao "banco apresentante" ou banco intercalar, tem seu limite relacionado, nos termos da lei, à sua única obrigação

---

44. *RTJ* 77/649.
45. *DJU* 4.9.1979, p. 6.530.

de ofício, de "verificar a regularidade da série de endossos"; e não quando se trate de cheque, levado à compensação através do aludido banco apresentante, falso ou que tenha seu endosso falsificado e mesmo assim seja pago pelo banco sacado, ao qual, sim, a Súmula 28/STF atribui, de regra, a responsabilidade.

A responsabilidade, aí, é exclusiva do banco sacado que pague mal, isto é, salvo dolo ou culpa do correntista, do endossante ou do beneficiário (dos quais poderá o banco sacado corresponsável reaver, no todo, ou em parte, por culpa concorrente, o que pagou).

Nesse sentido vem oportuno acórdão da 3ª Turma do STJ no REsp 43.510-SP, julgado em 28.11.1995, de que foi relator o Min. Cláudio Santos, cuja ementa contém a seguinte afirmação, no ponto que ora interessa: "I – O banco apresentante do cheque à compensação está obrigado apenas a conferir a regularidade da série dos endossos. Não a autenticidade das assinaturas dos endossantes".[46]

E do voto-condutor recolhe-se a seguinte correta fundamentação: "O banco apresentante do cheque à compensação está obrigado exclusivamente a conferir a regularidade na série de endossos, mas não a autenticidade das assinaturas dos endossantes, por força do art. 39, *caput*, da Lei de Cheque (n. 7.357/1985). Apenas o banco sacado é que poderá ser responsabilizado, eventualmente, pelo pagamento do cheque falso, falsificado ou alterado (parágrafo único do art. 39 da Lei de Cheque)".

A terceira formulação inovadora, de percepção mais sutil, encontra-se no início do texto sem precedente do parágrafo único, que ressalva a sanção da responsabilização do "apresentante", isto é, do *banco apresentante*, intercalar ou cobrador, referido "no caso da parte final [*do caput*] deste artigo".

Poder-se-ia, quanto a esta terceira formulação, contra-argumentar que o *caput* fala especificamente em "*banco* apresentante", ao passo que no início do parágrafo único a previsão de responsabilidade é referida ao "apresentante", genericamente (sem aludir a banco), como o beneficiário portador (*tradens*) que apresenta o cheque.

Mas a técnica de interpretação do parágrafo único *liga* – aliás, em termos expressos do texto legal – a responsabilidade tratada no parágrafo à responsabilidade "no caso da parte final do artigo", que outra não é senão aquela do banco (sacado), expressamente *estendida ao "banco apresentante"* do cheque à câmara de compensação, que só pode ser uma instituição financeira participante do serviço de compensação.

46. *DJU* 5.2.1996.

Para não deixar dúvida do acerto desta conclusão, o próprio final do parágrafo único, quando no contexto da norma quer se referir ao portador como "apresentante" do título, identifica-o pela figura do *correntista*, "endossante" ou "beneficiário" – aliás, exatamente como consta da Súmula 28/ STF, editada antes da Lei Interna do Cheque e antes da própria Lei Uniforme, e se inspirou no antigo direito cambial (art. 40 do Decreto 2.044/1908).

A questão transcendental sucessiva que decorre da citada terceira formulação inovadora (última parte do *caput* e início do parágrafo único do art. 39 da Lei Interna) está em diagnosticar se o banco apresentante responde somente perante o banco sacado regressivamente, ou solidariamente com este em face do terceiro prejudicado pelo pagamento indevido de cheque. Ou seja, pela inobservância do dever inato de "verificar a regularidade da série de endossos", que a lei (no art. 39) incumbe ao banco sacado, mas que por extensão expressa incumbe a lei também ao banco apresentante do cheque à câmara de compensação, entendemos que, se o prejuízo for somente do banco sacado, o banco apresentante responde perante este; e, se o prejuízo for de terceiro, o banco apresentante responde solidariamente com o banco sacado em face do terceiro prejudicado. Este último tem ação contra ambos os bancos; e, se acionado for o banco sacado, este tem ação de regresso contra o banco apresentante, se tiver sido o causador do prejuízo.

*V.: anotações ao art. 1º, n. 2, sobre assinatura falsa, responsabilidade etc.; e, ainda, anotações ao art. 28, parágrafo único, item 7, sobre responsabilidade do Banco apresentante por erro em dar curso a cheque nominal à Fazenda Pública, mas desviado para conta particular de correntista mediante endosso fraudulento em prejuízo do emitente.*

**3. Da responsabilidade regressiva por dolo ou culpa do correntista, do endossante ou do beneficiário perante o sacado pelo pagamento de cheque falso, falsificado ou alterado**

A parte final do parágrafo único do art. 39 contém uma oportuna norma de equidade: após definir a responsabilidade exclusiva (ou concorrente com o banco apresentante, no âmbito do sistema de compensação) que ao banco sacado incumbe pelo pagamento indevido de cheque falso, falsificado ou alterado ilicitamente, o dispositivo que ora se comenta prevê, a título de direito regressivo, nos casos em que tenha sofrido prejuízo causado por dolo ou culpa do correntista, do endossante ou do beneficiário, possa destes o sacado reaver, no todo ou em parte, o que pagou, conforme o caso.

Há direito regressivo do banco sacado porque, nas hipóteses figuradas na lei, se houve lançamento a débito da conta corrente prejudicada, cuja provisão daria suporte ao cheque irregularmente pago, será estornado e coberto com a utilização de ativos financeiros do próprio banco sacado. Daí por que o parágrafo único do art. 39 emprega com sentido acurado a expressão "reaver o que pagou", porque o prejuízo já terá sido então arcado pelo banco sacado, como responsável primário pelo pagamento indevido de que foi vítima, condição do exercício do direito regressivo contra os eventuais responsáveis por dolo ou culpa.

## 4. O texto do parágrafo único do art. 39 da Lei 7.357/1985 inova sobre o enunciado da Súmula 28/STF ao acrescentar o cheque "alterado"

Quanto à falsificação, dispõe a já referida antiga Súmula 28/STF: "O estabelecimento bancário é responsável pelo pagamento do cheque *falso*, ressalvadas as hipóteses de culpa exclusiva ou concorrente do correntista". Trata-se, aqui, de responsabilidade do banco sacado pagante com a provisão do correntista (parágrafo único do art. 39 da Lei 7.357/1985), e não de responsabilidade do correntista inocente, pelo risco da atividade bancária.

Por outro lado, como visto, o texto legal inova sobre o enunciado sumular, para abranger não só os casos de falsidade e falsificação, mas também de *alteração* do cheque – o que implica ampliação do espectro dos deveres de vigilância pelo banco sacado sobre a higidez do cheque em processo de pagamento, em todos os seus requisitos e dados nele lançados, sem prejuízo do disposto no art. 58, "Das Alterações".

Sobre a "alteração do texto do cheque" e as responsabilidades dos signatários anteriores e posteriores, a disciplina consta do art. 51º da Lei Uniforme, reproduzida no art. 58 (Capítulo IX) da Lei Interna – tema objeto, adiante, de anotações específicas.

• **Lei 7.357/1985, arts. 40 a 42**

**Art. 40. O pagamento se fará à medida em que forem apresentados os cheques e se dois ou mais forem apresentados simultaneamente, sem que os fundos disponíveis bastem para o pagamento de todos, terão preferência os de emissão mais antiga e, se da mesma data, os de número inferior.**

**Art. 41. O sacado pode pedir explicações ou garantia para pagar cheque mutilado, rasgado ou partido, ou que contenha borrões, emendas e dizeres que não pareçam formalmente normais.**

**Art. 42. O cheque em moeda estrangeira é pago, no prazo de apresentação, em moeda nacional ao câmbio do dia do pagamento, obedecida a legislação especial.**

Parágrafo único. Se o cheque não for pago no ato da apresentação, pode o portador optar entre o câmbio do dia da apresentação e o do dia do pagamento para efeito de conversão em moeda nacional.

• Lei Uniforme, art. 36º

### Artigo 36º

Quando um cheque é pagável numa moeda que não tem curso no lugar do pagamento, a sua importância pode ser paga, dentro do prazo da apresentação do cheque, na moeda do País em que é apresentado, segundo o seu valor no dia do pagamento. Se o pagamento não foi efetuado à apresentação, o portador pode, à sua escolha, pedir que o pagamento da importância do cheque na moeda do País em que é apresentado seja efetuado ao câmbio, quer do dia da apresentação, quer do dia do pagamento.

A determinação do valor da moeda estrangeira será feita segundo os usos do lugar de pagamento. O sacador pode, todavia, estipular que a soma a pagar seja calculada segundo uma taxa indicada no cheque.

As regras acima indicadas não se aplicam ao caso em que o sacador tenha estipulado que o pagamento deverá ser efetuado numa certa moeda especificada (cláusula de pagamento efetivo em moeda estrangeira).

Se a importância do cheque for indicada numa moeda que tenha a mesma denominação mas valor diferente no País de emissão e no de pagamento, presume-se que se fez referência à moeda do lugar de pagamento.

• Há Reserva do art. 17º do Anexo II

### Artigo 17º

Pelo que se refere aos cheques pagáveis no seu território, qualquer das Altas Partes Contratantes tem a faculdade de sustar, se o julgar necessário em circunstâncias excepcionais relacionadas com a taxa de câmbio da moeda nacional, os efeitos da cláusula prevista no art. 36º da Lei Uniforme, relativa ao pagamento efetivo em moeda estrangeira. A mesma regra se aplica no que respeita à emissão no território nacional de cheques em moedas estrangeiras.

*1. Pagamentos preferenciais na ordem sucessiva*
   *em caso de apresentações simultâneas*
   *(art. 40 da Lei 7.357/1985), por insuficiência de fundos*

O art. 40 da Lei Interna inova em relação à Lei Uniforme, mas de fato reproduz salutar texto símile das 1ª e 2ª alíneas do art. 8º da nossa antiga Lei Interna do Cheque, que instituía o critério de *sucessividade* no pagamento, na medida das apresentações; e uma regra de *concurso* em caso de *simultânea* apresentação para pagamento de pluralidade de cheques sem que os fundos disponíveis bastem à satisfação integral de todos eles. São regras ou critérios objetivos, de grande valor de equidade.

No primeiro caso, independentemente das datas de emissão, os pagamentos são feitos pela prioridade da apresentação (sucessividade), que é a regra geral em qualquer situação.

No segundo caso não fica ao arbítrio do emitente, e muito menos do banco sacado, a escolha dos cheques que devam ser pagos com prioridade pela provisão insuficiente para cobertura da soma dos valores de todos o cheques concorrentes simultaneamente, isto é, já em mãos do sacado. Nem tampouco adotaram as leis internas, a antiga e a atual, o critério de rateio, conhecidos que são os problemas e as dúvidas que essa solução suscitaria.

A simultaneidade de apresentação presume-se entre todos os cheques de um determinado emitente que num dado momento estejam pendentes de liquidação no banco sacado e seja constatada a insuficiência da provisão para atender plenamente a todos os pagamentos pendentes.

Caracterizado o pressuposto da simultaneidade, a lei confere preferência de pagamento aos cheques de emissão mais antiga (*potior in tempore melior in jure*).

Se houver coincidência ("empate") da mesma data entre os cheques tidos como prioritários, passa-se à apuração dos números dos talonários, com desempate em favor dos mais baixos (prioridade numérica), até o esgotamento da provisão insuficiente.

Por último, cabe ressalvar, com base no art. 38, parágrafo único, da Lei 7.357/1985, que o cheque parcialmente pago em primeiro concurso, acima mencionado, isto é, remanescente, poderá ser reapresentado e terá prioridade de satisfação em relação a outros que venham a concorrer em eventual recomposição de fundos ainda insuficientes, observados os demais requisitos de prioridade.

## 2. Pedido de explicações (art. 41 da Lei 7.357/1985): corolário dos riscos e das responsabilidades do banco e Súmula 28/STF

O art. 41 da Lei Interna é uma feliz reprodução da norma de prudência da atividade bancária que advém da segunda parte do art. 10 da Lei 2.591/1912 e que se mostra inovadora em relação à Lei Uniforme. Trata-se do pedido de explicações ou até de prestação de garantia que ao banco sacado compete exigir, como já referido no n. 3 do art. 8º, como corolário do seu dever de diligência, no caso de se defrontar, no ato de pagamento, com cheque mutilado, rasgado ou partido, ou que contenha borrões, rasuras, emendas, dizeres e outras estranhezas várias da fértil criatividade humana que suscitem dúvidas quanto à sua normalidade formal (e até não formal, acrescentamos nós), decorrência do art. 39 e seu parágrafo único.

A lei adota critérios objetivos, mas sem desprezar o julgamento técnico subjetivo razoável que desperte, nos *experts* encarregados do pagamento, a dúvida ou suspeita de fraude. Daí a Súmula 28/STF, a justificar a diligência do sacado, com reflexo no sacador.

A regra é de segurança e, pois, é de valor social e de defesa do correntista e do serviço público delegado bancário, que deve ser prestigiada, e não criticada, e, ainda que gere percalços e aborrecimentos, sua observância criteriosa só enaltece o conceito do banco e do próprio sistema do cheque.

Por outro lado, retornando às implicações da assinatura do emitente de cheque por representação, como pode ser o caso de pessoa jurídica que outorga aquela função, com poderes especiais, a terceiros formalmente constituídos e constantes dos arquivos do banco sacado, vale a expansão da regra de cuidados, do art. 41, não só para o banco sacado mas, reciprocamente, para o correntista, como advertência, pelas consequências, conforme julgado em caso que desperta reflexão sobre a conduta do banco sacado e da empresa correntista na movimentação da conta com cheques. Trata-se de caso oriundo do extinto 1º TACivSP, objeto no STJ do AI 553.692-SP, relator o Min. Fernando Gonçalves, decisão monocrática de 6.10.2005,[47] em que a ementa da denegação do agravo descortina o seguinte panorama: "Responsabilidade civil – Ação indenizatória movida contra bancos – Pagamentos de cheques emitidos em nome da empresa (recorrente) e assinados por gerente sem poderes expressos e específicos – Prova, no entanto, que demonstra que o funcionário detinha poderes de representação e ilimitados, inclusive, para assinar cheques – Prática que se prolongou por anos a fio, sem qualquer oposição comum – Comportamento reiterado como expressão da vontade comum – Responsabilidade dos bancos não verificada – Pedido improcedente – Recurso improvido".

V.: anotações ao art. 8º, n. 3, supra, e ao art. 58, infra.

### 3. Cheque em moeda estrangeira (art. 42 e parágrafo único da Lei 7.357/1985) e seu pagamento por conversão à moeda nacional

De regra o cheque é pagável na moeda do País. Mas podia, por cláusula da Lei Uniforme, ser pagável em moeda de outro País, inclusive em conso-

---

47. *DJU* 17.10.2005, p. 424.

nância com o Decreto-lei 857/1969, e desde que observados os limites estabelecidos nas leis do "Plano Real". Nisto residiu uma das principais finalidades da uniformização da legislação sobre cheques, em razão do intercâmbio multinacional, que cresce, caracterizando a época presente, de aproximação dos Estados, pelo comércio, amizade e segurança globalizados.

Inúmeros países têm agências de bancos de outros Países, para facilidade das operações comerciais recíprocas. E o problema do pagamento de cheque em moeda estrangeira no Brasil, instaurado pelos arts. 36º da Lei Uniforme e 17º do Anexo II, é doméstico e quotidiano, tendo merecido atenção e redação da Lei 7.357/1985 no art. 42, *caput* e seu parágrafo único.

Em resumo, o art. 36º da Lei Uniforme e o art. 42 da Lei Interna regulam o pagamento no Brasil de cheque em moeda estrangeira que não tenha curso no País, a ser feito em moeda nacional (por conversão), segundo as regras e taxas de câmbio do dia da apresentação ou do pagamento.

Em circunstâncias excepcionais, relacionadas com a taxa de câmbio da moeda nacional, podia o País sustar os efeitos da cláusula convencional do art. 36º, de pagamento efetivo em moeda estrangeira, antes da vigência do art. 42 da Lei Interna do Cheque, que é peremptória em só admitir pagamento por conversão em moeda local.

A 4ª alínea é norma uniforme destinada a prevenir dúvida em caso de indicação no cheque de moeda de denominação coincidente adotada por mais de um País mas de valores diferentes no País de emissão e no de pagamento. Na prática doméstica é sem interesse o dispositivo convencional, porque o "Real" é denominação exclusiva da moeda brasileira, e no Brasil o pagamento só pode ser feito por conversão à moeda nacional oficial.

O art. 42 da Lei Interna, enfim, é um *minus*, coincidente em relação ao que contemplam o art. 36º da Lei Uniforme e partes da casuísticas descrita na Reserva convencional 17ª, obedecida a legislação especial, como ressalva a parte final do *caput* do art. 42 da Lei 7.357/1985.

*V.: anotações ao art. 63, n. 3: "Cheque oriundo de outro país, pagável no Brasil".*

• **Lei 7.357/1985, art. 43 (*vetado*)**

**Art. 43. (*vetado*). [Justificando o extravio ou a destruição do cheque, o possuidor, descrevendo-o com clareza e precisão, pode requerer ao juiz competente do lugar do pagamento a intimação do sacado para não pagá-lo. No mesmo requerimento, o autor pedirá a citação dos coobrigados para que, no prazo de sessenta dias, oponham contestação, firmada em ilegitimidade de propriedade ou posse.]**

§ 1º. (*vetado*). [§ 1º. Não apresentada contestação, ou julgada esta improcedente, o juiz autorizará por sentença o sacado a pagar o cheque ao autor.]

§ 2º. (*vetado*). [§ 2º. A ação a que se refere este artigo deverá ser ajuizada, dentro do prazo de apresentação do cheque.]

*Considerações sobre o texto vetado:*
*a ação do desapossado já está no art. 24*

O art. 43, com seus dois §§, da Lei Interna, textos acima transcritos só para efeito didático, foi justificadamente bem vetado na íntegra quando da sanção da Lei 7.357/1985. Pretendia-se nele disciplinar a ação por extravio ou destruição do cheque, pelo desapossado, que já estava instrumentalizada e regulada de modo diverso no art. 24 da mesma Lei 7.357, agora com a complementaridade dos arts. 907 do CPC e 909 do CC/2002; e também fazer desse esquisito e confuso procedimento especial a via jurisdicional para o caso de *oposição* ao pagamento do cheque, matéria já disciplinada no art. 36.

À época da tramitação final do Projeto 118, do Senado Federal, o Instituto de Direito Comercial Comparado e Biblioteca Tulio Ascarelli da Faculdade de Direito da USP aprovou oportuníssima moção justificada para supressão integral do texto perturbador do art. 43 e seus dois §§, que foi enviada como sugestão e teve sua acolhida por ocasião da sanção da Lei 7.357/1985.

Ademais, a dicção do art. 43 albergava somente ação do desapossado (por extravio ou destruição) do cheque, mas era incompatível ou ao menos insuficiente a atender à necessidade do opoente ou contraordenante que tenha invocado outra relevante razão de direito para se opor ao pagamento, ou contraordená-lo, pelo banco sacado; até porque, de regra, assiste ao contraordenante ou ao opoente o interesse em propor ação liberatória, e não condenatória, para receber o valor do cheque, ao passo que o portador demanda obter o pagamento que tenha sido recusado pelo banco sacado.

# Capítulo V – Do Cheque Cruzado

(Lei 7.357/1985, arts. 44 e 45; Lei Uniforme, arts. 37º a 39º)

• **Lei 7.357/1985, art. 44**

Art. 44. O emitente ou o portador podem cruzar o cheque, mediante a aposição de dois traços paralelos no anverso do título.

§ 1º. O cruzamento é geral se entre os dois traços não houver nenhuma indicação ou existir apenas a indicação "banco", ou outra equivalente. O cruzamento é especial se entre os dois traços existir a indicação do nome do banco.

§ 2º. O cruzamento geral pode ser convertido em especial, mas este não pode converter-se naquele.

§ 3º. A inutilização do cruzamento ou a do nome do banco é reputada como não existente.

• **Lei Uniforme, art. 37º**

Artigo 37º

O sacador ou o portador dum cheque podem cruzá-lo, produzindo assim os efeitos indicados no artigo seguinte.

O cruzamento efetua-se por meio de duas linhas paralelas traçadas na face do cheque e pode ser geral ou especial.

O cruzamento é geral quando consiste apenas nos dois traçados paralelos, ou se entre eles está escrita a palavra "banqueiro" ou outra equivalente; é especial quando tem escrito entre os dois traços o nome dum banqueiro.

O cruzamento geral pode ser convertido em cruzamento especial, mas este não pode ser convertido em cruzamento geral.

A inutilização do cruzamento ou do nome do banqueiro indicado considera-se como não feita.

• **Há Reserva do art. 18º do Anexo II** (mas que, por sistemática de exposição, será examinada mais adiante, nas anotações ao art. 39º da Lei Uniforme – art. 46 da Lei 7.357/1985)

*Orientação prévia útil ao consulente do Capítulo V*

A Lei Uniforme dispunha conjuntamente sobre os cheques cruzados (arts. 37º e 38º) e os cheques para levar em conta (art. 39º do Anexo I e Reserva do art. 18º do Anexo II), no Capítulo V, "Dos Cheques Cruzados e Cheques a Levar em Conta". A Lei Interna adotou o critério de desdobramento e tratou dos dois temas separadamente: no Capítulo V, arts. 44 e 45, está disciplinado o cheque cruzado; ao passo que o cheque para ser creditado em conta teve sua disciplina remetida para o Capítulo VI, art. 46 (art. 39º da Lei Uniforme).

Ambas as cláusulas produzem os efeitos indicados, respectivamente, nos arts. 45 e 46, que são de reserva ou de restrição de circulação e atuam em segurança de quem as lança, contendo em comum, tanto a cláusula de cruzamento quanto a de creditamento, a proibição de pagamento do cheque em dinheiro diretamente no caixa do sacado; isto é, tais espécies de cheques só podem ser pagos mediante crédito em conta corrente bancária, vale dizer, submetidos a uma maior cautela, sempre através de um banco, com identificação do *tradens* a quem seja efetuado o pagamento.

Destaque-se, finalmente, interessante peculiaridade: tanto no cheque com cruzamento para contabilidade (art. 45) quanto no cheque para ser creditado em conta (art. 46) a obrigação do sacado deixa de ser a comum de *dar* (*entregar*) dinheiro em espécie, para se converter em obrigação de *fazer*, que é a operação de lançamento contábil de creditamento em conta, equivalente, em ambos os casos, à efetividade do pagamento em dinheiro do cheque que lhe seja apresentado com aquelas indicações restritivas.

## 1. Cheque cruzado – Histórico, generalidades, operacionalidade e efeitos do cruzamento

O Capítulo V da Lei Uniforme regula, como se advertiu de início, os *cheques cruzados* e *a levar em conta*, os primeiros nos arts. 37º e 38º e os segundos no art. 39º do texto convencional.

A Lei 2.591/1912, em seu art. 12, já inserira em nosso direito o cheque cruzado, ao dispor: "O cheque cruzado, isto é, atravessado por dois traços paralelos, só poderá ser pago a um banco; e se o cruzamento contiver o nome de um banco, só a este poderá ser feito o pagamento". Quanto ao cheque com cláusula de creditamento em conta, não foi previsto na Lei 2.591.

Subsiste o cheque cruzado, mas regulado, agora, pelas disposições dos arts. 44 e 45 da Lei 7.357/1985, com a indicação de quem pode cruzá-lo: o emitente ou o portador – o que, de resto, provém do art. 37º da Lei Uniforme e implicitamente do art. 12 da antiga lei.

O cruzamento chéquico, que teve sua origem há quase dois séculos na Inglaterra e que impõe a participação compulsória de ao menos um banco na liquidação da ordem de pagamento, não afeta a natureza do cheque, nem sua circulabilidade ou negociabilidade, mas tão somente introduz um fator de segurança para o sacador e o portador nos pagamentos através de cheque, pois transfere ao sacado e ao banco intercalar a responsabilidade ou o risco da atividade bancária pelo pagamento correto e regular, vinculando, ademais, ao recebimento o nome do beneficiário, endossante ou não.

O sacador ou o portador, indiferentemente, podem cruzar o cheque, através de duas linhas paralelas traçadas na face do cheque.

O cruzamento pode ser *geral* ou *em branco*, sem designação de nome do banco intercalar; ou *especial* ou *em preto*, com indicação do nome do banco intercalar entre os dois traços paralelos. O banco intercalar pode coincidir com o banco sacado, sem problema.

O cruzamento *geral* pode ser convertido em *especial*, mas este não pode ser convertido em *geral*; vale dizer, o nome do banco especialmente indicado no cheque pelo cruzador é irremovível, não no interesse deste, mas de quem o lançou.

O próprio cruzamento do cheque não pode ser inutilizado, sendo nula a inutilização; ou, mais tecnicamente, "é reputada como não existente" – diz o § 3º do art. 44 da Lei 7.357. Vale dizer: lançado, o cruzamento torna-se irreversível.

Outro tanto sucede com a conversão do cruzamento especial em geral, até porque o primeiro é mais restrito e seguro que o segundo e expressa confiança no banco designado: o cheque só poderá ser pago pelo sacado mediante crédito em conta do beneficiário ou portador endossatário no banco intercalar eleito, que pode ser o próprio sacado ou não.

O cruzamento do cheque é um engenho inaudito dos tempos nem tão modernos, ou fenômeno ideativo sem precedentes na história do Direito, segundo alguns juristas – é o que observa Othon Sidou.[1]

A primeira lei a ratificar os costumes sobre o instituto do cruzamento do cheque foi uma lei inglesa de 1856, dispondo que constitui uma ordem de pagamento dada ao sacado para só pagar a um banqueiro ou por intermédio de um banqueiro. Isto é, exige-se, no momento do recebimento, a participação de um banco. E em 1858 nova lei aditava que o cruzamento era elemento essencial do cheque, e que a todo possuidor era reconhecido o direito de barrá-lo, mediante duas barras ou traços paralelos – esclarecemos nós –,

1. Othon Sidou, *Do Cheque*, 4ª ed., Rio de Janeiro, Forense, 1998, n. 145.

assim como o de transformar o cruzamento geral em especial, conforme esclarece Cunha Peixoto.[2] Esse eminente autor complementa a informação de que, nessa espécie de cheque (cruzado), o banco encarregado da cobrança, no direito inglês de então, era um procurador do beneficiário; e quando, em virtude da confiança que lhe merecia o cliente, antecipadamente lhe creditava a importância do título, passava a exigir o pagamento em seu próprio interesse, funcionando aí como procurador em causa própria.[3]

A Lei Uniforme de Genebra, de um modo geral, valeu-se da experiência inglesa, ampliando, todavia, a cliente do banco sacado a permissão de pagamento de cheque cruzado, que era exclusiva do banco (art. 38º).

Registre-se que o art. 12 da nossa antiga Lei Interna do Cheque cogitava apenas do pagamento a banco, e não também a cliente deste. Mas os costumes vingaram no sentido de pagamento mediante crédito em conta do *tradens* no banco intercalar ou noutro; aliás, na forma do art. 45 da Lei Interna. Finalmente, com a aprovação da Lei 7.357/1985 optou-se, no direito brasileiro, pelo pagamento a banco e também a cliente do sacado, porém neste último caso apenas mediante crédito em conta (art. 45).

Coisa diversa é a faculdade que tem o banco sacado de realizar esse creditamento à vista e pagar de imediato cheque que venha a ser emitido sobre essa provisão constituída por operação equivalente a transferência de fundos entre contas de clientes do mesmo sacado – com incidência, aliás, da CPMF, quando esteve em vigor, em cada uma dessas duas movimentações financeiras. Esse procedimento bancário não infringe a regra de que no cheque o pagamento deve ser feito pelo sacado, como devedor da prestação ordenada pelo emitente seu correntista.

O banco (apresentante ou intercalar) oficia como *agente do beneficiário*[4] – acrescentamos nós – ainda quando o cruzamento seja feito pelo emitente, também para segurança de ambos.

## 2. Os Planos "Collor" e "Real" nos cheques pagáveis no Brasil

A lei do "Plano Collor" não inibe a movimentação, a transmissibilidade, do cheque, mas privilegia a transparência quando impõe a identificação do tomador e de todos os seus sucessores, exceto quando represente valor mínimo estabelecido naquela lei.

---

2. *Apud* Cunha Peixoto, *O Cheque*, 2ª ed., vol. I, Rio de Janeiro, Forense, 1952, ns. 183, 184 e 185.

3. Idem, n. 186.

4. Thiers Vellozo, *apud* Cunha Peixoto (*O Cheque*, cit., 2ª ed., vol. I, n. 196) e Othon Sidon (*Do Cheque*, cit., 4ª ed., n. 134, p. 157).

O "Plano Real" foi além, e proibiu a transmissibilidade do cheque mesmo com a identificação dos sujeitos (tomador e endossatários); porque a CPMF, enquanto vigente, incidia em cada movimentação financeira feita através do sistema bancário; o endosso é tecnicamente considerado movimentação financeira e o banco sacado era constituído agente arrecadador do Fisco; o sacado não dispunha de meios de arrecadar a CPMF devida por cada endosso de um mesmo cheque; por essa deficiência, a norma fiscal radicalizou: a Lei 9.311/1996, enquanto vigorou, proibiu mais de um endosso, para impedir a elisão fiscal na multiplicidade em tese de circulação de um mesmo cheque, cominando ao banco sacado a devolução sem pagamento do cheque que contivesse mais de um endosso (Motivo 36/BACEN, já suprimido no rol das devoluções do Banco Central).

No Brasil em nenhuma hipótese – mesmo antes da lei da CPMF – o cheque cruzado poderia ser pago em dinheiro (art. 45, *caput*, da Lei 7.357/1985), ainda quando o beneficiário fosse correntista do banco intercalar que também acumulasse a posição de sacado. Na vigência da CPMF era impensável o pagamento direto, em espécie, de cheque cruzado sem ter sido feito mediante crédito em conta do beneficiário, por ser duplamente irregular e infringente das duas aludidas leis e implicar elisão fiscal de responsabilidade bancária.

Poder-se-ia contra-argumentar que, se nominal e sem cruzamento, o cheque comum poderia ser pago em dinheiro diretamente quando apresentado ao caixa do banco sacado pelo beneficiário – e, portanto não geraria segunda incidência da CPMF, quando vigente a Lei 9.311/1996, para esse beneficiário, mas somente para o emitente. Isso era verdadeiro e prova suficiente de que a circulação financeira do cheque cruzado, de uma conta bancária (do emitente) para outra de terceiro (portador em sentido amplo, que não fosse o próprio emitente), era fato gerador de nova CPMF, que o cruzamento assegurava e o poder tributante agradecia.

• **Lei 7.357/1985, art. 45**

**Art. 45. O cheque com cruzamento geral só pode ser pago pelo sacado a banco ou a cliente do sacado, mediante crédito em conta. O cheque com cruzamento especial só pode ser pago pelo sacado ao banco indicado, ou, se este for o sacado, a cliente seu, mediante crédito em conta. Pode, entretanto, o banco designado incumbir outro da cobrança.**

**§ 1º. O banco só pode adquirir cheque cruzado de cliente seu ou de outro banco. Só pode cobrá-lo por conta de tais pessoas.**

**§ 2º. O cheque com vários cruzamentos especiais só pode ser pago pelo sacado no caso de dois cruzamentos, um dos quais para cobrança por câmara de compensação.**

§ 3º. Responde pelo dano, até a concorrência do montante do cheque, o sacado ou o banco portador que não observar as disposições precedentes.

• **Lei Uniforme, art. 38º**

**Artigo 38º**

Um cheque com cruzamento geral só pode ser pago pelo sacado a um banqueiro ou a um cliente do sacado.

Um cheque com cruzamento especial só pode ser pago pelo sacado ao banqueiro designado, ou, se este é o sacado, ao seu cliente. O banqueiro designado pode, contudo, recorrer a outro banqueiro para liquidar o cheque.

Um banqueiro só pode adquirir um cheque cruzado a um dos seus clientes ou a outro banqueiro. Não pode cobrá-lo por conta doutras pessoas que não sejam as acima indicadas.

Um cheque que contenha vários cruzamentos especiais só poderá ser pago pelo sacado no caso de se tratar de dois cruzamentos, dos quais um para liquidação por uma câmara de compensação.

O sacado ou o banqueiro que deixar de observar as disposições acima referidas é responsável pelo prejuízo que daí resultar até uma importância igual ao valor do cheque.

• **Há Reserva do art. 18º do Anexo II** (mas que, por sistemática de exposição, será examinada mais adiante, nas anotações ao art. 39º da Lei Uniforme – art. 46 da Lei 7.357/1985)

*Peculiaridades sobre cheque cruzado e suas espécies:*
*implicações, detalhes e sutilezas*

O cheque cruzado (*crossed*) é instituto de origem inglesa que reforça a segurança do instrumento, por dar maiores garantias aos sujeitos envolvidos contra os riscos de pagamento indevido, pois obriga o portador a receber o pagamento através de um banco, por lançamento, de forma registrária própria, como precisamente ensina Egberto Lacerda Teixeira.[5]

Pelo cruzamento o cheque só é pagável *através* de banco (designado ou não), que se intercala entre o sacador e o portador, vedando a apresentação direta do cheque ao caixa do sacado e, consequentemente, o pagamento direto em moeda corrente ao portador. O cruzamento é incancelável, sendo reputada inexistente sua inutilização.

Esse banco pode ser o próprio sacado, no caso de ser o portador seu cliente. Se não o for, terá de vir a sê-lo para que o pagamento se faça por

---

5. Egberto Lacerda Teixeira, *O Cheque no Direito Comparado Interamericano*, São Paulo, Saraiva, 1947, ns. 263 e ss.

meio de creditamento em sua conta. O cruzamento configura tal restrição ao portador, mesmo quando feito por este.

O banco escolhido para a intercalação do pagamento pode *recorrer* a outro, transferindo-lhe o cheque para sua liquidação. Salvo este caso, de o banco designado incumbir outro da cobrança, que é de *recruzamento*, um banco só pode adquirir cheque cruzado que o seja a um cliente seu, ou de outro banco por mandato, não podendo cobrá-lo por conta de outras pessoas.

O cruzamento pode ser feito em cheque nominal ou ao portador. E antes da apresentação pode o cheque cruzado ser objeto de endosso.

Entre um cruzamento geral ou em branco e outro especial ou em preto prevalece este.

Tanto o sacador como os portadores têm o direito de cruzar o cheque; pode, então, um cheque conter vários cruzamentos. Incide aqui a advertência de Pontes de Miranda: "Cumpre não se confundam o cruzamento especial com indicação de dois ou mais bancos (unidade de cruzamento e pluralidade de bancos indicados) e os cruzamentos plurais (pluralidade de cruzamentos, com ou sem pluralidade de indicações)".[6]

A alínea 4ª do art. 38º da Lei Uniforme, com redação pouco clara, se interpretada ao pé da letra encerraria proibição do pagamento de cheque com mais de dois cruzamentos especiais em nome de bancos diversos, bem como no caso de dois cruzamentos especiais em nome de bancos diferentes estaria condicionando o pagamento do cheque a só quando um dos cruzamentos fosse para liquidação por uma câmara de compensação.

Essa interpretação literal conduziria ao absurdo, pois que, segundo ela, o cheque acabaria por ficar sem pagamento, ou seja, tornar-se-ia inócuo, "liberando" indevidamente o sacador ou prejudicando injustamente o último portador. Qual a solução?

No caso brasileiro, entendemos a alínea 4ª do art. 38º da Lei Uniforme, reproduzida no § 2º do art. 45 da Lei 7.357/1985, no seguinte sentido: cheque que contenha dois ou mais cruzamentos especiais em nome de bancos diferentes só pode ser liquidado através do serviço de compensação (controle de unificação do pagamento). Não se exige conste do cheque a indicação de liquidação por meio de câmara de compensação. A simples menção a dois ou mais bancos intercalares implica a liquidação do cheque pelo sacado através do serviço de compensação, em favor do banco intercalar que o encaminhou, desprezados os demais bancos indicados nos cruzamentos – com

---

6. Pontes de Miranda, *Tratado de Direito Privado*, t. 37, Rio de Janeiro, Borsói, § 4.147, n. 10.

o quê ficam afastados a inconveniente eventualidade de escolha de um deles pelo sacado ou o não-pagamento a nenhum deles.

É uma questão que fica, todavia, em aberto, cabendo ao banco sacado, na dúvida, pedir esclarecimentos e até reservar o numerário provisoriamente, para se resguardar de responder por cheque mal pago ou não pago indevidamente.

O sacado ou o banco portador intercalar que deixar de observar as várias e até complexas disposições do art. 45 da Lei 7.357/1985 é responsável pelo prejuízo que daí possa resultar, até o valor do cheque mal pago. *A fortiori*, responderá também se ocorrer de sua parte inobservância às disposições do art. 44. A indenização, aqui, é por culpa, isto é, por responsabilidade civil, pelo risco da atividade especializada, e não cambial.

O Motivo 34/BACEN de devolução sem pagamento é de rigor: "cheque apresentado por estabelecimento que não o indicado no cruzamento em preto sem endosso-mandato" importa multa ao banco remetente.

Outro tema que tem ensejado dúvida e, portanto, requer esclarecimento é o referente à posição do banco indicado ou apresentante, se é credor, ou não, no cheque cruzado. É de sublinhar que esse banco (que atua como instituição intercalar) não é endossatário, ou seja, não é constituído titular ou credor do cheque cruzado, cujo valor – reforce-se – não se incorpora ao seu patrimônio, atuando, em suma, dentro do seu ofício específico de intermediação financeira entre as partes na prestação de um típico serviço bancário.

Outra sutileza que surgiu na regulação diferenciada da Lei Uniforme para a Lei Interna sobre as duas subespécies de cheques (cruzado e para levar em conta) pode ser aferida pelo confronto dos textos. Compare-se a redação do *caput* do art. 45 da Lei 7.357/1985, que determina que o pagamento do cheque cruzado somente se efetue mediante crédito em conta, com o texto do art. 38º da Lei Uniforme, que não estabelece tal exigência – e ver-se-á que o legislador brasileiro, afastando-se do direito convencional, optou por uma restrição acauteladora que já vigorava entre nós pela interpretação do art. 12 da antiga Lei do Cheque, que apontava para essa solução, sempre sufragada pelos usos bancários: cheque cruzado inviabilizava recebimento direto em dinheiro, isto é, somente mediante lançamento contábil a crédito do portador apresentante identificado.

Atualmente a grande diferença de efeitos entre o cheque nominal cruzado pelo emitente (arts. 44 e 45) e o cheque com cláusula para creditamento em conta do beneficiário (art. 46) é que é da natureza desta última cláusula torná-lo absolutamente inegociável após a inserção dessa proibição radical de circulação, com todo o cortejo de efeitos jurídicos. Isto é: nem mesmo como cessão civil poderá ser transferido o cheque nominal com cláusula para creditamento contábil na conta do beneficiário.

*V., adiante: anotações ao art. 46.*

Por fim, é perfeitamente aplicável ao cheque, cruzado ou não, a regra do "cheque para ser creditado em conta", *verbis*: "O depósito de cheque em conta do seu beneficiário dispensa o respectivo endosso" (art. 46, *caput*, final). Trata-se de prática bancária cotidiana facilitadora no acolhimento de depósito, sobretudo no próprio sacado, de cheque nominal, cruzado ou não, em nome do beneficiário, equivalente ao endosso final de liquidação, quitação e recolhimento ao banco sacado.

## Capítulo VI – Do Cheque para ser Creditado em Conta

(Lei 7.357/1985, art. 46; Lei Uniforme, art. 39º)

• **Lei 7.357/1985, art. 46**

Art. 46. O emitente ou o portador podem proibir que o cheque seja pago em dinheiro mediante a inscrição transversal, no anverso do título, da cláusula "para ser creditado em conta", ou outra equivalente. Nesse caso, o sacado só pode proceder a lançamento contábil (crédito em conta, transferência ou compensação), que vale como pagamento. O depósito do cheque em conta de seu beneficiário dispensa o respectivo endosso.

§ 1º. A inutilização da cláusula é considerada como não existente.

§ 2º. Responde pelo dano, até a concorrência do montante do cheque, o sacado que não observar as disposições precedentes.

• **Lei Uniforme, art. 39º**

Artigo 39º

O sacador ou o portador dum cheque podem proibir o seu pagamento em numerário, inserindo na face do cheque transversalmente a menção "para levar em conta", ou outra equivalente.

Neste caso o sacado só pode fazer a liquidação do cheque por lançamento de escrita (crédito em conta, transferência duma conta para outra ou compensação). A liquidação por lançamento de escrita vale como pagamento.

A inutilização da menção "para levar em conta" considera-se como não feita.

O sacado que deixar de observar as disposições acima referidas é responsável pelo prejuízo que daí possa resultar até uma importância igual ao valor do cheque.

• **Há Reserva do art. 18º do Anexo II, abrangendo ainda os arts. 37º e 38º da Lei Uniforme**

Artigo 18º

Por derrogação dos arts. 37º, 38º e 39º da Lei Uniforme, qualquer das Altas Partes Contratantes reserva-se a faculdade de só admitir na sua lei nacional os cheques cruzados ou os cheques para levar em conta. Todavia, os cheques cruzados e para levar em conta emitidos no Estrangeiro e pagáveis no território de uma dessas Altas Partes Contratantes serão respectivamente considerados como cheques para levar em conta e como cheques cruzados.

*Orientações prévias ao consulente do Capítulo VI*

O trato separado do "Cheque para ser Creditado em Conta" – isto é, que por cláusula proibitiva lançada ou pelo emitente ou por portador não é pagável diretamente ao apresentante, em dinheiro, ou numerário, mas só por lançamento contábil, como se anotou antes – foi feito em capítulo autônomo (Capítulo VI) no art. 46 da Lei Interna, com destaque para as peculiaridades dessa espécie de cheque de segurança absolutamente *inegociável*, intransferível e, portanto, não circulável a qualquer título – restrição técnica, esta, que alcança o ofício bancário, que deve observá-la e lhe dar a devida eficácia prática, sob responsabilidade certa civil do sacado e eventual também do banco apresentante.

A última observação introdutória ao Capítulo V, *retro*, aplica-se a cheque cruzado e a cheque para ser creditado em conta bancária. Ambos têm muito em comum, inclusive a circunstância de serem pagáveis só por creditamento contábil em conta bancária; circulável o cruzado, e o de creditamento (ao beneficiário) absolutamente não, seja por endosso, seja por cessão civil.

## 1. Cheque com proibições de circulação e de pagamento em dinheiro – Observações e responsabilidades

O texto que finaliza a cabeça do art. 46 da Lei Interna encerra uma presunção de pagamento peculiar, no sentido de que é dispensável o respectivo endosso ao sacado, constatado ter havido o depósito da soma do cheque daquela espécie na conta do seu beneficiário nominado. Isto é – para usarmos a equivalente terminologia convencional empregada no art. 39º da Lei Uniforme –, "a liquidação por lançamento de escrita vale como pagamento", independentemente de não ter havido formalização do respectivo endosso no título (*endosso terminal ao sacado*), pois o que importa é o creditamento do valor do cheque na conta bancária do beneficiário titulado – acrescentamos nós –, conforme uso bancário arraigado.

Da mesma maneira que para o cheque cruzado, também para o cheque de creditamento em conta a Lei Interna dispôs que é considerada inexistente a inutilização da cláusula de cruzamento (art. 44, § 3º) ou de lançamento contábil (art. 46, § 1º); sanção, esta, em proteção da irrevogabilidade ou autenticidade do direcionamento restrito da ordem e da forma chéquica de pagamento.

Respondem o banco sacado e o banco portador, no caso de cheque cruzado, e responde o banco sacado, no caso de cheque para creditamento, até a concorrência do montante do cheque, pelo dano causado por eventual inobservância das disposições de rigor no cuidado e diligência no trato qualificado exigível no caso desses cheques, como se vê do § 3º do art. 45 e do § 2º do art. 46 da Lei Interna, que vedam o pagamento em dinheiro, exigindo o concurso de bancos.

Tal qual ocorre nos casos de pagamento de cheque *à ordem* (art. 39) ou de inobservância de disposições sobre *cheque cruzado* (art. 45, § 3º), a responsabilidade limitada (ou tarifada) do banqueiro nesses aludidos casos do art. 46, § 2º, da Lei 7.357/1985 por prejuízos ou danos que causar, por não observar as disposições precedentes, refere-se à culpa em sentido estrito (negligência, imprudência ou imperícia) ou ao risco da atividade especializada, no exercício do ofício bancário; e não por dolo ou má-fé – hipóteses, estas últimas, em que o limite da responsabilidade se alarga para o do direito comum e o ônus da prova reverte ao prejudicado. É de ponderar que pelo sistema suprapessoal da organização bancária não há, em princípio, como falar em dolo ou má-fé do banqueiro; e se algum preposto seu individualmente agir com dolo ou má-fé, nem por isso o banqueiro responderá como se ele próprio tivesse agido de má-fé ou com dolo. Sua responsabilidade por ato danoso do preposto é a do direito comum, ou mesmo consumerista, pela eventual má escolha dos seus funcionários – o que reconduz ao princípio da responsabilidade por risco empresarial do banco por culpa em sentido estrito, ou responsabilidade objetiva, dependendo do caso concreto.

Finalmente, o banco intercalar ou designado – como corretamente assinala Othon Sidou[1] – pode abster-se de prestar o serviço bancário que lhe incumbe pelo cheque cruzado, caso em que a lei lhe permite o *recruzamento* (endosso-mandato) a outro banco (art. 45, *caput*, última parte) para efetivar a cobrança, nota extensiva ao cheque tratado no art. 46.

Após a Lei 7.357/1985, que acolheu, além do cheque cruzado, também a modalidade do cheque só para liquidação através de creditamento em conta do beneficiário, o que seja emitido no Estrangeiro é pagável normalmente no Brasil como tal, independentemente de sua conversão para cheque cruzado, como ocorria no regime anterior, restando, por isso, prejudicada a Reserva genebrina 18ª do Anexo II.

---

1. Othon Sidou, *Do Cheque*, 4ª ed., Rio de Janeiro, Forense, 1998, n. 145, p. 171.

## 2. Aspectos relevantes do cheque de liquidação por creditamento em conta do beneficiário e seus efeitos

O art. 39º da Lei Uniforme regula o cheque com cláusula "para levar em conta", inserida pelo emitente ou o portador, desconhecido do nosso direito anterior, que veio de ser referendado pelo art. 46 da Lei Interna, nos mesmos moldes da proibição de pagamento em dinheiro, com a denominação de cláusula "para ser creditado em conta", com o complemento de que "o depósito em conta do beneficiário dispensa o respectivo endosso" (ao sacado).

Pela primeira parte da Reserva do art. 18º, subscrita pelo Brasil, e segundo a qual o País tinha a faculdade de só admitir na sua lei nacional ou os cheques cruzados ou os cheques "para levar em conta", não há dúvida de que antes da Lei 7.357/1985 esteve entre nós excluída a aplicação do art. 39º da Lei Uniforme – e, consequentemente, *não adotado o cheque para liquidação por lançamento de contabilidade*, do sistema alemão.

É que o Brasil, ao adotar a Lei Uniforme em 1966, optou pela alternativa da modalidade já arraigada em nosso direito anterior: o cheque cruzado, oriundo do sistema inglês. De futuro poderia acolher ambas, como de fato veio de fazê-lo na Lei Interna, em disposições autônomas. Naquele momento era ineficaz em relação ao beneficiário a cláusula "para levar em conta" que fosse aposta em cheque emitido no Brasil, aqui pagável. O STF, antes da Lei 7.357/1985, em sessão plenária de 23.4.1980, decidiu: "Não tem eficácia no Brasil, em relação aos cheques aqui emitidos, a cláusula 'para levar em conta' – Interpretação do art. 18º do Anexo II da Lei Uniforme Relativa ao Cheque, combinado com o art. 39º da mesma lei – Recurso extraordinário conhecido e provido".[2] Com a edição da Lei 7.357/1985 essa nova modalidade de cheque integrou o direito positivo interno ao lado do cheque (nominal) cruzado.

## 3. Conversão de cheques estrangeiros pagáveis no Brasil

A segunda parte da Reserva do art. 18º do Anexo II já teve aplicação aos arts. 37º e 38º da Lei Uniforme. É a regra da conversão para cheques estrangeiros pagáveis no Brasil. Pode-se dizer que eram cheques da mesma natureza: barrado por traços paralelos o cruzado e com simples inscrição transversal o de contabilidade; mas ambos reciprocamente conversíveis antes da vigência da Lei 7.357/1985.

2. STF, RE 92.240-RJ, rel. Min. Soares Muñoz, v.u., *DJU* 23.5.1980, p. 3.736.

Tendo o Brasil adotado inicialmente apenas o cheque "cruzado", com exclusão do cheque "para levar em conta", podia suceder que um cheque desta modalidade fosse emitido no Estrangeiro para pagamento no Brasil. Não poderia esse cheque ser recusado, e menos ainda não ser liquidado, sob a alegação de inexistência em nossa legislação desse tipo de cheque. A solução legal preventiva ditada pelo art. 18º do Anexo II era a da fungibilidade, isto é, no sentido de que fosse, para todos os efeitos, considerado como *cheque cruzado*. A conversibilidade desses cheques emitidos no Estrangeiro era, pois, *ex lege* ao tempo da Lei Uniforme, restando hoje prejudicada, em razão do acolhimento também do *cheque para ser creditado em conta*, no art. 46 da atual Lei Interna do Cheque, em coexistência com o *cheque cruzado*, dos arts. 44 e 45 da mesma Lei 7.537.

### 4. Também o portador pode lançar cláusula de creditamento: sentido estrito

Note-se que o art. 46 autoriza, expressamente, não só o *emitente*, mas também o *portador* (em sentido amplo), a inserir, mediante inscrição transversal no anverso do título, cláusula proibitiva do pagamento em dinheiro (ou em "numerário" ao apresentante, consoante terminologia do art. 39º da Lei Uniforme), lançando os dizeres "para ser creditado em conta", ou outros equivalentes. Ora, se o portador pode lançar a restrição é porque o emitente não a lançara originariamente, pois seria desnecessária a duplicidade. Além do quê a hipotética segunda restrição já configuraria infração à primeira, pelo portador identificado como beneficiário nominal ou tomador, na eventualidade de estar atuando como endossante infringente de um cheque de circulação já proibida originariamente pelo emitente que tenha lançado a cláusula que tornava compulsório o creditamento para liquidação através de lançamento de escrita contábil em nome do beneficiário já identificado. E note-se que a inutilização da cláusula restritiva é considerada inexistente.

### 5. Depósito: equivalente a pagamento, dispensa endosso terminal ao sacado

Outrossim, o depósito, por equivaler a pagamento do cheque creditado em conta do beneficiário nele nomeado, dispensa o respectivo endosso terminal ao sacado – regra inovadora e salutar aplicável, por analogia, também ao cheque nominal comum ou cruzado, depositado diretamente em favor do próprio beneficiário nomeado. Aliás, conforme a praxe bancária admite, é compatível tal regra com a peculiaridade restritiva à circulação, aperfeiçoada pela criatividade da Lei Interna brasileira, como visto ao final das anotações ao art. 45, *retro*.

É incompreensível que ao identificado portador apresentante caiba exercitar a faculdade de "proibir" que decorre do art. 46; se o emitente já tiver antes estabelecido a cláusula em exame, para depósito em nome do beneficiário de origem, com maioria de razão é supérflua sua repetição.

## 6. *Ainda a responsabilidade bancária do sacado por descumprimento das disposições específicas*

Sobre a responsabilidade por dano decorrente da inobservância das "disposições precedentes", o § 2º do art. 46 limita-a ao se referir ao "sacado", em cheque para creditamento, ao qual são elas dirigidas; enquanto no § 3º do art. 45 (cheque cruzado) a responsabilidade por dano no descumprimento das "disposições precedentes" é extensiva ao "banco portador". Por se tratar de normas restritivas diversificadas e de responsabilização da atividade bancária, em princípio comportam interpretação também estrita pertinente a cada hipótese, salvo se, ostensiva a prática de descumprimento pelo banco intercalar, este deu causa a prejuízos indenizáveis, ainda que regressivamente.

*V.: anotações ao art. 8º, ns. 2 a 6, sobre cheque não transmissível nem mesmo por cessão civil e cheque para creditar em conta do beneficiário.*

## Capítulo VII – Da Ação por Falta de Pagamento

(Lei 7.357/1985, arts. 47 a 55; Lei Uniforme, arts. 40º a 48º)

- **Lei 7.357/1985, arts. 47 e 48**

**Art. 47.** Pode o portador promover a execução do cheque: I – contra o emitente e seu avalista; II – contra os endossantes e seus avalistas, se o cheque apresentado em tempo hábil e a recusa de pagamento é comprovada pelo protesto ou por declaração do sacado, escrita e datada sobre o cheque, com indicação do dia de apresentação, ou, ainda, por declaração escrita e datada por câmara de compensação.

§ 1º. Qualquer das declarações previstas neste artigo dispensa o protesto e produz os efeitos deste.

§ 2º. Os signatários respondem pelos danos causados por declarações inexatas.

§ 3º. O portador que não apresentar o cheque em tempo hábil, ou não comprovar a recusa de pagamento pela forma indicada neste artigo, perde o direito de execução contra o emitente, se este tinha fundos disponíveis durante o prazo de apresentação e os deixou de ter, em razão de fato que não lhe seja imputável.

§ 4º. A execução independe do protesto e das declarações previstas neste artigo, se a apresentação ou o pagamento do cheque são obstados pelo fato de o sacado ter sido submetido a intervenção, liquidação extrajudicial ou falência.

**Art. 48.** O protesto ou as declarações do artigo anterior devem fazer-se no lugar de pagamento ou do domicílio do emitente, antes da expiração do prazo de apresentação. Se esta ocorrer no último dia do prazo, o protesto ou as declarações podem fazer-se no primeiro dia útil seguinte.

§ 1º. A entrega do cheque para protesto deve ser prenotada em livro especial e o protesto tirado no prazo de três dias úteis a contar do recebimento do título.

§ 2º. O instrumento do protesto, datado e assinado pelo oficial público competente, contém: a) a transcrição literal do cheque, com todas as declarações nele inseridas, na ordem em que se acham lançadas; b) a certidão da intimação do emitente, de seu mandatário especial ou representante legal, e as demais pessoas obrigadas no cheque; c) a resposta dada pelos intimados ou a declaração da falta de resposta; d) a certidão de não haverem sido encontrados ou de serem desconhecidos o emitente ou os demais obrigados, realizada a intimação, nesse caso, pela imprensa.

§ 3º. O instrumento de protesto, depois de registrado em livro próprio, será entregue ao portador legitimado ou àquele que houver efetuado o pagamento.

§ 4º. Pago o cheque depois do protesto, pode este ser cancelado, a pedido de qualquer interessado, mediante arquivamento de cópia autenticada da quitação que contenha perfeita identificação do título.

- Lei Uniforme, arts. 40º e 41º

### Artigo 40º

O portador pode exercer os seus direitos de ação contra os endossantes, sacador e outros coobrigados, se o cheque, apresentado em tempo útil, não for pago e se a recusa de pagamento for verificada:

1º) quer por um ato formal (protesto);

2º) quer por uma declaração do sacado, datada e escrita sobre o cheque, com a indicação do dia em que este foi apresentado;

3º) quer por uma declaração datada duma câmara de compensação, constatando que o cheque foi apresentado em tempo útil e não foi pago.

### Artigo 41º

O protesto ou declaração equivalente devem ser feitos antes de expirar o prazo para a apresentação.

Se o cheque for apresentado no último dia do prazo, o protesto ou a declaração equivalente podem ser feitos no primeiro dia útil seguinte.

- Há Reservas dos arts. 19º, 20º e 21º do Anexo II

### Artigo 19º

A Lei Uniforme não abrange a questão de saber se o portador tem direitos especiais sobre a provisão e quais são as consequências desses direitos.

O mesmo sucede relativamente a qualquer outra questão que diz respeito às relações jurídicas que serviram de base à emissão do cheque

### Artigo 20º

Qualquer das Altas Partes Contratantes reserva-se a faculdade de não subordinar à apresentação do cheque e ao estabelecimento do protesto ou duma declaração equivalente, em tempo útil, a conservação do direito de ação contra o sacador, bem como a faculdade de determinar os efeitos dessa ação.

### Artigo 21º

Qualquer das Altas Partes Contratantes reserva-se a faculdade de determinar, pelo que respeita aos cheques pagáveis no seu território, que a verificação da recusa de pagamento, prevista nos arts. 40º e 41º da Lei Uniforme para a conservação do direito de ação, deve ser obrigatoriamente feita por meio de protesto, com exclusão de qualquer outro ato equivalente.

Qualquer das Altas Partes Contratantes tem igualmente a faculdade de determinar que as declarações previstas nos ns. 2º e 3º do art. 40º da Lei Uniforme sejam transcritas num registro público dentro do prazo fixado para o protesto.

*Orientações prévias úteis ao consulente do Capítulo VII*

(A) O complexo Capítulo VII da Lei 7.357/1985 compreende os arts. 47 a 55, que dizem menos quanto ao procedimento (tema afeto ao direito processual comum) e mais quanto aos requisitos, efeitos e outros pontos relevantes coligados à execução fundada em cheque sem pagamento pelo sacado, que o portador pode promover (art. 47), em correspondência paralela ao Capítulo VI, arts. 40º a 48º, da Lei Uniforme, que contêm disciplina ampla de temas envolvidos com o cheque no contexto "Da Ação por Falta de Pagamento".

O cheque é titulo executivo extrajudicial (art. 585, I, do CPC), e ao seu credor o art. 566, I, do CPC outorga execução, por se fundar a cobrança em título de obrigação certa, líquida e exigível (art. 586 do CPC), enquanto não prescrito (art. 59, *caput*, da Lei 7.357/1985). Já, a ação de regresso e a ação de enriquecimento estão estabelecidas mais adiante, isto é, no Capítulo X ("Da Prescrição"), com anotações pormenorizadas no lugar próprio.

(B) Estão compreendidos na amplitude do Capítulo VII, sucessiva e progressivamente, os seguintes temas: execução; apresentação e protesto; aviso de protesto; cláusula exonerativa do protesto; coobrigados, como responsáveis solidários; valores exigíveis, pelo portador, dos demandados; regresso pelos pagantes contra os garantes do cheque; entrega do cheque ao executado pagante; prorrogação de prazos em casos de impedimento à apresentação tempestiva do cheque. A Lei do Cheque não contém regras procedimentais, que são as do Código de Processo Civil; apenas assegura os direitos correspondentes envolvidos, nos arts. 47 a 55.

Já, nos arts. 59 a 62 a lei dispõe, no Capítulo X, sobre os termos da prescrição da execução (cujo prazo difere do trienal estabelecido no art. 206, § 3º, VIII, do CC/2002 para títulos de crédito em geral) e suas decorrências; e ainda disciplina as ações de regresso, de enriquecimento e a fundada na relação causal, bem como regula a prescrição peculiar de cada uma destas – temas analisados mais adiante.

(C.1) Os arts. 40º e 41º da Lei Uniforme, com suas Reservas 19ª, 20ª e 21ª, que correspondem aos arts. 47 e 48 da Lei Interna, receberão anotações em conjunto, por cuidarem da execução e seus eventuais pressupostos processuais.

(C.2) Por razões didáticas, o estudo da apresentação/protesto será desenvolvido em *duas partes*: "1ª Parte: Anotações alusivas ao período *anterior*: conservação e perda dos direitos de ação (execução forçada) (Aplicação dos arts. 40º e 41º da Lei Uniforme); "2ª Parte: Anotações alusivas ao período *posterior*: o que mudou na vigência da Lei 7.357/1985, da lei do protesto de títulos e do efeito interruptivo da prescrição pelo novo protesto cambial (Aplicação da atual lei interna, arts. 47 e 48)".

*V., ainda: sobre o conceito legal do protesto, tendo, por sua vez, como pressuposto a apresentação, os arts. 1º e 6º da Lei de Protestos, nas anotações sobre força maior, ao art. 55 da Lei do Cheque.*

(D) Sobre a não apresentação do cheque ao banco para pagamento e consequente ausência de declaração específica caracterizadora da recusa de pagamento pelo sacado, vejam-se anotações aos arts. 3º e 4º, ns. 1, 2 e 7, e art. 32, n. 2, com a conclusão de falta de interesse jurídico-processual do portador para o exercício da cobrança pela via de execução, por inobservância do pré-requisito concernente à natureza de *título de obrigação quesível, de apresentação a terceiro*, isto é, ao banco sacado, para pagamento e comprovação da eventualidade da recusa motivada de liquidação.

(E) O protesto a que se referem os arts. 47 e ss. da atual Lei Interna do Cheque é o *protesto cambial*, que vem de ser elevado ao *status* de causa que interrompe a prescrição pelo Código Civil/2002 (art. 202, III). E, como tal, passou a integrar o rol das seis causas pelas quais a interrupção da prescrição ocorrerá, desde que uma única vez (*caput* do aludido art. 202 do CC/2002) para cada espécie de ação suscetível de prescrição. Restrição, esta, que afeta ou pode afetar o direito de ação de cobrança do credor por cheque – tema complexo, acenado ao longo das considerações aos arts. 47 e 48, mas que será desenvolvido mais adiante, no Capítulo X, nas anotações ao art. 60, sobre a interrupção da prescrição das ações de cobrança do cheque; com o alcance, inclusive, do § 1º do art. 47, de que as declarações do sacado sobre o motivo da devolução sem pagamento do cheque produzem os mesmos efeitos do protesto (inclusive o efeito interruptivo, único, da prescrição que esteja em curso?).

*1ª Parte – Anotações Alusivas ao Período Anterior: Conservação e Perda dos Direitos de Ação (Execução Forçada) (Aplicação dos Arts. 40º e 41º da Lei Uniforme)*

(1) O Capítulo VI da Lei Uniforme trata "Da Ação por Falta de Pagamento" correspondente ao cheque, e começa com a restrição, objeto da Reserva do art. 19º do Anexo II, de caráter geral, consubstanciada em duas alíneas.

A Reserva da alínea 1ª do art. 19º do Anexo II visa a restringir o âmbito da Lei Uniforme ao direito chéquico, excluindo expressamente qualquer alargamento que possa envolver indagação acerca de *direitos especiais* que o portador possa ter sobre a provisão constituída com o banco sacado e das consequências desses direitos, estranhos ao direito cambiariforme.

Pela alínea 2ª da mesma Reserva 19ª fica excluída a possibilidade de a Lei Uniforme regular qualquer outra questão que diga respeito às relações jurídicas que serviram de base à emissão do cheque. O negócio jurídico subjacente fica também abstraído do direito chéquico e não interfere com a natureza e validade do cheque. São questões que interessam ao direito comum e alheiam-se à legislação especial uniformizada, embora possam estar presentes no contraditório em juízo com maior ou menor amplitude, em função do procedimento cabível.

(2) Os arts. 40º e 41º da Lei Uniforme (que vieram a ter eco parcial nos arts. 47 e 48 da Lei 7.357/1985) facultam ao portador o exercício dos seus direitos de ação correspondentes ao cheque não pago, contra o sacador, endossantes e outros coobrigados, nos termos ali indicados.

A ação normal correspondente ao cheque era então a executiva, do art. 298, XIII, do CPC/1939, depois substituída pela execução forçada (arts. 566 e 585 do atual CPC).

Perdido o direito à via executiva, pela ocorrência de prescrição ou decadência, subsistia o direito à ação de locupletamento, através do procedimento de rito ordinário ou sumário dos arts. 274 ou 275, I, já na vigência do CPC/1973, por força da Reserva do art. 25º do Anexo II, combinado com o art. 48 da antiga Lei Cambial (Decreto 2.044/1908), contra o emitente e endossantes.

Observe-se que a ação de enriquecimento ou de locupletamento injusto não se confunde com a ação de responsabilidade civil, como já decidiu o STJ (v. REsp 383.536).

Cabível ainda, depois da vigência do Código de Processo Civil/1973, a superveniente ação monitória, tratando-se de cheque prescrito (Súmula 299/STJ).

Estabelecia, ao mesmo tempo, a Lei Uniforme as condições para o exercício dos direitos de ação (executiva), e que eram: a apresentação do cheque em tempo útil ao sacado, verificada por uma declaração do banco, escrita sobre o cheque, ou de uma câmara de compensação; e a recusa de pagamento, comprovada por um ato formal, que é o protesto, que podia ser substituído por declaração do sacado ou da câmara de compensação.

A Reserva constante do art. 20º do Anexo II, subscrita pelo Brasil, facultava não ficar subordinada a conservação do direito de ação contra o *sacador* à apresentação do cheque e ao estabelecimento do protesto, em tempo útil.

Facultava, outrossim, a mesma Lei Uniforme, na parte final da Reserva do art. 20º, que o País pudesse determinar os efeitos dessa ação que o portador conserva contra o sacador, quando não apresentado o cheque ao sacado e não tirado o protesto em tempo útil.

A Reserva do art. 20º não abrangia, portanto, as condições para o exercício dos direitos de ação contra endossantes e avalistas, mas contra o sacador.

Todavia, pela Reserva do art. 21º do Anexo II, atinente aos arts. 40º e 41º da Lei Uniforme, subscrita igualmente pelo Brasil, prevalecia a determinação: "Qualquer das Altas Partes Contratantes reserva-se a faculdade de determinar, pelo que respeita aos cheques pagáveis no seu território, que a verificação da recusa de pagamento, prevista nos arts. 40º e 41º da Lei Uniforme, *para a conservação do direito de ação*, deve ser *obrigatoriamente* feita por meio do protesto, com exclusão de qualquer outro ato equivalente" (grifamos).

O binômio *apresentação/protesto* representava em princípio, na figuração da Lei Uniforme, a chave da *conservação do direito cambiariforme* em relação ao cheque. Sua inobservância implicava a *perda de direitos* de que fala o art. 25º do Anexo II, que conduzia à ação, de caráter residual, de locupletamento.

Com apoio em Vivante, afirmava Lauro Muniz Barretto que o ato de protesto não é ato processual, mas é o pressuposto indispensável para o exercício da ação cambial, por ser não apenas um meio de prova, mas um ato conservatório indispensável.[1]

No sentido da perda da eficácia executiva do cheque pela não apresentação tempestiva vinha se orientando a jurisprudência. É conhecido o acórdão do STF no RE 69.873, de 11.11.1971, de que foi relator o Min. Amaral Santos,[2] sobre *não apresentação e decadência*.[3]

1. Lauro Muniz Barretto, *O Novo Direito do Cheque*, vol. 1, São Paulo, LEUD, 1973, comentário ao art. 41º da Lei Uniforme.
2. *RTJ* 60/468-470 e *RT* 447/265.
3. Em 7.6.1974 voltou a Suprema Corte a se manifestar sobre o tema (2ª Turma, RE 78.591-SP, rel. Min. Bilac Pinto), ratificando o entendimento anteriormente fixado, em acórdão unânime que traz a seguinte ementa oficial: "Cheque – Apresentação – Prazo – Eficácia executiva. O prazo de apresentação do cheque, quando passado na praça onde tiver de ser pago, é de 1 mês, ou 30 dias (Decreto n. 22.924/1933 e Lei n. 2.919/1914), sob pena de perder a sua eficácia executiva – Precedentes do STF – Recurso extraordinário provido".

Posteriormente, na vigência inicial da Lei Uniforme, teve o extinto TACivSP ensejo de se manifestar sobre o tema. Conhecem-se algumas importantes decisões seguindo a orientação inicial da Suprema Corte.

Uma foi na ACi 179.844, em acórdão de 6.9.1972 da 8ª Câmara, relatado pelo Juiz Jurandyr Nilsson.[4]

Outra pelo acórdão da 3ª Câmara na ACi 187.080, de 7.12.1972, relatado pelo Juiz Francisco Negrisollo.[5] Da mesma Câmara, acórdão de 14.12.1972, de que foi relator o Juiz Martiniano de Azevedo, na ACi 187.910.[6] Ainda uma quarta apelação, n. 190.134, de 7.3.1973. E um voto vencido, o do Juiz Machado Alvim, na ACi 199.312, de 28.11.1973, na 5ª Câmara.[7]

Ao depois, contra um voto, o 3º Grupo de Câmaras do extinto 1º TACivSP firmou a orientação no sentido de que: "O portador que apresentou cheque ao banco sacado, fora do prazo legal, mantém ação executiva contra o emitente".[8]

Os argumentos são ponderáveis, quer quanto ao alcance da expressão "apresentado em tempo útil", da alínea 3ª do art. 40º e da Reserva do art. 20º, quer quanto às peculiaridades dos direitos e costumes locais, enquanto não se manifestasse positiva e claramente o legislador no sentido de circunscrever o cheque ao seu mais vulgarizado uso bancário, prevalecendo, enquanto isso não ocorresse, o direito tradicional, com vigência do art. 5º da antiga Lei do Cheque.

Se nos alinhamos ao lado do entendimento adotado inicialmente pelo STF,[9] em posição antagônica colocaram-se o professor Egberto Lacerda Teixeira,[10] Rubens Requião[11] e o Juiz Cardoso Filho, em declaração de voto

Em nova oportunidade que teve de enfrentar o problema, o STF chegou a conclusão diversa, como se vê da seguinte ementa oficial: "Cheque – Apresentação fora do prazo legal. A apresentação do cheque ao sacado fora do prazo legal não priva o portador de ação executiva contra o emitente – Interpretação do art. 5º do Decreto n. 2.591, de 7.8.1912. O possuidor que não apresentar o cheque ao sacado no prazo legal perde a ação regressiva contra os endossantes e seus avalistas, mas conserva-a, em regra geral, em suas relações com o emitente – Recurso extraordinário conhecido, porém improvido" (2ª Turma, RE 80.856-SP, rel. Min. Cordeiro Guerra, j. 11.4.1975, v.u., *DJU* 6.6.1975, p. 3.951).

4. *RT* 447/142.
5. *RT* 450/157.
6. *RT* 450/157.
7. *RT* 464/146.
8. *RT* 470/128.
9. *RT Informa* 61.
10. Egberto Lacerda Teixeira, in *RT Informa* 58 e 65.
11. Rubens Requião, *Curso de Direito Comercial*, São Paulo, Saraiva, 1973, n. 455.

vencido na ACi 177.794-SP, julgada pela 7ª Câmara do extinto TACivSP em 30.5.1972, pela posição final do STF.

*2ª Parte – Anotações Alusivas ao Período Posterior:
o que Mudou na Vigência da Lei 7.357/1985,
da Lei do Protesto de Títulos e do Efeito Interruptivo
da Prescrição pelo Novo Protesto Cambial
(Aplicação da Atual Lei Interna, Arts. 47 e 48)*

*1. O protesto tempestivo do cheque, tendo como pressuposto sua apresentação não tardia ao sacado e devolvido sem pagamento.* **Súmula 600/STF**

Mas coube ao próprio STF, posteriormente, isto é, antes da Lei 7.357/1985, afastar-se, em parte, daquela interpretação inicial, aplicando o art. 5º da antiga Lei 2.591/1912 quanto ao emitente e seu avalista, a partir do julgamento do RE 80.856-SP, de 11.4.1975, da 2ª Turma, relator o Min. Cordeiro Guerra, com a seguinte ementa: "A apresentação do cheque ao sacado, fora do prazo legal, não priva o portador de ação executiva contra o *emitente* – Interpretação do art. 5º do Decreto n. 2.591, de 7.8.1912".

Veja-se o que se extrai do voto-condutor desse acórdão, em que figuram dois destacados fundamentos básicos para a reviravolta então operada, de não mais se privar o portador da ação executiva *contra o emitente* (e seus avalistas) em caso de apresentação intempestiva, mas antes de se consumar a prescrição: (a) que o acórdão-padrão enfatizou interpretação radical e *tout court* que já não mais vinha sendo acolhida no Tribunal de São Paulo, nem em outras decisões do STF; (b) que, se o banco sacado pode pagar o cheque enquanto não prescrito, mesmo depois do prazo de apresentação, na existência de provisão em seu poder, essa eventualidade está a indicar que o que pode ser validamente pago pode ser cambiariamente exigível.

Foi nessa nova linha que a partir de 1975 se reorientou a interpretação da Suprema Corte, com ratificação do Plenário nos ERE 80.856-SP, em 8.10.1975, dando ensejo à edição da Súmula 600/STF (que vigora desde 10 anos antes da Lei Interna do Cheque), com o seguinte texto: "Cabe ação executiva contra o emitente e seus avalistas, ainda que não apresentado o cheque ao sacado no prazo legal, desde que não prescrita a ação cambiária".

Desse escorço histórico conclui-se que foi essa última interpretação jurisprudencial, cristalizada anteriormente à Lei 7.357/1985, na Súmula 600/STF, que serviu de parâmetro para a alteração, no plano legislativo, da rigidez da Reserva convencional 21ª, substituída pelo texto da parte final do parágrafo único do art. 35 e do art. 47 e seus §§ da atual Lei Nacional do Cheque, a qual limitou a autorização desse pagamento excepcional pelo sacado em caso de apresentação tardia; ou seja, não tendo ocorrido contraordem, pode o sacado pagar o cheque até enquanto não consumada a prescrição (parte final do citado parágrafo único do art. 35 da Lei Interna) da ação cambiária executiva.

Na atualidade, após a opção legal (confirmatória da Súmula 600/STF) concretizada na Lei 7.357/1985, outras razões, inclusive de conveniência prática, passaram a justificar a conclusão da subsistência da força executiva do cheque contra o emitente e seu avalista mesmo que apresentado após os prazos legais, desde que ainda não prescrita a ação executiva cambiária. Esse limite para pagamento pelo sacado foi, como dito acima, absorvido pelo parágrafo único do art. 35 da atual Lei Interna: "(...) até que decorra o prazo de prescrição, nos termos do art. 59 desta Lei" – isto é, da prescrição da execução cambiária, cujo prazo só tem início após o decurso do prazo de apresentação, não antes.

Essa prescrição, cuja consumação é que desautoriza o pagamento mais tardio, mesmo que haja provisão disponível, a ser aferida pelo banco sacado, só poderia ser aquela prescrição *em abstrato* (do art. 59), seja porque fatores de interrupção ou suspensão do curso da prescrição (art. 60) não seriam do seu conhecimento, seja porque só ao Judiciário compete com exclusividade reconhecer e pronunciar julgamento, no plano jurisdicional, da prescrição *em concreto* de uma ação assegurada por lei – complexidade agravada com o texto do § 2º do art. 47, que atribui à declaração da motivação, aposta pelo sacado em cheque apresentado e devolvido sem pagamento, os mesmos efeitos do *protesto cambial*, que, com o advento do CC/2002, art. 202, é causa de *interrupção* do prazo de prescrição em curso – "que somente poderá ocorrer uma vez".

## 2. Efeitos da apresentação intempestiva e as ações de cobrança na vigência da Lei do Cheque. Ainda a Súmula 600/STF

Com a entrada em vigor da Lei 7.357/1985 fixou-se em parte no âmbito da disciplina legal o regime de execução prevalente no período anterior, deparando-se com duas categorias distintas nos incisos I e II do art. 47: a primeira, contra o emitente e seu avalista; a segunda, contra os endossantes e seus avalistas.

Uma subquestão que se põe é a de saber como fica o cabimento da execução "contra os endossantes e seus avalistas" (art. 47, II) se o cheque foi apresentado tardiamente, isto é, não "em tempo hábil" – ou seja, após expirados os prazos de 30 ou 60 dias (art. 33), mas antes de decorrido o prazo de prescrição da execução.

Ao tempo da apresentação tardia, enquanto não ocorra a consumação da prescrição, é cabível em tese a execução pelo portador "contra o emitente e seu avalista" (art. 47, I).

Entretanto, "contra os endossantes e seus avalistas" (art. 47, II), embora não prescrita a ação do portador, com a apresentação tardia falta a condição da eficácia executiva ali estabelecida: "se o cheque apresentado em tempo hábil", isto é, se apresentado *antes* de expirado o prazo de apresentação, que é o tempo hábil de 30 ou 60 dias (art. 33). Ou seja: a possibilidade de apresentação *tardia, após expirado o "tempo hábil"*, é inapta para conservação da pressuposta eficácia executiva *ex lege* em relação a esses coobrigados endossantes e seus avalistas.

A perda de eficácia executiva constitui antecedente lógico e fator prejudicial da questão da prescrição. Ou seja, como a Súmula 600/STF só se aplica ao emitente e seu avalista, e não faz referência aos endossantes e seus avalistas, exige-se do portador, para ter execução contra estes últimos, não apenas que o cheque, cujo pagamento tenha sido recusado pelo sacado, não esteja prescrito, mas que tenha *antes* sido apresentado a pagamento ao sacado, em tempo hábil (art. 33), dispensado apenas o protesto como condição da ação prevista no art. 47, II, ante o efeito equivalente da "declaração do sacado" (§ 1º do mesmo art. 47).

Para deixar bem acentuada a mudança, vale o estilo vigoroso utilizado pelo Min. César Asfor Rocha no REsp 1.292-CE, da 4ª Turma do STJ. É a seguinte a ementa oficial, que pressupõe tenha havido apresentação em tempo hábil:

"Direito comercial – Cheque – Endosso – Execução – Protesto – Lei n. 7.357/1985, art. 47, II – Dispensabilidade. Na vigência da Lei n. 7.357/1985, só e só porque não foi tirado o protesto, não fica o endossante indene de suportar o ônus de uma execução – Recurso conhecido e provido".[12]

Tratava-se de um caso em que as instâncias ordinárias julgaram extinta a execução que havia sido ajuizada contra os endossantes somente por não terem sido levados a protesto os cheques exequendos, *mas que haviam sido apresentados em tempo hábil, e a recusa de pagamento vinha comprovada por declaração do banco sacado equivalente ao protesto cambiário*, e que por isso dispensava esse formal ato cartorial; com o quê, ao ver do acórdão recorrido, teria restado desatendida a exigência do protesto contida no inciso II do art. 47 da Lei 7.357/1985. A expressão "só e só", utilizada no v.

12. *DJU* 6.5.1996.

acórdão superior, denota que outros requisitos, obviamente, haviam sido satisfeitos no caso concreto, máxime o da apresentação do cheque em tempo hábil, estabelecido no texto legal.

"Verifico, destarte – conclui o Relator –, que já não há mais a exigência do protesto como elemento indispensável para viabilizar a execução contra o endossante".

Com o repúdio ou o não aproveitamento pela Lei Interna da Reserva 21ª da Convenção sobre Cheque, que tornava então *obrigatório o protesto* (protesto tempestivo de cheque apresentado tempestivamente), como *plus* e único meio de conservação da eficácia do direito de execução, com exclusão de qualquer outro ato equivalente, o fato é que desapareceu na atualidade, quanto ao *emitente e seu avalista*, a figura da "perda de direitos", isto é, da decadência, ou perda da eficácia executiva, ou caducidade do cheque não apresentado tempestivamente ao banco sacado para pagamento; exigência subsistente só quanto aos "endossantes e seus avalistas", a ser obedecida, sob pena de decadência, pelo portador que promova a execução do cheque contra estes últimos, é, enfim, a da apresentação no tempo hábil previsto no art. 33.

Obrigatória, portanto, como se infere do referido aresto-padrão do STJ, para conservação do direito de execução do portador contra os endossantes e seus avalistas é a *apresentação do cheque em tempo hábil ao sacado para pagamento*, a ser comprovada por uma das três formas alternativas equivalentes indicadas no inciso II do art. 47 da Lei Interna do Cheque. A *apresentação tempestiva* é, para esse fim, indispensável até mesmo quando haja cláusula de dispensa do protesto (§ 1º do art. 50 da Lei 7.357); e é natural essa inflexibilidade da lei quanto ao pressuposto processual da exigência de apresentação dentro dos prazos legais, em face da natureza do cheque como título de apresentação a terceiro (banco sacado) para pagamento. Assim, a apresentação efetiva mas *tardia* (isto é, depois de decorrido o prazo legal de apresentação de cheque não revogado, mas antes de se consumar a prescrição), se autoriza o pagamento pelo banco sacado no contexto do parágrafo único do art. 35, e se devolvido com recusa de pagamento não afeta a executividade incondicionada contra o emitente e seus avalistas, não satisfaz, todavia, à exigência legal para execução contra os endossantes e seus avalistas, assentada no art. 47, II, que tem como pressuposto necessário a apresentação em tempo útil e a recusa motivada do pagamento, comprovada "por declaração do sacado, escrita e datada" – esta, aliás, sempre como alternativa equivalente ao protesto facultativo por falta de pagamento (§ 1º do art. 47).

O fenômeno da inafastabilidade do protesto obrigatório e tempestivo não tem incidência absoluta no regime da atual Lei 7.357/1985; esta segue também o sistema menos rígido previsto no art. 5º da nossa antiga Lei Interna do Cheque (Lei 2.591/1912), pelo qual a não apresentação tempestiva ao banco sacado ou a ausência do protesto tempestivo eram e são omissões que não afetavam e não afetam a eficácia executiva do cheque em relação ao emitente e aos seus avalistas, provocando, entretanto, a não apresentação tempestiva a perda do direito de ação contra os endossantes e seus avalistas.[13]

Para melhor compreensão do fenômeno desse retorno, sublinhe-se que o Brasil, ao aderir à Lei Uniforme de Genebra, subscreveu conjuntamente duas Reservas conflitantes e que a rigor se excluíam reciprocamente: a Reserva 20ª, que dispensava o protesto, e a Reserva 21ª, que o tornava pressuposto obrigatório da ação e meio único de conservação de direito. Antes da Lei Interna chegou a prevalecer a força desta última (Reserva 21ª) sobre a Reserva 20ª; já a Lei 7.357/1985 optou pela inversão das posições, adotando a Reserva 20ª e afastando a Reserva 21ª, o que equivale exatamente à retomada da disciplina tradicional que provinha do art. 5º da nossa antiga Lei do Cheque (n. 2.591/1912), que, ao fim e ao cabo, serviu à orientação da Súmula 600/STF, mesmo na vigência da Lei Uniforme.

Uma visão retrospectiva do período de transição da disciplina legal do cheque no Brasil – nas três fases históricas – mostra que a experiência de duas décadas de vigência da Lei Uniforme como segunda fase (de 1966 a 1985) não assimilou a *rigidez* do *sistema* do *protesto* (cartorial) *tempestivo obrigatório* (que pressupunha prévia apresentação, evidentemente também tempestiva), emergente da Reserva 21ª, num País com cultura de índole flexível e que tem arraigada no mercado a prática do cheque "pré-datado", que relega o próprio Direito legislado, onde se vive costume paralelo sobranceiro, que propicia esquecimento ou negligência quanto aos fundos a serem disponíveis em poder do sacado para cheques com sentido de promessa de pagamento em datas futuras.

Por isso, em que pese ao acerto da doutrina pelo protesto tempestivo obrigatório da época da Lei Uniforme no Brasil também quanto ao emitente e seus avalistas, foi com verdadeiro "alívio" que se recebeu, no tema, a

---

13. Quanto à perda da executividade contra os endossantes e seus avalistas não encontramos enfrentamento definitivo pelos Tribunais em geral ou pelo STJ que revelasse nitidamente entendimento atual específico no sentido de que, ausente o requisito da apresentação tempestiva, mesmo que presente eventual protesto tardio por falta de pagamento do cheque, fiquem os endossantes e seus avalistas liberados da sujeição à força executiva, subsistente nas mesmas condições contra o emitente e seu avalista. Insiste-se: protesto por falta de pagamento sem apresentação anterior com prévia declaração do motivo da falta de pagamento é um contrassenso, por se tratar, ademais, de ordem a terceiro (ao banco sacado), inerente a título *quesível*.

reviravolta, prenunciada na Súmula 600/STF e ratificada através da lei – aspiração popular, esta, que vem captada e expressa pela sensibilidade de Egberto Lacerda Teixeira, e que mereceu referência no REsp 1.292-CE, acima citado: "A *maior conquista* da nova lei brasileira foi dispensar a obrigatoriedade do *protesto* formal como pressuposto ou medida preliminar ao início da ação de cobrança do cheque. Hoje, tanto vale o protesto quanto a declaração escrita e assinada pelo banco sacado ou por câmara de compensação. Aboliu-se o fantasma do protesto, instrumento de pressão contra os devedores muitas vezes culpados de mera negligência ou descuido na emissão de cheque. A nova colocação do protesto, como instrumento facultativo e não mais obrigatório do início do processo de execução do cheque, é reafirmada nos §§ 1º e 4º do art. 47".[14]

Os textos em vigor, nos incisos I e II do art. 47 e seus quatro §§ da Lei Interna do Cheque, não deixam dúvida, ante sua clareza e pormenorização das situações, sobre a regência normativa de admissibilidade das ações ou execuções cambiais *sem* restrições por cheque apresentado depois do tempo hábil mas dentro do prazo em abstrato de *prescrição*, com pagamento recusado pelo sacado, contra o emitente e seus avalistas (inciso I); e de admissibilidade da execução *com* restrições contra os endossantes e seus avalistas (inciso II), isto é, sob a condição de que a recusa de pagamento, comprovada por um dos três modos ali previstos, se refira a cheque que tenha como pressuposto ter sido apresentado em *tempo hábil* ao sacado, que outro não é senão o dos prazos normais de apresentação fixados no art. 33 (30 ou 60 dias, a contar da data nele constante como de emissão, como decidido no REsp 604.351, 4ª Turma, j. 19.5.2005).

Só há perda do direito de execução também contra o emitente (e seus avalistas) na hipótese excepcional do § 3º do art. 47, de caducidade absoluta, mas condicionada, do cheque quando, não apresentado tempestivamente para pagamento ao banco sacado, existia provisão de fundos disponíveis, no prazo normal de apresentação, e que tenha deixado de existir em razão de fato não imputável ao emitente quanto ao desaparecimento ou indisponibilidade daquela provisão ao tempo da apresentação tardia.

Neste caso nem mesmo é cabível a ação por locupletamento ou por enriquecimento injusto (art. 61 da Lei Interna), por ausência dos pressupostos, visto que a provisão constituída pelo correntista com o sacado existiu normalmente para cobertura do saque durante o prazo de apresentação do cheque, mas foram fatos supervenientes, não imputáveis ao emitente, somados à negligência do portador (*tradens*) em retardar a apresentação ao sacado,

---

14. Egberto Lacerda Teixeira, *Nova Lei Brasileira do Cheque*, São Paulo, Saraiva, 1988, n. 113.

que deram azo à frustração do pagamento. A lei exime de responsabilidade *todos* os obrigados neste caso excepcional, carregando o prejuízo ao portador, que pode agir – não pelo cheque – contra o causador do prejuízo, invocando subsidiariamente a relação causal (art. 62), ou habilitar seu crédito, se for o caso, como quirografário, em processo concursal, se houve liquidação ou falência do banco depositário, quando este tenha sido reconhecido como culpado ou responsável pela frustração do pagamento.

Três fatos exemplificativos clássicos dessa espécie de caducidade chéquica verificável com a expiração do prazo sem apresentação tempestiva: (1) o emitente tem conta corrente conjunta com outra pessoa e esta exaure a provisão subsistente antes da apresentação tardia do cheque emitido pelo cocorrentista; (2) ato judicial de constrição ou de indisponibilidade sobre a provisão, após o prazo de apresentação; e (3) superveniente insolvência do banco sacado depositário.

O § 3º do art. 47 comporta mais algumas considerações. A primeira delas é sobre o sentido da expressão "tempo hábil" de apresentação do cheque, que, como mencionado acima, refere-se aos prazos normais de apresentação fixados no art. 33 (30 ou 60 dias, a contar do dia da emissão), e não àquele período dilargado do final do parágrafo único do art. 35 (até que decorra a prescrição da execução), que tem o efeito estrito de autorizar o cumprimento mesmo tardio da ordem subsistente de pagamento pelo banco sacado quando, subsistindo fundos disponíveis, não tenha sido revogado antes o cheque pelo emitente.

Outra consideração, coligada à primeira, refere-se à já citada perda do direito de execução contra o emitente pela não apresentação do cheque em *tempo hábil*, num único caso: se este tinha fundos disponíveis durante o prazo de apresentação e os deixou de ter em razão de fato que não lhe seja imputável. Ou seja, como corolário, pela Lei do Cheque, apresentado o cheque no aludido *tempo hábil* e existindo fundos disponíveis, mas não ocorrendo o pagamento por motivo de intervenção ou liquidação extrajudicial do banco sacado, ensejava-se ao portador o exercício do direito de execução contra o emitente. Já, pelas normas administrativas, nesse último caso, ao credor do emitente era assegurado o recebimento do valor do cheque com provisão suficiente até a véspera da liquidação do banco sacado, e podia reclamar do Banco Central o respectivo pagamento; enquanto os credores do banco sacado (os clientes depositantes ou correntistas emitentes de cheques com provisão suficiente) eram ressarcidos em caso de liquidação extrajudicial em até R$ 20.000,00 com recursos do Fundo Garantidor de Créditos/FGC.

Entretanto, num caso de liquidação extrajudicial de pequeno banco do Interior do Estado de São Paulo, não cobrindo o Banco Central o rombo negativo nas reservas, fato revelado na compensação de certo dia, determinou ainda o estorno dos débitos e dos créditos da véspera da decretação, de modo que acabaram por não ser compensados e, pois, devolvidos foram os cheques apresentados pelos portadores em tempo hábil emitidos sobre a instituição liquidada, por clientes desta, conquanto estes dispusessem de fundos suficientes em suas contas correntes. O resultado dessa nova orientação da autoridade administrativa governamental foi que os correntistas que tinham fundos disponíveis perderam os depósitos existentes no momento da quebra bancária, salvo o ressarcimento até R$ 20.000,00; e, evidentemente, responderão os correntistas pelos valores dos cheques de sua emissão em que se obrigaram perante terceiros garantindo o pagamento, desde que, apresentados em tempo hábil, não foram pagos ou compensados em razão exclusiva da liquidação extrajudicial do banco sacado, que é fato não imputável ao emitente. E já se estuda não permitir uso de cheques para transferências de recursos entre clientes dos bancos de valores superiores a R$ 5.000,00, só factíveis no futuro por meios eletrônicos, como medida de segurança, sob risco das instituições que compõem as câmaras de compensação no novo Sistema de Pagamentos Brasileiro.

Sobre esse sistema, v.: anotações ao art. 34, n. 1.

**3. O protesto facultativo ou alternativo do cheque (art. 48 da Lei 7.357/1985, conjugado com a superveniente Lei 9.492, de 10.9.1997) – Aspectos relevantes, funções e efeitos jurídicos, inclusive em face do art. 202, caput e inciso III, do CC/2002**

O protesto cambiário (notarial) é ato administrativo público unilateral *sui generis*, porque implica uma relação jurídica, como procedimento extrajudicial sempre de iniciativa do credor-portador, referente ao título, objetivamente, que envolve os sujeitos da obrigação cambiária, principalmente o emitente, no caso do cheque, com importantes repercussões jurídicas, do *facere*, como ato de conservação de direito ou como pressuposto do seu exercício, ato interruptivo, *ex lege*, da prescrição (art. 202, *caput* e inciso III, do CC/2002).

Assim, fica desde logo assentado que o protesto cambial do cheque é ato notarial não jurisdicional, separado do título mas a este referido, quando constituído por lei como pressuposto processual da exigibilidade da pretensão de pagamento, facultativo se pela via da ação cambial, ou obrigatório se para requerimento de falência do devedor empresário ou sociedade empresária. Caracteriza-se pela publicidade que empresta a um fato relevante; qual seja, atesta com fé pública o motivo da recusa do pagamento (ato equivalente ao do "vencimento" do cheque) através de prévia certificação privada (até mesmo sigilosa, em termos) por terceiro, o banco sacado destinatário da ordem, este como agente da função pública bancária, mas cujas declarações não se revestem de fé pública originária.

O ato do protesto comum ou especial falimentar do cheque por falta de pagamento, constituindo requisito fundamental do pedido de quebra, há de ser rigorosamente procedido, sob pena de carência da ação que se destine a instruir, como bem decidiu a 2ª Seção do STJ nos EREsp 248.134-PR, em 13.6.2007, ao não aceitar validade da intimação irregularmente feita a pessoa não identificada, embora no endereço correto.

Note-se ser inerente ao sistema legal de protesto por falta de pagamento a asseguração do prazo de "três dias úteis" (art. 12 da Lei 9.492/1997) ao devedor intimado do apontamento do título levado a protesto para efetuar o pagamento em cartório (arts. 19 e 20 da Lei 9.492, referência que não constava do texto genérico no final do § 1º do art. 48 da Lei 7.357/1985); resulta daí que no procedimento protestário de cheque abre-se oportunidade diretamente ao responsável para emendar a *mora* em que havia incorrido com a motivada devolução pelo sacado sem pagamento. O art. 1º da Lei 9.492 confirma que é o protesto por falta de pagamento (por ausência ou insuficiência de fundos) o ato solene que certifica a prova da "inadimplência" ou do "descumprimento" da obrigação originada do cheque não pago.

Corolário desse mecanismo do protesto público notarial facultativo ou obrigatório, para certos fins, do cheque, por falta de pagamento – insista-se –, é que, por sua vez, tem ele como pressuposto inarredável ter havido anterior *apresentação* do cheque, objetivando sua realização natural, frustrada precisamente por não ter ocorrido a liquidação esperada ao ser apresentado ao banco sacado, que o devolve sem atendimento à ordem de pagamento com o motivo da recusa em declaração escrita e datada, aposta no próprio título. Dizem, a esse respeito, os arts. 1º e 6º da Lei de Protesto de Títulos (Lei 9.492, de 10.9.1997): "Art. 1º. Protesto é o ato formal e solene pelo qual se prova a inadimplência e o descumprimento de obrigação originada em títulos e outros documentos de dívida"; "Art. 6º. Tratando-se de *cheque*, poderá o protesto ser lavrado no lugar do pagamento ou do domicílio do emitente, devendo do referido cheque constar a prova de apresentação ao banco sacado, salvo se o protesto tenha por fim instruir medidas pleiteadas contra o estabelecimento de crédito". *V.: "casos de não protesto", anotações aos arts. 55 e 69.*

Esse texto do art. 6º consoa com a disciplina do protesto tempestivo de cheque apresentado em tempo hábil, prevista no art. 48 da Lei 7.357/1985. Isto é, onde deve fazer-se: no lugar de pagamento ou do domicílio do emitente; e quando: antes da expiração do prazo de apresentação, ou seja, antes do início do prazo de prescrição; ressalvada a eventualidade de protesto tardio, perfeitamente viável, em face da autorização legal que tem o sacado de pagar o cheque ainda com força executiva, apresentado ou reapresentado, até que decorra o prazo prescricional da ação de execução (parágrafo único do art. 35, combinado com o *caput* do art. 59), que é aquele tirado já no curso do prazo prescricional – portanto, com eficácia interruptiva da prescrição (art. 202, III, do CC/2002), se antes não ocorreu *uma vez* outra causa interruptiva excludente (*caput* do aludido art. 202 do CC/2002).

Pela sistemática legal em vigor, não haverá *protesto público* sem *pré-apresentação privada*. Pode ocorrer esta sem aquele, por equivalência, até como salutar inovação, e pela cláusula de dispensa do protesto, mas jamais poderá haver dispensa da apresentação, visto ser o cheque título *quesível*, de apresentação a terceiro, que encerra ordem de pagamento; por isso, só se pode entender, para cheque, a *inadimplência* e o *descumprimento* de obrigação originada do título (art. 1º da Lei 9.492/1997) quando, primeiro apresentado regularmente ao banco sacado (veja-se o texto do *caput* do art. 48 da Lei 7.357), ocorra recusa de pagamento sem motivo justificado ou sem relevante razão de direito, a exemplo das hipóteses dos arts. 24, parágrafo único, 35 e 36 da Lei 7.357/1985, que espelham motivo justificado e de relevante razão de direito para seu não pagamento pelo sacado, que não configuram inadimplemento.

No cheque, por se tratar de título de apresentação para ser pago por terceiro (o banco sacado), uma das funções práticas do protesto (e dos avisos subsequentes) é dar ciência (solene) aos obrigados da não liquidação do cheque pelo sacado, isto é, da recusa do pagamento e dos motivos da devolução ao apresentante, comprovando, enfim, o protesto, a caracterização do inadimplemento ou do descumprimento da obrigação chéquica.

Mas, com a vigência da Lei Interna do Cheque, cabe notar que o protesto desse título parece ter submergido em crise de inocuidade, no sentido de que "qualquer das declarações previstas neste artigo dispensa o protesto e produz os efeitos deste" (§ 1º do art. 47 da Lei 7.357/1985). Ou seja, a declaração do banco sacado ou da câmara de compensação (inciso II do mesmo art. 47), aposta no cheque, certificando a data da apresentação e os motivos da sua devolução com recusa de pagamento equipara-se *ex lege* ao protesto, tanto que produz os efeitos legais deste. Ressalvem-se os peculiares casos exigíveis de protesto, ainda que serôdio, em leis especiais, mesmo contendo cláusula de dispensa para fins de execução (art. 50), como prova da impontualidade do devedor com o escopo de instruir requerimento de falência.

Outro efeito atribuído ao protesto cambial pelo art. 202, III, do CC/2002 é o da interrupção da prescrição – que, para cheque, é tema complexo: se se tratar de protesto *tempestivo* (*anterior* ao final do prazo de apresentação) não é causa interruptiva da prescrição, simplesmente porque esta só terá início 30 ou 60 dias após a expiração do prazo de apresentação (arts. 33 e 59 da Lei 7.357); mas se se tratar de protesto *intempestivo* (*posterior* ao final do prazo de apresentação, até porque, como visto antes, "pode o sacado pagar o cheque até que decorra o prazo de prescrição", que só se inicia após o termo do prazo de apresentação – final do parágrafo único do art. 35 da Lei 7.357), então, sim, esse protesto cartorário tardio de cheque ainda com força executiva tirado já no curso do prazo prescricional de seis meses, contados da expiração do prazo de apresentação (art. 59 da Lei 7.357) é causa interruptiva atuante estabelecida no art. 202, III, do CC/2002.

É inviável no cheque o protesto por qualquer outro motivo de devolução que não seja exclusivamente o de *falta de pagamento*, relacionado à ausência ou insuficiência de fundos nele declarado, caracterizadoras de inadimplência ou descumprimento, com equivalência de vencimento da obrigação (art. 21, § 2º, da Lei 9.492/1997), depois de ser apresentado ao banco sacado; como, por exemplo, por furto, extravio, revogação, falta de visto, aceite, marcação, prescrição etc. Quanto ao protesto em *dia útil*, vem estabelecido no art. 64 da Lei 7.357/1985 e no art. 12 da Lei de Protesto de Títulos (Lei 9.492/1997).

### 4. *O não protesto de cheque roubado ou extraviado*

Antes da Lei do Protesto (Lei 9.492/1997) já havia um movimento das autoridades do Banco Central e da Corregedoria-Geral da Justiça de São Paulo para criar mecanismos de vedação do iníquo protesto de cheque roubado e para cancelamento desses protestos indevidos, quando consumados.

Houve coerente iniciativa, em São Paulo, do Instituto de Estudos de Protesto de Títulos, em 1995, para que se tornasse até "defeso o apontamento para protesto de cheques que tenham sido devolvidos pelo banco sacado por motivo de furto, roubo ou extravio", e renovado empenho dessa entidade em 1996, quando surgiu um oportuno e decisivo fato novo, que foi a criação, pelo Banco Central, de novas alíneas específicas [*das causas de devolução*] (25, 28, 29 e 30) autorizando a devolução de cheques sem seu pagamento precisamente por motivo de furto, roubo ou extravio de talonários e/ou folhas de cheques ocorridos, ainda em poder do banco, ou já na posse do correntista.

Daí resultou o estudo, elaborado por Comissão de Juízes de São Paulo, acolhido pelo Corregedor-Geral da Justiça, que editou os Provimentos Normatizadores 14/1996 e 8/1997, impedindo o protesto, ambos assinados pelo Des. Marcio Martins Bonilha, que também viabilizou o cancelamento do protesto daqueles cheques.

É de justiça fazer justiça à Justiça ao dar pronta eficácia a dois relevantes motivos recém-criados pelo Banco Central para devolução sem pagamento, pelo banco sacado, quanto a cheques roubados, assim previamente caracterizados por boletim de ocorrência. Pelo Provimento 14, publicado no *Diário Oficial* de 25.10.1996, da Corregedoria-Geral, a Justiça de São Paulo lavrou magnífico tento em proteção eficaz, prática e imediata da comunidade vítima indefesa do crime organizado e do mercado explorador do cheque roubado, ao vedar o protesto de tais produtos de crime e corpos de delito, que é o que são esses *impressos não cheques*.

Aproveitamos para lembrar *dois pontos vitais* que agora precisam ser considerados, seja pelo legislador, Banco Central e Justiça, referentes ao Código de Processo Penal: qualquer do povo pode e as autoridades devem reter e apreender o objeto e a prova de crime quando a infração deixar vestígios, para o indispensável exame de corpo de delito. Esses princípios de ordem pública suscitam reexame da autorização legal genérica de protesto quanto a terceiros sempre que se tratar desses não cheques ou impressos subtraídos e falsificados, sem eficácia jurídica de cheque, mas, sim, corpo de delito e prova documental de crimes sucessivos, inclusive falsidade/estelionato, que, por isso, não podem ser reverenciados contraditoriamente como se fossem cheques autênticos.

Ou seja, deve-se agora evoluir para a *retenção* e tirada de circulação, *sem pagamento nem protesto algum, de tais corpos de delito,* seja pelo banco sacado ou pelo Cartório de Protestos, encaminhando-os à autoridade policial ou ao juízo de eventual processo. Isso atingiria mortalmente essa espécie de crime organizado, cujo "mercado" acumula milhões de cheques, repassados a "compradoras e recuperadoras" até clandestinas ou coatoras de ocasião, dentre os quais milhares já caducaram, para sorte das vítimas, graças à extinção de vários bancos e às sucessivas alterações dos padrões monetários (Cruzeiro, Cruzado) impressos nos talonários de cheques mais antigos, que não contêm prazo de validade.

Existe atualmente um importante estudo sobre a técnica de protesto do cheque, elaborado à luz da Lei Interna do Cheque em conjugação com a Lei de Protesto de Títulos, contido no *Manual Prático de Orientação para o Protesto*, oferecido pelos magistrados paulistas aposentados, especialistas José de Mello Junqueira e Silvério Paulo Braccio, a título de assessoria e contribuição ao Instituto de Estudos de Protesto de Títulos, edição de 1999, que, pela sua feição de síntese sistematizada, merece atenção (pp. 27-29).

**5. O protesto comum dispensa o especial para fins de falência, desde que a intimação seja feita sem irregularidade ao devedor corretamente identificado**

Nota importante sobre protesto especial para pedido de falência é sua dispensa quando se trate de títulos cambiários subordinados ao protesto comum. Essa orientação emana também do STJ, consubstanciada em três julgamentos, um dos quais encontra-se no REsp 203.791-MG, relator o Min. Sálvio de Figueiredo, julgado pela 4ª Turma em 8.6.1999, com a seguinte síntese: "Os títulos de crédito subordinados ao protesto comum escapam à necessidade do protesto especial. No caso, onde se discute a suficiência do protesto, o cheque, levado a protesto regular, é título hábil para instruir o pedido de falência".[15] Precedentes citados: REsp 50.827-GO, *DJU* 10.6.1996; e REsp 74.847-SP, *DJU* 2.6.1997.

O protesto do cheque pode ser tirado exclusivamente por falta de pagamento, e segue o padrão da Lei de Protesto (Lei 9.492/1997), como prova de inadimplência ou descumprimento de obrigação.

Já a apresentação funciona na prática como ato de "vencimento" do cheque, com o mesmo efeito do protesto; e o aviso ou o protesto, como manifestação pública da intenção do portador de cobrar seu valor, implicam a impontualidade ou o inadimplemento na observância da obrigação originada do título, o que enseja interpretação estrita.

A cláusula "sem protesto" não dispensa o portador da apresentação do cheque ao sacado e seu eventual protesto comum ou especial, com observância da regularidade formal do ato de intimação da pessoa do devedor; e menos ainda dos avisos (§ 1º do art. 50 da Lei Interna).

Para fins de falência, como se infere dos EREsp 248.143-PR, da 2ª Seção do STJ, relator o Min. Aldir Passarinho Jr., de 13.6.2007, decidiu-se pela carência da ação de falência por ter sido feita a intimação do protesto a pessoa não identificada, ainda que no endereço certo do devedor, por impossibilidade jurídica do pedido (art. 267, VI, do CPC).

Salvo a hipótese excepcional de cláusula de dispensa do *protesto*, é através do respectivo procedimento que a lei assegura ao emitente tomar formal ciência da certificação bancária da recusa do pagamento e devolução

15. *Informativo de Jurisprudência do STJ* 23, de 14-28.6.1999.

ao apresentante do seu cheque. No caso de dispensa do protesto, a lei prevê o aviso ao emitente a ser dado pelo portador nos quatro dias úteis seguintes ao da devolução do cheque apresentado sem pagamento. São aspectos relevantes, por se tratar de título de apresentação a terceiro.

O sistema de *aviso* será examinado no art. 49 da Lei Interna.

### 6. Extravio de talonário de cheques antes da entrega ao correntista

*Fundamentos jurídicos de uma ação do banco com base no parágrafo único do art. 24 da Lei do Cheque*

O Banco Central expediu orientação aos bancos para devolverem sem pagamento cheques "emitidos" de talonários *extraviados antes* da entrega do talonário de cheques ao cliente, incluídos aí os casos de furto ou roubo nas oficinas impressoras, nos carros-fortes de transporte ou nas agências bancárias. Igualmente, o Banco Central previu a hipótese de furto ou roubo dos talões já em poder do cliente, para os mesmos fins de obstar ao pagamento de "cheques" nessas condições, obviamente quando alertado antes o banco sacado dessa ocorrência, para diligenciar o que lhe couber.[16]

E nesses casos, ainda, está prevista a medida protetiva subsequente à recusa legítima de pagamento de tais "cheques" falsos ou inexistentes juridicamente, que é a proibição e recusa de tirada do *protesto* pelo cartório quando esse motivo da devolução constar no verso do cheque.

Bem se vê a boa disposição da lei e dos Poderes Públicos. Mas todo esse esforço conjunto do Banco Central e das Corregedorias dos Cartórios é insuficiente, não traz a solução jurídica definitiva, só alcançável casuisticamente pela via jurisdicional que reconheça a situação de ilicitude, proclame com eficácia de coisa julgada os efeitos consequentes, de invalidade do impresso e inexistência de obrigação dos sujeitos, e determine demais providências complementares ou repressivas adequadas a cada caso.

A situação de grave risco de dano para os correntistas e bancos sacados resultante do apossamento e da manipulação ilícita dos talões de cheques, inclusive por pessoas não identificadas, caracteriza-se pela probabilidade de emissões de ordens falsas de pagamento *contra* o banco depositário, *sobre* os fundos em conta corrente pertencentes aos titulares dos talões desaparecidos. O que fazer mais em defesa desses correntistas, do próprio banco e do público em geral, além da proibição do protesto coativo?

---

16. Na verdade, em jogo estão a eficiência, a segurança e a confiabilidade do sistema nacional de pagamentos.

Esse perigo enseja sejam adotadas providências imediatas acauteladoras, na esfera interna, sendo a principal delas o imediato *bloqueio*, com a *retenção* (e não com a devolução) das "ordens" de pagamento, por *a priori* sabidamente *falsas* – com o quê resta, provisória mas ainda precariamente, resguardado o patrimônio do cliente, confiado em depósito ao banco, até que a solução definitiva seja obtida, inclusive com eficácia jurisdicional, em processo especial.

Assim, é corolário do rigor que se exige na prestação específica de serviços bancários que os bancos atuem, em consequência, como guardiães e lhes seja reconhecido o direito-dever de se defender, a si e aos seus correntistas e depositantes, por todos os modos legais pertinentes.

Outras diligências protetivas, *que não firam o dever de sigilo bancário*, são de eficácia restrita, porque não submetem previamente a utilização anômala dos talões de cheques aos efeitos de invalidade ou inexistência de relação jurídica a serem emanadas de declaração judicial; e, com isso, os prejuízos se consumam por antecipação nos elos da cadeia de circulação de "cheques" falsos, ora para quem os acolhe, ora para o correntista, e na ponta final, sempre, para o banco sacado que realiza o pagamento indevido.

Ao banco sacado incumbe evitar prejuízo ao seu correntista, seja não pagando o "cheque" falso (alternativa em que o correntista fica exposto aos percalços decorrentes do inconformismo do portador), seja arcando o banco com o prejuízo do "cheque" falso pago mas não debitável na conta do cliente.

Parece evidenciada a *lide* e justificada a *pretensão resistida*: é direito do correntista usar livremente, para os fins legítimos a que foram preordenados, os talonários; mas essa pretensão tornou-se impossível ante a subtração (em estado de permanência), que caracteriza uma resistência difusa por quantos participam do *iter* ilicitude.

E é direito do banco não sofrer prejuízo indevido, como é dever seu não causar prejuízo ao seu correntista depositante.

No caso, a solução factível não se opera no *plano fático* (*recuperação* dos aludidos documentos por parte do banco), mas se realiza com eficácia por *prestação equivalente* no *plano jurídico*, para que não se perpetre o locupletamento de quantos atuarem na cadeia da ilicitude gerada pela subtração dos talões enquanto sob guarda do banco.

Como se vê, sobra legítimo interesse econômico, moral e processual ao banco que tenha sido vítima de roubo de talonários de cheques de seus correntistas, sobretudo enquanto ainda em seu poder.

## 7. Ainda a controvérsia sobre as modalidades de protesto do cheque por falta de pagamento, para fins falenciais

Na vigência da Lei Interna do Cheque tem surgido nos pretórios a questão relacionada à instrução de pedidos de falência quando fundados em falta de pagamento de *cheque*, para saber qual espécie de protesto é exigível: se o protesto *cambiário* (também denominado *comum*), previsto no art. 48 da Lei 7.357/1985 e nos arts. 6º, e 21, §§ 2º e 4º, da Lei de Protesto de Títulos, ou se o protesto *especial* (também denominado *para fins especiais*), previsto no art. 10 e §§ 1º e 2º da antiga Lei de Falências (Decreto-lei 7.661/1945) (art. 94 e § 4º da Lei de Falências, Lei 11.101/2005) e no art. 23 e parágrafo único da Lei de Protesto de Títulos.

Já ficou consolidado no REsp 203.791-MG, referido no n. 5, *retro*, ser o protesto comum por falta de pagamento ato substitutivo hábil do protesto especial, dispensando-o, o qual, a critério do credor, pode ser tirado, mas não necessariamente.

Dentre os protestos *para fins especiais* avulta aquele *para fins falimentares*, previsto no parágrafo único do art. 23 da lei de protestos de títulos ou documentos de dívida de responsabilidade das pessoas sujeitas às consequências da legislação falimentar.

Deve ser esclarecido, para o período atual, de pós-vigência da Lei Interna do Cheque (Lei 7.357/1985), que os Tribunais vinham dando uma interpretação no sentido de que, *não sendo mais obrigatório o protesto cambiário do cheque* para execução, todavia para requerimento de falência com base nesse título indispensável se tornara o *protesto especial* exigido pelo art. 10, *caput*, e disciplinado nos §§ 1º e 2º da antiga Lei de Falências e no art. 23, *caput* e parágrafo único, da Lei de Protestos (Lei 9.492/1997); isto é, indispensável o especial, desde que não tirado o protesto comum por falta de pagamento.

Assim, ficou superado o entendimento do TJSC na AC 97.002272-7, relator o Des. Silveira Lenzi, com a seguinte ementa:

"Falência – Necessidade de protesto especial. A teor do art. 47, § 1º, da Lei do Cheque, o protesto é facultativo para a propositura da ação de execução, porém para o pedido de falência exige-se o protesto especial – Lei de Falências (Decreto-lei n. 7.661, de 21.6.1945), art. 10: 'Os títulos não sujeitos a protesto obrigatório devem ser protestados, para o fim da presente Lei, nos Cartórios de Protesto de Letras e Títulos, onde haverá um livro especial para o seu registro' – Improvimento do recurso".

Essa foi a tese que prevaleceu nos primórdios de instalação do STJ, a exemplo da seguinte ementa no REsp 1.283-GO, relator o Min. Gueiros Leite:

"Pedido de falência – Cheque, protesto especial. O protesto especial do cheque é necessário no pedido de falência (Lei de Falências, arts. 10 e 11). O art. 47, II, e § 1º, da Lei n. 7.357/1985 não se aplica à falência, mas às execuções por falta de pagamento do cheque, ajuizadas contra endossantes e avalistas – Recurso conhecido e provido".[17]

Sucede que, mesmo institucionalizada a desobrigatoriedade do protesto do cheque para a ação de cobrança, *pode* facultativamente ocorrer seu protesto pela espécie *comum* ou *cambiária* propriamente dita (art. 48 da Lei 7.357/1985 e arts. 1º, 6º e 21, §§ 2º e 4º, da Lei de Protestos), o que dispensa – ou *supre* – o protesto *especial*. Ademais, com o advento da Lei de Protesto de Títulos (Lei 9.492, de 10.9.1997), passou o protesto especial (para fins especiais falimentares) a ser regulado de modo novo, em igualdade ou paridade com o comum, no seu art. 23.

Vale dizer, a *dualidade* de protestos subsiste, porém agora com *unicidade* de modo de lavratura e de forma de registro, ambos em *um único livro* (arts. 22 e 23, *caput*, da Lei 9.492/1997) – o que alterou a parte final do *caput* e o § 2º do art. 10 da antiga Lei de Falências (art. 94 da lei atual). Ou seja, o protesto (único) *comum* do cheque por falta de pagamento é exigência suficiente para falência.

Mas, independentemente das apontadas inovações introduzidas pela superveniente Lei de Protesto de Títulos, a jurisprudência dos Tribunais, sobretudo do STJ, modificou-se, passando a adotar orientação apropriada e oportuna no sentido de que "o cheque levado a protesto regular, na forma da legislação dos títulos de crédito, é título hábil para instruir o pedido de falência, suprindo a exigência do protesto especial referido no art. 10 do Decreto-lei n. 7.661/1945".[18]

Também a 3ª Turma vem adotando o mesmo entendimento sobre a suficiência do protesto comum: "O cheque, devidamente protestado por falta de pagamento, é título hábil ao requerimento de falência".[19]

E, mais recentemente, arrolando vários precedentes das duas correntes antagônicas, vem o REsp 248.143-PR, julgado em 10.4.2000, da mesma

---

17. *RSTJ* 10/393.
18. 4ª Turma, REsp 203.791-MG, rel. Min. Sálvio de Figueiredo Teixeira, j. 8.6.1999, v.u., ementa no *DJU* 28.6.1999, p. 122.
19. REsp 74.847-SP, rel. Min. Carlos Alberto Menezes Direito, ementa no *DJU* 2.6.1997.

3ª Turma, relator o Min. Ari Pargendler, com a seguinte ementa: "Falência – Cheque – Desnecessidade de protesto especial. Não se exige o protesto especial do cheque (Decreto-lei n. 7.661/1945, art. 10) para instruir o pedido de falência".[20]

O advento da Lei de Falências, ou Lei de Recuperação de Empresas, não altera essa conclusão – qual seja: mantém-se a eficácia do protesto cambiário comum para fins de falência, sem necessidade de se tirar protesto especial, tanto mais depois que o Código Civil/2002 elevou o comum *protesto cambial* à categoria de causa interruptiva da prescrição (art. 202, III).

## 8. Intervenção de terceiros em pagamento benéfico do cheque no Cartório de Protesto?

Neste ponto, quando se reafirma que o protesto do cheque tem como pressuposto e motivo único a *falta* ou *recusa de pagamento* declarada pelo banco sacado, por inadimplemento ou descumprimento da obrigação, vem à tona o tema da *intervenção* por honra da firma (ou *pagamento por intervenção*), pela exclusão da sua aplicação na vigência da Lei 7.357/1985, sendo inconcebível no cheque a outra modalidade de intervenção do direito cambiário, que é da *aceitação* por terceiro.

A intervenção (de estranhos) em pagamento, genericamente, teria lugar no procedimento administrativo do protesto se a lei especial sobre protesto de títulos dispusesse a respeito.

E, mesmo assim, sua aplicabilidade dependeria de compatibilização emergente da própria Lei do Cheque, que também não oferece base, ao contrário, pelos seus reflexos na função do instituto e sua conceituação, que só lei expressa poderia contemplar.

Ademais, o devedor pode ter razões para não pagar ou ter dado contra-ordem legal ao banco sacado e até pleiteado sustação do protesto, fatos do emitente ou do coobrigado que conflitariam com a iniciativa, por desinformação de terceiros intervenientes, de pagamento do cheque no procedimento de protesto, por honra da firma. Enfim, se na vigência da antiga Lei do Cheque era cabível o pagamento por intervenção, agora, desde a Lei Uniforme, e principalmente na vigência da Lei Interna do Cheque, tal instituto não está autorizado em seus termos objetivos e com efeitos jurídicos previstos para os títulos cambiários em geral.

Quando vigorava plenamente a antiga Lei Interna do Cheque, cujo art. 15 dava ensejo à aplicação ao cheque de disposições do Decreto 2.044/1908

---

20. *DJU* 112-E, 12.6.2000, p. 110.

em tudo que lhe fosse adequado, autores da maior autoridade vislumbravam, com fortes razões, a pertinência do pagamento benéfico por intervenção de terceiros no ato do protesto do cheque, por remissão aos arts. 34 e 35 da antiga Lei Cambial.

Com a derrogação da antiga Lei do Cheque restou sem base qualquer remissão à antiga Lei Cambial, inclusive aos dispositivos sobre pagamento por intervenção e sub-rogação nos direitos emergentes, previstos na Lei Uniforme sobre Cambiais (arts. 59º-63º).

Se nem a Lei Uniforme sobre Cheque nem suas Reservas previam a hipótese de intervenção em pagamento benéfico e a Lei Interna não autoriza a incidência dessa excepcionalidade – e, portanto, não regula seus efeitos –, a conclusão é a de que na atualidade esse instituto não é suscetível de ter aplicação ao protesto do cheque, com todas as decorrências jurídicas, salvo anuência prévia, específica e formal do obrigado.

• **Lei 7.357/1985, art. 49**

**Art. 49. O portador deve dar aviso da falta de pagamento a seu endossante e ao emitente, nos quatro dias úteis seguintes ao do protesto ou das declarações previstas no art. 47 desta Lei ou, havendo cláusula "sem despesa", ao da apresentação.**

**§ 1º. Cada endossante deve, nos dois dias úteis seguintes ao do recebimento do aviso, comunicar seu teor ao endossante precedente, indicando os nomes e endereços dos que deram os avisos anteriores, e assim por diante, até o emitente, contando-se os prazos do recebimento do aviso precedente.**

**§ 2º. O aviso dado a um obrigado deve estender-se, no mesmo prazo, a seu avalista.**

**§ 3º. Se o endossante não houver indicado seu endereço, ou o tiver feito de forma ilegível, basta o aviso ao endossante que o preceder.**

**§ 4º. O aviso pode ser dado por qualquer forma, até pela simples devolução do cheque.**

**§ 5º. Aquele que estiver obrigado a aviso deverá provar que o deu no prazo estipulado. Considera-se observado o prazo se, dentro dele, houver sido posta no correio a carta de aviso.**

**§ 6º. Não decai do direito de regresso o que deixa de dar o aviso no prazo estabelecido. Responde, porém, pelo dano causado por sua negligência, sem que a indenização exceda o valor do cheque.**

• **Lei Uniforme, art. 42º**

**Artigo 42º**

**O portador deve avisar da falta de pagamento o seu endossante e o sacador, dentro dos quatro dias úteis que se seguirem ao dia do protesto, ou da declaração equivalente, ou que contiver a cláusula "sem despesas". Cada um dos**

endossantes deve por sua vez, dentro dos dois dias úteis que se seguirem ao da recepção do aviso, informar o seu endossante do aviso que recebeu, indicando os nomes e endereços dos que enviaram os avisos precedentes, e assim contam-se a partir da recepção do aviso precedente.

Quando, em conformidade com o disposto na alínea anterior, se avisou um signatário do cheque, deve avisar-se igualmente o seu avalista dentro do mesmo prazo de tempo.

No caso de um endossante não ter indicado o seu endereço, ou de o ter feito de maneira ilegível, basta que o aviso seja enviado ao endossante que o precede.

A pessoa que tenha de enviar um aviso pode fazê-lo por qualquer forma, mesmo pela simples devolução do cheque.

Essa pessoa deverá provar que o aviso foi enviado dentro do prazo prescrito. O prazo considerar-se-á como tendo sido observado desde que a carta que contém o aviso tenha sido posta no correio dentro dele.

A pessoa que não der o aviso dentro do prazo acima indicado não perde os seus direitos. Será responsável pelo prejuízo, se o houver, motivado pela sua negligência, sem que a responsabilidade possa exceder o valor do cheque.

- **Há Reserva (rejeitada) do art. 22º do Anexo II**

### Artigo 22º
(Rejeitada)

Por derrogação do art. 42º da Lei Uniforme, qualquer das Altas Partes Contratantes tem a faculdade de manter ou de introduzir o sistema de aviso por intermédio de um agente público, que consiste no seguinte: ao fazer o protesto, o notário ou o funcionário incumbido desse serviço, em conformidade com a lei nacional, é obrigado a dar comunicação por escrito desse protesto às pessoas obrigadas pelo cheque, cujos endereços figurem nele, ou sejam conhecidos do agente que faz o protesto, ou sejam indicados pelas pessoas que exigiram o protesto. As despesas originadas por esses avisos serão adicionadas às despesas do protesto.

*1. Aviso sobre a falta de pagamento, a ser dado pelo portador ao seu endossante e ao emitente do cheque e sucessivamente aos coobrigados*

Originariamente havia a Reserva do art. 22º do Anexo II, a qual foi *rejeitada* pelo Brasil, de maneira que prevaleceu a disposição do art. 42 da Lei Uniforme, sobre o complexo sistema de avisamento, como veio redigida, transposta para o art. 49 e seus seis §§ da atual Lei Interna.

O dispositivo em exame regula o instituto do *aviso da falta de pagamento*, que era conhecido do direito anterior (art. 30 do Decreto 2.044/1908), aplicável ao cheque por força da remissão do art. 15 da Lei 2.591/1912. O prazo para o portador dar aviso do protesto ao último endossador era de dois dias, contados da data do instrumento do protesto, e cada endossatário tinha, por sua vez, igual prazo, contado do recebimento do aviso, para transmiti-lo aos endossantes anteriores, e assim sucessivamente, até o primeiro, sob pena de responder por perdas e interesses (art. 30 do Decreto 2.044).

O prazo do primeiro aviso é que se alterou, passando de dois dias, da antiga Lei Cambial, para quatro dias, no regime da Lei Uniforme e da Lei Interna do Cheque, nos moldes do *caput* do art. 49 da Lei 7.357/1985.

Inovou-se, outrossim, no avisamento também ao sacador ou emitente. Justifica-se o avisamento ao sacador ou emitente da recusa de pagamento para que, tomando conhecimento do fato, adote as providências necessárias. No sistema brasileiro de protesto de títulos, entretanto, o aviso específico do portador ao sacador torna-se dispensável, porque é a ele, como "devedor", fundamentalmente, que o notário noticia o apontamento a protesto. No caso de cheque com cláusula de dispensa de protesto, aí, sim, deve o portador que não tirar o protesto dar aviso da recusa do pagamento ao sacador nos quatro dias úteis seguintes ao dia das declarações referentes à apresentação ao sacado, que é o que pretendeu dizer o final do *caput* do art. 49.

É também ônus atribuído ao portador avisar, da falta de pagamento do cheque pelo sacado, o seu endossante e respectivo avalista, dentro de quatro dias úteis que se seguirem ao dia do protesto ou das declarações resultantes da apresentação, quando se tratar de cheque com cláusula de dispensa do protesto ou sem despesas.

E, sucessivamente, no prazo de dois dias úteis que se seguirem à recepção do aviso, cada avisado deverá, por sua vez, informar seu endossante do aviso que recebeu, indicando os nomes e endereços dos que enviaram os avisos precedentes, e assim sucessivamente, até se chegar ao primeiro endossante, que recebeu o cheque do sacador.

Dá-se aviso igualmente aos avalistas, no mesmo prazo dos seus avalizados.

Independe de forma prescrita.

Diz a última alínea do art. 42º da Lei Uniforme (§ 6º do art. 49 da Lei Interna) que o não avisamento não implica perda de direitos. Apenas acarreta, ao não avisante, responsabilidade pelo prejuízo, se houver, a título de perdas e danos, motivado por sua negligência, até o valor do cheque. Não afeta o cheque nem os direitos do portador.

## 2. *Sistema de avisamento sobre a falta de pagamento*

O ponto de maior interesse na rejeição à Reserva do art. 22º do Anexo II é que ficou vedado no País o alvitrado sistema de avisos por intermédio do agente público notarial encarregado do protesto. A Lei Interna ratificou a rejeição. A competência do tabelião de protesto de títulos deve ser interpretada restritivamente, conforme se extrai do art. 3º da Lei 9.492/1997.

Quando o aviso tiver de ser feito, não o será através do Cartório de Protesto, porque não tem essa atribuição. A rejeição da Reserva sugere que tal atribuição *de lege ferenda* não devesse ser cometida ao Cartório de Protesto; por isso, a Lei de Protesto de Títulos (Lei 9.492, de 10.9.1997) não a incluiu como função cartorial.

Mas poderá ser feito o aviso pelo Cartório de Registro de Títulos e Documentos, correio, portador, banco ou qualquer meio eficaz que permita sua comprovação.

• **Lei 7.357/1985, art. 50**

**Art. 50. O emitente, o endossante e o avalista podem, pela cláusula "sem despesa", "sem protesto", ou outra equivalente, lançada no título e assinada, dispensar o portador, para promover a execução do título, do protesto ou da declaração equivalente.**

**§ 1º. A cláusula não dispensa o portador da apresentação do cheque no prazo estabelecido, nem dos avisos. Incumbe a quem alega a inobservância de prazo a prova respectiva.**

**§ 2º. A cláusula lançada pelo emitente produz efeito em relação a todos os obrigados; a lançada por endossante ou por avalista produz efeito somente em relação ao que lançar.**

**§ 3º. Se, apesar da cláusula lançada pelo emitente, o portador promove o protesto, as despesas correm por sua conta. Por elas respondem todos os obrigados, se a cláusula é lançada por endossante ou avalista.**

• **Lei Uniforme, art. 43º**

**Artigo 43º**

O sacador, um endossante ou um avalista pode, pela cláusula "sem despesas", "sem protesto", ou outra cláusula equivalente, dispensar o portador de estabelecer um protesto ou outra declaração equivalente para exercer os seus direitos de ação.

Essa cláusula não dispensa o portador da apresentação do cheque dentro do prazo prescrito nem tampouco dos avisos a dar. A prova da inobservância do prazo incumbe àquele que dela se prevaleça contra o portador.

Se a cláusula foi escrita pelo sacador, produz os seus efeitos em relação a todos os signatários do cheque; se for inserida por um endossante ou por um avalista, só produz efeito em relação a esse endossante ou avalista. Se, apesar da cláusula escrita pelo sacador, o portador faz o protesto ou a declaração equivalente, as respectivas despesas serão por conta dele. Quando a cláusula emanar de um endossante ou de um avalista, as despesas do protesto, ou da declaração equivalente, se for feito, podem ser cobradas de todos os signatários do cheque.

• **Não há Reservas**

*Cláusula "sem despesa" ou "sem protesto" ou outra equivalente a estas: várias situações*

(1) O art. 43º da Lei Uniforme, com ratificação no art. 50 da Lei Interna, permite a inserção no cheque das cláusulas "sem despesa", "sem protesto" ou outras a estas equivalentes, seja pelo sacador, por endossante ou avalista, dispensando o portador de estabelecer o protesto para exercer seus direitos de ação de execução correspondente ao cheque antes apresentado necessariamente ao banco sacado para pagamento, mas não liquidado e devolvido com declaração do motivo da recusa.

Constitui exceção à regra da obrigatoriedade do protesto emergente dos arts. 40º e 41º da Lei Uniforme e a da Reserva do art. 21º do Anexo II, amenizada no art. 47 da Lei Interna. De todo modo, por serem cláusulas restritivas dos direitos do portador, ensejam interpretação prudente e integrada.

As cláusulas do art. 43º da Lei Uniforme são inovação da legislação uniformizada, pois que sob a égide da sistemática anterior eram proibidas ou consideradas não escritas (art. 44, II, do Decreto 2.044/1908), e foram acolhidas pelo art. 50 da Lei Interna.

(2) Diz a alínea 2ª que tal cláusula não dispensa, todavia, o portador da apresentação do cheque dentro do prazo estabelecido ao banco sacado, nem tampouco dos avisos a dar. É esse o regime que vigora por força do § 1º do art. 50 da Lei 7.357/1985. Logo, a expressão "ou da declaração equivalente" do final do *caput* do art. 50, nesse contexto, não abrange a declaração (inarredável) do banco sacado no cheque que lhe foi apresentado para pagamento, declaração obrigatória, sempre, como se infere do próprio § 1º do art. 50.[21]

A alínea 3ª (§ 2º do art. 50 da Lei Interna) dispõe que a cláusula escrita pelo sacador produz seus efeitos em relação a todos os signatários do cheque, ao passo que a cláusula inserida por endossante ou avalista é de alcance mais restrito, obviamente, só produzindo efeito em relação àquele que a exarou.

---

21. Sem apresentação do cheque ao banco sacado não há como caracterizar-se a recusa do pagamento que conduza ao inadimplemento; sem este, não há lide; sem lide, não há tutela jurisdicional invocável pelo portador para cobrança do cheque não pago assegurada por lei pela via executiva direta ou regressiva.

(3) A cláusula "sem despesa" ou "sem protesto" não impede o protesto, mesmo porque para a utilização do cheque com o fim de instruir pedido de falência impõe-se, obrigatoriamente, como requisito extrínseco da Lei Falimentar, o protesto. E protesto válido e tempestivo, no sentido da Súmula 600/STF e da Lei Interna do Cheque, que atribuem eficácia executiva ao cheque, mesmo que não apresentado em tempo hábil e não pago pelo sacado, enquanto não prescrita a ação cambial, de nada valendo a cláusula de dispensa do protesto regular para suprir a exigência desse específico meio de publicidade peculiar da caracterização da impontualidade (art. 10 do revogado Decreto-lei 7.661, de 21.6.1945 – art. 94 da Lei Falimentar), para fins falenciais, "das pessoas sujeitas às consequências da legislação falimentar", como prevê também o parágrafo único do art. 23 da Lei de Protesto.

As despesas, no entanto, de quem faz protesto supérfluo correm à sua conta quando lançada no cheque a cláusula de dispensa. Não será supérfluo, todavia – insista-se –, o protesto para fins exigidos por leis especiais.

Quando a cláusula emanar de endossante ou avalista – conclui o art. 43º da Lei Uniforme, reproduzido no final do art. 50, § 3º, da Lei Interna –, as despesas do protesto, se for feito, podem ser cobradas de todos os signatários do cheque.

• **Lei 7.357/1985, art. 51**

**Art. 51. Todos os obrigados respondem solidariamente para com o portador do cheque.**

**§ 1º. O portador tem o direito de demandar todos os obrigados, individual ou coletivamente, sem estar sujeito a observar a ordem em que se obrigaram. O mesmo direito cabe ao obrigado que pagar o cheque.**

**§ 2º. A ação contra um dos obrigados não impede sejam os outros demandados, mesmo que se tenham obrigado posteriormente àquele.**

**§ 3º. Regem-se pelas normas das obrigações solidárias as relações entre obrigados do mesmo grau.**

• **Lei Uniforme, art. 44º**

**Art. 44º**

**Todas as pessoas obrigadas em virtude de um cheque são solidariamente responsáveis para com o portador.**

**O portador tem o direito de proceder contra essas pessoas, individual ou coletivamente, sem necessidade de observar a ordem segundo a qual elas se obrigaram.**

**O mesmo direito tem todo o signatário dum cheque que o tenha pago.**

A ação intentada contra um dos coobrigados não obsta ao procedimento contra os outros, embora esses se tivessem obrigado posteriormente àquele que foi acionado em primeiro lugar.

• Não há Reservas

## 1. Solidariedade passiva e o direito irrestrito de ação do portador em face dos coobrigados

O art. 44º da Lei Uniforme, em sintonia com o tradicional art. 50 do Decreto 2.044/1908, proclama a adoção das regras do instituto da solidariedade passiva para as ações de cobrança aplicada ao direito sobre cheque, em benefício do portador demandante e maior segurança do instituto do cheque. A Lei doméstica do Cheque encampou a normatividade tradicional no seu art. 51, e ainda incorporou no § 3º a regência civil da solidariedade interna dos coobrigados do mesmo grau entre si, com a consequência processual de só ser cabível a ação de direito comum, e não a cambiária, entre eles.

A alínea 1ª vincula ao portador todas as pessoas que se obrigaram pelo cheque, tornando-se solidariamente responsáveis e, pois, legitimadas passivas para responderem, sem exclusão, individual ou coletivamente, independentemente da ordem em que se obrigaram – estatui o art. 51, *caput* e §§ 1º e 2º, da Lei 7.357/1985, em face do portador ou do obrigado (sub-rogado) que pagar o cheque; e a ação proposta contra um dos obrigados não impede que, sem exceção, sejam os outros demandados, cumulativamente ou não, pelo modo que couber pela lei processual.

Esta orientação não é nova. Rodrigo Octávio[22] já doutrinava que cada um dos obrigados é solidariamente responsável pela liquidação do cheque, no sentido de que cada um, por si, é responsável direto pelo pagamento integral do título.

No exame dos arts. 12º, 18º e 25º da Lei Uniforme, respectivamente arts. 15, 21 e 29 da Lei 7.357, viu-se que o sacador, os endossantes e os avalistas *garantem* de per si o pagamento do cheque. O sacador, sempre. O sacado, nunca. Os endossantes só não garantem quando haja sido estipulada expressamente a cláusula excludente "sem garantia" e na hipótese de endosso póstumo do art. 24º da Lei Uniforme (art. 27 da Lei 7.357/1985).

Os avalistas garantem parcialmente no limite da importância indicada ou, se não houver determinação, até o valor do cheque (art. 29 da Lei Interna).

---

22. Rodrigo Octávio, *Do Cheque*, Rio de Janeiro, Francisco Alves, 1913, p. 169.

O art. 44º da Lei Uniforme, reproduzido no art. 51 da Lei Interna, sancionando as disposições dos artigos citados, estabelece a solidariedade entre todos e cada um dos obrigados, assegurando ao portador a disponibilidade da ação competente, com o direito de proceder contra eles individual ou coletivamente, sem se adstringir à ordem segundo a qual tenham se obrigado.

As mesmas regras atuam em prol do signatário (coobrigado) que tenha pago o cheque. Tem ele o direito de se voltar contra os demais garantes do cheque, por ação regressiva de natureza cambiária, nas mesmas condições do portador a quem satisfez o pagamento como sub-rogado (art. 51, final do § 1º, da Lei Interna).

Nesse sentido a regra do art. 283 do CC/2002,[23] combinada com as disposições do art. 985, III e ss., do mesmo diploma.

O exercício do direito de escolha de um ou de uns dos obrigados para acionamento, assegurado no § 1º, não importa renúncia à solidariedade e não exclui o direito de procedimento contra os outros, ainda que estes se tenham obrigado posteriormente àqueles acionados em primeiro lugar (§ 2º).

É o princípio consagrado no art. 275 e parágrafo único do CC/2002,[24] da solidariedade com autonomia.

O art. 50 do Decreto 2.044/1908 aplicava-se, por força da remissão do art. 15 da Lei 2.591/1912: "A ação cambial pode ser proposta contra um, alguns ou todos os coobrigados, sem estar o credor adstrito à observância da ordem dos endossos".

A ilegitimidade (passiva) do cocorrentista de conta conjunta não signatário (*não emitente*) do cheque foi proclamada pela 4ª Turma do STJ em acórdão no REsp 336.632-ES, relator o Min. Aldir Passarinho, de 6.2.2003.[25]

*V.: anotações ao art. 3º, n. 6, "Conta bancária conjunta – Solidariedade ativa e outros aspectos relevantes da contratualidade e da cartularidade".*

## 2. As relações entre obrigados solidários do mesmo grau são de direito comum

A Lei Interna do Cheque introduziu, como § 3º do art. 51, uma inovação esclarecedora relevante, que não se encontrava no correspondente art.

---

23. Corresponde ao revogado art. 913 do antigo CC.
24. Corresponde aos revogados arts. 904 e 910 do anterior CC.
25. Ementa no *DJU* 31.3.2003, p. 227.

44º da Lei Uniforme, referente às relações entre obrigados solidários do mesmo grau, tema disciplinado pelo art. 283 do CC/2002[26] e aplicável por extensão ao direito cambiário, mas que excluía e exclui a utilização da ação cambiária executiva entre os coobrigados solidários do mesmo grau.

A cobrança das quotas-partes proporcionais pelo coobrigado pagante sub-rogado dos coavalistas, por exemplo, realiza-se por meio de ação do direito comum, cabível no caso de pluralidade de obrigações iguais, isto é, obrigações solidárias, conforme apontamos nas anotações aos arts. 26º e 27º da Lei Uniforme (arts. 30 e 31 da Lei Interna – sobre "aval"), que abrangem não só coavalistas, mas também abrangem coendossantes e coemitentes, todos desde que do mesmo grau entre si.

• **Lei 7.357/1985, arts. 52 e 53**

**Art. 52. O portador pode exigir do demandado: I – a importância do cheque não pago; II – os juros legais desde o dia da apresentação; III – as despesas que fez; IV – a compensação pela perda do valor aquisitivo da moeda, até o embolso das importâncias mencionadas nos itens antecedentes.**

**Art. 53. Quem paga o cheque pode exigir de seus garantes: I – a importância integral que pagou; II – os juros legais, a contar do dia do pagamento; III – as despesas que fez; IV – a compensação pela perda do valor aquisitivo da moeda, até o embolso das importâncias mencionadas nos itens antecedentes.**

• **Lei Uniforme, arts. 45º e 46º**

### Artigo 45º

O portador pode reclamar daquele contra o qual exerceu o seu direito de ação:

**1º) a importância do cheque não pago;**

**2º) os juros à taxa de 6% desde o dia da apresentação;**

**3º) as despesas do protesto ou da declaração equivalente, as dos avisos feitos e as outras despesas.**

### Artigo 46º

A pessoa que tenha pago o cheque pode reclamar daqueles que são responsáveis para com ele:

**1º) a importância integral que pagou;**

**2º) os juros da mesma importância, à taxa de 6% desde o dia em que a pagou;**

**3º) as despesas por ele feitas.**

---

26. Correspondente ao revogado art. 913 do anterior CC.

- **Há Reservas dos arts. 23º e 24º (rejeitada) do Anexo II**

### Artigo 23

Qualquer das Altas Partes Contratantes tem a faculdade de determinar, quanto aos cheques passados e pagáveis no seu território, que a taxa de juros a que se refere o art. 45º, n. 2º, e o art. 46, n. 2º, da Lei Uniforme poderá ser substituída pela taxa legal em vigor no seu território.

### Artigo 24
### (Rejeitada)

Por derrogação do art. 45º da Lei Uniforme, qualquer das Altas Partes reserva-se a faculdade de inserir na lei nacional uma disposição, determinando que o portador pode reclamar daquele contra o qual exerce o seu direito de ação uma comissão, cuja importância será fixada pela mesma lei nacional.

Por derrogação do art. 46º da Lei Uniforme, a mesma regra é aplicável à pessoa que, tendo pago o cheque, reclama o seu valor aos que para com ele são responsáveis.

### 1. *Direitos do portador demandante exigíveis contra o demandado*

Quanto ao art. 45º da Lei Uniforme (art. 52 da Lei Interna):

A Reserva do art. 23º alcança exclusivamente o n. 2º do art. 45º, no sentido de substituir a taxa de juros de 6% estipulada na legislação uniformizada pela taxa legal em vigor no direito interno do País (art. 52, II, da Lei 7.357/1985).

A Reserva do art. 24º foi *rejeitada*, de modo que não há cogitar de *comissão*, nem para o portador demandante, nem para o sub-rogado.

O art. 45º da Lei Uniforme (art. 52 da Lei Interna) assegura ao portador demandante reclamar daquele contra o qual tenha exercido o seu direito de ação: (1) a importância do cheque não pago; (2) os juros à taxa legal em vigor, desde o dia da apresentação; (3) as despesas do protesto, dos avisos e outras (custas processuais e honorários advocatícios, estes pelo princípio da sucumbência decorrente do art. 20 e §§ do CPC). E o inciso IV do art. 52 da Lei Interna autoriza também a cobrança de correção monetária[27] ou compensação pela perda do valor aquisitivo da moeda, não cogitada na Lei Uniforme.

Os juros não são os convencionais, proibidos (art. 7º da Lei Uniforme, correspondente ao art. 10 da Lei 7.357), mas *juros moratórios*.

Quando o cheque tiver sido emitido com a cláusula "sem despesas" ou "sem protesto" e ainda assim o portador acionante tenha feito desnecessa-

---

27. V. "Plano Real" sobre correção monetária.

riamente o protesto, arcará ele com as respectivas despesas, na forma do art. 43º, penúltimo tópico da alínea 3ª (§ 3º do art. 50 da Lei Interna).

Um dos mais importantes efeitos do art. 52 da Lei 7.357 é que as sentenças condenatórias proferidas nas ações de cobrança de cheque deverão fixar os juros moratórios não apenas da data da citação como regra geral, mas pela regra específica, desde o dia da apresentação do cheque ao banco sacado para recebimento. Desaparece, assim, aquele hiato de não incidência de juros entre o momento da recusa de pagamento pelo banco sacado até a citação na ação específica de cobrança movida contra os obrigados.

As ações de cobrança devem ser aqui entendidas no sentido mais amplo possível.

Por força do disposto no art. 293 do CPC, compreendem-se no principal, ainda que não tenham sido referidos explicitamente na inicial, os *juros legais*, assim considerados os *moratórios*, e não os convencionais (art. 10 da Lei 7.357), e a correção monetária.

Os juros moratórios incidem quer se trate de cobrança do cheque pela via monitória ou de conhecimento (procedimento ordinário, monitório, ou de rito sumário, conforme o valor da causa), em que há sentença condenatória, ou se cuide de processo de execução, em que não há sentença condenatória, nesta última e mais natural hipótese com fundamento nos arts. 651, 659 e 710 do vigente CPC.

*2. Ainda a correção monetária, os juros de mora e a restitutio in integrum – Termo inicial: desde o dia da apresentação. As Súmulas 43 e 54/STJ e o critério diverso da Lei do Protesto de Títulos*

A Lei Interna, como visto *retro*, introduziu importante inovação, como inciso IV no seu art. 52, sob a identificação de "compensação pela perda do valor aquisitivo da moeda". Trata-se da correção monetária prevista na legislação brasileira (Lei 6.899, de 8.4.1981). E repetiu essa previsão o inciso IV do art. 53 da Lei 7.357/1985 em favor de quem pagou o cheque com esse acréscimo, autorizando seu reembolso atualizados pelos demais garantes.

Quanto à correção monetária prevista no inciso IV do art. 52, que incide nas ações de cobrança movidas primariamente pelo portador, por constituir ato ilícito o não pagamento, é cogitável a aplicação da Súmula 43/STJ, que tem o seguinte enunciado: "Incide correção monetária sobre dívida por ato ilícito a partir da data do efetivo prejuízo".

E no tocante aos juros moratórios, cuja exigência é assegurada ao portador contra o demandado no inciso II do mesmo art. 52 da Lei Interna do

Cheque, sua incidência – diz a lei – "desde o dia da apresentação" é uma indicação segura para a fixação do termo inicial, em harmonia com a Súmula 54/STJ: "Os juros moratórios fluem a partir do evento danoso, em caso de responsabilidade extracontratual".

Quanto à questão dos juros é conhecido o julgado do extinto TAMG na ACi 164.213 (rel. Juiz Lucas Sávio, j. 23.11.1993),[28] de grande interesse para estudo dessa questão, sobre o cheque, que distingue e diversifica o *dies a quo* de incidência dos juros de mora: (a) a contar da *citação*, nas ações comuns para cobrança de cheque (art. 61), por aplicação das normas gerais dos processos de conhecimento; (b) a contar da *apresentação*, nas execuções (arts. 47 e 52, II, da Lei 7.357/1985).

Ou seja, essa interpretação, quanto aos juros, *restringe* às execuções (art. 47) o termo *a quo* previsto no art. 52, II (a partir da apresentação), e remete os demais procedimentos ao princípio geral da fluência dos juros somente a contar da citação.

Especificamente, na atualidade, o "evento danoso", como referencial para fluência dos juros moratórios, a que se refere a Súmula 54/STJ, em qualquer espécie de procedimento (executório ou não), será, sempre e invariavelmente, no cheque, a data da efetiva apresentação, que é o ato jurídico fundamental da realização do "vencimento"-exigibilidade desse título de apresentação a terceiro, quando, então, caracteriza-se a ilicitude com a eventualidade da recusa do pagamento ordenado.

É oportuno refletir aqui sobre uma subquestão superveniente, que o art. 40 da Lei de Protesto (Lei 9.492/1997) suscita para os títulos em geral, quando diz: "Não havendo prazo assinado, a data do registro do protesto é o termo inicial da incidência de juros, taxas e atualizações monetárias sobre o valor da obrigação contida no título ou documento de dívida". Pergunta-se: esse dispositivo, fixando em sentido diverso o termo inicial de incidência de juros e atualização monetária para títulos inespecíficos protestados, aplicar-se-ia ao cheque, alterando o critério específico do art. 52, II, da Lei Interna do Cheque?

Antecipando a solução que reputamos mais razoável, a resposta é negativa.

Primeiro, não existe nem caberia disposição explícita na superveniente Lei de Protesto derrogando o critério próprio do sistema da Lei do Cheque quanto a este título.

Segundo, o protesto, se pudesse ser considerado *obrigatório* na vigência da Lei Uniforme para conservação da eficácia executiva e do correspon-

---

28. *RJTAMG* 53/146.

dente direito de ação da cobrança do cheque, pela Lei Interna do Cheque, sem dúvida, tornou-se ato *facultativo* para aqueles fins (art. 47).

Terceiro, seria incongruente, não isonômico e até antijurídico que para cheque sem protesto o termo inicial da incidência de juros recaísse no dia da apresentação ao sacado (art. 52, II, da Lei 7.357/1985) mas a eventualidade de subsequente lavratura de protesto facultativo operasse o deslocamento daquele marco e levasse à desconsideração da fluência anterior dos juros computados até a data do posterior registro do protesto (art. 40 da Lei 9.492/1997).

Portanto, para cheque, em quaisquer hipóteses, os juros começam a fluir sempre do dia da ocorrência de apresentação a pagamento, venha ou não a ser protestado.

O mesmo ocorre com o termo inicial de incidência da correção monetária, que é a *compensação pela perda do valor aquisitivo da moeda*, nos termos do inciso IV dos arts. 52 e 53 da Lei do Cheque. Por outro lado, no caso de pagamento do cheque no Cartório de Protestos observar-se-á o critério do art. 11 da Lei de Protesto, pela conversão vigorante no dia da apresentação a protesto, no valor que seja eventualmente indicado pelo apresentante para a correção monetária mais os juros moratórios incorridos.

A outra subquestão que se apresenta é a do *dies a quo* da atualização monetária como "compensação pela perda do valor aquisitivo da moeda, até o embolso das importâncias mencionadas nos itens antecedentes", que tem em vista o princípio da *restitutio in integrum*. O STJ, em acórdão da 3ª Turma no REsp 49.716-SC, de que foi relator o Min. Waldemar Zveiter,[29] teve oportunidade de afastar o critério de incidência da correção monetária, tratando-se de cobrança de cheque prescrito, a partir do ajuizamento da ação, e adotou orientação mais rigorosa oriunda do TJSC, por aplicação do § 1º do art. 1º da Lei 6.899/1981, considerando como termo inicial a data de emissão do cheque, por entender que aí eclodiu o efetivo prejuízo, na esteira de outro julgado da própria 3ª Turma no REsp 16.026-SP, relator o Min. Eduardo Ribeiro,[30] que assinalou independer de se saber a origem contratual ou extracontratual, não importando se a dívida é de valor ou de dinheiro.

Trata-se de paradigmas respeitáveis, mas que não consideraram o aspecto do prazo de apresentação, que é concedido pela lei não ao emitente, mas ao *portador*, que pode fazer uso do prazo que mais lhe convier, buscando o pagamento imediatamente ao dia de emissão ou aguardando mais tempo por sua conta para apresentá-lo ao banco sacado, como direito potestativo

---

29. *RSTJ* 71/354.
30. *DJU* 31.8.1992.

do portador ao termo final. Como não se pode esquecer, o cheque encerra duas peculiaridades: a de título de apresentação à vista para pagamento por terceiro e a de que, consequentemente, não é dinheiro.

A se levar ao extremo a orientação de incidência de correção monetária (e/ou de juros) a partir da data da emissão, estar-se-ia, por inadvertência, criando uma inusitada obrigação ao banco sacado de fazer pagamento de cheque que lhe tenha sido apresentado, por iniciativa do portador, muitos dias depois da emissão, com acréscimo de juros e correção monetária, do período de espera do próprio portador – o que contraria totalmente as regras atinentes ao cheque, que não admitem cláusula que altere a ordem incondicional de pagamento, pelo banco, mas somente da quantia fixa, nele "determinada". E resultaria, como desdobramento prático inconveniente, que todo cheque pago pelo sacado sem acréscimo além da data de emissão, mesmo que a apresentação seja sempre ato voluntário da iniciativa exclusiva do portador, produziria um resíduo de litigiosidade, para ser solvido pelo emitente e coobrigados, por juros e correção monetária intercorrentes. O que, ademais, transformaria o prazo de apresentação em fator especulativo, e o cheque, nesse período, em título de crédito ou de assunção de dívida.

A solução prático-jurídica sempre foi e será a da incidência de juros e correção monetária a partir da data da apresentação do cheque sem pagamento pelo banco sacado, o que não se contrapõe à orientação das Súmulas 43 e 54/STJ e está de conformidade com as regras atinentes às peculiaridades da natureza econômico-jurídica do cheque, como instrumento de pagamento à vista por terceiro, que tem como ato culminante sua apresentação ao banco sacado para liquidação, inclusive do direito potestativo do portador ao termo final.

Nesse sentido – sempre sustentado nas anteriores edições deste livro – firmou-se a jurisprudência do extinto 1º TACivSP, de que é exemplar o acórdão da ACi, embargos declaratórios acolhidos, julgamento de 30.11.1988, da 4ª Câmara, de que foi relator o Juiz Octaviano Santos Lôbo, que vem assim ementado e fundamentado:

"Execução – Cheque – Juros da mora e correção monetária – Incidência a partir da data da apresentação – Aplicação dos arts. 52, II, da Lei n. 7.357/1985 e 1º, § 1º, da Lei n. 6.899/1981.

"O cheque é título formal, autônomo, abstrato, que contém declaração unilateral de vontade enunciada pelo sacador por uma ordem de pagamento à vista, em dinheiro, dirigida ao sacado, em benefício do portador, correspondente à importância indicada. A obrigação é *pro solvendo*, incidindo juros moratórios e correção monetária desde o dia da apresentação.

"Sustenta a embargante que o julgado se omitiu na fixação da data a partir da qual se devem contar os juros e correção monetária.

"Efetivamente, na apelação (item 3º, fls. 73), a recorrente pediu que se decidisse a data a partir da qual se contariam os juros e a correção monetária. Tanto a decisão de primeiro grau como a desta Câmara se omitiram com relação ao tema.

"Os juros moratórios contam-se a partir do vencimento do título cambial (art. 48º da Lei Uniforme de Genebra com Relação à Letra de Câmbio). No caso, em se tratando de cheque, emitido em 27.11.1986, a obrigação é *pro solvendo* e não é título de crédito (Paulo Restiffe Neto, *Lei do Cheque*, Ed. RT, 1973, p. 39). Os juros moratórios podem ser pleiteados pelo portador *desde o dia da apresentação*, conforme dispõe o art. 45º da Lei Uniforme do Cheque (Paulo Restiffe Neto, ob. cit., p. 122). No mesmo sentido estabelece a nova norma do cheque, ou seja, o art. 52, II, da Lei federal n. 7.357, de 2.9.1985.

"Quanto à correção monetária, o art. 1º, § 1º, da Lei n. 6.899/1981 declara que, nas execuções de títulos de dívida líquida e certa, a correção será calculada a contar do *respectivo vencimento*.

"O cheque é 'título formal, autônomo, abstrato, que contém uma *declaração unilateral de vontade* enunciada pelo sacador por uma ordem de pagamento à vista, em dinheiro, dirigida ao sacado, em benefício do portador, correspondente à importância indicada' (Paulo Restiffe Neto, ob. cit., p. 39).

"O 'vencimento' do cheque – conclui-se –, para os fins do art. 1º, § 1º, da Lei n. 6.899/1981, *será o dia da apresentação*. O banco sacado só transfere o dinheiro ao portador a partir da apresentação da 'ordem', ou seja, do cheque. Logo, da apresentação conta-se a atualização do valor monetário.

"Ante o exposto, acolhem-se os embargos de declaração para fixar os juros moratórios e a correção monetária a partir da apresentação do cheque ao Banco sacado, que, no caso *sub examine*, é 9.4.1987 (fls. 5 do processo de 'execução')."[31]

### 3. *Direito regressivo do coobrigado pagante exigível contra os garantes*

Quanto ao art. 46º da Lei Uniforme (art. 53 da Lei Interna):

Há Reservas dos arts. 23º e 24º do Anexo II. Todavia, a Reserva do art. 24º foi *rejeitada*.

31. *RT* 637/121.

O art. 46º é de índole semelhante ao art. 45º, ambos da Lei Uniforme (incorporados aos arts. 52 e 53 da Lei Interna), dizendo respeito à pessoa que tenha pago o cheque ao seu portador, assegurando-lhe o direito de reclamar, inclusive na eventual ação regressiva cambiária, dos demais garantes do cheque ou responsáveis: (1) a importância integral que pagou; (2) os juros da mesma importância, à taxa legal em vigor, desde o dia em que a pagou; (3) as despesas por ele feitas (inclusive as de custas processuais e honorários advocatícios, se a cobrança foi feita através de ação judicial).

Parece incogitável, em princípio, pretensão de pagamento por via consignatória judicial de cheque, cuja provisão deve estar na conta corrente bancária, e não em poder do emitente.

Os juros não são os convencionais, proibidos (art. 7º da Lei Uniforme), mas *juros moratórios,* conforme o correspondente art. 10 da Lei 7.357.

Tratando-se de cheque com cláusula "sem despesa" ou "sem protesto", as despesas supérfluas feitas pelo portador de cheque com cláusula de *dispensa* não deverão ser pagas pelo coobrigado, porque não lhe será lícito ressarcir-se delas subsequentemente dos demais obrigados (§ 3º do art. 50 da Lei Interna).

Houve acréscimo do inciso IV ao art. 53 da Lei Interna, para autorizar a exigência de recobro do garante demandado para compensação da perda dos valores do cheque, pelo portador pagante, com atualização monetária, de conformidade com a Lei 6.899, de 8.4.1981.

Cumpre advertir – tendo presentes as anotações feitas anteriormente aos incisos II e IV ao art. 52 –, que o pagante pode exigir dos garantes do cheque, independentemente da ordem em que se obrigaram (art. 51, § 1º, última parte), os juros a contar do dia do pagamento e a compensação pela perda do valor aquisitivo da moeda até o reembolso das importâncias que desembolsou. Note-se que o inciso IV do art. 53, ao usar a expressão "até o embolso", não exclui e até por equidade abrange o período compreendido entre o desembolso e o reembolso, para incidência do princípio da continuidade dos juros legais e correção monetária em curso.

• **Lei 7.357/1985, art. 54**

**Art. 54. O obrigado contra o qual se promova execução, ou que a esta esteja sujeito, pode exigir, contra pagamento, a entrega do cheque, com o instrumento de protesto ou da declaração equivalente e a conta de juros e despesas quitada.**

**Parágrafo único. O endossante que pagou o cheque pode cancelar seu endosso e os dos endossantes posteriores.**

# DA AÇÃO POR FALTA DE PAGAMENTO

• **Lei Uniforme, art. 47º**

### Art. 47º

Qualquer dos coobrigados, contra o qual se intentou ou pode ser intentada uma ação, pode exigir, desde que reembolse o cheque, a sua entrega com o protesto ou declaração equivalente e um recibo.

Qualquer endossante que tenha pago o cheque pode inutilizar o seu endosso e os endossos dos endossantes subsequentes.

• **Não há Reservas**

## 1. Generalidades sobre entrega do cheque ao obrigado que pagou

O art. 47º da Lei Uniforme cuida, na alínea 1ª, do direito que tem qualquer coobrigado que tenha sido executado, ou passível de ser acionado, de exigir, mediante reembolso do cheque, sua entrega com o protesto e recibo; disposição natural, essa, ratificada no art. 54 da Lei Interna. No caso de execução judicial presume-se que o título exequendo esteja nos autos.

Com isso, não só se exonera da responsabilidade como, portando o cheque com o eventual protesto e recibo de pagamento, prova o direito de se voltar pela via regressiva própria contra os demais obrigados, na forma, respectivamente, do § 1º, *in fine*, do art. 51 e do art. 53 da Lei Interna.

## 2. Inutilização de endosso pelo pagante e exoneração dos endossantes subsequentes, ficando com direito de regresso contra os precedentes

O sistema autoriza a todo endossante que, como coobrigado, tenha pago o cheque inutilizar seu endosso e os endossos dos endossantes subsequentes. É o que está no parágrafo único do art. 54 da Lei Interna.

Quem paga o cheque evidentemente não mais responde por ele. Na cadeia de endossos, o endossante que paga libera, na prática, os subsequentes, ficando com o direito de ação contra os precedentes, de natureza cambiária regressiva, que supõe a posse do título quitado, acompanhado do instrumento de protesto, quando for o caso, e da conta do retorno.

Ora, se os endossos riscados por isso são considerados como endossos não escritos, já não produzindo qualquer efeito (art. 22 da Lei Interna), riscando-os (cancelando-os), o endossador-pagante exclui em absoluto qualquer responsabilidade em relação aos indicados no parágrafo único do art. 54 da Lei 7.357/1985, que embasa os efeitos do *cancelamento* do endosso na parte final do art. 22 da mesma Lei Interna.

## 3. Ação de quitação pelo obrigado pagante em caso de recusa do credor em dá-la na forma devida

A ação especial aplicável em favor do obrigado pagante, que antes vinha disposta no revogado art. 941 do anterior CC (ação de quitação), já não tem correspondente no Código Civil/2002, aplicando-se, assim, a ação declaratória prevista no art. 4º do CPC nas hipóteses de recusa do credor em dar a quitação ou no caso de não a dar na forma devida (art. 320, parágrafo único, do CC/2002). Claro que esse procedimento é pertinente quando se tratar de cheque com pagamento recusado pelo sacado ao lhe ser apresentado e que tenha sido devolvido ao credor-portador, que será o demandado nessa ação, precisamente se e quando tenha recebido o valor do cheque, sem a devolução do próprio título ao pagante. Por exceção, se houver pagamento pelo próprio emitente, independentemente de apresentação ao banco sacado, mediante recibo e sem devolução do cheque, aí também cabe a ação de quitação ou equivalente, com pedido de restituição do título, retirando-o de circulação.

• **Lei 7.357/1985, art. 55**

**Art. 55.** Quando disposição legal ou caso de força maior impedir a apresentação do cheque, o protesto ou a declaração equivalente nos prazos estabelecidos, consideram-se estes prorrogados.

§ 1º. O portador é obrigado a dar aviso imediato da ocorrência de força maior a seu endossante e a fazer menção do aviso dado mediante declaração datada e assinada por ele no cheque ou folha de alongamento. São aplicáveis, quanto ao mais, as disposições do art. 49 e seus parágrafos desta Lei.

§ 2º. Cessado o impedimento, deve o portador, imediatamente, apresentar o cheque para pagamento e, se couber, promover o protesto ou a declaração equivalente.

§ 3º. Se o impedimento durar por mais de quinze dias, contados do dia em que o portador, mesmo antes de findo o prazo de apresentação, comunicou a ocorrência de força maior a seu endossante, poderá ser promovida a execução, sem necessidade da apresentação do protesto ou declaração equivalente.

§ 4º. Não constituem casos de força maior os fatos puramente pessoais relativos ao portador ou à pessoa por ele incumbida da apresentação do cheque, do protesto ou da obtenção da declaração equivalente.

• **Lei Uniforme, art. 48º**

**Artigo 48º**

Quando a apresentação do cheque, o seu protesto ou a declaração equivalente não puder efetuar-se dentro dos prazos indicados por motivos de obstáculo insuperável (prescrição legal declarada por um Estado qualquer ou caso de força maior), esses prazos serão prorrogados.

O portador deverá avisar imediatamente do caso de força maior o seu endossante e fazer menção datada e assinada desse aviso no cheque ou na folha anexa; para os demais aplicar-se-ão as disposições do art. 42º.

Desde que tenha cessado o caso de força maior, o portador deve apresentar imediatamente o cheque a pagamento e, caso haja motivo para tal, fazer o protesto ou uma declaração equivalente.

Se o caso de força maior se prolongar além de quinze dias a contar da data em que o portador, mesmo antes de expirado o prazo para a apresentação, avisou o endossante do dito caso de força maior, podem promover-se ações sem que haja necessidade de apresentação, de protesto ou de declaração equivalente.

Não são considerados casos de força maior os fatos que sejam de interesse puramente pessoal do portador, ou da pessoa por ele encarregada da apresentação do cheque, ou de efetivar o protesto ou a declaração equivalente

• Não há Reservas

*1. Prorrogação de prazos – Casos de força maior e outros aspectos implicados no impedimento de apresentação ou protesto do cheque*

Já foi visto nas anotações aos arts. 47 e 48 da Lei Interna que os prazos para apresentação do cheque ao sacado para pagamento bem assim para entrega a protesto, quando recusado o pagamento, são rígidos, em princípio.

Os prazos de apresentação do cheque ao sacado são, como visto, pelo art. 33 da Lei Interna, respectivamente de 30 e 60 dias, conforme se trate de cheque pagável na mesma praça em que foi passado ou noutra. Em decorrência da Reserva do art. 14º do Anexo II, feita ao prazo de oito dias, previsto originariamente para a apresentação no art. 29º da Lei Uniforme, restaram subsistentes os prazos maiores, do art. 4º da Lei 2.591/1912. Houve, porém, redução para 60 dias, pela Lei Interna (art. 33), para apresentação de cheques de outra praça, ou do Exterior, pagáveis no Brasil, e a conversão de 1 mês para 30 dias do prazo de apresentação de cheque da mesma praça.

O art.48 da Lei Interna fixa para a entrega do cheque a protesto o mesmo prazo de apresentação ao sacado, dilatando-o de um dia útil no caso de apresentação do cheque ao sacado no último dia aprazado.

O art. 55 da Lei Interna, ora em exame, abre exceção, permitindo a prorrogação dos prazos aludidos no caso em que a apresentação do cheque ou seu protesto não puderem efetivar-se por motivo de obstáculo insuperável, que seja de uma destas duas ordens: (1) por decretação, pela autoridade pública, de estado de emergência, calamidade pública, casos de guerra ou comoção intestina, recessos bancários compulsórios e outros; (2) por qualquer caso de força maior que não seja relacionado com interesse puramente pessoal do portador, ou da pessoa encarregada da apresentação do cheque, ou de efetivar seu protesto (alíneas 1ª e 5ª do art. 48º da Lei Uniforme ou *caput* e § 4º do art. 55 da Lei 7.357/1985).

Lorenzo Mossa, na sua obra clássica,[32] discorrendo sobre a perda do prazo de apresentação por motivo de força maior como causa de prorrogação dos prazos estabelecidos, inclusive para salvaguarda do direito de regresso, pondera que a força maior é, como para a cambial, um estado de coisas natural ou jurídico, como a moratória concedida pelo Estado. É objetiva e impessoal; não é força maior para efeito da Lei Uniforme, art. 48º, e da Lei Italiana, art. 53, o impedimento estrita e singularmente pessoal do possuidor ou apresentador do cheque; pode sê-lo quando o impedimento pessoal é geral e, portanto, objetivo: epidemia, tumulto.

Nessa mesma linha, aliás, já era a lição de Rodrigo Octávio, *verbis*: "A questão de força maior encerra uma das mais agitadas controvérsias do direito cambial. Há duas espécies de força maior: a que decorre de um fato de ordem geral, como uma guerra, bloqueio ou a decretação das moratórias gerais, e a que decorre de um caso pessoal, como uma moléstia súbita, ou acidente, que impeça o portador de praticar o ato necessário para conservação do seu direito".

Completamos nós que o § 3º do art. 20 da nossa antiga Lei Cambial (Decreto 2.044/1908) acrescentava ainda o *caso fortuito* como motivo autorizador da prorrogação, obviamente nas mesmas condições da força maior.

Em todas essas hipóteses de impedimento de ordem geral consideram-se prorrogados os prazos de apresentação e protesto ou de declaração equivalente do cheque pelo tempo de duração do estado de anormalidade (art. 55, *caput*), desde que o portador dê aviso imediato do caso de força maior ao seu endossante e disso faça menção escrita e assinada no cheque ou folha anexa (§ 1º).

Desde que tenha cessado o motivo de obstáculo insuperável, deve o portador apresentar imediatamente o cheque a pagamento e, sendo o caso, providenciar o protesto (§ 2º).

De qualquer maneira, se o impedimento se prolongar por mais de 15 dias, contados da data em que o portador, mesmo antes de expirado o prazo para apresentação, tenha dado aviso do motivo ao endossante, as *ações de cobrança* poderão ser promovidas independentemente da formalidade de apresentação ou do protesto (§ 3º).

---

32. Lorenzo Mossa, *Lo Check e l'Assegno Circolare*, Padova, 1939, n. 238, p. 353.

Não se inclui na liberação excepcional do § 3º a ação de falência, pois que o requisito do protesto é intransponível, como exigência da lei própria para a caracterização da impontualidade do devedor (art. 94, I, da Lei Falencial).

A dispensa do protesto é limitada ao exercício da via executiva (art. 47, § 4º), e não da via falimentar, cuja disciplina pertence à lei própria especial.

A prorrogação excepcional de prazos, por motivo de obstáculo insuperável, não se confunde com a proibição de concessão de dias de perdão, contida no art. 57º da Lei Uniforme, aliás, agora sem correspondência na Lei Interna do Cheque, mas subsistente a proibição de dia de graça ou tolerância no art. 74º da Lei Uniforme sobre Letras de Câmbio e Notas Promissórias.

V.: anotações ao art. 64, parágrafo único, **infra**.

**2. Dispositivos pertinentes da Lei do Protesto de Títulos**

O art. 1º da Lei do Protesto de Títulos (Lei 9.492, de 10.9.1997) diz, conceituando juridicamente o protesto, *verbis*: "Protesto é o ato formal e solene pelo qual se prova a inadimplência e o descumprimento de obrigação originada em títulos e outros documentos de dívida".

O art. 6º complementa, quanto ao protesto de cheque: "Tratando-se de cheque, poderá o protesto ser lavrado no lugar do pagamento ou do domicílio do emitente, devendo do referido cheque constar a prova de apresentação ao banco sacado, salvo se o protesto tenha por fim instruir medidas pleiteadas contra o estabelecimento de crédito".

Já o art. 21 dispõe que "o protesto será tirado por falta de pagamento, de aceite ou de devolução", para os títulos de crédito em geral.

Quanto ao cheque o protesto será tirado: por falta de pagamento, dependendo do motivo da devolução pelo sacado; para garantir direito de regresso; e para fim de requerimento de falência do devedor.

Observe-se que, conforme exposto nas anotações ao art. 48, *retro*, e ao art. 69, *infra*, não estão sujeitos a protesto os casos de cheques devolvidos com base em: extravio de talonário antes de sua entrega pelo banco ao cliente; contraordem por razão de furto/roubo (ou apropriação indébita); cheque já compensado e extraviado ou furtado; e cheque que não tenha sido antes apresentado para pagamento ao banco sacado, com a indicação do motivo da recusa.

## Capítulo VIII – Da Pluralidade de Exemplares

(Lei 7.357/1985, arts. 56 e 57; Lei Uniforme, arts. 49º e 50º)

• **Lei 7.357/1985, art. 56**

Art. 56. Excetuado o cheque ao portador, qualquer cheque emitido em um País e pagável em outro pode ser feito em vários exemplares idênticos, que devem ser numerados no próprio texto do título, sob pena de cada exemplar ser considerado cheque distinto.

• **Lei Uniforme, art. 49º**

### Artigo 49º

Excetuado o cheque ao portador, qualquer outro cheque emitido num País e pagável noutro País ou numa possessão ultramarina desse País, e vice-versa, ou ainda emitido e pagável na mesma possessão ou em diversas possessões ultramarinas do mesmo País, pode ser passado em vários exemplares idênticos. Quando um cheque é passado em vários exemplares, esses exemplares devem ser numerados no texto do próprio título, pois do contrário cada um será considerado como sendo um cheque distinto.

• **Não há Reservas**

*Cheque de fluxo internacional de emissão múltipla
que não seja ao portador*

O Capítulo VIII da Lei Interna (arts. 56 e 57), que corresponde ao Capítulo VII da Lei Uniforme (arts. 49º e 50º), cuida do fluxo internacional de cheque emitido num País para ser pago noutro, tendo um deles como envolvido o Brasil, para abrir uma exceção à regra da unicidade documental própria do direito cambiário e facultar a emissão da ordem de pagamento chéquica, isto é, exclusivamente no ato de criação,[1] pelo sacador, "em vários

---

1. Othon Sidou (*Do Cheque*, 4ª ed., Rio de Janeiro, Forense, 1998, n. 42) acrescenta tratar-se de caráter de cheque irregular por figura de acréscimo a emissão múltipla.

exemplares idênticos", desde que não se trate de cheque ao portador, igualmente de trânsito exterior entre dois Países, sendo um deles o Brasil.

Os dispositivos da Lei Interna, ao reproduzirem a inovação da Lei Uniforme, evidentemente tiveram em conta sua eficácia enquanto envolvido no trânsito internacional um *cheque plural* em que o Brasil figure como País de emissão ou de pagamento.

Essa estranha modalidade de cheque, que foi acolhida pela Convenção de Genebra, recebeu crítica e justificada oposição de muitos convencionais, por duas razões principais: o cheque nada tem a ver com a letra de câmbio, onde o instituto da duplicata ou pluralidade se justifica por se tratar de título de crédito, o que não ocorre com o cheque, por ser ordem de pagamento à vista, por terceiro (banco sacado), inclusive por ser de circulação restrita e de efêmera duração; e por outra razão mais prática ainda, qual seja, a de que a existência de cópias do cheque põe em evidente risco a segurança que o instituto requer, pois propicia fraudes e abusos, em detrimento do emitente da ordem múltipla, de vez que outro é seu executor responsável que efetua o pagamento (o banco sacado, ao qual incumbe pedir explicações ou garantia – art. 41 – em caso de dúvida etc.), com potencialidade de causar prejuízo, ao fim e ao cabo, também a terceiros.

Só se explica a adoção da *pluralidade de exemplares* para um único título chéquico (*obrigação unitária*), pela lei brasileira, como atitude "politicamente correta", visto que se trata de transposição pura e simples do texto uniforme a que o Brasil já havia aderido. Mas do ponto de vista jurídico essa atitude é no mínimo duvidosa, ante o que se expôs acima, sobretudo porque não fazia parte a duplicata ou triplicata de cheque da tradição do direito brasileiro,[2] nem muito menos o mercado praticou essa modalidade de cheque, e não consta que tenha havido alteração nos padrões costumeiros da nossa praxe bancária.

Não nos parece que a lei brasileira tenha aplicação quando o Brasil não esteja numa daquelas duas posições (de emissão ou de pagamento), nem mesmo se participar intercorrentemente na circulação de quaisquer dos exemplares um banco intercalar situado no território brasileiro.

Em todo caso, subsistem as regras convencionais de dirimência de conflitos internacionais, aplicáveis à espécie.

O art. 49º da Lei Uniforme, transposto para o art. 56 da Lei Interna, consagra o princípio de que o cheque ao portador só pode ser emitido numa única via.

---

2. O art. 16 da antiga Lei Cambial (Decreto 2.044, de 31.12.1908) dedicava-se, no Capítulo V, à disciplina da "Multiplicação da Letra de Câmbio"; mas proibia-se tal fenômeno jurídico da duplicação para as notas promissórias (art. 56 da referida lei).

Inadmitida a pluralidade de cheques ao portador, presume-se que cada um deles represente uma obrigação autônoma.

A proibição, com a mesma consequência, estende-se ao cheque nominal que seja passado e pagável no mesmo País, ainda que possa circular cambiariamente por outros Países.

A única exceção aberta pelo texto convencional no art. 49º, facultando a emissão de cheque em pluralidade de vias ou exemplares, é para o caso de cheque que não seja ao portador, isto é, cheque nominal, emitido num País para pagamento noutro (art. 56 da Lei Interna).

Neste caso, as cópias, idênticas, deverão conter a mesma numeração, com menção no texto do título de se tratar de cheque com pluralidade de exemplares, indicando-se o número de vias, até porque, pelo art. 57 da Lei Interna, o pagamento de uma via é, obviamente, liberatório das demais. A lei não disciplina a operacionalidade dessa espécie, nem regula a relação entre o sacado e o emitente. Mas é visível a inviabilidade de aproveitamento de várias folhas dos talonários usuais para integração de um cheque com pluralidade de exemplares, dado que a numeração dos modelos oficiais é unitária, autônoma e sequencial. Nesse caso, o banco sacado não tem condições de controle que impeça o pagamento de cada *via* ou exemplar como ordem distinta ou cheque autônomo.

À falta daquelas inequívocas indicações, cada exemplar será considerado um cheque distinto, representando obrigação autônoma, para todos os efeitos.

A matéria era desconhecida da Lei 2.591/1912, mesmo porque a emissão de cheque em pluralidade de exemplares só é permitida quando estejam envolvidos na emissão e no pagamento dois Países distintos (relações de âmbito internacional), o que extravasava mesmo do limite de incidência do nosso anterior direito interno específico que precedera à Lei Uniforme.

• **Lei 7.357/1985, art. 57**

**Art. 57. O pagamento feito contra a apresentação de um exemplar é liberatório, ainda que não estipulado que o pagamento torna sem efeito os outros exemplares.**

**Parágrafo único. O endossante que transferir os exemplares a diferentes pessoas e os endossantes posteriores respondem por todos os exemplares que assinarem e que não forem restituídos.**

• **Lei Uniforme, art. 50º**

**Artigo 50º**

**O pagamento efetuado contra um dos exemplares é liberatório, mesmo quando não esteja estipulado que este pagamento anula o efeito dos outros.**

O endossante que transmitiu os exemplares do cheque a várias pessoas, bem como os endossantes subsequentes, são responsáveis por todos os exemplares por eles assinados que não forem restituídos.

• Não há Reservas

*Disciplina de responsabilidade e de pagamento de cheques com pluralidade de exemplares*

O art. 50º da Lei Uniforme regulou a forma e o efeito do pagamento e a responsabilidade dos endossantes de cheque emitido em pluralidade de exemplares, servindo de molde ao art. 57 da Lei Interna.

A alínea 1ª dispõe, em coerência com o art. 49º do texto genebrino (*caput* do art. 57 da Lei Interna), que o pagamento efetuado contra um dos exemplares do cheque é liberatório, anulando o efeito dos outros, mesmo quando não haja estipulação a respeito, fazendo jus o pagante à restituição das demais vias, circulantes ou não.

A alínea 2ª imputa responsabilidade aos endossantes, originários e subsequentes, por todos os exemplares do cheque por eles assinados e transmitidos a várias pessoas distintamente, no caso de não serem restituídos depois de efetuado o pagamento de um deles, que *ex lege* torna sem efeito os outros exemplares.

Esse regramento foi integralmente acolhido no *caput* e no parágrafo único do art. 57 da Lei 7.357/1985 e reflete a preocupação com o retorno aos princípios relacionados à unicidade documental quanto aos direitos e obrigações incorporados em cada exemplar posto em circulação cambial autônoma, título por título.

Como a ordem de pagamento é unitária, conquanto emitida através de pluralidade ostensiva de cópias, cumpre distinguir que, tendo o emitente já arcado com o pagamento pelo sacado do valor do cheque único, por um dos seus exemplares, resta ele liberado ou desobrigado pelas demais cópias postas em circulação por endosso efetivado por terceiros. Assim, só estes transmitentes respondem, em face de cada exemplar negociado de um País para outro autonomamente, por regresso que vai até o endossante primário, com exclusão absoluta do emitente pagante, quitado previamente. E ao banco sacado que efetue o pagamento à vista de um dos exemplares incumbe um controle extraordinário, pois não lhe cabe debitar à conta do mesmo emitente outro pagamento, já indevido.

É essa a *mens legis*, que restringe a responsabilidade do emitente a uma só ordem, mas não a dos transmitentes, que responderão ordem por ordem, reproduzida em negociações plurais autônomas no mercado internacional. E o banco sacado tem de agir diligentemente para não causar prejuízo ao seu correntista emitente de cheque com pluralidade de exemplares numerados, ciente de que "o pagamento efetuado contra um dos exemplares é *liberatório*, mesmo quando não esteja estipulado que este pagamento anula o efeito dos outros" (art. 50º da Lei Uniforme e art. 57 da Lei 7.357/1985). Infere-se dessa colocação do problema que tal espécie anômala de cheque múltiplo requer atuação prévia do banco sacado para fornecer jogos especiais de talonários com pluralidade de vias adequadas ao regime legal em que esteja inserido o trato internacional desse título peculiar até sua liquidação e para ter condições mínimas de controle dos vários exemplares de um mesmo cheque plural, representativo de uma só ordem de pagamento de âmbito internacional.

## Capítulo IX – Das Alterações

(Lei 7.357/1985, art. 58; Lei Uniforme, art. 51º)

• Lei 7.357/1985, art. 58

**Art. 58. No caso de alteração do texto do cheque, os signatários posteriores à alteração respondem nos termos do texto alterado e os signatários anteriores, nos do texto original.**

**Parágrafo único. Não sendo possível determinar se a firma foi aposta no título antes ou depois de sua alteração, presume-se que o tenha sido antes.**

• Lei Uniforme, art. 51º

Artigo 51º

No caso de alteração do texto dum cheque, os signatários posteriores a essa alteração ficam obrigados nos termos do texto alterado; os signatários anteriores são obrigados nos termos do original.

• Não há Reservas

*1. Alteração objetiva do texto do cheque e seus efeitos para os signatários anteriores e posteriores*

A Lei 7.357/1985, acompanhando na forma e conteúdo o modelo do Capítulo VIII da Lei Uniforme, tratou, no Capítulo IX, no art. 58 e seu parágrafo único, do tema da alteração do texto do cheque e seus efeitos para os signatários anteriores e posteriores.

Alteração documental consentida é válida, e não se confunde com falsificação ilícita, fraudulenta, do cheque "alterado", a que se referem o parágrafo único do art. 39 e o art. 65 da Lei Interna, este último sobre os efeitos penais. Está em consonância com a regra do art. 386 do CPC, sobre a fé que deve merecer o documento escrito em geral.

Em primeiro lugar fica a advertência de que o art. 58 da Lei Interna (correspondente ao art. 51º da Lei Uniforme) deve ser examinado em conexão com o art. 13 do regramento doméstico, sobre obrigação do signatário, principalmente em face do texto do seu parágrafo único (correspondente ao art. 10º da Lei Uniforme); e tendo presente que cheque rasurado ou emendado suscita dúvida e consequente faculdade de pedido de explicações pelo sacado (art. 41), em face da sua responsabilidade na consecução do pagamento, inscrita no parágrafo único do art. 39 da Lei Interna, que nesse aspecto é igual às espécies de cheques falsificados e alterados.

Em ambos os diplomas legais o legislador tratou antes, isto é, no capítulo da emissão e forma do cheque, da questão da autonomia das obrigações cambiárias assumidas pelos signatários; com a diferença de que nesse capítulo inicial preponderou a regência da alteração subjetiva, enquanto no capítulo sobre as alterações trata-se das modificações objetivas, com caráter de licitude ou não. Portanto, nas duas espécies de alterações consagra-se – como anota Lauro Muniz Barretto[1] – o princípio da independência das assinaturas, do qual decorre que o vício de uma não contamina as demais, por aplicação da regra *utile per inutile non vitiatur*, que, de resto, está no art. 184 do CC/2002:[2] "Respeitada a intenção das partes, a invalidade parcial de um negócio jurídico não o prejudicará na parte válida, se esta for separável; a invalidade da obrigação principal implica a das obrigações acessórias, mas a destas não induz a da obrigação principal".

O problema da alteração objetiva no âmbito da ilicitude penal será objeto de anotações em momento oportuno, no exame do art. 65 da Lei Interna, na parte em que dispõe no sentido de que os efeitos penais da alteração do cheque continuam regidos pela legislação criminal.

O art. 51º da Lei Uniforme, regulando as consequências da *alteração* do texto de um cheque posto em circulação, já admitia a ocorrência de modificação posterior à criação originária do título.

Embora não diga o texto legal, nessa alteração, ou correção, em si irregular, todavia implicitamente permitida e produtora de efeitos, não se inclui a falsificação, pois que isto seria reconhecer validade a um ato inválido, sórdido por essência, que não produz efeito em relação a ninguém. Há de ser alteração séria ou, não abusiva, distinção de difícil percepção.

Na primeira parte do dispositivo, transposto para o *caput* do art. 58 da Lei 7.357/1985, fica reconhecida a obrigação dos signatários posteriores

---

1. Lauro Muniz Barretto, *O Novo Direito do Cheque*, vol. 1, São Paulo, LEUD, 1973, p. 386.
2. Correspondente ao revogado art. 153 do anterior CC.

à alteração do cheque pelos termos do texto depois de alterado. A razão é clara: esses signatários conheciam os termos do novo texto e se obrigaram segundo o que no cheque já alterado estava expresso. Não há surpresa, nem prejuízo.

Ao contrário, relativamente aos signatários anteriores à alteração, desconhecedores do fato superveniente, só podem ser obrigados segundo o texto original, que era deles conhecido, exceto se consentiram através de ressalva lançada no próprio título alterado – o que constitui fonte de problemas e dúvidas para os bancos intervenientes.

**2. Propósito da previsão legal e a atuação diligente e responsável do sistema bancário como guardião final do cheque**

A alteração da literalidade do cheque é prevista na lei menos com o propósito de incentivá-la, mas de resguardar seus efeitos, quando inevitável ou consumada a exceção, limitando-os e separando-os, enfim, para evitar o mal maior da insegurança jurídica que geraria o rigor absoluto da invalidade de um cheque que sofra eventual alteração posterior à sua emissão originariamente regular, "respeitada a intenção das partes".

Interpretada nesses estritos termos de tolerância a uma realidade não desejada, não pode ser extrapolada a alteração, de mera irregularidade para a adulteração documental, já da órbita penal, de ordem pública e interesse geral.

Não é, felizmente, praxe bancária acolher em silêncio ou passivamente cheques rasurados, emendados e suspeitos ou, como diz o parágrafo único do art. 39, cheque falso, falsificado ou *alterado*, até pelas responsabilidades dos bancos quando atuem como cobradores ou sobretudo como sacados pagadores. Cabe-lhes não propriamente dificultar o trânsito final de cheques alterados, mas pedir explicações antes de sua liquidação com segurança, dentro do seu dever de diligência, e até exigir garantias para pagar cheque alterado (art. 41 da Lei Interna). Suspende-se o pagamento, por prazo razoável, até a vinda das explicações ou obtenção de garantia hábil; quanto ao emitente, milita a presunção de desconhecer as alterações ou ações anormais que agravem a sua posição cometidas por outrem (*alter*; daí, "alterações").

Em conclusão, o *caput* do art. 58 deve ser interpretado em conjugação com o art. 41, ambos da Lei Interna, até porque a presunção inovadora que emerge do parágrafo único do mesmo art. 58 conduz ao seguinte útil resultado prático: a alteração do valor, quando reste indeterminada no tempo, obriga os signatários pelo lançamento originário, agravando ou minorando as responsabilidades, conforme se trate, respectivamente, de redução ou elevação do valor. Enfim, nesse campo movediço todo cuidado é pouco, para que não se consagrem injustiças.

No art. 41 (comentários sob n. 2) abordou-se o tema do *pedido de explicações* que ao banco sacado a Lei Interna faculta, como corolário do dever de diligência e do risco profissional, na linha do art. 10 da antiga Lei Interna do Cheque, em casos como os de dúvida, suspeita etc. sobre a integridade ou autenticidade do cheque que lhe seja apresentado para pagamento. Há previsão de vários Motivos de Devolução instituídos pelo Banco Central que podem ser acionados de conformidade com cada caso concreto.

Justifica-se a cautela, inclusive no caso de alteração e suas implicações, ante a responsabilidade civil *primária* do banco sacado (parágrafo único do art. 39 da Lei 7.357/1985) em face do seu cliente depositante, já proclamada à luz do art. 10 do Decreto 2.591/1912, e que restou consolidada na Súmula 28 da jurisprudência do STF, quando se tratar indistintamente de falsidade desde a origem, ou falsificação ou adulteração do cheque. Afinal, trata-se de título de pagamento por terceiro (banco sacado), e não pelo próprio emitente ou coobrigados, razão que por si só torna o sacado o natural guardião final e técnico da segurança na realização normal da função econômica do cheque emitido por correntista seu.

Como ensina Cunha Peixoto,[3] o dinheiro depositado é bem fungível, que se rege (art. 695 do CC/2002[4]) pelas regras do mútuo e passa tecnicamente à propriedade do banco depositário; donde responder este, pelo princípio *res perit domino* (e indiretamente), pelos riscos próprios da coisa emprestada (art. 587 do CC/2002[5]) que correm por conta do mutuário, assim considerado o banco sacado. Daí concluirmos, com Cunha Peixoto, que o prejuízo pelo pagamento do cheque falso, falsificado ou alterado deve ser suportado (em princípio – dizemos nós –, porque não se trata de responsabilidade objetiva) pelo banco sacado; isto é, ressalvado o caso de ter o emitente, o beneficiário ou o endossante concorrido eficazmente para a prática do ato danoso, caso em que poderá o sacado, no todo ou em parte, reaver o que pagou (final do parágrafo único do art. 39), se induzido em erro invencível.

---

3. Cunha Peixoto, *O Cheque*, vol. II, Rio de Janeiro, Forense, n. 388, pp. 386-388.
4. Correspondente ao revogado art. 1.280 do anterior CC.
5. Correspondente ao revogado art. 1.257 do anterior CC.

# Capítulo X – Da Prescrição

(Lei 7.357/1985, arts. 59 a 62; Lei Uniforme, arts. 52º e 53º)

• **Lei 7.357/1985, art. 59**

Art. 59. Prescreve em seis meses, contados da expiração do prazo de apresentação, a ação que o art. 47 desta Lei assegura ao portador.

Parágrafo único. A ação de regresso de um obrigado ao pagamento do cheque contra outro prescreve em seis meses, contados do dia em que o obrigado pagou o cheque ou do dia em que foi demandado.

• **Lei Uniforme, art. 52º**

Artigo 52º

Toda a ação do portador contra os endossantes, contra o sacador ou contra os demais coobrigados prescreve decorridos que sejam seis meses, contados do termo do prazo de apresentação.

Toda a ação de um dos coobrigados no pagamento de um cheque contra os demais prescreve no prazo de seis meses, contados do dia em que ele tenha pago o cheque ou do dia em que ele próprio foi acionado.

• **Há Reserva do art. 25º do Anexo II**

Artigo 25º

Qualquer das Altas Partes Contratantes tem liberdade de decidir que, no caso de perda de direitos ou de prescrição, no seu território subsistirá o direito de procedimento contra o sacador que não constituir provisão ou contra um sacador ou endossante que tenha feito lucros ilegítimos.

*Orientações prévias úteis ao consulente do Capítulo X*

A prescrição era disciplinada na Lei Uniforme no Capítulo IX, integrado por dois artigos (arts. 52º e 53º) e duas respectivas Reservas (25ª e 26ª) – a primeira delas sobre a ação residual pós-prescrição da pretensão executiva e a última sobre interrupção e suspensão, que será examinada com o art. 60 da Lei 7.357/1985, mais adiante, com vista ao impacto das inovações, especialmente pelo art. 206, *caput* e inciso III, do CC/2002: uma só interrupção e o protesto cambial como causa interruptiva da prescrição.

Já, a Lei Interna cuida da prescrição e sua interrupção no Capítulo X, distribuída por quatro artigos (arts. 59-62), que serão examinados sucessivamente: da execução, da ação de regresso e da ação de enriquecimento, inclusive pela via monitória, além da ação fundada na relação causal da emissão ou da transferência do cheque, salvo novação, quando provado o não pagamento. E ambas (enriquecimento e relação causal) não se confundem com a ação de enriquecimento sem causa dos arts. 884 a 886 do CC/2002, cuja prescrição trienal (art. 206, § 3º, IV, do CC/2002) será também estudada adiante.

Tomar-se-ão em consideração: a "renúncia da prescrição" (art. 191 do CC/2002), que não se confunde com a inviabilidade de alteração de prazos por acordo das partes (art. 192 do CC/2002); a revogação do art. 194 do CC/2002 pela Lei 11.280, de 16.2.2006; e, ainda, o § 5º do art. 219 do CPC, que passou a dispor: "O juiz pronunciará, de ofício, a prescrição" – temas, estes, objeto de reflexão ao longo deste Capítulo X.

A 2ª parte da Reserva 19º, como se constata no contexto do art. 47 da Lei Interna, *retro*, em sentido diverso da Reserva 25ª, diz que a Lei Uniforme não abrange a questão que diga respeito às relações jurídicas que serviram de base à emissão de cheque, objeto da disciplina do art. 62 da Lei Interna – tema desenvolvido mais adiante.

Advirta-se que o prazo de prescrição trienal, genérico, estabelecido no art. 206, § 3º, VIII, do CC/2002, para exercer "a pretensão para haver o pagamento de título de crédito, a contar do vencimento, ressalvadas as disposições de lei especial", por isso, não se aplica diretamente ao cheque, que não é título de "vencimento", cuja lei especial revela e regula as ações dos arts. 47, 59, parágrafo único, e 61 (e sua prescrição): respectivamente, execução pelo portador, ação de regresso também executiva, ou não, e ação cognitiva de enriquecimento com o não pagamento de cheque prescrito, ou ainda ação monitória. Ao passo que o art. 62 contém disposição supletiva de ressalva de não exclusão das ações fundadas na relação causal.

ATENÇÃO! As anotações que se seguirão observam o critério da separação pelas duas fases históricas verificadas: *1ª Fase – Situação Antes da Lei 7.357/1985*, isto é, na vigência da Lei Uniforme; *2ª Fase – Situação Atual*, isto é, no período de vigência da Lei 7.357/1985. E nesta última fase é dado, neste estudo, o devido destaque à *ação monitória* fundada em cheque prescrito (Súmula 299/STJ) e ao maior alcance prático dessa nova via processual.

## 1ª Parte – Situação Antes da Lei 7.357/1985
### (Evolução Antecedente)

(1) A Lei 2.591/1912 não continha dispositivo próprio regulador da prescrição; mas, por força da remissão constante do art. 15 daquele diploma, na ausência também de regra no Código Civil/1916, aplicava-se ao cheque a regra de prescrição da antiga Lei Cambial, cujo art. 52 dispunha: "A ação cambial, contra o sacador, aceitante e respectivos avalistas, prescreve em cinco anos. A ação cambial contra o endossador e respectivo avalista prescreve em doze meses".

Mas, pela superveniente regra do art. 52º da Lei Uniforme do Cheque, toda ação do portador contra os endossantes, contra o sacador ou contra os demais coobrigados prescrevia *indistintamente* decorridos seis meses, contados do termo do prazo de apresentação do cheque ao banco sacado (alínea 1ª).

E a alínea 2ª uniforme estabelecia que toda ação de um dos coobrigados no pagamento de um cheque contra os demais também prescreve no prazo de seis meses, contados, todavia, do dia em que ele tenha pago o cheque ou do dia em que ele próprio foi acionado. Trata-se da ação regressiva cambiária (também regida no parágrafo único do art. 59 da Lei 7.357).

A prescrição regulada pelo art. 52 da Lei Uniforme e no Capítulo X da Lei 7.357 nada tem a ver com a prescrição criminal do delito de cheque sem fundos.

(2) A Reserva do art. 25º do Anexo II, de subsistência do direito de procedimento contra o sacador que não constituir provisão ou contra um sacador ou endossante que tenha feito lucros ilegítimos, no caso de perda de direitos (decadência) ou de prescrição, estava já provida pela nossa legislação através da norma do art. 48 da antiga Lei Cambial, que assegurava a ação de locupletamento *lato sensu*, regulada pelo art. 61 da Lei Interna, com prazo sucessivo de prescrição bienal.

Quando da adoção da Lei Uniforme o art. 48 do Decreto 2.044/1908 não foi atingido, uma vez que a própria Reserva do art. 15º do Anexo II da Convenção de Genebra sobre Letras de Câmbio e Notas Promissórias assim está redigida: "Qualquer das Altas Partes Contratantes tem a liberdade de decidir que, no caso de perda de direitos ou de prescrição, no seu território subsistirá o direito de proceder contra o sacador que não constituir provisão ou contra um sacador ou endossante que tenha feito lucros ilegítimos. A mesma faculdade existe, em caso de prescrição, pelo que respeita ao aceitante que recebeu provisão ou tenha realizado lucros ilegítimos".

Tratava-se, como assinala Antônio Mercado Jr., de reenvio na Lei Uniforme que deixou subsistente o dispositivo do art. 48 do Decreto 2.044/1908.[1]

Até que o legislador não dispusesse melhor ou diferentemente, a ação do art. 48 do Decreto 2.044, em combinação com a Reserva do art. 25º do Anexo II da Lei Uniforme sobre Cheques, era invocável para cobrança de cheque caduco ou cheque prescrito.

De qualquer maneira, com ou sem o socorro do art. 48 da antiga Lei Cambial, o próprio Código de Processo Civil dava guarida à ação ordinária ou de rito sumário, fundada em qualquer causa de pedir, para a qual não houvesse rito especial prescrito. É a ação cambiariforme residual, para os casos de perda de direitos chéquicos específicos e de perda da ação executiva correspondente.

É preciso ter presente, por último, que referida ação não alcançava, por coerência, o avalista. A Reserva do art. 25º do Anexo II só autorizava a ação de enriquecimento ilegítimo por cheque contra o sacador e endossantes.

Na 15ª Vara Cível, Paulo Restiffe Neto teve ocasião de decidir, em 27.10.1972, uma ação ordinária por cheque prescrito proposta pelo portador contra o emitente e o avalista. Julgou procedente o pedido em relação ao emitente, com base na Reserva do art. 25º do Anexo II. Quanto ao avalista a ação foi julgada improcedente: o aval não tem caráter especulativo, e a garantia é de sentido restrito, por sua natureza cambiária, só exigível enquanto não descaracterizada a cambiaridade do título em que foi prestada.

Em relação ao avalista, que não é legitimado para responder à ação de locupletamento residual de direito cambiário, ante a impossibilidade jurídica da entrega da prestação jurisdicional, a carência é manifesta, correspondente à falta de interesse e de legitimidade para a propositura.

Quanto ao banco sacado, por não ser obrigado chéquico, como não é legitimado para o processo de execução, também não o será para a ação residual de locupletamento.

(3) A Reserva do art. 26º do Anexo II autorizou à legislação interna do País estabelecer as causas de interrupção e de suspensão da prescrição das ações relativas a cheques, que os seus Tribunais são chamados a conhecer (alínea 1ª).

A alínea 2ª assegurou *às outras legislações* a faculdade de determinar as condições a que subordinarão o conhecimento de tais causas estabele-

---

1. Antônio Mercado Jr., *Nova Lei Cambial e Nova Lei do Cheque*, 3ª ed., São Paulo, Saraiva, 1971, p. 138.

cidas num determinado País. O mesmo sucede – continua a última parte da alínea 2ª – quanto ao efeito de uma ação como meio de indicação do início do prazo de prescrição, a que se refere a alínea 2ª do art. 52º da Lei Uniforme.

(4) Já se viu que o início do prazo prescricional de seis meses conta-se do termo do prazo de apresentação do cheque ao sacado (art. 52º da Lei Uniforme), e não como sucedia sob a égide do Direito anterior (antiga Lei Interna do Cheque), que se orientava pela antiga Lei Cambial, começando a correr do dia efetivo da apresentação ou da data em que poderia ser apresentado, isto é, da data de emissão, se dia útil.

Observou-se, de quando em vez, nos primeiros tempos de aplicação da Convenção de Genebra sobre Cheques, sob a influência do Direito interno anterior, a errônea aplicação do semestre prescricional do art. 52º da Lei Uniforme, quer contando-se esse prazo da data do cheque, quer da data de sua apresentação, quando o único critério fixo correto era (e é) o do início do lapso prescricional *sempre* contado do termo do prazo de apresentação do cheque ao sacado. Não se tratava propriamente de controvérsia, mas de equivocada interpretação do verdadeiro sentido do inovador dispositivo *supra*-aludido.

Os julgados da Suprema Corte na vigência da Lei Uniforme adotaram invariavelmente, para cheques apresentados dentro do prazo legal, esse correto critério: *a prescrição* (semestral) *conta-se a partir do termo do prazo para a apresentação do cheque ao sacado*.[2]

## 2ª Parte – Situação Depois da Lei 7.357/1985 (Art. 59)

### 1. Prescrição das ações executivas sobre cheque (art. 47, I e II, e art. 59, parágrafo único, da Lei 7.357/1985)

*1.1 Introdução à execução direta e à ação de regresso, executiva ou não*

Adotando, com o Des. Nestor Duarte,[3] sua advertência de que a ação é direito público subjetivo de pedir a prestação jurisdicional – art. 5º, XXXV, da CF –, a prescrição deve ser conceituada como a perda da exigibilidade do direito pelo decurso do tempo; não é o direito que se extingue, apenas sua exigibilidade. Essa distinção é fundamental, sobretudo quanto ao cheque.

---

2. STF, 1ª Turma, RE 74.613-SP, rel. Min. Rodrigues de Alckmin, j. 18.6.1973, *RTJ* 66/524.

3. Nestor Duarte, in Cézar Peluso (coord.), *Código Civil de 2002 Comentado*, São Paulo, Manole, 2007, p. 125.

Prescrição exprime a perda da pretensão, isto é, do direito de exigir alguma conduta de outrem, por inação do titular em não exercer o direito (de ação) durante o lapso temporal estabelecido por lei. É a perda da "pretensão para haver o pagamento", como expressivamente dispõe o art. 206, § 3º, VIII, do CC/2002, para títulos de crédito em geral, "a contar do vencimento, ressalvadas as disposições de lei especial".

O art. 59, *caput*, da Lei Interna regula a prescrição, semestral, da ação direta cambial, isto é, da "execução do cheque", que o art. 47, I e II, assegura ao portador, respectivamente, contra o *emitente* e seu avalista (inciso I) e contra os *endossantes* e seus avalistas (inciso II).

O prazo prescricional da execução cambiária do art. 47, I e II, assegurada ao portador, é de seis meses (art. 59, *caput*), contados da expiração do prazo de apresentação do cheque para pagamento ao banco sacado (art. 33 da Lei Interna), seja contra o emitente e seus avalistas, seja contra os endossantes e seus avalistas, nas condições legais.

A ação cambiária de *regresso* do obrigado pagante contra outro (parágrafo único do art. 59) é a execução pelo cheque, assegurada enquanto mantida a eficácia de título executivo extrajudicial, cuja prescrição é também semestral, todavia com termo inicial próprio diverso, em harmonia com o aprazamento do art. 33, isto é, sem desnaturar, em caso de execução regressiva, aquela norma. Vale dizer: a via executiva de regresso só prevalece enquanto subsistir a força executiva do título, consoante o art. 32; depois disso o regresso far-se-á pela via cognitiva.

1.2 *O termo inicial do prazo de prescrição da execução direta é fixo e invariável, tenha ou não sido apresentado tempestivamente o cheque: prevalece, para fins de fluição, a data, mesmo futura, de postergação, nele consignada, apesar da norma restritiva do art. 192, CC?*

Sempre foi pacífico na doutrina e na jurisprudência do STF sobre a Lei Uniforme que a prescrição da ação cambiária ou de execução por cheque (art. 47, I e II, da Lei 7.357/1985) tinha como *dies a quo* o termo do prazo da apresentação, sempre considerada a data real de emissão nele consignada, tivesse sido apresentado tempestivamente ou não o cheque para pagamento ao banco sacado, ou a qualquer outro banco integrante do Sistema Financeiro, isto é, do Serviço de Compensação.

Nunca se distinguira entre ter havido apresentação no prazo legal ou não, para se diferenciar o termo inicial da prescrição; salvo no caso de cheque com data futura, em que, prevalecendo excepcionalmente a realidade da apresentação antecipada, e não a data futura fictícia, a interpretação doutrinária e jurisprudencial reducionista construiu como solução razoável que o lapso prescricional tinha início na mesma data da apresentação, único dado concreto de referência.

Também essa orientação cedeu lugar à consideração de que "prevalece, para fins de fluição do prazo prescricional do cheque, a data nele constante, ainda que assim consignada indicando época futura", de postergação, isto é, data real ou fictícia, não importa, sendo irrelevante que traga a consequência prática de ampliação real do prazo de apresentação (e consequente ampliação do prazo de prescrição de cheque com data futura), como se verá ao final deste item tormentoso.

Com o advento da Lei 7.357/1985 surgiu uma surpreendente afirmação inovadora (distintiva), exposta por Rubens Requião – sem fundamentação suficiente –, que passou a fazer escola nos Tribunais e já vem sendo prestigiada e adotada como interpretação nascente pela 3ª Turma do STJ – circunstância, esta, que lhe atribui uma dimensão peculiar de tese jurídica inovadora na matéria de cheque normal, que merece exame refletido também da doutrina, antes de lhe emprestar assentimento.

Para ir direto ao primeiro aresto conhecido: trata-se do REsp 45.512-MG, julgado em 19.4.1994, relator o Min. Costa Leite,[4] com a seguinte ementa: "O termo inicial da prescrição previsto no art. 59 da Lei n. 7.357, de 1985, pressupõe que o cheque não haja sido apresentado no prazo legal. Caso contrário a prescrição passa a correr da data da primeira apresentação".[5]

Sucedeu-se um segundo aresto, no mesmo sentido, da própria 3ª Turma do STJ, no REsp 47.149-MG, julgado em 30.8.1994, vencido o Min. Cláudio Santos, relator originário. Nesse segundo julgamento consecutivo do STJ, realizado pela mesma 3ª Turma, ocorreu fundamental modificação de posição jurídica sobre o tema específico por parte do relator sorteado, Min. Cláudio Santos, que retrocedeu, no REsp 47.149, em relação ao apoio puro e simples que emprestara anteriormente, no REsp 45.512, ao voto então condutor proferido pelo Min. Costa Leite. O que resultou, enfim, nesse julgamento mais recente (REsp 47.149-MG, de 30.8.1994), foi o seguinte: o Relator originário sorteado ficou vencido, e foi designado para redigir o acórdão não unânime o autor do primeiro voto vencedor, Min. Costa Leite.

Assim, a única novidade do REsp 47.149-MG é o voto divergente do Min. Cláudio Santos, que, por isso, vai a seguir transcrito em sua ementa e trecho da fundamentação.

---

4. *RSTJ* 59/414.
5. *DJU* 9.5.1994.

"Comercial – Processual civil – Cheque – Prescrição – Prazo. A Lei brasileira sobre o Cheque (Lei n. 7.357/1985), em vigor, alterou o início da contagem de prazo prescricional, para considerá-lo apenas após corrido o prazo de apresentação, e independentemente da data desta."

"Voto – *O Exmo. Sr. Min. Cláudio Santos* (relator): O voto-condutor do acórdão criticado traz a seguinte observação: 'Como se vê, não é, como quer o apelante, dizer que o prazo se conta a partir da data da apresentação. Mas é exatamente ao contrário, é a partir do termo dessa apresentação. Nem se diga que a apresentação imediata inibe o direito potestativo do termo final de 30 dias. Não. O correto foi o posicionamento judicial embasado no que prescreve o art. 59 da Lei do Cheque. De tal sorte que a execução foi postada dentro do prazo legal' (fls. 36-37)."

Cabe um esclarecimento, em menção feita no voto do Min. Cláudio Santos: a doutrina e a jurisprudência anteriores ao art. 59 da atual Lei 7.357/1985 na verdade referem-se não à Lei Uniforme sobre Cheques, cujo art. 52º é *repetido* no texto do referido art. 59 da Lei Interna atual, mas à interpretação que prevalecia antes da Lei Uniforme, isto é, na antiga Lei do Cheque vigente ao tempo do Decreto 2.591/1912, que estabelecia prazo de apresentação mas não previa prazo de prescrição da ação cambial executiva, que era regido por reenvio, de modo diverso (cinco anos), pelo art. 52 da antiga Lei Cambial (Decreto 2.044/1908, cujo art. 53 dispunha que o prazo de prescrição é contado do dia em que a ação pode ser proposta).

Foi, portanto, desde a Convenção de Genebra sobre Cheque que passou a prevalecer a orientação *reproduzida* no art. 59 da nossa atual Lei Interna e esposada corretamente pelo Min. Cláudio Santos, de resto consoante interpretação assentada desde o STF.

Para efeito do início do prazo de prescrição, os v. acórdãos dos REsp 45.512-MG e 47.149-MG distinguem a apresentação tempestiva da apresentação intempestiva do cheque para pagamento, tendo por intuitivo que o termo inicial estabelecido pela Lei do Cheque é variável e pressupõe a hipótese *anormal* de que não haja sido o cheque apresentado a pagamento no prazo legal. E essa inferência decorre do raciocínio de que não faria sentido estabelecer a lei uma espera até a expiração por completo de todo o prazo de apresentação quando o cheque já tenha sido apresentado, para que só então começasse a correr o prazo de prescrição, sem considerar que o prazo de apresentação é direito potestativo do *portador* ao termo final.

Aquela orientação continuou a prevalecer na 3ª Turma.

É o caso do REsp 435.558-MG, relator o Min. Carlos Alberto Menezes Direito: "Cheque – Prescrição – Art. 59 da Lei n. 7.357/1985 – Dissídio. 1.

Já assentou a Corte que a prescrição do art. 59 da Lei n. 7.357/1985 pressupõe que o cheque não haja sido apresentado no prazo legal, caso contrário a prescrição passa a correr da data da primeira apresentação (REsp n. 45.512-MG, relator o Sr. Min. Costa Leite, *DJU* 9.5.1994)".[6]

A razão, todavia, está com o estudo breve, mas conclusivo, procedido pelo reexame legado pelo voto vencido por último desenvolvido pelo Min. Cláudio Santos.

Entretanto, cabe sejam levados em conta neste enfoque sutil do problema outros aspectos envolvidos.

Primeiro, a interpretação vencedora nega, confessadamente, a *letra* da lei. E a letra da lei, do texto do art. 59, em tema de prescrição do cheque, é fundamental, pela sua origem histórica. É o próprio grande e saudoso Rubens Requião que, ao aludir ao antecedente legislativo, que é o art. 52º da Lei Uniforme, acentua que "o art. 59 da Lei 7.357 *repete*" (*sic*) o texto genebrino.

E como tem sido interpretado pela unanimidade dos doutrinadores do mundo inteiro, em todas as décadas da Convenção de Genebra sobre Cheques, este texto-*matriz* (art. 52º), senão como dizendo isto mesmo? Isto é, *o termo final ou "ad quem" do prazo de apresentação é ao mesmo tempo o termo inicial ou "a quo" do prazo de prescrição* – referenciais fixos, e não móveis ou condicionados.

O ponto central alvejado com lucidez no aresto mineiro recorrido, incorporado na fundamentação do voto do Min. Cláudio Santos, situa-se na tese, ali tecnicamente bem exposta, no sentido de que *a apresentação imediata não inibe o direito potestativo do portador ao termo final do prazo*.

Para citar um só doutrinador, que não comenta a Lei Uniforme nem a atual Lei Interna brasileira, mas a lei argentina, que é também derivada da mesma fonte genebrina, veja-se o que diz Pedro Mario Giraldi sobre a prescrição chéquica: "À diferença do estabelecido pela Lei geral Cambiária, o término previsto pelo ordenamento é único: um ano, se bem que seu cômputo varia segundo quem seja o que exerça a ação cambiária: se é o portador, *desde a expiração do prazo para apresentação do cheque*, vale dizer, a partir dos 30 ou dos 60 dias da data que figure no documento, segundo seja o caso, com total *prescindência* do dia em que efetivamente foi apresentado para sua cobrança".[7]

O referencial que importa, portanto, não é o do *momento* da apresentação, tempestiva ou não, mas o da expiração do *prazo* de apresentação;

---

6. Ementa no *DJU* 10.11.2003.
7. Pedro Mario Giraldi, *Cuenta Corriente Bancaria y Cheque*, Buenos Aires, Astrea, 1973, § 134, p. 388.

este é um dado adrede conhecido do emitente que apôs a data de emissão no cheque, e por isso sabe *a priori* até quando o banco pode efetuar o pagamento, em caso de apresentação intempestiva (parágrafo único do art. 35 da Lei 7.357/1985), isto é, pagável até que decorra em continuação ao prazo de apresentação o prazo semestral de prescrição (30 ou 60 dias, mais 6 meses), se antes não foi dada contraordem pelo emitente.

Mas, além do peso da pacífica interpretação literal, sedimentada a partir dessa unitariedade concebida como conveniente pela Conferência de Genebra e *repetida* na Lei Interna nacional, para a disciplina do início do prazo de prescrição do cheque – que é título de apresentação a terceiro para pagamento, com todos os envolvimentos dessa característica –, deve ser considerado o espírito da lei específica e também da proibição, agora prevista no art. 192 do CC/2002, de alteração dos prazos por acordo das partes.

E, sob esse enfoque, parece razoável que não se negue à lei a intenção de reger a prescrição a partir da situação de normalidade geral, que pressupõe a apresentação do cheque ao banco sacado dentro dos prazos que a própria lei estabeleceu; e não disciplinar a perda do direito de ação, exclusivamente, ou preferencialmente, a partir da exceção ou do estado patológico, que é a apresentação intempestiva do cheque a pagamento.

Ademais, no modelo-padrão uniforme genebrino a infração imotivada aos prazos de apresentação acarretava a caducidade, decadência ou perda do próprio direito, cuja verificação, cronologicamente precedente, prejudicava a ocorrência da superveniente prescrição, que é a perda da ação referente a um direito subsistente, e não já adrede extinto ou caduco.

E não é só. Podemos arrolar três outras razões, nada irrelevantes, que conspiram contra a fundamentação não unânime adotada pelo precedente da Corte Superior de Justiça lastreado em solteira lição de Rubens Requião.

Uma delas é pertinente à própria técnica utilizada na interpretação da lei; impõe-se interpretação estrita de toda a exceção que restringe (no caso da prescrição, não só restringe, mas até extingue direito) direito de ação, que é a via de acesso pelo lesado ao Judiciário, como decorreria dessa tese de encurtamento da prescrição da pretensão executiva em caso de tempestiva apresentação ao banco sacado, até contra a literalidade da lei específica.

Outro argumento é que o encurtamento da prescrição, quando examinado do ponto de vista do portador-credor que observou e cumpriu a lei do prazo de apresentação tempestiva, sem lograr pagamento, passa a representar uma sanção sem lei expressa; pior ainda, está em contraposição ao privilégio que essa mesma interpretação de alongamento da prescrição emprestada ao apresentante implica, de adoção do prazo (mais longo) da prescrição para o apresentante tardinheiro que também não logrou pagamento, como se fosse uma compensação pela sua demora.

Por último, essa surpreendente variação no prazo para o exercício do direito de ação pode gerar problema atinente à Convenção sobre Conflitos de Leis (art. 6º) quando se tratar de dirimência da questão específica que surja no âmbito do direito internacional privado quanto ao significado do texto do art. 59 da Lei 7.357/1985, discrepante do comum universal, segundo a interpretação nascente contra a letra, o espírito e a praticidade do texto doméstico legado pela Lei Uniforme, art. 52º, e bem declarado antes pelo STF.

Sobre o *termo inicial da prescrição após expiração do prazo de apresentação* é oportuno enfatizar que em três julgamentos mais antigos da 4ª Turma do STJ prevaleceu sempre a orientação em sentido oposto ao mais recente da 3ª Turma: REsp 11.529-SP, rel. Min. Sálvio de Figueiredo Teixeira;[8] REsp 222.610-SP, rel. Min. Aldir Passarinho Jr.;[9] e REsp 162.969-PR, rel. Min. Sálvio de Figueiredo Teixeira, julgado em 28.3.2000.[10] Vejam-se, ainda: REsp 182.639, da 3ª Turma, e 168.777 e 539.777, da 4ª Turma.

Do REsp 162.969-PR, 4ª Turma, porque faz valiosíssima retrospectiva do tema no STJ, tendo presentes todos os anteriores julgamentos das 3ª e 4ª Turmas sobre o *termo inicial da prescrição do cheque, a partir do termo do prazo de apresentação,* vale a transcrição da ementa dos fundamentos do voto do Relator, adotados por unanimidade: "Direito comercial – Cheque – Execução – Prescrição semestral – Arts. 33 e 59 da Lei n. 7.357/1985 – Termo inicial – Expiração da data de apresentação – Recurso desprovido. O lapso prescricional previsto no art. 59 da Lei do Cheque (n. 7.357/1985) somente tem início a partir da expiração do prazo para apresentação do cheque, independentemente de o credor havê-lo feito em data anterior".

Observam-se nessa última assertiva o acolhimento e a aplicação da relevante e decisiva tese jurídica de que a apresentação imediata não inibe o aludido direito potestativo do portador ao termo final do prazo.

Por outro lado, tratando-se de cheque com data futura de apresentação, popularmente conhecido como "cheque pré-datado", representando garantia de dívida, têm entendido a 3ª e a 4ª Turmas do STJ que não desnatura sua qualidade cambiariforme, mas tão somente traz como consequência prática a ampliação ou postergação do prazo de apresentação (3ª Turma, REsp 223.486-MG, rel. Min. Menezes Direito;[11] 4ª Turma, REsp 195.748-PR, rel.

8. Ementa no *DJU* 20.4.1992.
9. Ementa no *DJU* 8.3.2000.
10. Ementa no *DJU* 5.6.2000.
11. Ementa no *DJU* 27.3.2000.

Min. Sálvio de Figueiredo Teixeira;[12] 4ª Turma, REsp 16.855-SP, rel. Min. Sálvio de Figueiredo Teixeira;[13] 4ª Turma, REsp 604.351-PR, rel. Min. Aldir Passarinho Jr.;[14] 3ª Turma, REsp 612.423-DF, rela. Min. Nancy Andrighi[15]).

É óbvio que o cheque com data futura, se tem como consequência prática *ampliar* o prazo de sua apresentação, por evidente amplia também, apesar da norma restritiva do art. 192 do CC/2002, o prazo somado de sua prescrição, já que esta só começa a fluir a partir do termo do prazo (ampliado ou postergado) de apresentação; ou seja, "prevalece, para fins de fluição do prazo prescricional do cheque, a data nele constante, ainda que assim consignada indicando época futura" – como afirma o Min. Aldir na ementa do citado REsp 604.351-PR ao registrar que para o STJ é "importante a data consignada no cheque para efeito de apresentação e contagem do lapso prescricional".

Já no REsp 620.218-GO, 3ª Turma, relator o Min. Castro Filho, de 7.6.2005, a solução apresenta uma variante se nessa espécie de cheque vier consignada *data de cobrança*, como se vê da ementa: "Comercial – Cheque pré-datado – Prescrição – Termo inicial – Comercial e processual civil – Cheque pré-datado – Prescrição. O cheque emitido com data futura, popularmente conhecido como 'cheque pré-datado', não se sujeita à prescrição com base na data de emissão. O prazo prescricional deve ser contado, se não houve apresentação anterior, a partir de 30 dias da data nele consignada como sendo a de cobrança".

A superveniente Súmula 370/STJ, coerentemente, extraiu da *data futura* para apresentação do cheque o efeito civil de que "caracteriza dano moral a apresentação antecipada de cheque pré-datado"; acrescentamos nós: máxime se devolvido sem pagamento pelo motivo de falta ou insuficiência de fundos, que exponha o emitente a constrangimentos previsíveis. Inclusive quando ocorra protesto indevido, para cujo dano moral o STJ adotou o parâmetro indenizatório, em caso concreto, em torno de R$ 20.000,00.[16]

Cabe registrar, também, que as dificuldades ainda não foram de todo superadas. É que a 3ª Turma do STJ, em julgado mais recente (AgR no AI 1.159.272-DF, rel. Des. convocado Vasco Della Giustina), de 13.4.2010, por votação unânime, decidiu, conforme a ementa, ora parcialmente transcrita:

12. Ementa no *DJU* 16.8.1999.
13. Ementa no *DJU* 7.6.1933.
14. Ementa no *DJU* 27.6.2005.
15. Ementa no *DJU* 26.6.2006, p. 132.
16. STJ, 3ª Turma, REsp 792.051, rel. Min. Sidnei Beneti, j. 27.5.2008, *DJe* 20.6.2008.

"Cheque pós-datado – Prazo para apresentação com reflexo no prazo prescricional – Dilação – Impossibilidade – Ação executiva – Prescrição – Interpretação – Arts. 32, 33 e 59 da Lei n. 7.357/1985 (...).

"(...). 4. A alteração do prazo de apresentação do cheque pós-datado implicaria a dilação do prazo prescricional do título, situação que deve ser repelida, visto que infringiria o art. 192 do CC. Assentir com a tese exposta no especial seria anuir com a possibilidade da modificação casuística do lapso prescricional, em razão de cada pacto realizado pelas partes."

*V., também, anotações: ao art. 1º, no item 3, "Requisito da data – Problemas que envolvem até cheque com data futura"; ao art. 2º, no item 5: "A quebra da avença aprazada do cheque com data futura como condição do negócio que lhe deu origem enseja reparação por danos morais (Súmula 370/STJ)"; ao art. 32, no item 4, "Cheque pós-datado ou com data futura ou 'pré-datado' exprime negócio fiduciário tácito apto a gerar efeitos civis (Súmula 370/STJ)".*

*1.3 Orientação mais recente do STJ*
*sobre prazo de apresentação de cheque pós-datado*

REsp 875.161-SC, Relator Ministro Luis Felipe Salomão (*DJe* 22.8.2011):

"Ementa: Direito Comercial. Recurso Especial. Cheque. Ordem de pagamento à vista. Caractere essencial do título. Data de emissão diversa da pactuada para apresentação da cártula. Costume *contra legem*. Inadmissão pelo Direito Brasileiro. Considera-se a data de emissão constante no cheque.

"1. O cheque é ordem de pagamento à vista e submete-se aos princípios cambiários da cartularidade, literalidade, abstração, autonomia das obrigações cambiais e inoponibilidade das exceções pessoais a terceiros de boa-fé, por isso que a sua pós-datação não amplia o prazo de apresentação da cártula, cujo marco inicial é, efetivamente, a data da emissão.

"2. 'A alteração do prazo de apresentação do cheque pós-datado implicaria na dilação do prazo prescricional do título, situação que deve ser repelida, visto que infringiria o art. 192 do Código Civil. Assentir com a tese exposta no especial, seria anuir com a possibilidade da modificação casuística do lapso prescricional, em razão de cada pacto realizado pelas partes' (AgRg no Ag 1.159.272-DF, Rel. Ministro Vasco Della Giustina (Desembargador convocado do TJRS), 3ª Turma, julgado em 13.4.2010, *DJe* 27.4.2010).

"3. Não se pode admitir que a parte descumpra o art. 32 da Lei 7.357/1985 e, ainda assim, pretenda seja conferida interpretação antinômica ao disposto no art. 59 do mesmo diploma para admitir a execução do título prescrito. A concessão de efeitos à pactuação extracartular representaria desnaturação do cheque naquilo que a referida espécie de título de crédito tem de essencial, ser ordem de pagamento à vista, além de violar os princípios da abstração e literalidade.

"4. Recurso especial não provido."

## 2. Prescrição da ação de regresso, executiva ou não, do coobrigado que pagou o cheque

Já, o parágrafo único do mesmo art. 59 regula a prescrição própria de outra espécie de ação, que é a ação de *regresso*, de natureza executiva, cambiariforme sim, mas que não se confunde com a ação (execução) *direta* que o art. 47, I e II, assegura ao portador; é a via regressiva ou de reembolso que assiste ao coobrigado que, tendo sido executado ou não, foi instado a efetivar o pagamento, primariamente recusado pelo banco sacado, do valor do cheque devolvido, excluindo, portanto, da relação jurídica creditícia o portador/beneficiário já por ele satisfeito, tomando-lhe o pagante o lugar como credor em face dos outros coobrigados, como um equivalente "sub-rogado".

A Lei 7.357/1985 não especifica qual seja a natureza da *ação de regresso* de um obrigado ao pagamento contra outro, e não a inclui nos casos de execução previstos no art. 47, limitando-se a dela cogitar no parágrafo único do art. 59, para regular sua prescrição. Em princípio o direito regressivo concretiza-se pela mesma espécie de procedimento assegurado ao título (executivo ou não) contra os demais obrigados, sobretudo contra o emitente, salvo os do mesmo grau entre si.

O prazo prescricional dessa ação de um obrigado ao pagamento contra outro é também de seis meses, tal qual o da ação direta do portador; porém o termo inicial do prazo de prescrição, pela própria função óbvia de recobro do valor que já tenha sido expendido pelo pagante, é fixado por critério logicamente diverso, a contar do dia em que o obrigado pagou o cheque (ou do dia em que foi demandado, diz o parágrafo único do art. 60, ora anotado – o que enseja considerações nos ns. 3 e 4, adiante).

Afirma-se tratar-se de *critério lógico* porque só faz sentido o recobro ou o reembolso; enfim, o regresso, ou reingresso do valor que se tenha pago. Se não pagou, o obrigado ainda não se sub-rogou, porque como não pagante sequer dispõe da posse do título, que ainda estará em poder do credor não pago.

Nesse jogo de palavras existe o aspecto irrespondível elementar de que a ação de regresso repousa no pressuposto *sine qua non* de que tenha ocorrido sub-rogação em *pagamento* e o que pagou pretenda ressarcir-se contra outro coobrigado, nos limites legais. Mas não é sempre assim.

**3. As alternativas de termo inicial da prescrição da ação de regresso no final do parágrafo único do art. 59 da Lei 7.357/1985 – Problemas e dificuldades do chamamento ao processo de execução**

Pois bem, o texto da parte final do parágrafo único do art. 59 ("contados do dia em que o obrigado pagou o cheque, *ou do dia em que foi demandado*") consubstancia uma alternatividade que suscita duas questões. A *primeira questão*: seria cogitável a prescrição da ação de regresso – que é uma perda que decorre da inércia do sujeito em exercitar um direito atual, não futuro, de ação – sem a preexistência do correspondente direito de agir? Daí a *segunda questão*: como pode contra o coobrigado que ainda não pagou – por isso está sendo "demandado" a pagar pelo credor – correr o prazo prescricional da sua ação de recobro contra outro obrigado, antes de ter ele pago, já a contar "do *dia* em que foi demandado", como se lê no final do parágrafo único do art. 59? E o que significa "do dia em que foi demandado"?

Como a lei é sábia, deve o intérprete estar à altura da inteligência da lei e deter-se na descoberta de sua força oculta, para que o espírito se sobreponha à literalidade.

Jamais poderia a mesma lei, que pressupõe o lógico pré-pagamento para que da sub-rogação nasça o direito de ação de regresso para recobro, ter-se valido de alternativa aparentemente absurda no final do parágrafo único, de "punir" com prescrição extintiva do direito de ação regressiva o obrigado que está sendo demandado, quando o credor nem ainda foi por ele pago, por isso está o credor em poder do título, ou, melhor, levou-o a juízo. O que exclui a posse do mesmo título com o obrigado para o exercício de ação de regresso – que não dispensa a exibição do título quitado. Vejamos com mais detalhes essa aparentemente dificultosa questão.

A segunda alternativa ("*dia* em que foi demandado") é uma antiga expressão equívoca. Que "dia" é esse, o da distribuição da "demanda", da citação, da penhora, da juntada do mandado executivo aos autos, ou outro, segundo os atuais cânones procedimentais (arts. 652 e ss. do CPC)?

Como se percebe, pela primeira alternativa da lei, o início do prazo de prescrição é estabelecido pelo critério unívoco ordinário, que só pode ser o do dia do fato pagamento, momento em que nasce a pretensão de reembolso do que o sub-rogado já efetivamente desembolsou e é quando tem ele acesso à posse do cheque quitado (art. 54 da Lei 7.357/1985), que o habilita ao exercício da sua pretensão de caráter rigorosamente regressivo para pleitear reembolso do valor que saiu do seu bolso.

É a heterogeneidade dos termos que caracteriza o princípio lógico da alternatividade, em que o primeiro termo alternativo há de ser necessariamente diverso do segundo termo alternativo (por exemplo: "branco ou preto"; e jamais "branco ou branco"; "preto ou preto"). Se houvesse identidade entre o primeiro e o segundo termos, deparar-se-ia com um vício radical que tornaria não só ocioso mas incongruente o enunciado que se pretenda seja alternativo, isto é, heterogêneo.

Assim, quando a Lei do Cheque (Uniforme e Interna) estabelece dois modos distintos de início do prazo de prescrição – do dia em que o obrigado pagou, sub-rogando-se; ou do dia em que foi demandado, mas ainda não se sub-rogou em pagamento –, não incorre em incoerência quanto ao estabelecimento do segundo termo, diverso do primeiro, pois, se identidade houvesse entre ambos, de alternatividade não se trataria.

Poder-se-ia argumentar que esse "lapso" advém do art. 52º, último período da 2ª alínea, da Lei Uniforme, que semelhantemente diz: "(...) prescreve [*a ação*] no prazo de seis meses, contados do dia em que ele [*um dos coobrigados*] tenha pago o cheque, *ou do dia em que ele próprio foi acionado*".

Mas a Lei Uniforme foi feita para inúmeros Países, e no Brasil a situação processual tem peculiaridades próprias, que dificultam o desate dessa alternativa.

No Brasil só prevaleceria a lógica dessa alternativa (critérios diversos de início de prescrição) se admissível o instituto do chamamento ao processo na execução (arts. 77-80 do CPC), em que o demandado, sem ainda ter pago, pudesse exercer extraordinariamente no início do mesmo processo o direito inato assegurado no art. 78 do CPC.

Aí, sim, *sem ter ainda pago*, o demandado que tenha sido citado da execução chéquica teria o ônus processual (sob pena de desencadeamento contra si do início do prazo de prescrição) de, seguro ou não o juízo da execução, convocar os coobrigados (inciso III do art. 77 do CPC) para os fins do art. 78 e declaração por sentença (art. 80) do direito de regresso em favor daquele que no mesmo processo satisfizer a dívida, para exigi-la por inteiro do devedor principal, ou de cada um dos codevedores a sua cota, na proporção das responsabilidades que lhes couberem.

Mas, como a jurisprudência brasileira vetou, como "inconveniente", o *chamamento à execução*, inviabilizou a atuação daquela *finura* da Lei Uniforme vigente na época da edição do Código de Processo Civil/1973.

Será que essa antiga vedação jurisprudencial do chamamento ao processo na execução teria subsistido em relação ao cheque mesmo após a reafirmação daquelas alternativas constantes do final do parágrafo único do art. 59 da superveniente Lei Interna do Cheque, Lei 7.357/1985?

Não conhecemos qualquer julgamento explícito enfrentando e solucionando essa questão processual (do chamamento à execução) à luz do art. 59 da Lei do Cheque, que é posterior ao Código de Processo Civil, que mais recentemente alterou o rito do procedimento executivo.

Daí, de duas, uma: ou se admite o chamamento à execução, assegurando a vigência da alternativa final do art. 59 da Lei do Cheque, ou não deverá atuar essa regra extraordinária de início do prazo de prescrição antes do dia em que o coobrigado-demandado por dívida comum *efetivamente* tenha pago (alternativa ordinária), em razão da demanda, obtendo pela sentença título executivo judicial. Pois que, sem acesso ao chamamento à execução, só a quitação lhe abre o direito de exercitar pretensão regressiva em processo autônomo de sub-rogado, com o cheque pago em suas mãos, para pretender reembolso ou recobro do que efetivamente foi instado a pagar e pagou sozinho.

Nossa posição quanto à segunda alternativa é clara e se fundamenta na (superveniente ao Código de Processo Civil) Lei Especial do Cheque (que reiterou o direito genérico da Lei Uniforme): sujeita-se à prescrição, contada desde o dia da citação, o obrigado que, executado, não tenha feito o chamamento ao processo do devedor principal e dos coobrigados; salvo se, requerido esse incidente pelo demandado, foi indeferido pelo Judiciário, caso em que, não tendo o chamante incorrido em inércia, então, não há falar em início do prazo de prescrição do exercício da ação de regresso senão a partir do dia quando e se efetivamente vier a pagar na ação em que esteja sendo "demandado" pelo cheque por ele quitado.

Eis a nossa construção: em que pese à jurisprudência impeditiva, o ônus processual do chamamento à execução é do obrigado, para recobrar dos chamados, nos mesmos autos, se demandado; com a ressalva de não se sujeitar à prescrição por antecipação sua futura condicional ação regressiva autônoma se indeferido seu pedido explícito de chamamento senão *após o dia* em que efetivamente pagar o cheque pelo qual foi demandado.

## 4. Conclusões sobre as dificuldades inerentes às alternativas do início do prazo de prescrição da ação de regresso executivo

Poder-se-á contra-argumentar com as dificuldades técnico-procedimentais que nossa posição implica e que a jurisprudência destaca como inviabilizadoras do chamamento ao processo na execução, sobretudo a inexistência de contestação e sentença que pudessem realizar os fins previstos nos arts. 78 e 80 do CPC dentro dos autos do processo executório. E para que serve a imaginação criadora do legislador do direito instrumentário, senão para servir à razoabilidade do Direito e à efetividade do processo e da Justiça?

Cabe ponderar, todavia, que, se a cada direito – no caso, o de regresso do obrigado pagante – corresponde uma ação que o assegura (consoante princípio haurido do revogado art. 75 do anterior CC[17]), estar-se-á impedindo ao titular daquele direito subjetivo o acesso à Justiça, assegurado pelo primado constitucional. É que o critério de início do prazo de prescrição previsto na lei chéquica substantiva, desde o "dia em que foi demandado", inviabilizando o exercício da ação autônoma de regresso enquanto não caracterizado o pressuposto do efetivo pagamento com quitação e posse do cheque, evidentemente esteve presente na *mens* da Lei do Cheque para utilização complementar do incidente de *chamamento ao processo de execução*; exceção, essa, que dispensa o efetivo prévio pagamento pelo demandado, mas sim apenas pressupõe a existência de demanda por dívida comum pendente contra si para cumprimento da obrigação de pagar, nos termos dos arts. 78 e 80 do CPC.

Na eventualidade de subsistência da exclusão pretoriana do chamamento ao processo, cabe à jurisprudência prover uma alternativa de harmonização do modelo legado pela Convenção de Genebra, incorporado ao direito interno e ratificado pela Lei 7.357/1985, reinterpretando a inteligência do texto expresso que estabelece, para a ação de regresso de um pagante obrigado por cheque contra outro, o início do prazo prescricional alternativo a contar "do dia em que foi demandado" pela "execução do cheque" (art. 47).

Essa reinterpretação não negaria o princípio lógico da alternatividade heterogênea presente na Lei do Cheque.

Entra aqui uma outra solução, mais simples, mas de menor rigor jurídico. É o intérprete deslocar a alternatividade do tema do "pagamento"; isto é, tomando o primeiro termo da alternativa do final do parágrafo único do art. 59 da Lei do Cheque como de pagamento *extrajudicial*, e o segundo termo como de pagamento na esfera *jurisdicional* (em demanda judicial).

Por esse último enfoque fica respeitado ao menos o rigor lógico da heterogeneidade da enunciação alternativa, no caso: pagamento extrajudicial ou pagamento por força de demanda judicial; mas, sempre, efetivo pré-

---

17. O art. 189 do CC/2002 corresponde, com outra colocação, ao texto revogado.

-pagamento. E ressalva-se para ambas as alternativas o princípio geral da prescritibilidade por inércia do direito de regresso, tendo como pressuposto ordinário *sempre* o efetivo pagamento precedente, que é o fato consumado que caracteriza a sub-rogação que viabiliza o exercício ordinário da pretensão de reembolso e, portanto, erige-se no termo inicial comum do prazo prescricional da ação regressiva para exigir dívida comum.

O maior inconveniente dessa simplificação interpretativa, contra a literalidade da agora insuficiente expressão "contados (...) do dia em que foi demandado", é o de se "transferir" para o texto legal uma "impropriedade" vocabular que se estará injustamente imputando à técnica legislativa, que remontaria ao texto símile do art. 52º da Lei Uniforme, para exprimir fato diverso: "contados do dia do pagamento efetivado por força de demanda judicial" – isto é, do depósito do numerário em juízo, por exemplo.

## 5. Renúncia da prescrição (art. 191 do CC/2002)
– Dúplice inadequação ao cheque já prescrito

Numa introdução abreviada sobre o instituto da prescrição, cabe ter em conta que o art. 194 do CC, revogado pela Lei 11.280, de 16.2.2006, dispunha que "o juiz não pode suprir, de ofício, a alegação de prescrição, salvo se favorecer a absolutamente incapaz". De modo que passou, desde então, a ter plena eficácia o § 5º do art. 219 do CPC, com a redação dada pela mesma Lei 11.280, de 16.2.2006, ao dispor: "O juiz pronunciará, de ofício, a prescrição" – que, por isso, como anotam Nery e Nery ao *Código Civil* e ao *Código de Processo Civil*, a prescrição, que antes era matéria de direito dispositivo, transmudou-se para matéria de ordem pública.

Daí sobreveio o Enunciado 295 da Jornada IV/STJ, que resume e atualiza a matéria: "A revogação do CC-194 pela Lei 11.280, que determina ao juiz o reconhecimento de ofício da prescrição, não retira ao devedor a possibilidade de renúncia admitida no CC-191". Do que resulta que deve o juiz, antes de pronunciar de ofício a prescrição (§ 5º do art. 219 do CPC), inteirar-se sobre se no processo que lhe esteja submetido houve renúncia possibilitada no art. 191 do CC/2002 ao devedor – texto, este, que não se confunde com a norma restritiva do art. 192 do mesmo CC.

Quanto ao cheque já prescrito, a renúncia da prescrição configura dúplice inadequação. Primeira, por se tratar de título de apresentação para pagamento por terceiro, o banco sacado, que pela lei especial (parágrafo único do art. 35 da Lei 7.357/1985) pode pagar o cheque *até* que decorra o prazo de prescrição (da execução), nos termos do art. 59 dessa Lei do Cheque, fato (cheque prescrito) que constitui Motivo Obrigatório de Devolução 44/BC, sem pagamento. Segunda, porque a própria lei especial já prevê soluções apropriadas ao cheque prescrito para execução, como a ação cognitiva de enriquecimento com o seu não pagamento (art. 61), além da ação fundada na relação causal (art. 62) provado o não pagamento, salvo novação, e ainda da ação comum de enriquecimento sem justa causa (art. 884 do CC/2002) – as três últimas, de conhecimento.

Ademais, pode, sim, ao que se infere do sistema legal específico que acolhe a novação, como, por exemplo, haver substituição do cheque prescrito para execução, ou novação, como medida prática adequada, que dispensa as complicações bancárias inerentes à renúncia da prescrição, que só poderia ocorrer após sua consumação, não de antemão.

Enfim, não há como possa ou deva o banco sacado liquidar sem limite de tempo um cheque já prescrito para execução apenas por renúncia do emitente, antes de ajuizada a ação cabível ao portador inerte, ou então devolver o cheque já prescrito, por falta ou insuficiência de fundos verificada após a própria renúncia depois que a prescrição da execução se consumar (art. 191 do CC/2002), para que outro prazo recomece da mesma renúncia.

• **Lei 7.357/1985, art. 60**

**Art. 60. A interrupção da prescrição produz efeito somente contra o obrigado em relação ao qual foi promovido o ato interruptivo.**

• **Lei Uniforme, art. 53º**

**Artigo 53º**

**A interrupção da prescrição só produz efeito em relação à pessoa para a qual a interrupção foi feita.**

• **Há Reserva do art. 26º do Anexo II**

**Artigo 26º**

**A cada uma das Altas Partes Contratantes compete determinar na sua legislação nacional as causas de interrupção e de suspensão da prescrição das ações relativas a cheques que os seus tribunais são chamados a conhecer.**

**As outras Altas Partes Contratantes têm a faculdade de determinar as condições a que subordinarão o conhecimento de tais causas. O mesmo sucede quanto ao efeito de uma ação como meio de indicação do início do prazo de prescrição, a que se refere a alínea 2ª do art. 52º da Lei Uniforme.**

## 1ª Parte – Interrupção da Prescrição e seus Efeitos: Situação Antes da Lei 7.357/1985

(1) A Reserva do art. 26º do Anexo II cuida do estabelecimento das causas de interrupção e suspensão da prescrição, remetendo sua disciplina à legislação comum de cada País, sem afetar, porém, o enunciado do art. 53º da Lei Uniforme no sentido de que a interrupção da prescrição só produz efeito em relação à pessoa para a qual foi feita, em consonância com o art. 176 do CC/1916, reproduzido no art. 204 do CC/2002. Não cogita, entretanto, a Reserva 26ª da produção de efeitos da *suspensão* da prescrição, prevista no art. 171 do CC/1916, vigente antes da Lei 7.357/1985, reafirmada no art. 201 do CC/2002.

Quanto à interrupção, é a mesma regra assinalada no art. 204 do CC/2002:[18] "A interrupção da prescrição por um credor não aproveita aos outros".

A interrupção favorece o credor, de maneira que a restrição de efeito contida no art. 53º da Lei Uniforme aproveita e diz respeito à pessoa do credor, para o qual foi feita.

Ademais, o direito de ação diz respeito ao *credor* sobre o *cheque*. Logo, a prescrição ou sua interrupção interessam ao direito de agir sobre o cheque. Se se tem o direito de agir, será contra todos os obrigados. Se se perder o direito de agir, será, igualmente, a favor de todos os sujeitos da mesma obrigação, isto é, também do avalista do obrigado, pois não se compreenderia que o avalizado fosse beneficiado, e não o seu avalista; isto é, seria esdrúxulo o avalista pagar e não poder recobrar do seu avalizado.

Daí se inferir que a interrupção feita contra o avalizado produz efeito "da mesma forma" também contra o avalista, ou vice-versa (alínea 1ª do art. 27º da Lei Uniforme; art. 31 da Lei Interna).

Precisamente porque a caducidade (decadência) não é suscetível de interrupção, o art. 53º da Lei Uniforme coerentemente só alude à interrupção da *prescrição*.

A *prorrogação* excepcional de prazos por motivo de obstáculo insuperável (art. 48º da Lei Uniforme) não se confunde com a interrupção.

(2) Casos típicos de interrupção da prescrição são os previstos nos arts. 47 e 134 da então vigente Lei de Falências, Decreto-lei 7.661/1945 (declaração judicial da falência do devedor comerciante) e no art. 777 do CPC (instauração do concurso universal de credores do devedor civil), só reco-

---

18. Correspondente ao revogado art. 176 do anterior CC.

meçando a correr (a prescrição) no dia em que passar em julgado a sentença que encerrar a falência ou o processo de insolvência civil.

(3) Finalmente, advirta-se que a prescrição da pretensão executiva de cheque tem o início do prazo após o termo do prazo de apresentação, e não antes.

## 2ª Parte – Interrupção da Prescrição e seus Efeitos: Situação na Vigência da Lei 7.357/1985 e as Inovações do Art. 202, "Caput" e Inciso III, do CC/2002, Aplicáveis ao Cheque

### 1. Problemas da suspensão e da interrupção da prescrição e seus efeitos

Houve relegação do instituto da *suspensão* ou *impedimento* (antes do início) do curso da prescrição das ações do cheque, objeto da Reserva convencional 26ª, acolhida na época mas silenciada pela Lei Interna. De modo que nesse vazio – propositado pela escassez de interesse jurídico sobre o tema – compete ao direito comum a disciplina genérica das causas e efeitos da *suspensão* da prescrição que possam ou não abranger o cheque (arts. 168-171 do antigo Código Civil – arts. 197 a 201 do CC/2002 – e revogado art. 453 do CComercial).

A *interrupção* da prescrição, tema de maior interesse jurídico na disciplina do cheque, admitida pelo art. 60 da Lei Interna, que diz menos que seu espírito, tem sua matriz no dispositivo do art. 53º da Lei Uniforme. Registre-se como causa de interrupção da prescrição a *novação* (implícita no art. 202, VI, do CC/2002[19]). Aliás, como a novação extingue a obrigação anterior, que é substituída por uma nova, seu efeito é que equivale à interrupção da prescrição, sem sê-la rigorosamente, quando vista essa *questiúncula* com alguma sutileza.

O protesto judicial interrompe a prescrição (art. 867 do CPC; Súmula 153/STF). Mas, pelo art. 202, III, do CC/2002, também o protesto cambiário tornou-se nova causa interruptiva da prescrição, aplicável circunstancialmente ao cheque, se antes não tiver ocorrido outra causa interruptiva excludente, sempre que o protesto do cheque seja tirado já no curso da prescrição, cujo prazo se inicia após o termo do prazo de apresentação a pagamento.

Só poderá ocorrer ou, melhor, só terá eficácia interruptiva uma vez contra o obrigado beneficiado, qualquer que seja a causa de interrupção da prescrição – dispõe a atual codificação civil (art. 202, *caput*), evidentemente

---

19. O revogado art. 453, 1, do CComercial dispunha que a novação era causa interruptiva da prescrição.

referida a cada ação (sucessivamente, dos arts. 59, *caput* e parágrafo único, e 61). Também a norma cogente de ordem pública da citação válida como causa interruptiva da prescrição, do final do *caput* do art. 219 do CPC, pode gerar descompasso com a norma restritiva do *caput* do art. 202 do CC/2002, eis que aquela iniciativa processual também está prevista no inciso I do art. 202 do CC/2002.

## 2. Outros aspectos sobre interrupção da prescrição do cheque e problemas que suscita: insubsistência da Súmula 153/STF em caso de protesto cambial tardio

A jurisprudência do STJ já teve oportunidade de se manifestar sobre uma causa processual típica de interrupção de prescrição, que é a citação válida ou mesmo a propositura da execução (arts. 219 e 617 do CPC); aliás, em execução de cheque emitido com data futura (pós-datado, em garantia de dívida) em que se concluiu que, não sendo imputável ao exequente a culpa pela demora na prolação do despacho ordinátorio da citação, considera-se interrompida a prescrição na data em que protocolada a inicial. Há três precedentes nesse sentido, específicos sobre essa causa de interrupção de prescrição da execução sobre cheque, sendo dois da 4ª Turma e um da 3ª Turma: (a) REsp 2.278-PR, relator o Min. Barros Monteiro;[20] (b) REsp 19.198-SP, relator o Min. Nilson Naves;[21] e (c) REsp 16.855-SP, relator o Min. Sálvio de Figueiredo.[22]

Deste último precedente do STJ consta desenvolvido estudo sobre os requisitos do cheque, com a correta consideração da subsistência do cheque pós-datado, emitido em garantia de dívida, como título que não perde a cambialidade nem a executoriedade, isto é, continua, em face do disposto no art. 32 da Lei 7.357/1985, como título executivo extrajudicial, concebido pelo inciso I do art. 585 do CPC. O voto do Relator destaca que o *V Encontro Nacional dos Tribunais de Alçada*, ao apreciar tese defendida pelo então Juiz de Alçada, processualista Humberto Theodoro Jr., por unanimidade assentou: "Cheque – Convenção para pagamento futuro – Exequibilidade. Não perde a cambialidade nem a consequente executividade o cheque emitido em garantia de dívida, o cheque a que falte data de emissão, ou cheque pós-datado".

Também na ação de enriquecimento ilícito – como, de resto, em qualquer outra ação em tese sobre o cheque –, estando ela, de per si, sujeita à sua

---

20. *DJU* 28.5.1990.
21. *DJU* 29.6.1992.
22. *RF* 324/177.

própria prescrição, como prevê especificamente o art. 61 da Lei 7.357/1985, é corolário que também se lhe apliquem as causas de interrupção da prescrição, inclusive a citação (arts. 219 e 263 do CPC). Nesse exato sentido é o oportuno acórdão da 4ª Turma do STJ no REsp 16.236-SP, relator o Min. Athos Carneiro, cuja ementa é a seguinte: "Cheque – Ação de enriquecimento – Art. 61 da Lei n. 7.357/1985 – Prescrição não reconhecida – Art. 263 do CPC. É de se considerar interrompida a prescrição pela distribuição da demanda em tempo hábil, em não concorrendo desídia alguma do autor relativamente à demora na citação do demandado, decorrente das dificuldades na própria localização do citando, como atestado pelo meirinho".[23]

Outro problema de interrupção do prazo de prescrição foi corretamente resolvido com elogiável criatividade pela 1ª Câmara do extinto 1º TACivSP na ACi 399.563, de 12.12.1988, de que foi relator o Juiz Guimarães e Souza, com a seguinte ementa: "Execução – Cheque – Prescrição – Interrupção do prazo –Inexistência de dispositivo específico na legislação especial. Aplicação subsidiária da regra geral do art. 172 do CC [*de 1916*] – Carta assinada pelo devedor reconhecendo o direito do portador – Caracterização da hipótese do inciso V do referido dispositivo – Reinício da contagem a partir de tal comunicação".[24]

O ajuizamento, pelo executado, de ação declaratória de inexistência de relação cambial não é circunstância apropriada a ensejar a interrupção da prescrição de cheque, porque, exatamente ao contrário do que sucedeu no último acórdão exemplificado *supra*, aqui, a ação movida pelo devedor em nada favorece o credor, pois se destina a negar a obrigação (e não a reconhecê-la) e a obter declaração naquele sentido. É óbvio que não se coaduna com o objetivo de interromper a prescrição contra o próprio emitente interessado na sua consumação.

Essa confusão foi bem captada em acórdão da 2ª Câmara do extinto 1º TACivSP na ACi 389.058, julgada em 15.6.1988, de que foi relator o Juiz Bruno Netto, com a seguinte ementa, que repele objetivo do credor de ver na ação contra si movida causa de interrupção da prescrição consumada: "Prescrição – Execução por título extrajudicial – Cheque – Ajuizamento, pelo executado, de ação declaratória de inexistência de relação cambial – Circunstância que não enseja interrupção do prazo – Arts. 172 do CC [*de 1916*] e 453 do CComercial – Prescrição caracterizada – Sentença mantida".[25] Acrescentamos nós: sentença que desacolheu a execução porque prescrita; vale dizer, vencedor foi o devedor.

23. *DJU* 15.2.1993.
24. *RT* 640/122.
25. *JTACivSP* 112/125.

A Súmula 153/STF ("Simples protesto cambiário não interrompe a prescrição") não mais subsiste em face do texto explícito diverso adotado pelo art. 202, III, do CC/2002. Assim, é importante reiterar que, pelo inciso III do art. 202 do CC/2002, também o *protesto cambial* (*tardio*) passou a ser nova causa interruptiva da prescrição que esteja em curso, acrescentada às demais causas já previstas em lei, em disputa pela primazia da unicidade interrupcional, inclusive o protesto judicial (art. 867 do CPC, combinado com o art. 202, II, do CC/2002[26]), sem cogitar da citação processual ou da execução deferida (arts. 219 e 617 do CPC).

## 3. Situações exóticas de interrupção da prescrição relacionada ao cheque

Quanto ao cheque, portanto, com a vigência do Código Civil/2002 resulta que o protesto cambial, conquanto facultativo e até indiferente pela Lei Interna do Cheque para fins executivos contra o emitente, passa a ter, todavia, relevância para fins de interrupção de prescrição; mas, note-se bem, se tirado tardiamente, isto é, após decorrido o prazo de apresentação. Vale dizer: interruptivo da prescrição da execução será o protesto cambial tirado já no curso do prazo prescricional daquela ação, e não antes do seu início, que só se dá – repete-se – após a expiração do prazo de apresentação, evidentemente, pois não se interrompe prazo que ainda não teve início de curso. Descortina-se aqui um panorama de novos potenciais problemas ou aparentes conflitos no futuro sobre o protesto cambial tardio (no curso do prazo semestral subsequente ao prazo de apresentação) do cheque e seus efeitos excludentes de outras causas interruptivas posteriores, processuais, ante a regra do *caput* do art. 202 do CC/2002, de que a interrupção da prescrição somente poderá ocorrer uma única vez – o que eliminaria a interruptividade de natureza processual futura.

É um tema complexo, este, da unicidade da interrupção da prescrição, que afeta ou pode afetar profundamente o direito do cheque, apto a gerar inusitadas controvérsias graves, sobretudo após a inclusão do protesto cambial como nova causa interruptiva da prescrição, excludente, pois, de quaisquer outras supervenientes.

Há causas de prescrição de direito *material*, arroladas no art. 202, II a VI, do CC/2002, excetuada a causa do inciso I, por ser de natureza processual-jurisdicional; e há causas de direito *processual*, no Código de Processo (por exemplo, propositura, despacho e citação).

26. Correspondente ao revogado art. 172, II, do anterior CC.

Mas é especial a causa interruptiva da prescrição do inciso I do aludido art. 202 do CC/2002, decorrente de ato de ofício do juiz, regulada também pelo art. 219, *caput*, do CPC.

Concede-se, aqui, que as causas enumeradas nos incisos II, IV e V, conquanto praticadas em juízo, não sejam de natureza processual, mas de direito material, embora impróprias.

Pois bem, a dificuldade é esta: como fica a norma do art. 202, *caput*, do CC/2002, de que a interrupção da prescrição só poderá ocorrer uma vez?

Suponha-se que já tenha ocorrido uma vez antes a interrupção de prescrição, fundada em causa de direito material, por ato extrajudicial, como o novo protesto cambial, promovido pelo credor ou qualquer interessado (art. 203 do CC/2002), ou ainda pelo reconhecimento do direito pelo devedor. Pergunta-se: em uma dessas hipóteses fica excluída *a priori* a interrupção da prescrição, agora por uma causa de natureza processual, por exemplo, como efeito de propositura-despacho/citação, que, pelo inciso I do art. 202 do CC/2002 e arts. 219, 263 e 617 do CPC, interrompe a prescrição da ação movida pelo credor do cheque?

Se não couber essa segunda interrupção (a processual) *ex lege* de ofício, de natureza jurisdicional de ordem pública, da prescrição, então, restam frustradas pelo *caput* do art. 202 do CC/2002 as disposições também de ordem pública do Código de Processo Civil? Ou, vice-versa, se cabível tal segunda interrupção, esta norma processual é que frustra aquela da unicidade de direito material? A questiúncula demanda interpretação harmônica dos direitos *substancial* e *processual*.

Diante da perplexidade ante o impasse contraditório, a solução intermediária harmônica útil seria interpretar-se como não incluído na restrição do *caput* do art. 202 do CC/2002, em que pese à sua presença no inciso I do mesmo art. 202 do CC, o efeito de interrupção dos arts. 219, *caput*, e 617 do CPC; ou seja, a unicidade da interrupção de direito material não afeta ou não inibe a futura interrupção *ex lege* de natureza *processual*. O que não parece razoável é afastar esta última (causa interruptiva processual) só porque se operara outra antes, de direito material, colocando em risco o processo, com prescrição em curso, que poderá consumar-se antes da sentença.

Ou seja, põe-se em risco o curso da ação por antecipação do curso da prescrição intercorrente se contado o início do prazo a partir daquela primitiva única causa de interrupção, de direito material, como o protesto cambial etc.

Para cheque protestado tempestivamente, isto é, após a devolução sem pagamento pelo sacado, durante o prazo de apresentação (art. 33) mas antes do início do prazo prescricional do art. 48, é claro que a interrupção da prescrição não acontece; diversamente do que ocorre em caso de protesto tardio, que é aquele de cheque apresentado fora de prazo mas que é pagável pelo sacado (art. 35, parágrafo único, da Lei 7.357/1985), tirado (o protesto cambial) quando em curso o lapso prescricional da pretensão executiva, este, sim, interruptivo da prescrição da execução, com enquadramento na unicidade do art. 202, *caput*, do CC/2002.

• **Lei 7.357/1985, art. 61**

**Art. 61. A ação de enriquecimento contra o emitente ou outros obrigados, que se locupletaram injustamente com o não pagamento do cheque, prescreve em dois anos, contados do dia em que se consumar a prescrição prevista no art. 59 e seu parágrafo desta Lei.**

• **Há Reserva do art. 25º do Anexo II (texto *retro*, junto ao art. 59 da Lei 7.357/1985)**

*Esclarecimento prévio à ação de enriquecimento*
*com o não pagamento do cheque prescrito para execução*

A Reserva do art. 25º do Anexo II, cujo texto está transcrito *retro*, em seguida ao art. 52º da lei Uniforme, correspondente ao art. 59 da Lei Interna, diz respeito à ação de locupletamento injusto. Cabível é esta nas circunstâncias abarcadas no art. 61 ao propósito de fixar seu prazo prescricional, que é de dois anos, contados do dia em que se consumar a prescrição das execuções cambiais previstas, respectivamente, no *caput* e no parágrafo único do art. 59, cujo *caput*, por sua vez, faz remissão ao art. 47, todos da Lei doméstica do Cheque.

*V., sobre a Reserva 25ª: anotações retro ao art. 59 da Lei 7.357/1985, "1ª Parte – Situação Antes da Lei 7.357/1985 (Evolução Antecedente)", n. (2).*

De todo modo, já se vislumbra um espectro de eventuais conplexidades no rigor de apuração exata do biênio de prescrição ou não da ação residual de enriquecimento contra os obrigados que se tenham locupletado com o não pagamento do cheque antes de perder sua força executiva, em razão das dificuldades encontráveis no retrospecto casuístico objetivo e circunstancial que haverá de ser apurado para se fixar o termo *a quo* da fluição do prazo de prescrição próprio desta ação sucessiva, que coincide com o dia *ad quem* em que se consumar a prescrição daqueloutra ação (execução) originária ou natural executiva prevista no art. 59, *caput*, e a regressiva também executiva, no seu parágrafo único, da lei interna, cada qual com seu regime prescricional específico.

É relevante o fenômeno jurídico de que a prescrição nos títulos cambiários, se extingue a pretensão inerente à natureza do direito cartular, não elimina o direito ao restabelecimento do equilíbrio das relações jurídicas de causalidade, assegurando o gênero da ação *in rem verso* como solução subsidiária que não se conforma com o enriquecimento de um, determinante do empobrecimento de outro, sem justa razão – remédio antigo, que vem de também ser generalizado nos arts. 884 a 886 do CC/2002.

*1. Ação de locupletamento injusto por cheque prescrito para execução, sem pagamento, pertencente ao gênero das ações* **in rem verso**

Constitui nova fonte de obrigação a transferência ou migração injustificada de bens do patrimônio de alguém à custa de outrem; o que implica a obrigatoriedade de restituição, ao lesado, do indevidamente auferido, instituída como padrão nos arts. 884 e ss. do CC/2002, tema geral objeto de anotações adiante.

A ação de locupletamento por cheque prescrito para execução, sem pagamento, vem referida no art. 61 da Lei 7.357/1985 (que se reporta à prescrição da ação executiva do *caput* e da regressiva do parágrafo único do art. 59), a propósito de disciplinar a prescrição bienal a que está sujeita por critério específico da Lei Interna do Cheque; mas não constava do Anexo I (texto da Lei Uniforme), apenas do Anexo II (Reserva 25ª), sem prazo e com regência indireta, por reenvio ao art. 48 da antiga Lei Interna Cambial, e que era então sujeita à regra geral de prescrição pretérita vintenária do revogado art. 177 do anterior CC.

A espécie de ação cognitiva de enriquecimento indevido (ou de locupletamento injusto de obrigados), admitida no texto ampliativo do art. 61, que tem sempre como causa remota o não pagamento, pelo banco sacado, do cheque e como causa próxima que a execução direta ou regressiva esteja prescrita, é referida a cometimento de ato *ilícito* em sentido amplo, e obrigação de reparação (arts. 186 e 927 do CC/2002), de que resulte enriquecimento indevido de alguém em detrimento ou empobrecimento injusto de outrem, o portador, beneficiário ou regressista sub-rogado, com prescrição autônoma bienal, sucessiva à consumação da prescrição semestral da pretensão cambiária executiva antecedente.

Nessa amplitude, surgiu ação, mais genérica, contra aquele que "se enriquecer à custa de outrem", do art. 884 do CC/2002, de início lembrada, denominada agora de *pretensão de ressarcimento de enriquecimento sem causa*, assim referida no art. 206, § 3º, IV, do CC/2002 como de prescrição trienal, de natureza que não se confunde com aquela do art. 61, nem com a da relação causal, do art. 62 da Lei do Cheque, de prescrição civil comum decenária, se não previsto prazo menor (art. 205 do CC/2002); bastando a ausência de causa justa e a contrapartida de prejuízo indevido à custa de outrem. Acrescente-se ao rol a Súmula 18/TJSP: "Exigida ou não a indicação da causa subjacente, prescreve em cinco anos o crédito ostentado em cheque de força executiva extinta (CC, art. 206, § 5º, I)".

Vejam-se os REsp 36.590-2-MG, julgamento de 21.6.1994, e 383.536-PR, julgamento de 21.2.2002, mas julgamentos anteriores à vigência do Código Civil/2002, ambos de relatoria do Min. Sálvio de Figueiredo Teixeira, 4ª Turma do STJ,[27] sobre as diferenças entre as ações dos arts. 61 e 62, inclusive quanto ao *onus probandi*.

Por outro lado, em que pese à generalização do art. 61 ao se referir não só ao emitente, mas a "outros obrigados", entendemos que dentre estes últimos só os endossantes estão incluídos como legitimados passivos; e não os avalistas, que continuam excluídos em princípio como réus dessas ações, pelo caráter não especulativo do aval, como já era da tradição do direito uniforme.

A terminologia genérica "outros obrigados" não objetivou estender a legitimação passiva aos avalistas, salvo alguma teratologia tópica, de casos concretos, mantida a presunção conceitual, em tese, de que o *aval* não se reveste de caráter especulativo e, portanto, não enseja, de regra, locupletamento pelo avalista enquanto tal. A *mens legis* foi a de regular a prescritibilidade dessa ação, segundo a legitimação passiva de direito, e não a de generalizar, ampliando o cabimento dessa via para alcançar os avalistas pela expressão indireta "outros obrigados".

A disciplina da prescrição para aquela ação cognitiva residual cambiariforme (art. 61) foi retirada do âmbito do direito comum de reenvio e passou a ter regulagem por critério próprio da Lei especial Interna do Cheque; o que significa que o *locupletamento* que está na base da ação do art. 61 é aquele que tenha como origem o não pagamento do cheque como título executivo pelos obrigados. Mas o art. 206, § 3º, IV, do CC/2002 estabelece

---

27. REsp 36.590-2-MG, ementa: "Processo civil – Distinção entre ação de cobrança fundada na relação jurídica negocial que gerou o cheque e a 'ação de locupletamento' – Prescrição – Arts. 61 da Lei n. 7.357/1985 e 177 do CC – Recurso provido. A 'ação de locupletamento', de que fala o art. 61 da Lei n. 7.357/1985, e a ação de cobrança fundada no cumprimento de negócio jurídico do qual se originou o cheque não se confundem, prescrevendo aquela no prazo fixado pelo próprio dispositivo mencionado e esta no prazo estipulado pelo art. 177 do CC para as ações pessoais".

prescrição trienal (mais alongada) para a pretensão de ressarcimento por enriquecimento *sem causa*, prevista no art. 884 genericamente, isto é, não especificamente por cheque prescrito, sem, no entanto, excluí-lo.

Operou-se drástica redução do prazo, geral, de 20 anos (na vigência do anterior Código Civil), para específico, de 2 anos, do art. 61 da Lei 7.357/1985, a partir da vigência desta, para o exercício da ação residual cambiariforme, subsequente à prescrição consumada da execução, sem exclusão da prescrição civil trienal para a ação de ressarcimento por enriquecimento sem causa, ou, ainda, a prescrição quinquenal da ação genérica referida na Súmula 18/TJSP, fundada no art. 206, § 5º, I, do CC.

Conta-se o início do biênio do dia em que se consumar a prescrição chéquica prevista no art. 59, *caput* e seu parágrafo único, segundo a natureza pertinente a cada espécie ali prevista. Atente-se para a sutil circunstância de ser fluido ou variável o termo inicial do prazo de prescrição da ação (sucessiva) de enriquecimento quando movida por obrigado chéquico sub-rogado, porque vem (o prazo) atrelado à consumação da prescrição da anterior ação de regresso (parágrafo único do art. 59), que é essencialmente móvel, em função do dia em que o obrigado pagou ou do dia em que ele próprio fora demandado para pagar. Pondere-se, de resto, que também outros fatores, como interrupção e suspensão dos prazos prescricionais das ações referidas no art. 59, podem, em tese, afetar o cálculo ou a fixação correta do termo inicial e do termo final da prescrição da ação de enriquecimento contra o emitente do cheque e outros obrigados (art. 61). Sem falar que também a prescrição autônoma sucessiva da própria ação de locupletamento está sujeita a interrupção, o que dificulta ainda mais a verificação do fato em circunstâncias mais complexas de ocorrência de eventos relevantes, de natureza material e/ou processual.

Ressalve-se também que no caso de cheque pós-datado, isto é, com data futura, o termo inicial do fluxo prescricional da execução é também variável ou circunstancial: para alguns, da data da apresentação antecipada. Consumado esse flexível prazo primário é que terá início, nos termos da parte final do art. 61, o prazo fixo de prescrição da ação de locupletamento injusto ou de enriquecimento indevido, a ser movida pelo portador ou pagante regressivo; para outros, da data real da emissão; e para muitos a referência será a data futura inscrita no cheque como de emissão.

Para efeito da prescrição pode não ter relevância a data fictícia literal do cheque. É a solução equânime, consoante a realidade não regulada na Lei Uniforme ou na Lei Interna, precisamente porque não foi propósito do legislador legitimar a realidade do cheque *pré-datado*, assim alcunhado o cheque com data futura, deixando o ônus do risco ao emitente criador da modalidade que a lei especial não ampara.

Sobre a presunção que a posse do título induz em favor do portador de cheque prescrito, bastante elucidativo é o acórdão da 12ª Câmara do extinto 1º TACivSP na ACi 782.459-9, de 17.8.1999, relator o Juiz Matheus Fontes (v.u.), cuja ementa é a seguinte: "Cambial – Cheque prescrito, formalmente em ordem – Hipótese de quirógrafo capaz de servir de começo de prova, por dar a presunção de ser verdadeira a declaração que contém – Art. 131 do CC [*de 1916*] e arts. 368 e 334, IV, do CPC – Ordinária de cobrança procedente – Recurso improvido".

Como se vê, a fundamentação do julgado considerou corretamente como verdadeiro o valor presumido das declarações constantes de documentos particulares assinados, em relação aos seus signatários (arts. 131 do anterior CC[28] e 368 do CPC), em face da regra do art. 334, IV, do CPC, que dispõe não dependerem de prova os fatos (no caso, dispensando o portador do cheque do ônus de outras provas) em favor dos quais milita a presunção legal de existência ou de veracidade (do crédito referente à causa do cheque prescrito para execução).

Essa presunção de veracidade, concentrada na literalidade probatória documental do cheque prescrito, milita em prol do credor originário e também do obrigado regressivo sub-rogado quando qualquer deles mova a ação de locupletamento, com reversão do ônus da contraprova, a ser amplamente exercido, não se aplicando à defesa nessa ação cognitiva de cheque já sem força executiva a restrição do art. 25 da Lei 7.357/1985, até por força do disposto na parte final do parágrafo único do art. 219 do CC/2002 e dada a natureza da ação *in rem verso*.

## 2. Diferenciação entre ação de locupletamento e ação fundada na relação causal, com a consequente distinção dos requisitos de cada uma (respectivamente, arts. 61 e 62 da Lei 7.357/1985). E ambas não se confundem com a ação de enriquecimento sem causa, dos arts. 884 a 886 do CC/2002

A prescrição chéquica na verdade retira a exigibilidade via executoriedade do título, mas não o direito nele documentado (art. 219 do CC/2002[29]). Esse é o fenômeno que explica a previsão legal de subsistência de outras duas demandas *residuais*, com respectivas prescrições autônomas, por cheque

---

28. Correspondente ao atual art. 219 do CC/2002.
29. Correspondente ao revogado art. 131 do anterior CC.

prescrito sem pagamento: a ação de locupletamento (cambiariforme, mas não de eficácia executiva, que é a prevista no art. 61) e a ação causal, fundada esta última na relação jurídica civil etc. que deu origem à emissão do cheque (art. 62). Nesta, a causa de pedir pelo credor remonta ao negócio subjacente, servindo o cheque impago (*pro solvendo*) apenas como mero elemento de prova, ou de referência, salvo novação etc., e o prazo é, em princípio, o decenal de prescrição das ações comuns, de conformidade com o art. 205 do CC/2002, ou outro prazo menor de lei especial, ou do próprio Código Civil, como o da Súmula 18/TJSP, fundada no art. 206, § 5º, I, do CC.

A pretensão cambiariforme de locupletamento ilícito (art. 61) contra o emitente em detrimento do credor tem na falta de pagamento do cheque prescrito para execução o seu pressuposto, bem como em detrimento do obrigado pagante regressivo, e o prazo é bienal sucessivo de prescrição. Finalmente, trienal é o prazo prescricional da ação civil de enriquecimento sem causa, agora prevista genericamente nos arts. 884 e 885 do CC/2002, cuja prescrição está fixada no art. 206, § 3º, IV, do mesmo Código.

Essas são as complicadas distinções geralmente aceitas sem controvérsias na doutrina e na jurisprudência.[30] Mas há uma terceira diferença, quiçá mais específica: para os que entendem, como nós, tratar-se de via *cambiariforme*, porém sem eficácia executiva, a ação de locupletamento do art. 61 reverte o ônus da contraprova ao réu, pelo valor documentário probante inicial do prejuízo injusto que a posse do cheque prescrito não pago em mãos do autor faz presumir, sem necessidade de o credor demonstrar *a priori* a *causa debendi*, seja no rito comum ou no da ação monitória (esta última, nos termos do art. 1.102-a do CPC); mas, pondere-se, ao acionado não se aplica a restrição do art. 25, como exposto no final do n. 1, *retro*, com as consequências ali expostas.

Nota-se existência de confusão entre essas duas pretensões (arts. 61 e 62), que têm prazos prescricionais também diferentes e autônomos. O que ambas têm em comum é que são ações condenatórias, processo de conhecimento, e se referem à falta de pagamento, com fundamentos, causa de pedir e pedidos distintos.

Importante observar que Tullio Ascarelli[31] assinalava que no direito ítalo-francês exige-se, embora com maior ou menor rigor, a indicação da

---

30. V. STJ, 4ª Turma, REsp 36.590-MG e 383.536-PR, em ambos relator o Min. Sálvio de Figueiredo Teixeira, citando trechos dos ns. 1 e 2 do presente capítulo da 4ª edição (2000) deste livro.

31. Tullio Ascarelli, *Teoria Geral dos Títulos de Crédito*, 2ª ed., São Paulo, Saraiva, 1969, p. 62.

causa na petição inicial. Mas esclarece que a indicação da causa tem simples relevância probatória, até prova em contrário (*cautio indiscreta* – art. 129, 3º, do revogado CComercial). Como a ação de locupletamento é *causal*, resulta que não há obrigação residual válida do cheque, sem causa válida,[32] o que exprime o chamado *princípio da causalidade*.

Já, na execução, diversamente das ações condenatórias, a abstração assegura a executoriedade de per si do título (e/ou vice-versa), como também anota Ascarelli.[33]

Sobre ação de locupletamento por cheque prescrito vale invocar acórdão do extinto 1º TACivSP de 3.12.1996, de que foi relator o Juiz Antônio de Pádua Ferraz Nogueira, com a seguinte ementa: "Cambial – Cheque – Título prescrito – Admissibilidade, todavia, da cobrança do valor nele inscrito – Demonstração da existência do negócio e da *causa debendi* – Definição do feito como ainda, em princípio, de natureza cambiária – Cobrança procedente – Recurso provido – Locupletamento indevido – Cobrança de cheque sem provisão de fundos, prescrito para execução – Ação de natureza cambiária onde cabe ao devedor o ônus da prova em contrário".[34]

É da fundamentação do voto-condutor o seguinte trecho elucidativo do tema em exame, que coincide com nosso ponto de vista, de se cuidar no art. 61 de ação cognitiva cambiariforme residual: "Aliás, em princípio, esta ação continua a ser de natureza cambiária. E a prova é feita pelo portador com a simples exibição do título, cabendo ao devedor a prova em contrário (*RT* 362/420, 717/184 e 645/124), ou a de que o autor tivesse posse viciosa (ACi n. 508.751, de 5.1.1993, deste Relator). E prejuízo do autor, não negado pelo réu, dispensa prova específica em tais condições (cf. RE n. 74.241, STF, relator o Min. Xavier de Albuquerque, j. 14.11.1972, *DJU* 11.12.1972, p. 8.400)".

No extinto 1º TACivSP a orientação vinha sendo essa: exibidos os cheques prescritos impagos e indicado o fato constitutivo do direito, que é o locupletamento do devedor a dano do credor, a presunção *juris tantum* milita em favor do requerente até prova em contrário ou da existência da causa impeditiva, modificativa ou extintiva do direito reclamado, ou posse injusta, fraudulenta etc.

No mesmo extinto 1º TACivSP já se fazia a distinção entre a ação do art. 61 – ação de locupletamento ilícito contra o emitente do cheque prescrito ou outros obrigados –, de natureza cambiariforme, porque baseada no não

---

32. Idem, p. 71.
33. Idem, pp. 49-50.
34. *JTACivSP* 165/101.

pagamento do cheque como sendo o fato em que reside o enriquecimento indevido em contraposição ao empobrecimento injusto do reclamante, e a ação do art. 62, que é eminentemente sobre a relação causal, civil ou comercial, a qual igualmente pressupõe, salvo a prova de novação, o não pagamento do cheque emitido (*pro solvendo*) ou transferido em razão do negócio subjacente. Trata-se de acórdão de 12.1.1995 proferido na ACi 589.009, relator o Juiz Salles de Toledo,[35] que contém estudo comparativo entre as duas espécies de pretensão, além de mostrar que a atual Lei Interna do Cheque deu novo equacionamento, mais coerente, à situação jurídica da perda da executividade do cheque por força da prescrição do art. 59.

Finalmente, no STJ houve divergência de posicionamento entre os integrantes da 3ª Turma, no REsp 32.772-PR (relator o Min. Dias Trindade, com voto vencedor, apoiado pelos Mins. Waldemar Zveiter e Cláudio Santos, j. 13.4.1993) em caso de propositura de ação de locupletamento ilícito por cheques prescritos. A maioria pendeu para a solução de suficiência da posse com o autor dos títulos não honrados pelo emitente como prova presumida da causa lícita da dívida e do prejuízo sofrido pelo não pagamento e o correspondente enriquecimento indevido do emitente, revertendo ao réu o ônus da prova em contrário.

Restou vencido, com voto divergente, o Min. Eduardo Ribeiro, nestes termos: "O entendimento adotado pelo eminente Relator, e nos demais votos já proferidos, significa adesão à tese de que a prescrição importa apenas retirar a força executiva do cheque, o que não me parece exato. Decorrido o prazo prescricional, abrem-se, em verdade, duas possibilidades para quem se pretenda credor. Poderá fundar-se na relação originária, expondo-a, por conseguinte, como causa de pedir, servindo o cheque como elemento de prova. Ser-lhe-á facultado, ainda, o uso da ação de enriquecimento. Esta tem pressupostos próprios, notadamente o locupletamento do emitente em detrimento do credor. Havendo de ser deduzidos na inicial, posto que fatos constitutivos do direito do autor".[36]

Insista-se: a primeira ação, fundada na relação causal, do art. 62, prescreve de regra em 10 anos, ou menos, pelo art. 205 do CC/2002; e a segunda, ação de locupletamento por cheque prescrito, em apenas 2 anos (art. 61), prazo sucessivo contado do dia em que se consumar a prescrição da execução, o que é circunstância relevante a ser considerada – sem olvidar a prescrição trienal, do art. 206, § 3º, IV, combinado com o art. 884, do CC/2002, para a ação ali prevista, quando versar sobre cheque, e ainda a

---

35. *RT* 717/184.
36. *RSTJ* 47/440.

prescrição quinquenal aventada na Súmula 18/TJSP, com base no art. 206, § 5º, I, do CC.

Em conclusão das anotações ao julgado do STJ, a maioria arredou a extinção do processo da ação de locupletamento, para que tivesse prosseguimento, enquanto o voto divergente mantinha a inviabilidade do pedido, por entender não bastar a exibição dos títulos, sendo necessário também que se declarassem os negócios de que se originaram os cheques e se demonstrasse a existência do prejuízo do portador e do enriquecimento indevido do emitente.

Na verdade, a dissidência situou-se mais no campo processual.

Uma vez mais valendo-nos do critério distintivo adotado pelo STJ entre *ação de locupletamento* e *ação causal*, invocamos a lúcida lição didaticamente legada no REsp 36.590-MG, da 4ª Turma, relator o Min. Sálvio de Figueiredo: "Prescrição – Distinção entre a ação de cobrança fundada na relação jurídica negocial que gerou o cheque e a ação de locupletamento – Arts. 61 da Lei n. 7.357/1985 e 177 do CC. [*de 1916*] A ação de locupletamento de que fala o art. 61 da Lei n. 7.357/1985 e a ação de cobrança fundada no cumprimento de negócio jurídico do qual se originou o cheque não se confundem, prescrevendo aquela no prazo fixado pelo próprio dispositivo mencionado, e esta no prazo estipulado no art. 177 do CC [*de 1916*] para as ações pessoais".[37]

Ou seja: 2 anos para a ação do cheque prescrito (art. 61), e na atualidade 10 anos, ou menos, para a ação do art. 62.

Ficou muito conhecido na galeria forense o esclarecedor acórdão da 5ª Câmara do extinto TARS proferido em 20.10.1994 na ACi 194.147.179, de que foi relator o Juiz Jorge Alcibíades Perrone de Oliveira,[38] que, ao tratar de uma ação com várias questões jurídicas sobre cheque prescrito, fez a fundamental distinção que se vê na ementa fundamentada, nos seguintes termos: "Ação de locupletamento e ação de cobrança – Cheque prescrito. Não podem ser confundidas as duas demandas. A ação de locupletamento tem por fundamento o enriquecimento do emitente ou outros obrigados à vista do credor, pelo não pagamento do cheque (art. 61 da Lei n. 7.357/1985). A ação de cobrança há de se basear no negócio subjacente do título, que serve apenas de indício de prova. Assim, a inicial não pode referir que a ação é de 'locupletamento ou cobrança', porque as 'causas de pedir' são diversas. Inicial fundada apenas no não pagamento de cheque só pode ser recebida como ação de locupletamento. Como de cobrança seria inepta, por ausência

---

37. Ementa publicada no *DJU* 31.10.1994.
38. *JTARS* 92/212.

de causa, já que só a apresentação do título desprovido de ação cambial é imprestável para tanto – 'Endossante ou avalista'. A assinatura lançada no verso, em princípio, é de endossamento. Desimporta, no caso, saber a condição específica, porque a lei autoriza ação contra o emitente ou 'coobrigados' – 'Representante da pessoa jurídica'. Não é parte legítima passiva para a ação de locupletamento, por ter responsabilidade distinta da pessoa jurídica. Só seria concebível a legitimação passiva se alegada e provada a necessidade de desconsideração da pessoa jurídica (*disregard of legal entity*), hoje admitida pela lei (Código do Consumidor) e pela jurisprudência – 'Prescrição da ação de enriquecimento ou locupletamento'. Existente prazo próprio – de dois anos (art. 61 da Lei n. 7.357/1985) –, é esse o aplicável, não se podendo invocar o prazo vintenal, que é próprio apenas da ação ordinária de cobrança".

O STJ voltou ao tema da distinção entre a ação, por cheque prescrito, de locupletamento, cambiariforme, cuja prescrição *bienal* foi adotada pelo art. 61 da Lei 7.357/1985, e a ação ordinária indenizatória fundada na prática de ato ilícito (arts. 186 e 927 do CC/2002[39]), cuja prescrição *decenária* é a das ações pessoais em geral, salvo se a lei lhe haja fixado prazo menor (art. 205 do CC/2002[40]). Trata-se do REsp 196.643-RS, da 4ª Turma, relator o Min. Ruy Rosado de Aguiar, julgado em 23.2.1999, com a seguinte ementa: "Cheque – Ação ordinária de indenização – Prescrição. A ação ordinária de indenização fundada na prática de ato ilícito (art. 159 do CC), cuja responsabilidade foi estendida ao réu por força do art. 1.521, I, do CC, onde se pretende a reparação do dano causado pela emissão de cheques sem fundos, tem pressupostos próprios que a distinguem da ação de locupletamento ilícito prevista na Lei n. 7.357/1985, e por isso a pretensão daquela prescreve não em dois anos, como previsto no art. 61 deste diploma legal, mas no prazo longo reservado às ações pessoais (art. 177 do CC) – Recurso não conhecido".[41]

Como se vê desse escorço jurisprudencial acerca das duas ações previstas na Lei 7.357/1985, nos arts. 61 e 62, com pontos em comum e pontos distintivos, ambas referentes ao não pagamento do cheque, mas tendo causas de pedir diferentes e sujeitas a prescrição de prazos também diversos, todo cuidado é pouco, quer para uma parte, quer para a outra, e mais para o juiz, conforme o meio eleito. No fundo, no que fez bem a Lei do Cheque foi em explicitar o que sempre existiu implicitamente dentro do ordenamento jurídico nos campos do direito cambiário e do direito comum de regência do negócio ou da relação jurídica causal.

39. O art. 186 do CC/2002 corresponde ao revogado art. 159 do anterior CC.
40. Correspondente ao anterior art. 177.
41. Ementa no *DJU* 19.4.1999.

## 3. Ação monitória – Conceito e Súmula 299/STJ: assegura-se essa via processual peculiar de cobrança por cheque já prescrito para execução (art. 59 da Lei 7.357/1985), ou se já prescrito até mesmo para ação de locupletamento (art. 61)

Tornou-se pacífico que no caso de pretensão com base em alegação de locupletamento como na hipótese de não pagamento de cheque (art. 61) é apropriada a via introduzida no ordenamento procedimental após a edição da Lei Interna do Cheque, que é a *ação monitória*, acrescentada ao art. 1.102,[42] sob a letra "a", do CPC.

Nesse sentido, a propósito de *prescrição/ação monitória*, a 4ª Turma do STJ teve oportunidade de apreciar o tema no REsp 168.777-RJ, em 16.12.1999, por acórdão unânime de que foi relator o Min. Aldir Passarinho Jr., que, embora não tendo conhecido do recurso, legou lição esclarecedora, que remonta ao acórdão recorrido; aliás, coincidente com nosso entendimento exposto na 4ª edição. Eis a ementa do valioso julgamento, sintetizado nestes termos: "II – A prescrição prevista no art. 59 da Lei n. 7.357/1985 refere-se exclusivamente à forma executiva de cobrança, não impedindo o uso da ação monitória para o recebimento da dívida oriunda de cheques não honrados".[43]

A ação monitória é processo de cognição sumária destinado a conferir executividade a um título que a não tenha, como, especificamente, cheque já prescrito (sem força executiva), que consubstancia prova escrita idônea à admissibilidade da instauração da instância, com viabilidade extrema de deferimento de plano da inicial e expedição do mandado de pagamento (arts. 1.102a e 1.102b do CPC). A prescrição da ação monitória aqui especificamente referida é a bienal, prevista no art. 61 para a ação de locupletamento, que não se confunde com a prescrição da ação fundada na relação causal, monitória ou não, disciplinada no art. 62 da Lei 7.357/1985.

Sobre a natureza da ação monitória e sua adequação para pretensão que impeça locupletamento por cheque prescrito e não pago vale referir a lição expendida em magistral acórdão da 3ª Câmara Civil do extinto TAMG, de que foi relator o Juiz Wander Marotta, com ementa ampla e elucidativa, *verbis*: "Processo civil – Ação monitória – Natureza jurídica – Procedimento bifásico – Especialidade – Inversão do ônus da instauração do contraditório – Processo e procedimento – Distinção – Embargos – Natureza jurídica –

---

42. "Art. 1.102a. A ação monitória compete a quem pretender, com base em prova escrita sem eficácia de título executivo, pagamento de soma em dinheiro, entrega de coisa fungível ou de determinado bem móvel."

43. *DJU* 59-E, 27.3.2000, p. 108.

Cheque prescrito – Negócio subjacente – Desnecessidade de explicitação da causa do cheque na inicial. A ação monitória possui natureza jurídica de ação de conhecimento, condenatória, com procedimento especial de cognição sumária e de execução sem título. Irão conciliar o procedimento duas exigências: promover um trâmite célere, distinto do ordinário, sem eliminar a garantia do contraditório, pelo quê se articula em duas fases: uma primeira em que o seu credor apresenta documento que, em sumária cognição, sem contraditório, revela possível direito de crédito, culminando com a expedição de mandado de pagamento, em trâmite célere, e uma segunda fase, eventual, em que o réu, fruindo de todas as garantias do contraditório, poderá apresentar defesa, impugnando o mandado de pagamento. A especialidade do procedimento reside em sua técnica de inversão do ônus de iniciativa acerca da instauração do contraditório para o juízo de cognição plena e completa: cabe este, na ação monitória, ao réu. Nos termos do art. 1.102 do CPC, o requisito principal para que seja cabível a ação monitória é a prova escrita, sem eficácia de título executivo, de que o autor tem direito a receber do réu o pagamento de soma em dinheiro, a entrega de uma coisa fungível ou um determinado bem móvel, encaixando-se o cheque prescrito nestes requisitos. O réu é citado para pagar, e não para se defender, pelo quê não apresentará contestação, mas poderá, querendo, instaurar o contraditório por meio de embargos, suspendendo a eficácia do mandado inicial de pagamento, que não se confundem com os embargos no processo de execução. Semelhante instituto é a *oposição* do direito italiano, também impugnação, em vez de ação cognitiva incidental. O devedor poderá inaugurar a discussão acerca do negócio subjacente, mas a mera promessa de pagamento e a obrigação civil estampada no título são suficientes para permitir a expedição do mandado monitório, sem que se cogite de inépcia da inicial ou que deva o juiz, de ofício, buscar a explicitação da origem da dívida, já que, tratando-se de interesses patrimoniais disponíveis, tal discussão fica na dependência da exclusiva vontade das partes".[44]

O acórdão do STJ do aludido REsp 262.657-MG, indicado na nota de rodapé 44, contém a seguinte ementa, que aponta a solução da questão mais dificultosa da ação de locupletamento indevido: "Recurso especial – Ação monitória – Título de crédito – Cheque – Prescrição. 1. Sendo documento escrito comprobatório do débito, o cheque prescrito dá sustentação à ação

---

44. Esse julgamento foi confirmado pela 3ª Turma do STJ, em 7.12.2000, no REsp 262.657-MG, por maioria de votos. Foi conhecido por unanimidade o recurso e por maioria foi improvido, vencido o Min. Ari Pargendler (Relator sorteado), que dava provimento ao recurso do réu para julgar extinta a ação monitória. O Min. Carlos Alberto Menezes Direito teve voto vencedor e foi designado para o acórdão, confortado pelos votos dos Mins. Waldemar Zveiter e Antônio de Pádua Ribeiro (*DJU* 19.3.2001).

monitória, pouco importando a causa de sua emissão. 2. Recurso especial conhecido, mas desprovido".

Posteriormente, em 26.6.2001, o tema foi examinado na mesma linha pela 4ª Turma no REsp 285.223-MG, relator o Min. Aldir Passarinho Jr., conforme se constata da ementa: "Processual civil – Ação monitória – Cheque prescrito – Documento hábil à instrução do pedido – Impugnação – Ônus da prova contrária que cabe ao réu. I – A jurisprudência do STJ é assente em admitir como prova hábil à comprovação do crédito vindicado em ação monitória cheque emitido pelo réu cuja prescrição tornou-se impeditiva da sua cobrança pela via executiva. II – Apresentado pelo autor o cheque, o ônus da prova da inexistência do débito cabe ao réu".[45]

Em novo julgamento, a 3ª Turma do STJ, no REsp 303.095-DF, em 28.8.2001, relator o mesmo Min. Carlos Alberto Menezes Direito, reiterou, agora por unanimidade, o entendimento anterior, contando com a adesão da Min. Nancy Andrighi, conforme se vê da ementa: "Ação monitória – Cheque prescrito – Precedente da Corte. 1. A jurisprudência mais recente da Corte afirma que *o cheque prescrito dá sustentação à ação monitória, pouco importando a causa de sua emissão*. 2. Recurso especial conhecido e provido".[46]

Acrescentem-se outros acórdãos mais recentes do STJ:

• 3ª Turma, REsp 537.038-RS, relator o Min. Fernando Gonçalves, julgamento de 2.8.2005: "Esta Corte tem entendimento assente no sentido de que na ação monitória, instruída com cheque prescrito, é desnecessária a demonstração da causa de sua emissão, cabendo ao réu (emitente) o ônus da prova de inexistência do débito".[47]

• 4ª Turma, REsp 541.666-MG, relator o Min. César Asfor Rocha, julgamento de 5.8.2004: "Na ação monitória fundada em cheque prescrito não se exige do autor a declinação da *causa debendi*, pois é bastante para tanto a juntada do próprio título, cabendo ao réu o ônus da prova da inexistência do débito".[48]

Cabe referir que o art. 206, § 5º, I, do CC/2002 (invocado como base da Súmula 18/TJSP) instituiu caso de prescrição quinquenal ("pretensão de cobrança de dívidas líquidas constantes de instrumento público ou particular") bem como que o art. 206, § 3º, V, do mesmo CC/2002 fixou hipótese de prescrição trienal ("a pretensão de reparação civil") que podem, eventual-

---

45. *DJU* 200, 5.11.2001, p. 116, v.u.
46. *DJU* 205, 12.11.2001, p. 152.
47. Ementa no *DJU* 22.8.2005, p. 281.
48. *DJU* 2.5.2005, p. 356.

mente, servir de apoio supletivo às respectivas ações fundadas em cheque prescrito, seja para execução, seja para ação de locupletamento, preenchidos os pressupostos específicos e causa de pedir, respectivamente, de "dívidas líquidas" ou de "reparação civil", pela via dos procedimentos comuns e até monitório – prazos prescricionais, estes, contados da decorrência do prazo prescricional da ação de execução do cheque.

Importante observar que o STJ captou a força oculta do texto da lei no REsp 612.539-ES, da 3ª Turma, relator o Min. Humberto Gomes de Barros, julgamento de 3.4.2007, ao assegurar o uso de ação monitória para cheque já prescrito não só para a execução (art. 59), como prescrito também para a ação sucessiva, de locupletamento (art. 61); portanto, enquadrada a via monitória nos prazos da prescrição trienal, quinquenal ou outra geral ainda maior, segundo variarem o pedido e a causa de pedir.

Enfim, resumiu a Súmula 299/STJ: "É admissível a ação monitória fundada em cheque prescrito". Ou seja, a Súmula 299/STJ tem amplo alcance, pois nela não há exigência de declinação da *causa debendi*, nem distinção de prescrição, seja da execução, seja da ação de locupletamento ou outra.

Destaquem-se, em conclusão, duas questões relevantes resolvidas no citado REsp 612.539-ES, da 3ª Turma, relator o Min. Humberto Gomes de Barros, julgamento de 3.4.2007, trechos da ementa: "para propor ação monitória não é necessário comprovar previamente a causa de emissão do cheque que a instruiu"; e consta ainda referência que indica, na espécie, tratar-se de ação monitória fundada em "cheque prescrito *até* para ação de locupletamento", isto é, prescrição do art. 61, subsequente à prescrição da execução (art. 59).

• **Lei 7.357/1985, art. 62**

Art. 62. Salvo prova de novação, a emissão ou a transferência do cheque não exclui a ação fundada na relação causal, feita a prova do não pagamento.

*1. Generalidades sobre a ação fundada na relação causal que gerou o cheque* **pro solvendo,** *salvo prova de novação (art. 62 da Lei 7.357/1985): aplicação analógica da Súmula 26/STJ*

Por recomendação expressa da Reserva 19ª à Lei Uniforme, a legislação interna sobre o cheque, por coerência, não deveria mesmo abranger a questão que diz respeito às relações jurídicas que serviram de base à emissão ou à transferência do cheque, como título *pro solvendo* que é, e não *pro solu-*

*to*; ou seja, não como dinheiro, pois sua emissão não equivale a pagamento – bem destaca Egberto Lacerda Teixeira. Essa foi a razão de ser da regra peremptória ditada no art. 62 da Lei 7.357/1985 no sentido de que, provado o não pagamento do cheque, sua emissão ou transferência, salvo prova de novação, não exclui a ação fundada na relação causal inadimplida.

Este dispositivo, que pouco tem a ver com *prescrição*, talvez estivesse mais adequadamente localizado no capítulo "Das Ações por Falta de Pagamento", ou ainda no capítulo "Das Disposições Gerais". A localização desse dispositivo teve razões didáticas importantes, pela abrangência restrita do direito chéquico específico.

De início, em atenção à colocação dos temas na ordem constante do texto legal, cumpre lançar advertência sobre a ressalva, ali feita, quanto à *novação*, e desde logo conceituá-la como: fenômeno jurídico-econômico de criação de *outra* obrigação (nova), que substitui a preexistente, extinguindo-a (*solutio*). O art. 62, ao dispor que, salvo prova de novação, a emissão ou transferência do cheque não exclui a ação fundada na relação causal, feita a prova do não pagamento, não está infirmando o conceito de que o cheque é título *pro solvendo*, pois não tem a força liberatória da moeda; está apenas ressaltando – aliás, oportunamente – que mesmo em hipóteses excepcionais, como a do portador que o tenha acolhido de modo expresso como pagamento *pro soluto*, com *ânimo* de novar, como também admite Egberto Lacerda Teixeira,[49] ainda assim o cheque não extingue a dívida que tenha dado origem à sua emissão ou transferência caso não ocorra sua liquidação, isto é, "feita a prova do não pagamento". É uma via residual afirmativa disponível ou como alternativa ao credor de um negócio jurídico sem efetivo pagamento.

É nesse contexto hipotético, ou, ainda, quando sucessivamente prescritas a execução e a ação de locupletamento (arts. 59 e 61) que, enfim, se há de apreender a verdadeira *mens legis* do art. 62: mesmo acolhido o cheque excepcionalmente *pro soluto*, isto é, com o *efeito* excepcional de "novação" da dívida, esta não se extingue e dá ensejo à ação propriamente causal (art. 62), desde que feita a prova do não pagamento, pelo respectivo direito de regência da relação causal; vale dizer, o cheque *pro solvendo* ou mesmo *pro soluto*, entendemos, agora, não exclui a ação relacionada ao negócio causal que deu origem à emissão ou transferência se provado o não pagamento do cheque nem da obrigação que lhe deu origem.

Logo, a Lei do Cheque objetivou deixar explícita a regra de que não fica excluído ao portador do cheque não pago – *já que não é dinheiro*, por-

---

49. Egberto Lacerda Teixeira, *Nova Lei Brasileira do Cheque*, São Paulo, Saraiva, 1988, n. 134.

que naquele caso continua credor da obrigação subjacente não extinta – o exercício conatural da ação causal fundada na relação negocial que lhe deu origem, se o desejar; porque a Lei do Cheque não deve, não quer e não pode, mesmo, abranger as questões relacionadas à sua causa em aberto; isto é, não está o portador adstrito a exercer seus direitos exclusivamente pelos ditames da Lei do Cheque sobre o título não pago, que, não sendo moeda, não extingue a dívida causal. O texto legal é genial, sem correspondente na Lei Uniforme.

São exemplos do interesse eventual dessa opção, enquanto não prescrita, pela ação causal do portador do cheque não pago, acolhido em sua natureza própria de título *pro solvendo*: (1) relação locatícia – o locador pode preferir, ao invés de cobrar o cheque não pago, ou se não teve êxito em receber seu valor, mover ação de despejo por falta de pagamento contra o locatário que o tenha emitido sem fundos para satisfação dos alugueres; (2) compromisso de venda e compra de imóvel – o promitente pode preferir a ação de rescisão do negócio, contra o compromissário inadimplente, ao invés de cobrar o cheque sem fundos acolhido *pro solvendo*, como meio de pagamento das prestações devidas; (3) pagamento de uma duplicata com cheque sem fundos; (4) alienação fiduciária em certas circunstâncias; etc.

Com esses esclarecimentos torna-se mais compreensível a inteligência do texto destinado a advertir que a emissão ou transferência do cheque, por si só, não atrai a solução do inadimplemento civil para a Lei do Cheque, isto é, não opera a exclusão da via da ação causal assegurada nas circunstâncias indicadas pelo teor do art. 62, inserido no capítulo "Da Prescrição", contra os obrigados no negócio subjacente.

Como visto na anotação 2 feita ao art. 61, o teor do art. 62, ao remeter, residualmente, o credor do negócio subjacente ao cheque, na hipótese ali descrita, à "ação fundada na relação causal", refere-se a um quarto gênero de ação, agora efetivamente extracambial, regulada, inclusive quanto à sua espécie e prescrição, decenária ou outra menor, pelo respectivo direito comum ou especial de regência, que não se confunde com a execução (art. 47), ou com a ação regressiva, também cambial (parágrafo único do art. 59), ou com a ação de locupletamento (art. 61), cambiariforme; e nem até mesmo com a ação (geral, sem correspondência no Código Civil/1916) de ressarcimento por enriquecimento sem justa causa, dos arts. 884 e 206, § 3º, IV, ou § 5º, I, do CC/2002.

E na ação causal do art. 62 são legitimados passivos os obrigados negociais causais, e não necessariamente os coobrigados estritamente cambiários chéquicos, como o endossante ou o avalista, salvo se também devedores estes na relação causal civil, comercial, tributária etc. em que por meio de cheque se pretendeu efetuar o pagamento, frustrado, servindo até subsidiariamente, por analogia, a Súmula 26/STJ: "O avalista de título de crédito vinculado a contrato de mútuo também responde pelas obrigações pactuadas, quando no contrato figurar como devedor solidário"; bastaria substituir "mútuo" ou acrescentar o nome do contrato de outra ou de qualquer espécie.

**2. Ainda a ação monitória e outros aspectos relevantes na ação causal (art. 62 da Lei 7.357/1985)**

Esse direito de ação fundada na relação causal pode ser exercido através de mais de um procedimento, como se disse antes – como o especial que seja assegurado pela natureza do negócio jurídico subjacente: despejo por aluguel de imóvel, rescisão – seja de cobrança (ordinária ou sumária), seja por execução ou ação monitória etc., desde que satisfeitos os requisitos pertinentes a cada título do negócio causal não pago. A ação monitória é importante remédio processual legado pela reforma do Código de Processo Civil na década dos anos 1990, como se resumirá a seguir.

A ação monitória, referida nas anotações ao art. 61, n. 3, sob o prisma estritamente procedimental, é aquela prevista no art. 1.102a, acrescentado pela Lei 9.079, de 14.7.1995, no Capítulo XV do CPC: compete a quem pretender, com base em prova escrita sem eficácia de título executivo, pagamento de soma em dinheiro. O processo e o julgamento obedecem às disposições subsequentes do diploma processual.

No capítulo que trata da prescrição, o gênero de ação causal (art. 62) não teve seu prazo prescricional regulado, porque é matéria de rito, estranha ao âmbito da Lei do Cheque, nos termos da Reserva 19ª à Lei Uniforme, ou seja, porque é de direito comum ou de legislação especial outra, a que cabe disciplinar a correspondente prescrição. Em princípio, pelo art. 205 do CC/2002, ou por disposição do direito especial de regência da relação jurídica causal. Por isso, a prescrição da ação monitória causal eventualmente cabível com fulcro no art. 62 não se confunde com a prescrição da ação monitória por locupletamento prevista no art. 61 da Lei 7.357/1985, em face da instrumentalidade do processo.

Importante é não perder de vista que, na prática, a utilização, pelo credor, desses procedimentos decorre da perda da eficácia executiva do cheque e até da perda da ação de locupletamento, ambas por força de prescrição estabelecida para elas na Lei do Cheque. Isso é dito, quanto à ação do art. 62, não porque esteja prevista essa circunstância, mas porque é muito improvável que quem disponha da força executiva própria do cheque dela se abstenha para intentar ação simplesmente condenatória pela via de conhecimento, com posterior fase de cumprimento da sentença, fundada em exclusiva relação causal que não se revista de força executiva. Mas, como registrado de início, a opção é do portador do cheque acolhido e não liquidado, pois o dispositivo em exame teve em vista explicitar que a emissão ou transferência do cheque impago não exclui o direito do portador legitimado de optar por ação fundada na relação causal em que seja credor, provado seu não pagamento, salvo se houve novação extintiva da dívida subjacente.

Do ponto de vista do *devedor* do negócio jurídico que deu origem à emissão de cheque como *meio* de pagamento, evidentemente que também não está excluída ação sua fundada na relação causal, seja com base no direito comum, seja como consumidor, valendo-se da proteção especial que lhe assegura o Código de Defesa do Consumidor. Portanto – isso é fundamental –, o art. 62 da Lei 7.357/1985 também não exclui o uso da ação causal, nem deveria fazê-lo, pelo obrigado chéquico, como não exclui seu uso pelo credor – para ambos, desde que feita a prova do não pagamento e não tenha havido novação extintiva da dívida originária.

A falência é outra via opcional do credor contra o devedor comerciante se, regularmente protestado, o cheque não for liquidado, dispondo de título executivo apto.

As alternativas são de livre escolha da conveniência do credor – direito, este, que está na base da disposição expressa no art. 62; o qual, por sua vez, tem como suposto a natureza jurídica do cheque como meio de pagamento, que, por isso, não tem força liberatória da moeda enquanto não disponível o numerário. O cheque, portanto, não libera da obrigação causal, pendente de pagamento, que não tenha sido extinta por algum modo apto de novação.

Em resumo, não é porque houve emissão ou transmissão do cheque para solver uma obrigação que a força executiva a ele inerente excluiria a ação fundada na relação jurídica subjacente, prevalecendo o brocardo "que quem pode o mais pode o menos". Até porque, como meio de pagamento, é apenas acessório do negócio principal. Esse foi o cuidado de não extrapolar que preocupou o legislador especial sobre cheque não pago em face da Reserva 19ª à Lei Uniforme na redação detalhada do referido art. 62, para evitar equívocos de interpretação; e também, reciprocamente, para não excluir do obrigado chéquico o direito ao contraditório, de discutir o motivo da emissão, por ação compatível fundada na relação causal.

### 3. *O cheque não tem eficácia extintiva da obrigação causal*

A causa do cheque é relevante por si própria.

Além do que já se viu acima, reafirma-se que o art. 62 da Lei 7.357/1985 não regula a prescrição da ação causal; antes, destina-se a assegurar o direito de exercício dessa ação, que não fica prejudicada pela emissão ou transferência do cheque, feita a prova do não pagamento, pelo credor, com a explicitação complementar de que a emissão do cheque ou sua transferência em razão de um negócio não excluem o direito de agir com fundamento na relação jurídica causal, salvo prova de novação; e sem excluir também igual direito ao devedor, assegurado por outros diplomas legais, nas mesmas condições, enquanto aberta a possibilidade.

A recíproca é também verdadeira, no sentido lógico de que, se a ação causal porventura prescrever antes da ação cambial de execução, nem por isso a obrigação chéquica inadimplida fica extinta, pois o art. 62 visa a não suprimir a ação causal, enquanto não prescrita, e não a invalidar ou excluir o direito ao exercício da pretensão executiva assegurada no art. 47, ou da ação de enriquecimento do art. 61, todos da Lei 7.357/1985, do portador contra os devedores: emitente ou outros obrigados que tenham se locupletado injustamente, inclusive na causa que deu origem à emissão e circulação do cheque.

## 4. Depósito judicial através de cheque: só o pagamento é liberatório

Outro tema que vem a lume é o do depósito judicial através de cheque. Advirta-se, novamente, que o cheque é emitido *pro solvendo*, e não *pro soluto*, e por isso não produz novação – pelo quê, como meio de pagamento, só o efetivo recebimento terá força liberatória como quitação da obrigação subjacente.

Como assiste ao devedor o direito, em tese, à ação consignatória, de cunho liberatório, é de praxe efetuar-se o depósito judicial através de cheque, que é, aliás, o meio mais comum e usual, por sua comodidade e segurança, com visamento ou outro conforto.

Pode surgir aí a questão da força liberatória do depósito e até mesmo da sua eficácia processual, caso seja devolvido o cheque consignatório por falta de provisão de fundos.

Numa hipótese concreta o STJ (3ª Turma, REsp 5.448, rel. Min. Eduardo Ribeiro) decidiu, corretamente: "Pagamento – Depósito judicial. Não se pode ter como efetuado o depósito, com força liberatória, enquanto a importância em dinheiro não se tornar disponível, porque o depósito em cheque não opera desde logo essa consequência".[50]

---

50. *DJU* 5.8.1991.

Outro caso, peculiaríssimo, porque decidido pelo STJ, dentro da competência recursal ordinária, como órgão excepcional com função de segundo grau, prevista na letra "c" do inciso II do art. 105 da CF (causa em que foi parte um Estado estrangeiro, em ação que teve do outro lado como parte pessoa domiciliada no Brasil): cuida-se de ação consignatória movida na Justiça Federal por Estado estrangeiro devedor que efetuou o depósito por cheque, mas sem efeito liberatório, para permanecer apenas em *custódia*, sem provisão de fundos com o banco sacado.

Do julgamento, contendo vários votos, tendo como relator o Min. Athos Carneiro (ACi 12-DF, j. 25.8.1992), a seguinte ementa:

"Estado Estrangeiro – Ação de consignação – Cheque sem provisão de fundos.

"Tratando-se de consignação em pagamento, ação ajuizada por Estado estrangeiro contra pessoas domiciliadas no Brasil, a competência para conhecimento e julgamento é do STJ, em segundo grau de jurisdição.

"Efetuado o depósito através de cheque emitido contra banco estrangeiro, sem provisão de fundos, mantém-se a decisão de primeira instância que decretou a extinção do processo."[51]

Concluímos transcrevendo trecho da fundamentação do voto-condutor que extinguiu o processo de consignação em pagamento, precisamente porque, "se o pagamento não se perfez (como é o caso de depósito mediante cheque sem fundos, ou seja, propositalmente de mero papel sem lastro pecuniário), nem expressa o real cumprimento de obrigação por parte do devedor, não pode o 'depósito' ser considerado válido por sentença, à qual a lei confere eficácia desconstitutiva do vínculo obrigacional, mesmo que o credor se recuse a receber a prestação oferecida".

Ou seja, não se revestindo de força liberatória o cheque, com a agravante de ter sido emitido em ação consignatória de pagamento, condicionado a ficar ele próprio em custódia judicial, sem imediata disponibilidade de fundos, então inexistentes – enfim, emitido em garantia e sem fundos atuais –, não podia o cheque, com pagamento diferido por tempo indeterminado, ser acolhido, por contradição nos termos como depósito judicial liberatório, e muito menos poderia esse "papel" inócuo gerar sentença, condicional, de quitação da prestação devida, por consignação em "pagamento" sob condição suspensiva do depósito, processualmente inconcebível.

Que "pagamento"? O que houve foi o não pagamento ante a condição, "imposta" pela parte consignante, de que o cheque (que nem fundos tinha)

---

51. Publicado na íntegra na *RF* 322/167.

permanecesse como se fosse coisa infungível (imprescritível), fisicamente *em custódia*, nos autos, e não pudesse ser apresentado pelo depositário judicial ao banco sacado para liquidação, por confessada ausência de provisão, sujeito às regras de apresentação, prescrição etc.

*V. mais sobre o art. 62: nas anotações ao art. 61, retro.*

## Capítulo XI – Dos Conflitos de Leis em Matéria de Cheques

(Lei 7.357/1985, art. 63)

• **Lei 7.357/1985, art. 63**

Art. 63. Os conflitos de leis em matéria de cheques serão resolvidos de acordo com as normas constantes das convenções aprovadas, promulgadas e mandadas aplicar no Brasil, na forma prevista pela Constituição Federal.

*1. Conflitos de leis internacionais – Aspectos gerais: interesses conflitantes que exsurjam dos cheques de curso internacional emitidos ou pagáveis no Brasil*

Trata-se de disposição doméstica sem precedente, pela razão de que só surgiu o interesse de regulagem dos conflitos diante da superveniente edição da lei nacional específica que pudesse suscitar, na matéria, conflitos (internacionais) com legislações próprias supervenientes do cheque de outros Países que também aderiram à sistemática convencional de Genebra, de unificação ou uniformização do direito do cheque.

Mas é certo que, a par da lei uniformizadora do cheque, fora aprovada e já vigorava a Convenção para Dirimir Certos Conflitos Previsíveis de Leis, no plano do comércio internacional privado.[1]

Cumpre sublinhar um fator pertinente, que é o teor da Reserva 31ª, encoberto pela rejeição a ela dada pela Diplomacia Brasileira quando da

---

1. Não é outro o sentido que emprestam Vasseur e Marin à Convenção Destinada a Regular Certos Conflitos de Leis em Matéria de Cheques quando aludem ao *lugar de criação* do cheque como menção de grande importância no que concerne à solução de conflitos *internacionais* de leis, que depende da lei do lugar da criação (*Le Chèque*, Paris, Sirey, 1969, ns. 99, 218 e 357 e ss.). Também Pontes de Miranda refere-se à Convenção de Genebra sobre *Conflitos de Leis* em Matéria de Letras de Câmbio e Notas Promissórias como regulamento de direito internacional cambiário, interestatal ou pluriestatal (*Tratado de Direito Privado*, t. 37, Rio de Janeiro, Borsói, § 4.170, n. 2, p. 363).

subscrição ratificadora da Convenção de Genebra para adoção da Lei Uniforme sobre Cheques.

A rejeitada Reserva 31ª dispunha que o País aderente se comprometeria a – *verbis* – "reconhecer as disposições adotadas por *outra* das Altas Partes Contratantes, em virtude dos artigos" que enumera.

Ora, se não tivesse havido rejeição, o Brasil *a priori* ter-se-ia comprometido a reconhecer o direito alienígena; isto é, em caso de conflito a perda seria na certa – o que criaria uma situação esdrúxula constrangedora.

A aplicabilidade do art. 63, no qual se resume o Capítulo XI da Lei Interna, é de âmbito estrito, tendo como pressuposto de sua incidência tratar--se do envolvimento da legislação convencional conflitante de dois Países signatários na solução de determinado cheque objetivamente considerado – o que afasta discussão meramente acadêmica de conflito em tese que se pretenda solucionar previamente.

Dessa perspectiva, estão *a priori* excluídos da Convenção reguladora sobre conflitos de leis extraterritoriais os cheques estritamente de caráter doméstico, criados como circuláveis e pagáveis no território brasileiro, porque aí a regência pertence à soberania nacional, no plano de eficácia das leis internas, inobstante inspiradas estas na principiologia que emana do estatuto internacional do cheque.

Por isso, chega-se à formulação de uma conclusão, ou teoria, no sentido de que o art. 63 é direcionado aos interesses conflitantes que exsurjam do cheque de curso internacional que tenha o Brasil como lugar da emissão ou do pagamento, *v.g.*, como na hipótese de pluralidade de exemplares, dos arts. 56 e 57 da Lei 7.357/1985.

Casuisticamente, podem estar também sob dirimência pela Convenção especialmente Destinada a Regular Certos Conflitos de Leis em Matéria de Cheques e Protocolo as relações e os efeitos jurídicos discrepantes sobre direitos e obrigações resultantes de figuras cambiais acessórias, como aval, endosso e responsabilidades e direitos dos agentes bancários do Brasil envolvidos em determinados cheques de curso internacional.

Por outras palavras, foi em razão de não ter, em matéria de cheque, sido acolhida a Reserva 31ª[2] que a Lei Interna pôde agora assegurar, na eventualidade de conflito, sua dirimência de acordo com as normas da Convenção específica, anexa à Lei Uniforme, precisamente como está previsto no art. 63 da Lei 7.357/1985, sem maiores problemas, em igualdade de condições com os demais Países signatários.

2. A *Reserva 31ª* está transcrita e analisada nas anotações ao art. 66 da Lei Interna, apesar de se tratar de Reserva genérica rejeitada pelo Brasil.

O texto legal da aludida Convenção especial encontra-se sintetizado nos arts. 2º a 9º, que explicitam diversas importantes matérias sobre as quais incidem os princípios de direito internacional privado e os respectivos critérios de regulagem dos conflitos convencionados pelos Países que adotaram a legislação uniformizada na Conferência de Genebra sobre Cheques.

**2. Matérias sobre cheque, cujos conflitos são passíveis de solução de acordo com as normas convencionais específicas (arts. 2º a 9º da Convenção)**

*2.1 Introdução explicativa sobre relações internacionais privadas, em matéria de cheque*

A Convenção destinada a regular certos conflitos de leis internacionais sobre o cheque atém-se a princípios de direito internacional *privado* (art. 9º), não cogitando de matérias da esfera do direito *público*, como o são as regras sobre *competência da jurisdição civil* para as ações emergentes do cheque utilizado em operações comerciais de curso internacional, bem como da legislação *penal* relativa ao cheque. De resto, são matérias em que o silêncio é da tradição do antigo direito do cheque, cultivado pela Diplomacia nas Convenções de Genebra sobre o cheque e refletido na Lei Interna, como exposto nestas anotações ao art. 63 da Lei 7.357/19.

Dentre as matérias suscetíveis de conflito no vasto espectro da regulação legal sobre cheques, como instrumentos de pagamento, a Convenção para Adoção de uma Lei Uniforme em Matéria de Cheques selecionou alguns temas fundamentais, precisamente aqueles que mais estiveram presentes na aplicação das leis, sobre emissão num País e pagamento (de cheques de curso internacional) noutro, submetendo-os às soluções estabelecidas pelas Altas Partes Contratantes sucessivamente nos arts. 2º a 9º da denominada Convenção Destinada a Regular Certos Conflitos de Leis em Matéria de Cheques.

Assim, dispôs o art. 1º da aludida Convenção: "As Altas Partes Contratantes obrigam-se mutuamente a aplicar para a solução dos conflitos de leis em matéria de cheque, a seguir enumerados, as disposições seguintes".

Por oportuno, e a título de esclarecimento, cabe agregar, neste ponto, a observação de que é a Lei de Introdução às normas do Direito Brasileiro (Decreto-lei 4.657, de 4.9.1942) que, a partir de seu art. 7º, estabelece as regras, com base nos princípios geralmente consagrados e aceitos pela comunidade internacional, para solução dos conflitos de leis no espaço. Conclusão: quanto à capacidade, é a lei do País em que for domiciliada a pessoa que determina as regras sobre o começo e o fim da personalidade e o nome (art. 7º).

Já o art. 8º da Lei de Introdução às normas do Direito Brasileiro manda que se aplique a lei do País da situação dos bens para qualificá-los e regular as relações a eles concernentes.

Por sua vez, o art. 9º da Lei de Introdução às normas do Direito Brasileiro determina que a lei da qualificação e regência das obrigações é a do País em que se constituírem.

Também a sucessão hereditária obedece à lei do País do último domicílio do *de cujus*, quaisquer que sejam a natureza e a situação dos bens do espólio (art. 10 da Lei de Introdução às normas do Direito Brasileiro).

Ainda, as sociedades obedecem à lei do País em que se constituírem (art. 11 da Lei de Introdução às normas do Direito Brasileiro).

Finalmente, "é competente a autoridade judiciária brasileira, quando for o réu domiciliado no Brasil ou aqui tiver de ser cumprida a obrigação", ou ainda se no Brasil estiverem situados os imóveis objeto de litígio (art. 12 e § 1º da Lei de Introdução às normas do Direito Brasileiro).

Os demais dispositivos (arts. 13 e ss. da Lei de Introdução às normas do Direito Brasileiro) são sobre aplicação de lei estrangeira por juiz brasileiro e validade de atos e sentenças de outro País para terem eficácia no Brasil.

Ver-se-á que há disposições que privilegiam a preponderância da lei do País de criação do título e outras da do País de realização do pagamento, dependendo da matéria e do interesse jurídico presente num ou noutro momento da vida do cheque de curso internacional.

2.2  *Capacidade (e incapacidade) (art. 2º da Convenção)*

O texto é múltiplo e vem subdividido em três cláusulas, a primeira delas sobre capacidade e as demais sobre incapacidade.

A parte inicial da primeira cláusula soluciona o eventual conflito de leis, dispondo que "a capacidade de uma pessoa para se obrigar por virtude de um cheque é regulada pela respectiva lei nacional"; e o complemento esclarece que, "se a lei nacional declarar competente a lei de um outro País, será aplicada esta última".

No caso da lei nacional brasileira, deparamos no *caput* do art. 13 da Lei 7.357/1985 com a regra que obriga as pessoas capazes que tenham aposto assinatura, mesmo que o cheque contenha assinatura de pessoas incapazes de se obrigar.

Essa é a regra que soluciona em tese eventual conflito que surja, sobre cheque emitido num e pagável noutro País, entre a lei brasileira e a do outro País que disponha de modo diverso. A capacidade genérica da pessoa física é estabelecida primeiramente no Código Civil, e a de pessoa jurídica tem sua fonte também nas leis comerciais, empresariais, societárias etc.

Já a *incapacidade* apresenta pontos sensíveis e condicionantes. É que a validade da obrigação de pessoa incapaz, conforme a legislação do País segundo a qual teria sido considerada capaz, pode facultativamente vir a não ser reconhecida para obrigação contraída por um nacional (incapaz) se tiver de ser aplicada por um País a regra da declaração de competência da lei do outro País – fenômeno que ocorre em homenagem à soberania do País que antes declarara genericamente competente a legislação alienígena.

Ressalve-se que a incapacidade *superveniente* (art. 37 da Lei Interna do Cheque) à emissão não invalida os efeitos do cheque e, pois, a obrigação do emitente que antes era capaz.

De todo modo, será inaplicável a competência de outro País a cheque em que o obrigado seja pessoa brasileira precisamente porque o Brasil rejeitou a Reserva genérica 31ª e não declarou em convenções bilaterais a competência da lei de outro País. Logo, o incapaz brasileiro será tratado segundo a nossa lei, que não reconhece obrigação assumida em virtude de assinatura aposta (por incapaz) num cheque de curso internacional.

V., sobre a *Convenção Interamericana: n. 4, abaixo.*

## 2.3 Pessoas sobre as quais pode ser sacado o cheque (art. 3º da Convenção)

O texto da Convenção sobre conflitos de leis internacionais declara, no art. 3º, 1ª alínea, que é a lei do País em que o cheque é *pagável* que determina quais as pessoas sobre as quais pode ser validamente sacado um cheque.

Portanto, se se tratar de cheque emitido no Exterior e pagável no Brasil, só pode validamente figurar como sacado um banco autorizado ou instituição financeira equivalente, por força do que dispõe a legislação interna *do País em que o cheque é pagável.*

Na segunda parte do art. 3º vem estabelecida a ressalva de que, em conformidade com a lei do País de pagamento, se o título não for válido e, portanto, não realizável como cheque, isto é, por causa da pessoa do sacado que não seja um banco, nem por isso deixam de ser válidas as assinaturas nele apostas em outros Países cujas leis não contenham tal disposição.

No exemplo suposto, não sendo válido tal cheque no Brasil (País indicado como de pagamento, que não admite saque sobre quem não seja banco), nem por isso deixam de ser válidas as assinaturas para residualmente responderem os obrigados no País de emissão se aí a lei permitir saque sobre outras pessoas que não sejam banco, pela forma que estiver a hipótese contemplada na respectiva legislação.

### 2.4 A forma do cheque é regulada pela lei do País de emissão (art. 4º da Convenção)

A regra geral é a da observância dos requisitos formais do território em que as obrigações chéquicas tenham sido contraídas (primeira parte do art. 4º). Todavia, será suficiente o cumprimento mínimo das formas prescritas pela lei do País de pagamento – concede o texto.

É preciso avaliar e confrontar a legislação do Brasil com a do outro País, em qualquer das duas hipóteses – de cheque aqui emitido, mas pagável fora; ou de cheque do Exterior, pagável aqui –, para que, sendo observada a *formalidade mínima comum de ambos os Países*, reste validado conforme a lei do lugar do pagamento.

Veja-se a ressalva diplomática, tendente à não afetação de outras obrigações posteriormente contraídas em cheque válido em face da legislação do País em que tenham sido assumidas.

Finalmente, as obrigações de nacionais contraídas no Estrangeiro em matéria de cheque serão válidas no seu próprio território em relação a qualquer outro nacional desde que (contraídas) de acordo com a forma estabelecida na lei nacional.

### 2.5 A lei do País de emissão regula os efeitos das obrigações emergentes do cheque (art. 5º da Convenção)

As obrigações assumidas devem ser atendidas nos seus efeitos de conformidade com a lei do local da criação do título, e não do local de pagamento.

### 2.6 Também os prazos para exercício do direito de ação são regulados pela lei do lugar da criação do título (art. 6º da Convenção)

É importante anotar que os prazos de caducidade e de prescrição serão os do lugar da assunção da obrigação, que é o lugar da criação do cheque, e não os prazos da lei do lugar da prestação jurisdicional.

2.7 *Entretanto, é a lei do País em que o cheque é pagável que regula todas as matérias jurídicas relacionadas com a disciplina do cheque (art. 7º da Convenção)*

A enunciação das questões consta do próprio texto, na seguinte ordem:

"1º) se o cheque é necessariamente à vista ou se pode ser sacado a um determinado prazo de vista, e também quais os efeitos de o cheque ser pós--datado;

"2º) o prazo da apresentação;

"3º) se o cheque pode ser aceito, certificado, confirmado ou visado, e quais os efeitos destas menções"

"4º) se o portador pode exigir e se é obrigado a receber um pagamento parcial;

"5º) se o cheque pode ser cruzado ou conter a cláusula 'para levar em conta', ou outra expressão equivalente, e quais os efeitos desse cruzamento, dessa cláusula ou da expressão equivalente;

"6º) se o portador tem direitos especiais sobre a provisão e qual a natureza desses direitos;

"7º) se o sacador pode revogar o cheque ou opor-se ao seu pagamento;

"8º) as medidas a tomar em caso de perda ou roubo do cheque;

"9º) se é necessário um protesto, ou uma declaração equivalente para conservar o direito de ação contra o endossante, o sacador e os outros coobrigados."

Para cheques de curso internacional pagáveis no Brasil todas as questões (art. 7º) enumeradas nos itens acima estão desenvolvidas e resolvidas ao longo das anotações aos dispositivos legais que disciplinam essas matérias, a que remetemos o consulente.

2.8 *Todos os atos e prazos de exercício ou conservação de direitos, como o protesto, serão regulados pela lei do País em que deva ser feito o protesto ou sejam praticados os atos (art. 8º da Convenção)*

O texto do art. 8º não é específico em determinar seja o País da emissão, seja o País de pagamento ou outro, o competente para o protesto ou ato de conservação ou preparatório do exercício do direito de ação. Assim, se as partes não estabelecerem expressamente como competente para o protesto ou ato equivalente o lugar da criação, ou outro, prevalecerá a regra geral do lugar do pagamento, que é o da apresentação, como modo de cumprimento da obrigação; ou seja, o lugar da ação, como solução natural.

## 2.9 Duas ressalvas de faculdade de não aplicação dos princípios de direito internacional privado (art. 9º da Convenção)

São elas:

"1º) a uma obrigação contraída fora do território de uma das Altas Partes Contratantes;

"2º) a uma lei que seria aplicável em conformidade com estes princípios, mas que não seja lei em vigor no território de uma das Altas Partes Contratantes."

## 2.10 Irretroatividade (art. 10º da Convenção)

Diz o texto referido, a título de ressalva, que as disposições da Convenção para dirimência dos conflitos de leis internacionais em matéria de cheque não se aplicam *aos cheques já emitidos à data da entrada em vigor da Convenção.*

Deve-se entender o texto referindo-se a cheques já emitidos até 90 dias depois do recebimento da sétima ratificação ou adesão, pela organização internacional, conforme preceituam os arts. 14 e 15.

Mas, na prática, quanto ao Brasil, a vinculação do País à vigência da Convenção só ocorreu mesmo em 8.1.1966, data da promulgação do Decreto 57.595 – fato de passado remoto, que já torna sem interesse o pormenor, bastando apenas ter presente o conteúdo do art. 63 da Lei 7.357/1985.

## 3. Cheque oriundo de outro País, pagável no Brasil

A par das disposições da Convenção Destinada a Regular Certos Conflitos de Leis em Matéria de Cheques, que o art. 63 da Lei 7.357/1985 manda aplicar para a solução de conflitos de leis internacionais, importa advertir que, pela norma do art. 13 da Lei de Introdução às Normas do Direito Brasileiro, a prova dos fatos ocorridos em País estrangeiro, quanto aos ônus e aos meios de sua produção, rege-se pela lei vigente no País de origem, não sendo, todavia, admissíveis nos Tribunais brasileiros as provas que a lei brasileira desconheça.

Com estas considerações prévias já se pode ter presente a regra processual para a execução no Brasil de cheque (título executivo extrajudicial) constituído no Exterior, constante do § 2º do art. 585 do CPC, que dispõe: "Não dependem de homologação pelo Supremo Tribunal Federal, para serem executados, os títulos executivos extrajudiciais, oriundos de País estrangeiro. O título, para ter eficácia executiva, há de satisfazer aos requisitos de formação exigidos pela lei do lugar de sua celebração e indicar o Brasil como o lugar de cumprimento da obrigação".

E, por aplicação conjugada do transcrito art. 585, § 2º, CPC com o art. 12 da Lei de Introdução às normas do Direito Brasileiro, que fixa a competência da autoridade judiciária brasileira quando for o réu domiciliado no Brasil ou aqui tiver de ser cumprida a obrigação, o STF, pela 1ª Turma, no RE 101.120-RJ, de que foi relator o Min. Rafael Mayer, julgamento de 4.9.1984, em extenso acórdão,[3] definiu que os títulos executivos extrajudiciais oriundos de País estrangeiro somente terão eficácia executiva no Brasil, nos termos da lei processual brasileira, se o indicarem como lugar do cumprimento da obrigação – isso, claro, desde que satisfeitos os requisitos de formação exigidos pela lei do lugar de sua celebração, preenchidos os pressupostos de tradução para o vernáculo e convertido o valor para a moeda nacional. No mesmo sentido voltou a decidir a Corte Excelsa no RE 104.428-RJ, relator o Min. Francisco Rezek.

Mais recentemente o STF teve ensejo de apreciar incidentemente a matéria por fundamentada decisão monocrática de 9.10.2001, relator o Min. Celso de Mello, na Rcl 1.908-0,[4] em que ficou reafirmado o disposto no início do § 2º do art. 585 do CPC no sentido de que não dependem de homologação pelo STF, para serem executados, os títulos executivos extrajudiciais oriundos de País estrangeiro, desde que observados os demais requisitos anteriormente alinhados – lição, esta, perfeitamente aplicável ao cheque. Registre-se que esse mesmo caso concreto foi objeto de julgamento colegiado, pelo Plenário da Corte Excelsa, em 24.10.2001, no AgR na Rcl 1.908-SP, com ratificação da decisão anteriormente proferida pelo Relator, Min. Celso de Mello: "Título de crédito estrangeiro e homologação. Tendo em vista que os títulos de crédito constituídos em País estrangeiro não dependem de homologação, pelo STF para serem executados no Brasil (CPC, art. 585, § 2º), o Tribunal manteve decisão do Min. Celso de Mello, relator, que negara seguimento a reclamação em que se alegava a usurpação da competência do STF pelo extinto 1º TACivSP".[5] Precedentes citados: RE 101.120-RJ[6] e RE 104.428-RJ.[7]

Ressalte-se que a competência para homologação de sentença estrangeira, com a promulgação da Emenda Constitucional 45, de 8.12.2004 (Re-

3. *RTJ* 111//782-790.
4. Íntegra no *DJU* 187, 16.10.2001, pp. 4-5.
5. *Informativo STF* 247, 22-26.10.2001.
6. *RTJ* 111/782.
7. *DJU* 3.5.1985.

forma do Judiciário), foi alterada, passando do STF para o STJ, nos termos do art. 105 da CF.

## 4. Convenção Interamericana sobre Conflitos de Leis em Matéria de Cheque, adotada em Montevidéu, em 8.5.1979 – Texto

O Brasil, por meio do Decreto 1.240, de 15.9.1994, promulgou a *Convenção Interamericana sobre Conflitos de Leis em Matéria de Cheque.*

Eis o texto aprovado e em vigor:

Os Governos dos Estados-membros da Organização dos Estados Americanos,

Considerando que é necessário adotar, no Sistema Interamericano, normas que permitam a solução dos conflitos de leis em matéria de cheques,

Convieram no seguinte:

### Artigo 1º

A capacidade para obrigar-se por meio de cheque rege-se pela lei do lugar onde a obrigação tiver sido contraída.

Entretanto, se a obrigação tiver sido contraída por quem for incapaz segundo a referida lei, tal incapacidade não prevalecerá no território de qualquer outro Estado--Parte nesta Convenção cuja lei considere válida a obrigação.

### Artigo 2º

A forma de emissão, endosso, aval, protesto e demais atos jurídicos que possam materializar-se no cheque fica sujeita à lei do lugar em que cada um dos referidos atos for praticado.

### Artigo 3º

Todas as obrigações resultantes de um cheque regem-se pela lei do lugar onde forem contraídas.

### Artigo 4º

Se uma ou mais obrigações contraídas num cheque não forem válidas perante a lei aplicável segundo os artigos anteriores, a invalidade não se estenderá às outras obrigações validamente assumidas de acordo com a lei do lugar onde tiverem sido contraídas.

### Artigo 5º

Para os efeitos desta Convenção, quando não for indicado no cheque o lugar em que tiver sido contraída a obrigação respectiva ou praticado o ato jurídico materializado no documento, entender-se-á que a referida obrigação ou ato teve origem no lugar em que o cheque deva ser pago e, se este não constar, no lugar de sua emissão.

**Artigo 6º**

Os procedimentos e prazos para o protesto de um cheque ou outro ato equivalente para preservar os direitos contra os endossantes, o emitente ou outros obrigados ficam sujeitos à lei do lugar em que o protesto ou esse outro ato equivalente for praticado ou deva ser praticado.

**Artigo 7º**

A lei do lugar em que o cheque deva ser pago determina:

a) sua natureza;

b) as modalidades e seus efeitos;

c) o prazo de apresentação;

d) as pessoas contra as quais pode ser emitido;

e) se pode ser emitido para depósito em conta, cruzado, visado ou confirmado e os efeitos dessas operações;

f) os direitos do portador sobre a provisão de fundos e a natureza de tais direitos;

g) se o portador pode exigir ou se está obrigado a receber um pagamento parcial;

h) os direitos do emitente de cancelar o cheque ou opor-se ao pagamento;

i) a necessidade do protesto ou outro ato equivalente para preservar os direitos contra os endossantes, o emitente ou outros obrigados;

j) as medidas que devem ser adotadas em caso de roubo, furto, falsidade, extravio, destruição ou inutilização material do documento, e

k) em geral, todas as situações referentes ao pagamento do cheque.

**Artigo 8º**

Os cheques que forem apresentados a uma câmara de compensação intrarregional reger-se-ão, no que for aplicável, por esta Convenção.

**Artigo 9º**

A lei declarada aplicável por esta Convenção poderá não ser aplicada no território do Estado-Parte que a considere manifestamente contrária à sua ordem pública.

## 5. Breves considerações sobre o conteúdo da Convenção Interamericana

Vê-se que a preocupação dos Governos dos Estados-membros da OEA que integram a Região, no âmbito do direito internacional privado, foi adotar normas que permitam a solução, até preventiva, dos conflitos de leis que possam ocorrer entre eles.

Conquanto não referida explicitamente, percebe-se do conteúdo desse ato multilateral uma convergência que remonta aos princípios comuns da

Convenção de Genebra que promulgara a Lei Uniforme em Matéria de Cheques, com Reservas e regras de dirimência de conflitos, como normatividade matricial que informa e orienta as legislações internas aderentes, para facilitar as relações entre seus membros.

Assumem relevância: o lugar onde foi contraída ou em que deva ser cumprida a obrigação que deu origem ao cheque; o lugar da sua emissão, especialmente o lugar do seu pagamento; e, finalmente, também o lugar de realização dos atos de preservação de direitos, como os de apresentação, contraordem, protesto ou ato equivalente, ou medidas a serem adotadas em caso de furto, roubo, falsidade, extravio, destruição ou inutilização material do cheque.

Assim, por exemplo, no art. 1º restou convencionado que a capacidade para se obrigar por meio de cheque rege-se pela lei do lugar onde a obrigação tiver sido contraída; com a ressalva, entretanto, de que, se contraída a obrigação por quem for incapaz, segundo a lei desse lugar, tal incapacidade não prevalecerá no território de qualquer outro Estado-Parte convencionante cuja lei considere válida a obrigação a ser aí cumprida.

Nos arts. 2º e 3º, na mesma linha de orientação e sem qualquer reserva, ficou estabelecido que a forma de emissão, endosso, aval, protesto e demais atos jurídicos que possam materializar-se no cheque fica sujeita à lei do lugar em que cada um dos referidos atos for praticado; e todas as obrigações resultantes de um cheque regem-se pela lei do lugar onde foram contraídas.

No art. 4º ficou consagrado o princípio que confina ou restringe os efeitos da invalidade das obrigações contraídas num cheque perante a lei aplicável segundo os artigos anteriores, para que aquela invalidade não se estenda às demais obrigações validamente assumidas de acordo com a lei do lugar onde tiverem sido contraídas.

Segundo o art. 5º, não indicado no cheque "o lugar em que tiver sido contraída a obrigação respectiva ou praticado o ato jurídico materializado no documento, entender-se-á que a referida obrigação ou ato teve origem no lugar em que o cheque deva ser pago e, se este não constar, no lugar de sua emissão".

No art. 6º está a competência do lugar da prática dos procedimentos e prazos de protesto ou ato equivalente; enquanto o art. 7º fixa o lugar do pagamento, para determinar natureza, modalidade, prazo de apresentação, pessoas contra as quais pode ser emitido o cheque e o modo de depósito em conta, e se pode ser cruzado, visado etc. e seus efeitos e direitos do portador sobre provisão e o pagamento parcial.

Enfim, todas as situações referentes ao pagamento de cheques estão afetas às autoridades do lugar de pagamento, regendo-se pela Convenção, no que for aplicável, os cheques apresentados a uma câmara de compensação intrarregional (art. 8º); isto é, desde que não manifestamente contrária à ordem pública a lei declarada aplicável no território da Parte que assim a considerar.

Em suma, depara-se com um verdadeiro manual de soluções preventivas ou resolutivas de conflitos que a Convenção de Montevidéu oferece, em matéria de cheque, que pressupõe o reconhecimento da importância do instituto do cheque no sistema interamericano.

# Capítulo XII – Disposições Gerais
(Lei 7.357/1985, arts. 64 a 71; Lei Uniforme, arts. 54º a 57º)

• **Lei 7.357/1985, art. 64**

Art. 64. A apresentação do cheque, o protesto ou a declaração equivalente só podem ser feitos ou exigidos em dia útil, durante o expediente dos estabelecimentos de crédito, câmaras de compensação[1] e cartórios de protestos.

• **Lei Uniforme, art. 55º**

### Artigo 55º

A apresentação e o protesto dum cheque só podem efetuar-se em dia útil.

Quando o último dia do prazo prescrito na lei para a realização dos atos relativos ao cheque, e principalmente para a sua apresentação ou estabelecimento do protesto ou dum ato equivalente, for feriado legal, esse prazo é prorrogado até ao primeiro dia útil que se seguir ao termo do mesmo. Os dias intermédios são compreendidos na contagem do prazo.

• **Há Reserva (rejeitada) do art. 27º do Anexo II**

### Artigo 27º
(Rejeitada)

Qualquer das Altas Partes Contratantes tem a faculdade de determinar que certos dias úteis sejam assimilados aos dias feriados legais pelo que respeita ao prazo de apresentação e a todos os atos relativos a cheques.

*Orientações úteis ao consulente do Capítulo XII*

O art. 64, *caput*, receberá anotações separadas das do seu parágrafo único.

---

1. A expressão "câmara de compensação" é referida também nos arts. 34 e 39.

Encontram-se nesse capítulo reunidos os arts. 64 até o último da lei (art. 71), contendo matéria diversificada de suma relevância.

Há artigos que têm correspondência sobre a prática de atos, efeitos penais etc. com congêneres da Lei Uniforme ou Reserva.

Alguns artigos correspondem a textos de outras leis internas nacionais.

Outros dispositivos ainda denotam inovações da Lei especial do Cheque.

O art. 69 ressalva a competência normativa do Conselho Monetário Nacional.

Finalmente, os arts. 70 e 71 contêm as clássicas disposições de vigência da lei e de revogação genérica das disposições em contrário.

## 1. Generalidades sobre feriados legais no que respeita aos prazos e atos relativos ao cheque

A norma do *caput* do art. 64, por se referir conjuntamente à apresentação, às declarações do sacado, ao protesto e ao cômputo de prazos, por sua natureza de disposição geral, apresenta-se melhor configurada topograficamente neste capítulo de disposições finais (gerais).

A única Reserva pertinente seria a do art. 27º do Anexo II, que faculta determinar que certos dias úteis sejam assimilados aos dias feriados legais no que respeita ao prazo de apresentação e a todos os atos e operações relativos aos cheques. Mas dita Reserva foi *rejeitada* pelo Governo Brasileiro.

A alínea 1ª do art. 55º da Lei Uniforme, por corresponder ao art. 64 da Lei Interna do Cheque, proibindo que a apresentação e o protesto se efetuem fora de dias úteis, está em consonância com a legislação interna que rege o funcionamento e o expediente de bancos e cartórios de protesto (foro extrajudicial).

Assim, o complemento da alínea 2ª – dispondo que, quando o último dia dos prazos legais relativos a cheque, principalmente para sua apresentação e para estabelecimento de protesto, recair em feriado legal, ocorrerá prorrogação até o primeiro dia útil seguinte – está de acordo com a índole do nosso direito.

Da mesma forma a última parte do art. 55º da Lei Uniforme, incluindo os dias feriados intermédios na contagem dos prazos, sem desconto ou compensação.

V.: anotações ao art. 33 da Lei 7.357/1985 (art. 29º da Lei Uniforme), n. (5).

Invoca-se também a regra do art. 30º da Lei Uniforme (parágrafo único do art. 33 da Lei Interna) no tocante ao critério de início e de termo de prazos de cheques emitidos numa praça para pagamento noutra: prevalece o calendário do lugar do pagamento. O conceito de "dia útil" ou de "feriado legal", para os efeitos do art. 55º da Lei Uniforme (art. 64 da Lei Interna), subordina-se ao calendário do lugar do pagamento.

No Brasil há feriados nacionais, estaduais e municipais. Quando for feriado nacional o calendário não se altera. Mas quando o feriado for de âmbito estadual de determinada unidade da Federação pode ocorrer a divergência. Com maior frequência ocorrerá a diferença de calendário nos casos de feriados locais, isto é, municipais.

## 2. Dia útil e a Lei do Protesto de Títulos: expedientes bancário, forense e cartorial

A Lei 7.357/1985, que é a Lei Interna do Cheque, contém a disposição do *caput* do art. 64, que restringe tanto a apresentação do cheque a pagamento ao banco sacado quanto sua apresentação a protesto ao Tabelionato de Protesto de Títulos, que só se podem dar "em dia útil, durante o expediente dos estabelecimentos de crédito, câmaras de compensação e cartórios de protestos".

A Lei 9.492, de 10.9.1997, que é a lei especial que regula os serviços concernentes ao protesto de títulos, após estabelecer a competência privativa do tabelião de protesto, ao cuidar dos prazos, conceitua, no art. 12, § 2º, *a contrario sensu*, o que seja "dia útil", para fins de protesto, nestes termos: "Considera-se *não útil* o dia em que não houver expediente bancário para o público, ou aquele em que este não obedecer ao horário normal" (grifamos).

Logo, *dia útil*, para efeito de protocolização de pedido de protesto de cheque e de curso dos prazos procedimentais, supõe não se tratar de dia feriado ou facultativo e que haja *expediente bancário* em horário normal de funcionamento para atendimento ao público. Além desse aspecto relacionado ao expediente e ao horário do serviço bancário, deve concorrer, é óbvio, o expediente também normal dos serviços forense e cartorário, para atendimento ao público de no mínimo seis horas – diz o art. 4º da aludida superveniente Lei de Protesto.

Quanto ao serviço forense, abrange o serviço judiciário, isto é, funcionamento dos órgãos jurisdicionais da Justiça, ao menos de primeira instância, com acesso ao cartório processual-contencioso para solução/ execução pronta dos casos de medidas de urgência referentes aos serviços extrajudiciais próprios dos Cartórios de Protesto.

Finalmente, uma advertência: não confundir a circunstância de divergirem horário bancário e horário forense para fins de protesto e/ou prazo de pagamento perante o Tabelionato competente (cujas dúvidas se resolvem pelos arts. 4º, 5º, 12 e 19 da Lei de Protesto) com a diferença de horários de funcionamento das repartições forenses e das agências bancárias, em que o expediente destas últimas se encerra antes do daquelas para fins de recolhimento de preparo processual ou pagamento de custas judiciais (hipóteses em que a jurisprudência admite prorrogação do prazo por um dia – como se vê, por exemplo, no AI 263.322-RS, decisão monocrática no STJ do Min. Ari Pargendler, de 15.6.2000).[2]

• **Lei 7.357/1985, art. 64, parágrafo único**

(Art. 64) **Parágrafo único. O cômputo dos prazos estabelecidos nesta Lei obedece às disposições do direito comum.**

• **Lei Uniforme, art. 56º**

Artigo 56º

**Os prazos previstos na presente Lei não compreendem o dia que marca o seu início.**

• **Não há Reservas**

*1. Cômputo de prazos – Critérios das disposições de direito comum*

O art. 56º da Lei Uniforme fixa uma regra geral de contagem dos prazos: não se inclui o dia que marca o início do prazo.

Harmoniza-se com as regras do nosso direito interno cambial, civil e processual civil, inclusive com o genérico reenvio ao direito comum contido no parágrafo único do art. 64 da Lei Interna do Cheque.

O art. 4º da Lei 2.591/1912 dispunha, semelhantemente, que "não se conta no prazo o dia da data".

Mas a alínea 4ª do art. 29º da Lei Uniforme assenta que os prazos de apresentação "começam a contar-se do dia indicado no cheque como data de emissão".

Conjugando-se as normas do art. 29º e do art. 55º, ambos da Lei Uniforme, conclui-se que o dia indicado no cheque como data de emissão é que

2. *DJU* 150-E, 4.8.2000, p. 374.

serve de base para a contagem dos prazos de apresentação e de protesto. Mas não se inclui o dia que marca o seu início, ou seja, abstrai-se o dia da emissão, como já sucedia com o art. 4º da antiga Lei do Cheque.

Interessante notar que a última alínea do art. 29º da Lei Uniforme, que emprestava à data de emissão o caráter de *termo inicial* dos prazos de apresentação do cheque para pagamento, não fora reproduzida no seu correspondente art. 33 da Lei Interna do Cheque. Entretanto, no parágrafo único do art. 32 da Lei Interna há referência ao "dia indicado como data de emissão", embora noutro contexto.

Então, o art. 56º da Lei Uniforme, que marcava o critério de cômputo dos prazos pela exclusão do dia do seu início, subsiste prevalente; é o que se conclui ante a ratificação expressa no parágrafo único do art. 64 da atual Lei Interna do Cheque, que remete o cômputo dos prazos estabelecidos à obediência das disposições de direito doméstico comum – critério, este, idêntico ao do regime da Lei Uniforme: os prazos não compreendem o dia do início e incluem o do vencimento. Com efeito, é o que dizem o art. 132 do CC/2002[3] e o art. 184 do CPC (*direito comum*, a que remete o parágrafo único do art. 64 da Lei Interna do Cheque).

• **Lei Uniforme, art. 57º (sem correspondente na Lei 7.357/1985)**

### Artigo 57º
**Não são admitidos dias de perdão, quer legal quer judicial.**

• **Há Reserva (rejeitada) do art. 28º do Anexo II**

### Artigo 28º
(Rejeitada)

**Qualquer das Altas Partes Contratantes tem a faculdade de tomar medidas excepcionais de ordem geral relativas ao adiamento do pagamento e aos prazos de tempo que dizem respeito a atos tendentes à conservação de direitos.**

## 1. Dias de perdão ou prorrogação graciosa de prazo – Inadmissão

A única Reserva pertinente seria a do art. 28º do Anexo II, que faculta a tomada de medidas excepcionais, de ordem geral, relativas ao adiamento do pagamento e aos prazos de tempo que dizem respeito a atos tendentes à conservação de direitos.

---
3. Correspondente ao revogado art. 125, do anterior CC.

Mas esta Reserva foi *rejeitada* pelo Governo Brasileiro.

Serve a rejeição, todavia, para bem mostrar que o País adotou integralmente a linha do art. 57º da Lei Uniforme, no sentido de não admitir dias de perdão, quer legal, quer judicial.

O art. 57º da Lei Uniforme não foi objeto de disposição específica de correspondência na Lei Interna do Cheque, mas subsiste eficaz, de conformidade com os princípios gerais em vigor; isto é, não são admitidos dias de perdão quer legal, quer judicial.

Os prazos não admitem prorrogação graciosa, que a tanto equivale o *perdão*.

Não entra na proibição do art. 57º a exceção constante do art. 48º, ambos da Lei Uniforme, que cuida de prorrogação dos prazos de apresentação e de protesto do cheque motivada por obstáculo insuperável, decorrente de força maior não ligada a fato de interesse puramente pessoal do portador. Ou seja, a exceção do art. 48º não se reveste de qualquer índole de liberalidade, perdão ou de anistia, visto que está reproduzida no art. 55 da Lei Interna, que admite prorrogação de prazos em virtude de lei ou por motivo de força maior.

*V.: anotações ao art. 55, retro.*

• **Lei 7.357/1985, art. 65**

**Art. 65. Os efeitos penais da emissão do cheque sem suficiente provisão de fundos, da frustração do pagamento do cheque, da falsidade, da falsificação e da alteração do cheque continuam regidos pela legislação criminal.**

*(Os efeitos penais não foram objeto da Lei Uniforme e suas Reservas: continuam regidos pela lei criminal.)*

*I – Introdução ao Tema dos "Efeitos Penais" do Cheque*

Os efeitos *penais*, concebidos para reforçar a segurança e confiabilidade pública acerca do cheque, que não foram objeto da Lei Uniforme genebrina, continuam excluídos do campo de incidência da Lei Interna do Cheque, como ressalva explicitamente o art. 65, enumerando os tipos clássicos de ilícito penal.

Com a remessa da matéria para a legislação criminal, é por esta que continuam sendo regidos os efeitos penais daquelas condutas antissociais enumeradas no art. 65: emissão de cheque sem provisão de fundos, frustração do pagamento, falsidade, falsificação e alteração do cheque – esta última ligada ao preenchimento abusivo de cheque emitido em branco (Súmula

387/STF). Aliás, para efeitos penais o cheque é considerado *documento público* (STJ, HC 16.927).

Na solução em ordem de aplicação da lei penal nos crimes sobre cheque, defrontar-se-ão os intérpretes ou os aplicadores da lei com o fenômeno da *prejudicialidade heterogênea*, que os levará a se informarem no direito chéquico quanto aos elementos específicos, subjacentes aos efeitos penais.

Visto que nessa matéria o silêncio é da tradição do antigo direito do cheque, nem a Lei Uniforme nem a Lei Interna disciplinaram os efeitos penais do cheque. Continua a matéria criminal sendo regida, tanto antes quanto depois da Lei 7.357/1985, pela legislação criminal em vigor no País, ou seja, o Código Penal – que define, no art. 171, *caput* e § 2º, VI, respectivamente, os tipos do estelionato fundamental e o da "fraude no pagamento por meio de cheque".

A espécie de delito do § 2º, VI, do art. 171 do CP, que vem descrito e tipificado como fraude no *pagamento* por meio de cheque, não se confunde com a figura genérica do estelionato simples (*caput* do mesmo art. 171).

Assim, a peculiaridade do tipo penal específico de emissão de cheque sem fundos reside na sugestiva presença do vocábulo "pagamento", que integra o *nomen juris* dessa fraude. *Fraude no pagamento*, em sentido estrito, refere-se ao beneficiário ou portador prejudicado como sujeito vítima da ação descrita no tipo penal, e não ao banco sacado.

Se o beneficiário for o próprio emitente que logra o banco sacado, recebendo, através de qualquer espécie de fraude, o valor do cheque que ele próprio emitiu e descontou para si sem provisão – por exemplo, além do limite contratual do chamado cheque especial –, outra e própria será a modalidade criminosa: "Problemático, porém, entre nós, é poder-se sustentar que o correntista que ultrapassa o valor do crédito aberto pelo banco comete o delito de emissão de cheque sem provisão, concluindo o ilustre monografista, em tese, corretamente, que mais razoável será sustentar-se a ocorrência de estelionato-tipo em tais casos, senão ilícito civil, preponderando este último pela natureza da conduta".[4]

Daí a importância da descrição do fato delituoso pelo autor da ação penal, com a correspondente qualificação jurídica compatível que seja emprestada na postulação acusatória – com o quê se obviam problemas como o do art. 384, parágrafo único, do CPP, eis que a Súmula 453/STF declara inaplicável à segunda instância a possibilidade de nova definição jurídica do fato delituoso objeto da denúncia.

---

4. Dirceu de Mello, *Aspectos Penais do Cheque*, São Paulo, Ed. RT, 1976, p. 144.

A alteração que se observa no campo penal do cheque restringe-se à dinâmica própria da jurisprudência no correr do tempo, sendo de sublinhar que a transferência de competência do STF para o STJ não foi fator de solavancos; ao contrário, no geral restou estabelecida a continuidade de interpretação, subsistindo praticamente íntegras as Súmulas 246, 387, 453, 521 e 554 da Corte Excelsa, sem embargo da agregação de novos aspectos da interpretação cristalizada na jurisprudência própria do STJ em matéria penal do cheque, como é o caso das Súmulas 17, 48 e 244 deste.

Por tudo isto, as anotações pertinentes serão distribuídas em duas partes, correspondendo a primeira à doutrina e à jurisprudência da fase anterior à Lei 7.357/1985; e a segunda parte será dedicada sobretudo à atualização jurisprudencial, de caráter complementar, sobre os aspectos penais mais ocorrentes.

## II – Aspectos Jurídico-Penais do Cheque, com Jurisprudência do STF

(1) A parte criminal acerca do cheque não vem, por motivos compreensíveis – interesse e conveniência interna de cada povo –, regulada pela legislação uniforme convencional, sendo referida, *por exclusão*, no art. 65 da Lei 7.357/1985.

Deixada a disciplina penal à legislação interna de cada País, no Brasil cogitou-se sempre da punição apenas da fraude no pagamento por meio de cheque, em grau de infração delitiva de emissão sem fundos ou de frustração do seu pagamento, tendo como pressuposto o dolo específico (*animus lucri faciendi*). Inexiste em nossa legislação penal definição de crime culposo em matéria de cheque. Idem de contravenção penal, já que, desenganadamente, não era de natureza penal, mas apenas administrativa, a multa prevista nos arts. 6º e 7º da Lei 2.591/1912. A ação penal nos delitos de fraude no pagamento por meio de cheque é sempre pública.

Por isso, com a necessária atualização remissiva, permanece eficaz a norma em branco prevista no art. 7º do Decreto 2.591, *in fine*, de sujeição às sanções penais daquele que fraudulentamente emitir cheque sem suficiente provisão de fundos em poder do sacado, ou frustrar seu pagamento (art. 6º).

Depara-se com uma dualidade relacionada a dois momentos da vida do cheque, relevante para efeitos penais, porque esse título, enquanto transmissível ou circulável, é tratado como *documento público*, por força do texto do § 2º do art. 297 do CP (que se refere a título ao portador ou transmissível por endosso); ao passo que o cheque, depois de apresentado ao banco e recusado e devolvido sem pagamento por falta de fundos, tenha ou não sido protestado, não é mais transmissível por endosso, passando a ser considerado *documento particular*, referido no art. 305 do CP – como decidiu a 3ª Câmara Criminal do TJSP na ACr 30.256, em 21.12.1984, de que foi relator o Des. Pedro de Alcântara da Silva Leme.[5]

Do ponto de vista jurídico-penal, responde o emitente de cheques sem fundos, na forma da legislação vigente, por *fraude no pagamento por meio de cheque* (art. 171, § 2º, VI, do CP/1940). O STF, em sessão plenária, deixou assentado que estelionato (art. 171, *caput*) e emissão de cheques sem fundos (art. 171, § 2º, VI) são crimes diferentes, cuja assimilação de um ao outro foi instituída entre nós por causa da substância da pena, que é a mesma, e não por causa da substância da fraude, que é diversa na configuração de qualquer deles (ERE 71.494-SP, rel. Min. Antônio Neder, j. 14.6.1973, v.u.[6]).

Desaparecerá, todavia, a ilicitude, ou ao menos a reprovabilidade penal, segundo a tendência jurisprudencial moderna, se o pagamento do cheque se verificar antes do recebimento da denúncia, quando ainda não iniciada a *persecutio criminis*. O pagamento feito em tempo de prevenir a ocorrência do dano patrimonial exclui o caráter criminoso do fato. É uma consequência lógica do conceito arraigado de se tratar de infração de natureza material, que requer um resultado externo efetivo.

Conforme a redação dada a antigo projeto de súmula do STF que, todavia, não prosperou, sua aprovação cristalizaria a nova orientação nos seguintes termos: "Inexiste justa causa para a ação penal se pago o cheque antes do recebimento da denúncia".[7]

No RHC 50.258-SP, da 2ª Turma, julgado em 15.9.1972, em acórdão de que foi relator o Min. Bilac Pinto, o STF reiterou: "O pagamento de cheque, antes do recebimento da denúncia, exclui a ação penal".[8]

Solução de sadia política criminal, que atua como derradeira oportunidade e incentivo a que, mesmo tardiamente, cumpra o emitente para com o portador a obrigação decorrente do cheque, ainda que para escapar à sanção penal.

Essa orientação tem também a vantagem de definir a posição da mais Alta Corte de Justiça do País e fixar um limite a essa abertura, que já vinha sendo alargada para *antes da sentença*.

5. Ementa na *RT* 602/341.
6. *RTJ* 68/716.
7. O STF fixou jurisprudência dominante através da Súmula 554, redigida noutros termos: "O pagamento do cheque emitido sem provisão de fundos, após o recebimento da denúncia, não obsta ao prosseguimento da ação penal".
8. Ementa no *DJU* 20.11.1972, p. 7.668.

É o que se vê, por exemplo, do acórdão do extinto TACrimSP estampado na *RT* 440/415, que contou com o apoio vigoroso do parecer da Procuradoria-Geral da Justiça: "O pagamento do cheque destituído de provisão descaracteriza o delito de estelionato, quando feito antes da decisão definitiva".

Houve um voto vencido, do Juiz Prestes Barra, que também deu provimento para absolver, mas por outro fundamento, e não por ter sido ressarcido o dano, seja antes, seja depois de oferecida a denúncia.

Aliás, na mesma *RT* 440/478 é encontrável acórdão da 1ª Turma do STF, de que foi relator o Min. Raphael de Barros Monteiro, de 27.4.1971, cuja ementa diz: "Pacífica, hoje em dia, a jurisprudência do STF no sentido de que o pagamento do cheque após o oferecimento da denúncia não tem o condão de elidir a criminalidade do fato".

Sucederam-se os julgados do STF nesse sentido: 1ª Turma, HC 550.554-GB, relator o Min. Djaci Falcão, julgado em 2.3.1973,[9] HC 52.073-GB, relator o Min. Thompson Flores; RHC 50.094-MG, relator o Min. Eloy da Rocha,[10] e RHC 50.540-GB, relator o Min. Rodrigues de Alckmin;[11] 1ª Turma, RECr 75.595-PR, relator o Min. Rodrigues de Alckmin, julgado em 19.10.1973,[12] com a seguinte e expressiva ementa: "Cheque sem fundos. O pagamento do cheque, após a denúncia, não exclui a criminalidade do fato – Dissídio jurisprudencial superado".

Como apropriadamente assentou a 1ª Câmara Criminal do TJGB em acórdão relatado pelo Des. Antônio Pereira Pinto: "Consumado o crime, a reparação do dano, antes do julgamento, só pode funcionar como circunstância atenuante, jamais para excluir o delito ou isentar de pena o agente".[13]

Muito menos interfere no caráter delituoso da emissão fraudulenta de cheque sem fundo o fato de estar o credor (vítima) cobrando judicialmente o valor do título.

Orientação esclarecedora nesse sentido promana da 2ª Turma do STF por acórdão de 25.5.1973 proferido no RHC 51.153-GB, de que foi relator o Min. Oswaldo Trigueiro: "Emissão de cheque sem provisão de fundo. O ajuizamento de ação executiva para cobrança do valor correspondente não afasta a criminalidade do fato – Recurso desprovido".[14]

9. *DJU* 27.4.1973, p. 2.736.
10. *RTJ* 62/616.
11. *RTJ* 64/90.
12. *DJU* 30.11.1973, p. 9.127.
13. *RT* 457/430.
14. Ementa no *DJU* 15.6.1973, p. 4.327.

(2) Consequência da maior transcendência que se pode extrair dos novos rumos imprimidos a partir da legislação uniformizada, que alterou profundamente as regras de eficácia executiva do cheque, é a de que mais raramente se concretizará o ilícito penal do inciso VI do art. 171, § 2º, do CP.

É o caso do cheque que não foi apresentado ao banco sacado nos prazos legais, ou ao menos até se consumar a prescrição de natureza cambiária. Perde ele, nessa hipótese (de não apresentação), sua eficácia executiva, ou seja, descaracteriza-se como ordem de pagamento à vista, que lhe é peculiar, não ensejando qualquer ação correspondente ao cheque, enquanto cheque, até porque sem apresentação não há como caracterizar-se o elemento específico da recusa de pagamento pelo sacado por motivo de "falta de fundos", declarado documentariamente no próprio título.

Aí o problema que deverá ser estudado com cautela e solucionado com muita segurança pela jurisprudência, a fim de se fixar – verificada a decadência do direito relativo ao cheque decorrido que seja o prazo prescricional de execução sem apresentação, que o extingue como ordem de pagamento – se ainda se pode falar em *cheque* para fins penais e sua frustração, tanto mais que o termo final do prazo de apresentação é direito potestativo do portador.

E a orientação firmada no sentido negativo da possibilidade de gerar consequências penais cheque não apresentado, ou seja, cheque caduco ou prescrito, repercutiu nos processos em curso, propiciando mesmo a revisão, pelas vias adequadas, dos casos julgados anteriormente com abstração da legislação uniformizada em sentido inverso.

Mas em duas decisões da 1ª Turma do STF, proferidas nos RHC 51.479-DF, julgado em 19.10.1973, e 52.089, julgado em 26.4.1974, por unanimidade, sendo relator em ambos os acórdãos o Min. Rodrigues de Alckmin, fixou-se a tese de que *a falta de apresentação do cheque no prazo legal é circunstância que não exclui a antijuridicidade do fato*, fundamentando-se, todavia, nos arts. 5º e 8º da antiga Lei do Cheque, cujos textos já não prevalecem no novo direito sobre cheque.

Consta da fundamentação do voto do Ministro-Relator:

"Quanto à alegação de que, não apresentado o cheque no prazo, perdera sua eficácia, e a falta de provisão de fundos não constituiria ilícito penal, já tive oportunidade de dizer, no RHC n. 51.479-DF, julgado em 19.10.1973, com o apoio desta Turma: 'Pondera Nélson Hungria (*Comentários ao Código Penal*, vol. VII, p. 243): 'Conforme esclarece o art. 5º da Lei do Cheque, a exigência da apresentação dentro do prazo legal só tem o efeito de liberar da ação regressiva os endossantes e avalistas. Quanto ao emitente, desde que entregou o cheque, perdeu para sempre o direito de dispor da provisão correspondente em poder do sacado (dispõe o art. 8º da lei que 'o beneficiário adquire direito a ser pago pela provisão de fundos existentes em poder do sacado desde a data do cheque'). Apenas no caso de deixar de existir, supervenientemente à expiração do prazo, a provisão, *por causa não imputável ao emitente*, perecerá o direito do portador moroso (art. 5º, alínea)".

"Indefiro, pelo exposto, o presente pedido."[15]

No direito português, que adota há décadas a legislação uniforme, a emissão de cheque sem cobertura é definida, pelo art. 23 do Decreto 13.004, de 12.1.1927, como ação criminosa se *o cheque, apresentado a pagamento no competente prazo legal*, não for integralmente pago por falta de provisão.[16]

É a falta de fundos com o sacado, quando da apresentação do *cheque*, *tempestivamente*, que caracteriza o delito. Conformando o *conceito de tempestividade* com a possibilidade de apresentação útil para pagamento do cheque pelo banco sacado, prevista no parágrafo único do art. 35 da Lei Interna do Cheque, ter-se-ia de alargá-lo, para efeito penal, *verbis*, até que decorra o prazo de prescrição? Isto é, enquanto conservar suas características de título cambial com força executiva?

Resta saber o que diz a jurisprudência criminal, em face da Lei 7.357/1985, quanto à apresentação tardia mas antes do termo *ad quem* da ocorrência da prescrição; e, finalmente, quanto à apresentação do cheque caduco e depois do decurso do prazo que teria determinado sua prescrição. No primeiro caso, como pode o sacado pagar (parágrafo único do art. 35), e no segundo caso como não pode mais o cheque ser pago pelo sacado, os efeitos são diversos, com reflexo também na órbita penal.

Não seria, pois, desarrazoado o entendimento de que o efeito da descaracterização, no caso de decadência, produz-se *ex tunc*, isto é, desde sempre, retroagindo para atingir a situação anterior (com sentido de oposição ao efeito *ex nunc*, desde agora).

15. A doutrina de Nélson Hungria, anterior à adoção, pelo Brasil, das Leis Uniformes, parte da premissa, então absoluta e indiscutível, da vigência plena do art. 5º da antiga Lei do Cheque (Decreto 2.591/1912).
É certo, todavia, que nos dois julgados cuidou-se de *efeito penal* da não apresentação tempestiva do cheque ao sacado. Mas, pelo § 1º do art. 4º da Lei 7.357/1985, altera-se profundamente a solução cível alvitrada: "A existência de fundos disponíveis é verificada no momento da apresentação do cheque para pagamento"; isto é, o portador já não adquire o direito enunciado no art. 8º da antiga Lei do Cheque e arca com as consequências da não apresentação/prescrição.
16. Abel Pereira Delgado, *Lei Uniforme sobre Cheques, Anotada*, Barcelos, ed. do autor, agosto/1967, p. 32.

Desaparece a materialidade do ilícito, que remonta à data da emissão, já que a apresentação é ato obrigatório, não excepcionável, para a *conservação* do direito. E com isso passa a condicionar a caracterização do delito relativo a cheque. O crime, sem possibilidade de desfalque, integra-se dos seus três elementos: tipicidade, antijuridicidade e culpabilidade.

Ante todo o exposto, é possível responder às questões acima, "modernamente".

Só há um meio de preservação da ilicitude penal em que incorre o emitente de cheque sem fundos: a apresentação em tempo útil (do art. 33, e não do parágrafo único do art. 35) ao banco sacado, numa demonstração inequívoca, ademais, de ter o beneficiário, que é a vítima do ilícito, recebido o cheque como autêntica ordem de pronto pagamento à vista, para receber seu valor em dinheiro, e não para garantia coacta de dívida ou promessa aprazada de pagamento – como, aliás, ocorre com o cheque com *data futura* apresentado antecipadamente: não perde a eficácia executiva, mas o não pagamento por falta de fundos é irrelevante penalmente: não há fraude nem ilícito penal; e o açodado beneficiário/portador apresentante que descumpriu o preceito fiduciário de *aguardar* incorre no regime indenizatório por dano moral (Súmula 370/STJ).

Para o efeito criminal, a falta de protesto, como requisito extrínseco facultativo da executividade, é irrelevante.

Estas observações elevam-se em pertinência em face da aludida orientação da Suprema Corte no sentido da inexistência de justa causa para ação penal contra o emitente de cheque se este for pago antes do recebimento da denúncia.

Está implícito o efeito *ex tunc* nesse entendimento, que vai além do quanto permite objetivamente a lei, pois a materialidade da infração já se exauriu no passado, com o ato da emissão e a apresentação tempestiva.

É de se presumir também que a jurisprudência da Suprema Corte se refira aos casos de ilícito penal em que o cheque continuou a ser cheque com força executiva, ou seja, que tenha sido apresentado ao banco sacado e devolvido sem pagamento por falta de provisão. Pois não haveria razão de se adotar medida de política criminal nos casos em que não houve tipificação do crime e, portanto, não deveria, mesmo, ter havido denúncia. Nesta última hipótese a falta de justa causa verifica-se com maior razão.

(3) Outros aspectos merecem ser considerados, do ponto de vista penal, sobre a emissão de cheque sem fundos, na sua conceituação mais atualizada.

De que se cuida do delito de fraude (doloso) não subsiste qualquer dúvida, ante a sua colocação no capítulo "Do Estelionato e Outras Fraudes" no Código Penal vigente.

Por essa razão, proclama a Súmula 246 da jurisprudência dominante no STF que: "Comprovado não ter havido fraude, não se configura o crime de cheque sem fundos".

Quando o cheque tenha sido emitido sem provisão de fundos, porém pré-datado ou representando promessa de garantia de dívida, ou para pagamento de dívida fundada em causa ilícita ou decorrente de obrigação natural, ou ainda para novação de dívida preexistente de que não resulte prejuízo *novo* para o credor, não se configura o delito de fraude ou frustração do pagamento por meio de cheque, tratando-se de faltas penalmente atípicas. Mas, para fins de execução ou falência, enquanto não prescrito subsiste a força executiva como título extrajudicial.

Nesse sentido, ainda à luz da Lei Uniforme, veio acórdão da 2ª Turma do STF no RE 91.158-SP, julgamento de 16.9.1980, relator o Min. Décio Miranda, com a seguinte ementa: "Cheque – Emitido sem provisão de fundos, a alegação de que se destinaria a mera garantia de dívida pode ser apta a afastar a ação penal (Súmula n. 246/STF), mas não a execução civil fundada em título extrajudicial".[17]

Descaracterizado o cheque como ordem de pagamento à vista, reduzindo-se a simples documento de garantia ou prova de dívida, ou tornado inexigível o cheque em razão da ilicitude da dívida, desaparece o caráter criminoso da emissão, ou frustração, sempre fraudulentas.

Nestes casos, precisamente pela ausência ou incompatibilidade de incidência da fraude, não há falar em reprovabilidade penal da conduta do agente, que pressupõe o ardil enganoso para obtenção de vantagem ilícita em detrimento alheio. O que supõe que a vítima acolha o cheque como autêntica ordem de pagamento à vista, isto é, com lastro de fundos na conta bancária do emitente. Daí por que cheque acolhido como promessa de pagamento ou garantia de dívida não faz do credor "frustrado" vítima criminal, mas só de ilícito civil, em caso de ausência de fundos presumivelmente conhecida de antemão.

Esta foi a orientação em sentido estrito predominante na Suprema Corte ao considerar a falta de justa causa para o procedimento criminal.

A 2ª Turma decidiu, em acórdão relatado pelo Min. Antônio Neder, que: "Se o cheque foi emitido como título de dívida, mediante conhecimento do beneficiário, que o aceitou para garantir o pagamento de quantia constante de promissória preexistente, não se configura o crime de emitir cheque sem fundos definido no art. 171, § 2º, VI, do CP".[18]

17. *DJU* 10.10.1980, p. 8.021.
18. *RTJ* 64/64.

A 1ª Turma, no RHC 51.089-SP, julgado em 15.5.1973, também assentou igual entendimento, em acórdão relatado pelo Min. Aliomar Baleeiro: "Cheque sem fundos – Dívida não paga preexistente. Não há justa causa para ação penal pelo crime do art. 171, § 2º, VI, do CP se o cheque foi emitido para pagamento de duplicata não paga no vencimento, não ignorando, por isso, o tomador a insolvência ou, pelo menos, a impontualidade do emitente".[19]

Novamente a 1ª Turma do STF, no RHC 51.041-GB, deixou fixado, em acórdão relatado pelo Min. Aliomar Baleeiro: "Cheque sem fundos. Não existe estelionato se a dívida já preexistia desde meses e pela própria mora repetida e continuada da emitente era presumível sua impossibilidade de ter fundos, de sorte que o credor nenhum prejuízo novo sofreu pela emissão do cheque".[20]

Em relação à emissão de cheque para pagamento de obrigação natural há elucidativo acórdão da 3ª Câmara do extinto TACrimSP, na ACr 15.588, relator o Juiz Ricardo Couto, de 2.12.1969, contendo a seguinte ementa: "Estelionato – Emissão de cheque sem fundos – Delito não caracterizado – Título dado em pagamento de dívida de jogo – Não obrigação de pagar – Absolvição decretada – Inteligência dos arts. 171, § 2º, VI, do CP e 1.477 do CC. As dívidas de jogo ou aposta não obrigam a pagamento. Sendo ato estranho ao direito civil, *ipso facto*, não está sujeito à sanção penal o cheque como meio de pagamento de tal dívida. Se a lei civil, em determinado caso, nega proteção ao patrimônio, não poderá ter cabimento aí a sanção penal".[21]

(4) A figura do n. VI do § 2º do art. 171 do CP de 1940 constitui modalidade especial de delito de fraude que, mesmo apenado com idêntica dosagem prevista para o estelionato tipificado na cabeça do art. 171, com este não se identifica,[22] ainda quando a prática criminosa se opere mediante a utilização de cheque. Assim sendo, não se estende a este o benefício da orientação jurisprudencial que releva a punibilidade do delito de emissão de cheque sem fundos quando o pagamento ocorra antes de iniciada a persecução penal.

Estamos ainda diante de orientação histórica vanguardeira relevante que, em matéria penal de cheque e vigência da legislação, vinha legando o STF, que dá a última palavra em *habeas corpus*.

No particular, trata-se do acórdão da 2ª Turma proferido no RHC 50.007-MT em 14.8.1972, de que foi relator o Min. Xavier de Albuquerque,

19. *DJU* 19.10.1973, p. 7.868.
20. *DJU* 5.10.1973, p. 7.459.
21. *RT* 413/272.
22. *RTJ* 68/716.

com a seguinte ementa: "Estelionato do art. 171, *caput*, do CP, praticado mediante emissão de cheque em nome de terceiro, com falsificação de sua assinatura – Reparação voluntária do prejuízo – Inaplicabilidade da jurisprudência do STF a respeito dos efeitos do pagamento, antes da denúncia, do cheque emitido sem provisão de fundos – Recurso de *habeas corpus* não provido".[23]

(5) O problema da competência para o processo e julgamento dos crimes de estelionato sob a modalidade de emissão dolosa de cheque sem provisão de fundos foi solucionado doutrinariamente mediante o reconhecimento de que a consumação do delito ocorre com a apresentação do cheque ao sacado, quando, então, se verifica a inexistência ou insuficiência de fundos.

E isto pela preponderância do entendimento doutrinário e jurisprudencial no sentido de se tratar de crime doloso material, como é da essência do estelionato, em que é necessária uma efetiva lesão patrimonial para que se consume, o que só se constata no ato de recusa de pagamento pelo sacado (que supõe apresentação, que é o ato de exteriorização da vontade de receber), como se vê do ensinamento de Magalhães Noronha.[24] Socorre-se o destacado penalista, ainda, da rubrica que dá o *nomen juris* ao crime, consistente em "fraude no pagamento por meio de cheque".

Reiteradamente os tribunais repudiam a inculcação de delito formal, como pode ser comprovado em aresto da 1ª Câmara do extinto TACrimSP no HC 21.818, de 30.6.1970, relatado pelo Juiz Manoel Pedro Pimentel, assim ementado: "Estelionato – Cheque sem fundos – Exigência de prova de vantagem ilícita em prejuízo alheio (...) *substratum* fático incriminador na emissão de cheque sem fundos, não há falar em estelionato que, na espécie, não é crime meramente formal".[25]

Um acórdão expressivo, porque relatado por um dos maiores penalistas brasileiros, Min. Nélson Hungria, proferido em sessão plenária do STF em 24.10.1960, no CJ 2.604, pacificou as divergências até então existentes. É a seguinte a ementa: "O crime de cheque sem provisão de fundos consuma-se, efetivamente, no domicílio do sacado. Até a recusa de pagamento do cheque, a falta de provisão poderia ter sido suprida ou o cheque poderia ter sido honrado pelo sacado, desaparecendo o crime".[26]

No julgado que estamos reproduzindo houve fixação da competência do juízo do lugar do pagamento, onde se situava a agência do estabeleci-

23. *DJU* 11.9.1972, p. 5.919.
24. Magalhães Noronha, *Crimes Contra o Patrimônio*, 2ª Parte, São Paulo, Saraiva, p. 240.
25. *JTACrimSP* XII/131.
26. *RT* 311/651.

mento sacado em que se deu a recusa de pagamento por falta de fundos – e, consequentemente, a consumação do delito.

Daí por diante, invariavelmente, a jurisprudência firmou-se de modo definitivo, tanto que sobreveio a Súmula 521 da jurisprudência predominante no STF, assim enunciada: "O foro competente para o processo e julgamento dos crimes de estelionato, sob a modalidade da emissão dolosa de cheque sem provisão de fundos, é o do local onde se deu a recusa do pagamento pelo sacado".

Posteriormente, em sessão plenária, o Pretório Excelso reiterou a orientação, ratificando o teor da Súmula 521, em acórdão unânime de 5.12.1973 no CJ 5.908-RS, de que foi relator o Min. Oswaldo Trigueiro.[27]

Sobre o foro competente para o processo e julgamento dos crimes de estelionato sob a modalidade de emissão dolosa de cheque sem provisão de fundos – que é, nos termos da jurisprudência enfeixada na Súmula 521/STF, o do local onde se deu a recusa do pagamento pelo banco sacado –, reafirma a 1ª Turma aquele entendimento no RHC 57.254-PA, julgado em 21.8.1979, relator o Min. Soares Muñoz: "Emissão de cheque sem provisão de fundos – Decreto de prisão preventiva e despacho, que recebeu a denúncia, proferidos por juiz de outra comarca que não o do local onde se deu a recusa do pagamento pelo banco sacado – Aplicação da Súmula n. 521, com a consequente anulação dos mencionados decisórios e remessa do processo ao foro competente".[28]

Na mesma linha de orientação, mas recusando aplicação à regra de competência emergente da Súmula 521 precisamente por distinguir entre estelionato comum da cabeça do art. 171 e o tipo especial do n. VI do § 2º do aludido art. 171 do CP, vem acórdão da 2ª Turma do STF no RHC 54.460-SP, julgado em 14.5.1976, relator o Min. Cordeiro Guerra, com esta ementa, esclarecedora da diversidade de tipos: "*Habeas corpus* – Competência do juízo. É competente o juiz do lugar onde se consumou o estelionato, mediante ardil de pagamento do preço de um automóvel, constituído por cheque falso emitido por agente com falsa identidade – Inaplicação da Súmula n. 521".

A Súmula 48/STJ,[29] nessa mesma linha, fixa a competência para o crime de estelionato mediante *falsificação* do cheque, *verbis*: "Compete ao juízo do local da obtenção da vantagem ilícita processar e julgar crime de estelionato cometido mediante falsificação de cheque".

---

27. *DJU* 13.2.1974, p. 631.
28. Ementa publicada no *DJU* 10.9.1979, p. 6.677.
29. *DJU* 25.8.1992, p. 13.103.

E a Súmula 244/STJ dispõe: "Compete ao foro do local da recusa processar e julgar o crime de estelionato mediante cheque sem provisão de fundos".

(6) A fraude no pagamento por meio de cheque pode verificar-se também pela forma de frustração do pagamento, que, aliás, se reveste de maior amplitude, como dissemos ao início das reflexões sobre "Aspectos jurídico-penais do cheque, com jurisprudência do STF".

No exame do segundo tipo delitivo definido na parte final do n. VI do § 2º do art. 171 do vigente CP pode-se afirmar, com os mais abalizados doutrinadores, que a *frustração* fraudulenta do pagamento se opera pela retirada ou bloqueio da provisão, além da contraordem/oposição sem motivo justificado, ou ainda por emissão de cheque de talonário não desbloqueado – tudo isso desde que com a intenção dolosa, predeterminada, de auferir proveito ilegítimo, em prejuízo alheio.

(7) Na anotação ao art. 52º da Lei Uniforme, correspondente ao art. 59 da Lei 7.357/1985, ficou dito que a prescrição cambiária semestral ali regulada (da ação executiva) não se confunde com a prescrição criminal.

Assinale-se que não só a prescrição cambiária da Lei do Cheque como também a prescrição comum do Código Civil nada têm a ver com a prescrição criminal do delito do art. 171, § 2º, VI, do CP, pois que esta se regula seja pela pena em abstrato, seja pela concretizada na sentença, segundo as regras da lei penal (arts. 109 e ss.).

A questão não é despicienda. Oportunamente, teve ensejo a 6ª Câmara do extinto TACrimSP de julgar um caso em que se discutia precisamente este ponto, dirimida a controvérsia no sentido indicado.

O acórdão (HC 49.966, j. 27.11.1973), relatado pelo Juiz Valentim Alves da Silva, contém a seguinte ementa: "A prescrição a que se refere o art. 52º da Lei Uniforme diz respeito, exclusivamente, ao âmbito civil, não influindo no campo da repressão penal".[30]

Por idênticas razões, no direito português – adverte Abel Pereira Delgado[31] – não se confunde a prescrição (civil) do art. 52º da Lei Uniforme com a prescrição do procedimento criminal por emissão de cheque sem cobertura, lá de um ano, dado tratar-se de "crime quase público"

*Jurisprudência do STF de orientação sobre vários aspectos jurídico-penais do cheque*

(8) Sobre os efeitos do pagamento do valor do cheque emitido sem provisão de fundos *antes* ou *após* o recebimento da denúncia criminal esta-

30. *RT* 463/349.
31. Abel Pereira Delgado, *Lei Uniforme sobre Cheques Anotada*, cit., p. 176.

beleceu-se nítido divisor de águas que soluciona ambas as hipóteses através do verbete que exprime a Súmula 554/STF: "O pagamento do cheque emitido sem provisão de fundos, após o recebimento da denúncia, não obsta ao prosseguimento da ação penal".

Em acórdão da 1ª Turma no RHC 53.660-RJ,[32] julgado em 12.12.1975, relator o Min. Rodrigues de Alckmin, por maioria de votos entendeu-se eficaz para a exclusão da ação penal o depósito em cartório do valor em dinheiro de cheque sem fundos antes do recebimento da denúncia, por aplicação da jurisprudência do STF, não obstante a recusa do credor em receber, por pretender quantia maior.

Em outra hipótese o STF atribuiu eficácia excludente da ação penal a recibo de quitação com data anterior ao recebimento da denúncia mas só juntado aos autos posteriormente. Trata-se do RHC 55.913-PR, da 1ª Turma, julgado em 4.4.1978, relator o Min. Soares Muñoz, votação unânime, com a seguinte ementa: "Cheque sem provisão de fundos – Recibo de quitação com data anterior à do recebimento da denúncia, mas juntado depois do recebimento desta e muito antes do dia aprazado para o interrogatório – *Habeas corpus* objetivando o trancamento da ação penal – Ordem negada pela Justiça local – Recurso provido".[33]

Essa orientação, correta e de rigoroso cunho jurídico, tem cabimento até em *revisão criminal* em favor de condenado por emissão de cheque sem fundos, se demonstrar o interessado que o pagamento efetivamente ocorreu *antes* do recebimento da denúncia.

Cheque apresentado ao banco sacado em data anterior à nele consignada (pré-datado) como de emissão não constitui justa causa para a ação penal, conforme já afirmado no n. (3), *retro*, pois presume-se ausente a intenção de fraudar do emitente no ato de emissão. Foi o que bem decidiu no RHC 56.622-MG a 1ª Turma, em 24.10.1978, por unanimidade, relator o Min. Rodrigues de Alckmin, em acórdão assim ementado: "*Habeas corpus* – Estelionato – Emissão de cheques sem suficiente provisão de fundos – Denúncia que atribui aos pacientes o crime do inciso VI do § 2º do art. 171 do CP – Cheques apresentados aos bancos sacados em datas anteriores às neles consignadas como de emissão – Falta de justa causa para a ação penal – Recurso ordinário provido".[34]

No RHC 53.817-SP, julgado em 31.10.1975, relator o Min. Cunha Peixoto, a 1ª Turma do STF admitiu exame da prova para apuração da ile-

---

32. A ementa encontra-se no *DJU* 1.11.1976, p. 9.442.
33. *DJU* 28.4.1978, p. 2.794.
34. *DJU* 20.11.1978, p. 9.235.

galidade invocada da ação penal e concluiu pela falta de justa causa desta quando o cheque tenha sido emitido como garantia de dívida, com o pleno conhecimento do beneficiário. É a seguinte a ementa do acórdão unânime: "*Habeas corpus* – Exame de prova – Admissibilidade para apuração da legalidade ou ilegalidade da ação penal – Cheque sem fundos – Estelionato. 1. Embora não se admita em *habeas corpus*, dado seu rito sumário, exame acurado da prova para verificação da procedência ou improcedência da denúncia quanto ao mérito, pode e deve o exame ser feito para avaliar-se da legalidade ou ilegalidade da ação penal. 2. Faltando justa causa para oferecimento da denúncia, por não haver a paciente participado do fato tido como delituoso praticado por terceiro, é de se determinar o trancamento da ação penal contra a codenunciada inocente. 3. A falta de provisão de fundos de cheque não configura o crime de estelionato (art. 171, § 2º, VI, do CP) desde que o mesmo tenha sido emitido como *garantia de dívida, ciente o beneficiário* desta particularidade e aceitando-o para apresentação ao sacado em data posterior".[35]

Em julgamento do Plenário do STF de 17.12.1975 no HC 54.091-RJ, relator o Min. Bilac Pinto, foi reconhecido que cheque sem fundos dado em substituição de nota promissória constitui promessa de pagamento, e não ordem de pagamento. Considerou-se, em consequência, descaracterizado o crime previsto no art. 171, § 2º, VI, do CP, conforme a Súmula 246, por não ter havido fraude na emissão. Deferiu-se o pedido de *habeas corpus*.[36]

No RHC 57.375-MG, da 1ª Turma, relator o Min. Cunha Peixoto, decidiu o STF, em 16.10.1979, o seguinte, quanto a cheque pós-datado, por ementa: "*Habeas corpus* – Cheque pós-datado – Emissão antecipada, para apresentação futura, com prévio conhecimento do endossante e do gerente do banco sacado da inexistência de provisão de fundos quando do endosso e respectivo pagamento. Comprovado não ter havido fraude, não se configura o crime de emissão de cheque sem fundos (Súmula n. 246) – *Habeas corpus* deferido para trancar a ação penal por falta de justa causa para sua instauração, estendendo-se os efeitos do benefício ao corréu".[37]

No mesmo sentido o RHC 55.911-RJ, da 1ª Turma, julgado em 7.3.1978: "*Habeas corpus* – Cheque sem fundos. Comprovado haverem os cheques sido emitidos como simples garantia de dívida em substituição a duplicatas, inexiste fraude, e, consequentemente, não fica configurado o crime de estelionato (Súmula n. 246) – Recurso de *habeas corpus* provido".[38]

---

35. *DJU* 4.6.1976, p. 4.043.
36. Ementa no *DJU* 26.4.1976, p. 2.732.
37. *DJU* 25.4.1980, p. 2.804.
38. *DJU* 29.5.1978, p. 3.729.

O Plenário da Suprema Corte unanimemente decidiu que o pagamento de dívida própria mediante cheque sem fundos emitido por terceira pessoa mas conhecendo o agente a insuficiência de fundos, que esconde do credor, configura o tipo previsto no *caput* do art. 171, e não o do n. VI do § 2º desse artigo do CP. E, em consequência, negou provimento ao recurso de *habeas corpus* pelo qual se pretendia o reconhecimento da inépcia da denúncia apresentada e recebida naquele sentido. Trata-se do RHC 54.616-RJ, julgado em 18.6.1976, relator o Min. Leitão de Abreu.[39]

"O extravio do original do cheque emitido sem provisão de fundos, cuja existência não é negada pelo emitente e cuja devolução, em virtude de insuficiência de fundos, foi certificada pelo estabelecimento bancário sacado, não é capaz, por si só, de determinar o trancamento da ação penal, sob a alegação de falta de justa causa, ainda quando a fotocópia do cheque trazida aos autos não esteja autenticada – Recurso extraordinário a que se nega provimento" – foi o que decidiu a 2ª Turma do STF no RHC 50.660-PB, julgado em 14.11.1978, relator o Min. Moreira Alves.[40]

A 1ª Turma do STF reputou caracterizado o crime de estelionato por cheque pela falta de fundos ocorrida por ocasião da apresentação. Trata-se do RHC 54.113-RJ, julgado em 16.12.1975, relator o Min. Cunha Peixoto, com a seguinte ementa: "*Habeas corpus* – Estelionato – Cheque. Para a caracterização do crime de estelionato não é necessário que o cheque não esteja acobertado por suficiente provisão de fundos, vez que também existe fraude quando, havendo provisão de fundos quando de sua emissão, o emitente frustra o pagamento, sacando o saldo antes que o favorecido, mediante depósito em compensação, possa receber do sacado o valor do título – Recurso de *habeas corpus* a que se negou provimento".[41]

### III – Atualização Jurisprudencial dos Efeitos Penais das Figuras Delitivas do Cheque

#### 1. Súmula 17/STJ e a absorção do falso pelo estelionato

O primeiro tema é o da Súmula 17/STJ ("Quando o falso se exaure no estelionato, sem mais potencialidade lesiva, é por este absorvido").

Havia acesa divergência que emergia de quatro posições conflitantes, que a Súmula 17 pacificou.

---

39. *DJU* 10.9.1976, p. 7.833.
40. Ementa constante do *DJU* 1.12.1978, p. 9.733.
41. *DJU* 26.4.1976, p. 2.732.

*1ª Posição* – Dava-se por caracterizado somente o estelionato, ainda que cometidos a falsificação do cheque e o uso do documento forjado, por se entender que não havia o propósito de lesar a fé pública, mas valer como ardil ou crime-meio para a obtenção da vantagem ilícita; nesse caso operava--se a absorção do delito menos grave pelo mais lesivo, que é o estelionato. Exatamente esta foi a posição que se consolidou na Súmula 17/STJ.

*2ª Posição* – O crime de falso ou do uso de documento falso ou falsificado exprime em si uma contrafação que supera o simples ardil, constituindo-se em delito autônomo mais grave, de que o estelionato representava o exaurimento do falso. Ou seja, por essa corrente, o falso é que deveria absorver o estelionato.

*3ª Posição* – Concurso material de falso e estelionato, por autonomia da ofensa à fé pública em relação à lesão patrimonial.

*4ª Posição* – Concurso formal dos dois tipos, em que o uso do documento falso é o ardil e o ato executório do estelionato.

## 2. Emissão de cheque em substituição de dívida: quando não tipifica fraude

Cheque emitido para substituição de uma dívida comum anterior não acarreta prejuízo novo ("dano novo"), porque, servindo de maior garantia civil ao credor, que passa a dispor de título executivo extrajudicial eficaz como tal, não tipifica a fraude na emissão de cheque, que, por isso, não é punível.

Todavia, se o cheque é dado como autêntica ordem de pagamento à vista, mesmo para saldar à vista dívida impaga, sem o caráter substitutivo, mas restituído ao portador por falta ou insuficiência de provisão de fundos, configura-se o delito específico (2º Grupo Criminal do extinto TARS, EI 295.021.554, de 11.12.1995[42]).

## 3. Tipo de estelionato básico: competência criminal

Competência que excepciona a da Súmula 521/STF: é do juízo do local onde realizados os negócios que geraram a emissão do cheque sem provisão de fundos.

As peculiaridades podem caracterizar o tipo especial de fraude na emissão de cheque sem provisão de fundos.

42. JTARS 98/24.

A Súmula 521/STF fixa a competência para o delito próprio, não para o estelionato fundamental comum. Neste último, o pagamento de mercadorias, através de outrem de boa-fé, com cheques furtados de terceiros e falsificados afasta a espécie de delito por emissão de cheque sem fundos, do inciso VI do § 2º do art. 171 do CP (3ª Câmara Criminal do extinto TARS, ACr 295.025.324, de 22.8.1995[43]).

**4. Conta encerrada após a primeira apresentação: competência criminal pela Súmula 521/STF**

Prevalece a competência fixada na Súmula 521/STF, não a alterando a circunstância ocorrida posteriormente de ter sido encerrada a conta quando da segunda apresentação do cheque, já caracterizado antes o cheque como emitido sem provisão de fundos e assim certificado pelo banco sacado.

Enfim, nessa peculiaridade não houve tipificação do estelionato básico, que se caracteriza quando o cheque, ao ser apresentado originariamente, não é pago, por ter havido anterior encerramento da conta (STJ, CComp 7.491-RS[44]).

Idem, conta encerrada: estelionato básico, em que se caracteriza o ludíbrio, e não o tipo especial (15ª Câmara do extinto TACrimSP, ACr 673.607, rel. Juiz Leonel Ferreira, j. 26.5.1994[45]).

**5. Emissão de cheque pós-datado é conduta atípica no âmbito penal**

Quando há transformação do cheque de sua natureza jurídica de ordem de pagamento à vista para promessa ou garantia de pagamento futuro, isto é, como título genérico de crédito, a falta de pagamento da "dívida", por inexistência de provisão no futuro em poder do banco sacado, se é irrelevante do ponto de vista da sua eficácia executiva, torna atípica a conduta do ponto de vista penal, não se configurando, na hipótese, o delito do art. 171, § 2º, VI, do CP (1ª Câmara Criminal do extinto TAPR, ACr 77.250, j. 29.6.1995, rel. Juiz Bonejos Demchk[46]).

Ou, ainda, conforme decidido pela 2ª Câmara Cível do extinto TAPR na ACi 1.496/1988, de Cambará, em 9.11.1988, relator o Juiz Jorge José Domingos, que distingue entre efeitos civis e penais: "Como ensina Paulo

43. *JTARS* 96/88.
44. *DJU* 27.3.1995; *RT* 722/555.
45. Íntegra na *RT* 718/409.
46. *JTAPR* 5/91.

Restiffe Neto (*Lei do Cheque*, Ed. RT, 3ª ed., 1981, p. 95), 'cheque com data futura (pós-datado) é pagável no dia da apresentação, pouco importando que seja antes do dia indicado como data da emissão. Com isso fica arredada a possibilidade de se vislumbrar no cheque qualquer cunho de título de crédito ou de papel de garantia de dívida. Mas, ainda que passado em garantia, não perde as características de título executivo'. E mais, não se pode confundir os efeitos penais e civis da emissão de cheque sem fundos, alegadamente dado em garantia. A circunstância pode ser apta a afastar a ação penal (Súmula n. 246), mas não a execução civil fundada em título extrajudicial".[47]

Cabe, portanto, distinguir entre fraude penal e fraude civil (relação jurídica causal), esta relacionada ao negócio subjacente que motivou a emissão do cheque.

Damásio Evangelista de Jesus adverte que a malícia entre as partes que comerciam não configura o dolo penal que leve ao estelionato, mas dolo civil, que conduz à disciplina dos arts. 147, II, e 1.103 do CC/1916 [*correspondentes aos arts. 171, II, e 443 do CC/2002*], invocando, nesse sentido, *RT* 547/342, *RTJ* 93/978 e *JTACrimSP* 78/400 e concluindo que há fraude penal somente quando o sujeito visa a um fim ilícito específico, extravasando os limites da esperteza comercial.

### 6. Pagamento antes ou após o recebimento da denúncia criminal: Súmula 554/STF

Pagamento após a consumação não exclui o delito nem interfere na punibilidade, pelo quê, mesmo antes do recebimento da denúncia, o pagamento, se extingue o prejuízo, não excluiria o fato delituoso. Essa é a posição de Damásio Evangelista de Jesus em comentário à Súmula 554/ STF. Esta jurisprudência sumulada desconsidera apenas o pagamento feito após a denúncia (TAPR, HC 66.885, rel. Juiz Marques Cury, j. 1.9.1994[48]), mas atribui relevância, em senso contrário, ao pagamento anterior ao recebimento da denúncia.

### 7. Súmula 48/STJ: falsificação de cheque (competência)

"Compete ao juízo do local da obtenção da vantagem ilícita processar e julgar crime de estelionato cometido mediante falsificação do cheque."

47. *Paraná Judiciário* 28/166.
48. *RT* 717/452.

## 8. Concurso de agentes

Damásio Evangelista de Jesus admite a possibilidade de terceiro ser partícipe ou concorrer para o crime próprio do correntista (fraude no pagamento por meio de cheque), lembrando julgados da *RT* 430/376 e 630/307 – o que é conclusão correta.

## 9. Frustração do pagamento do cheque

Não se identifica com o tipo relativo à emissão de cheque sem provisão com o sacado e, de regra geral, até tem como pressuposto a existência de fundos, mas tipifica-se por fato posterior, seja contraordem não justificada, seja pelo exaurimento intercorrente da provisão ou disponibilidade de fundo ou outra conduta fraudulenta imputável a quem dolosamente lhe deu causa.

Não só o emitente pode ser o agente desse crime. Também o endossante – que, pelo art. 36 da Lei 7.357/1985, está legitimado a fazer sustar o pagamento por meio de oposição fundada em relevante razão de direito – pode, em tese, agir dolosamente para frustrar o pagamento, pelo banco sacado, ao portador legitimado (seu endossatário, por exemplo) – caso em que incorrerá na sanção penal da fraude tipificada na parte final do inciso VI do § 2º do art. 171 do CP se de fato se consumar o não recebimento injustificado do valor do cheque pela vítima.

## 10. Cheque sem fundo emitido para pagamento de dívida de jogo ou obrigação natural: não há crime

Já foi visto *retro*, nas anotações sob n. 12 ao art. 3º da Lei Uniforme (art. 4º da Lei Interna), que dívida de jogo não obriga a pagamento (arts. 882 e 814 do CC/2002[49]), mas também como obrigação natural não se pode repetir o que se pagou. Ora, o cheque não representa pagamento, mas ordem destinada a instrumentalizar sua função de meio de pagamento pelo banco sacado. Logo, não há crime na emissão de cheque sem fundos para pagamento (não realizado) de dívida de jogo; e, com maioria de razão, não se caracterizará a fraude penal se o cheque for emitido, desvirtuado, como simples garantia ou promessa de pagamento de dívida de jogo, seja ou não pós-datado.

49. Correspondentes, respectivamente, aos revogados arts. 970 e 1.477 do anterior CC.

## 11. Subtração de talonário ou de cheque em branco e sua circulação mediante falsificação: delitos sucessivos

Há delitos sucessivos, em concurso material (subtração e estelionato básico), que podem, inclusive, estar relacionados ao crime organizado e ser praticados por quadrilha, o que pode conferir outra conotação às condutas dos agentes – fatores de atenção do Banco Central.

No caso de furto ou roubo de talonário, seja do correntista ou de estabelecimento bancário, seguido de "emissão" falsificada dos cheques, a jurisprudência, vendo a intenção do agente, no primeiro delito, de obter lucro ilícito, ludibriando as vítimas através do delito subsequente, reconhece como configurado o concurso material de delitos autônomos ou diversos, e não relação de crime-fim e de crime-meio; e a consequência é o necessário agravamento da repressão penal (cumulação das penas: a do art. 155 ou do art. 157 com a do art. 171, *caput*, do CP), como se constata dos seguintes julgados:

"O furto de talão de cheques e documentos posteriormente utilizados para prática de estelionato não é considerado crime-meio a ser absorvido por este, uma vez que não existe um vínculo estreito e único entre a subtração e o golpe, podendo os objetos subtraídos ser utilizados para outros fins, de forma que sua utilidade não se esgota com o crime posterior" (extinto TACrimSP, apelação criminal julgada em 13.3.1996).[50]

"A utilização de cheque furtado deixa de ser um pós-fato não punível se, agindo o meliante com dolo diverso daquele que informara a subtração, não se mostrara como simples prosseguimento do *iter criminis*, mas um procedimento desvinculado do primeiro" (extinto TACrimSP, rel. Juiz Leite Cintra[51]).

"O furto e o estelionato acarretam lesões jurídicas diversas, situadas, cada qual, na esfera de sua autonomia e subordinando-se a processos executivos próprios e inconfundíveis. Assim, utilizando-se o agente de talão de cheques em branco, subtraído a outrem para emitir títulos falsificados, deve o mesmo responder por concurso de infrações, não restando o furto absorvido pela fraude subsequente" (extinto TACrimSP, rel. Juiz Fernando Prado[52]).

"Furto e estelionato – Cheques furtados que foram utilizados pelos agentes no comércio – Concurso material – Agente que utilizou o produto

---

50. *JTACrimSP* 29/135.
51. *JTACrimSP* 90/279.
52. *JTACrimSP* 44/34.

do furto – talão de cheque – para emitir títulos falsificados no comércio, com o intuito de ludibriar as vítimas – Configurado o concurso material, por se tratar de delitos diversos, não se cuidando de crime-fim e de crime-meio – Concurso material configurado – Negado provimento" (7ª Câmara Criminal do TJRS, ACr 699223798, j. 24.6.1999[53]).

Uso de cheque furtado de baixo valor não caracteriza crime, por aplicação do princípio da insignificância para furtos de até R$ 100,00, em julgamento da 5ª Turma que seguiu, no HC 150.635-RS, orientação no sentido da atipicidade prevalecente no STJ, que considera irrelevante a conduta quando o valor do bem é pequeno. No caso, o cheque não foi pago pelo banco por ter sido sustado pelo correntista, ficando o prejuízo com o comerciante que acolhera o meio fraudulento utilizado em pagamento de compra de mercadoria feita por homem denunciado por estelionato, cuja ação penal, por isso, foi trancada.

## 12. Pagamento, pelo banco sacado, de cheque emitido sem provisão de fundos. Variantes

Uma outra questão que se pode apresentar é a do pagamento de cheque, embora descoberto ou sem provisão de fundos, pelo banco sacado, por alguma razão interna. Não se caracteriza o delito específico com o pagamento efetivo pelo sacado do valor do título, porque o tipo de emissão de cheque sem fundos resta desfalcado do seu principal elemento objetivo constitutivo, que é o prejuízo causado pela recusa, com devolução sem pagamento ao portador.

De fato, satisfeito o beneficiário, porque efetuado o pagamento (não importa a razão) do cheque emitido pelo correntista, operou-se, por esse procedimento culminante satisfatório, o suprimento da falta de provisão de fundos na conta corrente, pelo banco sacado, com eficácia exterior de ato jurídico perfeito do exaurimento da função econômica do cheque. Nesse caso, o banco sacado não é vítima no plano penal, mas apenas no plano civil-contratual.

Pela Lei Interna (art. 4º, § 1º, da Lei 7.357/1985), é no momento da apresentação do cheque para pagamento que cabe a verificação da existência, ou não, da provisão de fundos disponíveis.

Ora, praticado pelo banco sacado, voluntariamente ou por negligência funcional, em benefício do *tradens*, o ato de cumprimento da ordem de pagamento constante do cheque emitido pelo seu correntista, operou-se nesse

53. *RJTJRS* 197/136, 1999.

momento, por esse desvio e na realidade, o suprimento da provisão contabilmente faltante ou inexistente na conta corrente. Esse pagamento objetivo reveste-se de eficácia que se irradia como ato jurídico perfeito exauriente da função econômica do cheque, com exoneração *ex lege* de todos os coobrigados cambiários do título, inclusive eventuais endossantes ou avalistas.

Objetivamente, a hipótese guarda certa analogia com o suprimento de provisão pelo sacado em razão de contrato de abertura de crédito rotativo ou de cheque especial.

Enfim, cheque pago ao portador pelo sacado destipifica a materialidade da espécie delituosa de *cheque sem fundos*, tal qual não caracteriza o tipo penal de emissão de cheque sem fundos aquele em que o próprio emitente seja o beneficiário e não logre o pagamento pelo sacado, por ausência de interesse econômico e de objetividade jurídica, sem repercussão no exterior à relação *correntista/sacado*.

Daí, poderemos chegar à hipótese-limite não penal: também não tipifica a materialidade do crime específico de emissão de cheque sem fundos o cheque do correntista emitido ao próprio banco sacado como beneficiário em que tem a conta corrente desprovida de fundo. Tratando-se de título *pro solvendo*, depara-se com a inanidade de efeitos jurídicos na órbita penal.

O extinto TACrimSP teve oportunidade de apreciar um caso em que o réu fora condenado em primeira instância por emissão de cheques que foram pagos pelo banco sacado apesar de não existir provisão de fundos. Decidiu-se pela inexistência do elemento essencial ou circunstância elementar do tipo *estelionato* – qual seja, a fraude como meio para transferências patrimoniais. Fundou-se o decreto absolutório da Corte Paulista no fato de que tinha o estabelecimento bancário todos os meios para conferir a existência prévia do saldo suficiente na conta corrente do emitente; e, se não o fez, agiu com imprudência e negligência, não procedendo a afirmativa de que tivesse sido fraudado, no caso. A súmula do julgamento conclui pela "inexistência de estelionato a ser punido no caso de pagamento, pelo banco sacado, de cheques sem fundos – Apelação provida para absolvição do réu, com fundamento no art. 386, III, do CPP" (6ª Câmara, ACr 1.149.901, rel. Juiz Ivan Marques, j. 13.10.1999, v.u.).

O banco prejudicado tem ação civil de ressarcimento em face do seu correntista, sem prejuízo de medidas administrativas cabíveis.

• Lei 7.357/1985, art. 66

Art. 66. Os vales ou cheques postais, os cheques de poupança ou assemelhados, e os cheques de viagem regem-se pelas disposições especiais a eles referentes.

• Há Reservas dos arts. 30º (acolhida) e 31º (rejeitada) do Anexo II

### Artigo 30º
### (Acolhida)

Qualquer das Altas Partes Contratantes reserva-se o direito de excluir, no todo ou em parte, da aplicação da Lei Uniforme os cheques postais e os cheques especiais, quer dos bancos emissores, quer das caixas do Tesouro, quer das instituições públicas de crédito, na medida em que os instrumentos acima mencionados estejam submetidos a uma legislação especial.

*Cheques de leis especiais por estas são regidos*

É uma reserva de caráter geral, no sentido de deixar a cada País o direito de excluir, no todo ou em parte, da aplicação da Lei Uniforme os cheques postais e os cheques especiais que estejam submetidos a regime de legislação especial. A Lei do Cheque seguiu a mesma orientação no seu art. 66, ao remeter ditos cheques à regência de leis especiais.

### Artigo 31º
### (Rejeitada)

**Qualquer das Altas Partes Contratantes compromete-se a reconhecer as disposições adotadas por outra das Altas Partes Contratantes, em virtude dos arts. 1º a 13º, 14º, alíneas 1ª e 2ª, 15º e 16º, 18º a 25º, 27º, 29º e 30º do presente Anexo.**

Foi *rejeitada* esta Reserva pelo Governo Brasileiro, não suscitando maior interesse sua análise detida, salvo o aspecto destacado nas anotações ao art. 63 da Lei 7.357/1985, sobre conflitos.

A rejeição sugere a intenção do País de não se comprometer a reconhecer as disposições adotadas por outras Nações, em virtude dos vários dispositivos de Reservas que vêm enumerados no texto do art. 31º do Anexo II.

Foi a calculada rejeição dessa Reserva convencional que propiciou a inserção da regra de dirimência de conflitos em matéria de cheque pelo modo explicitado no aludido art. 63 da Lei Interna sobre a solução dos conflitos internacionais de leis em matéria de cheques de curso internacional que tenham agentes bancários brasileiros envolvidos.

• **Lei 7.357/1985, art. 67**

**Art. 67. A palavra "banco", para os fins desta Lei, designa também a instituição financeira contra a qual a lei admita a emissão de cheque.**

• **Lei Uniforme, art. 54º**

Artigo 54º

Na presente Lei a palavra "banqueiro" compreende também as pessoas ou instituições assimiladas por lei aos banqueiros.

• **Há Reserva do art. 29º do Anexo II**

Artigo 29º

Compete a cada uma das Altas Partes Contratantes, para os efeitos da aplicação da Lei Uniforme, determinar as pessoas que devem ser consideradas banqueiros e as entidades ou instituições que, em virtude da natureza das suas funções, devem ser assimiladas a banqueiros.

## 1. O Sistema Financeiro Nacional

O art. 54º da Lei Uniforme é de caráter elucidativo e tem em vista conceituar a expressão "banqueiro" adotada na Lei Uniforme, que compreende também as pessoas ou instituições assimiladas por lei aos banqueiros.

O texto do art. 67 da Lei 7.357/1985 utiliza-se da palavra "banco" para designar instituição financeira contra a qual a lei admita a emissão de cheque.

A Reserva do art. 29º do Anexo II faculta a cada País, para os efeitos da aplicação da Lei Uniforme, determinar na sua legislação interna as pessoas que devem ser consideradas banqueiros e as entidades ou instituições que, em virtude da natureza das suas funções, devem ser assimiladas a banqueiros.

No Brasil, com o advento da Lei 4.595, de 31.12.1964, que dispôs sobre a política e as instituições monetárias, bancárias e creditícias, ficou constituído o *Sistema Financeiro Nacional* (art. 1º); e a este amoldou-se o art. 67 da (superveniente) Lei Interna do Cheque.

As instituições financeiras autorizadas a funcionar são os estabelecimentos bancários oficiais ou privados, as sociedades de crédito, financiamento e investimento, as caixas econômicas e as cooperativas de crédito (art. 18, § 1º), todas enquadráveis nas disposições do art. 54º da Lei Uniforme e do art. 29º do Anexo II.

A Lei Interna, no art. 67, reitera a disposição do art. 54º da Lei Uniforme, conjugando-a com a Reserva 29ª, enfatizando que "a palavra 'banco', para os fins desta Lei, designa também a instituição financeira contra a qual a lei admita a emissão de cheque".

Este último iterativo referencial, de que "banco" é também toda instituição financeira contra a qual a lei admita a emissão de cheque, tem o mérito de fechar o círculo aberto desde o inciso I do art. 1º, e que teve sequência no art. 3º, de vez que estes dois últimos dispositivos é que restringem e vinculam a validade do cheque à sua emissão exclusivamente contra banco ou instituição financeira que lhe seja equiparada pela legislação interna em vigor – aliás, em perfeita harmonia com o art. 3º da Convenção Destinada a Regular Certos Conflitos de Leis em Matéria de Cheque. Caracteriza-se o cheque, pois, como título de natureza bancária, conquanto regulado por legislação comum, como é a Lei 7.357/1985.

## 2. A palavra "banco" designa instituição financeira

Os revogados arts. 119 e 120 do CComercial conceituavam ("Título IV – Dos Banqueiros") o banqueiro – *rectius*, banco ou instituição financeira – como comerciante, que tinha por profissão habitual do seu comércio lucrativo as atividades chamadas de banco, aplicando-se, enquanto vigente, o Código Comercial às operações bancárias, segundo a natureza de cada uma das transações que se operassem. Essas disposições não foram repetidas no Código Civil/2002.

Os bancos integram o Sistema Financeiro Nacional, estruturado e regulado pela Lei 4.595, de 31.12.1964.

O art. 54º da Lei Uniforme, ao enunciar a compreensão da palavra "banqueiro", bem assim a Reserva 29ª, ao deferir competência a cada País para determinar as pessoas que devam ser consideradas banqueiros ou instituições assimiladas, conduziram o legislador interno à conceituação da palavra "banco" como sendo, para os fins da Lei 7.357/1985, designativa da entidade (instituição financeira) contra a qual a lei admita a emissão de cheque (art. 67).

*V.: anotações ao art. 3º da Lei 7.357/1985, n. 1.*

• **Lei 7.357/1985, art. 68**

**Art. 68. Os bancos e casas bancárias poderão fazer prova aos seus depositantes dos cheques por estes sacados, mediante apresentação de cópia fotográfica ou microfotográfica.**

## 1. Prova dos cheques sacados e liquidados

O art. 68 da Lei Interna não tem correspondência específica na Lei Uniforme, mas sim no art. 51 da Lei do Mercado de Capitais (Lei 4.728, de

14. 7.1965), que diz: "Os bancos e casas bancárias que devolvem aos seus depositantes os cheques por estes sacados, depois de liquidados, poderão fazer prova da movimentação das respectivas contas de depósito mediante cópia fotográfica ou microfotográfica dos cheques devolvidos, desde que mantenham esse serviço de acordo com as normas de segurança aprovadas pelo Banco Central".

Trata-se de matéria pertinente à relação jurídica interna estabelecida em razão do contrato de conta corrente bancária entre o banco depositário (sacado) e seu cliente correntista (emitente), que foi tratada pela Lei do Cheque por oportuno esse regramento – que, aliás, tem muito a ver com a disciplina administrativa autorizada no art. 69.

**2. Sigilo bancário – Liberação específica ex lege do banco sacado**

Na redação do art. 68 depara-se subjacente a liberação do banco sacado do seu dever de preservação do sigilo bancário, na hipótese de solicitação, para fazer prova aos seus depositantes dos cheques por estes sacados.

*V.: anotações ao art. 1º da Lei 7.357/1985, n. 7.*

Com efeito, a Lei 4.595, de 31.12.1964, no art. 38 (revogado pelo art. 13 da Lei Complementar 105, de 10.1.2001), continha as seguintes disposições sobre o caráter sigiloso das operações bancárias em geral, sempre observadas no País:

"Art. 38. As instituições financeiras conservarão sigilo em suas operações ativas e passivas e serviços prestados.

"§ 1º. As informações e esclarecimentos ordenados pelo Poder Judiciário, prestados pelo Banco Central da República do Brasil ou pelas instituições financeiras, e a exibição de livros e documentos em juízo, se revestirão sempre do mesmo caráter sigiloso, só podendo a eles ter acesso as partes legítimas na causa, que deles não poderão servir-se para fins estranhos à mesma."

Os responsáveis pela quebra do sigilo de que tratava esse artigo sujeitavam-se à pena de reclusão, de um a quatro anos, sem prejuízo de outras sanções civis cabíveis, como pesadas multas, inclusive por dano moral. As mesmas penalidades estão cominadas agora no art. 10 e parágrafo único da Lei Complementar 105, de 10.1.2001, que revogou e substituiu, em seu art. 13, o art. 38 da Lei 4.595, de 31.12.1964.

Precisamente com o propósito de prevenir responsabilidade e liberar o banco sacado de qualquer imputação de violação do dever de sigilo bancário a que poderia estar exposto é que se preocupou o legislador chéquico em assegurar legitimidade de conduta na hipótese descrita no art. 68 da Lei do

Cheque. Até porque nos cheques em que figurem como beneficiários ou, ainda, endossatários terceiras pessoas, não poderiam estas suscitar contra o banco sacado responsabilidade por quebra reflexa de sigilo bancário desses terceiros quando, a pedido do seu correntista emitente do cheque – ou seja, com o consentimento expresso do interessado –, lhe fornecesse informações ou cópia do título para fins probatórios em juízo ou fora dele.

Com relação ao próprio depositante (emitente) a solicitação de informações bancárias sigilosas para seu uso como meio de prova evidentemente não o legitima a se voltar depois contra o banco sacado que lhe tenha dado atendimento, não sendo demais invocar orientação da Corte Excelsa em situação parelha: o uso de informações sigilosas pelo correntista traduz conduta processual passível de ser interpretada em favor do banco como renúncia tácita ao sigilo (STF, 2ª Turma, HC 74.197-RS, rel. Min. Francisco Rezek, j. 26.11.1996[54]).

### 3. Casos de quebra do sigilo bancário e a Lei Complementar 105, de 10.1.2001

Atualmente, em face da Lei Complementar 105, de 10.1.2001, as instituições financeiras conservarão sigilo em suas operações ativas e passivas e serviços prestados (art. 1º).

*V.: anotações ao art. 1º, n. 7, ementa do REsp 268.694-SP, 3ª Turma do STJ, relator o Min. Humberto Gomes de Barros, de 22.2.2005, DJU 4.4.2005, p. 298.*

Em seguida, o § 3º desse mesmo dispositivo ressalva que não constitui violação do dever de sigilo: "I – a troca de informações entre instituições financeiras, para fins cadastrais, inclusive por intermédio de centrais de risco, observadas as normas baixadas pelo Conselho Monetário Nacional e pelo Banco Central do Brasil; II – o fornecimento de informações constantes de cadastro de emitentes de cheques sem provisão de fundos e de devedores inadimplentes, a entidades de proteção ao crédito, observadas as normas baixadas pelo Conselho Monetário Nacional e pelo Banco Central do Brasil; III – o fornecimento das informações de que trata o § 2º do art. 11 da Lei n. 9.311, de 24 de outubro de 1996; IV – a comunicação, às autoridades competentes, da prática de ilícitos penais ou administrativos, abrangendo o fornecimento de informações sobre operações que envolvam recursos provenientes de qualquer prática criminosa; V – a revelação de informações sigilosas com o consentimento expresso dos interessados; VI – a prestação

---

54. Cf. *Informativo STF* 55, anexo ao *DJU* 4.12.1996.

de informações nos termos e condições estabelecidos nos arts. 2º, 3º, 4º, 5º, 6º, 7º e 9º desta Lei Complementar".

E o § 4º: "A quebra de sigilo poderá ser decretada, quando necessária para apuração de ocorrência de qualquer ilícito, em qualquer fase do inquérito ou do processo judicial, e especialmente nos seguintes crimes: (...)".

E, ainda, no art. 5º o lance mais ousado, que subtrai ao Judiciário a tradicional exclusividade, e investindo, originariamente, o Executivo, do poder de autorizar a decretação da quebra do sigilo bancário, *verbis*:

"Art. 5º. O Poder Executivo disciplinará, inclusive quanto à periodicidade e aos limites de valor, os critérios segundo os quais as instituições financeiras informarão à Administração Tributária da União as operações financeiras efetuadas pelos usuários de seus serviços.

"§ 1º. Consideram-se operações financeiras, para os efeitos deste artigo: I – depósitos à vista e a prazo, inclusive em conta de poupança; II – pagamentos efetuados em moeda corrente ou em cheques; III – emissão de ordens de crédito ou documentos assemelhados; IV – resgates em contas de depósitos à vista ou a prazo, inclusive de poupança; V – contratos de mútuo; VI – descontos de duplicatas, notas promissórias e outros títulos de crédito; VII – aquisições e vendas de títulos de renda fixa ou variável; VIII – aplicações em fundos de investimentos; IX – aquisições de moeda estrangeira; X – conversões de moeda estrangeira em moeda nacional; XI – transferências de moeda e outros valores para o Exterior; XII – operações com ouro, ativo financeiro; XIII – operações com cartão de crédito; XIV – operações de arrendamento mercantil; e XV – quaisquer outras operações de natureza semelhante que venham a ser autorizadas pelo Banco Central do Brasil, Comissão de Valores Mobiliários ou outro órgão competente."

Ou seja, com o temível instrumental criado com a Lei Complementar 105, o Decreto 3.724, que a regulamenta, e as dinâmicas instruções dos níveis tributário e bancário, todos de 2001, passam a ser rotina fiscal, com propalado efeito retroativo ao último quinquênio fiscal, não só a quebra do sigilo bancário sem autorização judicial mas ainda também o cruzamento de informações com os dados da declaração de imposto de renda do contribuinte, inclusive sobre cheques, fornecidas pelas instituições financeiras trimestralmente, como base para expedição da RIMF (Requisição de Informações sobre Movimentação Financeira), que é o documento necessário para que os fiscais obtenham, diretamente, os dados bancários dos contribuintes fiscalizados.[55] Ou, como ainda registrou *O Estado de S. Paulo* nos idos de

---

55. *O Estado de S. Paulo* edição de 3.2.2001, p. A-4, matéria sob o título "Receita começa a quebrar sigilo em 40 dias".

4.2.2001: a possibilidade de usar os dados bancários nas investigações encurta o caminho da Fiscalização, pois aponta com mais facilidade os desvios de comportamento tributário de vários setores, reproduzindo declarações de um técnico da Receita Federal, concentrado na verificação de distorções e incompatibilidades quanto à variação de patrimônio e renda de pessoas físicas e jurídicas, a partir dos dados de movimentação financeira excluídos do novo sigilo bancário.[56]

## 4. Cheque – Perfil geneticamente alterado e novas preocupações do Banco Central com maior segurança na sua utilização

Na atualidade o cheque apresenta sintomas de estar com seu perfil geneticamente alterado, de instrumento econômico do século XX para instrumento de fiscalização tributária do início do século XXI no Brasil – cujas repercussões, expostas a instabilidades jurídicas, a avanços tecnológicos e a redefinição de procedimentos, ainda estão para ser medidas.

Tanto é verdade que o Banco Central se preocupa publicamente com vários temas que envolvem o cheque: segurança e ocorrências no cheque, como fornecimento de talonários com data de confecção nas folhas e limite de validade ou vigência, oposição, devolução, cadastros de ocorrências, fraudes etc. – objeto de minuta de resolução divulgada em 14.9.2009, para eventuais alterações futuras, após audiência pública destinada a colher críticas e sugestões.

## 5. Recente Resolução 3.972, de 28.4.2011, do Banco Central, sobre cheques, devolução e oposição ao seu pagamento e outros temas de segurança no uso do cheque

Da preocupação do Banco Central, assinalada no final do item 4, *supra*, resultou a Resolução 3.972, de 28.4.2011, objeto destas considerações adicionais, sobre mudanças, com regras mais rígidas de controle e segurança, na movimentação de depósitos bancários e pagamentos por meio do uso do cheque, que caracterizam verdadeira reforma dos costumes arraigados.

O cheque corresponde a 15% dos meios de pagamento na atualidade nacional, representando 1,12 bilhão de unidades, no montante de 1,029 trilhão de Reais, dos quais houve devolução de 71 milhões de folhas em 2010, sendo 63 milhões não compensados por falta de fundos, no valor total de 70 bilhões (*O Estado de S. Paulo*, "Finanças", "Valor", p. C5, de 29.4.2011).

56. *O Estado de S. Paulo*, p. A-8, sob o título "CPMF pode ajudar a achar sonegadores".

Daí a importância das novas regras de rigor específicas, que vão desde os novos termos dos contratos de abertura de contas de depósito bancário e concessão de talonários com as folhas contendo data de confecção e cláusulas e critérios específicos até a exigência de apresentação de boletim de ocorrência policial para sustação de pagamento de cheques furtados ou extraviados e montagem de novo sistema unificado de informações e consulta de portadores sobre o cheque bloqueado; inclusive, ao cliente, que tenha cheque devolvido, mecanismo que permita ao emitente procurar o beneficiário ou apresentante para resgatar o valor devido e, com isso, liberar-se de consequências danosas diversas, até mesmo de credibilidade no mercado.

Tais mudanças têm prazos variáveis de implementação, desde dias até um ano, para total incorporação do novo sistema operacional, que passa também pela implantação da *truncagem* do cheque na sistemática de compensação interbancária, agora com imagem digital e registros eletrônicos.

• **Lei 7.357/1985, art. 69**

**Art. 69. Fica ressalvada a competência do Conselho Monetário Nacional, nos termos e nos limites da legislação específica, para expedir normas relativas à matéria relacionada com o cheque.**

**Parágrafo único.** É da competência do Conselho Monetário Nacional: a) a determinação das normas a que devem obedecer as contas de depósito para que possam ser fornecidos os talões de cheques aos depositantes; b) a determinação das consequências do uso indevido do cheque, relativamente à conta do depositante; c) a disciplina das relações entre o sacado e o opoente, na hipótese do art. 36 desta Lei.

## 1. Atribuições do Conselho Monetário Nacional

O art. 69, evidentemente, não tem correspondência direta na Lei Uniforme, pois se refere à competência interna da Administração Pública nacional, no plano normativo infralegal em matéria de economia bancária, da competência do Conselho Monetário Nacional, que tem como órgão de execução e fiscalização de suas deliberações o Banco Central, que expede as instruções para observância pelo sistema bancário e seus correntistas e outros interessados e controla o exato cumprimento das regras vigentes.

Anote-se que a correspondência ao art. 69 da Lei Interna do Cheque encontra-se no art. 4º da Lei 4.595, de 31.12.1964 (lei, essa, que "dispõe sobre a política e as instituições monetárias, bancárias e creditícias, cria o Conselho Monetário Nacional e dá outras providências"), no qual vem fixada a competência privativa do Conselho Monetário Nacional.

O destaque de três temas, sem exclusão de outros pertinentes, consta da enumeração de caráter amplo das letras do art. 69 da Lei 7.357/1985.

Devem ser ressaltados os casos de contas-depósito, fornecimento de talonários e as consequências do uso indevido do cheque relativamente à conta do depositante e a criação de *Motivos* para devolução de cheque sem pagamento. Merecem referência os casos de não sujeição a protesto de cheques devolvidos com base em: extravio de talonário antes de sua entrega pelo banco ao cliente; contraordem por razão de furto/roubo (ou apropriação indébita); cheque já compensado e extraviado ou furtado; e cheque que não tenha sido antes apresentado para pagamento ao banco sacado, com a indicação do motivo da recusa.

Como se vê, em matéria de cheque é de grande relevância a permanente intervenção normativo-instrutória do Poder Público nas inter-relações de bancos, correntistas, beneficiários outros terceiros, serviços de protesto etc., tudo com supedâneo na *ressalva* da competência normativa em matéria bancária sobre cheque, feita por delegação expressa a partir da própria lei de regência do cheque no direito brasileiro.

Em função do disposto no art. 69 da Lei 7.357/1985, combinado com os arts. 4º, VIII, e 9º da Lei 4.595/1964, o Banco Central do Brasil tornou público, através da Resolução 1.631, de 24.8.1989, o Regulamento de Normas baixado pelo Conselho Monetário Nacional, adotando as medidas necessárias ao atendimento dos itens do aludido art. 69 da Lei Interna do Cheque.

Cuidou-se, então, dentre outras matérias, de disciplinar a atuação dos agentes do cheque, do ponto de vista de *título bancário*: (a) abertura, movimentação e encerramento de contas movimentáveis por cheque; (b) consequências das infrações de uso indevido dos cheques referentes à conta corrente do depositante; e, finalmente, (c) disciplina das relações entre o sacado e o opoente (emitente ou portador legitimado) na hipótese do art. 36 da mesma Lei do Cheque.

Especificamente sobre as relações entre sacado e opoente, quanto à *oposição* escrita manifestada pelo emitente ou pelo portador legitimado, fundada em relevante razão de direito, pode-se inferir que a disciplina se esgota no regramento de *devolução pelo sacado sem pagamento* de cheque pelos *Motivos* indicados sob as alíneas 21 e 28 do art. 6º da aludida Resolução 1.631/1989 – respectivamente, por *relevante razão de direito* (21) e por *furto ou roubo* (28), mais a alínea 43, que mantém o impedimento de pagamento em caso de *reapresentação* de cheque devolvido pelo *Motivo* da alínea 21.

Tanto o emitente (correntista) quanto o beneficiário (portador legitimado) têm autorização legal (art. 36 da Lei do Cheque) para manifestarem ao banco sacado, isolada ou conjuntamente, sua *oposição* para fazer sustar o pagamento do cheque, pelo modo e nas hipóteses previstas no aludido dispositivo.

A autoridade administrativa agiu bem ao ditar apenas a regra de devolução sem pagamento na disciplina das relações entre banco sacado e opoente (emitente ou portador legitimado); isso porque, obviamente, compete à esfera da tutela jurisdicional a resolução final sobre todas as questões potencialmente litigiosas envolvidas, inclusive sobre o destino da provisão, em face mesmo da restrição legal expressa no sentido de que *não cabe ao banco sacado julgar da relevância da razão invocada pelo oponente* (§ 2º do art. 36), mas tão só cumprir a instrução motivada de sustar o pagamento objeto da oposição, procedendo de regra à devolução do cheque ao seu *apresentante* (e não ao oponente), salvo circunstâncias especiais ou ordem judicial em sentido diverso.

Sobre *"oposição"*, v. as anotações ao art. 36, onde abordados a relação sacado e opoente e outros aspectos.

## 2. Motivos de devolução de cheques sem pagamento pelo banco sacado

Dentro da competência do Conselho Monetário Nacional sempre ocorreu a formulação seletiva dos casos de devolução motivada ao *tradens* de cheques compensáveis, sem pagamento pelo banco sacado. Para nos limitarmos à quadra atual, sob a vigência da Lei Interna do Cheque, registre-se que se vêm operando oportunas atualizações dos Motivos de devolução de cheques, com indicação obrigatória dos motivos de devolução explicitados no verso dos documentos, por meio de carimbo de devolução, tudo de conformidade com a orientação técnica governamental posta em dinâmica de execução pelo Banco Central. Assim, remetemos o consulente ao rol de motivos abaixo:

**Motivos de devolução de cheques compensáveis, de conformidade com o Banco Central – Sistema de Pagamentos Brasileiros (SPB) na Centralizadora da Compensação de Cheques e Outros Papéis (Compe), subdividindo-se esta última em Sistema Local, Sistema Integrado Regional e Sistema Nacional (atualização/2011)**

A) CHEQUE SEM PROVISÃO DE FUNDOS

11 – sem fundos – 1ª apresentação
12 – sem fundos – 2ª apresentação

13 – conta encerrada (se não for aplicável outro motivo)

14 – prática espúria

**Obs.**: *Cheques sem fundo ou de conta encerrada só serão devolvidos por esses correspondentes motivos na condição de não ser aplicável a devolução por qualquer outro motivo (art. 4º da Circular 3.535/BC, de 16.5.2011).*

B) IMPEDIMENTO AO PAGAMENTO

20 – folha de cheque cancelada por solicitação do correntista (ocasionada por furto, roubo ou extravio de cheque em branco, mediante boletim de ocorrência policial)

21 – contraordem (ou revogação) ou oposição (ou sustação) ao pagamento pelo emitente ou pelo portador (por qualquer motivo alegado)

22 – divergência ou insuficiência de assinatura

23 – cheques de órgãos da Administração Federal em desacordo com o Decreto-lei n. 200/1967

24 – bloqueio judicial ou determinação do BACEN

25 – cancelamento de talonário pelo banco sacado

26 – inoperância temporária de transporte

27 – feriado municipal não previsto

28 – contraordem (ou revogação) ou oposição (ou sustação) ao pagamento ocasionada por furto, roubo ou extravio (mediante apresentação de boletim de ocorrência policial)

29 – cheque bloqueado por falta de confirmação do recebimento do talonário pelo correntista

30 – furto ou roubo de malotes – destinado a amparar a devolução dos cheques subtraídos

C) CHEQUE COM IRREGULARIDADE

31 – erro formal de preenchimento (sem data de emissão, com mês grafado numericamente, ausência de assinatura ou não registro do valor por extenso)

32 – ausência ou irregularidade na aplicação do carimbo de compensação

33 – divergência de endosso

34 – cheque apresentado por estabelecimento que não o indicado no cruzamento em preto, sem o endosso-mandato

35 – cheque fraudado, emitido sem prévio controle ou responsabilidade do estabelecimento bancário ("cheque universal"), ou ainda com adulteração da praça sacada, e cheques apresentados em desacordo com o preestabelecido em instrução do BACEN

37 – registro inconsistente – compensação eletrônica (CEL)

D) APRESENTAÇÃO INDEVIDA

40 – moeda inválida

41 – cheque apresentado a banco que não o sacado

42 – cheque não compensável na sessão ou sistema de compensação em que apresentado

43 – cheque devolvido anteriormente pelos Motivos 21, 22, 23, 24, 31 e 34, não passível de reapresentação em virtude de persistir o motivo da devolução

44 – cheque prescrito

45 – cheque emitido por entidade obrigada a emitir ordem bancária para movimentação de recursos financeiros do Tesouro Nacional

46 – CR-Comunicação de Remessa quando o cheque correspondente não for entregue no prazo devido ao banco sacado

47 – CR-Comunicação de Remessa com ausência ou inconsistência de dados obrigatórios referentes ao cheque correspondente

48 – cheque de valor superior a R$ 100,00 sem identificação do beneficiário, acaso encaminhado à Compe, devendo ser devolvido a qualquer tempo

49 – remessa nula, caracterizada pela reapresentação de cheque devolvido pelos Motivos 12, 13, 14, 20, 25, 28, 30, 35, 43, 44 e 45, podendo a sua devolução ocorrer a qualquer tempo

59 – informação essencial faltante ou inconsistente não passível de verificação pelo banco remetente e não enquadrada no Motivo 31

60 – instrumento inadequado para a finalidade

61 – papel não compensável

64 – Arquivo lógico não processado/processado parcialmente

70 – sustação ou revogação provisória

E) COOPERATIVAS DE CRÉDITO

71 – inadimplemento contratual da cooperativa de crédito no acordo de compensação

72 – contrato de compensação encerrado (cooperativas de crédito)

## 3. Instituição e implantação da truncagem no âmbito da compensação interbancária de cheques, pela Circular 3.532/2011, do Banco Central

Com a edição da Circular 3.532, de 25.4.2011, do Banco Central do Brasil, foi instituída a implantação da "truncagem" como procedimento-padrão no âmbito da Compe, que "consiste na retenção do cheque em papel pela instituição financeira que o acolheu em depósito, realizando-se sua apresentação à instituição financeira sacada por intermédio de imagem digital e outros registros eletrônicos"; sendo que "a instituição financeira acolhedora deve guardar o cheque em papel até a sua liquidação final" – tudo "de conformidade com os procedimentos, as especificações e os requisitos de segurança aprovados no âmbito do Grupo Consultivo para Assuntos de Compensação". É o que dizem o art. 1º e seus §§ da circular de início identificada, com os detalhes técnicos do novo Regulamento da Centralizadora da Compensação de Cheques, anexo à aludida Circular 3.532.

# DISPOSIÇÕES GERAIS

Nesse Regulamento, de 56 artigos, encontram-se 15 definições técnicas enumeradas no seu art. 4º, que, para efeito desse Regulamento, denominam-se: "I – aceitação: processo de validação, pelo destinatário (instituição financeira sacada), de um cheque a ser compensado, no que diz respeito à qualidade de sua imagem e aos demais requisitos que, caso não atendidos, podem justificar sua devolução; II – captura: processo de obtenção, pelo remetente (instituição financeira acolhedora), por meios informatizados, da imagem e das informações do cheque, para transmissão à Compe; III – dependência: agência sacada ou, no caso de cooperativas de crédito, posto de atendimento cooperativo; IV – destinatário: participante contra quem é sacado o cheque (instituição financeira sacada) e a quem são remetidas as atinentes informações e imagem; V – evolução: processo por intermédio do qual a instituição financeira sacada (destinatário) informa à Compe o não acatamento do cheque e o correspondente motivo; VI – executante: Banco do Brasil S/A; VII – informações do cheque: registros eletrônicos contendo os dados impressos e o valor e a data grafados no cheque; VIII – máster: procurador do participante com poderes para decidir pelo representado nos assuntos relativos à compensação de cheques junto à Compe; IX – participante: qualquer uma das instituições de que trata o art. 5º deste Regulamento; X – recepção: processo de recebimento, pelo destinatário (instituição financeira sacada), da imagem e das informações do cheque; XI – remetente: participante que acolhe o cheque em depósito (instituição financeira acolhedora) e que encaminha à Compe as correspondentes informações e imagem; XII – representante: terceiro contratado pelo participante para executar, em seu nome, os procedimentos de transmissão e recepção de imagens e informações dos cheques junto à Compe; XIII – transmissão: processo de envio da imagem e das informações do cheque para a Compe; XIV – tratamento: processo de análise, pelo executante e pelos participantes, da imagem e das informações do cheque; XV – troca: procedimento por intermédio do qual o participante remetente informa à Compe os cheques por ele acolhidos, sacados contra outros participantes".

• Lei 7.357/1985, art. 70

Art. 70. Esta Lei entra em vigor na data de sua publicação.

*Vigência*

Como se infere da redação do dispositivo, adotou a Lei Interna do Cheque a técnica da vigência imediata, na data de sua publicação, sem se valer de período de *vacatio legis*.

## 1. Conclusões sobre o ideário da Lei Uniforme e a subsequente vigência da Lei Interna do Cheque para recuperar as tradições do magnífico instituto do cheque

De tudo o que foi dito nesta obra infere-se que, como primeiro passo, a adoção da Convenção de Genebra teve em vista a uniformização do instituto do cheque no âmbito internacional, de maneira a facilitar o relacionamento do País e dos nacionais na comunidade internacional do direito privado; inclusive, depois, com os membros da OEA, através da Convenção Interamericana de Montevidéu.

*V. art. 63 da Lei 7.357/1985, ns. 3 e 4.*

Mas evidencia, sobretudo, o esforço do Governo, complementado pela edição da Lei Interna do Cheque, em recuperar as tradições do magnífico instituto, que se foi degradando paulatinamente e se encontrava à beira da desmoralização. Isto em face do seu uso desvirtuado, inclusive como instrumento de caução e garantia muito difundido pela agiotagem, especialmente para lesar o Fisco, num aproveitamento da longevidade de prazos e da ausência de sanção para o portador, que podia descansar aguilhoando furtivamente o sacador relapso. Nenhuma consequência sofria o credor por sua inércia prolongada em cobrar o cheque como ordem de pagamento à vista. E a situação de incerteza perdurava, à sombra da lei, por anos e anos.

Disso resultava o incentivo indireto à proliferação da emissão de cheques sem fundos, ou "em garantia", como substitutivo marginal vantajoso dos títulos cambiais, sem o inconveniente da sujeição ao controle de rendas, em muitos casos.

Foi esse estado de coisas que levou a jurisprudência a amenizar as consequências para o emitente, procurando distinguir entre cheque propriamente dito e cheque-garantia, bem como a anuir em que o pagamento tardio pudesse elidir ao menos a punibilidade, se não o próprio delito.

Em face do instrumental legal uniforme adequado, oferecido como texto "seminal" principiológico ao ordenamento jurídico pátrio, nenhum haver ou crédito, seja representado por cheque, seja representado por cambial ou por contratos particulares inominados de várias espécies, permanece oculto ou clandestino por muito tempo, pois a maior sanção recairá sobre o credor conivente, inerte ou condescendente, com a perda do direito e dos meios eficazes de compulsão judicial.

E o responsável pela frustração do pagamento sofrerá sanções de ordem civil, penal e de caráter administrativo, esta última pelo encerramento compulsório da conta bancária, na forma de circulares do Banco Central do Brasil, além de ter seu crédito abalado, mui justamente, no interesse geral.

A excessiva facilidade com que as contas correntes eram abertas, sem uma pesquisa rigorosa dos antecedentes do novo correntista, vinha sendo, todavia, apontada como uma das principais razões do descrédito do instituto do cheque. A cifra dos cheques sem fundos chegou a elevar-se, no País, em relação ao total dos cheques emitidos.

Buscam as autoridades financeiras várias soluções por via de reformulação da antiga Circular 162, de 23.8.1971, mediante a criação de um *cadastro de emitentes de cheques sem fundos*, que inclui, para conhecimento do Serviço de Proteção ao Crédito e do Sistema Bancário Nacional, os nomes dos contumazes emitentes de cheques sem fundos, através de listagens de divulgação periódica. É o que dispôs a Circular 559, de 29.7.1980, do Banco Central, antes mesmo da edição da Lei 7.357/1985. Cogita-se até de fixação de prazo de validade (de um ano) para utilização normal das folhas de talonário de cheques e de outras medidas preventivas de fraudes em torno da operacionalidade dos cheques.

Enfim, pela via da Lei Uniforme, o próprio legislador interno procurou dar solução pela Lei 7.357/1985, compatível com os tempos atuais e as peculiaridades nacionais, ao completar a obra valiosa, consolidando e aperfeiçoando o sistema acolhido e aperfeiçoado gradativamente.

Com a atual redação e acréscimos inseridos a partir da Circular 597, de 31.12.1980, alterando as normas bancárias que disciplinam a abertura, a manutenção e o encerramento de conta de depósito à vista, livremente movimentável por meio de cheque, o Banco Central sempre procurou prevenir e reprimir administrativamente o cheque sem fundos. Destacam-se os seguintes pontos:

(1) O fornecimento do primeiro talonário de cheques, para movimentação de conta nova, só poderá ser feito, a critério do banco depositário, depois de se certificar da idoneidade do novo correntista depositante, obtida através de fontes cadastrais, e confirmada a veracidade das informações constantes da ficha de proposta de abertura de conta bancária.

(2) No caso de devolução de cheque através do Serviço de Compensação, além da comunicação da ocorrência ao Banco Central para fins de inclusão do nome do emitente no Cadastro de Emitentes de Cheques sem Fundos e submissão ao encerramento compulsório da conta bancária, sujeita-se o banco sacado ao pagamento de uma taxa de serviço ressarcível junto ao cliente.

(3) Só poderá o emitente ter o nome excluído do "Cadastro" e voltar a movimentar a conta bancária por meio de cheque depois de pagar o cheque que deu origem à ocorrência e, dentre outras condições, inclusive de tempo, pagando taxa de serviço correspondente (ou decorrido o prazo legal).

## 2. Cheque fraudado, clonado ou adulterado

O cheque é fornecido em talões padronizados pelos bancos.

Há muito tempo que a jurisprudência pátria tem-se ocupado em dirimir demandas oriundas de fraudes em cheques. Neste sentido, o STF editou, em 13.12.1963, a conhecida Súmula 28: "O estabelecimento bancário é responsável pelo pagamento de cheque falso, ressalvadas as hipóteses de culpa exclusiva ou concorrente do correntista".

Em razão dos inúmeros recursos tecnológicos disponíveis, e muitos deles facilmente acessíveis, tem-se tornado verdadeiro desafio identificar, no momento da circulação da cártula, se um cheque foi fraudado, adulterado ou clonado.

Há diversas maneiras de fraude cambiária. Exemplificando, tem-se a fraude consistente na alteração do conteúdo de um título verdadeiro, substituindo-se as informações, como nome do emissor e seus dados pessoais (RG/CPF), possivelmente com restrições cadastrais, por pessoa com ficha cadastral "limpa", sem apontamentos – o que facilitaria sua circulação no âmbito negocial.

Outra forma comum de adulteração ocorre quando o fraudador obtém os dados bancários e pessoais extraídos de um título colocado em circulação e insere tais dados em outros títulos, emitindo cheques idênticos ou similares (clonados) àqueles que circulavam licitamente.

O problema é que a pessoa que teve seus dados bancários e pessoais indevidamente utilizados é quem mais sofrerá com as consequências da fraude. É necessário ressalvar que no caso de cheques clonados nem sempre se pode falar em culpa da instituição financeira, que aí tem responsabilidade objetiva pelo pagamento de cheque falso que efetuar, nos termos da Súmula 28/STF, até porque é o guardião final do cheque, como exposto no art. 58.

Necessário anotar que, no tema de clonagem de cheques, em recentes julgamentos o TJSP assinalou:

"Dano moral – Inscrição de nome no cadastro dos inadimplentes, em razão de 'clonagem' de cheques, fabricados por falsários – Inexistência de abertura de conta-corrente – Circunstância que exime a instituição bancária, igualmente vítima da fraude – Banco réu que não teve nenhuma participação na conduta dos falsários, não tendo sido também responsável pela negativação, levada a cabo pelos comerciantes vítimas do golpe – Culpa exclusiva de terceiro, a afastar a responsabilidade do réu pela eventual ocorrência de dano moral – Sentença de procedência reformada em parte, mantendo a declaração de inexistência de débito, mas afastando o dano moral – Apelo provido" (TJSP, ACi 9053842-29.2006.8.26.0000, rel. Des. José Percival Nogueira Jr., j. 3.3.2011).

"Indenizatória por danos materiais e morais – Clonagem de cheques – Inocorrência de cerceamento de defesa – Cártulas falsificadas contra a conta-corrente da autora – Devolução dos valores compensados e ressarcimento de tarifas bancárias – Ausência de prejuízos materiais – Danos morais não configurados – Meros dissabores que desautorizam reparação – Demanda improcedente – Recurso improvido" (TJSP, ACi 9096746-64.2006.8.26.0000, rel. Des. Jovino de Sylos, j. 8.2.2011).

• **Lei 7.357/1985, art. 71**

**Art. 71. Revogam-se as disposições em contrário.**

*1. Houve revogação genérica, para afastamento de "disposições em contrário", com a subsistência residual da Lei Uniforme convencionada como fonte matricial subsidiária inesgotável*

Note-se que este artigo da Lei Interna vem redigido pela técnica calculada, da revogação genérica, isto é, *não revoga* a Lei Uniforme, que é a fonte matricial da lei; apenas opera o fenômeno do *afastamento* de aplicação primária da Lei Uniforme, a qual, todavia, subsiste como inesgotável fonte subsidiária residual. Aliás, se revogadas estivessem as normas convencionais, ter-se-ia de arguir de contrassenso da lei a solução preconizada no seu art. 63 para os conflitos de leis em matéria de cheque, que "serão resolvidos de acordo com as normas constantes das convenções aprovadas (...)", presentes no ordenamento.

Da combinação dos arts. 70 e 71 constata-se, em suma, que com a entrada em vigor da lei não ficou revogada, como fonte que é, a Lei Uniforme, mas restaram afastadas as disposições em contrário, nos limites de disponibilidades das partes convencionais. Pela natureza da Lei Uniforme de fonte matricial da lei, esta apenas operou o fenômeno do *afastamento* de sua aplicação primária; a qual, todavia, mantém-se como fonte subsidiária, inspiradora, ademais, do direito interno. Repete-se: se revogadas estivessem as normas convencionais sobre o cheque, ter-se-ia de arguir de contrassenso da lei a solução, de acordo com as normas constantes das respectivas convenções, corretamente preconizada no art. 63 para os conflitos internacionais de leis em matéria de cheque.

**2. Não houve revogação expressa da antiga Lei do Cheque, mas apenas derrogações implícitas de disposições pontualizadas em contrário**

Quanto à antiga Lei do Cheque (Decreto 2.591/1912), também não se operou a revogação por ocasião da incorporação da Lei Uniforme ao direito interno, e nem pela vigência da atual Lei do Cheque, como se vê pela redação do art. 71 desta última, continuando a ter vigência residual no que não contrariar a lei. Desse fenômeno decorre que houve apenas derrogações pontualizadas da Lei 2.591/1912 nas duas ocasiões ou circunstâncias, dependendo da incompatibilidade aferível no confronto de cada disposição da centenária lei, inspirada na Convenção de Haia, em face da lei atual, que se orienta pela Convenção de Genebra. Razão por que a doutrina clássica de ambas as fases matriciais ilumina a interpretação do direito vivo, da Lei 7.357/1985.

*V.: além das anotações ao art. 63, também as considerações prévias sobre "Vigência", no n. I da Primeira Parte deste livro.*

# Bibliografia

ARRUDA, João. *Decreto 2.044 Anotado.* 1º vol. 1914.

ASCARELLI, Tullio. *Teoria Geral dos Títulos de Crédito.* 2ª ed. São Paulo, Saraiva, 1969.

ASQUINI, Alberto. *Titoli de Credito, l'Assegno Bancario.* Pádua, CEDAM, 1966.

AVELAR, Pedro de Alcântara. *Promissórias e Duplicatas.* 3ª ed. Rio de Janeiro, Livraria Jacintho, 1945.

BARRETTO, Lauro Muniz. *O Novo Direito do Cheque.* vol. 1. São Paulo, LEUD, 1973.

BELLUCCI, Balsa Antelo y. *Técnica Jurídica del Cheque.* 2ª ed. Buenos Aires, Depalma, 1963.

BONFANTI, Mario Alberto e GARRONE, J. Alberto. *El Cheque.* 2ª ed. Buenos Aires, Abeledo-Perrot, 1975.

BORGES, João Eunápio. *Títulos de Crédito.* Rio de Janeiro, Forense, agosto/1972.

BOULANGER, Jean B. e RIPERT, G. *Traité de Droit Civil.* vol. II. Paris, Librairie Génerále de Droit et de Jurisprudence, 1952.

BULGARELLI, Waldírio. *Títulos de Crédito.* São Paulo, Atlas.

BUSSADA, Wilson. *Cheque Interpretado pelos Tribunais.* vol. II. Campinas, Julex, 1997.

BUSTAMANTE, Juan José González. *El Cheque.* 2ª ed. México, Editorial Porrua, 1970.

CABRILLAC, Henry. *Le Chèque et le Virement.* Ed. espanhola. Madri, Reus, 1969.

CARNELUTTI, Francesco. *Tratatto de Processo Civile – Diritto e Processo.* Nápoles, Morano Editore, 1958.

CARVALHO DE MENDONÇA, J. X. *Tratado de Direito Comercial Brasileiro.* vol. VI, Primeira Parte. Rio de Janeiro, Freitas Bastos.

CARVALHO SANTOS, J. M. de. *Código Civil Brasileiro Interpretado.* vol. XII (art. 970 do CC/1916). Rio de Janeiro, Freitas Bastos.

COMPARATO, Fábio Konder. "O regime jurídico do cheque na Lei Uniforme de Genebra". Conferência in *RDM* 7/65. São Paulo, Ed. RT.

_____. "Parecer" in *RT* 449. São Paulo, Ed. RT.

_____. "Parecer" in *RT* 493. São Paulo, Ed. RT.

_____. "Parecer" in *RT* 531. São Paulo, Ed. RT, janeiro/1980.

CUNHA PEIXOTO, Carlos Fulgêncio da. In: *RT* 315. São Paulo, Ed. RT, janeiro/1962.

_____. *O Cheque.* 2ª ed., vol. I. Rio de Janeiro, Forense, 1952.

DE SEMO, Giorgio. *Trattato di Diritto Cambiario.* Pádua, CEDAM, 1963.

DELGADO, Abel Pereira. *Lei Uniforme sobre Cheques, Anotada.* Barcelos, ed. do autor, agosto/1967.

DUARTE, Nestor. In: PELUSO, César (coord.). *Código Civil de 2002 Comentado.* Barueri/São Paulo, Manole, 2007.

FONTANARROSA, Rodolfo. *El Nuevo Régimen Jurídico del Cheque.* 5ª ed. Buenos Aires, Zavalía, 1972.

FREDERICO MARQUES, José. *Pareceres.* São Paulo, ed. 50 anos da AASP, 1993.

FULGÊNCIO, Tito. *Do Cheque.* Porto Alegre, Livraria Acadêmica, 1923.

GIRALDI, Pedro Mario. *Cuenta Corriente Bancaria y Cheque.* Buenos Aires, Astrea, 1973.

GONZAGA, Vair. *Do Cheque.* 3ª ed. Leme, LED – Editora de Direito, 1997.

GUIMARÃES, Murilo Humberto de Barros. *Provisão no Cheque.* Rio de Janeiro, Freitas Bastos, 1956.

LACERDA, Paulo M. de. *Do Cheque no Direito Brasileiro.* Rio de Janeiro, Jacintho R. Santos Editor, 1923.

LEME, Edgard. "Parecer" in *RT* 283. São Paulo, Ed. RT.

LOPES, Maria Elizabete Vilaça. *Comentários à Nova Lei do Cheque.* São Paulo, Resenha Tributária, 1985.

LOPES, Mauro Brandão. *Anteprojeto de Código Civil.* 2ª ed. Brasília Ministério da Justiça, 1973.

_____. Artigo in *O Estado de S. Paulo* de 23.2.1975.

_____. "Natureza e regime legal de cheque bancário". *RT* 504. São Paulo, Ed. RT.

_____. "Parecer" in *RT* 504. São Paulo, Ed. RT, 1976.

MAGALHÃES NORONHA, E. *Crimes Contra o Patrimônio*. 2ª Parte. São Paulo, Saraiva.

MAJADA, Arturo. *Cheques y Talones*. 3ª ed. Barcelona, Bosch, 1969.

MARESCA, Adolfo. *Il Diritto dei Trattati*. Milão, Giuffrè, 1971.

MARIN, Xavier, e VASSEUR, Michel. *Le Chèque*. Paris, Sirey, 1969.

MARTINS, Fran. "Cheques não à ordem e cheques não transmissíveis". *Revista da Procuradoria-Geral do Ceará* 1.

_____. *Títulos de Crédito*. vol. 11. Rio de Janeiro, Forense, 1987.

MELLO, Dirceu de. *Aspectos Penais do Cheque*. São Paulo, Ed. RT, 1976.

MERCADO JR., Antônio. *Nova Lei Cambial e Nova Lei do Cheque*. 3ª ed. São Paulo, Saraiva, 1971.

_____. "Relatório do Projeto apresentado ao Instituto Brasileiro de Direito Comercial Comparado e Biblioteca Tullio Ascarelli". *RDM* 53/140 e 143. São Paulo, Ed. RT, janeiro-março/1984.

MIERES, Alberto Diez. *Cheque y Letra de Cambio*. Buenos Aires, Macchi, 1970.

MOLLE, Giacomo. *I Titoli di Credito Bancari*. Milão, Giuffrè Editore, 1972.

MOSSA, Lorenzo. *Lo Check e l'Assegno Circolare*. Padova, 1939.

NÁUFEL, José. *Novo Dicionário Jurídico Brasileiro*. Rio de Janeiro, Forense.

OCTÁVIO, Rodrigo. *Do Cheque*. Rio de Janeiro, Francisco Alves, 1913.

OLIVEIRA, Antônio Gonçalves. Artigo sobre aval in *RF* 87. Rio de Janeiro, Forense, 1941.

PONTES DE MIRANDA, F. C. *Tratado de Direito Privado*. t. 37. Rio de Janeiro, Borsói.

REQUIÃO, Rubens. *Curso de Direito Comercial*. São Paulo, Saraiva, 1973.

RESTIFFE NETO, Paulo. In *RT Informa* 61 e 71. São Paulo, Ed. RT.

RIPERT e BOULANGER. *Traité de Droit Civil* daprès le Traité de Planiol. vol. II. PARIS, LGDJ.

SIDOU, Othon. "Aval em cheque". *RDM* 12. São Paulo, Ed. RT.

_____. *Do Cheque*. 4ª ed. Rio de Janeiro, Forense, 1998.

TEIXEIRA, Egberto Lacerda. In *RT Informa* 58 e 65. São Paulo, Ed. RT.

_____. *Nova Lei Brasileira do Cheque*. São Paulo, Saraiva, 1985 e 1988.

_____. O Cheque no Direito Comparado Interamericano. São Paulo, Saraiva, 1947.

VASSEUR, Michel, e MARIN, Xavier. *Le Chèque*. Paris, Sirey, 1969.

WALD, Arnoldo. "Responsabilidade civil do banqueiro". In *Estudos e Pareceres de Direito Comercial*. São Paulo, Ed. RT, 1979.

\* \* \*

GRÁFICA PAYM
Tel. (011) 4392-3344
paym@terra.com.br